한국정치사상사

— 檀君에서 解放까지 —

한국·동양정치사상사학회

백산서당

The History of Korean Political Thoughts

The Association for Korean and Asian Political Thoughts

2005
BAIKSAN Publishing House

한국정치사상사

— 檀君에서 解放까지 —

발간사: 한국정치사상사 통론 출간에 붙여

한국 대학의 정치외교학과에서 한국정치사상사를 교수·학습해 온 지 어언 60년이 되었다. 정치학 교육의 시각에서 한국정치사상사 교과는 이제 환갑에 이른 것이다. 그만큼 정치외교학과의 교과과정에서 한국정치사상사는 기본적 필수교과였다는 뜻도 된다.

인간의 나이 60이면 이순(耳順)의 경지에 이른다고 한다. 그렇다면 한국정치사상사라는 학문 영역은 그 동안의 다양한 학설과 담론의 제기 단계를 거쳐 성숙한 이론으로 꽉 채워진, 그리하여 폭넓고 깊으면서 체계를 갖춘 학문적 수준에 와 있어야 했다. 그런데 과연 그러한가.

실정은 참으로 안타까운 바가 있다. 대학원은 물론이고 학부과정에서도 필수불가결한 통사(通史)적 교재가 아직까지 거의 발견되지 않는다. 한국 대학의 정치외교학과에서 한국정치사상사의 교수·학습이 통사적 기본교재 한 권 없이 반세기가 넘도록 어떻게 수행되어 왔는지 도무지 불가사의한 일이 아닐 수 없다.

이 문제는 크게는 한국의 정치학, 나아가 한국 사회과학의 정체성과도 직접 상관성이 있다고 하겠다. 그것은 한국 대학에서의 사회과학, 그리고 정치학 분과가 실로 한국의 사회과학으로서의 정체성과 위상을 학문적 수준에서뿐만 아니라 실용적 차원에서도 정립하지 못하고 있음을 상징적 의미가 아니라 직설적 의미로 징표한다고 할 수 있는 것이다.

대학의 한국정치사상사 강의는 간판은 '한국정치사상사'로 내걸고, 실제 교수되는 내용은 대체로 근현대 정치사상사가 그 대부분을 점유해 왔다. 또한 한국정치사상사학계의 축적된 논의가 거기에 머무를 수밖에 없도록 만들었다.

　이에 우선 대학의 정치외교학과 학부생 및 대학원생과 이 분야에 관심을 갖는 인문·사회과학도들을 위하여 통사로서의 한국정치사상사 출간을 한국·동양정치사상사학회를 중심으로 2003년부터 추진하기 시작했다. 시대별·주제별로 전문적으로 연구해 온 학자들을 총망라하여, 여러 번의 워크숍을 통해 다양한 학문적 견해를 조율해 가며 어려운 산고(産苦) 끝에 한국정치사상사의 출간을 보게 되었다. 40여 명의 학자들이 모여 의견을 조정해 가는 과정에서 밤을 지새운 일도 여러 번 있었음은 신선한 회상(回想)이 될 것이다.

　그러나 체계적이고 일관성 있는 한국정치사상사의 기술이 되기에는 아직 요원하다. 이제 겨우 첫 걸음을 내딛는 단계일 뿐이다. 그러므로 집필에 참여한 학자들은 물론이고, 이 분야에 관심을 가진 정치학자, 사회과학자, 인문학자들의 학문적 비판을 지속적으로 수용해서 보완해 나가야 할 것이다.

　여기까지 오는 데 학술적 논의와 실무적 처리를 책임지고 수행해 오신 신복룡 편찬위원장님께 그 노고를 치하하며, 적극적으로 이 책의 발간에 지도와 편달을 아끼지 않으신 박충석 초대 회장님, 그리고 묵묵히 어려운 실무를 관리해 주신 정윤재 총무이사님과 유미림 사무국장님, 박성진 간사님께도 감사의 뜻을 전한다. 특히 이 발간작업을 끈기 있게 지원해 준 백산서당 이범 사장님께 깊은 사의를 표한다.

2005년 8월
한국·동양정치사상사학회
2대 회장 이택휘
3대 회장 김영작

엮은이의 머리말

정치학의 본류(本流)를 이루고 있는 동시에 철학사 또는 사상사의 분류사라고 할 수 있는 정치사상사는 인간의 집단적 삶이 어떤 규범 아래 어떻게 영위되었으며, 끝내 어디를 지향해야 하는가를 고민하는 종주학문으로서 정치학의 강요(綱要)를 이루는 것이라 할 수 있다. 뿐만 아니라 정치사상사는 정치학과 역사학의 교차 지점에 존재하는 학문체계로서, "정치학을 모르는 역사학은 열매가 없고, 역사학을 모르는 정치학은 뿌리가 없다"는 실리(J. R. Seeley, *Introduction to Political Science*, 1896)의 경구(警句)를 충족시키는 것이다.

그럼에도 불구하고 현대에 들어와 정치사상사의 연구는 위축되고 입지는 좁아지고 있고, 정치학계에서 한국정치사상사의 위치는 늘 초라했다. 가르치는 사람도 부족했고 배우려는 학생도 드물었다. 사상사가 이토록 조락(凋落)한 데는 여러 가지의 이유가 있을 수 있겠으나, 낮은 시장성, 오랜 권위주의 시대를 보내면서 겪어야 했던 이념의 굴레에 의한 사상사의 정치 도구화, 한글전용의 여진(餘震)으로 인한 한자교육의 부재, 종교적 성향과 그 배타성으로 인한 외면이나 호교론적 왜곡, 서구 학풍의 풍미와 국학의 부진 등이 그 요인으로 지적될 수 있다.

이러한 어려움 속에서 한국정치사상사 교육을 위한 통사의 개발이 꾸준히 요구되어 왔다. 이제는 사상사의 연구가 이토록 부진한 사실을 더 이상 외면할 수 없는 단계에 이른 것이 오늘의 현실이다. 정치학이라는 학문이 기능주의나 구조주의만으로 풀 수 없는 것이오, 때로는 형이상학적인 담론이 필요한 학문임을 생각할 때 정치사상사의 부활을 위한 공론의 장은 반드시 필요했다. 이와 같은 시대적 요망에 부응하기 위해 2001년 5월에 한국·동양정치사상사학회가 창립된 이후 통사의 집필은 늘 대화의 주제가 되었다. 그러는 가운데 통사편찬위원회가 구성되고 필진 선정과 2년여의 집필을 거쳐 오늘에 이르게 되었다.

당초에 통사를 쓰기에는 간접시설이 빈약한 것은 사실이었지만, 집필을 더 이상 미룰 수는 없었다. 독자의 요구에 의해 좋은 책이 나오는 것이 아니라 좋은 책이 독자를 창출한다는 것이 학회 측의 판단이었고, 그런 점에서 본다면 좋은 교재의 발굴이 정치사상사 연구의 선행조건일 수밖에 없었다. 적어도 이 문제에 한해서만은 공급이 수요를 창출할 수 있고 또 그럴 수밖에 없다. 그러한 논리 속에서 필요한 것이 교재의 개발이었다.

집필의 방법은 공동 집필의 방법을 따를 수밖에 없었다. 이럴 경우에 가장 어려운 것은 일관된 시각과 사안(史眼)을 견지하는 일이었는데, 그것이 쉽지는 않았다. 여러 차례에 걸친 편별(篇別) 회의와 토론을 거치면서 당초의 취지에 어긋나지 않기 위해 많은 노력을 기울인 결과 이제 그 출산을 보기에 이르렀다. 이 책의 집필 의도는 대학교재를 편찬하는 것이지 연구논문을 취합하는 것이 아니었다. 따라서 집필과정에서 필자의 독특한 논지나 사관을 배제하지 않을 수 없었고, 필자들의 개성 있는 주장을 일단 접을 수밖에 없었던 사정에 대해 각 필자들의 양해를 구한다.

초대 회장 박충석(朴忠錫) 교수님, 2대 회장 이택휘(李澤徽) 교수님, 그리고 현재의 3대 회장 김영작(金榮作) 교수님에 이르기까지 역대 집행부와 회원 여러분들의 간절한 염원과 협력에 힘입어 이 책을 상재(上梓)하게 된 것을 자축하며, 그간 여러분의 협조에 거듭 머리 숙여 감사한다. 아울러 원고 수합과 편집의 어려움을 감당해 준 박성진(朴城進) 간사의 노고에 깊이 감사한다.

2005년 8월
한국정치사상사 편찬위원회
위원장 신복룡

한국정치사상사 / 차례

발간사 / 이택휘 · 4
엮은이의 머리말 / 신복룡 · 6

서장: **한국정치사상사연구의 범위와 방법** / 박충석 ·············· 15
   1. 한국정치사상사: 연구와 목적 · 15
   2. 연구대상 및 연구방법 · 18

제1편 고대국가 형성의 정치사상

제2장 **고대국가의 제천의식과 민회** / 김석근 ·············· 27
   1. 고조선과 연맹왕국 · 27
   2. 건국신화와 지배의 정당화 · 30
   3. 제천의식 · 34
   4. 민회: 국중대회와 합의제 · 43
   5. 중앙집권적 고대국가 형성과 전망 · 54

제3장 **단군조선의 건국이념과 정치사상** / 최민자 ·············· 61
   1. 단군사화 · 61
   2. 단군조선의 건국이념 · 75
   3. 단군조선의 정치사상 · 81
   4. 단군사상의 현대적 효용성 · 87

제4장 **불교와 정치통합: 신라불교의 정치사상** / 박희택 ·············· 91
   1. 불교수용 이전 신라의 고민 · 91

2. 국가불교의 정치사상 · 96
  3. 통합의 불교 정치사상 · 103

제5장 나말여초의 정치변동과 정치사상 / 김석근 ············115
  1. 분열과 해체의 시대 · 115
  2. 유교와 육두품 지식인 · 117
  3. 화엄종에서 선종으로 · 121
  4. 미륵신앙의 유행 · 127
  5. 도참사상과 풍수지리설 · 129
  6. 새로운 정치질서의 구축 · 133

제2편 고려시대: 초월과 세속의 정치사상

제6장 고려 호국불교의 정치사상 / 윤대식 ················139
  1. 국가와 불교의 관계 · 139
  2. 고려 불교의 내적 전개과정 · 141
  3. 고려 불교사상의 정치적 함의 · 148
  4. 고려 불교사상의 호국적 성격 · 154
  5. 고려 불교의 퇴락 · 162

제7장 무신정권 / 이희주 ····························167
  1. 무신란의 요인 · 168
  2. 권력장악과 명분: '왕의 권위'와 '위민의식' · 171
  3. 무신정권의 통치형태 · 180
  4. 무신정권기에 나타난 주종관계의 특색 · 188

제8장 고려 말 성리학의 정치와 사상 / 손문호·김영수 ·········193
  1. 고려 말의 위기와 성리학 운동 · 193
  2. 고려 말 성리학의 정신적 대안 · 198
  3. 성리학과 정치: '거경궁리'의 정치 · 206
  4. 고려 말의 성리학자: 구세와 문명의 인텔리겐차 · 210

제3편 조선시대(I): 정치와 도덕의 긴장

제9장 조선건국의 정치사상: 정도전 / 박홍규·부남철 ·············· 217
  1. 역성혁명 · 217
  2. 통치구조 · 223
  3. 국제관계 · 227
  4. 불교 비판 · 232

제10장 유교적 공론정치의 출발: 세종과 수성의 정치론 / 박현모 ········ 239
  1. 수성기의 군주, 세종 · 239
  2. 세종시대 공론정치의 양태와 특징 · 242
  3. 공론정치의 작동사례: 숙의 정책결정 · 249
  4. 맺음말 · 256

제11장 예와 법의 정치사상: 경국대전 / 조우영 ·············· 261
  1. 정치와 법, 법과 정치사상 · 261
  2. 『경국대전』의 시대적 배경과 역사적 성격 · 262
  3. 『경국대전』을 뒷받침한 유교·유학의 성격 · 264
  4. 『경국대전』에 담긴 정치사상의 요소 · 269
  5. 맺음말 · 279

제12장 사림의 지치주의 정치사상 / 최연식·이지경 ·············· 281
  1. 사림의 계보 형성과 『소학』 정신 · 281
  2. 「조의제문」과 도학정신의 정치적 발현 · 284
  3. 반정 실현을 위한 지치이념의 설계 · 287
  4. 개혁의 실천과 좌절 · 295

제13장 성리학적 정통성의 확립: 퇴계 / 김명하·전세영 ·············· 303
  1. 퇴계의 진퇴지절 · 303
  2. 성현정치와 통치의 요체 · 305
  3. 위민·민본정치 · 313
  4. 도덕적 인간의 완성을 위한 교육사상 · 317
  5. 퇴계 정치사상의 현대적 의의 · 320

제14장 경장과 변법의 정치사상: 율곡 / 강광식 · 전정희 ·················325
  1. 율곡의 정치사상사적 위상 · 325
  2. 시대상황과 율곡의 현실인식 · 327
  3. 개혁사상의 인식론적 근거 · 330
  4. 개혁사상 · 337
  5. 율곡 개혁사상의 사상사적 의의 · 346

제4편 조선시대(III): 전쟁의 충격과 사상적 대립

제15장 당쟁과 학파 분립의 사상적 배경 / 김우영 ·················351
  1. 당쟁 발생의 사회적 · 사상적 배경 · 352
  2. 중도사상에서 본 당쟁 · 357
  3. 학파의 분립과 당쟁 · 361

제16장 퇴계 · 율곡 이후 성리학의 흐름 / 박병련 · 권오영 ············367
  1. 조선 후기 퇴 · 율 성리학맥의 흐름 · 367
  2. 성리학적 사회질서의 재편: 예학사상 · 370
  3. 국가재건의 정치적 이념: 대명의리론 · 373
  4. 이기심성론의 심화: 호락논변 · 378
  5. 비주류의 학문적 배경과 정치사상 · 383

제17장 숭명반청 사상 / 유근호 ·································387
  1. 재조지은 · 387
  2. 숭명반청 사상의 전개 · 391
  3. 소중화사상의 형성과 체제 이념화 · 395

제18장 복제예송과 그 함의 / 전락희 · 이원택 ·····················403
  1. 복제예송의 발단과 전개 · 403
  2. 예론의 대립: 친복론과 존복론 · 413
  3. 복제예송의 함의 · 418

제5편 조선시대(Ⅲ): 서구사상과의 만남

제19장 전기실학의 정치사상 / 김한식 ·········425
1. 실학이 나타난 배경 · 425
2. 실학사상을 보는 관점: 변혁논리 · 428
3. 전기실학과 성리학의 관계 · 432
4. 초기 실학사상의 몇 가지 특징 · 436

제20장 후기실학의 정치사상 / 김정호 ·········447
1. 이용후생적 국가발전의 정치목표 · 448
2. 동등성과 개체성 부각의 이기론적 인성론 · 452
3. 평등적 국제질서관의 형성과 국가발전론 · 456
4. 자연에 대한 객관적 이해논리의 구축과 국가발전 · 460

제21장 천주학의 전래 / 신복룡 ·········467
1. 천주학 연구의 필요성 · 467
2. 지식인의 서구 인식과 세계관의 변화 · 468
3. 신과 인간의 관계 · 475
4. 국가와 군주에 대한 인식 · 481
5. 맺음 말 · 486

제22장 유교적 정치 이상의 상실과 체제위기 / 유미림 ·········491
1. '선왕'과 '전통'의 강조 · 491
2. 세도 논의의 쇠퇴 · 500
3. 세도정치 체제와 왕권 · 505

제6편 전환기의 정치사상: 근대국가이념의 형성과 전개

제23장 위정척사의 정치사상 / 이택휘 · 이재석 ·········517
1. 위정척사 사상의 형성 · 517
2. 유교문명론적 세계관 · 519
3. 내정개혁론 · 526
4. 척사위정론: 유교문명과 문명국가 보전론 · 531

5. 위정척사 사상의 역사적 성격: 저항적 민족주의의 연원 · 536

제24장 동도서기의 정치사상 / 이상익 ·········· 541

  1. 동도서기론의 대두 · 541
  2. 동도서기파의 문명관 · 546
  3. 동도서기파의 내정개혁론과 외교론 · 551
  4. 동도서기론의 의의와 한계 · 556

제25장 개화파의 자주독립 사상 / 정용화 · 김현철 ·········· 559

  1. 문 명 관 · 560
  2. 갑신정변기의 자주독립 구상 · 565
  3. 갑오개혁기의 자주독립 구상 · 572
  4. 대한제국기의 자주독립 구상 · 575

제26장 동학의 정치사상과 혁명운동 / 오문환 · 김혜승 ·········· 583

  1. 자주적 근대성의 사상과 실천 · 583
  2. 자기정체성의 정치사상 · 584
  3. 평등사상과 민의 조직화 · 589
  4. 동학농민운동의 민족주의 사상 · 593
  5. 동학 정치사상과 한국 민족주의의 민중화 · 602

제27장 개화파의 근대국가 건설구상 / 김영작 · 윤순갑 ·········· 605

  1. 개화파와 근대국가의 지향: 시기구분과 정치사적 맥락의 개요 · 605
  2. 갑신정변기의 근대국가 건설구상 · 607
  3. 갑오개혁기의 근대국가 건설구상 · 618
  4. 독립협회기의 근대국가 건설구상 · 627

제7편 독립운동기의 정치사상

제28장 민족과 국가의 발견 / 우남숙 ·········· 635

  1. '자강' · '독립'사상의 대두 · 636
  2. '자강' · '독립'사상의 전개 · 637
  3. '우승열패'적 세계관의 등장 · 638

4. 변통론과 변법론 · 639
   5. 자강주의 · 641
   6. 사회진화론의 수용 · 643
   7. 신교육과 민족교육론 · 645
   8. 민족산업론과 근로 · 649
   9. 민족단합론과 학회 · 651
   10. 민족주의와 민족사학의 형성 · 654
   11. 신민에 의한 민족 독립국가의 건설 · 656

제29장 계급의 발견 / 전상숙 ················663
   1. 일제하 사회혁명 사상의 수용 · 665
   2. 일제하 사회주의의 수용 양태 · 667
   3. 일제하 사회혁명 사상, 사회주의 · 680

제30장 3·1운동의 정치사상 / 김용직 ················685
   1. 머 리 말 · 685
   2. 계몽주의 사상 · 687
   3. 민족주의 사상 · 693
   4. 공화주의 사상 · 697
   5. 급진주의 사상문제 · 701
   6. 맺 음 말 · 704

제31장 민족생존의 정치사상: 민족개조론과 민족문화건설론 / 정윤재 ··709
   1. 3·1운동 이후의 조선 · 709
   2. 민족개조론자들의 사상 · 711
   3. 민족문화 건설론자들의 사상 · 716
   4. 계속된 항일 저항활동 · 721

종장: 한국정치사상 연구의 새로운 지평 / 김홍우 ················725

   ◇ 찾아보기 · 753
   ◇ 집필자 약력 · 775

서장: 한국정치사상사연구의 범위와 방법

박충석(이화여자대학교)

1. 한국정치사상사: 연구와 목적

　한국정치사상사라고 하는 학문은 정치학, 법학, 경제학, 사회학 등 다른 사회과학 분야에 비해 매우 생소하고 어려운 느낌을 주는 연구분야이다.[1] 그러나 한국정치사상사라고 하는 분야는 차차 밝히게 되겠지만 여타 학문분야에 못지않게 한국인의 정치생활과 밀접하게 연관되어 있는 것으로, 고대로부터 현대에 이르기까지 한국인의 정치생활이 어떠한 형태로 전개되었는가를 사상의 차원에서 연구하는 것을 주된 과제로 하고 있다.

　일반적으로 정치사상사라고 하는 학문은 이것을 단순화시켜 말하면

---

[1] 본고는 한국정치사상사를 통사적 관점에서 집필하는 도입부로서, 한국정치사상사란 어떤 학문이며, 무엇을 연구하는가, 또 어떻게 연구하는가에 대해 쓴 글이다. 따라서 본고에서는 전문적인 논의를 될 수 있는대로 유보하고 한국정치사상사라는 학문영역을 평이하게 설명하려고 노력하였다. 그리고 본고에서의 논의와 관련된 주석도 일일이 적시하지 않고 <참고문헌>의 형태로 제시하였다. 보다 심도 있는 이해를 위해서는 <참고문헌>을 읽어 주시기 바란다. <참고문헌>에서는 독자의 편의를 도모하기 위하여 관련된 부분의 페이지를 표기하였다.

정치적 사고의 역사적 추이를 연구하는 것으로, 역사적으로 정치사회에 어떠한 형태의 질서를 부여하였는가 또는 부여할 것인가를 주된 연구대상으로 삼고 있다. 따라서 정치사상사연구가 진행되기 위해서는 먼저 각 시대의 정치사회를 규정해 온 정치사상연구가 축적되지 않으면 안된다.

그러면 정치사상이라고 할 때에는 그 속에 어떠한 의미가 내포되어 있는가? 우선 사상의 개념에 대한 논의부터 시작하기로 하자.

사상이란 그것이 현실적인 것이든 또는 추상적인 것이든 간에 어떤 사물에 대한 인간의 사고방식을 기초로 하고 있다. 이를 좀 더 구체적으로 검토해 보면, 사물에 대한 사고방식이란 부단한 순화(醇化)과정을 거쳐 하나의 관념을 형성하고, 이와 같은 관념들이 어떤 형태의 결합을 이루었을 때 이를 사상이라고 한다. 그러므로 사상이란 이들 관념이 어떠한 형태로 결합하고 있는가, 바꾸어 말하면 관념들의 결합양식에 따라서 사상내용을 달리하고 있다.

이와 같이 사상이 어떤 사물에 대한 인간의 사고방식을 기초로 하고 있다면, 정치사상이란 정치적 사고의 존재양식이라고 할 수 있다. 따라서 정치사상에서는 권력, 정통성(legitimacy), 가치, 규범, 제도, 이데올로기 등 정치적인 것 속에 내재한 사고방식에 착안한다. 또 이들 정치적인 것 속에 내재한 사고방식이 사상가라든가, 시대에 따라 다르다는 점에서 정치사상연구는 특정의 사상가 또는 특정의 시대를 연구대상으로 한다. 정치사상사연구는 이러한 특정사상가의 정치사상, 특정시대의 정치사상에 대한 부단한 연구성과의 축적 위에 역사적으로 각 사상가, 각 시대의 정치사상이 시대의 변화와 함께 어떻게 의미변화해 갔는가 하는, 역사적 변용(變容), 역사적 문맥을 추적한다.

그러면 한국정치사상사를 연구하는 목적은 무엇인가. 한국정치사상사를 연구하는 목적은 한국인이 현재 역사의 어느 지점(地点)에 서 있는가를 자각하고 의식하기 위해서이다. 인간은 누구나 역사적 현재 속에 살고 있다. 바꾸어 말하면, 인간은 누구나 역사와 문화와 사상의 제약 속에서 살고 있다. 인간의 역사와 문화와 사상은 인간의 사고와 행위의 외화(外化)이며, 이와 같은 외화의 축적이다. 따라서 인간의 생활은 이와 같은 외화의 축적 속에서 영위되고 있다. 한국인도 그 예외는 아니다. 한국인은 오랜 역사를 통해 선조들이 축적해 온 역사와 문화와 사상 속에 살고 있다. 이는 바꾸어 말하면 한국인은 선조들이 축적해 온 한국의 역사와 문화와 사상으로 육체화(肉體化)되어 있는 것이다.

따라서 현대를 살고 있는 한국인은 이와 같이 육체화된 한국의 역사와 문화와 사상을 자각하고 의식하지 않으면 안된다. 그것은 한국의 역사와 문화와 사상 속의 자기발견이기 때문이다. 또 그것은 시대적으로는 현재의 한국 속의 자기발견이기 때문이다. 이와 같은 자기발견은 한국인에게 자기성찰의 계기를 제공한다. 만약 자기발견을 통하여 한국인이 자기성찰을 마련하지 못하면, 시행착오의 부단한 반복을 초래하게 된다. 교조주의적인 사고와 행동을 비판하면서 자기 자신이 그 늪에 빠져 있음을 자각하고 의식하지 못하게 된다. 권위주의적인 사고와 행동을 비판하면서 자기 자신이 그 늪에 빠져 있음을 자각하고 의식하지 못하게 된다. 교조주의와 권위주의의 제약 속에 살고 있기 때문이다. 또 한국인의 역사적·문화적·사상적 정체성도 발견하기 힘들게 된다. 뿐만 아니라 현대를 사는 한국인으로서 현실세계로부터의 부단한 도전에 대한 정확한 진단과 처방전을 내릴 수가 없다.

한국의 역사와 문화와 사상 속의 자기발견, 현재의 한국 속의 자기발견은 한국의 역사와 문화와 사상의 대상화(對象化), 객관화 그리고 현재의 한국의 대상화, 객관화를 전제로 할 때 가능하다. 한국정치사상사연구는 한국인에게 육체화된 역사와 문화와 사상을 대상화하고, 객관화하는 작업이다. 이와 같은 대상화, 객관화의 작업이 달성되었을 때 비로소 한국인은 한국의 역사와 문화와 사상, 현재의 한국에 대하여 실체적으로 자각하고 의식하여 그 제약으로부터 자유로울 수 있다. 뿐만 아니라 자기 자신을 자각적으로 통제함으로써 한국인의 실천적 가능성을 극대화하고 참된 의미의 창조적인 도약을 실현할 수 있게 되리라고 생각한다.

2. 연구대상 및 연구방법

　한국정치사상사를 연구한다고 할 때, 그 연구의 대상을 어떻게 설정할 것인가 하는 문제는 결코 간단하지가 않다. 그것은 어떠한 시각에서 무엇을 연구할 것인가에 따라서 수없이 많은 연구주제가 설정될 수 있기 때문이다. 따라서 여기에서는 특정적인 연구시각을 일단 유보하고, 일반론적 차원에서 한국정치사상사를 연구한다고 할 때에 기본적으로 문제시되는 영역을 검토함으로써 연구대상의 윤곽을 제시하는 데 머무르고자 한다.

　이와 같은 관점에서 첫째로 문제시되는 것은, 연구대상에 대한 보편주의적인 어프로치에 대해서 개별주의적인 어프로치가 선행되어야 한다는 것이다. 이는 사상사를 연구할 때, 일차적으로 역사적 개체성에 착안한다는 것으로, 정치사상의 역사적 독자성, 특수성이 무엇인가에 역점을 둔다는 것이다. 물론 정치사상사연구에서 보편주의적 어프로치를 도외시한다는 것은 아니다. 그러나 연구방법에서 직관에 의존하지 않는 한, 모든 지적 탐구는 역사 속의 개별적인 경험적 실재를 대상으로 하지 않을 수 없으며, 이러한 의미에서 개별주의적인 어프로치는 보편주의적인 어프로치에 선행한다. 보편주의적인 어프로치란 개별주의적인 어프로치의 지적 축적을 기반으로 하여 이론적으로 정립될 수 있는 것이다. 따라서 한국정치사상사연구에서는 그 독자성, 특수성이 무엇인가에 대한 연구가 선행되어야 하며, 이와 같은 연구성과의 기초 위에 보편주의적인 어프로치에 입각하여 한국정치사상사의 독자성, 특수성을 보편사적으로 자리매김할 수 있다고 생각한다.

　둘째로 문제시되는 것은, 정치적 사고의 원형(原型)에 대한 연구이다. 이미 언급했듯이 정치사상사라고 하는 학문은 정치적 사고의 역사적 추이, 역사적 문맥을 연구하는 것을 주된 과제로 하고 있다. 따라서 한국

정치사상사연구라고 할 때에는 한국사에서 고대로부터 현대에 이르기까지의 정치적 사고의 역사적 추이, 역사적 문맥을 연구대상으로 하게 된다. 그러나 한국정치사상사연구에서 정치적 사고의 역사적 추이, 역사적 문맥을 연구대상으로 한다고 할 때, 일차적으로 문제시되는 것은 고대사회에서 정치사회의 기원에 관한 연구라고 할 수 있다. 정치사회란 기본적으로 인간의 사회관계에서의 지배·복종관계의 성립인 동시에 정치권력의 생성을 말하는 것으로, 이러한 지배·복종관계가 어떠한 도정을 거쳐서 성립하고 있는가, 또 이러한 정치사회가 예를 들면 신화(神話), 제정일치(祭政一致), 전쟁 등을 매개로 하여 어떻게 합리화되고 있는가, 또 이와 같은 합리화의 도정을 규정하고 있는 고대한국인의 자연, 인간, 사회에 대한 원(原) 이미지(image)는 어떠한 것이었는가 하는 것들이 해명되어야 한다. 한국고대사회에서 정치사회의 기원——지배·복종관계의 성립, 정치권력의 생성——에 대한 연구는, 말하자면 고대한국인의 정치적 사고의 원형으로서 한국정치사상사연구의 기점(基点)이 되는 것이라고 할 수 있다.

셋째로 문제시되는 것은 정치사상의 학설사적 연구와 사상사적 연구를 들 수 있다. 우선 정치사상의 학설사적 연구에 관해서 보면, 이것은 일차적으로는 특정사상가들의 정치학설 내지는 이들 정치학설과 밀접하게 연관되어 있는 학설, 이론, 관념들을 연구대상으로 하게 된다. 그러나 인문·사회분야가 분화되지 않았던 근대 이전에는 정치학설이 종교, 도덕, 철학, 법률, 경제 등의 여러 영역과 함께 미분화된 형태로 논의되고 있었던 관계로, 이들 여러 영역의 사상가들이 제기하고 있는 학설, 교의(教義), 이론, 관념을 연구대상으로 하지 않을 수 없다. 그러나 특히 학설, 교의, 이론 그 자체가 말하여 주듯이 추상도가 매우 높은 것을 특색으로 하고 있다.

이에 비하면, 사상사적 연구란 특정사상가가 제기하고 있는 학설, 교의, 이론, 관념에 한정하지 않고, 특정시대 또는 여러 시대에 걸쳐서 지배적으로 기능한 학설, 교의, 이론, 관념을 현실의 정치·경제·사회적 기초와의 연관 속에서 문제시할 뿐만 아니라 종교, 철학, 정치, 경제, 사회, 법률, 역사, 교육, 예술 등 사상의 전개과정에서 연관되는 인간의 문화활동, 사상활동 전반을 연구대상으로 하여 이들 영역의 전체적인 연관 속에서 정치에 역점을 둔 형태로 연구하는 것을 말한다.

따라서 이와 같은 정치사상사연구는 당연히 학설사적 연구를 포함할 뿐만 아니라 철학, 정치학, 경제학, 법학, 사회학, 역사학 등 특정 분야에 종속된──예를 들면 정치학의 한 분과로서의 정치사상사와 같은──형태가 아니라, 이들 분야와 나란히 하나의 독립된 학문분야로서의 <사상사학>(思想史學)으로 존립할 수 있다.

다음으로 연구방법에 관하여 보면, 오늘날 정치사상사연구라고 할 때 학계에서 공인된 어떤 연구방법이 있는 것은 아니다. 아직 정치사상사 분야에서는 이렇다 할 연구방법상의 정설(定說)이 확립되어 있지 않다. 연구자 또는 학풍에 따라서 독자적인 연구방법을 제시하고, 이에 따라 연구를 추진하고 있는 것이 일반적인 경향이다. 이와 같은 사정은 사상사 연구가 이미 제시한 대로 연구범위의 광대함이라든가 연구대상의 다양성과 함께 인간의 사고활동을 주된 연구대상으로 하고 있다는 데 기인하는 것으로 생각된다.

사상의 역사적 발전양식을 거시적인 관점에서 보면 크게 두 가지를 지적할 수 있다. 하나는 사상의 내재적 발전이며, 또 하나는 내생(內生)과 외발(外發) 사이의 문화·사상의 접촉에 의한 사상의 발전이다. 전자가 종적인 차원에서의 사상의 발전에 대한 논의라고 한다면, 후자는 횡적인 차원에서의 사상의 발전에 대한 논의라고 할 수 있다.

우선 전자에 관하여 보면, 학설의 정부(正否)를 떠나서 쉽게 떠올릴 수 있는 것이 마르크스주의의 보편사적인 발전단계론으로서 생산양식과 생산관계를 기초로 한 역사적 발전이지만, 사상의 내재적인 발전이란 반드시 발전법칙에 의거한 사상의 발전을 의미하는 것은 아니며, 한 사회에서의 내재적 계기를 매개로 한다든가 사상의 내재적 비판에 촉발되어 사상의 발전을 초래하는, 또는 현실의 정치·경제·사회적 상황을 매개로 하여 사상의 역동적인 발전을 가져오는, 수없이 많은 발전양식을 상정할 수가 있다. 이에 비해 후자에 관하여 보면, 내생과 외발, 토착과 외래(外來)에서 볼 수 있듯이 외부로부터의 문화·사상적인 촉발에 의해서 사상의 발전을 초래하는 것으로, 19세기 중엽 이후 서세동점(西勢東漸)으로 인한 동아시아 세계에서의 한·중·일의 사상적 발전은 그 전형적인 사례라고 할 수 있다.

한국정치사상사연구에서는 사상의 내재적 발전이든 내생과 외발 사이의 문화·사상의 접촉에 의한 발전이든, 다양한 사상의 발전을 피할 수 없다. 그러나 한국정치사상사연구에서는 첫째로 연구대상을 그것 자체로서 실체적으로 파악하려고 한다. 그것은 방법적으로 연구대상에 대한 내재적 이해를 추구하는 것으로서, 연구대상을 연구자가 도달하여 있는 현재의 지점에서가 아니라 그것 자체를 즉물적(sachlich)으로 파악하는 것, 이것을 베버(M. Weber)류로 말한다면 연구자는 자기 자신이 품고 있는 가치이념이라든가 가치판단을 될 수 있는 한 선명하게 인식함으로써 이에 사로잡히지 않고 오히려 자각적으로 자기통제가 가능하게 되는, 그러한 의미의 가치자유(Wertfreiheit)의 학문적 태도를 말한다.

둘째로 한국정치사상사연구에서는 사상의 역사적 개체성에 착안한다는 것이다. 이미 언급했듯이 연구방법에서 직관에 의존하지 않는 한, 모든 지적 탐구는 역사 속의 개별적인 경험적 실재를 대상으로 하지 않을 수 없으며, 이러한 의미에서 개별주의적인 어프로치는 보편주의적인 어프로치에 선행한다. 그리하여 개별주의적 어프로치에서 연구방법상 가장 기조(基調)를 이루는 착안점은 연구방법이란 연구대상 속에 내재해 있다는 것이다. 바꾸어 말하면 연구방법을 연구대상 속에서 발견한다는 것이다.

이러한 학문적 입장은 그 당연의 결과로서 첫째, 학문연구의 자아준거적 거점을 확보할 수 있을 뿐만 아니라 사상사연구에서 사상의 개성(個性)——독자성과 특수성——과 그 개성을 부단히 역동화(力動化)하는 사상의 문화적 패턴(pattern)을 해명할 수 있을 것으로 생각된다. 한국정치사상사연구는 바로 이와 같은 연구방법을 기점(起點)으로 하고 있다.

<참고문헌>

강광식, 『신유학사상과 조선조유교정치문화』(집문당, 2000), 109-121쪽.
김석근, 「주변부지식인의 '허위의식'과 '자기정체성'」, 한국정치학회 편, 『한국의 정치학: 현황과 전망』(법문사, 1997), 104-145쪽.
김학준, 『한국정치론: 연구의 현황과 방향』(한길사, 1983), 129-174쪽.
김한식, 「한국정치사상연구서설: 접근방법과 관련하여」, 『한국정치학회보』 제33집 2호(1999), 29-48쪽.
김홍우, 『현상학과 정치철학』(문학과지성사, 1999), 713-716쪽.
문승익, 『주체이론: 서문』(아인각, 1970).
박충석, 『한국정치사상사』(삼영사, 1982), 236-273쪽.
_____, 「한국정치사상사연구를 생각함」, 『東北亞』 창간호(1995), 354-368쪽.
부남철, 「한국정치사상연구」, 김계수 외, 『한국정치학연구의 대상과 방법』(한울, 1993), 59-80쪽.
손문호, 「한국정치사상사연구서설」, 『한국정치연구』 제3호(서울대 한국정치연구소, 1991), 143-161쪽.
_____, 「한국정치사상사연구의 현황과 논점」, 한국정치학회 편, 『한국정치학 50년: 정치사상과 최근 연구분야를 중심으로』(한울, 2001), 225-246쪽.
신복룡, 『한국정치사상사』(나남출판, 1997), 15-38쪽.
이정복, 「한국정치학의 변화와 발전방향」, 『한국정치연구』 제8·9호(서울대 한국정치연구소, 1999), 549-567쪽.
이택휘, 『한국정치사상사』(전통문화연구회, 1999), 9-29쪽.
정윤재, 『한국정치사상의 비교연구』(한국정신문화연구원, 1999), 3-38쪽.
조찬래, 「정치사상연구의 현황과 방향모색」, 『한국정치학회보』 제21집 2호(1987), 219-232쪽.

安藤英治, 「マックス・ウェーバーにおける'客觀性'の意味」, 大塚久雄 外, 『マックス・ウェーバー研究』(東京: 岩波書店, 1973), 11-12쪽.

丸山眞男, 「思想史の考え方について: 類型・範圍・對象」, 武田淸子 編, 『思想史の方法と對象』(東京: 創文社, 1961), 3-33쪽.

_____, 「原型・古層・執拗低音: 日本思想史方法論についての私の歩み」, 武田淸子 編, 『日本文化のかくれた形』(東京: 岩波書店, 1984), 89-152쪽.

제1편

고대국가 형성의 정치사상

제2장 고대국가의 제천의식과 민회

김석근(연세대학교)

1. 고조선과 연맹왕국

이미 아는 바와 같이 고조선은 한반도에 등장한 최초의 '국가'로 여겨지고 있다. 그 국가적 성격에 대해서는 이른바 청동기문화를 근간으로 하는 '성읍국가'이며, "한국에 있어서 최초로 등장하는 국가"라 할 수 있다.[1] 하지만 가장 오래된 문헌이자 정사(正史)로 여겨지는 『삼국사기』(三國史記, 1145)에는 단군신화와 고조선에 대한 기록이 실려 있지 않다. 『삼국유사』(三國遺事, 1289)를 통해서 단군신화, 그러니까 고조선의 건국과 그에 얽힌 신화적인 이야기를 들을 수 있을 뿐이다.[2]

우리의 상고사 내지 고대사의 경우 실상을 전해 주는 사료가 적은 만큼 어느 정도까지는 중국의 기록을 참조하지 않을 수 없다. 무지와 왜곡이라는 함정이 없지 않겠지만, 어쩔 수 없는 일이다. 그런 만큼 중국 사서의 기록을 방편적으로 활용하면서 조심스레 역사상(歷史像)을 재구성

---

1) 이기백·이기동, 『한국사강좌 1(고대편)』(일조각, 1982), 41쪽.
2) 김석근, 「단군신화와 정치적 사유: 한국정치사상의 시원(始原)을 찾아서」, 이재석 외, 『한국정치사상사』(집문당, 2002a) 참조.

해 가야 할 것이다.

『사기』(史記)의 「조선열전」(朝鮮列傳) 권115에서는 고조선의 발전과 위만(衛滿)에 의한 정권교체, 그리고 한(漢)나라 무제(武帝)에 의한 멸망과 한사군(漢四郡) 설치에 대해 전해 주고 있다.3) 그 흐름을 정리해 보면, 대륙의 정치변동으로 인해 일단의 유이민(流移民)이 흘러들어오게 되었고, 그들의 영도자 위만이 고조선의 준왕(準王)을 내쫓고 나라를 빼앗았다는 것(BC 194~180),4) 그때 이미 고조선 외에 몇몇 성읍국가가 등장해 있었다는 것,5) 그리고 위만조선이 그들과 중국 사이의 교역을 방해하자 마침내 한나라는 위만조선을 공격, 멸망시키고 한사군을 설치했다는 것(BC 108) 등으로 요약할 수 있겠다.

한사군 설치에 대해서 토착 정치세력들의 반발과 저항은 거셌던 듯하다. 20여 년 만에 진번, 임둔 2군을 폐지하고 낙랑, 현도군에 맡겼다는 것(BC 82), 현도군이 만주 홍경(興京)으로 옮겼다는 사실(BC 75)이 그러한 추정을 가능하게 해 준다. 이와 병행해서 한반도 곳곳에 독자적인 정치적 공동체가 등장하게 되었다. 국가의 성격으로 보자면, 종래의 성읍국가들이 연합해서 만들어 낸 일종의 연맹체, '연맹왕국'이라고 할 수 있겠다.6) 그런 예로는 『삼국지』(三國志) 「동이전」(東夷傳) 권30에 나오는

---

3) 거의 같은 내용이 『漢書』(95) 「朝鮮列傳」에도 실려 있다. 그 외에 『三國志』(30) 「魏書」 東夷傳 裴松의 주(注)에 인용된 「魏略」에도 BC 3세기경의 고조선에 대한 언급이 보인다.
4) 『三國遺事』 紀異篇의 衛滿朝鮮條 역시 그러한 사정을 전해 주고 있다.
5) "청동기의 사용과 더불어 형성된 성읍국가를 기본으로 하고 각지에 정치적 사회가 탄생하였다. 북쪽 송화강 유역의 부여(夫餘), 압록강 중류 지역의 예맥(濊貊), 요하와 대동강 유역의 고조선(古朝鮮), 동해안에 있는 함흥평야의 임둔(臨屯), 황해도 지방의 진번(眞番), 그리고 한강 이남의 진국(辰國) 등이 그러한 것이었다. 이들은 대체로 BC 4세기경에는 이미 중국에까지 그 존재가 알려질 정도로 성장하고 있었다. 그리고 그들 중에서도 청동기 유물을 제일 많이 남기고 있는 요하와 대동강 유역에 자리 잡고 있던 고조선이 가장 선진적인 것이었다." 이기백, 『한국사신론』(일조각, 1991), 33쪽.
6) '부족연맹체', '영역국가' 등으로 부르기도 한다. 이기백·이기동, 앞의 책, 57쪽 참조.

'부여, 고구려, 동옥저(東沃沮), 예(濊), 삼한(三韓)[마한(馬韓), 진한(辰韓), 변한(弁韓)]' 등을 들 수 있겠다.7) 하지만 그들의 정치적·사회적 상황에 대해서는 그다지 알려져 있지 않다.8)

'정치사'적인 흐름으로 보자면, 그러한 연맹왕국들은 서로 경쟁하고 통합해 가는 과정을 거쳐서 마침내 고구려, 백제, 신라라는 '3국'의 정립(鼎立), 다른 말로 하자면 '중앙집권적 귀족국가'(혹은 '고대국가')9) 체제를 갖추게 된다. 그런데 그들 연맹왕국은 최초의 성읍국가인 고조선과 중앙집권적 귀족국가인 삼국(고구려, 백제, 신라) 사이에 끼어 있으면서 그다지 두드러지지 않는다. 그런 만큼 그다지 주의하지 않는다. 정치적 과도기에 존재했던 '한시적인 국가'임과 동시에 그 과정에서 '사라져 간 왕국'이라 할 수도 있겠다.

하지만 '정치사상사'라는 측면에서 보자면, 설령 희미할지라도 그들에서 찾아볼 수 있는 정치적 사유의 흔적이 갖는 의미와 가치는 과소평가될 수 없다. 그들을 통해서 정치적 사유의 아주 오래된 '고층'(古層)10)을

---

7) 『三國志』(30) 東夷傳에는 '부여, 고구려, 동옥저, 읍루, 예, 마한, 진한, 변한, 왜' 등의 전이 실려 있다. 따라서 3세기 중엽까지의 한국 고대사 연구에서는 기본적 자료가 된다고 하겠다. 『後漢書』 東夷傳에도 비슷한 내용이 실려 있지만, 역시 『三國志』 東夷傳을 바탕으로 한 것으로 보아야 할 것이다.
8) 『三國遺事』 紀異篇에서는 고조선, 위만조선에 이어 '마한(馬韓), 이부(二府), 칠십팔국(七十八國), 낙랑국(樂浪國), 북대방(北帶方), 남대방(南帶方), 말갈(靺鞨)과 발해(渤海), 이서국(伊西國), 오가야(五伽倻), 북부여(北夫餘), 동부여(東夫餘), 고구려, 변한(卞韓) 백제(百濟), 진한(辰韓)' 등에 대해 간략하게 적은 다음 신라 시조 박혁거세부터는 왕별로 기록하고 있다. 그와 같은 이름의 단순하고 간략한 나열 자체가 복잡한 그 시대의 상황을 말해 준다고 할 수 있지 않을까 한다. 오래 전의 일이었던 만큼 아마 이것들은 각 지역에 전해지는 이름이었을 가능성이 크다.
9) 고대사회의 발전과 이른바 '고대국가'의 성격과 형성과정에 대해서는 다양한 견해가 나와 있다. 이에 대해서는 진덕규, 『한국정치의 역사적 기원』(지식산업사, 2002), 90-103쪽 참조. 어떤 관점에 서건 간에 삼국(고구려, 백제, 신라)의 정립(鼎立)이 하나의 기준점이 된다고 하겠다. 여기서는 부족연맹(연맹왕국)에서 중앙집권적 왕국(고대국가)으로 나아갔다는 견해를 따르기로 한다.
10) 원래 지질학 용어로서 가장 오래된 지층을 가리킨다. 정치의식의 성층 중에서 가장 오래된, 따라서 가장 아래에 있는 부분을 말한다. '고층'(古層) 개념에 대해서는

가늠해 볼 수 있기 때문이다. 이른바 '외래사상'으로서의 '유교, 불교, 도교' 삼교(三敎)가 도입되기 이전의 '토착적인'(혹은 원시적인) 정치적 사유를 재구성해 내는 데 나름대로 기여할 수 있다고 하겠다. 그와 같은 토착적인 사유는 그 후 중국에서 전래된 외래사상을 받아들이는 데 어떤 형태로건 적지 않은 영향을 미쳤을 것이다.

아울러 덧붙여 두고 싶은 것은 훗날의 고대국가 역시 그 기원을 따져 보면 역시 '연맹왕국'으로 출발하고 있다는 점이다. 『삼국지』 「동이전」에 '고구려'가 병기되어 있다는 사실이 그 점을 단적으로 말해 준다. 다만 연맹왕국들 사이의 '경쟁과 통합'의 과정에서 살아남아 '고대국가'로 발전해 갔던 것뿐이다. 때문에 선험적으로 '삼국'으로 한정시켜 보기에 앞서 정치사적인 성장과 발전의 과정으로 바라보는 안목이 필요하다.

이 글에서는 다소 시기의 차이가 있다고 할지라도 고조선과 연맹왕국, 그리고 삼국(고구려, 백제, 신라)의 초기단계—이른바 '고대국가'로 도약하기 이전 단계—에서 가늠해 볼 수 있는 시대에 있었던 '제천의식'(祭天儀式)과 '민회'(民會)에 초점을 맞추어 살펴보고자 한다.

2. 건국신화와 지배의 정당화

"창건신화는 다양한 국가와 민족들의 집단적 정체성에 대한 이야기들을 담고 있다. 창건신화는 그들의 역사를 낳은 자궁과도 같다."[11] 창건신화 내지 건국신화는 어떤 한 국가 내지 한 민족의 기층적 사고 및 세계관과 유기적인 관련성을 갖는다. 그것을 통해서 일종의 정치적 사고(思考)의 '원형'(原型, archtype)에 가까이 갈 수 있다.[12]

마루야마 마사오(丸山眞男), 「역사의식의 고층」, 김석근 외 역, 『충성과 반역: 전환기 일본의 정신사적 위상』(도서출판 나남, 1998); 丸山眞男, 「原型・古層・執拗低音: 日本思想史方法論についての私の歩み」, 『丸山眞男集』 第12巻(岩波書店, 1996a) 등을 참조.
11) J. F. 비얼레인, 『살아있는 신화』, 배경화 역(세종서적, 1999), 10쪽.

아득한 태초부터 신화가, 더구나 '건국신화'가 존재했을 리 없다. 건국 신화는 일정한 단계에서 만들어진 것이다. 그것은 일정한 규모의 정치적 공동체의 형성, 다시 말해 '건국'(국가 건설)이라는 '정치'행위와 깊이 관련되어 있다는 점에서 창세·기원신화에 비해 비교적 후대에 등장한다. 바야흐로 신화가 역사적 사건과 결합하는 단계에 등장하기 마련이다. 그것은 씨족 내지 부족단위의 집단이 모여서 더 큰 규모의 정치적 공동체를 형성해 가는 과정의 산물이기도 하다.

때문에 건국신화의 등장은 대규모의 정복과 전쟁을 가능하게 해 주는 물적 토대, 구체적으로 청동기시대 이후에나 가능한 것이다. 그 말은 어떤 형태로건 지배·피지배관계를 수반하게 된다는 것이다. 아울러 그러한 관계를 정당화·합리화시키는 이데올로기 내지 이념적 장치를 필요로 하게 된다. 그것은 역사발전에서 하나의 '사건' 내지 '전환점'으로서의 의미를 갖는다.

따라서 단군신화 역시 한 번쯤 그러한 시각으로 바라볼 필요가 있다. 그것은 청동기시대로 이행해 가는 변혁기, 생산력의 발전과 사유재산의 등장, 정복과 유이민을 통해 씨족과 부족단위를 넘어서 성읍국가가 등장하는 역사적 상황 등을 상징적으로, 그리고 총체적으로 전해 주고 있으며,13) 그러한 신화 속에는 아득히 먼 시점에서 고조선 성립에 이르기까지 각각 그 기원을 달리하는 다양한 요소들이 거의 다 담겨 있다.

특히 주목되는 것은 환웅이 지상으로 내려왔다는 '하늘'(天)에 다름 아니다. 『삼국유사』는 그에 대해 이렇게 전해 주고 있다: "『고기』(古記)에 다음과 같은 글이 있다. 옛날에 환인(桓因)의 서자(庶子) 환웅이 천하에

---

12) 그러한 관점에서 일본의 건국신화를 검토하고 있는 김석근, 「아마테라스와 진무(神武): 역사의 신화화, 신화의 정치화」, 『일본연구논총』 제18호(2003년 겨울), 120-121쪽 참조.
13) "요컨대 단군신화는 청동기시대를 배경으로 해서 고조선의 건국과 함께 성립한 것이며, 따라서 고조선의 건국 없이는 이루어질 수 없는 신화"인 것이다. 이기백·이기동, 앞의 책, 44쪽. 그리고 단군의 다양한 측면에 대해서는 서울대학교 종교문제연구소, 『단군: 그 이해와 자료』(서울대출판부, 1994)를 참조할 수 있다.

자주 뜻을 두고 인간 세상을 탐하여 구했다. 아버지[환인]가 아들의 뜻을 알고 삼위태백(三危太白)을 내려다보니 인간 세상을 널리 이롭게 할 만하여, 이에 아들에게 천부인(天符印) 세 개를 주어 [그곳에] 가서 다스리게 했다. 환웅은 무리 3천 명을 거느리고 태백산(太白山) 정상[태백은 곧 지금의 묘향산이다] 신단수(神檀樹) 아래로 내려와 그곳을 신시(神市)라 이르고 그 분을 환웅천왕(桓雄天王)으로 불렀다. [그는] 풍백(風伯), 우사(雨師), 운사(雲師)를 거느리고, 곡식, 생명, 질병, 형벌, 선악을 맡아서 관장하고 인간 세상에 관한 360여 가지 일을 관장하면서 세상에 머물러 다스리며 교화했다."14)

하늘(天)은 우주만물이 영혼을 가지고 있다는 애니미즘(animism)의 일환, 아니 그 최고봉으로 이해될 수 있다. 하늘은 '태양'보다 훨씬 더 진보한 사유체계에서 볼 수 있다. 자신의 지배와 통치를 정당화·합리화하기 위해 '하늘의 아들' 혹은 '하늘이 보낸 사람'이라고 주장하는 것은 그리 낯설지 않다.15) 그 모티브는 그 후의 건국설화에서 거의 예외 없이 되풀이되고 있다.

고구려를 건국하게 되는 주몽 역시 자신을 "천제의 아들이요, 하백의 외손"이라고 했다. 그의 출생에 얽힌 이야기는 신기하다. 주몽의 어머니 유화부인에 의하면, "나는 하백(河伯)의 딸이고, 이름은 유화(柳花)이다. 여러 동생들을 데리고 나가 놀았는데, 때마침 한 남자가 자칭 천제의 아들 해모수라 하면서 나를 웅심산(熊心山) 아래 압록강 가에 있는 집으로 유인해 사욕을 채우고, 그 길로 가서는 돌아오지 않았다. 나의 부모는 내가 중매도 없이 남자와 관계한 것을 꾸짖고, 마침내 우발수에서 귀양살이를 하게 했다"고 한다. 그녀를 데려온 부여왕 "금와가 이상하게 생각해 그녀를 방에 가두었는데, 그녀에게 햇빛이 비쳤고, 그녀가 몸을 피하면 햇빛이 또한 그녀를 따라가면서 비쳤다. 그로 인해 태기가 있어 다섯 되 들이만한 큰 알을 낳았다. 왕이 그 알을 버려 개와 돼지에게 주었

---

14) 『三國遺事』紀異篇 古朝鮮條.
15) 이에 대해서는 김석근, 앞의 논문(2002a)에서 자세하게 다룬 바 있다.

으나 모두 먹지 않았으며, 다시 길 가운데 버렸으나 소와 말이 피하고 밟지 않았다. 나중에는 들에 버렸으나 새가 날개로 그것을 덮어 주었다. 왕이 그것을 쪼개려 했으나 깨뜨릴 수가 없었으므로 마침내 그 어머니에게 돌려주었다. 그 어머니가 그것을 감싸서 따뜻한 곳에 두니, 한 사내아이가 껍질을 깨뜨리고 나왔다. 그의 골격과 외모가 뛰어났다. 그의 나이 7세에 보통 사람과 크게 달라서 스스로 활과 화살을 만들어 쏘았는데 백발백중이었다. 부여 속담에 활을 잘 쏘는 사람을 '주몽'이라 했기 때문에 이로써 이름을 지었다고 한다."16)

한참 훗날의 일이지만 '고대국가'로 웅비하게 되는 고구려의 경우, 실은 연맹왕국 부여의 영향권 하에서 성장해 이에서 벗어났다는 것을 넌지시 말해 주고 있다. 실은 부여왕 금와 역시 예사롭지 않은 출생담을 가지고 있다.17) 어쨌든 주몽은 금와의 일곱 아들, 특히 큰 아들 대소(帶素)의 견제와 핍박을 피해 도망가게 되고, 군사들이 그 뒤를 쫓았다. 강가에 다다른 주몽은 이렇게 외쳤다. "나는 천제의 아들이요, 하백의 외손이다. 오늘 도망을 하는 길인데, 뒤쫓는 자들이 다가오니 어찌해야 하는가?" 그러자 물고기와 자라가 물 위로 떠올라 다리를 만들어 주었다. 그래서 주몽은 무사히 강을 건널 수 있었다. 천제의 자손이기 때문에 가능했던 일이라 하겠다.18)

건국시조가 하늘에서 내려왔다거나 하늘의 자손이라는 모티브는, 구

---

16) 『三國史記』 高句麗本紀 東明聖王條.
17) "부여왕 해부루(解夫婁)가 늙을 때까지 아들이 없었다. 그는 산천에 제사를 드려 아들 낳기를 기원했다. 하루는 그가 탄 말이 곤연(鯤淵)에 이르렀는데, 말이 그곳의 큰 돌을 보고 눈물을 흘렸다. 왕이 괴이하게 여기고 사람을 시켜 그 돌을 굴려 보니, 금빛 개구리[와(蛙)는 와(蝸)라고도 한다] 모양의 어린아이가 있었다. 왕이 기뻐하며 "이 아이가 바로 하늘이 나에게 주신 아들이구나!"라고 말하고, 그를 데려와 기르며 금와(金蛙)라고 이름 지었다." 『三國史記』 高句麗本紀 東明聖王條.
18) 이와 같은 신화적인 이야기는 가장 오래된 금석문 「광개토대왕 비문」(AD 414년)에서도 그대로 확인된다. 시기적으로 보자면 비문의 그것이 『三國史記』의 그것보다 더 오래된 것이다. 그리고 이규보(李奎報)의 「東明王篇」(『東國李相國集』(3))은 그 신화를 아름다운 '오언고율시'(五言古律詩)로 노래한 것이다.

체적인 양상은 조금 다를지라도, 신라와 가야의 건국신화에서도——이들에 대해서는 뒤에서 다루기로 한다——마찬가지로 확인된다. 백제 역시 크게 다를 바 없다. 동명성왕의 아들로서 한 단계 건넜을 뿐이다.19) 건국시조에 얽힌 신화적인 이야기는 그 정치적 공동체의 일체감을 높여 주는 역할을 했겠지만, 그와 동시에 지배의 질서와 관계를 나름대로 정당화시켜 주는 역할도 했을 것으로 여겨진다.20)

3. 제천의식

우주만물이 모두 영혼을 가지고 있다고 믿는 원시신앙, 그것이 곧 애니미즘이다. 해와 달, 산이나 강, 하천, 그리고 나무나 바위 등 모든 것이 영혼을 가지고 있다. 수목(樹木)이나 거석(巨石)숭배, 그리고 산천(山川)신앙 등은 그러한 믿음에서 나온 것이다. 자신의 이해와 능력을 넘어서는 미지의 자연에 대한 이러한 원초적 외경심을 우리는 이해할 수 있다. 삼위태백, 태백산, 신단수, 백악산 아사달 등은 아마도 그런 것을 표현해 주고 있으리라. 고구려 시조 주몽의 외조부가 강의 신 하백(河伯)이라는 것 역시 예사롭지 않다. 게다가 산과 강, 그리고 바다는 그들의 삶의 현실적인 원천이기도 했다.

그러면 삼라만상 중에서 가장 위대한 것은 무엇이었을까? 아니, 그들은 무엇이라고 생각했을까? 인간의 힘으로 어쩔 수 없는 것들이 도처에 있다면, 그들 사이에 서열이 매겨지기 마련이다. 신들의 사회에도 계급과 서열이 있다. 가까이 있어 정체가 간파되어 버린 것은 순위가 밀릴

---

19) 『三國史記』 百濟本紀 溫祖王條.
20) "우리나라 건국신화의 기본 특질을 요약하면 '천손강림(天孫降臨)의 개국설화'와 '신혼감이(神婚感異)의 국조설화'의 복합이라 할 수 있다. 이 두 가지는 불가분의 상호관계에 있는 것으로, 그 근본 모티브는 우세족의 열세족에 대한, 지배자의 피지배자에 대한 자가(自家)의 혈통적 권위의 과장에 있다." 조지훈, 『한국문화사 서설』(나남, 1996), 69-70, 78-79쪽 참조.

수밖에 없다. 언제나 머리 위에서 이글거리는 태양이 제일 높은 자리를 차지하지 않았을까. 태양신앙은 어디에서나 볼 수 있는 보편적 현상이라 하겠다. 그런데 '태양'과 비슷하면서 조금 다른 차원의 것이 바로 '하늘'(天)이다. 태양이 가시적인 것이라면, 하늘은 상당히 추상화된 것이다. 형이상학적으로 한 걸음 더 진보한 것이라 하겠다.[21]

게다가 건국시조, 다시 말해 새로운 정치공동체의 수장이 된 영웅들은 거의 예외 없이 자신이 하늘에서 내려왔다거나 아니면 하늘(天)의 자손이라는 신화를 가지고 있다. 그 당시에는 '하늘'(天)이 가장 위대한 것으로 간주되고 있었기 때문에, 자신들을 하늘의 자손으로 설정했다고 볼 수도 있겠다. 지금이야 그런 신화 자체가 지배의 정당화 논리 내지 일종의 이데올로기라는 식의 해석이──나아가서는 '해체'가──가능해졌지만, 그 시대를 살았던 사람들에게는 의심할 수 없는 '신성한 이야기'에 다름 아니었을 것이다.

따라서 '하늘'에 대한 믿음과 숭배는 당시 '정치'현상의 존재양태와도 긴밀하게 얽혀 있었다. 그 자체가 정치의 중요한 한 부분이었을 것이다. 단군신화는 '제정일치' 시대의 존재를 상징적으로 전달해 주고 있다.[22] 단군은 '제사장', 왕검은 '정치적 군장'이라는 의미로 이해한다면, '단군왕검'은 곧 제사장과 정치적 군장이 일치하고(혹은 미분화되어) 있었음을 가리킨다. 거기에 담겨 있는 '정치'의 모습은 종교와 정치가 아직 분화되기 이전의 그것, 다시 말해 '신정정치'(theocracy)의 그것에 가깝다.[23]

하지만 연맹왕국 시대의 어느 시점에, 그리고 아무리 늦어도 고대국가의 초기단계에 그러한 제정일치의 상태는 '분리'되었을 것으로 여겨진

---

21) 이른바 한자문화권에서 '天'과 '日'이 차지하는 비중과 위상은 크게 다르다. 日은 月과 짝을 이루고 있다. 그러나 일본 신화에서는 태양신(天照大神, 아마테라스 오카미)이 단연 두드러진다.
22) "신시는 제정일치 단계에서 임금으로서의 권능과 무당으로서의 주술을 동시에 발휘하는 신성 장소이다. 환웅을 일컬어 환웅천왕이라고 한 데도 이 두 가지 능력이 함께 나타나 있다." 조동일, 『한국문학사 1』(지식산업사, 1988), 65쪽.
23) 김석근, 앞의 논문(2002a), 32-35쪽 참조.

다.24) 세속적인 권력과 종교적인 제의가 기능적으로 다른 영역을 떠맡게 되었을 것이다. 연맹왕국 사이의 치열한 '경쟁'(전쟁)과 '통합'의 과정을 통해서, 특히 세속적인 정치권력의 독자적인 행보와 더불어 그러한 분화는 한층 더 가속화되었을 것이다.25) 뒤에서 보겠지만, 삼한(三韓)에서 별읍(別邑)을 주관했던 제사장, 즉 '천군'(天君)의 존재는 제정분리 현상을 말해 주는 좋은 징표가 된다. 그 별읍에는 큰 나무를 세우고 방울과 북을 달았다. 그곳은 일종의 신성불가침의 지역으로 여겨져 죄인이 도망가서 숨더라도 그를 잡아가지 못했다. '소도'(蘇塗)가 그것이다.26)

그러나 제정일치 시대는 물론이고, 그 후에 제정분리 시대가 되었다고 할지라도, '하늘'이 갖는 위엄과 권위는——적어도 '종교적' 권위는——유지될 수 있었을 것이다. 소도를 관장하던 제사장의 칭호가 '천군'(天君)이었다는 사실 역시 상징적이다. 자신들의 통제를 넘어서는 날씨와 기후 등에 대해서는 어떻게 해 볼 도리가 없었다. 특히 농경사회로 접어들면서 태양, 바람, 비 등에 대한 외경심은 한층 더 깊어졌을 것이다. 단군신화에서 환웅이 "풍백(風伯), 우사(雨師), 운사(雲師)를 거느리고 곡식, 생명, 질병, 형벌, 선악을 맡아서 관장하고 인간 세상에 관한 360여 가지 일을 관장하면서 세상에 머물러 다스리며 교화했다"27)고 한 것은 시사하는 바가 크다.

그러니 연맹왕국, 나아가서는 고대국가 초기단계에 국가적 차원에서 '하늘에 대한 제사'를 치렀다는 것, 다시 말해 '제천'(祭天)의례가 있었다는 것은 극히 자연스러운 현상이라고 하겠다. 『삼국지』「동이전」은 연맹

---

24) 『三國史記』 기록 도처에서 무당의 존재를 확인할 수 있는데, 그들은 오로지 종교적 영역에 국한되어 있을 뿐이다. 이미 왕의 충실한 '신하'가 되었다.
25) 대외관계, 특히 군사활동이 제사장의 제정일치적인 권위에 결정적인 타격을 안겨 주었다고 한다. 진덕규, 앞의 책, 56쪽.
26) '소도'에 대한 개괄적인 설명은 이기백·이기동, 앞의 책, 112-113쪽 참조. 소도는 서양의 asile, asylum(遁避所)에 대비될 수 있겠다. 또한 고대 그리스 제우스의 거주처인 올림푸스(Olympus)나 오늘날의 바티칸(Vatican)공국에 비견할 수 있을 것이다.
27) 『三國遺事』 紀異篇 古朝鮮條.

왕국 시대에 대해 귀중한 정보를 전해 주고 있는 것이다. 그것을 토대로 '제천의식'에 대해 살펴보기로 하자.[28]

1) 부여의 영고

부여는 만리장성 북쪽에 있으며, 현도군에서 천 리쯤 떨어져 있었다. 남쪽으로 고구려, 동북으로 읍루(挹婁), 서쪽으로 선비족과 접해 있었는데, 북쪽에 약수(弱水)가 있으며, 국토의 면적은 사방 이천 리 정도가 되었다. 산과 언덕, 넓은 연못이 많아 동이(東夷)지역 중에서는 가장 평탄하고 넓은 곳이었다. 호구 수는 팔만 호 정도에 사람들은 정착(定住, 土着)생활을 했다.

이미 '지배·피지배'관계 내지 '권력'관계가 형성되어 있었던 듯하다. 궁실과 창고, 그리고 감옥이 있었다. '군왕'이 있었으며, 여섯 가지 가축의 이름으로 관직명을 삼았는데, 마가(馬加)·우가(牛加)·저가(豬加)·구가(狗加)·견사(犬使)가 있었다. 견사(犬使)는 사신(심부름꾼)이었다. 읍락에는 호민(豪民)이 있고 백성은 하호(下戶)라 했는데, 모두가 노복(奴僕)이었다. 여러 가(加)들은 따로 사출도(四出道)를 다스렸는데, 큰 것은 수천, 작은 것은 수백 집이었다. 사람들은 흰색을 숭상해 흰옷을 즐겨 입었다. 흰 베로 크고 넓은 소매 달린 도포와 바지를 지어 입고 가죽신을 신었다.

그런데 형벌이 엄하고 혹독해서, 사람을 죽인 자는 사형에 처하고 그 집안 사람들은 모두 노비로 삼았다. 도둑질한 자는 훔친 것의 열두 배를 갚아야 했다. 남녀가 음란한 짓을 하거나 부인이 투기를 하면 모두 사형에 처했다. 부인이 투기하는 것을 더욱 미워해서 죽인 후에는 그 시체를 (나라의) 남산 위에 던져 두었다. 그리고 썩어 문드러지도록 내버려두었다. 친정에서 그 부인의 시체를 거두려면 소와 말을 바쳐야 했다. 형이 죽으면 형수를 아내로 삼았다(兄死妻嫂).

---

[28] 이하의 서술은 『三國志』(30) 東夷傳을 참고했다. 특별히 주목할 부분만 각주에 밝히기로 한다.

이 글의 관심사로 볼 때 주목되는 것은 다음과 같은 구절이다. "은나라 정월에는 하늘에 제사를 지냈는데, 나라 안에 크게 모였다. 날마다 먹고 마시고 노래하고 춤추었는데, 그것을 '영고'(迎鼓)라 했다. 그때에는 형벌을 그치고 죄수를 풀어 준다."29) 나라사람들이 많이 모여서 하늘에 제사지내고 연일 먹고 마시고 춤추고 노래했다고 하니, 그때만큼은 적어도 먹고 마실 것을 걱정할 필요가 없었던 셈이다. 게다가 그때에는 형벌을 적용하지 않고 죄를 지은 사람도 풀어 주었다는 것이다. 그야말로 '국가적 차원'에서 행해지는 '제사'이자 동시에 '축제'였던 셈이다.

그러한 은정월의 정례적인 축제가 아니면서 '하늘에 제사를 지내는 일'도 있었다. 일단 유사시에 그렇게 했다. "전쟁이 일어나면 또한 하늘에 제를 올리고 소를 잡아 그 발굽을 살펴서 그로써 길흉을 점치는데, 발굽이 갈라지면 흉하고 붙으면 길하다고 믿었다. 적이 침입하면 제가들은 모두 모여서 전쟁에 참여했으며, 하호들은 식량을 가져다가 (군사들의) 음식을 만들어 주었다."30) 예나 지금이나 전쟁에는 죽음이 따르기 마련이다. 부여에서는 여름철에 사람이 죽으면 얼음을 넣어 장사지냈으며, 장사는 후하게 치렀다. 관은 쓰지만 곽은 쓰지 않았다. 주목되는 것은 사람을 죽여 순장을 했는데(殺人徇葬), 많을 때는 백여 명이나 되었다는 것이다.

또한 제천의식과 관련해서 주목할 것은 옛 부여의 오랜 풍속이다. "옛 부여의 풍속에 장마와 가뭄이 연이어 오곡이 익지 않을 때, 그때마다 왕에게 허물을 돌려서 혹은 '왕을 마땅히 바꾸어야 한다'고 하거나 혹은 '왕은 마땅히 죽어야 한다'고 했다"31)는 것이다. 어디까지나 '옛 풍속'인 만큼 후대에도 그러했는지는 알 수 없다. 하지만 그러한 풍속이 던져 주

---

29) 원문은 다음과 같다. "以殷正月祭天, 國中大會, 連日飮食歌舞, 名曰迎鼓. 於是時斷刑獄, 解囚徒"
30) "有軍事亦祭天, 殺牛觀祭以占吉凶, 蹄解者爲凶, 合者爲吉. 有敵諸加自戰, 下戶俱擔糧食飮之"
31) "舊夫餘俗, 水旱不調, 五穀不熟, 輒歸咎於王, 或言當易, 或言當殺"

는 함의는 의미심장하다. 하늘이 관장하는 장마나 가뭄 등에 대해서 왕에게 그 '책임'을 물었다는 것, 그것은 왕이 하늘의 자손 내지 후예로 여겨졌다는 것을 역설적으로 말해 준다고도 할 수 있을 것이다.32)

그러한 옛 풍속은 제4절에서 살펴볼 '민회'와도 연결된다. "왕을 마땅히 바꾸어야 한다," "왕은 마땅히 죽어야 한다"고 했을 때, 그 언설(言說)의 주체는 역시 백성들일 수밖에 없다. 언제나 그러하듯이 현실적으로는 체제 내의 엘리트들에 의해 주도되었겠지만, 그들의 대항력은 궁극적으로 수많은 백성들에서 비롯되는 것이기 때문이다.

2) 고구려의 동맹

고구려의 경우 『삼국사기』와 『삼국유사』에서 많이 다루고 있어 이미 친숙하다. 그런데 『삼국지』「동이전」(권30)에서 "고구려는 요동의 동쪽 천리에 있고, 남쪽에는 조선과 예맥, 동쪽에는 옥저, 그리고 북쪽에는 부여와 접하고 있다"33)고 했듯이, 연맹국가 시대를 구가했던 일원이기도 했다. 더구나 나중에 옥저와 동예를 복속시켰다는 기록도 보인다.34) 건국 초기의 상황, 더욱이 '제천의식'을 이해하는 데는 고구려를 '부여의 별종'(夫餘別種)으로 서술하고 있는 「동이전」의 기록이 오히려 도움이 될 수도 있겠다.35)

부여와 마찬가지로 왕이 있었고 상가(相加), 대로(對盧), 패자(沛者), 고추가(古鄒加), 주부(主簿), 우태(優台), 승(丞), 사자(使者), 탁의(卓衣), 선인(先人) 등의 벼슬이 있었다. 신분에 따라 각각 등급이 있었다. 신분이 높은 사람, 예컨대 대가(大家)는 농사를 짓지 않았다. 그래서 앉아서 먹는

---

32) 훗날의 '천인상관설'에 의한 해석도 충분히 가능하다. 그리고 유교사회에서 천재지변에 대해서 군주가 보여준 행위──삼가 근신하거나 상징적으로 종아리에 매를 맞거나 하는 의례적인 것들──와도 무관하지 않다고 하겠다.
33) "高句麗在遼東之東千里, 南與朝鮮濊貊, 東與沃沮, 北與夫餘接."
34) "沃沮·東濊皆屬焉."
35) 양자를 비교·검토해 볼 수도 있을 것이나, 훗날의 과제로 돌리고자 한다.

사람이 만여 명이나 되었다. 하호들이 멀리서 쌀과 양식, 고기, 소금을 운반해 공급해 주었다. 감옥은 없었지만, 범죄자가 있으면 제가들이 모여 서로 의논해서 사형에 처하고 처자는 몰수해 노비로 삼았다.

본래 고구려에는 다섯 부족, 즉 연노부(涓奴部), 절노부(絶奴部), 순노부(順奴部), 관노부(灌奴部), 계루부(桂婁部)가 있었다. 처음에는 연노부에서 왕이 되었으나, 점점 그 세력이 약해져 마침내 계루부가 대신하게 되었다. 그 자체로 연맹왕국 고구려의 성격을 말해 준다고 하겠다. 처음에 국주(國主)가 되었던 연노부는 다시 왕이 되지는 못했지만, 그 적통을 이은 대인(大人)은 '고추가'(古雛加)로 불렸다. 그들은 "종묘를 세우고, 신성한 별, 토지의 신과 곡식의 신에게 제사를 지냈다. 대대로 왕실과 혼인한 절노부도 그 대인은 고추가로 불렸다."36) 또한 "그들의 풍속은…… 거처하는 곳의 좌우에 큰 집을 짓고 귀신에게 제사를 지낸다. 또한 신령스러운 별과 토지신과 곡식신에게 제사를 지낸다"37)고 했다.

게다가 10월에는 하늘에 제사를 지냈다. 그때에는 나라 안에서 크게 모였는데, 동맹(東盟)이라 했다.38) 또한 나라 동쪽에 큰 굴이 있는데, 그것을 수혈(隧穴)이라 불렀다. 10월에는 나라 안에서 크게 모여 지모신[隧神]을 맞이해 나라의 동쪽 강 위에 모시고 가 제사를 지냈다. 그때에는 나무로 만든 지모신을 신의 좌석에 모셨다.39)

고구려 사람들은 하늘에 대한 제사는 물론이고 시조[宗廟], 신성한 별, 토지신과 곡식신, 지모신에게 제사지내는 신심(信心)이 두터운 사람들이었다. 그랬던 만큼 장례를 중시했다. 남녀는 결혼하자마자 나중에 죽어서 입고 갈 수의를 미리 조금씩 만들어 두었다. 장례식은 성대하게 치러서, 금과 은의 재물을 모두 장례에 소비할 정도였다. 무덤은 돌을 쌓아 봉분을 만들고 그 주위에 소나무와 잣나무를 심었다.

---

36) "亦得立宗廟, 祠靈星社稷. 絶奴部世與王婚, 加古雛之號."
37) "其俗節食…… 於所居之左右立大屋祭鬼神, 又祀靈星社稷."
38) "以十月祭天, 國中大會, 名曰東盟."
39) "其國東有大穴, 名隧穴, 十月國中大會, 迎隧神還於國東上祭之, 置木隧於神坐."

3) 동예의 무천

동예는 남쪽은 진한(辰韓), 북쪽은 고구려와 옥저, 동쪽은 바다에 접해 있었는데, 호구 수가 2만이나 되었다. 대군장(大君長)은 없고 후(侯), 읍군(邑君), 삼로(三老)가 백성을 다스렸다고 한다. 대군장이 없는 걸로 보아 '읍락'들이 모여 형성한 작은 나라였던 듯하다. 그러다가 강성해진 고구려에 복속되었다.

그 읍락끼리 서로 침범하면 늘 서로 죄로 여겨 살아 있는 소나 말을 요구했는데, 그것을 '책화'(責禍)라 한다. 사람을 죽인 자는 죽음으로 보상해서 도둑이 적었다.[40] 그들은 산천을 소중하게 여겼으며, 산천에도 각각 부분이 있어 서로 출입하거나 상관하지 못했다. 또한 같은 성씨끼리는 혼인하지 않았다. 꺼리는 것이 많아, 질병에 걸리거나 죽으면 쉽게 옛집을 버리고 다시 새 집을 지었다. 새벽의 별의 위치를 보아 그 해의 풍성함을 알았으며, 구슬이나 옥을 보배로 여기지 않았다.[41]

항상 10월이면 하늘에 제사를 올렸는데, 밤낮으로 술 마시고 노래 부르고 춤을 추었다. 그것을 이름하여 무천(舞天)이라 했다. 또한 호랑이를 신으로 여겨 제사를 올렸다.[42]

4) 삼한의 기풍제와 추수감사제[43]

언제 어떻게 삼한이 성립했는지는 알 수 없지만, 한반도 이남에 삼한이 존재했던 것은 분명하다. 『삼국지』(권30) 「동이전」에 따르면, 대방의 남쪽에 있고, 동쪽과 서쪽은 바다에 접해 있으며, 남쪽은 왜와 접해 있

---

40) "其邑落相侵犯, 輒相罰責生口牛馬, 名之爲責禍, 殺人者償死, 少寇盜."
41) "曉侯星宿, 豫知年歲豐約, 不以珠玉爲寶."
42) "常用十月節祭天, 晝夜飮酒歌舞, 名之爲舞天, 又祭虎以爲神."
43) 그러한 명칭이 보이지는 않지만, 성격상 그렇게 불러도 큰 문제는 없을 것이라 생각한다.

었다. 사방 4천리 정도였으며, 마한·진한·변한 셋이 있었다.44)

삼한은 모두 78개에 달하는 소국으로 나누어져 있었다. 가장 세력이 컸던 마한의 경우 54개국으로 되어 있었다. 큰 나라는 1만여 가(家)가 되었으며, 작은 나라는 수천 가에 지나지 않았다. 그들을 합하면 모두 10여만 호가 되었다. 진한과 변한의 경우 각각 12개국으로 구성되어 있으며, 큰 나라는 4~5천 가, 작은 나라는 6~7백 가가 되었다. 합치면 모두 4~5만 호가 되었다. 중요한 사실은 그들 중에 훗날 백제, 신라, 본가야로 발전하는 소국들(伯濟國, 斯盧國, 狗邪國)이 들어 있었다는 것이다.

삼한에서도 하늘에 대한 제사가 있었다. "(마한에서는) 5월에 씨 뿌리기를 마치고 항상 귀신에게 제를 올렸다[祈豊祭]. 마을사람들이 무리 지어 주야를 쉬지 않고 노래하고 춤을 추고 술과 음식을 먹었다. 그 춤은 수십 명이 함께 일어나서 뒤따르고 몸을 낮게 높게 굴리며, 손발을 서로 맞추었다. 절주(節奏)는 마치 중국의 탁무(鐸舞)와 비슷했다. 10월에 농사를 마쳤을 때에도 이와 같이 했다[秋收感謝祭]."45) 그러니까 씨 뿌리고 나서, 그리고 수확하고 나서 귀신에게 제사를 지냈다는 것이다. 그 귀신의 내역에 대해서는 알 수 없다. 하지만 농사와 관련되어 있다는 점에서 하늘을 빼놓을 수 없을 것이며, 곡식과 토지의 신 역시 상정해 볼 수 있지 않을까 한다.

또한 그들은 귀신을 믿어 주로 천신을 제사지내는 한 사람을 세웠다. 그를 '천군'(天君)이라 했다. 또한 별읍(別邑)을 세워서 '소도'(蘇塗)라 했다. 소도에서는 큰 나무를 세우고 방울과 북을 달아서 귀신을 섬겼다.46) 그래서 죄를 지은 사람이 그리로 도망하더라도 잡아가지 못했다.47) 독자

---

44) "韓在帶方之南, 東西以海爲限, 南與倭接, 方可四千里. 有三種, 一曰馬韓, 二曰辰韓, 三曰弁韓."

45) "常以五月下種乾, 祭鬼神, 群聚歌舞飮酒, 晝夜無休, 其舞數十人, 俱起相隨踏地低昻, 手足相應, 節奏有以鐸舞十月農功畢, 亦復如之."

46) 소도신앙의 형성과 사회적 성격에 대한 자세한 논의는 김두진, 『한국고대의 건국신화와 제의』(일조각, 1999), 74-95쪽 참조.

47) "信鬼神, 國邑各立一人主祭天神, 名之天君. 又諸國各有別邑, 名之爲蘇塗. 立大木, 縣鈴

적인 '제사장'(천군)의 존재는 ('제정일치'에서 벗어난) '제정분리'를 말해 준다고 하겠다. 다른 식으로 말한다면, 정치공동체 내에서 '제사장'의 위상과 성격이 조금 달라졌다고 할 수도 있겠다.[48]

4. 민회[49] : 국중대회와 합의제

'제천의식'에서 알 수 있듯이 하늘에 제사지내는 것은 그야말로 국가적 차원에서 행해지는 대규모 행사였던 셈이다. 소수 지배층만의 행사는 아니었다. 그 나라 사람들이 가능한 한 많이 모였을 것이다. '국중대회'(國中大會)로 표현된 부분이 그것을 말해 준다.

그렇게 모인 사람들은 나라마다 약간의 차이는 있겠지만, 하늘에 제사를 지낸 다음 연일 마시고 노래하고 춤추었다는 점에서는 크게 다르지 않다. 특히 가을 추수가 끝난 후에는 1년 중에 살림살이가 가장 넉넉하다는 점에서 마음껏 먹고 마시고 즐길 수 있었을 것이다. 마음이 넉넉해지다 보니 죄수들에게도 관대하게 대했다. 모처럼 일상에서 벗어날 수 있었던 것이다. '국가적 차원'에서 행해지는 제사이자 동시에 축제였던 셈이다.

지배·피지배관계가 어쩔 수 없이 설정되었다고 할지라도, 그 시대적

鼓, 事鬼神. 諸亡逃至其中, 皆不還之."
48) "어떻든 직업적인 제사장의 출현으로 말미암아 원시적인 무격신앙은 변화를 초래했다. 즉 자기의 힘으로 신을 움직일 수 있다고 생각한 주술사로서의 임무보다도 신에게 기원하는 제사장으로서의 임무가 강하여졌다. 다시 말하면 원초적인 주술에서 제사의례로 바뀐 것이다. 그리고 그러한 임무는 조상과 천신지기(天神地祇)에 대한 제사와 같은 특별한 경우를 제외하고는 정치적 권력자 자신이 맡을 필요는 없었다. 그리하여 제와 정은 분리된 것으로 보인다." 이기백·이기동, 앞의 책, 113쪽.
49) '민회' 하면, 우리는 즉각적으로 아테네 도시국가의 자유민들로 구성된 그것, 즉 ekklesia(스파르타의 apella)를 떠올리게 된다. 하지만 도시국가의 그 개념이 동아시아에서 번역되면서 '민회'라는 용어가 붙여진 것이다. 따라서 고대한국의 정치사상사에서 제대로 복원해 내야 할 부분이라 할 수 있다.

성격을 감안한다면 역시 아득한 옛날로부터 이어져 온 공동체의식이 더 강했다고 해야 하리라. 사회의 물적 토대 역시 공동작업을 필요로 하는 농업에 다름 아니었다. 여기서 '수많은 사람들의 원초적인 모임(집합)'을 상정할 수 있으며, 그것을 '민회'(民會)라 부를 수 있지 않을까 한다. '국중대회' 역시 그런 민회에 속하는 것으로 보더라도 크게 무리는 없을 것이다.

그런데 그 기원을 생각해 보면 '민회'는 '제천의식'과 긴밀하게 연결되어 있었던 듯하다. 사람들이 특정한 장소에 모여서 하늘에 제사지내는 모습은 지극히 자연스러운 것이다. 아니면 사람들이 모여서 하늘의 신성한 계시를 받아들이는 이미지를 생각해도 좋겠다. 이미 단군신화에서 그런 단서를 찾아볼 수 있다. 환웅은 아버지 환인이 준 천부인(天符印) 세 개를 가지고, 그리고 무리 3천 명을 거느리고 태백산 정상 신단수(神檀樹) 아래로 내려왔으며, 그곳을 신시(神市)라 했다.50) 그 장면은 후대에 국가 구성원의 무리 3천 명을 거느리고 신단수 아래에 모여서 하늘에 제사지내는 모습으로 재구성될 수 있지 않을까 한다.

여기서 우리는 국가에 중대한 일이 있을 때, 그 구성원 모두가 참여하는 형태의 모임, 즉 '민회'를 상정해 볼 수 있다. '국중대회'는 그런 모습의 현실태의 하나라고 해도 되겠다. 그러나 국중대회 형식의 민회를 언제, 어디서나 갖기는 어려웠을 것이다. 국가적인 규모로 치러지는 제천의식 내지 정말 특별한 경우에만 가능했을 것이다.

그런데 '연맹왕국'의 경우는 아직 강력한 왕권이 등장하기 이전 단계, 다시 말해 고대국가의 전제왕권이 구축되기 이전에 해당된다. 게다가 국가의 성격상 부족연맹 내지 연맹왕국이라는 정치적 결합체였던 만큼, 중대한 사안에 대해서는 연맹체의 대표자[부족장]들이 모여서[부족회의] 논의하고 결정했을 가능성이 크다고 하겠다. 하지만 거기서 내려진 결정은 대표자 몇 사람의 그것이 아니었다. 모든 구성원들의 결정으로 받아

---

50) 『三國遺事』 紀異篇 古朝鮮條.

들여졌을 것이다. 아울러 대표자 역시 이념적으로는 구성원들의 뜻을 대변하는 것으로 여겨졌을 것이다.

이처럼 연맹체의 대표자들이 모여서 논의하고 결정하는 형식, 다시 말해 '합의제'(合議制) 역시 넓은 의미의 민회에 속하는 것으로 볼 수 있지 않을까 한다. 국중대회로 상징되는 '직접적 형태의 민회'에 대비되는 '간접적 형태의 민회'라 해도 큰 무리는 없겠다. 직접적 형태의 민회라 해도, 중대한 사안의 논의와 결정은 대표자들(합의제)에 의해 행해졌을 가능성이 크다고 하겠다. 이제 구체적인 사례를 검토해 나가기로 하자.

1) 신라의 박혁거세 신화

신라의 건국신화이자 동시에 시조 박혁거세에 얽힌 신화는 민회 내지 합의체의 흔적을 엿볼 수 있게 해 준다. 이미 혁거세 탄생 이전에 사람들이 존재하고 있었다. 곰이 변해서 비로소 여자가 되는 단군신화와는 역시 성격이 크게 다른 것이다.

> 시조의 성은 박씨(朴氏)이며, 이름은 혁거세(赫居世)이다. 전한(前漢) 효선제(孝宣帝) 오봉(五鳳) 원년 갑자 4월 병진[정월 15일이라고도 한다]에 왕위에 올랐다. 왕호는 거서간(居西干)이다. 이때 나이는 열세 살이었으며 나라 이름은 서라벌(徐那伐)이었다.
> 이보다 앞서 조선(朝鮮)의 유민들이 산골에 분산되어 살면서 여섯 마을을 이루고 있었다. 첫째는 알천(閼川)의 양산촌(楊山村), 둘째는 돌산(突山)의 고허촌(高墟村), 셋째는 취산(觜山)의 진지촌(珍支村)[혹은 간진촌(干珍村)이라 한다], 넷째는 무산(茂山)의 대수촌(大樹村), 다섯째는 금산(金山)의 가리촌(加利村), 여섯째는 명활산(明活山)의 고야촌(高耶村)이라 했다. 이것이 진한(辰韓)의 6부가 되었다.
> 고허촌장 소벌공(蘇伐公)이 양산 기슭을 바라보니 나정(蘿井) 옆의 숲 사이에 말이 꿇어앉아 울고 있었다. 그가 즉시 가서 보니 말은 갑자기 보이지 않고 다만 큰 알이 있었다. 이것을 쪼개자 그 속에서 어린아이가 나왔다. 그는 이 아이를 거두어 길렀다. 아이의 나이 10여 세가 되자 지각이 들고 영리하

며 행동이 조신했다. 6부 사람들이 그의 출생을 기이하게 여겨 높이 받들다가, 이때에 이르러 임금으로 삼은 것이다.51)

먼저 혁거세가 태어나기 이전에 육촌 내지 진한의 6부가 존재했다는 사실에 주목하지 않을 수 없다. 삼한지역에 소국이 무려 78개나 있었다는 기록 역시 시사해 주는 바 크다. 6부는 그런 소국보다 더 작았을 것이다. 어쨌든 여섯 촌의 하나인 고허촌 촌장 소벌공(蘇伐公)이 알에서 태어난 아이를 거두어 길렀다. 그런데 그가 영특해서 마침내 '6부 사람들'이 높이 받들다가 임금으로 삼았다는 것이다.

6부의 존재, 그들의 '연맹', 나아가 그들이 임금으로 삼았다는 것은 단군신화처럼 위로부터 왕의 탄생이라기보다는 아래로부터 왕의 추대라는 성격이 더 강하다는 것을 말해 준다. 물론 혁거세의 출생은 기이하며, 필시 하늘에서 내려온 것으로 여겨졌을 것이다. 그런데 왕을 추대한 주체는 '6부 사람들'(六部人)로 되어 있다. 이념적으로는 역시 '6부 사람들'이라 해야 하겠지만, 현실에서는 6부 '촌장들'의 모임에서 결정되었을 가능성이 크다. 고허촌 촌장 소벌공이 혁거세의 후견인이었다는 점 역시 시사적이다.

그와 관련해서 옛 부여의 풍속, 즉 "옛 부여의 풍속에 장마와 가뭄이 연이어 오곡이 익지 않을 때, 그때마다 왕에게 허물을 돌려서 혹은 '왕을 마땅히 바꾸어야 한다'고 하거나 혹은 '왕은 마땅히 죽어야 한다'고 했다"는 것 역시 '민회'라는 측면에서 검토해 볼 수 있다. 왕을 바꾼다거나 왕이 죽어야 한다고 말하는 주체는, 현실적으로는 소수의 유력한 지배층일 수 있겠지만, 이념적으로는 역시 수많은 백성들일 수밖에 없다. 그들이 왕을 세웠다는 전제가 깔려 있기 때문이다.

---

51) 『三國史記』 新羅本紀 始祖 赫居世條.

2) 가야국의 수로 신화

『삼국사기』에는 가야의 건국과 그 신화에 관한 기록이 나오지 않는다. 다행히 『삼국유사』(권2)에는 「가락국기」가 실려 있다. 이런저런 이야기가 뒤섞여 있어 자료로서의 신빙성은 떨어진다고 해야 하리라. 하지만 구간, 구지가, 수로왕의 가야 건국(육가야)에 얽힌 설화는 나름대로 가치가 있다고 하겠다. 민회와 합의체에 관련해서는 참고할 만하기 때문이다. 그러니 조금 길긴 하지만 인용해 보기로 하자.

천지가 개벽한 후로 이 지방에는 아직 나라이름도 없고, 또한 왕과 신하의 칭호도 없었다. 이때 아도간(我刀干), 여도간(汝刀干), 피도간(彼刀干), 오도간(五刀干), 유수간(留水干), 유천간(留天干), 신천간(神天干), 오천간(五天干), 신귀간(神鬼干)의 9간이 있었다. 이들 수장(首長)은 백성을 통솔했는데, 대개 1백 호(一百戶)에 7만 5천 명이었다. 그때 사람들은 거의 스스로 산과 들에 모여 살면서 우물을 파서 마시고 밭을 갈아서 먹었다.

바로 후한(後漢) 세조(世祖) 광무제(光武帝) 건무(建武) 18년 임인(42) 3월 계욕일(禊浴日) 그곳 북쪽 구지(龜旨)에서 무엇인가 수상한 소리로 부르는 기척이 있었다. 그래서 2~3백 명 되는 무리가 여기 모였더니 사람 목소리 같은 소리가 나는데, 형체는 감추고 소리만 내어 말하기를 "거기 누가 있느냐?"했다. 아홉 간들이 대답하기를 "우리들이 있습니다" 하니, 또 말하기를 "내가 있는 곳은 어디냐?" 하여, "구지입니다" 하고 대답했다. 또 말하기를 "하늘이 나를 명령한 까닭은 이곳에 와서 나라를 새롭게 하고 임금이 되라고 하셨다. 이러기 위해서 여기 내려온 것이다. 너희들은 모름지기 봉우리 꼭대기의 흙한 줌씩을 쥐고 노래 부르기를, '거북아, 거북아! 머리를 내밀라. 만약 아니 내놓으면 불에 구워 먹겠다' 하면서 춤을 추면, 이것이 대왕을 마중해 즐겁게 뛰노는 것으로 될 것이다"고 했다.

아홉 간들이 그 말대로 모두 즐겨 노래를 부르고 춤을 추었다. 얼마 후에 우러러보니 다만 보랏빛 노끈이 하늘로부터 드리워 땅에 닿아 있었고, 노끈 끝을 찾아보니 붉은 보자기로 싼 금합이 있었다. 그것을 열어 보니 둥글기가 해와 같은 황금 알 여섯 개가 있었다. 여러 사람들이 모두 다 놀랍고도 기뻐서 함께 수없이 절을 하다가 조금 뒤에 다시 알을 싸 가지고 아도간의 집으로 돌아와 탁자 위에 두고는 무리들이 각각 흩어졌다. 그 후 12일이 지난 다음날 아침에 무리들이 다시 함께 모여 합을 열었더니 알 여섯 개가 사내아이로 변했는데 용모가 모두 위대했다. 곧 평상 위에 앉으니 무리들이 축하하는 절을 하고 정성을 다해 공경했다.

그들은 나날이 장성해 10여 일이 지났다. 키가 9척이 되어 은나라 천을(天乙)과 같았으며, 얼굴이 용처럼 생겨 한나라 고조(高祖)와 같았다. 눈썹이 여덟 가지 색깔인 것은 당나라 요(堯)임금과 같았고 눈동자가 겹으로 된 것은 우나라 순(舜)임금과 같았다.

그 달 보름에 왕위에 오르니 처음으로 나타났다고 해서 이름을 수로(首露)라 하고, 혹은 수릉(首陵)[이는 죽은 후의 시호이다]이라 했다. 나라는 대가락(大駕洛)이라 했으며 또 가야국(伽倻國)이라고도 불렸으니, 즉 여섯 가야의 하나이다. 나머지 다섯 사람은 각각 돌아가 다섯 가야의 우두머리가 되었다.52)

수로를 포함한 여섯 명의, 황금 알에서 태어난 신령스러운 옥동자가 탄생하기 이전에 이미 '구간'(九干)이 있었다. 혁거세가 탄생하기 전에 6부가 있었던 것처럼. 그 실체는 알 수 없지만 간(干)의 수장(首長)이 백성을 통솔하고 있었다. 그 규모는 1백 호(一百戶)에 7만 5천 명 정도였다. 하늘에서 이상한 소리가 났을 때 9간이 다 모였다는 사실 자체가 그들의 '연맹'적인 성격을 말해 주고 있다.

그런데 수로를 비롯한 여섯 명이 왕위에 오르는 구체적인 과정은 알 수 없다. 결과만 알려져 있다. 그 부분과 관련해서는 하늘에서 형체는 없고 소리만 들려왔으며, 게다가 그 내용이 예사롭지 않다. "하늘이 나를 명령한 까닭은 이곳에 와서 나라를 새롭게 하고 임금이 되라고 하셨다. …… 너희들은 모름지기 봉우리 꼭대기의 흙 한 줌씩을 쥐고 노래를 부르기를, '거북아 거북아! 머리를 내밀라. 만약 아니 내놓으면 불에 구워 먹겠다' 하면서 춤을 추면 이것이 대왕을 마중해 즐겁게 뛰노는 것으로 될 것이다." 장차 나라를 세우고 임금이 된다는 것이 분명하게 '계시'되

---

52) 『三國遺事』 紀異篇 駕洛國記

고 있다.

하늘은 왕이 될 자를 내려보내고 사람들은 모여서 노래 부르면서 그를 맞이한다는 형식은 앞에서 본 제천의식과도 일맥상통한다. 하늘에 대한 숭배가 있었음이 분명하다. 그러한 하늘의 명을 9간이 받들어 모셨다. 평상 위에 앉으니 무리들이 축하하는 절을 하고 정성을 다해 공경했다. 그 징표로서의 황금 알 여섯 개, 거기에서 태어난 옥동자들이 있다. 그들은 놀라운 성장과 위엄 있는 외모를 과시한다.[53]

어쨌든 분명하게 알 수 있는 것은 아홉 간이 모여서 수로를 비롯한 그들을 받들어 여섯 가야의 왕으로 모셨다는 것이다. 그것 역시 아홉 간의 합의에 의한 것임을 짐작해 볼 수 있겠다. 사람들 역시 그 결정을 받아들였을 것이다. 민회와 합의제가 나름대로 작동하고 있었다는 말도 되겠다.

한 가지 덧붙여 둔다면, 정치사적인 흐름으로 보자면 그 초점은 아무래도 '아홉 간에서 여섯 가야'로의 이행 혹은 발전에 있다. 하늘은 하필이면 '여섯' 개의 황금 알을 내려보냈는가? 하나만 내려보냈다면, 혹은 둘, 셋만 내려보냈다면 어떻게 되었을까. 이는 어쩔 수 없이 6가야의 성립에 얽힌 신화적인 이야기라는 것을 시사해 준다. 다시 말해 6가야가 성립된 다음에 나름대로 그들의 연원과 정당성을 설명해 주는 신화가 나타나게 된 것으로 읽어야 할 것이다.

3) 고구려의 귀족회의와 대대로

부족연맹체 내지 연맹왕국이 등장하게 되면서, 종래의 부족장들을 중심으로 한 합의제, 그리고 합의제를 통한 '선거'와 '교체'라는 제도적 패턴이 점차 갖추어져 갔을 것이다. 또한 체제통합이 진척되면서, 제천의

---

[53] "키가 9척이 되어 은나라 천을(天乙)과 같았으며, 얼굴이 용처럼 생겨 한나라 고조(高祖)와 같았다. 눈썹이 여덟 가지 색깔인 것은 당나라 요(堯)임금과 같았고 눈동자가 겹으로 된 것은 우나라의 순(舜)임금과 같았다." 이것은 역시 후대의 '유교적인 윤색'이라 해야 할 것이다.

식에서 볼 수 있던 '국중대회' 형식보다는 부족장들의 '합의제'[회의제]가 더 큰 역할을 하게 되었을 법하다. 체제통합이 한층 더 굳어지게 되자, 종래의 부족장들은 점차 중앙의 귀족을 형성해 가게 되었다. 강력한 왕권이 등장하기 전까지 그러한 그들은 회의체, 다시 말해 '귀족회의'를 통해서 국사를 처리해 갔을 것이다.[54]

고구려의 경우 본래 다섯 부족, 즉 연노부, 절노부, 순노부, 관노부, 계루부가 있었다. 처음에는 연노부에서 왕이 되었으나, 점점 그 세력이 약해져 마침내 계루부가 대신하게 되었다. 처음에 국주(國主)가 되었던 연노부는 다시 왕이 되지는 못했지만, 그 적통을 이은 대인(大人)은 '고추가'(古雛加)로 불렸다. 왕을 배출하는 부족의 교체 자체가 그러한 합의제 내지 회의제의 존재를 어렴풋하게나마 전해 주고 있다.[55]

게다가 고구려에서는 1등계 대대로(大對盧), 2등계 태대형(太大兄), 3등계 울절(鬱折), 4등계 태대사자(太大使者), 5등계 조의두대형(皂衣頭大兄)까지 모두 최고 귀족들이 차지했다. 그들은 귀족회의를 구성해 중요한 국사를 처리했다. 수상에 해당하는 대대로는 왕이 직접 임명하지 못하고, 5부에서 대표자를 선거해 3년에 한 번씩 교대하는 것을 원칙으로 삼았다. 이는 부족연맹장 선거의 유풍이 남아 있던 것이라 할 수 있다.[56] 그러한 양상을 다음과 같이 중국측 사료가 전해 주고 있다.

> 관등은 12등급이 있는데, 대대로라 하고 혹은 토졸(吐捽)이라 하며 울절(鬱折)이라 하는데,…… 그 밖에 태대사자(太大使者)라 하며 조의두대형(皂衣頭大兄)이라 하는데, 이른바 조의(皂衣)는 선인(先人)을 말하는 것이다. 그들이 나라의 정치를 맡아 다스리고 3년에 한 번씩 바꾸는데, 직책을 잘 맡아 보면 바꾸지 않는다. 그리고 바꾸는 날에 복종하지 않는 일이 있을 때는 서로 공

---

54) 이 지점에 이르러 '민회'의 성격이 미묘하게 달라진 듯하다. '국중대회'적인 형식과는 완전히 성격이 달라졌다는 것은 새삼 말하지 않아도 될 것이다.
55) 이는 신라에서 왕의 성씨가 박, 석, 김씨로 바뀌는 것과 대비시켜 볼 수 있지 않을까 한다.
56) 김철준·최병헌 편저, 『사료로 본 한국문화사』(일지사, 1986), 96쪽.

격했는데, 왕은 궁궐을 닫고 지키고 있다가 승리한 자에게 맡기게 된다.57)

4) 백제의 재상 선출과 정사암

백제에서도 재상은 투표에 의해 선출되었으며, 여타 다른 관서의 장도 3년마다 교체되었다. 역시 과거 족장 선거의 유풍으로 볼 수 있겠다.58) 그런데 그러한 재상 선출은 신성시되던 일정한 장소에서 행해졌던 듯하다. 나라에서 신성하게 여겨지던 장소가 있다면 아마도 자연스러운 일이었을 것이다. 정사암(政事巖)에 얽힌 다음의 이야기가 그 일단이나마 전해 주고 있다.

> 호암사(虎巖寺)에는 정사암이 있다. 국가에서 장차 재상을 뽑으려 할 때 당선될 사람 3, 4명의 이름을 써서 함에 넣고 봉하여 바위 위에 놓아 두고, 얼마 후에 보고 이름 위에 인장 자국이 있는 자를 재상으로 삼았기 때문에 그렇게 이름했다.59)

안타깝게도 자세한 내역은 알 수가 없다. 몇 사람의 이름을 써서 함에 넣어 두었다가 나중에 인장 자국이 있는 사람을 재상으로 선출했다고 하는데, 그렇다면 과연 누가 인장을 찍었을까? 오늘날의 관점에서 본다면, 적당히 조작되었을 수도 있었을 것이다. 하지만 이 글의 주제와 관련시켜 본다면, 누가 그 직책에 적합한지 그야말로 '하늘의 뜻'을 묻는다는 원초적인 관념이 깔려 있다고 할 수 있지 않을까 한다.

5) 신라의 남당, 화백, 사령지

혁거세 신화에서 알 수 있었듯이 혁거세 이전에 이미 6부가 존재하고

---

57) 『新唐書』(220) 東夷列傳 高句麗條.
58) 김철준·최병헌 편저, 앞의 책, 96쪽.
59) 『三國遺事』 紀異篇 南夫餘·前百濟·北夫餘條.

있었다. 그 후 왕의 성씨 역시 박, 석, 김씨로 바뀌어 가게 된다. 정치적 수장의 명칭 역시 거서간(居西干), 차차웅(次次雄), 니사금(尼師今), 마립간(麻立干), 왕(王)으로 변한다. 명칭에 담긴 의미 역시 조금씩 달라지고 있는데, 그것은 신라의 정치적 발전과정을 나름대로 반영하고 있다.60)

신라의 경우 다행히 부족연맹 혹은 연맹왕국의 흔적을 비교적 많이 남겨 주고 있다. 지리적 특성 역시 한몫했을 것이다. 게다가 골품제라는 신분구조가 사회의 근간을 이루고 있었다. 골품제, 왕비족과 갈문왕, 대등(大等)과 상대등(上大等)의 존재 등은 오래 전에 있었던 부족의 연맹과 통합과정을 암시해 준다. 그런 만큼 왕권의 강화, 전제화가 이루어지기 전에는 귀족들의 회의체 내지는 귀족 대표로서의 왕과 귀족, 관리들이 모여서 논의하는 형태로 정치가 행해졌을 것이다.

그와 관련이 있는 것으로는 먼저 『삼국사기』에서 볼 수 있는 남당(南堂)을 들 수 있다. "첨해(沾解)이사금 3년(249) 가을 7월 궁궐 남쪽에 남당(南堂)을 짓고[남당은 혹은 도당(都堂)이라 한다], 양부(良夫)를 이찬으로 삼았다"61)고 한 데 이어, "미추(味鄒)이사금 7년(268) 봄과 여름에 비가 내리지 않았다. 여러 신하들을 남당에 모아 왕이 친히 정사와 형벌의 잘잘못을 물어 듣고, 또 다섯 사람을 보내 돌아다니면서 백성들의 고충과 우환을 위로하게 했다"62)는 기사가 보인다. 그런데 흥미로운 것은 백제에도 남당에 관한 기사가 보인다는 점이다.63)

---

60) 『三國史記』 新羅本紀 南解王條. 「史論」에서 김부식은 이렇게 논평하고 있다. "신라 왕으로서 거서간과 차차웅이라 부른 이는 한 분이요, 니사금이라 부른 이는 열여섯 분이며, 마립간이라 부른 이가 네 분이다. 신라 말기의 이름난 유학자 최치원은 제왕년대력(帝王年代曆)을 지으면서 모두 '某王'이라고만 부르고 거서간 등으로 말하지 않았다. 혹시 그 말이 야비해서 족히 부를 것이 못 된다고 생각했음인가. 그러나 신라의 사실을 기록함에 있어 방언을 그대로 두는 것도 또한 옳겠다."

61) 『三國史記』 新羅本紀 沾解王條.

62) 『三國史記』 新羅本紀 味鄒王條.

63) "고이왕 28년(261) 봄 정월 초하루에 왕이 큰 소매의 자색 도포와 청색 비단 바지를 입고, 금제 꽃으로 장식한 검은 비단 관을 쓰고, 흰 가죽띠와 검은 가죽신 차림으로 남당(南堂)에 앉아 정사를 처리했다." 『三國史記』 百濟本紀 古尒王條.

남당을 짓고 거기에 모여 정사를 논했다는 것으로 보아, 남당에서는 장소 내지 기구의 성격이 느껴진다. 원시적인 집회소, 즉 부족장들이 모여서 회의하던 장소 내지 그러한 집회와 회의체 자체를 의미했을 수도 있겠다.

회의를 진행해 결정하는 방식에 대해서는 역시 '화백'(和白)제도에 주목해야 할 것이다. "나라에 큰일이 있으면, 여러 신하들을 모아서 의논해서 정하게 했다"64)는 것, 그리고 "나라의 큰일은 반드시 여러 사람들과 같이 의논했는데, 그것을 화백이라 했다. 한 사람이라도 반대하면 통과되지 않고 부결되었다"65)는 단편적인 정보만 남아 있을 뿐이다. 그럼에도 화백은 여러 사람들(왕, 귀족, 관리)이 논의해서 '만장일치'로 결정했다는 기본적인 이미지는 충분히 던져 주고 있다.

또한 국가의 중대사안을 의논할 때에는 '네 곳의 신령스러운 땅', 즉 사령지(四靈地)에서 했다고 한다. "신라에는 네 곳의 신령스러운 땅이 있어서 나라의 큰일을 의논할 때에는 대신들이 반드시 그곳에 모여서 의논하면 그 일이 꼭 이루어졌다. 신령스런 네 땅은 첫째는 동쪽의 청송산(靑松山)이요, 둘째는 남쪽의 우지산(于知山)이요, 셋째는 서쪽의 피전(皮田)이고, 넷째는 북쪽의 금강산(金剛山)이다."66) 사령지에서의 논의가 화백과 관계가 있는지, 그리고 있다면 과연 어떤 관계였는지에 대해서는 안타깝게도 알 수가 없다. 그나마 진덕여왕(재위 647~653) 때 있었다는 다음의 일화가 '우지암'(사령지의 하나?)에서 열렸던 (귀족들의) 회의의 존재를 설화적인 형태로나마 전해 주고 있다.

> 왕[진덕여왕]의 시대에 알천공(閼川公), 임종공(林宗公), 술종공(述宗公), 무림공(武林公), 염장공(廉長公), 유신공(庾信公)이 있었는데, 이들은 남산 우지암(于知巖)에 모여 나라의 일을 의논했다. 그때 큰 호랑이가 나타나서 좌중에

---

64) 『隋書』 新羅傳: "其有大事, 則聚群臣, 詳議而定之."
65) 『唐書』 新羅傳: "事必與衆議, 號和白, 一人異則罷."
66) 『三國遺事』 紀異篇 眞德王條.

뛰어들어 여러 공이 놀라 일어났으나, 알천공은 조금도 움직이지 않고 태연히 담소하면서 호랑이의 꼬리를 붙잡아 땅에 메쳐 죽였다. 알천공의 완력이 이와 같았으므로 수석에 앉았으나, 여러 공들은 모두 유신공의 위엄에 복종했다.67)

5. 중앙집권적 고대국가 형성과 전망

지금까지 고조선과 연맹왕국, 그리고 삼국(고구려, 백제, 신라)의 초기 단계, 다시 말해 그들이 '중앙집권적 귀족국가' 내지 '고대국가'로 도약하기 이전의 단계—연맹왕국(부족연맹)—에서 볼 수 있는 '제천의식'과 '민회'에 대해서 살펴보았다. 이제 앞에서 검토한 내용을 요약·정리한 다음, 고대국가의 형성과 더불어 그들이 어떻게 변화하는지에 대해서 간략하게 덧붙여 두고자 한다.

우선 제천의식에서 그 제사의 대상이라 할 수 있는 하늘(天), 그것은 우주만물이 영혼을 가지고 있다고 보는 애니미즘(animism)의 일환, 아니 그 최고봉에 다름 아니었다. 하늘은 '태양'보다 훨씬 더 진보한 사유체계에 속한다. 자신들의 지배와 통치를 합리화하기 위해 '하늘의 아들' 혹은 '하늘이 보낸 사람'이라 주장하는 것은 그리 낯설지 않다. 이미 단군신화에서 확인되는 그런 모티브는 그 후의 건국설화에서 거의 예외 없이 되풀이되고 있다.

게다가 당시는 농업이 물적 토대를 이루고 있던 만큼 풍·흉을 결정하는 기후와 날씨를 관장하는 하늘이 갖는 위상은 실로 컸다. 그런 만큼 각 연맹왕국에서 고유한 제천의식을 가졌던 것은 자연스러운 일이었다. 그 시기는 대개 추수가 끝난 이후였던 듯하다. 삼한에서는 씨를 뿌린 후에도 제사를 지냈다. 그러한 제천의식을 표로 정리해 보면 다음과 같다.

---

67)『三國遺事』紀異篇 眞德王條. 이 설화의 포커스는 뛰어난 완력의 소유자 알천을 능가하는 김유신의 위엄을 강조하는 데 있다고 해야 할 것이다.

⟨표 1-1⟩ 연맹왕국 시대의 제천의식

나라	명칭	시기	내용
부여	영고(迎鼓)	은(殷) 정월(11월)	하늘에 제사
고구려	동맹(東盟)	10월	하늘에 제사, 지모신(隧神) 제사
예(동예)	무천(舞天)	10월	하늘에 제사
삼한(마한)	기풍제(祈豊祭)	5월	파종 후에 귀신 제사
	추수감사제(秋收感謝祭)	10월	추수 후에 귀신 제사

　민회 역시 제천의식과 무관하지 않았던 듯하다. '제천의식'은 국가적인 차원에서 행해지는 제사이자 동시에 축제였던 셈이므로, 그 나라 사람들이 가능한 한 많이 모였을 것이다. 그것은 '국중대회'(國中大會)로 표현되었다. 아득한 옛날부터 물려받은 '공동체'의식이 아직은 더 강했으며, 그러한 공동체의식을 새삼 확인하는 자리이기도 했다. 거기서 '수많은 사람들의 원초적인 모임(집합)'을 상정할 수 있으며, 그것은 원초적인 형태의 '민회'라 할 수 있겠다.

　그러한 원초적 형태의 민회는 단군신화에서 이미 그 싹이 보인다. 환웅이 무리 3천 명을 이끌고 태백산 정상 신단수 아래로 내려왔으며, 그곳을 신시(神市)라 했다. 후대에 그 장면은 정치적 군장(제사장)이 국가의 구성원 무리 3천 명을 거느리고 신단수 아래에 모여서 하늘에 제사지내는 모습으로 재구성될 수 있는 것이다.

　그야말로 국가에 중대한 일이 있어났을 때, 그 구성원들 모두가 참여하는 형태의 '민회'를 추정해 볼 수 있겠다. 제천의식에서 볼 수 있는 '국중대회'는 그것의 현실태라 하겠다. 하지만 그것은 특별한 것으로서 아무래도 일상화되기는 어려웠다. 실제로 중대한 사안이 생기거나 하면 연맹체의 대표자들이 모여서[부족회의] 논의·결정했을 가능성이 컸다고 하겠다. 이념적으로는 많은 사람들의 뜻을 대변하지만, 실제로는 대표자들에 의한 모임, 말하자면 간접적 방식의 민회에서 행해졌을 것이다. '합의제' 내지 '회의제' 형식을 띠게 된 그것은 넓은 의미의 민회에 속한다고 해도 될 것이다.

신라 건국(혁거세)신화나 가야국 건국(수로)신화에서 이미 6부 촌장과 9간의 연맹을 엿볼 수 있다. 그들에 의해 혁거세와 수로는 왕으로 추대되었다. 간접적 형태의 민회, 즉 합의제 형식에 의한 것이다. 종래의 부족장들을 중심으로 한 합의제, 그리고 합의제를 통한 '선거'(선출)와 '교체'라는 제도적인 패턴이 갖추어진 것이다. 아무래도 '국중대회' 형식보다는 부족장들의 '합의제'(회의제)가 점차 더 큰 역할을 하게 된 듯하다.

하지만 시간의 흐름과 더불어 합의제를 구성했던 종래의 부족장들은 그 성격이 점점 중앙'귀족'으로 바뀌어 갔다. 강력한 왕권이 등장하기 전까지 그들은 그런 합의제, 다시 말해 '귀족회의'를 통해서 국사(國事)를 처리해 갔을 것이다. 고구려의 귀족회의와 대대로 선출, 백제의 재상 선출과 정사암, 그리고 신라의 남당, 화백제도, 사령지 등이 그러한 합의제를 전해 주는 좋은 예라고 하겠다.

이렇게 본다면 고대사회의 제천의식과 민회는, 유교나 불교, 도교 등의 외래사상이 도입되기 이전의 토착적인 정치적 사유의 아주 오랜 '고층'(古層)에 속하는 것으로 이해할 수 있지 않을까 한다. 하지만 역사가 진전됨에 따라 구체적으로 중앙집권적인 귀족국가(고대국가)가 형성·구축되면서 그들 역시 변하지 않을 수 없었다. 그러한 전통과 의식이 완전히 사라지지는 않았지만, 그 '위상과 지분'은 이미 예전과는 많이 달라져 있었다.

고대국가가 자리잡게 되면서 제천의식 외에도 이른바 '건국시조'에 대한 숭배가 행해지기 시작했다. 하늘의 자손이거나 하늘에서 내려온 영웅으로 여겨지던 건국시조에 대한 숭배는 하늘 자체에 대한 제사나 신앙과 거의 모순되지 않았다. 또 그것은 '조상숭배'라는 계기에 들어맞는 것이기도 했다. 숭배의 대상과 뉘앙스가 조금씩 바뀌어 갔다고 해도 되겠다.[68] 고구려와 백제가 동명왕을 시조로 삼고 그를 모시는 사당을 설치한 것, 신라에서 시조묘를 세운 것, 그리고 다시 시조의 탄생지에 '신궁'

(神宮)을 세우고 제사지낸 것 등도 그런 맥락에서 이해할 수 있지 않을까 한다.69)

그와 더불어 민회의 존재양태 역시 변화를 겪지 않을 수 없었다. 관료제와 행정체계가 정비되어 감에 따라서 '국중대회' 같은 직접적인 형태의 민회는 상당 부분 모습을 감추게 되었다. 아울러 이념적으로 민회의 정신이 살아 있던 부족장들의 합의제, 간접적 형식의 민회 역시 고대국가 체제가 형성·구축되면서 점차 중앙귀족들의 '귀족회의'로 변모하게 되었다. 대대로의 선출, 정사암, 남당과 화백제도 등을 통해서 '합의제'(회의제)라는 형식은 그나마 유지되었지만, 그 내역에서는 이미 '민'(民)과는 멀어져 있었다. 더구나 그 후에 전개되는 '왕권의 강화' 내지 '전제화된 왕권'은 연맹왕국 시대의 유제(遺制)라 할 수 있는 귀족회의의 존재마저 무색하게 만들어 버렸다.70)

그렇다고 제천의식과 민회의 '기억'이 완전히 사라져 버린 것은 아니다. 하늘[天]과 민(民)에 대한 뿌리 깊은 인식은 그 후 심층적인 정치적 사유의 '고층'을 이룸과 동시에, 끊임없이 이어지는 '집요저음'(basso ostinato) 내지 '집요한 저류'로 작용하게 된다.71) 드러나지 않을지라도 집

---

68) 단군신화에서 본다면, 처음에는 하늘(환인)의 아들 환웅이 강조되다가 점차 나라를 세운 단군이 주인공이 된다. 그렇다고 해서 하늘의 후손임이 부인되는 것은 아니다. 김석근, 앞의 논문(2002a), 31-32쪽 참조.
69) 자세한 검토는 최광식, 『고대한국의 국가와 제사』(한길사, 1994), 제2장 시조묘 제사 및 제3장 신라의 신궁제사 부분 참조.
70) 이는 신라 정치사에서 왕권의 지배를 받는 '집사부'(執事部)의 설치, 그리고 '상대등' 지위의 상대적 격하 등을 통해서 엿볼 수 있다.
71) '바소'(basso)라는 것은 저음(base)을 말하며, '오스티나토'(ostinato)는 곡 전체에 끊임없이 반복적으로 나타나는 악구(선율이나 음의 라인)를 말한다. '바소 오스티나토'는 곡 전체를 통해서 끊임없이 나타나며, 때로는 그 화성으로 암시되기도 하면서, 또는 주제의 선율이나 조성, 템포가 변형되어 나가면서 진행되어 간다. 이러한 음악적인 용어와 개념을 정치학적인 그것으로 응용했다고 할 수 있다. '집요저음'에 대해서는 丸山眞男, 앞의 논문(1996a); 丸山眞男, 「政事(まつりごと)の構造: 政治意識の執拗低音」, 『丸山眞男集』第12卷(岩波書店, 1996b), 그리고 '집요한 저류'에 대해서는 진덕규, 앞의 책, 7-11쪽 참조.

요하게 이어지면서 중요한 국면에 대해 영향을 미치게 되는 것이다.

단적인 예를 든다면, 제천의식 자체는 불교가 수용된 후에는 팔관회(八關會)라는 행사 속에 담겨서 행해지게 된다.72) 외형만 불교식으로 바뀐 셈이다. 또한 하늘과 민의 중시는 그 무렵 전래되었을 유교의 수용을 한층 손쉬운 것으로 만들어 주었을 것이다.73) 유교의 천, 민본사상, 나아가 역성혁명 이론은 사상 내재적으로 강한 친화력을 갖는 것이었기 때문이다. 그러한 오랜 저류에 힘입어 마침내 "사람이 곧 하늘"[人乃天]이라는 혁명적인 주장도 나올 수 있었다고 하겠다.

아울러 '민회'의 기억 역시 희미할지라도 꾸준히 이어져 왔다. 간접적인 형태의 민회, 즉 합의제는 고대국가 형성과 더불어 '귀족회의'로 그 성격이 달라지기는 했다. 하지만 그 후에도 관료제라는 틀 안에서 '합의제'의 전통으로 이어지게 되었다. 예컨대 고려시대의 도당회의(都堂會議), 도병마사(都兵馬使: 都評議使司), 그리고 조선시대의 비변사(備邊司), 의정부(議政府) 등에서 그것을 확인할 수 있다.

"나라사람들이 크게 모이는 것"(國中大會), 다시 말해 직접적 형식의 '민회'는 평상시에는 드러나지 않지만, 왕조 교체기 내지 정치적 격동기에 다시금 등장해서 정국의 향방을 결정짓는 주요한 변수가 되고는 했다. 나말여초나 여말선초에 일어났던 농민들의 집단적인 저항과 봉기, 그리고 조선 말기 동학운동에서 볼 수 있던 농민들의 자발적 참여와 대규모 집회 등이 그런 예에 속한다고 하겠다. 더 나아간다면 19세기 말에 개최되었던 만민공동회(萬民共同會), 식민지 치하에서 일어난 3·1운동(1919), 그리고 가깝게는 1980년대의 민주화운동 역시 그런 맥락으로 바라볼 수 있지 않을까 한다.

---

72) 팔관회에서는 천령(天靈), 오악(五岳), 명산(名山), 대천(大川), 용신(龍神) 등의 제신(諸神)에 제사를 지냈다.
73) 유교 수용에 대해서는 김석근, 「삼국 및 남북국시대의 정치사상: 토론을 위한 하나의 시론」, 이재석 외, 『한국정치사상사』(집문당, 2002b), 52-56쪽 및 이기백, 『신라사상사』(일조각, 1986)의 「유교 수용의 초기형태」 참조.

<참고문헌>

『史記』, 『漢書』, 『三國志』, 『隋書』, 『唐書』, 『新唐書』.
『三國史記』, 『三國遺事』.

강인구 외, 『譯註 三國遺事』 I~V(이회문화사, 2002).
김두진, 『한국고대의 건국신화와 제의』(일조각, 1999).
김석근, 「단군신화와 정치적 사유: 한국 정치사상의 시원(始原)을 찾아서」, 이재석 외, 『한국정치사상사』(집문당, 2002a).
_____, 「삼국 및 남북국시대의 정치사상: 토론을 위한 하나의 시론」, 이재석 외, 『한국정치사상사』(집문당, 2002b).
_____, 「아마테라스와 진무(神武): 역사의 신화화, 신화의 정치화」, 『일본연구논총』 제18호(2003년 겨울).
김철준·최병헌 편저, 『사료로 본 한국문화사』(일지사, 1986).
서울대학교 종교문제연구소, 『단군: 그 이해와 자료』(서울대출판부, 1994).
이강래 역, 『삼국사기』 I, II(한길사, 1998).
이기백, 『신라사상사』(일조각, 1986).
_____, 『한국사신론』(일조각, 1991).
이기백·이기동, 『한국사강좌 1(고대편)』(일조각, 1982).
이재석 외, 『한국정치사상사』(집문당, 2002).
조동일, 『한국문학사 1』(지식산업사, 1988).
조지훈, 『한국문화사 서설』(나남출판사, 1996).
진덕규, 『한국정치의 역사적 기원』(지식산업사, 2002).
최광식, 『고대한국의 국가와 제사』(한길사, 1994).
마루야마 마사오, 『충성과 반역: 전환기 일본의 정신사적 위상』, 김석근 외 역(나남출판사, 1998).
J. F. 비얼레인, 『살아있는 신화』, 배경화 역(세종서적, 1999).

丸山眞男,「原型・古層・執拗低音: 日本思想史方法論についての私の歩み」,『丸山眞男集』第12卷(岩波書店, 1996a).
_____,「政事(まつりごと)の構造: 政治意識の執拗低音」,『丸山眞男集』第12卷(岩波書店, 1996b).

제3장 단군조선의 건국이념과 정치사상

최민자(성신여자대학교)

1. 단군사화

1) 단군사화의 이해

장구한 역사를 가진 민족은 그 민족 고유의 사상과 역사적 체험이 용해된 신화를 가지고 있기 마련이다. 우리 민족 또한 천·지·인 삼재(三才)의 융화에 기초한 한민족 고유의 사상과 역사적 체험이 용해된 단군신화를 가지고 있다. 『삼국유사』(三國遺事)에 실린 단군신화의 내용을 보면 대개 다음과 같다.

환국(桓國)의 서자(庶子) 환웅(桓雄)이 인간 세상에 뜻을 품으매, 환인(桓因 또는 桓仁)이 그 뜻을 알고 삼위태백(三危太白)을 내려다보니 홍익인간의 이념을 가히 실현할 만한지라. 이에 천부인(天符印) 세 개를 주어 인간 세상을 다스리게 했다. 환웅이 무리 3천을 거느리고 태백산 꼭대기 신단수(神檀樹) 아래 내려와 그곳을 신시(神市)라 이르니 그가 바로 환웅천왕이다. 그는 풍백(風伯), 우사(雨師), 운사(雲師)를 거느리고 곡(穀), 명(命), 병(病), 형(刑), 선악(善惡) 등 무릇 인간의 360여 가지 일을 다스리고 교화했다. 그때 같은 동굴에 살던 곰 한 마리와 호랑이 한 마리가 환웅에게 사람이 되게 해 달라고 빌었다. 하여 환웅은 영험한 쑥 한 자루와 마늘 20개를 주어 먹게 하고 100일 동안 햇빛을 보지 아니하면 사람이 될 것이라고 했다. 곰은 이를 지켜 삼칠일(21일) 만에 여자가 되었으나 호랑이는 지키지 못해 사람이 되지 못했다. 웅녀(熊女)는 혼인하는 자 없어 날마다 신단수 아래서 잉태하기를 기원하는지라, 환웅이 변해 혼인해서 아들을 낳으니 이름을 단군왕검이라 했다. 중국의 요(堯)임금이 즉위한지 50년인 경인년(庚寅年)에 평양성에 도읍하고 개국하여 국호를 조선이라 일컬었다.1)

이러한 단군신화는 하늘을 숭배하는 '환웅 천손족(天孫族)'과 원주민인 '곰 토템족'이 서로 융합해 통혼하기에 이르는 과정을 단군 신선사상과 결합시켜 상징적으로 나타낸 것이다. 정치사상적으로 보면, 하늘에서 내려온 환웅과 지상의 곰의 교합에 의한 인간 단군의 출현과정은 천·지·인 삼재(三才)의 융화에 기초한 홍익인간 이념의 발현과 그 맥을 같이하는 것이다.

'곰 토템족'을 사람다운 사람으로 교화하는 과정을 동굴 수련에 비유한 것은 정치의 교육적 기능의 중요성을 엿볼 수 있게 하는 대목이다. 이렇듯 마음을 밝히는 교화와 더불어 쑥과 마늘의 신비한 효능을 보여줌으로써 몸도 건강하게 유지하는 비결을 아울러 제시한 것이다. 이러한 단군신화를 4단계, 즉 무리사회 단계인 환인시대, 부락사회 단계인 환웅시대, 부락연맹체 사회단계인 환웅과 웅녀의 결합시대, 그리고 국가사회 단계인 단군시대로 나누어 한민족의 사회발전 과정과 조응시키는 관점2)

---

1) 『三國遺事』 紀異(1) 古朝鮮 王儉朝鮮條. 이 외에도 고조선의 단군신화는 李承休의 『帝王韻紀』, 「前朝鮮紀」, 『世宗實錄地理志』, 權擥의 『應製詩註』에 실려 있다. 여기서는 "옛날에 환인의 서자 환웅이 있어(昔有桓因庶子桓雄)……"가 아닌 "옛날에 환국의 서자 환웅이 있어(昔有桓國庶子桓雄)……"로 시작하는 『三國遺事』 中宗壬申刊本을 따르기로 한다. 사실상 일본인들도 한일합방 전에는 『삼국유사』 원본과 일본어 번역본에서처럼 분명히 '桓國'이라고 했던 것으로 나타난다.
2) 尹乃鉉·朴成壽·李炫熙, 『새로운 한국사』(삼광출판사, 1995), 67-68쪽. "단군신화에 등장하는 환웅족은 韓族(桓族) 또는 아사달족, 곰족은 고구려족, 호랑이족은 예족이었을 것이며, 호랑이족도 연맹체에 가담했지만 그 사회의 주된 세력은 되지 못하였

이 있는데, 이는 단군신화를 단순한 신화가 아니라 개국사화, 즉 '역사적 사실'(historical fact)로 보는 것이다.

'단군신화'냐 '단군사화'(檀君史話)냐 하는 문제는 바로 단군신화의 역사성을 인정하느냐 인정하지 않느냐의 문제이다. 명(明)나라 왕감주(王弇洲, 본명은 王世貞, 1529~1593)의 『속완위여편』(續宛委餘編)에 단군과 그의 치적 및 가르침에 관한 기록이 있음을 이시영의 『감시만어』(感時漫語)에서는 밝히고 있다. "동방의 단군님은 특출한 분으로 신성한 가르침을 펴서 백성을 온후하고도 근면하게 하여 당당하고 강력한 민족이 되게 했으며, 단군의 이 가르침을 부여에서는 대천교(代天敎), 신라에서는 숭천교(崇天敎), 고구려에서는 경천교(敬天敎), 고려에서는 왕검교(王儉敎)라 했는데, 이들 모두가 삼신(三神)을 제사지내는 것이며 해마다 10월이면 하늘에 경배했다. 단군의 개천 건국일은 10월 3일이다"3)고 한 것이 그것이다. 단군신화를 단순한 신화가 아닌 '역사적 사실'로 보는 국내 연구로는 최태영의 『인간 단군을 찾아서』(2000)나 윤내현의 『우리 고대사』(2003) 등을 들 수 있다.

단군신화의 역사성을 부인한 대표적인 인물로 알려진 고(故) 이병도는 말년에 기존의 주장을 뒤엎는 장황한 글을 모 일간지에 기고했는데, 그 요지는 다음과 같다. "우리나라에서 예로부터 단군을 국조로서 사당을 세우고 최고의 조상으로 제사를 받들어 왔는데, 그것이 끊어진 것은 일제의 강점 때부터였다. 지금까지도 여러 곳에 그 제단의 유적이 남아 있고, 또 제사의 진설도(陳設圖)와 세년가(世年歌)가 세전되어 오고 있다. 신화나 전설에 지나지 아니한다면 이처럼 역대 왕조에서 조의(朝議)에 의해 받들지는 아니하였을 것이다. 아무튼 실존 인간 단군과 영구한 역사를 이어 온 고조선에 관하여는 더 연구할지언정 신화로 단정할 수는 없다고 생각한다"4)고 하면서 『삼국사기』 이전의 고기(古記) 기록을 믿어

다." 尹乃鉉, 『우리 고대사』(지식산업사, 2003), 48쪽.
3) 李始榮, 『感始漫語』(일조각, 1983), 21-22쪽.
4) <조선일보>, 1986년 10월 9일.

야 한다고 하고 있다. 단군신화의 역사성을 부인하는 관점에 쐐기를 박은 셈이다.

우리 정치학계에서는 상고사 인식과 관련된 자료문제에 대해서 김한식의 「고대 한국정치사상 연구의 제문제」5)에서는 『규원사화』(揆園史話)나 『환단고기』(桓檀古記)의 사료적 가치의 중요성에 착안해 이 두 사료에서의 상고사 인식을 인정하느냐 하지 않느냐의 문제는 중국 고대 문헌의 검토가 필수적이라고 보고, "중국 고대 문헌들이 원형에 가까울수록 중국 고대사의 내용은 빈약한 반면 우리 상고사의 내용과는 관계가 깊으며 『규원사화』나 『환단고기』의 내용이 미치고 있다"고 한 것은 주목할 만하다. 또한 신복룡의 『한국정치사』에서는 "한국에 대한 식민주의적 또는 제국주의적 지배를 합리화시키기 위해 한국의 역사를 왜곡·변조·누락시키는" 식민지 사학과 실증주의 사학은 근절되어야 할 구시대적 유산인 것으로 보고 있다.6)

『규원사화』나 『환단고기』의 상고사 인식은 박은식, 신채호, 정인보 등 민족사학자들에게 큰 영향을 미쳤다. 단군조선의 실체와 그 강역(疆域)에 대해서는 일찍이 신채호의 『조선상고사』, 최동의 『조선상고민족사』, 정인보의 『조선사연구』, 그리고 대만 사학자 서량지(徐亮之)의 『중국사전사화』(中國史前史話)7) 등에서 확인할 수 있다. 또한 1982년에 소련과학원 시베리아분원의 역사언어철학연구소가 한국, 중국, 일본, 소련의 고조선 연구와 고고학적 발굴성과를 총정리해서 출간한 『고조선』의 주요 내용을 보면, 고조선의 영토는 한반도뿐만 아니라 만주와 요동지역을 포함하며 비파형단검 문화라는 독자적인 문화를 발전시켰고, 기자조선은 한(漢)대에 허위로 꾸며진 것이며 한사군(漢四郡)은 현재의 한반도 밖에 존재

---

5) 金漢植, 「고대 한국정치사상 연구의 제문제」, 『한국정치외교사 논총』 20(한국정치외교사학회, 1998).

6) 申福龍, 『한국정치사』(박영사, 2003), 64쪽; 申福龍, 『한국정치사상사』(나남, 1997), 27-30쪽.

7) 徐亮之, 『中國史前史話』(香港: 亞洲出版社, 1956).

했고, 고조선지역 청동기의 시작은 기원전 2천 년 후반기이며 고조선은 국가단계로서 초기 철기시대로 추정된다고 하고 있다.[8]

단군조선 개국에 관한 기록이 나타나고 있는 현존 고사서(古史書)로는 일연(一然)의 『삼국유사』(紀異 第1 古朝鮮 王儉朝鮮條), 이승휴(李承休)의 『제왕운기』(帝王韻紀) 권하(卷下), 북애(北崖)의 『규원사화』(檀君記), 『조선왕조실록』(朝鮮王朝實錄) 중 『세종실록지리지』(世宗實錄地理志), 박세무(朴世茂)의 『동몽선습』(童蒙先習), 정도전(鄭道傳)의 『조선경국전』(朝鮮經國典) 국호조(國號條) 등이 있다. 또한 『삼성기』(三聖紀), 『단군세기』(檀君世紀), 『북부여기』(北夫餘紀), 『태백일사』(太白逸史)를 합본한 계연수(桂延壽)의 『환단고기』(桓檀古記)[9]는 우리 상고 환단(桓檀)의 역사적 사실을 알게 해 주는 소중한 역사서이다.

현존하지는 않지만 다른 사서에서 인용된 것으로는 이규보(李奎報)의 『동명왕편』(東明王篇) 서문에 인용된 『구삼국사』(舊三國史), 『삼국유사』 기이(紀異) 제1 고조선 왕검조선조에 인용된 『고기』(古記), 김부식(金富軾)의 『삼국사기』(三國史記) 신라본기 제4 진흥왕 37년 기사 중 최치원(崔致遠)의 난랑비서(鸞郎碑序)에 인용된 『선사』(先史), 『제왕운기』 하권의 동국군왕개국연대서(東國君王開國年代序)에 인용된 『국사』(國史)와 『수이전』(殊異傳), 『규원사화』에 인용된 『조대기』(朝代記), 『고조선비기』(古朝鮮秘記), 『지공기』(誌公記), 『삼성밀기』(三聖密記)와 청평(淸平) 이명(李茗)의 『진역유기』(震域遺記), 그리고 『환단고기』에 인용된 『조대기』(朝代記), 『대변경』(大辨經), 『삼성밀기』(三聖密記), 『고려팔관기』(高麗八觀記), 『표훈천사』(表訓天詞) 등이 있다.

---

8) <경향신문>, 1982년 11월 11일.
9) 『桓檀古記』는 1911년 雲樵 桂延壽가 安含老의 『三聖紀』와 元董仲의 『三聖紀』, 李嵒의 『檀君世紀』, 范樟의 『北夫餘紀』, 그리고 李陌의 『太白逸史』를 합쳐 하나의 책으로 만든 것이다.

2) 환국, 배달국, 단군조선

우주의 본원이 천지를 창조하고 헤아릴 수 없이 오랜 세월이 지난 뒤에 환국의 서자(庶子, 높은 지위의 관리) 환웅이 홍익인간(弘益人間)의 뜻을 품으매, 환인이 그 뜻을 알고 그에게 징표로 천부인(天符印) 세 개를 주어 인간 세계를 교화하기 위해 대륙 북방의 환국에서 동방으로 오게 되었으니, 그가 바로 환국의 마지막 천제인 7대 지위리(智爲利) 환인[檀仁]10)의 아들 환웅천황이다. 우리 조상들은 대체로 대륙 북방에 오랫동안 생활근거를 가지고 있다가 한반도로 동진해 온 것으로 볼 수 있다. 대륙에서 활동하다가 동진하는 역사가 나타나게 된 것은 이미 선진 문화민족이 된 때의 일이다.

환국의 역사적 실재에 대해서는 『삼국유사』 원본에도 명기되어 있다.11) 『환단고기』 「삼성기전」(三聖紀全) 상편은 우리나라에서 가장 오래된 나라가 전일(全一)·광명을 뜻하는 '환'(桓)한 나라 환국이라는 사실에서부터 시작하고 있다. 「삼성기전」 하편에서는 환국이 파미르고원[波奈留山, 天山崑崙]을 중심으로 유라시아의 광대한 영역에 걸친 12개의 분국으로 이루어진 나라인 것으로 나와 있다. 환국의 강역에 관한 『환단고기』의 내용은 당 태종 때 편찬된 『진서』(晉書)의 내용과도 일치하는 것이다. 파미르고원의 가장 높고 오래된 성인 마고성(麻姑城)은 지유(地乳)를 마시며 사는 인간이 만든 최초의 낙원국가였던 것으로 신라시대 박제상의 『부도지』(符都誌)에는 나와 있다. 지금까지도 전해 오는 지리산 등지의 마고할미(麻姑仙女)의 전설과 제단, 경북 영덕 영해면에 있는 마고산(麻姑山)이라는 산의 지명, 그리고 1990년 7월 환국의 한 영역이었던 러시아

---

10) 『桓檀古記』「太白逸史」 桓國本紀 桓國本紀 初頭에서는 『朝代記』를 인용해 환인이 역사적 실존인물임을 밝히고 있으며 모두 7대를 전한 것으로 나와 있다. 神市本紀와 「三聖紀全」 下篇에서는 기원전 3,898년에 개창한 神市(倍達國)의 桓雄 18대가 7대 智爲利 檀仁의 뒤를 이은 것으로 나와 있고, 「檀君世紀」에는 기원전 2,333년에 창건한 고조선의 檀君(桓儉) 47대가 18대 居弗檀桓雄[檀雄]의 뒤를 이은 것으로 나와 있다.

11) 『三國遺事』 中宗壬申刊本.

카자흐공화국의 수도 알마아타 서쪽 600km 지점 잠불 지역에서 한국 석기 유물과 닮은 유물이 많이 출토된 것 등은 환국의 강역에 관해 시사점을 주는 것이라 하겠다.

국내에서는 일부 연구자들이 『환단고기』의 사료적 가치에 대해 의문을 제기하기도 하지만, 일본에서는 그것의 사료적 중요성에 대해 일찍이 주목한 바 있다. 즉 대동아전쟁이 끝나자 일본에서는 고사·고전연구가 붐을 이루면서 한국의 『환단고기』가 일본의 고사·고전 가운데 『호쓰마전』(秀眞傳) 및 웃가야(上伽倻) 왕조사의 내용과 부합하는 것에 주목한 것이 그것이다. 일본의 가시마(鹿島昇)는 『환단고기』를 일어로 전역(全譯)하고 그것이 또 하나의 웃가야 왕조사——기원 전 3,898년에 개창한 신시(神市)의 환웅 18대와 기원전 2333년에 창건한 고조선의 단군 47대와 기원 전후에 세운 부여와 고구려, 백제, 신라로 이어지는 위대한 혈맥——라고 주장한다. 그는 『환단고기』를 사서로서뿐만 아니라 문화서로서도 독자적인 지위를 갖는 것으로 높이 평가하고 있다.12)

환인천제로부터 천부인 세 개를 받고 무리 3천 명을 거느리고 태백산(백두산) 신단수 아래 신시에 도읍하여 배달국(倍達國)을 세운 환웅천황은 풍백, 우사, 운사를 거느리고, 곡식, 생명, 질병, 형, 선악 등 무릇 인간의 360여 가지 일을 다스리고 교화했다고 『삼국유사』와 『환단고기』는 전하고 있다. 배달국의 신시시대에는 환웅천황이 군장이 되어 보본(報本)·경천(敬天)·숭조(崇祖)하는 수두교(蘇塗敎)를 펴고 법질서를 보호하며 백성을 두루 교화했다.

『규원사화』「단군기」에서는 신시씨(神市氏, 환웅)가 동방 인류의 조상으로 아주 오랜 옛날에 나라의 기틀을 잡았으니 단군 이전의 성인이라고 했고, 「태시기」(太始記)에서는 환웅이 군장이 되어 치우씨(蚩尤氏), 고시씨(高矢氏), 신지씨(神誌氏), 주인씨(朱因氏) 등에게 명해 모든 것을 계발했는데, 치우·고시·신지의 후예가 가장 번성했다고 밝히고 있다. 배

---

12) 일본의 『桓檀古記』 연구에 대해서는 崔泰永, 『인간 단군을 찾아서』(학고재, 2000), 269-274쪽.

달국은 9파(派)의 이(夷)로 이루어진 까닭에 '구이'(九夷, 九黎)라고 부르기도 하고, 동방을 이(夷)라고 했으므로 '동이'(東夷)라고도 불렀다.『후한서』(後漢書)「동이전」(東夷傳)에서는 '동이'를 "도(道)에 의거해 있는 영원불멸의 군자국"으로 묘사하고 있다. 고대로부터 중국인들은 우리 한민족을 동이족이라고 불렀는데, 이(夷)라는 글자는 활 궁(弓)자와 큰 대(大)자가 합쳐진 것으로 이는 우리 민족이 활을 다루는 것에 능했음을 말해 주는 것이다.

『환단고기』신시본기(神市本紀)에서는 제5대 태우의(太虞儀) 환웅의 막내아들이 태호 복희씨(太皥伏羲氏)며, 염제 신농씨(炎帝神農氏) 또한 고시씨의 방계 자손인 동이 소전(少典)의 아들이라고 하고 있으니, 그들 모두 동이인이다. 또한 사마천(司馬遷)의『사기』(史記)에는 중국 도교(道敎)의 시조인 황제 헌원(黃帝軒轅)으로부터 순(舜)・우(禹)임금에 이르기까지가 모두 동이 소전(少典)의 후손으로 같은 성에서 나왔으며 헌원의 8대손이 순임금이라 하고 있다.13) 또한『사기』에서와 마찬가지로『제왕운기』「삼황오제」(三皇五帝)에서도 헌원의 호(號)를 유웅씨(有熊氏)14)라고 하고 있는 것으로 보아 황제 헌원은 동이인임이 분명하다. 그렇게 되면 헌원의 후손인 5제(帝)도 모두 동이인인 셈이다. 이처럼 중국이 그들의 시조로 받드는 삼황오제15)가 모두 하나의 뿌리, 즉 동이에서 나왔다는 사실은 중국 왕조의 시원을 짐작케 하는 것이라 하겠다. 이렇게 되면 고대 중국의 역사는 동이족의 여러 지류가 중원으로 흘러들어가 성립된 왕조들의 역사라는 주장이 설득력을 얻게 된다. 이에 관해서는 앞으로 좀더 면밀하게 연구해서 밝혀야 할 것이다.

---

13) 司馬遷,『史記本紀』(1)「五帝本紀」(1), 丁範鎭 외 역(까치, 1994), 7-27쪽.
14) 有熊氏는 곧 '곰'씨이며 이는 헌원이 '곰족'의 후예로 그의 뿌리가 동이인임을 말해 준다. 이러한 사실은 단군왕검의 어머니가 곰을 토템으로 하는 종족의 웅씨(熊氏) 왕녀였다는 점을 생각하면 쉽게 알 수 있다.
15) 삼황오제(三皇五帝)가 누군가에 대해 이설이 있기는 하지만, 대개는 복희, 신농, 헌원의 삼황과 소호(小昊), 전욱(顓頊), 제곡(帝嚳), 당요(唐堯, 요임금), 우순(虞舜, 순임금)의 오제를 일컫는다(李承休,『帝王韻紀』「三皇五帝」).

배달국 1565년 역사 중 부국강병의 절정을 이룬 시기는 제14대 치우천황(慈烏支桓雄이라고도 함) 시대로 치우천황은 기원전 2707년에 제위에 올랐다. 그는 도읍을 신시에서 중원의 핵심인 청구(靑邱)로 옮겼으며, 영토를 크게 확장해 회남(淮南), 산동, 북경, 낙양을 다 차지하기에 이르렀다. 헌원(후에 黃帝가 됨)이 도전해 왔을 때 그는 산동의 탁록(涿鹿)에서 맞아 크게 싸워 헌원이 겨우 목숨을 건져 달아나매, 탁록에 축성(築城)하고 회남, 산동에 자리잡게 되었다고 「태시기」에는 나와 있다.

  「태시기」에 인용된 "치우씨가 비로소 투구와 갑옷을 만들매, 그때 사람들이 이를 알지 못해 동두 철액자(銅頭鐵額者)라 했다"고 한 것이나, "예로부터 내려오는 교훈에 치우씨가 난을 일으킨다"고 한 것을 보면 그들이 치우씨를 두려워했던 것은 분명하다. 또한 진한(秦漢) 때 시월이면 산동성 동평(東平)에 있는 치우천황의 무덤에서 주민들이 제사를 지내는데 반드시 비단폭과 같은 붉은 기운이 일어났다고 하며, 이것을 치우기(蚩尤旗)라 일컬었다고 한다. 지난 2002월드컵 대회에서 전국을 수놓았던 붉은악마의 물결은 반만 년 만에 되살아난 치우천황의 넋이 담긴 치우기의 함성이었을지도 모른다.

  지역국가로서 배달국 신시시대가 18대를 끝으로 발전적으로 해체되면서 광역 강국의 단군조(檀君朝)인 고조선의 제정(帝政, 단군왕조의 군주정)이 시작되게 된다. 고조선의 옛터에서 4400년 전의 청동기가 발굴된 것은 그 시대에 충분히 광역국가가 성립할 수 있었음을 반증하는 것이다. 단군의 개국은 신화나 설화가 아닌 실존 인간 단군의 개국 사화이다.

  수두를 행하는 환웅의 종족이 곰을 토템으로 하는 종족과 융화·통혼해 출생한 사람이 BC 2333년쯤에 만인의 추대를 받아 환웅 때부터 전해 온 표징을 이어받고 태백산 박달나무 아래 신단(神壇)에서 왕으로 세워져 나라를 여니, 그가 바로 배달국의 마지막 천황인 18대 거불단(居弗檀) 환웅[檀雄]의 아들 환검(桓儉), 즉 단군왕검(檀君王儉)이다. 대한제국 말기까지 조선의 아이들이 『천자문』 다음으로 배우던 교과서 『동몽선습』에는 단군이 요임금과 같은 때 고조선을 건국했다고 나와 있다.

『삼국유사』 첫머리의 고조선 왕검조선조에는 "중국의 『위서』(魏書)에 이르되, 지금으로부터 2천 년 전에 단군왕검이 있어 도읍을 아사달(阿斯達)[16]에 정하고 나라를 열어 국호를 조선이라 일컬으니 중국의 요임금과 같은 때라 했다. 고기(古記)에 이르되, …… 평양성에 도읍하고 또 도읍을 백악산 아사달에 옮겼는데, …… 나라를 다스리기 1,500년이었다. 주나라 무왕 즉위 기묘에 단군은 장당경(藏唐京)으로 옮겼다가 후에 아사달에 돌아와 숨어서 산신이 되니, 나라의 수(壽)가 1,908세였다고 한다"고 나와 있다. 또한 『제왕운기』 하권 「지리기」(地理紀)에는 "요동에 별천지가 있으니 중국 왕조와는 아주 구분되며, 삼면은 바다이고 북은 대륙에 이어진 중방(中方) 천리 땅이 조선이다. 천하의 명승이고 평화로운 고장, 예의바른 집으로서 중국인이 문화국이라 일컫는 나라이다"고 나와 있다.

환국에서 온 환웅의 아들 단군은 신시의 이념을 이어받아 고조선을 개국해 고요히 세상을 평정하고 현묘(玄妙)의 도(道)를 익혀 인간을 교화했으며 신하들로 하여금 모든 것을 계발하게 했다. 『환단고기』 「단군세기」에는 제1세 단군으로부터 제47세 단군 고열가(古列加)까지 차례로 기록되어 있는데, 제3세 단군 가륵(嘉勒) 2년에 상형표의(象形表意)의 진서(眞書)로는 원지인(遠地人)이 서로 의사소통하기 어려우므로 정음(正音) 38자를 만들게 했는데 그것을 가림토(加臨土)라 했다. 또한 가륵 3년에는 신지(神誌), 고설(高契)에게 명해 『배달유기』(倍達留記)를 편찬했다는 기사가 있다. 『삼국유사』에는 특히 고구려 동명왕을 단군의 아들이라고 했고,[17] 『제왕운기』에는 시라(尸羅), 고례(高禮), 옥저(沃沮), 부여, 예맥을 모두 단군의 자손이라고 했으며,[18] 『삼국사기』에도 고구려와 백제가 부여의 후예라고 했다.[19] 또한 『삼국사기』에서는 신라도 고조선의 유민이

---

16) 아사달은 지금의 송화강 연안으로 고대에는 그 지명을 소머리, 즉 우수(牛首)·우두(牛頭)라고도 했는데, 이는 흰 소를 잡아 제천하던 데서 유래된 것이다.
17) 『三國遺事』 王歷 高句麗本紀
18) 『帝王韻紀』 前朝鮮紀
19) 『三國史記』 高句麗本紀, 百濟本紀 第1.

그곳에 와서 산간에 흩어져 촌락을 이룬 6촌(六村)이라고 밝히고 있다.20)

고조선이라는 나라는 2천여 년 동안 이어진 단군의 조선으로 끝난 것이다. 따라서 중국에서 밀려와 고조선 변방의 한 구석에 있었던 망명 정치집단으로서 조선조의 작은 지방의 제후, 한갓 지방관에 불과했던 기자·위만의 제후국과는 전혀 그 맥이 다른 광역 강국이었다. 그러한 작은 집단에 불과했던 기자조선이나 위만조선이 마치 고조선을 계승해 그 맥이 된 것처럼 잘못 전해진 것은 다름 아닌 사대주의와 일본의 제국주의·식민주의·황통주의 역사관에 의해 왜곡·조작된 것을 그대로 답습한 때문이라 하겠다.21)

『환단고기』, 『규원사화』, 『제왕운기』 등의 기록을 종합 분석하면 전 단군조선의 대체적인 통치체제는 1단군(檀君), 3한(韓), 5가(加), 64족(族), 3사(師), 6사(事) 체제22)로 완성된 것으로 보인다. 고조선의 중심부는 발해의 북쪽에 있었고 그 영역은 중국 북경과 근접한 난하(灤河)로부터 한반도의 대부분에 이르는 광대한 지역을 포함하고 있었다. 중국의 가장 오래된 지리서인 『산해경』(山海經)에도 고조선이 옛 요동(遼東)을 포함한 넓은 영토를 차지한 선진 민족국가였다는 사실이 여러 곳에 기록되어 있다. 단군이 도읍을 정한 평양도 반도 안의 대동강 유역이 아니라 원래는 대륙 땅에 위치해 있었으며, 후에 그곳에 살던 사람들이 옮겨 오면서 지명을 가져온 것이다. 『규원사화』 「태시기」에는 요심(遼瀋)과 유연(幽燕)의 땅이 신시시대부터 이미 한족(韓族)의 땅이었다고 하며, 고대 우리 민족의 활동 중심지는 요동을 중심으로 한 압록강 이북의 대륙이었음을 명기하고 있다.

---

20) 『三國史記』 新羅本紀(1) 初頭.
21) 崔泰永, 『한국상고사』(유풍출판사, 1990), 29쪽.
22) 이는 배달국의 통치체제를 이어받아 발전시킨 것으로 자세한 내용은 高濬煥, 『하나되는 한국사』(한국교육진흥재단, 2002), 92-96쪽 참조.

3) 세년가와 옥산궁의 비밀

『세종실록』23)에 보면, 세종대왕이 단군사당을 다시 세울 곳을 조사하라고 신하들에게 명하자, 세종 10년 6월조 유관(柳寬)의 상서와 세종 18년 12월조 유관의 조카 유사눌(柳思訥)의 상서 중에 단군의 사적과 단군묘의 설립지에 관해 '세년가'(世年歌)에 의해서 전래되어 온 것을 언급한 사실이 확인되었다. 세년가에 의하면 원래 구월산이 사당이 있던 자리이므로 그곳에 다시 세워야 한다는 것이었다. 근세 세종대왕 대에 이르기까지도 불린 세년가는 요동 별천지에 단군이 고조선이라는 나라를 세운 때로부터 고려 공양왕 때까지의 기록을 담고 있는데, 유희령의 『표제음주동국사략』에서 그 전문이 발견되었다.24)

세년가는 비록 두 쪽의 짧은 내용을 담고 있지만, 고조선이 크게 활약하던 지역의 중심지가 요동이었음을 분명히 보여준다는 점에서 다시없이 중요한 사료이다. 이는 고려 때 『제왕운기』 속에 있는 고조선사와도 그 내용이 일치하는 것으로 나타난다. 따라서 우리 민족이 여러 차례의 국난을 겪으면서도 단군사당에 제사하며 국가의 대행사인 축제 때에는 세년가라는 노래로 단군 등의 사적을 전해 온 사실은 확실하다고 하겠다. 마치 광대들이 긴 가극을 판소리로 전해 내려오듯이 단군 이래 성읍의 제사장들이 노래로 건국 이래의 역사와 조상들의 공적, 교훈을 대대로 입으로 전해 온 것이다.

최태영의 연구·조사에 의하면, 임진왜란 때 일본에 잡혀간 17성씨(姓氏)가 합의해서 '옥산궁'(玉山宮)이라는 단군사당을 짓고 매년 음력 8월 15일 단군제를 지내 왔는데, 우리나라에서는 없어진 세년가가 그곳에서는 축가와 제문으로 남아 있었다고 한다.25) 그곳 옥산궁 유래기에는 옥산궁이 조선 개조 단군의 묘(廟)이며 평양 단군사당에서 단군을 모셔왔

---

23) 1970년대에 발행된 『朝鮮王朝實錄』 영인본 중 『世宗實錄』(40).
24) 柳希齡, 『標題音註東國史略』(한국정신문화연구원, 1985), 47-48쪽.
25) 崔泰永, 『인간 단군을 찾아서』, 215-221쪽.

다는 기록이 있음을 필자도 탁본을 통해 확인할 수 있었다. 임란 때 일본에 잡혀간 17성씨가 그곳에서도 일심으로 우리 국조를 잊지 않고 대대로 그 공덕을 기리고 단군님께 기원을 해 온 것으로 보아, 당시 우리나라 각지에도 단군사당이 있었고 매년 그와 같은 행사가 있었음은 쉽게 짐작할 수 있는 일이다. 그 14대손인 심수관(沈壽官)은 지금도 우리 단군 국조에 대해서 열렬한 마음을 가지고 있다고 한다.

그들이 축문을 외울 때 "오늘이라 오늘이라 오늘이 오늘이라"고 하며 무슨 뜻인지도 모른 채 조상 대대로 전해 오는 것을 무슨 주문 외듯이 외고 있었다고 하는데, 이는 곧 "오늘이라 오늘이라 오늘이 바로 단군 제일(祭日)이라"는 뜻으로 해석할 수 있을 것이다. 이제는 그 의미를 모르면서도 발음도 제대로 못 내는 우리말로 그 노래와 제문을 외우고 있는 사실로 미루어 볼 때, 같은 민족으로서 같은 말을 쓰는 우리도 글보다는 '세년가'에 의해 대대로 입으로 전해 내려올 수도 있었으리라는 것을 짐작할 수 있다.

그렇게 장구하게 전해져 온 우리 역사가 일제 강점 이후 일본인들에 의해 조직적으로 왜곡되고, 또 그러한 일본의 황통사 식민주의에 세뇌된 역사가들에 의해 우리 전래의 역사가 부인되게 된 것이다. 일인들은 중국에 있는 우리 광개토대왕릉비를 파괴·변조하고 칠지도(七支刀)의 색인 글자를 개서해 터무니없는 일본 권력사를 만들어 세뇌교육을 하는가 하면, 총독부에 조선사편수회를 설치해 『조선사』 35책을 조작함으로써 우리 역사의 가슴에 비수를 꽂았던 것이다. 게다가 일본이 한국보다 일찍이 강성해서 한국을 정복하고 한국 남단에 임나일본부라는 총독부를 설치해 수백 년간 지배했다는 허위사실을 유포하기까지 하고 있다.

『삼국사기』, 『중국 25사』 등에 보면, 일본은 서기 671년에야 국호가 처음으로 생겼는데 이는 백제 멸망 후 백제 본조(本朝)의 잔여 대집단이 왜땅 동조(東朝)로 건너가서 처음 만든 것이다. 그 어원은 원래 백제를 일컫던 '구다라'에서 온 것으로 큰 해(大日)라는 뜻의 고대 한국말인데, 이를 한자로 옮긴 것이다. 사실 천황의 이름인 메이지(明治)는 광개토대왕의 손자이자 장수왕의 아들인 21대 문자왕의 연호를 그대로 따온 것이다. 2001년 12월 23일 아키히토 일왕은 50대 일왕 간무(桓武, 781~806)의 생모가 백제 무령왕의 후손임을 공식 언급했다. 이는 결국 일본 왕가가 한국 혈통에서 나온 것이라는 사실을 시인하는 것이다. 고대 우리 한인들이 일본에 미친 영향은 단순한 도일(渡日)이나 문화교류 정도를 넘어 한반도가 일본 왕조의 발상지이며 일본 민족의 시원이라는 사실이 드러나고 있다. 이시와타리 신이치로(石渡信一郞)의 『백제에서 건너간 일본 천황』(2002)이나, 존 코벨(Joan C. Covell)의 『한국문화의 뿌리를 찾아』(1999)는 이러한 사실을 명징하게 보여준다.

　실로 한 개인이든 민족 집단이든 그 뿌리가 제대로 서 있지 않으면 미래를 내다보기 어렵다. 수천 년의 연대사를 잃어버리고 광활한 민족의 활동무대를 반도의 일부로 축소시킨 채 어떻게 우리의 정체를 알 수 있겠으며, 또한 어떻게 우리의 미래상을 그릴 수 있겠는가. "우리는 누구인가"라는 문화적 정체성(cultural identity)에 대한 근원적인 물음은 우리 민족의 원형을 함유하고 있는 상고사에 대한 연구 없이는 답이 나올 수 있는 것이 아니다. 더욱이 우리의 상고사 속에는 '동북공정'을 둘러싼 한·중 역사전쟁과 한·일 역사전쟁이라는 작금의 불붙는 동북아 역사전쟁을 종식시킬 열쇠가 들어 있다. 장구한 역사를 가진 선진 문화민족임에도 불구하고 세계 각국의 역사서에는 중국과 일본의 식민지였던 나라 정도로 기록되어 있는 대한민국. 상고사 복원 없이는 대한민국의 정체성이 확립될 수 없고, 따라서 한국 정치사상이란 것도 성립될 수가 없다. 환국, 배달국, 단군조선에 이르는 과정을 간략하게나마 살펴본 것은 이 때문이다.

2. 단군조선의 건국이념

1) 『천부경』, 『삼일신고』, 『참전계경』의 사상

『천부경』(天符經, 造化經)은 우주만물의 창시창조(創始創造)와 생성, 변화, 발전, 완성의 원리를 밝힌 총 81자로 이루어진 우리 민족의 으뜸가는 경전이다. 한민족 정신문화의 뿌리이며 세계 정신문화의 뿌리가 되는 큰 원리를 담고 있는바, 『삼일신고』(三一神誥, 敎化經), 『참전계경』(參佺戒經, 治化經)을 비롯한 우리 민족 고유의 경전과 역(易)사상에 근본적인 설계원리를 제공했다. 『환단고기』 소도경전본훈에 보면, 『천부경』은 천제 환인(桓仁)이 다스리던 환국으로부터 구전되다가 환웅이 신지(神誌) 혁덕(赫德)에게 명해 녹도문(鹿圖文)으로 적게 했던 것을, 훗날 고운(孤雲) 최치원이 전자(篆字)로 기록해 놓은 옛 비석을 보고 다시 서첩(書帖)으로 만들어 세상에 전한 글이라고 나와 있다.[26] 조화신(造化神, 理化神)으로서의 환인천제(天皇)는 환국을 열면서 천리(天理)에 부합하는 가르침으로 근본을 삼으셨으니, 이를 천부경이라 하고 그 가르침을 천신교(天神敎) 또는 경천교(敬天敎)라고도 하는데, 정치사상의 원류가 되는 것이라 하겠다. 교화신(敎化神)으로서의 환웅천황(地皇)은 삼신교(三神敎)인 천신교를 이어받고 개천해 천부경과 삼일신고로써 백성들을 교화했으며, 치화신(治化神)으로서의 단군왕검(人皇) 또한 이를 이어받아 백성들을 다스렸다.

『천부경』은 본래 장이 나누어져 있지 않았지만, 필자는 『천부경』이 담고 있는 의미를 보다 명료하게 풀기 위해 그 구조를 다음과 같이 셋으로

---

[26] 『桓檀古記』「太白逸史」 蘇塗經典本訓. 崔致遠 이후 『天符經』은 조선 중종 때 一十堂 主人 李陌이 太白逸史에 삽입해 그 명맥을 잇다가 1911년 雲樵 桂延壽가 『桓檀古記』를 편찬해 오늘에 이르고 있다.

나누어 살펴보았다. 즉 상경(上經) '천리'(天理), 중경(中經) '지전'(地轉), 하경(下經) '인물'(人物)이라는 주제로 나눈 것이다. 지면관계상 여기서는 대의만 살펴보기로 한다. 상경 '천리'는 "一始無始一析三極無盡本, 天一一地一二人一三, 一積十鉅無匱化三"으로 구성되어 있으며, 시작도 끝도 없는 영원한 '하나'(一)의 본질과 무한한 창조성, 즉 천·지·인 혼원일기(混元一氣)인 '하나'(一)에서 우주만물이 나오는 일즉삼(一卽三)의 이치를 드러낸 것이다. 중경 '지전'은 "天二三地二三人二三, 大三合六生七八九, 運三四成環五七"로 구성되어 있으며, 음양 양극간의 역동적인 상호작용으로 천지운행이 이루어지고 음양오행이 만물을 낳는 과정이 끝없이 순환·반복되는, 말하자면 '하나'(一)의 이치와 기운의 조화(造化)작용을 나타낸 것이다. 하경 '인물'은 "一妙衍萬往萬來用變不動本, 本心本太陽昻明人中天地一, 一終無終一"로 구성되어 있으며, 사람과 우주만물의 근본이 '하나'(一)로 통하는 삼즉일(三卽一)의 이치와 소우주인 인간의 대우주와의 합일을 통해 하늘의 이치가 인간 속에 징험(徵驗)됨을 보여주는 것이다. 말하자면 상경 '천리'가 가능태(可能態)라면 하경 '인물'은 구체적인 현실태인 것이다. 요약하면, '천리'에서는 '하나'(一)의 이치를 드러내고, '지전'에서는 '하나'(一)의 이치와 기운의 조화(造化)작용을 나타내며, '인물'에서는 '하나'(一)의 이치와 그 조화 기운과 하나가 되는 일심(一心)의 경계를 보여준다.27)

『천부경』을 보면, 근원적인 일자(一者), 즉 '하나'(一)에서 우주만물이 비롯되고 그 쓰임은 무수히 변하지만 근본은 다함이 없다고 되어 있다. 그런 까닭에 하나에서 비롯되나 시작이 없는 하나이며[一始無始一], 하나로 돌아가나 끝이 없는 하나[一終無終一]이다. 천부경의 사상은 한마디로 시작도 끝도 없는 영원한 '하나'(一)28)에 관한 사상, 즉 '한사상'이

---

27) 崔珉子,『동학사상과 신문명』(모시는사람들, 2005) 중 「동학의 정치철학적 원형과 리더십론」에서 필자는 이러한 『天符經』의 내용을 보다 자세하게 풀이했다.
28) 근원적 일자(一者) 또는 궁극적 실재로서의 '하나'[一]는 하늘[天], 천주[天主, 하느님, 하나님, 창조주, 한울, 한얼], 천신(天神), 도(道), 불(佛), 일심(一心), 태극(太極, 無

다. 여기서 영원한 '하나'는 곧 하나인 마음(一心)이다. 하나인 마음은 근원성, 포괄성, 보편성을 띠는 까닭에 우주만물의 근본과 하나로 통하게 되므로 일체가 밝아지게 되는 것이다. 이렇게 마음이 밝아진 사람에게는 천지(天地)가 하나로 녹아 들어가 있으므로 '인중천지일'(人中天地一)이라고 한 것이다. 말하자면 천, 지, 인(天地人) 삼재(三才)의 조화의 열쇠는 사람에게 있고, 사람의 마음이 밝아지면 그 열쇠는 저절로 작동하게 되는 것이다. 모든 종교가 생겨난 것도 바로 이 '하나'(一)인 참자아를 깨닫기 위한 것이었다. 그러고 보면 천부경은 경전의 종주(宗主)요 정치사상의 원류라 할 만하다.

『천부경』 81자가 담고 있는 의미는 『삼일신고』 366자에서 보다 명료하게 드러난다. 신시개천(神市開天)의 시대에 나온 『삼일신고』는 한마디로 삼일(三一)사상을 본령(本領)으로 삼고 삼신 조화(造化)의 본원과 세계 인물의 교화를 상세하게 논한 것이다. 삼일사상이란 집일함삼(執一含三)과 회삼귀일(會三歸一)을 뜻하는데, 이는 곧 일즉삼(一卽三)·삼즉일(三卽一)을 말하는 것으로 우주만물[三]이 '하나'[一]]는 사상에 기초해 있다. 소도경전본훈에서는 『삼일신고』의 다섯 가지 큰 지결(旨訣)이 천부(天符)에 근본을 두고 있으며, 오직 마음을 밝히고 세상을 밝힘으로써 '성통공완'(性通功完)을 이룬 사람만이 일신[唯一神, '하나'님]이 거(居)한다는 천궁(天宮)에 갈 수 있다고 하여, 『삼일신고』의 궁극적인 뜻이 천부중일(天符中一)의 이상에서 벗어나지 않음을 밝히고 있다. 여기서 '천부중일'의 '중일'이란 『천부경』 하경(下經)에 나오는 '인중천지일'(人中天地一)을 축약한 것이다. 이는 『삼일신고』가 삼즉일(三卽一)의 이치를 드러낸 『천부경』 하경(下經)편을 중점적으로 다루고 있음을 보여주는 것으로, 백성들을 교화하기 위한 교화경으로서의 위상을 말해 주는 것이라 하겠다.

『삼일신고』 '하늘'[天]에도 영원한 '하나'[一]에 관한 설명이 나오는데 그 내용이 『천부경』과 일치하고 있다. 즉 "하늘은 형상도 바탕도 없고,

極), 브라만(Brahman, 梵), 우주의식[전체의식, 순수의식], 우주의 창조적 에너지[至氣, 混元一氣] 등으로 다양하게 명명되고 있다.

시작도 끝도 없으며, 위아래와 사방도 없고, 비어 있는 듯하나 있지 않은 곳이 없으며, 포용하지 않음이 없다"고 한 것은 저 푸른 창공도, 저 까마득한 허공도 아닌 '하나'[一]인 마음의 근원성, 포괄성, 보편성을 풀이한 것이다. 그러면 어떻게 그 하나인 마음에 이를 수 있을 것인가?

『삼일신고』 '일신'(一神)에는 오직 자성(自性)에 대한 직관적 지각을 통해 닿을 수 있는 영역이라고 나와 있다. 그래서 "자신의 성(性)에서 씨를 구하라"[自性求子]고 한 것이다. 자성에 대한 지각은 이성의 영역인 좌뇌의 작용에 기인하는 것이 아니라 직관의 영역인 우뇌의 작용에 기인한다. "이미 네 머릿골에 내려와 있느니라"[降在爾腦]고 한 것은 우주 순수의식이 우뇌로 연결되어 있음을 말해 주는 것이다. 『명심보감』(明心寶鑑)에 "하늘의 그물은 넓고 넓어서 보이지는 않으나 새지 않는다"[天網恢恢 疎而不漏]고 나와 있다. 우주 순수의식은 바로 이 우주가 만든 통신선을 통해 우뇌로 연결된다. 그것의 요체는 마음을 비움에 있다. 에고(ego, 個我)가 사라짐으로써 저절로 작동하게 되는 것이다.

『참전계경』은 신시 배달국시대에 환웅천황이 5사[穀, 命, 刑, 疾, 善惡]와 8훈[誠, 信, 愛, 濟, 禍, 福, 報, 應]을 중심으로 삼백예순여섯 지혜로 백성들을 가르친 것을 신지(神誌)가 기록한 것인데, 오늘날 전해지는 것은 고구려의 명재상 을파소(乙巴素)가 다시 정리해서 만든 것이다. 을파소는 적기를, "신시이화(神市理化)의 세상에 8훈을 날[經]로 삼고 5사를 씨[緯]로 삼아 교화가 널리 행해져서 홍익제물(弘益濟物)했으니 참전(參佺)의 이룬 바가 아닌 것이 없다. 지금 사람들이 이 참전계를 통해 수양에 더욱 힘쓴다면 백성을 편안케 함에 어찌 어려움이 있겠는가"[29]라고 했다.

『참전계경』은 여덟 가지 강령(8綱領), 즉 성, 신, 애, 제, 화, 복, 보, 응이 각각 성(誠)이 6체(體) 47용(用), 신(信)이 5단(團) 35부(部), 애(愛)가 6범(範) 43위(圍), 제(濟)가 4규(規) 32모(模), 화(禍)가 6조(條) 42목(目), 복(福)이 6문(門) 45호(戶), 보(報)가 6계(階) 30급(及), 응(應)이 6과(果) 39형

---

29) 『桓檀古記』「太白逸史」蘇塗經典本訓.

(形)으로 이루어져 있다. 8강령은 『천부경』, 『삼일신고』와 마찬가지로 천, 지, 인 삼재에 기초해 하늘과 사람과 만물을 하나로 관통하고 있음을 보여준다. 8강령의 논리구조를 보면, 전(前) 4강령 성, 신, 애, 제와 후(後) 4강령 화, 복, 보, 응은 인과관계를 이루고 있다. 여기서 성, 신, 애, 제 4인(因)과 화, 복, 보, 응 4과(果)는 그 성(性)이 따로 있는 것이 아니고 오직 일심(一心)일 따름이다. 다만 제문(諸門)에 의지해 일성(一性)을 나타낸 것일 뿐이다. 따라서 '4인(因), 4과(果)'는 단선적 관계로 끝나는 것이 아니라 상호의존[interdependence]·상호전화[interchange]·상호관통[interpenetration]하는 원궤(圓軌)를 형성하고 있는 것이다. 시작도 끝도 없는 영원한 '하나'[一]의 조화 기운과 하나가 되는 것, 바로 여기에 마음을 밝히고 세상을 밝히는 '인중천지일', '성통공완'의 비밀이 있다. 거기에 이르는 구체적인 길을 366사(事)로 제시한 것이 『참전계경』이다. 말하자면 홍익인간, 재세이화의 이념을 구현하는 방법을 366사로 보여주고 있는 것이다.

이렇듯 『천부경』과 『삼일신고』, 그리고 『참전계경』에 나타난 정치이념과 우리 민족의 건국이념은 정치의 교육적 기능에 그 초점이 맞춰져 있음을 알 수 있다. 이는 개개인의 도덕적 인격의 완성을 통해 마음을 밝히고 세상을 밝혀서 재세이화(在世理化)의 이념을 구현하려는 우리 국조의 의지가 표출된 것이라 하겠다.

2) 홍익인간, 광명이세의 이념

단군이 고조선을 세워 거의 2천여 년 동안 계승한 건국이념은 신시시대로부터 이어받은 홍익인간이다.[30] 단군의 개국이념인 홍익인간은 널리 모든 사람을 이익 되게 하는 것으로 전 인류사회의 평화와 행복이라는 이상을 담고 있다. 그것은 인간의 존엄성에 기초해 인간을 본위로 하

---

30) 『三國遺事』 紀異 王儉朝鮮條; 『帝王韻紀』 「前朝鮮紀」 初頭.

며 인민을 근본으로 하는 '인본'(人本), '위민'(爲民)의 사상이다. 치자와 피치자, 개인과 국가가 일체가 되어 하늘과 조상을 숭경(崇敬)하는 천인합일의 보본(報本, 근본에 보답한다는 뜻)사상이다.

이렇듯 광대한 이념은 광명이세(光明理世, 밝은 정치)라는 정치이념과 깊은 관계가 있다. 조화, 교화, 치화의 시대를 연 환인, 환웅, 환검의 '환'과 우리나라 최초의 나라인 환국의 '환'은 환하게 밝음을 뜻하는 것으로 밝은 정치의 이념을 표상한 것이다. 고구려의 시조가 태양이 비치어서 수태했다고 해서 그 이름을 동명(東明)이라고 한 것과 신라의 시조를 박혁거세(朴赫居世, 밝게 세상을 다스린다는 뜻)라고 이름한 것, 그리고 신선한 아침 해의 밝음을 뜻하는 조선이라는 국호는 모두 광명의 이념을 나타낸 것이다. 태백산, 백두산, 장백산의 '백'(白)과 배달민족이 즐겨 입은 흰옷의 빛 또한 그러한 이념이 투영된 것이다.

우리 국조께서 마음을 밝히는 가르침을 근본으로 삼으신 것은 정치의 주체인 인간의 마음이 밝아지지 않고서는 밝은 정치가 이루어질 수 없으며, 따라서 홍익인간의 이념 또한 실현될 수 없기 때문이다. 마음이 밝아진다고 하는 것은 우주만물이 결국 하나임을 알게 됨으로써 더불어 사는 삶을 실천하게 되는 것을 말한다. 우주만물의 개체성은 '하나'[一], 즉 궁극적 실재가 다양한 모습으로 현현한 것이다. 우주만물의 생성, 변화, 소멸은 모두 '하나'[一]의 조화 작용──음양오행의 우주적 기운의 응결(凝結)에 의해 만물이 화생(化生)하나 궁극에는 그 근원으로 되돌아가는──이다. 본래의 천심을 회복해 우주의 조화 기운과 하나가 되면 천지운행을 관조할 수 있게 됨으로써 천덕(天德)을 몸에 지니게 되어 광명이세의 정치이념을 구현할 수 있게 되는 것이다.

환(桓) 또는 한(韓)은 전일(全一), 광명 또는 대(大), 고(高)를 의미한다. 이러한 '환'의 이념은 국가, 민족, 계급, 인종, 성, 종교 등 일체의 장벽을 초월해 평등하고 평화로운 이상세계를 창조하는 토대가 될 수 있다. 그런 점에서 '환'은 홍익인간의 이념을 함축한 것이라 하겠으며, 그 구현자로서 우리 민족은 스스로를 천손족이라고 불렀던 것이다. 고조선의 개조

제1대 단군은 제사를 올린 뒤에 8훈(八訓 또는 八條目)으로 제가(諸加)와 백성들을 가르쳐 깨우쳤다.『규원사화』「단군기」에는 8훈의 내용이 자세하게 풀이되어 있는데,[31] 이는 단군 자신이 백성들을 위해 홍익인간의 이념을 풀이한 것이다. 이는 곧 경천애인(敬天愛人) 사상의 발로요 재세이화 이념이 함축된 것이라 하겠다.

3. 단군조선의 정치사상

고조선사회는 정치·경제·종교·철학사상이 미분화되어 있었던 관계로 당시의 정치사상을 비(非)정치사상과 엄격하게 구분해서 설명하기는 어렵다고 본다. 단군왕검이란 칭호의 단군은 제사장(祭司長 또는 天君)의 칭호이고 왕검은 정치적 군장의 칭호이니, 제사장과 정치적 군장을 겸한 제정일치 시대의 지도자라는 사실이 이를 뒷받침한다. 따라서 여기서는 당시의 사상 중에서 정치행위 및 통치행위와 직간접으로 관련되는 사상을 추출해 현대적으로 재해석해 보기로 한다.

1) 경천숭조의 보본사상

한국 상고 정치사상의 근본정신은 천, 지, 인 삼재의 융화에 기초해 있다. 고조선의 개조 제1대 단군은 경천숭조(敬天崇祖)의 '보본사상'(報本思想)을 이전의 신시시대로부터 이어받아 고유의 현묘지도(玄妙之道, 風流)를 기반으로 하는 조의국선(皂衣國仙)[32]의 국풍(國風)을 열었다. '보본'이라 함은 '근본에 보답한다'는 뜻으로 효(孝)와 충(忠)에 기반한 숭조

---

31)『揆園史話』「檀君記」.
32) 단군시대로부터 고구려를 거쳐 고려에 이르는 심신훈련 단체. 송(宋)나라 사신으로 왔던 서긍(徐兢)의『고려도경』(高麗圖經)에는 훈련단체 단원들이 머리를 깎은 채 허리에는 검은 띠를 매고 훈련을 받은 것으로 나타나 있다.

(崇祖)사상은 제천(祭天)에 기반한 경천(敬天, 敬神)사상과 함께 한국 전통사상의 골간을 형성해 왔다. 상고와 고대의 국중(國中) 대축제는 물론이고 중세와 근세에도 제천, 즉 천지의 주재자를 받들고 보본하는 예를 잊지 않았다. 이는 곧 우리의 전통사상이 천, 지, 인 삼재에 기초해 하늘과 사람과 만물을 하나로 관통하고 있음을 보여주는 것이라 하겠다.

우리 조상들은 박달나무 아래에 제단을 만들고 소도라는 종교적 성지가 있어 그곳에서 하늘과 조상을 숭배하는 수두교[蘇塗敎]를 펴고 법질서를 보호하며 살았다. 말하자면 당시로서는 수두교가 정치의 핵심사상이 되었던 것이다. 이러한 수두, 제천의 고속(古俗)은 대개 삼한시대 혹은 삼국시대까지 이어졌는데, 부여의 영고, 고구려의 동맹, 동예의 무천, 삼한의 5월제와 10월제 등이 그것이다. 이와같이 하늘에 제사지내고 보본하는 소도의식을 통해 천인합일(天人合一), 군민공락(君民共樂)을 이루어 국권을 세우고 정치적 결속력을 강화하며 국운의 번창을 기원했던 것으로 보인다.

『규원사화』에 의하면 고대의 임금은 반드시 먼저 하늘과 단군 삼신(三神)을 섬기는 것을 도(道)로 삼았다고 한다. 관직에는 대선(大仙), 국선(國仙), 조의(皂衣)라는 것이 있었다. 고구려의 조천석(朝天石), 발해의 보본단(報本壇), 고려의 성제사(聖帝祠), 요(遼)의 삼신묘(三神廟), 금(金)의 개천홍성제묘(開天弘聖帝廟)는 모두 단군의 묘이며, 근조선에 이르러서도 세종은 단군묘를 평양에 설치했고 세조 원년에는 위패를 '조선시조 단군사당'이라 했다고 한다.33)

예로부터 높은 산은 하늘로 통하는 문으로 여겨져 제천의식이 그곳에서 거행되었다. 단군이 천제를 지낸 백두산과 갑비고차(甲比古次)의 단소(壇所)와 마리산(摩利山)의 참성단(塹城壇) 등은 고산(高山)숭배 사상의 단면을 보여준다. 단군의 건국이념 및 교훈은 부여의 9서(九誓: 孝, 友愛, 師友以信, 忠誠, 恭謙, 明知, 勇敢, 淸廉, 義)와 삼한의 5계(五戒: 孝, 忠, 信,

---

33) 『揆園史話』 「檀君記」.

勇, 仁)와 고구려의 조의국선의 정신 및 다물(多勿)34)의 이념과 신라 화랑도의 세속오계(世俗五戒: 事君以忠, 事親以孝, 交友以信, 臨戰無退, 殺生有擇)로 그 맥이 이어져 내려왔다.

2) 풍 류

통일신라 말기 3교의 설(說)을 섭렵한 당대 최고의 지식인이었던 고운 최치원의 「난랑비서」(鸞郎碑序)에는 신시시대와 고조선 이래 우리의 고유한 전통적 사상의 뿌리에 대한 암시가 나타나 있다. 그 내용은 다음과 같다.

> 나라에 현묘(玄妙)한 도(道)가 있으니, 이를 풍류(風流)라고 한다. 그 교(敎)의 기원은 선사(先史)에 상세히 실려 있거니와, 실로 이는 3교(儒, 佛, 仙)를 포함하며 중생을 교화한다. 이를테면, 들어오면 집에서 효도하고 나가면 나라에 충성하는 것은 노사구(魯司寇: 孔子)의 주지(主旨)와 같은 것이고, 무위(無爲)에 처하고 불언(不言)의 교를 행함은 주주사(周柱史: 老子)의 종지(宗旨)와 같은 것이며, 모든 악한 일을 행하지 않고 착한 일을 받들어 행함은 축건태자(竺乾太子: 釋迦)의 교리와 같은 것이다.35)

우리 고유의 풍류 속에는 유, 불, 선이 중국에서 전래되기 이전부터 3교를 포괄하는 사상내용이 담겨져 있어 그 사상적 깊이와 폭을 짐작케 한다.『삼국사기』에 3교의 전래 연대를 삼국시대라고 명기하고 있는 이

---

34) 이는 본래 고구려의 시조 고주몽(高朱蒙)의 연호(年號)로서 "옛 땅을 회복한다"는 뜻으로 쓰이던 고구려 때의 말. 이러한 '회복'(恢復)을 뜻하는 고구려의 정치이념을 '다물이념'이라고 하는데 이는 곧 단군조선의 영광을 되찾고 그 통치영역을 되물려 받겠다는 것이다.
35)『三國史記』新羅本紀 眞興王 37년 봄 기사에서 인용. 공자는 일찍이 노나라의 사구(사법대신)라는 벼슬을 한 적이 있고, 노자는 주나라의 주하사(柱下史: 주사는 주하사의 약칭)가 된 적이 있으며, 축건은 인도의 별칭으로 석가는 정반왕(淨飯王)의 태자였다.

상,36) 우리 상고의 사상을 외래사상의 영향을 받은 것이라고 볼 수는 없을 것이다. 3교가 중국에서 전래되기 수천 년 전부터 우리나라에 3교를 포괄하는 고유하고도 심오한 사상적 기반이 있었기에, 외래의 제사상을 받아들여서 토착문화와 융합해 독창적인 형태로 발전시킬 수 있었던 것이다. 그런 점에서 유, 불, 선 3교를 외래사상의 단순한 이입이라고 할 수는 없을 것이다.37)

예로부터 조선이 신선의 나라로 알려진 것은 선교의 뿌리가 동방임을 시사하는 것이다. 환국으로부터 역(易)사상의 뿌리가 되는 『천부경』이 전수되어 온 것38)이나 배달국 제5대 태우의 환웅 때 신선도 문화가 체계화된 것39) 등이 이를 입증하는 것이다. 『삼국사기』에는 신라 효성왕 2년(738)에 당나라 사신이 와서 노자의 『도덕경』을 바쳤다는 기록이 나오는데, 우리의 신선도 문화는 그보다 수천 년 앞선 것으로 중국의 도교를 열게 했으며, 후에 그것이 다시 유입된 것이라고 보는 것이 옳다.

유교 또한 순수한 외래사상이라고 보기 어려운 것은 그 창시자인 요·순 황제가 동이인이었다는 점과 공자가 동이문화를 흠모해 영원불멸의 군자국 구이(九夷)에 가서 살고 싶다는 견해를 피력한 것 등으로 미루어 알 수 있다. 불교는 본래 인도에서 중국으로 유입되었다가 다시 우리나라에 전래된 것으로 보고 있으나, 『삼국유사』에는 석가(釋迦) 이전 불교의 중심지가 우리나라였음을 시사하는 글을 인용하고 있다. 즉 "옥룡집(玉龍集)과 자장전(慈藏傳) 및 제가전기(諸家傳紀)에 이르되, 신라의 월성(月城) 동쪽, 용궁(龍宮) 남쪽에 가엽불(迦葉佛)의 연좌석(宴坐石)이 있는데, 그곳은 전불(前佛)시대의 가람터이니 지금의 황룡사(皇龍寺) 지

---

36) 『三國史記』 高句麗本紀 小獸林王 2년 6월 記事; 『三國史記』 新羅本紀 神文王 2년 6월 記事; 『三國史記』 百濟本紀 枕流王 元年 9월 記事; 『三國史記』 新羅本紀 法興王 14년 記事; 『三國史記』 高句麗本紀 建武(榮留)王 7년 2월 記事; 『三國史記』 高句麗本紀 寶藏王 2년 3월 記事; 『三國史記』 新羅本紀 眞平王 9년 7월 記事 등이 그것이다.
37) 이와 유사한 견해로는 崔泰永, 『한국 고대사를 생각한다』(눈빛, 2002), 131-133쪽.
38) 『桓檀古記』 「太白逸史」 蘇塗經典本訓.
39) 『桓檀古記』 「太白逸史」 神市本紀.

역은 7가람(伽藍)의 하나라 했다"40)고 한 것이 그것이다.

상고시대 중국문화는 그 형성과 전수에 있어 동이족의 역할이 지대했던 만큼 그것이 다시 우리나라에 이입된 사실을 가지고 이질적인 외래문화라고 생각할 수는 없을 것이다. 동양 정치사상의 뿌리가 되는 유, 불, 선 3교의 내용이 수천 년 전 우리 고유의 풍류 속에 담겨 있었다는 사실은 우리 문화의 선진성을 말해 주는 것이라 하겠다. 당시 정치의 교육적 기능의 중요성에 비추어 볼 때 우리 교육의 원천이 되었던 풍류의 정치사상적 의미는 자못 크다 하지 않을 수 없다.

3) 무 속

우리 상고의 원시신앙과 고유한 사상의 연원과 한국정신사의 흐름과 사회정치적 변천, 이 모든 것을 알기 위해서는 그 역사가 가장 오래된 무속의 사회정치적 기능을 간과해서는 안 될 것이다. 상고시대 사람들은 삼라만상에 성령(聖靈)이 깃들어 있고 그 성령이 인간의 길흉화복을 좌우하는 것으로 믿었기 때문에 그 성령과 소통할 수 있는 무인(巫人)이 사회정치적 지배력을 행사했다. 이러한 무속의 사회정치적 기능으로 인해 무속은 신앙으로서뿐만 아니라 정치의 핵심사상이 되었다. 즉 소도의식을 통해서는 물론이고 제사가 끝난 뒤에는 술과 가무로써 공동체 구성원간의 결속과 일체감을 다짐으로써 정치적 지배력을 강화했던 것으로 보인다. 당시 숭앙된 대표적인 성령으로는 천신, 지신(地神), 조상신을 들 수 있는데, 이는 태양숭배, 천제신앙, 산신(山神)신앙, 성황신(城隍神)신앙, 조상숭배 등 다양한 형태로 나타났다.

무속이 상고 이래 그 뿌리가 깊다는 것은 단군과 남해차차웅(次次雄) 같은 신라의 초대 임금들이 무사(巫師)였고,41) 고구려와 백제에도 국가

---

40) 『三國遺事』 興法(3) 迦葉佛宴坐石 初頭.
41) 『三國史記』 新羅本紀 南海次次雄 記事; 『三國史記』 雜志(1) 祭祀; 李能和, 『朝鮮巫俗考』(동문선, 2002), 33쪽.

중대사를 판단하고 국조묘에 제사하는 무사들이 있었으며,42) 고려에서도 팔관회(八關會)와 기우제(祈雨祭) 등 국가 대행사에 무격(巫覡)이 동원되었고,43) 조선에서도 성숙청(星宿廳)과 동서활인서(東西活人署) 등 무격이 소속된 관서가 있었다는 사실이 이를 말해 준다. 특히 『삼국사기』, 『고려사』, 『조선왕조실록』에는 유·불·선 3교의 풍속이 무속과 혼합해 성속(成俗)된 양상을 가장 잘 보여주는 사례로 기우제에 관한 기록이 많이 나오고 있다.

여기서 지적할 것은 고조선과 삼국시대의 제천은 천지의 주재자를 받들어 보본하는 신앙의 표현이었다는 점에서 잡귀를 숭배하는 미신적인 통상의 살만교(薩滿敎, 샤머니즘)와는 다르다는 점이다. 다시 말해서 하늘과 조상을 숭경하며 민중을 지도하는 제사장인 무인과 삼국시대 후기 이래 살만교의 일종으로 퇴화한 미신적 살만을 지칭하는 무격과는 분명히 구별해야 한다는 것이다.44) 『규원사화』, 「단군기」에도 이에 관한 언급이 나오거니와, 『삼국사기』 고구려본기 보장왕 4년 기사에도 조선의 무속이 잡귀 숭배의 미신으로 퇴화했음을 보여주는 한 사례가 나와 있다.

우리 상고의 무속은 통상의 살만교와는 확연히 구분되며, 천·지·인 삼재의 융화에 기초한 심오한 사상적 배경을 가지고 있다는 점에서 그 차원이 높은 것이다. 상고시대 삶의 지혜는 오늘날에도 일부 인디언 부족이나 호주 원주민 등 문명의 독기(毒氣)에 오염되지 않은 삶에서 그 잔재를 찾아볼 수 있다. 자연과 더불어 숨쉬는 이들의 삶은 자연과 인간의 단절로 인해 위험에 처해 있는 오늘의 문명세계가 나아가야 할 방향을 제시해 준다.

---

42) 『三國史記』 高句麗本紀 琉璃王 19년 8월 記事; 『三國史記』 高句麗本紀 山上王 13년 9월 記事; 『三國史記』 高句麗本紀 寶藏王(上) 4년 5월 記事; 『三國史記』 百濟本紀 始祖 溫祚王 25년 2월 記事; 『三國史記』 百濟本紀 義慈王 20년 6월 記事; 李能和, 위의 책, 24-25, 28-29쪽.

43) 『高麗史』 世家 仁宗 總序, 癸卯 元年(1123) 記事; 『高麗史』 世家 忠肅王 乙亥 後4년 (1335) 5월 記事; 『高麗史』 列傳(37) 鄭方吉條; 李能和, 위의 책, 36-50쪽.

44) 崔泰永, 『한국 고대사를 생각한다』, 135-136쪽.

4. 단군사상의 현대적 효용성

　단군사상의 정수는 우리 민족의 3대 경전 『천부경』, 『삼일신고』, 『참전계경』과 홍익인간·광명이세의 건국이념과 경천숭조의 보본사상 속에 잘 구현되어 있다. 이들 사상의 요체는 한마디로 천·지·인 삼재의 조화이며, 그 조화라는 것은 사람의 마음이 밝아지면 저절로 일어나게 되는 것이다. 다시 말해서 우리 내부의 신성(神性)에 눈뜨게 되면 내재와 초월이, 개체성과 전체성이 결국 하나임을 알게 되고, 궁극적으로 우주가 '한생명'이라는 사실을 체득하게 됨으로써 홍익인간의 이념이 구현될 수 있게 되는 것이다.

　단군사상은 근원성, 포괄성, 보편성을 띠는 '한사상'이다. 자성(自性)에 대한 직관적 지각을 통해 밝은 정치를 구현하고자 하는 사상이다. 우리 민족의 3대 경전에 나타난 정치이념과 건국이념이 정치의 교육적 기능에 그 초점이 맞춰져 있다는 것은 천도(天道)에 순응하는 도덕적 인격의 완성을 통해 마음을 밝히고 세상을 밝혀서 이화세계를 구현하려는 뜻이 담겨진 것이라 하겠다. 단군사상의 지향성은 인간소외의 극복과 그 맥을 같이한다. 현대 민주주의가 정치의 요체를 사람이 아닌 제도와 정책에 둠으로써 인간소외 현상을 야기했다면, 단군사상은 자연과 인간, 인간과 인간의 대립성과 분절성을 지양하고 융합과 조화에 그 토대를 둠으로써 현대사회가 안고 있는 인간소외 문제를 극복할 수 있게 할 것이다.

　단군사상은 전 인류사회의 평화와 행복을 추구하는 홍익인간, 광명이세의 정치이념을 함축하고 있는 사상이다. 그것은 인간의 존엄성에 기초해 치자와 피치자, 개인과 국가가 일체가 되어 밝은 정치를 구현하려는 천인합일의 보본(報本)사상이다. 이러한 '환'의 이념은 국가, 민족, 계급, 인종, 성, 종교 등 일체의 장벽을 초월해 평등하고 평화로운 이상세계를 창조하는 토대가 될 수 있게 한다는 점에서 우리 지구촌 미래의 청사진을 담고 있는 것이라 하겠다. 다시 말해서 단군사상 속에는 개인과 국가, 국가와 세계가 조응관계에 있다는 점에서 우리 인류가 추구하는 평화복지의 이상이 담겨 있는 것이다.

남북한의 평화통일을 위한 이념적 토대 역시 우리 민족의 원형을 함유하고 있는 단군의 '한사상'에서 찾아야 할 것이다. '한사상'은 사상이나 계급, 인종 등 그 어떠한 것에도 편벽해 구애됨이 없는 에큐메니컬한(ecumenical)한 정신을 이끌어 냄으로써 모든 정치사회를 관통하는 회통의 정치이념과 조우할 수 있게 한다. 진정한 자유는 통일과 평등의 기초위에서만 가능하다는 점에서 천, 지, 인 삼재의 융화, 즉 천시(天時), 지리(地理), 인사(人事)의 조응관계에 기초한 '한사상'은 진정한 자유의 이념을 함축하고 있는 사상이다.

오늘날 인류가 직면하고 있는 다차원적인 문제의 본질은 이성과 영성, 현상과 실재, 객관과 주관, 기술과 도덕, 보편성과 독자성간의 심연에 있다. 이러한 심연을 해소케 하는 사상이 '한사상'이다. '한사상'은 인간 존재의 세 중심축이랄 수 있는 종교와 과학과 인문, 즉 신과 세계와 영혼의 세 영역[天地人 三才]의 분절성을 극복하고 전체로서 통일성을 지향하게 함으로써, 그리하여 제로섬(zero-sum)게임이 아닌 윈윈(win-win)게임이라는 새로운 발전 패러다임을 제시할 수 있게 함으로써 21세기 정치학의 새로운 패러다임을 제시할 수 있을 것이다.

이렇듯 '한사상'은 인간 존재의 세 중심축의 연관성에 대한 자각, 즉 혼원일기(混元一氣)로 이루어진 생명의 유기성과 상호관통에 대한 깨달음에 기초해 있는 까닭에 본질적으로 에코토피아(ecotopia)적 지향성을 띠게 된다. 물질, 정신 이원론에 입각한 근대적 인간 중심주의는 이제 생태혁명을 통해 모든 생명의 하나됨을 깨달음으로써 새로운 연대로 거듭나야 한다. 이는 전일적이고 생태적이며 영적인 현대 물리학의 새로운 실재관(vision of reality)과도 일치하는 것이다. '한사상'의 요체는 근대적 인간 중심주의를 넘어 우주만물에 대한 차별 없는 공경과 사랑을 실천하는 것이다. 그것은 곧 우리의 우주적 본성에 대한 인식이며 동시에 그것을 실천하는 것이다.

<참고문헌>

『高麗圖經』,『高麗史』,『揆園史話』,『道德經』,『童蒙先習』,『符都誌』,『史記』,『山海經』,『三國史記』,『三國遺事』,『三一神誥』,『秀眞傳』,『應製詩註』,『朝鮮經國典』,『帝王韻紀』,『朝鮮王朝實錄』,『中國 25史』,『參佺戒經』,『天符經』,『標題音註東國史略』,『桓檀古記』.

高濬煥,『하나되는 한국사』(한국교육진흥재단, 2002.)
金漢植, "고대 한국정치사상 연구의 제문제,"『한국정치외교사논총』 20집(한국정치외교사학회, 1998).
閔炳學,『한국정치사상사』(대경, 2005).
司馬遷,『史記本紀』, 丁範鎭 외 역(까치, 1994).
申福龍,『한국정치사』(박영사, 2003).
_____,『한국정치사상사』(나남, 1997).
申采浩,『조선상고사(上·下)』(삼성미술문화재단, 1977).
柳希齡,『標題音註東國史略』(한국정신문화연구원, 1985).
尹乃鉉,『우리 고대사』(지식산업사, 2003).
尹乃鉉·朴成壽·李炫熙,『새로운 한국사』(삼광출판사, 1995).
李能和,『朝鮮巫俗考』(동문선, 2002).
李始榮,『感時慢語』(일조각, 1983).
이시와타리 신이치로,『백제에서 건너간 일본 천황』, 안희탁 역(지식여행, 2002).
鄭寅普,『조선사연구』, 朴成壽 편역(서원, 2000).
Joan. C. Covell,『한국문화의 뿌리를 찾아』, 김유경 역(학고재, 1999).
崔棟,『조선상고민족사』(인간사, 1988).
崔珉子,『동학사상과 신문명』(모시는사람들, 2005).
崔泰永,『한국상고사』(유풍출판사, 1990).

_____, 『인간 단군을 찾아서』(학고재, 2000).
_____, 『한국고대사를 생각한다』(눈빛, 2002).

제4장 불교와 정치통합
- 신라불교의 정치사상 -

박희택 (위덕대학교)

1. 불교수용 이전 신라의 고민

한국고대 정치사상 가운데 불교 정치사상은 '불교와 정치통합'을 초점으로 논의될 수 있다. 이원적(二元的) 요소를 융합하는 중도(中道)의 불교사상이 본질적으로 지닌 통합적 측면이 삼국의 정치와 어떻게 변증되어 갔는가를 검토하는 것은 한국정치사상사의 주요한 주제라 하겠다. 정치사상사적으로 인식한다면 삼국 중 신라는 불교를 통해 정치통합을 성취한 경우라 하겠으며, 고구려와 백제는 불교적 정치통합에 실패한 사례라 할 수 있다. 여기서는 성취의 역사적 경험을 논의의 대상으로 삼기로 하며, 따라서 '신라불교의 정치사상'이 기조를 형성한다.

신라불교는 크게 두 국면에서 통합의 정치사상을 보였다. 하나는 신라 중심의 '작은 통합사상'으로서 불교사상을 통해 신라를 통합하는 국가불교의 정치사상이며, 다른 하나는 삼국통일을 성취해 고구려와 백제가 섭수(攝受)된 가운데 체계화된 '큰 통합사상'으로서 삼국통일기의 불교 정치사상이다.

1) 신라불교의 전개단계

신라불교는 정치와의 상관관계를 준거로 할 때, 크게 네 단계로 전개되었다고 할 수 있다. '불교 도입기 → 불교 수용기 → 불교 발달기 → 불교 분절기'가 그것이다.

(1) 제1기

불교수용[1] 이전 단계로서 '불교 도입기'이다. 신라의 공식적 인정[公認] 이전 시기에 국경을 접한 고구려 등으로부터 민간에 자연스럽게 전해지고, 시간이 어느 정도 경과하면서는 왕실까지 접하게 된 단계이다. 이를테면 제19대 눌지왕 대(417~458)에 고구려로부터 묵호자(墨胡子)가 오늘날의 경북 선산군인 일선군 모례(毛禮)의 집에 머물면서 불교를 포교하는 과정에서 눌지왕의 딸을 치병한 사실,[2] 제21대 소지왕 대(479~500)에 아도(阿道)가 시자(侍者) 세 사람과 역시 일선군의 모례 집에 와 민중들에게 불경과 계율을 강독한 사실,[3] 역시 소지왕 대에 내전(內殿)에 분수승(焚修僧)이 있었다는 사실[4] 등을 반증으로 들 수 있다. 대체로 눌지왕 대부터 법흥왕 대의 수용 이전까지 110여 년에 해당된다.

(2) 제2기

신라사회에 불교수용이 이루어진 '불교 수용기'이다. 신라의 공식적인 불교수용은 법흥왕 14년(527)에 이루어졌다. 도입기가 있었음에도 불구하고 이차돈의 위법멸신(爲法滅身)이란 극적인 계기를 경유하지 않으면 안 될 정도로 불교수용은 어려웠다. 그럼에도 불구하고 신라가 왕실 중심으로 불교수용을 감행한 소이는 무엇인가? 이 점을 다음 항에서 밝혀 '불

---

1) 여기서 '수용'은 '유입', '전래', '수용', '공인' 등을 포괄하는 개념으로 사용된다.
2) 『삼국사기』 신라본기 법흥왕 15년조; 『삼국유사』 흥법 아도기라조.
3) 『삼국사기』 신라본기 법흥왕 15년조; 『삼국유사』 흥법 아도기라조.
4) 『삼국유사』 기이 사금갑조.

교와 정치통합'에 관한 논의를 본격화하게 될 것이다. 제2기는 법흥왕 14년으로부터 진흥왕 대(540~576)까지의 50여 년으로 설정할 수 있다. 이 단계는 '불교식 왕명시대'로 명명되는5) '중고기'(中古期)의 전기에 해당되고,6) 삼국통일의 기반 조성기로 규정될 수 있는 시기이다.7)

(3) 제3기

불교수용 이후 단계로서 '불교 발전기'이다. 진지왕 대(576~579)로부터 중대(제29대 무열왕 대~제36대 혜공왕 대)까지의 200여 년에 해당된다. 신라는 불교수용을 고구려나 백제보다 한 세기 반 정도 늦게 한 반면, 받아들인 이후에는 그 늦음을 만회하기라도 하듯 불국토를 지향하면서 맹렬하게 신행(信行)했다. 이 시기는 삼국통일을 이루고 그것을 다지던 시기이며, 이에 조응(照應)하는 불교사상이 난만히 꽃핀 시기이다. 통일과정에서는 원광, 안홍, 자장, 명랑이, 통일 성취를 전후해서는 원효, 의상이 대표적인 불교 정치사상가인데, 통일과정의 4인이 신라 중심의 국가불교적 정치사상을 전개했다면, 통일 성취를 전후한 2인은 신라를 넘어서 불교사상의 통합적 측면을 창조적으로 제시하는 차원을 열었다.

(4) 제4기

신라 하대에 이루어진 '불교 분절기'이다. 통일신라는 제36대 혜공왕 대(765~780)를 끝으로 중대를 마감하고, 제37대 선덕왕 대(780~7850부터 하대에 접어들었다. 통일신라의 불교 또한 제35대 경덕왕 대(742~765)에 절정을 이루고, 이후 일종의 하강곡선을 타기 시작했다.8) 하대의 통일신

---

5) 김철준, 「신라 상대사회의 Dual Organization(하)」, 『역사학보』 2(1952), 100쪽; 김철준, 『한국 고대사 연구』(서울대학교 출판부, 1990), 51쪽.
6) 중고기의 중기는 진지·진평왕 대로, 후기는 선덕·진덕여왕 대로 구분할 수 있다.
7) 박희택, 「신라의 불교수용과 정치발전 연구: 법흥·진흥왕대를 중심으로」, 서울대학교 박사학위논문(2003), 2쪽.
8) 불교와 국가의 상호반영 문제는 국가불교의 주요논점 중의 하나이다. 불교가 흥할 때 국가 역시 흥한다는 '교정일여'(敎政一如)의 관점에 대해서는 찬반 입장이 있다.

라가 지방호족의 세력화와 맞물려 전개되었다면, 하대의 불교는 이들 지방호족과 연계된 선종이 발달하는 형국을 보였다. 9산 선문의 개창은 이러한 정황을 반영하는데, 150여 년의 이 단계를 신라불교의 분절기로 간주할 수 있다.

2) 불교수용 이전 신라의 고민과 정치적 타개책

제2기 불교 수용기와 관련해서 제기했던 문제, 곧 신라가 이차돈의 죽음을 담보로 하면서까지 불교수용을 결행했던 까닭을 밝혀 보기로 하자. 이것은 불교수용의 시대적 배경이 되며, 이를 통해 '불교수용 이전 신라의 고민'을 파악함으로써 신라불교와 정치를 이해하는 단초로 삼을 수 있을 것이다.

제22대 지증왕의 원자(元子)인 법흥왕은 부왕의 개혁정치를 계승하여 신라를 전방위적으로 쇄신했다. 지증왕의 개혁정치도 과감했지만,9) 법흥왕의 국정쇄신 차원의 개혁정치는 대단히 근본적이고 광범위한 것이었다.10) 이를 간추리면 6대 개혁이 된다.

① 오늘날의 국방부에 해당하는 병부를 설치해 왕권을 크게 강화시켰다[법흥왕 4년, 517].
② 율령반포와 공복제정(公服制定)으로 법과 제도에 의해 작동되는 국가시스템을 확립했다[법흥왕 7년, 520].
③ 140여 년간 단절된 중국과의 관계개선을 위해 중국 양나라에 사신을 파견함으로써 신라식 세계화를 추진했다[법흥왕 8년, 521].
④ 사상의 통일과 보편적인 국가경영 이데올로기 정립의 차원에서 조행불법(肇行佛法)을 했다[법흥왕 14년, 527].
⑤ 금관가야(본가야)를 병합하는 등 작은 통일을 성취해 냈다[법흥왕 19년,

---

9) 박희택, 「신라의 국가불교 전개와 정치개혁」, 『한국정치연구』 12집 1호(2003), 185-187쪽.
10) 같은 논문, 187-192쪽.

532].

⑥ 자주외교와 자주적인 국가경영의 표현으로 신라 최초로 독자적인 연호 '건원'(建元)을 제정해 사용했다[법홍왕 23년, 536].

6대 개혁 중에서 연관지어 주의 깊게 살펴볼 것은 ②와 ④이다. 법홍왕 7년(520)에 유교식 중앙집권 체제 확립조치라 할 수 있는 율령반포(관등체계 수립)와 공복제정을 했음에도, 7년이 경과하도록 사상의 통일과 보편적 국가경영 이데올로기가 정립되지 않았음을 보여주는 것이다. 이 점은 법홍왕 11년(524)에 건립된 울진 봉평비가 잘 보여준다. 이 비에서 법홍왕은 '모즉지매금왕'(牟卽智寐錦王)[11]으로 표기되고 있으며, 신라 육부의 대표들과 함께 표기되어 명령의 단독 주체자로서의 지위를 인정받지 못하고 있다. 법홍왕을 포함해 14명이 공동 명령하는 형식을 취해 화백회의 체계를 벗어나지 못하고 있음을 보여준다.

신라 법홍왕의 고민은 바로 이 지점에 있었다. 6대 개혁 중 절반인 3대 개혁[①~③]을 추진하고, 특히 고대국가로서 왕권확립에 결정적인 ②까지 조치했음에도 부족연맹 체제를 넘어서는 사상의 통일과 보편적 국가경영 이데올로기가 정립되지 않아, 왕이 초월적 지위를 확보하지 못하는 정치적 상황이 계속되고 있었다. 육부의 족제적(族制的) 운동력이 그대로 유지되고 있던 정국을 돌파할 특단의 대책이 요구되었던 것이다.

불교수용은 바로 이 고민에 대한 법홍왕의 고도의 정치적 타개책이었다고 할 수 있다. 신라가 받아들인 불교는 고구려를 통한 북조불교였다. 이것은 남조불교의 불교 중심적 국가불교의 성격과는 달리 국가 중심적 국가불교의 성격이 강했다. 대표적인 것이 왕이 곧 부처라는 '왕즉불사상'(王卽佛思想)이다. 이와 같은 왕에 대한 초월적 관념은 불교수용 이후

---

11) '매금'은 '마립간'의 다른 표기이다. 지증왕 대에 마립간기가 끝나고, 법홍왕 대에 불교식 왕명시대가 시작되었으나, 울진 봉평비 단계는 불교수용 이전이라 '매금왕'으로 표현된 것으로 이해된다. '모즉지'는 법홍왕의 이름이다. 성 '모'와 관련해서 기마민족 후예설이 있다. 5호16국의 하나인 전연(前燕)의 선비족 '모용'과 통한다는 것이다.

신라사회에 빠르게 퍼져 나갔으며, 불교 승려 및 신도조직의 왕권 지지가 현실적으로 뒷받침되었다. 그리하여 불교수용 4년 후인 법흥왕 18년(531)에 육부화백회의 주재자로 상대등을 두어 왕은 화백회의 체계 위에 초월적으로 존재하게 된다. 또한 법흥왕 21년(534)에 이르면 '대왕사'(大王寺)란 용어가 울주 천전리서석 갑인명에 보이기 시작하며, 이 1년 뒤인 법흥왕 22년(535)에는 아예 '성법흥대왕'(聖法興大王)이란 칭호가 울주 천전리서석 을묘명에 보인다.12)

2. 국가불교의 정치사상

1) 국가불교의 양상

신라의 고민에 대한 정치적 타개책으로 불교수용이 이루어졌기 때문에, 신라불교는 불교 수용기부터 바로 국가불교의 양상을 띠었다. 법흥왕을 이은 진흥왕은 불교적 정치제도라 할 화랑도13)를 정비해 실제화하고 황룡사를 비롯한 5사를 창건했으며 장육존상을 조성했다. 승관제를 도입해 불교교단과 국가의 관계를 제도적으로 설정했으며, 팔관회와 백고좌법회 등을 개최해 진호국가사상(鎭護國家思想)을 고취시켜 나갔다. 이러한 진흥왕의 국가불교 정책은 국사편찬과 음악 중시 등의 문화정책과 더불어 3배의 영토확장이나 3차례의 자주적 건호(建號) 등을 가능하게 한 내적인 힘이었다.14)

법흥·진흥왕 대의 불교 수용기에 이미 많은 승려들이 보인다. 우선 법흥왕과 진흥왕이 말년에 왕비와 함께 출가하고 있다. 법흥왕 대의 승

---

12) 또한 법흥왕 26년(539)에는 '영즉지태왕'(另卽知太王)이란 칭호가 울주 천전리서석 추명(追銘)에 나타났다. '영'(另)은 '모'(牟)에, '태'(太)는 '대'(大)에 준하는 것이다.
13) 박희택, 앞의 논문(2003a), 제Ⅲ장 참조할 것.
14) 박희택, 앞의 논문(2003b), 198-199쪽.

려로는 안장(安藏), 안급이(安及以), 수내지(首乃至) 등이, 진흥왕 대의 승려로는 각덕(覺德), 명관(明觀), 혜량(惠亮), 보량(寶良), 아니(阿尼), 혜명(惠明), 법장(法藏), 혜인(慧忍) 등이 문헌자료와 금석문자료에 보인다. 국가불교의 사상적 중심인 신라 고승들의 정치적 관점이 '신라불교 정치사상'의 골격을 형성한다고 볼 때 불교 수용기부터 등장한 이들 고승의 존재는 신라 불교 정치사상의 초기 발달양상을 보여준다고 하겠는데, 이들에 관한 사료가 거의 없어 그 전모를 추적하기는 어렵다. 이러한 연고로 신라불교의 정치사상가로 거론될 수 있는 고승은 역시 불교 발전기에서 찾을 수 있다.

불교 발전기의 출발연대가 된 진지왕은 진흥왕의 둘째아들로서 그 이름이 불교식인 사륜(舍輪, 鐵輪)이었다. 사륜의 형인 태자 역시 불교식 이름인 동륜(銅輪)이었는데, 불교의 이상적 통치자인 전륜성왕(轉輪聖王)을 지향한 진흥왕이 자식들의 이름을 전륜성왕가(轉輪聖王家)에 맞게 지은 것이다.15) 형의 죽음으로 진지왕이 된 사륜은 동륜계의 정치적 견제로 말미암아16) 불우하게도 4년밖에 재위하지 못했으나, 불교 수용기를 경과한 불교 발전기의 출발연대가 된 것은 사실이다. 이 점은 동륜의 아들로서 진지왕에 이어 즉위한 진평왕 연간에 원광(圓光)과 안홍(安弘) 같은 고승이 바로 배출되고 있음에서 확인할 수 있다. 또한 진평왕의 딸로서 왕위를 이은 선덕여왕 대에 자장(慈藏)과 명랑(明朗) 같은 대덕의 활약상이 뒤를 잇고 있음에서도 이를 알 수 있다.

신라 중고기는 '불교식 왕명시대'로 불리는 국가불교를 지향한 시기였다. 불교 수용기의 법흥왕과 진흥왕의 왕명은 진리인 불법[法, 眞]을 홍왕시킨다는 뜻이다. 이때부터 불교의 이상적 정치지도자를 지향하는 전륜성왕 관념과 신라 왕실이 석가족의 후예라는 진종설(眞種說; 刹利種說)이

---

15) 진흥왕은 선대인 법흥왕을 금륜(金輪), 자신을 은륜(銀輪), 장자를 동륜(銅輪), 차자를 사륜(舍輪, 鐵輪)에 배대한 것으로 보인다. 이른바『인왕경』에 보이는 4종의 전륜성왕인 사륜왕(四輪王)을 말한다.
16) 김기흥,『천년의 왕국 신라』(창작과비평사, 2000), 188-191쪽.

싹트기 시작했다. 불교 발전기 중 중고기에 해당되는 진지왕 대부터 진덕여왕 대까지 한결같이 국가불교를 강하게 추구했다. 왕실은 자신들의 이름부터 석가모니 집안과 같이 했다. 동륜에게는 세 아들이 있었는데, 위로부터 백정(白淨, 淨飯), 백반(白飯), 국반(國飯, 斛飯)이었다. 백정은 석가모니 아버지의 이름이고, 백반과 국반은 석가모니 삼촌의 이름이다. 동륜의 장자 백정은 진평왕이 되었고, 그 왕비의 이름은 석가모니 어머니의 이름을 따 마야(摩耶)로 했다. 선덕여왕의 이름은 덕만(德曼), 진덕여왕의 이름은 승만(勝曼)이었다. 진종가(眞種家)에 걸맞는 이름을 갖춘 것이다.17) 원광과 안홍, 자장과 명랑 같은 고승대덕들은 이와 같은 신라 중고기 국가불교 이데올로그(ideologues)의 성격을 띤 불교 정치사상가라 할 수 있다.

2) 국가불교의 정치사상

(1) 원 광

원광(圓光)은 신라 최초의 고승이라 할 수 있을 정도로 신라 불교사에서 주요한 지위를 가지고 있다. 원광 이전에도 중국 유학승이 넷 있었으나,18) 당나라 『속고승전』에 오른 최초의 신라승은 원광이다. 원광의 위대함은 여러 측면에서 운위할 수 있겠으나, 신라의 무불교체(巫佛交替)에 사상적 지도력을 발휘했다는 점을 우선 들 수 있다. 신라 왕실의 필요에 따라 수용된 불교가 재래의 무속적 신앙을 순조롭게 교체해 국가불교적 기능을 갖게 하는 데 원광의 역할은 결정적이었다. 그는 밀교의 융합사상을 활용해 무속적 신앙을 섭화(攝化)함으로써 신라를 불교사회로 전환

---

17) 이러한 전통은 불교식 왕명시대가 끝나 중대에 접어들어서도 일정 정도 계속되었다. 무열왕 아버지의 이름은 제2의 석가라 불린 용수(龍樹)였으며, 문무왕의 이름은 진리에 예민하게 호응한다는 법민(法敏)이었다.
18) 『해동고승전』에 따르면 각덕, 명관, 지명, 담육 등이 원광 이전에 중국에 유학했다. 한편 『삼국사기』에 의하면 담육은 원광보다 늦게 중국에 들어간 것으로 되어 있다.

하게 한 으뜸가는 공로자라 하겠다.19)

원광의 행적을 보면 밀교적 성향과 국가불교적 행태가 교직(交織)되고 있음을 알 수 있다. 그는 경주 북부 안강(安康) 근처에 있는 삼기산의 금곡사를 터전으로 많은 밀교적 종교현상을 보였으며,20) 그의 밀교적 성향은 밀교의 진호국가사상과 자연스럽게 연결된 것으로 보인다. 원광의 국가불교적 정치사상가로서의 모습은 널리 회자되고 있다. 예컨대 진평왕에게 계를 준 국왕의 스승이라는 점(『속고승전』), 진평왕 35년(613) 황룡사에서 백고좌법회를 주도한 점, 귀산(貴山)과 추항(箒項)으로 대표되는 신라 청년들에게 세속오계를 내린 일, 고구려와 백제의 변방 침범에 대한 대책으로 수나라에 「걸사표」를 지어 보낸 일 등이 그것이다. 「걸사표」를 쓸 때 원광이 진평왕에게 올린 다음과 같은 언설이 원광 불교의 국가적 성격을 잘 대변해 준다.

> 자기가 살기 위해 남을 멸하는 것은 사문(沙門)의 행일 수는 없습니다. 그러나 제가 대왕의 땅에서 살고, 대왕의 땅에서 나는 물과 곡식을 먹고 있으니, 어찌 감히 명을 좇지 않겠습니까?21)

(2) 안 홍

안홍(安弘)은 『해동고승전』에 나오는 안함(安舍)과 동일 인물이다. 안홍 또한 원광과 같은 중국 유학승으로서 원광의 연장선상에 위치해 있다. 그는 무속적 신앙의 천신을 밀교의 제석천 체계로 승화시킴으로써

---

19) 고익진, 『한국고대 불교사상사』(동국대학교 출판부, 1989), 385-388쪽. 그 섭화에서 점찰보(占察寶)를 개설해 점찰법을 활용하기도 했다. 대중교화를 위한 밀교적 방편으로 10개의 간자(簡子)를 던져 전생의 죄업을 파악하게 하고 참회하게 함으로써 무속적 점복(占卜)을 불교적으로 대체했다(『삼국유사』 의해 원광서학조). 이 점찰법은 2백여 년 후 백제 출신 승려 진표(眞表)와 그의 제자 영심(永深)과 심지(心地) 등에 의해 크게 계승되었다.
20) 『삼국유사』 의해 원광서학조; 장지훈, 「신라불교의 밀교적 성격」, 『선사와 고대』 16 (2001), 222-225쪽.
21) 『삼국사기』 신라본기 진평왕 30년조.

원광의 과업을 계승한 측면이 강하다.22) 원광에 이어 안홍이 밀교를 통해 국가불교를 대세화해 나갔다고 하겠다. 이 점은 그가 저술한 『동도성립기』와 『참서』를 통해 추단할 수 있다. 이 두 저작은 현존하지 않으나, 『삼국유사』와 『해동고승전』 등을 통해서 그 밀교적 진호국가사상을 파악할 수 있다.

안홍은 『동도성립기』를 통해 신라에 선덕여왕이 들어서면 비록 도는 있어도 위엄이 없어 주변 아홉 나라가 침범하게 되니, 나라를 수호하기 위해서는 황룡사에 9층사리탑을 세워야 한다는 진호국가사상을 개진했다.23) 자장에 의해 건의된 것으로 널리 알려진 황룡사 9층사리탑 건립의 연원이 자장이 아닌 안홍에 있음을 보여준다고 하겠다. 주지하듯이 사리탑의 호국적 성격은 밀교계 경전인 『관정경』에 입각한 것이다. 또한 안홍의 『참서』에는 여러 예언이 들어 있었다. 그 중에 선덕여왕의 장사지(葬事地), 명랑의 문두루비법, 사천왕사의 창건 등이 들어 있어 마치 눈으로 본 것처럼 조금도 틀림이 없었다[的如目覩 了無差脫]는 평24)을 들었다. 안홍의 이와 같은 모습은 수행이 깊은 심비(深秘)의 밀교 아사리(acārya, 대스승)를 연상시킨다. 마침내 그의 두 저작에서 개진되거나 예언된 메시지가 사실로 굳어지면서 안홍은 자장 이전 신라 불국토사상의 주창자로 자리매김 되었다.25)

(3) 자 장

자장(慈藏)은 신라 불국토사상의 완성자로 이해될 수 있다. 신라가 부

---

22) 고익진, 「불교편」, 『한국학 기초자료 선집: 고대편』(한국정신문화연구원, 1987), 579쪽.
23) 『삼국유사』 탑상 황룡사 구층탑조
24) 『해동고승전』, 석안함조 또한 석안함조에는 안홍이 황룡사에서 밀교경전인 『전단향화성광묘녀경』을 서역호승들과 번역했다는 사실이 기록되어 있다. 뿐만 아니라 안홍은 중국에서 돌아올 때 『능가경』과 『승만경』, 부처사리 등을 가지고 온 바 있다 (『삼국사기』 신라본기 진평왕 37년조).
25) 신종원, 「안홍과 신라불국토설」, 『중국철학』 3(1992), 179-185쪽.

처와 인연이 있는 나라라는 '유연 불국토사상'(有緣佛國土思想)을 넘어 신라 그대로가 부처의 나라라는 '신라 불국토사상'은 안홍에 의해 주창되고 자장에 의해 완성되었다. 안홍이 주창자라면 자장은 완성자이다. 위에서 살펴본 안홍의 선구적 교시가 자장에 의해 실천된 것으로 이해할 수 있겠다. 불국토로서 신라가 갖추어야 할 진평왕의 천사옥대(天賜玉帶)를 비롯한 신라삼보26)에 대한 자장의 아이디어는, 사실은 중국 수나라 문제(文帝)의 불국토사상과 이에 입각한 불교 치국책을 중국 장안 대흥선사(大興善寺)에서 목도한 안홍의 기본설계에 기초해 있었다.27) 이러한 까닭에 자장은 안홍의 밀교적 사상의 감화를 받았으며, 자장의 행장 속에는 밀교적 요소가 적지 않게 보인다. 이를테면 문수보살로부터 진언(眞言)과 관정(灌頂)을 받았다든지28) 역시 문수보살로부터 진언으로 볼 수 있는 범어로 된 게(偈)를 받았다든지29) 하는 것이 그것이다.

　신라 불국토사상은 법흥·진흥왕 대부터 싹트기 시작한 진종설 및 전륜성왕 관념과 잘 부합되었다. 따라서 문제(文帝) 치하의 중국 수나라와 같이 불국토사상에 입각한 불교 치국책이 선덕여왕 대의 신라에서도 자장을 중심으로 힘차게 추진되는 모습을 보였다. 선덕여왕 12년(643) 중국 당나라에서 귀국해 황룡사에 9층사리탑을 건립하도록 건의했으며, 황룡사 장륙존상의 의미를 불국토의 관점에서 부여해 불국토 건설에 앞장섰다. 또한 대국통(大國統)이 되어 불교와 국가의 기강을 확립한 중고기 대표적인 국가불교적 정치사상가로 활약했다.30) 계율을 정하고[定律] 교단을 정비하여 신라불교의 제도적 발전과 국가의 사상통일에 크게 이바지함으로써31) 자장 활약기에 국가불교는 절정을 이루었다[一代護法 於斯盛

---

26) 『삼국유사』 기이 천사옥대조; 『삼국유사』 탑상 황룡사 구층탑조.
27) 고익진, 앞의 책(1989), 391-393쪽; 신종원, 『신라 최초의 고승들』(민족사, 1998), 204-213쪽.
28) 『삼국유사』 의해 자장정율조.
29) 『삼국유사』 탑상 대산 오만 진신조.
30) 이 점에서 자장의 불교를 신라 중고기 불교의 완성태로 본다. 남동신, 「자장의 불교사상과 불교치국책」, 『한국사연구』 76(1992), 2, 43쪽.

矣].32) 자장의 국가불교관은 입당 유학 중에 토로한 다음과 같은 절실한 언어로 남아 있는데, 일개 사문의 것이라 하기에는 뜨거운 바가 있다.

> 우리나라는 북으로 말갈에 연하고, 남으로는 왜국에 이어져 있습니다. 고구려와 백제 두 나라가 국경을 범하는 등 이웃 나라의 횡포가 자주 있사오니, 이것이 백성들의 걱정입니다[是爲民梗].33)

(4) 명 랑

명랑(明朗)은 선덕여왕 4년(635)에 중국 당나라 유학에서 돌아와 밀교를 신라에 초전한 자로 줄곧 평가받아 왔으며,34) 사천왕사를 세워서 밀교의 문두루(文豆婁, mūdra, 神印)비법으로 중국 당나라 군사를 물리친 국가불교적 기사는 널리 알려져 있다.35) 곧 문무왕 8년(668) 나당연합군

---

31) 김철준·최병헌 편, 『사료로 본 한국문화사: 고대편』(일지사, 1986), 130-131쪽.
32) 『삼국유사』의해 자장정율조. 여기에는 불교를 매개로 한 문화의 세계화 차원에서 중국의 복장과 연호를 채택하도록 조정에 건의해 진덕여왕 3년(649)에 시행되게 한 사정이 기록되어 있다. 이 건의에 대해 그 건의자를 자장이 아닌 김춘추로 보는 견해도 있는데(『삼국사기』 신라본기 진덕여왕 2년조), 이것은 자장계와 김춘추계 간에 정치적 경쟁이 이루어지고 있었기 때문이라는 해석이 있다. 남동신, 앞의 논문(1992), 40-43쪽.
33) 『삼국유사』 탑상 황룡사 구층탑조.
34) 이 연대에 대해서도 이견이 있으며(고익진, 앞의 책, 1989, 404쪽), 최근에는 명랑 이전의 안홍을 초전자로 보는 경향이 강하다. 여기에 대해서는 이원경, 「신라불교의 밀교적 성격에 관한 고찰: 삼국유사를 중심으로」, 위덕대학교 석사학위논문(2004)을 참조할 수 있다.
35) 『삼국유사』 기이 문호왕 법민조; 『삼국유사』 신주 명랑신인조 '명랑신인'의 '신인'(神印)이 곧 '문두루'라는 뜻이다. 신(身)·구(口)·의(意)의 삼밀(三密) 중 신밀(身密)을 지칭한다. 문두루비법의 구체적인 내용은 파악할 길이 없으나, 밀교경전인 『관정경』을 주축으로 『금광명경』, 『대방광십륜경』, 『관불삼매해경』 등에 입각한 밀교작법으로 이해되고 있다. 고익진, 같은 책, 399-403쪽; 박태화, 「신라시대의 밀교전래고」, 『조명기 박사 화갑기념 불교사학논총』(동국대학교 출판부, 1965), 73쪽; 서윤길, 「밀교」, 『한국민족문화 대백과사전』 8(1991), 819쪽. 문두루비법은 고려조에서도 왕실에 의해 꾸준히 시행되었다. 『고려사』 세가; 서윤길, 『한국 밀교사상사 연구』(불광출판부, 1994), 39-40쪽.

이 고구려를 멸한 후 당군이 신라를 넘보자 신라의 선제공격이 있었는데, 이에 분개한 당 고종이 문무왕 10년(670)에 군사 50만을 내 신라를 해로로 침공했을 때 명랑의 문두루비법이 행해져 당군이 모두 바다에 침몰했다. 이 국가불교적 밀교작법은 이듬해(671) 당군 5만의 재침입시에도 그대로 행해져 같은 효력을 보았다.

명랑의 밀교적 진호국가는 필시 '안홍, 자장, 명랑'으로 이어지는 신라 밀교 신인종 계열의 맥락에서 이해될 수 있다.36) 이 3인은 모두 진골 출신으로 밀접한 인간관계를 가지고 있었다. 안홍과 자장의 상승적(相承的) 관계는 언급한 바 있거니와, 자장과 명랑은 외삼촌과 조카 관계이다. 자장의 누이동생이 명랑의 어머니이다. 이런 긴밀한 관계 속에서 안홍의 밀교적 진호국가사상이 자장과 명랑에게 계승된 것으로 이해할 수 있겠다. 자장의 황룡사 9층사리탑 건립 건의가 안홍의 『동도성립기』에 연원을 두고 있는 것이라면, 명랑의 사천왕사 창건은 안홍의 『참서』에 그 뿌리를 두고 있는 것이다.

3. 통합의 불교 정치사상

1) 삼국통일기의 불교와 정치

신라는 불교수용으로 정치발전의 계기를 마련하면서 삼국통일[三韓一統]의 기반을 조성하고, 국가불교적 행원(行願)으로 총합적 정진을 한 결과 마침내 삼국통일을 성취해 냈다. 삼국통일의 총합적 정진 속에서 통

---

36) 신라 밀교 신인종 계열은 안혜(安惠), 낭융(朗融)으로 이어졌다. 이와 별도로 신라 밀교 총지종 계열은 '원광, 밀본, 혜통'의 맥을 가지고 있으며, 이 맥은 다시 명효(明曉), 의림(義林), 불가사의(不可思議) 등으로 이어졌다. 밀본도 뒤에 원광의 수행처였던 삼기산 금곡사에 머물렀음에 비추어 상승관계에 있었던 것으로 보이며, 밀본과 혜통의 제병활동(除病活動) 양상이 총지종 계열의 특성이라 할 수 있다.

일전쟁을 피해 가지는 못했다. 신라와 백제 간에 30회, 신라와 고구려 간에 9회, 신라와 중국 당나라 간에 13회로 도합 52회에 이르는 통일전쟁을 신라는 수행해야 했다. 한강 유역 확보전쟁을 포함하면 무려 114회에 이르는 전쟁을 신라는 치러 냈다.37) 사상은 사상가의 소작(所作)이되 시대적 상황의 산물임을 유념할 때, 삼국통일기의 정치사상은 분쟁과 갈등을 치유하는 화해와 화합을 지향하기 마련이었다.38) 화해와 화합을 정치학적 용어로 '통합'(integration)이라 통칭할 수 있을 것이며, 이를 사상적으로 체계화해 낼 수 있는 곳은 중도적 통합을 사상적 본질로 추구하는 불교계였다.

삼국통일기 통합의 불교 정치사상을 대표하는 인물은 원효(元曉)와 의상(義湘)이다. 이들은 통일 성취를 전후로 한 분쟁과 갈등을 지식(止息)시키고자 통합의 불교 정치사상을 펼쳤다. 국가불교의 신라 중심적 정치사상을 넘어서 삼한 일통적 통합의 불교 정치사상을 전개했으며, 이것은 당시 신라 사상계의 요구39)를 염두에 둘 때 중층적 의미를 갖는 것이었다. 말하자면 원효와 의상이 체계화한 통합의 불교 정치사상은 현실정치의 통합과 불교사상의 통합을 동시에 실현하는 중대한 의미가 있었던 것이다.

현실정치의 통합은 삼국통일과 더불어 친당정책(親唐政策)이 강화됨에 따라 확대되는 유교의 영향력에 대응하는 성격을 띠면서, 정치의 현실적 가치[俗諦]와 불교의 진리적 가치[眞諦]를 국가불교 차원을 넘어서 새롭

---

37) 허중권, 「신라 통일전쟁사의 군사학적 연구」, 한국교원대학교 박사학위논문(1995), 107쪽.
38) 박태원, 『원효와 의상의 통합사상』(울산대학교 출판부, 2004), 11-14쪽.
39) 삼국통일기 신라 사상계의 동향 또한 통합을 요청하고 있었다. 삼국기에 신라에서 발달한 유식사상(唯識思想)이 고구려와 백제에서 발달해 삼국통일기를 전후해서 신라에 전해진 중관사상(中觀思想)과 사상적 대립양상을 나타내자, 이 두 사상을 한 차원 높게 통합할 필요성이 제기되었다. 이런 상황을 원효는 "의미 없는 이론들이 구름 일어나듯 하여, 혹 말하기를 나는 옳고 남들은 그르다 하고, 혹 말하기를 나는 그러하나 남들은 그렇지 않다고 하고 있다. 그리하여 마침내 의미 없는 이론들이 하천과 강을 이루었다"고 묘사했다. 『십문화쟁론』; 『한국불교전서』 1, 838상.

게 통합하는 것이었고, 불교사상의 통합은 유식사상의 유(有)와 중관사상의 공(空)의 대립을 극복해 인도불교와 중국불교가 완전히 해결하지 못하고 신라불교에 넘긴 과제를 해결해 내는 것이었다.40) 이러한 통합의 불교 정치사상은 실천성을 강하게 담보하면서 신라만이 아니라 고구려와 백제가 섭수된 통일신라의 '국민불교'로 발전했고, 그 실천적 양상은 불교의 대중화였다.41) 원효와 의상의 불교 정치사상은 필시 불교 대중화로 귀결되었다고 할 수 있다.

2) 통합의 불교 정치사상

귀족불교에서 대중불교로, 국가불교에서 국민불교로 전환하게 하는데 결정적 역할을 한 원효와 의상의 사상 및 실천의 궤적을 찾아보기로 한다. 원효가 의상보다 8살이 많았으나 둘은 구법의 길벗[道伴]이었다. 이들은 현장(玄奘)의 신역불교(新譯佛敎)에 대한 목마름으로 두 차례에 걸쳐 구법입당행을 시도했다.42) 첫 번째는 진덕여왕 4년(650)에 육로를 통해서였다. 원효가 34세, 의상이 26세 때였다. 고구려 영토를 경유하지 않을 수 없었는데, 요동에서 순라(巡邏)에게 첩자로 오인 받아 수십 일간 갇혀 있다가 겨우 풀려났다.43) 두 번째는 11년 뒤인 문무왕 1년(661)에 해로를 통해서였다. 원효가 45세, 의상이 37세 때였다. 이때는 백제가 망해 해로를 택할 수 있었다. 이 두 번째 시도에서 원효는 촉루인연(髑髏因緣)을 통해 유학을 포기하고44) 경주로 돌아와 치열한 삶을 살게 되며, 의상은 입당해 중국 화엄종 제2조 지엄(智儼)의 문하에서 화엄학을 배우게 된다.

---

40) 최병헌, 「신라 불교사상의 전개」, 『역사도시 경주』(열화당, 1984), 379-381쪽.
41) 같은 논문, 390-396쪽.
42) 『삼국유사』 탑상 전후소장 사리조.
43) 『삼국유사』 의해 의상전교조.
44) 『송고승전』 의상전; 『대정신수대장경』 50, 729상.

원효와 의상의 대중불교, 국민불교에도 국가불교적 경과는 있었다. 예를 들면 원효는 경주로 돌아온 다음해(662) 평양 교외에 주둔하고 있던 당장(唐將) 소정방이 보낸 비표를 해독해 주고 있으며,45) 요석궁 과부 공주를 매개로 왕실과 연계되고 있었다.46) 의상 또한 당군이 침공하려 한다는 군사정보를 가지고 당나라에서 급히 귀국해 조정에 알려 명랑의 문두루비법이 행해지게 하고 있으며,47) 통일군주 문무왕이 재위 21년(680)에 경주성곽을 쌓고자 할 때에도 직언으로 과중한 토목공사를 하지 못하게 하고 있다.48) 이와 같은 우국이 더 높은 불도(佛道)로 승화한 것이 대중불교, 국민불교라 하겠다.

(1) 원 효

원효의 통합의 불교 정치사상은 모든 다툼[諍]을 화합[和]으로 이끈다는 취지에서 '화쟁사상'으로 불리며, 이것은 『대승기신론』의 일심(一心), 이문(二門), 삼대(三大)의 개념을 빌어 이론화되고 있다.49) 일심과 이문은 항상 함께 논의된다. 불교사상 세계든 현실정치 세계든 인간이 경험하는 일체의 세계는 마음에 따라 달라지는 까닭에, 대승불교는 인간의 문제를 마음의 문제로 보았다.50) 출세간법[불교사상, 眞]도 세간법[현실정치, 俗]도 모두 마음에 통섭된다. 그런데 출세간법과 세간법이 그 본성은 본래 둘이 아닌 '하나'[一]이므로, 이들을 통섭하는 마음도 '한마음'[一心]이라 한다. 일심이 출세간문[眞如門]과 세간문[生滅門]으로 모습을 나타낼 뿐

---

45) 『삼국유사』 탑상 전후소장 사리조
46) 『삼국유사』 의해 원효불기조
47) 『삼국유사』 기이 문호왕 법민조. 그런데 일연은 의상의 귀국연대를 670년(의상전교조)과 671년(전후소장 사리조)으로 일치시키지 못하고 있다. 대체로 전자를 택한다.
48) 『삼국사기』 신라본기 문무왕 21년조; 『삼국유사』 기이 문호왕 법민조
49) 한편 원효는 『금강삼매경론』을 저작하여 화쟁사상의 실천성을 높였다. 그 주요 개념은 '일매관행'(一昧觀行)인데, 일심·이문·삼대의 이론에 대응한 실천적 관행에 대해 자세히 논하고 있다. 고익진, 앞의 책(1989), 219-231쪽.
50) 소승불교는 대상에 따라 다른 법이 있다고 보았다.

이며,51) 일심이기에 이들을 분리하는 것이 아니라 통합할 수 있다. 여기서 진속불이(眞俗不二), 진망불이(眞妄不二)의 중도통합이 이루어지게 되며, 이것은 이문 개개의 개별성이 유지되면서도 일심적 통일성이 확보되는 경지를 말한다. 일심이 작용하기에 이문이 모습을 나타내며, 이문을 계기로 일심이 성립하는 것이다. 이문은 일심의 부분이 아니며, 이문은 각각 일심으로 있게 된다.52) 원효는 다음과 같이 갈파한다.

> 설사 이문이 별체(別體)가 아니라 하더라도 이문이 서로 괴리되어 통하지 않는다면, 그것은 진여문에서 이(理)만 통섭하고 사(事)를 통섭하지 않고 생멸문에서 사만 통섭하고 이를 통섭하지 않은 데 따른 것이다. 그러나 본래 이문은 서로 융통[互相融通]하여 한계를 나눌 수 없기에, 이문은 각각 일체의 이와 사의 제법을 통섭한다[是故皆各通攝一切理事諸法]. 이에 이문은 서로 떨어지지 않는다고 말해진다.53)

여기서 '호상융통'은 화쟁사상이 '소통'(communication)의 의미를 내포하고 있음을 보여준다. '화'는 '화합'이기도 하지만 '화통'(和通)을 나타내기도 한다. '화통'은 '화쟁회통'(和諍會通)이며,54) 여기서 '화회'(和會), '회통'(會通)의 용례도 가능해진다. 화쟁의 소통적 측면은 통합을 요청하는 삼국통일기 정치상황에서 의의를 확보하는 것이며, 오늘날에도 시사하는 바 크다고 하겠다.55) 한편 이문이 각각 일심으로 있게 된다는 것은 "이

---

51) 그렇다고 해서 일심은 존재적·실체적 개념이 결코 아니며 작용적·기능적 개념임을 유념해야 한다. 자칫 일심이 서양의 결정론적 사상이 선험적으로 전제하는 프라이어리티(priority)로 받아들여져서는 안 된다.
52) 이 점에서 정영근은 원효의 사상을 '일심이문사상'이라는 표현보다는 '이문일심사상'이라 해야 한다고 주장한다. 전자는 일심이 실체적으로 보일 우려가 있다고 보는 것이다. 정영근, 「원효의 사상과 실천의 통일적 이해: 기신론의 이문일심사상을 중심으로」, 『철학연구』 47(1999), 171-172쪽. 타당한 견해라 여겨진다.
53) 『대승기신론별기』; 『한국불교전서』 1, 741중.
54) 김영태, 『한국불교사』(경서원, 1997), 100쪽.
55) 오늘날의 정치에서 소통을 강조한 연구성과로는 김홍우 외, 『삶의 정치, 소통의 정치』(대화출판사, 2003)가 있다.

문이 각각 일체의 이와 사의 제법을 통섭한다"는 표현으로 알 수 있는데, 이것은 마치 의상의 『화엄일승법계도』에서 "하나 속에 일체가 있고 여럿 중에 하나가 있으며, 하나가 곧 일체이며 여럿이 곧 하나이다"[一中一切多中一, 一卽一切多卽一]는 구절을 연상시킨다. 한편에서 원효더러 화엄적 통합사상가라 부르는 연유를 여기서 알 수 있다.56) 이처럼 원효의 화쟁사상은 소통적이고 화엄적인 측면을 가지고 있다.

여기서 더 나아가 원효는 체(體, 본체), 상(相, 형상), 용(用, 작용)의 삼대를 이문에 연결해 그 이론성을 높이고 있다. 원효는 진여문을 체대에, 생멸문을 상대와 용대에 배대(配對)함으로써57) 완전한 인간[佛]의 본체와 형상과 작용이 이문과 어떻게 연결되는지를 분명히 하고 있다. 결국 일심과 연결된 이문, 이문과 연결된 삼대를 통해 화쟁사상은 이론적 체계를 완비했으며, 이러한 화쟁의 실천은 부처가 되는 길임을 밝히고 있는 것이다.58) 원효는 중생들로 하여금 이를 보다 용이하게 받아들이도록 정토신앙 운동으로 연결시켰다. 일심이 발현된 것을 극락세계로 보고,59) 아미타불을 부르거나 염하면 극락세계에 깃들어 성불할 수 있다고 하여, 통합의 화쟁세계를 정토신앙으로 실천적으로 열어 보였다고 하겠다.

(2) 의 상

의상의 통합의 불교 정치사상은 '일승사상'(一乘思想)으로 지칭된다. '일승'은 '큰 수레'로서 중생제도를 온전히 할 수 있는 대승 중의 대승, 곧 불승(佛乘)을 말하며, 『화엄경』에 기반한 가르침을 뜻한다. 일승은 ① 성문승(聲聞乘, 소승), ② 연각승(緣覺乘, 중승), ③ 보살승(菩薩乘, 대승)의 삼승(三乘)이 설하는 중생제도의 개별적 가르침을 넘어서는 통섭적 가르

---

56) 고익진, 앞의 책(1989), 236-246쪽.
57) 『대승기신론소기회본』; 『한국불교전서』1, 740중.
58) 고익진, 앞의 책(1989), 211-216쪽. 원래 삼대는 『대승기신론』과 이의 주석서인 『석마하연론』에 기원을 둔 것인데, 밀교에 이르러 완전 체계화되었다. 따라서 원효의 화쟁사상은 자연스레 밀교로 이어진다고 하겠다(고익진, 같은 책, 438-442쪽).
59) 김영미, 『신라 불교사상사 연구』(민족사, 1994), 106쪽.

침이다. 의상은 일승사상으로 일체중생을 부처의 길로 이끌 수 있다고 확신했다. 일승사상의 이론적 기초는 화엄학의 법계연기(法界緣起)와 성기(性起)라 할 수 있다. 우주법계의 만물은 중중제망(重重帝網)의 그물망[因陀羅網]으로 연결되어 존재한다는 것이 법계연기의 기본개념이다. 최고로 수승한 일승법으로 중생을 교화한다면, 일체중생은 이 그물망의 인연으로 함께 성불된다는 것이다. 이를 통합의 상으로 설명하면 그물망의 코마다 달린 구슬들이 서로를 비춰 일대미관을 이루듯, 만물은 개별성을 유지하면서도 상입상즉(相入相卽)하여 일승적 통일성을 갖추는 모습이다. 이런 경지를 의상은 7언 30구 210자로 노래했는데, 그 일부를 들어 본다.

하나 속에 일체가 있고 여럿 중에 하나가 있으며, 하나가 곧 일체이며 여럿이 곧 하나이다. 한 티끌 속에 시방(十方)을 머금고, 모든 티끌 속에도 역시 그러하다. 무량한 겁(劫)이 한 생각이며, 한 생각이 곧 무량한 겁이다. 구세(九世)와 십세(十世)가 상즉하면서도 흐트러지지 않고 따로 이룬다. 처음 발심할 때가 곧 정각(正覺)이요, 생사와 열반이 항상 함께이다. 이(理)와 사(事)가 명연(冥然)하여 분별이 없으니, 십불(十佛)과 보현(普賢)의 대인경계[大人境]이다.[60]

성기는 연기의 화엄학적 개념이다. 『60화엄경』 제32품명인 「보왕여래성기품」에서 유래하고, 중국 화엄종 제2조인 지엄이 발달시켰는데, 의상은 여기서 한 걸음 더 나아갔다. 지엄은 깨달음의 본체인 성(性)이 중생의 마음에 본래적으로 현존하므로, 본래적으로 연기되는 것이 성기라고 했다. 말하자면 성기를 연기의 극치로 간주한 것이다.[61] 의상은 연기는 성기에 들어가는 방편이고, 성기는 그 자체로서 연(緣)을 만나지 않고도 연기되는 것이라고 보다 구체적으로 살피고 있다. 또한 성기는 생겨남이 없음을 가지고 생겨나니 '법성'(法性)이라고 했다.[62] 그러니까 의상에 이

---

60) 『화엄일승법계도』; 『한국불교전서』 2, 1상.
61) 『화엄경공목장』; 『대정신수대장경』 45, 580하.
62) 『화엄경문답』; 『대정신수대장경』 45, 610중-하. 『화엄경문답』은 근래까지 중국 화엄

르면 인(因)이 과(果)가 되는 새로운 지평이 열리는 것이다.63)

이렇게 되면 일승사상은 성기로 말미암아 강한 실천성을 확보하게 된다. 연을 만나지 않고도 성불로 갈 수 있으므로, 중생의 그 본성을 올곧게 하라는 강력한 메시지인 것이다.64) 이 점은 의상이 『화엄일승법계도』에서 그 취지를 생활 속의 실천성을 강하게 확보하는 '다라니'(陀羅尼, dhāraṇī, 眞言)와 연결지어 설명하고 있다는 점에서 확인할 수 있다.65) 또 부석사 무량수전의 주존을 아미타불로, 낙산사 백화도량의 주존을 관음보살로 하여 화엄종의 주존인 노사나불을 대신한 것은 통일신라인들을 보다 용이하게 일승의 길로 이끌려는 의상의 배려라고 할 것이다.66) 마치 원효가 정토신앙으로 대중적 실천성을 확보했듯이, 의상은 미타신앙과 관음신앙을 통해 통합으로 인도하고 있음이다.

요컨대 원효의 화쟁사상과 의상의 일승사상은 삼국통일기의 시대적 요청에 대한 사상적 응답이었으며, 그 알과 틀은 달랐지만 통합의 근본정신에는 위배됨이 없었다고 할 것이다.67) 원효와 의상의 통합은 두 대립물의 통일을 말하는 서양의 변증법과는 다른 연기변증법이며, 개개가 극복되는 것이 아니라 유지되면서도 통일되는,68) 개별성과 통일성이 미

종 제3조 현수의 작품으로 알려져 왔으나, 김상현에 의해 의상이 소백산 추동에서 90일 동안 강의한 것을 제자 지통이 필록한 『추동기』의 이본인 것으로 밝혀졌다. 김상현, 「추동기와 그 이본 화엄경문답」, 『한국학보』 84(1996).

63) 전해주, 「일승법계도에 나타난 의상의 성기사상」, 『의상의 사상과 신앙연구』(불교시대사, 2001), 336-344쪽.

64) 『화엄일승법계도』는 '법'(法)자에서 시작해 '불'(佛)자로 회향된다. 그 과정은 '승'(僧)의 영역일 것이며, 이 승은 실천적 성격을 띠고 있으되, 연을 만나는 연기적 실천이 아니라 인을 살려서 과로 가는 성기적 실천이라는 것이 필자의 견해이다.

65) 이렇게 본다면 법계도 자체는 하나의 도상적 '만다라'(曼茶羅, maṇḍala, 輪圓具足)라고 할 수 있을 것이다. 단순하면서도 소중한 상징으로 만들어 배포함으로써 대중적 실천성을 확보하고자 한 의상의 의도가 있었던 것으로 보인다. 아무튼 다라니와 만다라는 밀교의 중심요소이다. 의상사상의 밀교성을 확인할 수 있는 대목이다.

66) 고익진, 앞의 책(1989), 301-312쪽.

67) 이기영, 「화엄일승법계도의 근본정신」, 『의상의 사상과 신앙연구』(불교시대사, 2001), 314쪽.

묘하게 조화되는 중도 융합의 차원이다. 불교사상의 통합은 융합이다.

원효와 의상의 통합사상은 화엄학적 정치(精緻)한 이론체계를 자랑하면서 동시에 강한 실천성으로 불교 대중화로 이어졌다. 원효 이전에 혜숙(惠宿)이 대중불교의 선구자 상을 보인 바 있거니와, 원효는 통합의 차원에서 불교 대중화운동을 전개했으며, 원효와 인연이 깊었던 혜공(惠空), 대안(大安) 등이 같은 정진을 했다. 또한 지통(智通), 표훈(表訓), 진정(眞定)을 비롯한 의상 문하 10대 제자와 화엄 10찰을 중심으로 화엄사상의 대중화가 이루어졌으며, 제자가 3천이라는 기록69)은 의상사상의 대중화 정도를 짐작하게 한다. 불교 대중화는 통합의 외연으로서 신라 중대 불교 발전기의 특징적인 모습이라 할 수 있는데, 그럼에도 불구하고 한계점이 없는 것은 아니었다. 그것은 다름이 아니라 지나치게 정치한 이론체계가 내재하고 있는 관념성 내지 비대중성이었다. 이 공백은 역시 밀교가 메워 나갔으며,70) 이러한 양상은 신라 하대를 거쳐 고려조까지 이어졌다고 할 수 있다.

<참고문헌>

『고려사』,『삼국사기』,『삼국유사』(이상 사서).
『송고승전』(『대정신수대장경』50).
『해동고승전』(『한국불교전서』6)(이상 승전).
『금강삼매경론』(『한국불교전서』1).

---

68) 이를 원효의 언설로 적시하면, "변을 떠나되 중간이 아니며, 중간이 아니면서도 변을 떠난다"[離邊而非中, 非中而離邊]가 될 수 있으며(『금강삼매경론』;『한국불교전서』1, 604상), 의상의 언설로 적시하면, "법성은 원융하여 이상이 없고, 제법은 부동하여 본래 고요하다"[法性圓融無二相, 諸法不動本來寂]가 될 것이다(『화엄일승법계도』;『한국불교전서』2, 1상).

69) 『삼국유사』효선 진정사 효선쌍미조.

70) 고익진, 앞의 책(1989), 442-447쪽. 밀교는 뛰어난 대중성과 함께 높은 이론성도 확보한 것으로 평가되고 있다.

『대승기신론별기』(『한국불교전서』 1).
『대승기신론소기회본』(『한국불교전서』 1).
『십문화쟁론』(『한국불교전서』 1)(이상 원효 저작).
『화엄경문답』(『대정신수대장경』 45).
『화엄일승법계도』(『한국불교전서』 2)(이상 의상 저작).
『화엄경공목장』(『대정신수대장경』 45)(이상 지엄 저작).

고익진, 「불교편」, 『한국학 기초자료 선집: 고대편』(한국정신문화연구원, 1987).
_____, 『한국고대 불교사상사』(동국대학교 출판부, 1989).
김기흥, 『천년의 왕국 신라』(창작과 비평사, 2000).
김두진, 「의상의 생애와 정치적 입장」, 『한국학논총』 14(1999).
김상현, 「추동기와 그 이본 화엄경문답」, 『한국학보』 84(1996).
_____, 『신라의 사상과 문화』(일지사, 1999).
김영미, 『신라 불교사상사 연구』(민족사, 1994).
김영태, 『한국불교사』(경서원, 1997).
김철준, 「신라 상대사회의 Dual Organization」, 『역사학보』 2(1952).
_____, 『한국고대사 연구』(서울대학교 출판부, 1990).
김철준·최병헌, 『사료로 본 한국문화사: 고대편』(일지사, 1986).
김홍우 외, 『삶의 정치, 소통의 정치』(대화출판사, 2003).
남동신, 「자장의 불교사상과 불교치국책」, 『한국사연구』 76(1992).
_____, 「원효의 대중교화와 사상체계」, 서울대학교 박사학위논문(1995).
_____, 『원효』(새누리, 1999).
박종홍, 『한국사상사』(서문당, 1972).
박태원, 『원효와 의상의 통합사상』(울산대학교 출판부, 2004).
_____, 「한국 고대불교의 통합사상」, 『한국사상사학』 14(2000).
박태화, 「신라시대의 밀교전래고」, 『조명기 박사 화갑기념 불교사학논총』(동국대학교 출판부, 1965).
박희택, 「신라의 불교수용과 정치발전 연구: 법흥·진흥왕대를 중심으로」, 서울대학교 박사학위논문(2003a).
_____, 「신라의 국가불교 전개와 정치개혁」, 『한국정치연구』 12집 1호(2003

b).

불교문화연구원 편,『한국 밀교사상 연구』(동국대학교 출판부, 1986).

서윤길,「밀교」,『한국민족문화 대백과사전』8(1991).

_____,『한국 밀교사상사 연구』(불광출판부, 1994).

신종원,「안홍과 신라불국토설」,『중국철학』3(1992).

_____,『신라 최초의 고승들』(민족사, 1998).

의상기념관 편,『의상의 사상과 신앙연구』(불교시대사, 2001).

은정희,「기신론소·별기에 나타난 원효의 일심사상」, 고려대학교 박사학위논문(1983).

_____,『원효의 대승기신론 소·별기』(일지사, 1991).

이기영,「화엄일승법계도의 근본정신」,『의상의 사상과 신앙연구』(불교시대사, 2001).

이도흠,『화쟁기호학, 이론과 실제』(한양대학교 출판부, 1999).

이원경,「신라불교의 밀교적 성격에 관한 고찰: 삼국유사를 중심으로」, 위덕대학교 석사학위논문(2004).

장지훈,「신라불교의 밀교적 성격」,『선사와 고대』16(2001).

전해주,「신라 의상의 화엄교학 연구: 일승법계도의 성기사상을 중심으로」, 동국대학교 박사학위논문(1990).

_____,『의상 화엄사상 연구』(민족사, 1993).

_____,「일승법계도에 나타난 의상의 성기사상」,『의상의 사상과 신앙연구』(불교시대사, 2001).

정병삼,「의상 화엄사상 연구: 그 사상사적 의의와 사회적 성격」, 서울대학교 박사학위논문(1991).

_____,『의상 화엄사상 연구』(서울대학교 출판부, 1998).

정영근,「의상 화엄학의 실천적 지향」,『종교연구』16(1998).

_____,「원효의 사상과 실천의 통일적 이해: 기신론의 이문일심사상을 중심으로」,『철학연구』47(1999).

조명기,『신라불교의 이념과 역사』(경서원, 1982).

최병헌,「신라 불교사상의 전개」,『역사도시 경주』(열화당, 1984).

최유진,「원효의 화쟁사상 연구」, 서울대학교 박사학위논문(1988).

_____,『원효사상 연구: 화쟁을 중심으로』(경남대학교 출판부, 1998).

한국철학회 편, 『한국철학연구(상)』(동명사, 1977).
_____, 『한국철학사(상)』(동명사, 1987).
허중권, 「신라 통일전쟁사의 군사학적 연구」, 한국교원대학교 박사학위논문 (1995).

제5장 나말여초의 정치변동과 정치사상

김석근(연세대학교)

1. 분열과 해체의 시대

　삼국통일 이후 한동안 전성기를 구가했던 신라사회는 하대로 가면서 격심한 정치적 분열과 혼란의 양상을 드러내게 되었다. 신라 하대의 경우 하대 약 150년 동안에 20명의 왕이 즉위했으며, 그 중 상당수가 내란으로 희생당했다는 사실이 그것을 상징적으로 말해 준다. 그러한 변동은 삼국통일 이후 오랫동안 유지되어 온 통일신라의 전제왕권이 해체되어 가는 과정이기도 했다. 그 동안 유지되어 온 응집력은 이완되고, 그에 비례해 권력 쟁탈전은 더욱 심해지지 않을 수 없었다. 그런 의미에서 그 시대는 '분열'과 '해체'의 시대였다고 할 수 있겠다.

　전통시대의 정치적 전환기가 언제나 그러하듯이 신라 하대 사회에서도 농민들의 저항과 반란이 여기저기서 산발적으로 일어났다. 그러한 흐름은 점차로 확대되어 정치사적으로는 '반란의 집단화'가 이루어졌으며, 그 연장선 위에서 후백제와 후고구려(후고구려→마진→태봉)가 건국하게 되었다. 오래된 국가 신라와 더불어 그들은 이른바 후삼국시대를 열게 되었다. 거기까지의 과정이 후삼국의 정립이라면, 이후의 과정은 한반도의 패권을 둘러싼 후삼국의 항쟁이라 할 수 있을 것이다.

하지만 다른 각도에서 보자면 그러한 분열과 해체의 과정 자체는 새로운 정치질서를 모색·형성해 가는 도정(道程)이기도 했다. 고려에 의한 후삼국 통일이 갖는 정치사적 의미의 일단은 거기서 찾을 수 있지 않을까 한다. 따라서 나말여초(羅末麗初)라는 정치적 격변기는 분열과 해체의 시대임과 동시에 새로운 정치적 질서를 모색해 가는 과정이기도 했다고 할 수 있다. 그러한 정치변동의 '주체'라는 입장에서 본다면, 지방에서는 호족(豪族)들이 독자성을 주장하면서 대두하고 있었으며, 중앙 정계에서는 유교적 지식을 담지한 한계 엘리트로인 육두품 지식인의 존재가 부각되고 있었다. 그리고 농민의 저항과 반란은 '대중동원'(mass mobilization)이라는 측면에서 중요한 변수가 되고 있었다.

그러한 정치변동과 맞물려, 아울러 정치변동을 추동하는 정신적 원동력으로서 정치사상 분야에서도 역시 다양한 요소가 복합적으로 얽혀서 상승작용을 했던 것으로 보인다. 전체적으로 보자면, 6두품 지식인의 현실참여와 더불어 유교의 위상 역시 사상계 내에서 상대적으로 높아졌다는 점을 지적해야 할 것이다. 그리고 불교 영역에서는 1) 선종의 도입과 유행, 2) 미륵신앙의 유행을 들 수 있겠다. 또한 도참사상과 풍수지리설의 유행, 그리고 청담(淸談) 혹은 도가(道家) 계열의 은둔 및 도피사상의 유행 등을 들 수 있을 것이다.1) 이러한 사상계의 다양한 흐름과 갈래는 그 시대의 정치변동이 갖는 의미의 폭과 깊이를 말해 준다고 하겠다.2)

---

1) 김석근, 「삼국 및 남북국시대의 정치사상: 토론을 위한 하나의 시론」, 이재석 외, 『한국정치사상사』(집문당, 2002) 참조.
2) 오래 전에 사라진 백제와 고구려의 후신을 자처한 '후백제'와 '후고구려'라는 국호가 말해 주듯이, 정치변동과 정치사상의 얽힘은 복합적이고 중층적인 성격을 띠고 있었다.

2. 유교와 육두품 지식인

삼국시대 및 고려시대의 정치사상을 살펴보는 데 있어 유교와 불교, 그리고 정치사상의 관계는 중요한 하나의 쟁점이 되고 있다. 그 시대의 지배적인 정치사상과 이념은 불교였는가, 아니면 유교였는가, 그리고 불교는 '정치사상'일 수 있는가 하는 원초적인 의문이 제기된 바 있다. 이를 둘러싼 학술적인 논쟁 역시 활발하게 이루어져 왔다.

'정치사상'이라면 당연히 유교에 주목해야 한다는 입장에서는 '유교 국가주의'라는 개념을 설정하고, 그에 의거해서 정치사상사의 흐름을 일관성 있게 그려 내고자 한다. "삼국시대 중엽부터 조선시대에 이르기까지 일정한 국가형태가 존재했다고 본다. 그것은 관료제, 군현제, 군제 등의 정치제도와 신분제, 전제, 세제, 구휼제 등의 사회경제적 제도를 갖춘 군주국가였다. 그리고 그런 요소들은 유교정신을 바탕으로 했다"고 한다.[3] 유교국가는 서구사적 개념으로는 충분히 설명할 수 없는 동아시아 특유의 전통적 국가로서 비교사적으로 상당히 성숙한 것이었다고 한다. 그러한 유교국가는 중엽 이후의 삼국, 통일신라, 고려를 거쳐 조선에서 완숙을 보게 되며, 유교 국가주의는 그간의 정치사상사적 주류였다고 한다. 그런 입장에 서게 되면 나말여초 시기는 '유교 국가주의의 대두과정', 더 구체적으로는 "육두품 출신 관료들 중심의 신라 유교 국가주의, 귀족적 관료들에 의해 제시된 고려 초기의 유교 국가주의"라 할 수 있다고 한다. 이러한 입장에서 보면, 불교의 정치사상적 성격이나 가능성에 대해서는 소극적으로 평가하는 입장에 서게 될 수밖에 없다.[4]

---

[3] 손문호, 「유교국가주의와 그 대두과정」, 김영국 외, 『한국정치사상』(법문사, 1991), 3쪽.

[4] 손문호, 「한국정치사상사 연구의 현황과 논점」, 한국정치학회 엮음, 『한국정치학 50년: 정치사상과 최근 연구분야를 중심으로』(한울아카데미, 2001) 참조.

유교 중심으로 정치사상을 바라보는 이러한 견해에 대해 조심스럽게 비판이 제기되기도 했다. 삼국이나 고려, 조선에 대해서 불교국가, 유교국가라는 식으로 전체적인 성격을 규정하는 것 자체를 잠시 유보해 두고 사상계의 구도를 일단은 있는 그대로 바라볼 필요가 있다는 것이다. 더구나 불교에서 '정치사상'을 찾을 수 없는 것은 아니다. 언제 어디서나 국가권력과 종교의 관계는 밀접한 것이었다.[5] 삼국시대 이후 서구사회(기독교)의 충격을 받기 이전에는 민간신앙, 유교, 불교, 도교 등이 "사상계 내에서 차지하고 있는 위상(位相)"은 서로 다를지라도 서로 혼재[혹은 동거]해 온 것이 실상(實狀)에 더 가깝다. 따라서 일종의 '사상적인 중층(重層)구조'를 파악해야 한다고 했다. 게다가 그 구조가 고정된 것이 아니라 끊임없이 변화해 온 것이며, 그 자체가 곧바로 사상의 커다란 흐름[思想史]을 이루어 왔다고 했다. 아울러 고려 말 신유학자들에 의해 철저한 불교 비판과 더불어 극복이 이루어지기 전까지는 불교가 사상계의 주선율(主旋律)을 이루고 있었으며, 유교는 보조음(補助音) 정도에 머물러 있었다.[6] 유교는 여말선초를 거치면서 비로소 사상계의 헤게모니를 장악할 수 있게 되었다고 보았다.[7]

이러한 근본적인 시각의 차이에도 불구하고 나말여초의 변동기를 거치면서 유교의 위상이 한 단계 올라섰다는 점에 대해서는 달리 이견(異見)이 없다고 하겠다. 그러한 위상의 제고는 실은 삼국통일 이후 시작되었다. 통일 이후 거의 3배에 달하는 영토와 방대한 인구를 떠안게 된 신라로서는 '왕권의 전제화'와 더불어 국가통치를 위한 '행정' 엘리트가 필요했기 때문이다.

---

5) 역사학회 편, 『역사상의 국가권력과 종교』(일조각, 2000) 참조.
6) 유교는 한자의 도입과 더불어 유용한 '행정지식', '윤리체계', '교육' 등의 실무행정에 복무한 것으로 보았다. 유교가 수용되는 과정에서도 기존 질서를 강화해 주는 측면이 강해서 큰 어려움은 없었던 듯하다. 무엇보다 유교의 담지자가 주로 6두품 지식인이었다는 점이 그렇다. 김석근, 앞의 논문(2000a) 참조.
7) 김석근, 「나말여초의 정치변동과 정치사상: 선종을 중심으로」, 『한국정치연구』 제13집 제1호(2004) 참조.

그런 맥락에서 보자면 역시 신문왕 2년(682)에 설립된 국학(國學)의 존재가 시선을 끌기에 충분하다.8) 국학은 크게 3과로 나누어 가르쳤다.9) 성덕왕 16년(717)에는 당나라로부터 공자(孔子), 십철(十哲), 72제자(弟子)의 화상(畵像)을 가져다 국학에 안치시켰다.10) 이어 원성왕 4년(788)에는 '독서삼품과'라는 관리채용 시험제도가 마련되었다. 국학에서 배운 내용을 시험보아 3등급, 즉 "①『좌전』이나『예기』,『문선』을 읽어서 그 뜻을 통하고 아울러『논어』와『효경』에 밝은 자를 상품, ②『곡례』,『논어』,『효경』을 읽은 자를 중품, ③『곡례』,『효경』을 읽은 자를 하품"으로 나누고, 오경(五經), 삼사(三史), 제자백가서(諸子百家書)에 밝은 자가 있으면 발탁·등용했다.11)

국가에서 설립한 국학에서 유교경전을 가르쳤다는 것, 그곳에 공자, 십철, 72제자의 화상을 안치했다는 것, 그리고 그곳의 교육내용을 토대로 시험을 쳐서 관리를 등용했다는 것은 특히 주목된다. 신분('골품제')이 아니라 '유교적 지식'이 관리등용의 기준이 되었다는 것은 놀랄 만한 변화라고 하겠다. 이런 과정을 거치면서 유교의 체계화가 이루어져 갔으며, 아울러 유교의 가치와 의의를 인식하게 되었다는 것을 말해 준다.

그러면 국학에서 공부한 후 시험을 치러 관리가 된 사람들은 어떤 신분에 속했을까? 당연히 시험을 통한 관직등용에 매력을 느끼는 사람들이었을 것이다. 학생은 12등위인 대사(大舍)에서 관직이 없는 사람까지, 연령은 15세에서 30세 사이, 그리고 재학 연한은 9년이었다. 역시 6두품이 많았으리라 추정해 볼 수 있다. 왜냐하면 역시 신라의 사회적 근간을 이루고 있던 '골품제'의 존재 때문이다. 골품에 따라 사회적 신분과 출세

---

8) 『삼국사기』 신문왕 2년 6월조. 국학은 경덕왕 때에는 태학감(太學監)으로 이름을 바꾸고 박사(博士)와 조교(助敎)를 두어 가르치게 했다.
9) ①『논어』,『효경』,『예기』,『주역』, ②『논어』,『효경』,『좌전』,『모시(毛詩)』, ③『논어』,『효경』,『상서(尙書)』,『문선(文選)』.『논어』와『효경』은 공통필수,『예기』,『주역』,『모시』,『상서』,『좌전』, 즉 5경과『문선』이 선택과목인 셈이다.
10) 『삼국사기』 성덕왕 16년 9월조.
11) 『삼국사기』 원성왕 4년조.

의 한도가 정해져 있었던 만큼 각 골품은 일종의 '닫힌 사회'와도 같았다. 6두품은 전체 17관등에서 6관등 아찬까지 오를 수 있었다(그 이상은 진골의 몫이었다). 시험을 쳐서 관직을 얻어야 할 필요도 없고, '단지 진골이라는 이유만으로' 출세가 보장되어 있는 진골 귀족들에게 국학은 그렇게 매력적인 것이 아니었을 것이다. 게다가 귀족들은 당시의 지배적인 이념체계로서 기존의 사회구조와 질서를 옹호해 주는 불교에 흠뻑 젖어 있었던 듯하다. 특권의식에 젖어 있는 그들에게 현세적이고 기능적인 유교는 하층계급의 전유물인 것처럼 간주되었고, 거꾸로 유교적 지식을 갖추고 실제 업무를 담당했던 6두품에게 있어 불교와 진골 귀족의 존재는 공허하고 불합리한 것으로 비치게 되지 않았을까 한다.

요컨대 '독서삼품과를 통한 관리등용'의 성과는 어느 정도 새 바람을 일으킬 수 있었다 하더라도 '골품제'의 군건한 벽을 뚫지는 못했던 것으로 보인다. 통일신라의 유교계를 대표하는 두 인물 설총과 강수가 그 점을 확인해 주고 있다. 강수는 외교문서의 해독과 작성에 공이 큰 것으로 이름이 났다. 일찍이 "네가 불교를 공부하겠느냐, 유교를 공부하겠느냐"는 물음에 대해, "제가 들으니 불교는 세속을 떠난 교리로서 세상사람들을 어리석게 만든다고 하니 어찌 불교를 공부하겠습니까. 저는 유가의 도를 배우겠습니다"라고 했다.12) 그리고 설총은 "처음에는 중이 되어 불경에 정통했으나, 얼마 후에 퇴속해서 소성거사로 자칭했다. 성질이 총명하고 예민해 어려서부터 도술(道術)을 알았으며 방언으로 9경을 읽어 후배들을 가르쳤는데, 지금까지 학자들이 그를 존경하고 있다"13)고 했다. 두 사람 모두 현세적이고 실용적인 지식의 담지자였다. 그들이야말로 유교적 지식과 교양을 갖춘 6두품 지식인의 전형으로 볼 수 있지 않을까 한다.

그처럼 유교적 지식과 소양을 갖춘 육두품 지식인들은 국가통치의 실제 업무를 담당함으로써 공허하고 불합리한 믿음인 불교, 그리고 현실적

---

12) 『삼국사기』 열전 강수조.
13) 『삼국사기』 열전 설총조.

능력은 없으면서 특권을 독점하고 있는 진골 귀족에 대해 비판적 인식을 키워 가게 되었던 듯하다. 나말여초에 활약한 세 사람의 최씨가 그 대표적인 인물이라 하겠다. 그들은 당나라에 유학함으로써 앞선 문물을 접할 수 있었고 과거에도 합격한 실력파였던 만큼, 신라 하대사회를 비판적으로 바라볼 수 있었고 당연히 새로운 길을 찾고자 했다. 일종의 '지식인의 이반' 현상으로 볼 수 있겠다.

예컨대 최승우(崔承祐)는 견훤에게 갔으며, 견훤을 위해 격문을 지어 왕건에게 보내기도 했다.14) 최언위(崔彦撝)는 왕건이 고려를 개창하자 조정에 참여해서 벼슬이 한림원 태학사 평장사(平章事)에 이르렀다.15) 그리고 나말여초를 상징해 주는 육두품 지식인이자 동시에 유학자로서의 최치원의 삶은 유학과 골품제 사이의 관계를 방증해 준다. 그는 일찍이 당나라에 유학, 빈공과에 합격해 문명(文名)을 떨친 실력파였다. 28세라는 젊은 나이에 포부를 품고 귀국한 그는 골품제의 닫혀 있음과 귀족 사회의 냉담함에 부딪혔다. 이미 말기적 증후가 나타나고 있었고, 강건한 보수와 현실의 벽 앞에서 그의 학문과 사상은 너무나도 무기력했다. 신분에 비해 너무 많은 것을 알고 있었던 셈이다. 진성여왕에게 10여 조로 된 시무책을 올려 본들 효과를 기대할 수 없었다. 골품제사회의 답답함과 중국에서 인정받았던 자신의 실력 사이에서 격심한 괴리를 느끼지 않을 수 없었다. 마침내 그는 하찮은 벼슬자리를 미련 없이 던져 버리고 유랑생활로 나섰다. 더 이상 비전을 읽어낼 수 없는 '제도권'을 훌쩍 넘어서 버린 것이다.

3. 화엄종에서 선종으로

불교는 신라사회에서 국가공인을 받은 이후(527) '호국불교'와 '일통삼

---

14) 『삼국사기』 열전 최승우조.
15) 『삼국사기』 열전 최언위조.

한(一統三韓)의 정신적 지주'로 기능했다고 할 수 있겠다. 선덕여왕 대에 활약한 자장법사와 통일의 염원을 담은 황룡사 9층탑의 건립 등이 나름대로 증거자료가 될 수 있겠다. 그랬던 만큼 통일 이후에도 여전히 사상계의 주도적인 지위를 유지할 수 있었던 듯하다. 당시 최고의 지식인이자 동시에 이데올로그였던 스님들은 중국[당]에 가서 불법(佛法)을 구하기도 하는 등 활발한 활동을 펼쳤다. 여러 종파가 신라에 전해져 열반종(涅槃宗), 계율종(戒律宗), 법성종(法性宗), 화엄종(華嚴宗), 법상종(法相宗) 등 교종(敎宗) 5파가 성립하게 되었는데, 이는 신라 후대 내지 '나말여초' 시기에 성립하게 되는 선종(禪宗) 9산의 성립과 대비된다고 하겠다.16)

통일 이후 신라 불교계의 주류는 화엄종이었으며, 해동 화엄종의 시조 의상(義湘)과 민중불교의 원효(元曉)가 그 시대를 대변하는 사상가였다고 하겠다. 그들은 당시 사회의 현실과 사상적 과제에 대해 나름대로 진단과 해결책을 내놓은 사상가들이었다. 그들은 어제까지 적으로 싸우다가 오늘은 한 지붕 밑에서 같이 살아야 하는 사람들을 위한 이념체계, 즉 '통합의 철학'을 제공했으며, 아울러 불교를 종래의 왕실 및 귀족 차원에서 민중 차원으로 과감하게 끌어내렸다고 할 수 있겠다.

의상은 영주 부석사를 창건하고 화엄종을 널리 퍼뜨렸다. 화엄은 일(一)이 곧 다(多)요 다(多)가 곧 일(一)이라는 원융(圓融)사상을 요체로 하며, 일심(一心)에 의해 만물을 통섭하려고 했다. 하나가 곧 만물이고 만물이 곧 하나이며, 그런 만물은 마음으로 귀착될 수 있다는 것, 이는 "전제왕권을 중심으로 한 중앙집권적 지배체제의 논리"로 충분히 응용될 수 있었다. 신라 지배층의 두터운 존신을 받은 것도 그 때문이 아니었을까 한다.

한편 원효는 무엇보다 여러 종파간의 대립의식을 배격했다. 당대의 고승으로 국내파였던 그는 용맹정진하여 독특하고 우뚝한 세계를 열었다. 한 경론에만 집착하지 않고 여러 종파의 모순이 높은 차원에서 융화·

---

16) 가마타 시게오, 『한국불교사』, 신현숙 역(민족사, 1988) 참조.

통일되어야 한다는 거대한 사상체계를 구축했다. 이른바 화쟁(和諍)사상이 그것이며, 그 요체는 『십문화쟁론』(十門和諍論)에 담겨 있다. 그러한 입장은 "어제까지 적으로 싸우다가 오늘은 한 지붕 밑에 같이 살아야 하는 사람들을 위한 이념체계, 즉 '화해의 논리'와 '통합의 철학'"의 의미도 머금고 있다고 볼 수 있지 않을까 한다.17)

하지만 신라 하대의 사상계, 특히 불교계에서는 단연코 '선종의 유행'이 두드러진다고 하겠다. 선종이 도입된 것은 선덕여왕(632~647) 때라 하지만, 널리 유행되기까지는 많은 시간이 필요했던 듯하다. 교종의 위세가 당당하기도 했지만, 민중 차원으로 내려간 정토신앙과 민중불교가 깊이 뿌리를 내리게 되었기 때문일 것이다. 또한 선종에 담겨 있는 정신과 함의를 받아들여 소화해 낼 만한 사회적 여건이 성숙하지 못했다는 것으로 읽을 수도 있겠다.

선종은 9세기 초 헌덕왕(809~826) 때 도의(道義)가 가지산파(迦智山派)[보림사(寶林寺)]를 연 것으로부터 시작되었다. 이어 홍척(洪陟)의 실상산파(實相山派)[실상사(實相寺)], 혜철(惠哲)의 동리산파(桐裏山派)[(泰安寺)], 현욱(玄昱)의 봉림산파(鳳林山派)[(鳳林寺)], 도윤(道允)의 사자산파(師子山派)[(興寧寺)], 범일(梵日)의 도굴산파(闍崛山派)[굴산사(崛山寺)], 무염(無染: 朗慧)의 성주산파(聖住山派)[성주사(聖住寺)], 도헌(道憲)의 희양산파(曦陽山派)[봉엄사(鳳嚴寺)], 이엄(利嚴)의 수미산파(須彌山派)[광조사(廣照寺)]가 문을 열게 되었다. 이른바 '선종 9산'이 성립되기에 이르렀다.18)

선종은 그 기원부터가 교종과 달랐다. 번쇄한 교리를 마다하고 인간 본래의 심성을 도야하는 것, 보다 정확히 말해 타고난 본성 자체가 불성(佛性)임을 아는 것, 그것이 이치를 깨닫는 것이라고 했다. 견성오도(見性悟道). 마음을 한데 모아 그런 경지에 이르기 위해서 필요한 것이 바로 선(禪)이라 했다. 교과서처럼 정형화된 경전이나 교리서는 '살아 있는 지식'이 아니라 말라비틀어진 '죽은 지식'의 관(棺)에 지나지 않는다. 굳이

---

17) 김석근, 앞의 논문(2004), 13-23쪽 참조.
18) 같은 논문, 23-31 참조.

문자를 세워서 말하지 말라[不立文字]. 그리고 인간은 태어날 때부터 불성(佛性)을 갖추고 있는데, 문제는 그것을 어떻게 깨닫느냐 하는 것이다. 자연히 선종은 '개인주의적 취향'을 띠지 않을 수 없었다. 엄격한 계율의 준수를 중시하는 율종과 같을 수 없는 것이다.

군이 말로 표현하지 말고 문자를 세우지 말라고 주장한 것은 가히 혁명적인 선언이라 할 만한 것이었다. 산스크리트어 불경을 아주 힘들게 한역(漢譯)해서 등장한 『한역대장경』(漢譯大藏經)——이른바 '동아시아 불교'의 근간이 되는——의 존재와 권위를 단번에 무너뜨릴 수 있는 것이기도 했다. 또한 자신 속에 존재하는 불성(佛性)을 바로 깨침으로써 성불(成佛)할 수 있다는 명제 역시 다른 종파의 가르침에 비해 파격적인 것이었다. 그 끝 간 데까지 밀고 나가게 되면, 바깥 세계의 사원이나 제도 같은 모든 것들이 무용지물(無用之物)처럼 느껴질 수도 있었다. 모든 인연을 끊고 깊은 산속에 파묻혀서 수행하고 좌선(坐禪)하는 것만으로도 부처가 될 수 있다는 강력한 메시지를 담고 있었다.

특히 선종은 삼국통일 이후 주류적인 위상을 누리고 있던 화엄종과의 관계에서도 주목할 만한 것이었다. 그들 사이에는 인도에서 전해진 불교가 '중국화된 불교'라는 공통분모가 없지 않지만, '불교의 중국화'라는 측면에서 선종은 화엄종이 거둔 성과를 성큼 앞지르고 있었다. 화엄종에 아직도 남아 있는 인도 불교적인 색채를 완전히 떨쳐 버리고 있다는 점에서 그렇다. 선종이 갖는 파격성과 혁명성은 바로 앞자리[단계]에 있는 화엄종과 비교할 때 한층 더 두드러지는 것으로 여겨진다. 연속성과 단절성이 동시에 존재하기 때문에 더욱 그렇다. 선종이 갖는 혁명적 성격의 일단은 다름 아닌 '화엄에 대한 부정과 극복'이라는 측면에서 찾을 수 있지 않을까 한다. 다음 인용문은 그 점을 예리하게 지적하고 있다.

화엄이 경론에 입각해서 번쇄한 교리를 조직하고 있는 데 대해서 선은 불립문자(不立文字)·교외별전(教外別傳)을 표방하고, 화엄이 보살승을 대상으로 장엄한 신앙의례를 베풀고 있는 데 대해서 선은 직지인심(直指人心)·견성성불(見性成佛)을 주장하고 있다. 다시 말하면, 근본원리는 화엄과 통하면서도 그의 관념적이고 허식적인 교리조직과 신앙의례는 정면으로 부정하고 있는 것이다. 선의 이러한 화엄 부정적인 성격은 신라 하대의 '현학적이고 사제적인' 화엄교학을 타도할 '이데올로기'로 활용할 수 있었을 것이다.19)

이런 측면을 감안할 때, 화엄종이 주류를 이루고 있던 신라 하대사회에 새롭게 수용·등장한 선불교가 가질 수 있는 파격성과 혁명성, 나아가서는 그 사회적 의미를 제대로 이해할 수 있지 않을까 한다. "시간이 흐를수록 왕실불교, 귀족불교로서의 화엄은 초월적인 교의의 전개에 따라서 일반 서민과 더욱 유리도(遊離度)가 심하여지고, 나아가 공허(空虛)한 학해적(學解的) 번쇄(煩鎖)에 빠져들고 있었던 것"이다.20) 따라서 새로운 불교로서의 선은 이미 화엄종으로 대변되는 기존 교학의 '공허(空虛)한 학해적(學解的) 번쇄(煩鎖)', '난삽(難澁)한 현학적(衒學的) 교학(教學)',21) '현학적(衒學的)이고 사제적(司祭的)인 불교'22)에 대한 비판이자 동시에 대안으로 여겨질 수 있었다. 때문에 "신라 하대의 선 전래는 전통적인 화엄교학의 문제성을 극복하기 위해 '새로운 사상원리'로 도입된 것"23)이라 해도 큰 무리는 없을 것이다.

아울러 선종이 절대왕권을 부정하는 성격을 지닐 수도 있겠다는 주장은 시사하는 바 크다. "더구나 귀족세력을 도태하고 억압하면서 강화해가던 전제왕권의 성장도 그 한계점에 도달해 마침내 무열왕의 직계손이 집권해 오던 신라 중대가 끝나고 하대의 혼란기에 들어오면서 화엄은 그 사회적 기반을 잃어버리게 되었던 것이다. 따라서 화엄으로서 대표되던 교학불교 시대는 종말을 고하게 되었던 것이며, 이러한 교학불교를

---

19) 고익진, 『한국고대불교사상사』(동국대학교 출판부, 1989), 513-514쪽.
20) 최병헌, 「신라 하대 선종 구산파의 성립: 최치원의 사산비명을 중심으로」, 『한국사연구』 7(1972), 83쪽.
21) 최병헌, 「나말여초 선종의 사회적 성격」, 불교사학회 편, 『한국불교 선문의 형성사적 연구: 九山禪門을 중심으로』(민족사, 1986), 190쪽.
22) 고익진, 앞의 책, 523쪽.
23) 같은 책, 523쪽.

그 소지(素地) 기반부터 뒤흔들어 놓으면서 등장한 것이 '불립문자(不立文字), 교외별전(敎外別傳), 직지인심(直指人心), 견성성불(見性成佛)'을 부르짖고 나온 선종이었던 것이다. 그러므로 이렇게 새로 등장한 선종은 자연히 사상적으로는 교학불교에 대한 도전이며, 사회적으로는 절대왕권을 부정하는 성격을 갖지 않을 수 없었던 것이다."24)

선승들의 출신배경 역시 그와 무관하지 않을 것이며, 그러한 선불교를 받아들였던 계층 역시 왕실이나 중앙귀족보다는 지방호족이나 육두품 이하의 지식층이었을 가능성이 크다. 다시 말해서 많은 경우 한계계층에 속하고 있었으리라는 것이다. 거기서 선종의 유행이 사회적 계급(계층) 간의 대립, 충돌과 맞물려 있을 가능성도 배제할 수 없겠다.

게다가 선불교는 앞에서 말한 것처럼 그 특성상 경전이나 사찰 같은 외형적인 것보다는 개인의 깨달음을 중시하는 만큼 개인주의적 성향을 강하게 지니게 된다. 어디에 있더라도 크게 개의치 않는다. 설령 지방이라 하더라도 문제가 되지 않는다. 이른바 서울과 중앙으로 나아가야 한다는 생각과는 다를 수밖에 없겠다.25) 그러한 의식과 구조는 지방에 근거지를 두고서 바야흐로 독자적인 세력으로 부상하고 있던 지방호족들의 의식구조에 대해 친근감과 친화력을 동시에 갖는 것이었으리라. 한편 지방호족들의 입장에서 볼 경우 역시 중앙의 전제왕권을 뒷받침해 주는 정치이념을 제공해 온 기존 교학, 특히 화엄종보다는 새로운 불교 선종에 훨씬 더 끌렸을 것이다. 그리고 거기서 나름대로 자신들의 입장을 옹호해 주는 논리를 찾아낼 수도 있었을 것이다.

조금 단순화시켜 말하면 선종은 곧 '호족의 종교'였다고 할 수 있겠다. 형해화하고 있던 중앙 지배체제에 대항해 독자적인 질서를 구축하려는 호족들에게 선종 및 그것의 개인주의적 성향은 개체와 독립을 뒷받침해 주는 사상적 근거를 제공해 줄 수 있었다. 실제로 선종 9산은 호족들과

---

24) 최병헌, 앞의 논문(1972), 84쪽.
25) 그곳에는 이미 기존의 교학불교, 특히 화엄종 세력이 강건하게 버티고 있었던 만큼, 보이지 않는 텃세와 장벽 역시 높았을 것이다.

밀접한 관계를 가지고 있었다. 9산의 위치 역시 후원해 주는 호족의 근거지와 가까운 지역에 있었다. 예컨대 봉림산파는 김해의 호족 김율희(金律熙)[소율희(蘇律熙)]에게, 도굴산파는 명주(溟洲: 강릉) 호족 왕순식(王順式)에게 후원을 받았으며, 수미산파는 송악(松嶽: 개성)의 호족 왕건과 관계가 깊었다. 9산을 연 승려들 역시 호족 출신이 많았다. 선조가 중앙 귀족이었다 할지라도 자신은 낙향해 이미 지방호족이 된 인물이었다.

4. 미륵신앙의 유행

새로운 불교로서의 선종은 지배이데올로기인 화엄종을 '부정'·'극복'하는 데까지는 나아갈 수 있었지만, 다시 말해 새로운 이념의 의미는 가질 수 있었지만, 정치변동을 적극적으로 밀고나가는 데까지는 이르지 못했던 것으로 보인다. 역시 현실에 대한 변혁 에너지와 추동력이 되기 위해서는 농민봉기에서 볼 수 있는 민중의 에너지와 참여, 다시 말해 일종의 '대중동원'이 필요했다. 선종은 소박한 삶 자체를 높이 평가하긴 했지만, 일반 농민이나 민중들이 친근감을 느끼기에는 역시 일정한 거리가 없지 않았다. 선적 체험과 교리는 개인적 성향이 강한 데다 어느 정도의 지적 수준이 요구되었기 때문이다.

민중들에게는 역시 더 피부에 와 닿는, 교종[화엄, 율종] 같은 장엄하고 제도적인 장치나 아니면 일종의 천년지복적인 종교적 열정이나 메시아의 도래 같은 더 강력한 메시지가 필요했다. 그러한 종교적 열정과 메시아에 대한 갈망은 역시 불교의 한 갈래에 다름 아닌 '미륵사상'에 의해 제공될 수 있었다.

미륵사상 내지 미륵신앙은 불교의 한 갈래로서 미륵불을 특별히 믿는 신앙체계라 하겠다. 미륵불은 아직 오지 않은, 먼 훗날 이 땅에 오게 될 미래의 부처다[未來佛]. 그가 이 땅에 오는 날 누구나 살고 싶어하는 이상사회가 실현될 것이라고 한다. 정말 그런가 하는 것보다는 그렇게 믿는다는 것이 중요하다. 그러한 소박한 믿음의 강도는 현실에 대한 불만의 정도에 비례할 수밖에 없다. 현실이 만족스럽다면 그런 신앙이 발붙일 수 있는 여지가 줄어들 것이다. 따라서 미륵신앙, 특히 미륵의 도래를 설파하는 하생(下生)신앙에는 일종의 유토피아에 대한 소박한 갈망과 천년지복 운동에서 볼 수 있는, 메시아를 기다리는 애타는 소박한 정서가 짙게 깔려 있다. 때문에 나름대로 세상을 읽어내는 지식과 이성의 소유자들보다는 순진하고 감성이 풍부한 농민과 민중들에게 더 큰 호소력을 갖는다. 전통사회의 농민봉기나 운동에서 그런 부분이 한 역할은 실로 컸다고 하겠다.

이미 쇠미해 가고 있던 신라의 중앙 행정체제는 기능이 마비되어 있다시피 했다. 하지만 그런 시대일수록 백성들에 대한 수탈과 착취는 오히려 혹독하기 마련이다. 견디다 못한 농민, 노예 등은 초적(草賊), 군도(群盜)라는 이름하에 조직화·집단화하기 시작했다. 현실에 대한 불만을 느끼면서 저항하고자 하지만, 구체적인 방법이나 비전을 갖지 못한 그들에게 단순하면서도 피부에 와 닿는 미륵사상은 큰 호소력을 갖는다. 일정한 목적을 위해 민중을 동원하려는 이데올로그들은 의도적으로 그들의 집단무의식 혹은 아련한 정서를 약간씩은 건드리게 된다. '후백제', '후고구려'라는 이름 자체가 이미 그렇다.

미륵신앙 자체는 이미 도입되어 있었던 듯하지만,26) 그런 신앙체계가 현실적으로 기세를 떨치게 된 데는 경덕왕(742~765) 때 김제(金堤) 금산사(金山寺)를 중심으로 활약했던 진표(眞表)의 힘이 컸던 듯하다.27) 백제

---

26) 『삼국유사』 탑상 제4에 실려 있는 '남백월의 두 성인 노힐부득과 달달박박' 설화는 두 사람의 수도승이 관세음보살의 현신에 힘입어 미륵존불과 아미타불의 깨달음을 얻을 수 있었다는 이야기를 전하고 있다. 깊은 자비심을 발휘했던 노힐부득이 미륵존상(彌勒尊像)이 되어 광명을 발하고 그 몸은 금빛으로 단장되어 있었다는 이야기를 통해서 그 당시 미륵사상이 유행하고 있었음을 추론해 볼 수 있다.

27) 『삼국유사』 의해 제5 「진표가 간자를 전하다」. 미륵보살이 감응해 나타나 그에게 『점찰경』(占察經) 2권과 증과(證果) 간자(簡子) 189개를 주면서, 세상에 법을 전하고 사람을 구제하라고 했다. 그래서 김제 금산사에 살면서 널리 교화를 베풀었다는 이

유민이었던 그는 미륵신앙을 통해서 오래 전에 멸망한 백제의 정신적 부흥운동을 일으켰다. 신라에 반감을 품고 있던 백제 유민들이 호응하는 것은 자연스러운 일이었다. 고구려 유민들 역시 크게 다르지 않았다.

그런데 흥미로운 것은 그러한 미륵신앙의 영향과 전통이 견훤[후백제]과 궁예[후고구려]에까지 이어지고 있다는 점이다. 견훤은 미륵신앙에 근거한 전제군주로 행세하기도 했다. 궁예는 한층 더 심했다. 어릴 때 절에서 지냈던 그의 전력과 무관하지 않다고 하겠다. 스스로 미륵불이라 칭하고, 머리에 금책(金幘)을 쓰고 방포(方袍)를 입었으며, 두 아들을 청광보살(靑光菩薩)과 신광보살(神光菩薩)이라 했다. 밖에 나갈 때면 항상 백마를 타고, 비단으로 말머리와 꼬리를 장식했으며, 어린 소년과 소녀들로 하여금 깃발, 천개, 향, 꽃을 들려 앞서게 하고, 비구승 2백여 명에게 범패(梵唄)를 부르면서 따르게 했다. 자신이 불경 20여 권을 짓기도 했는데―현재 전하지 않는다―그 말이 요망해 모두 경전의 뜻에 어긋나는 것이었다고 한다.28) 그는 전제군주의 지위를 신성한 것으로 만들기 위해 가능한 온갖 수단을 다 동원했던 것이다. 오늘날의 시각으로 보자면 우스꽝스러운 작태로 비치지만, 그 당시의 정서를 감안한다면 나름대로 '상징조작'과 '대중동원'의 성격을 동시에 지니고 있었다고 하겠다.

5. 도참사상과 풍수지리설

나말여초를 수놓은 다양한 사상적 갈래의 하나로 도참사상과 풍수지리설을 드는 데 이견은 없을 것이다. 그것은 불확실한 미래에 대한 불안감에서, 그리고 지방 호족세력의 대두와 더불어 크게 유행하게 된 것으로 여겨진다. 체제가 정비되어 있는 평화롭고 안정된 사회라면 그러한 예언이 갖는 힘은 그리 크지 않을 것이다. 하지만 어둡고 혼탁한 세상일

야기를 전해 주고 있다.
28) 『삼국사기』 열전 궁예전조

수록 그들의 가치는 커질 수밖에 없다. 나말여초라는 정치적 격변기에도 그들이 발휘한 영향력은 크고 강했다.

도참(圖讖)은 인간사의 불확실한 미래와 길흉화복을 알고자 하는 염원에서 비롯되었다고 하겠다. 해서 점술(占術)과 비슷한 측면도 없지 않다. 허나 점술이 보편적 현상인 데 반해, 도참은 중국과 한국 등 동아시아 일부 지역에 나타나는 독특한 현상이라고 한다. 도참은 도(圖)와 참(讖)이 합쳐서 이루어진 개념이다. '도'는 장차 일어날 사건의 상징, 표징, 신호, 징후, 전조, 암시 등을 의미하며, 일정한 문자, 기호 또는 구체적인 대상물이 미래의 어떤 일과 깊이 연관되어 있다는 사고방식을 표현하고 있다. '참'은 참언(讖言), 참기(讖記), 참위(讖緯) 등의 용례에서 보듯이 은어(隱語)와 밀어(密語)의 상징적 언어로서 역시 장래에 일어날 일을 예언하는 것이다. 그러니 도참이란 앞으로 전개될 길흉화복을 예측하는 예언서, 즉 미래기(未來記)라 할 수 있다. 자연히 예언의 신빙성을 높이기 위해 가능한 온갖 수단을 다 동원하기 마련이다. 천문, 지리, 음양오행, 주술뿐 아니라 심지어 도교나 불교까지 원용하기도 한다.

본질적인 성격상 그들은 왕조 말기나 교체기 같은 혼란한 시대에 발호하기 쉽다. 그 자체 현실에 대한 우회적인 불만의 표현으로 읽어도 무방할 것이다. 어떻게 될지 알 수 없는 막막한 상황에서는 지푸라기라도 잡고 싶어한다. 그런 심리를 교묘하게 이용하는 것이다. 훗날 거짓말로 판명되는 것과는 또 다른 차원이다. 심지어 정치적 목적을 위해 그러한 작동원리가 교묘하게 조작되기도 한다.29) 백제나 고구려가 멸망할 무렵 이미 그런 것들이 횡행했다는 것을 『삼국사기』는 확인시켜 준다. 의자왕 20년(660) "백제는 보름달과 같고 신라는 초승달과 같다"[百濟同月輪 新羅如新月]30)는 기사가 좋은 예라고 하겠다. 신라 하대사회는 역시 여러모로

---

29) 훗날의 사례이긴 하지만 이자겸(李資謙)의 십팔자위왕설(十八子爲王說), 조광조에게 씌워진 주초위왕설(走肖爲王說), 정여립의 목자망전읍흥설(木子亡奠邑興說) 등이 그렇다고 하겠다.
30) 『삼국사기』 의자왕 20년조.

그러한 도참사상이 풍미할 수 있는 사회적·심리적 조건이 잘 갖추어져 있었다. 그런데 그 시대, 나말여초 시기의 가장 큰 특징은 '풍수지리'에 의한 도참사상이 유행했다는 점이다.[31]

그런 것들 중에서 널리 알려졌으며, 따라서 영향력이 제일 컸던 것은 도선(道詵)이 선양한 그것이다.[32] 최유청(崔惟淸)이 찬한 「백계산옥룡사증시선각국사비명」(白鷄山玉龍寺贈諡先覺國師碑銘)에 의하면, 도선은 속성은 김(金)씨이며 신라국 영암(靈岩) 사람이다. 어릴 때부터 총명함을 보였던 그는 월유산 화엄사(月遊山華嚴寺)에 가서 머리 깎고 불경을 읽었는데, 한 해도 채 못 되어 대의[33]를 통달해 문수(文殊)의 미묘한 지혜와 보현(普賢)[34]을 모두 깊이 깨달았다. 이후 그는 이른바 '말 없는 말'과 '법 없는 법'을 깨쳤다고 한다. 화엄종에서 선종으로 나아갔다는 사상적 편력은 앞에서 지적한 선종의 화엄종 비판이라는 측면에서도 의미심장한 장면이라 하겠다.

도선이 지리산 구령(甌嶺)에서 암자를 짓고 있을 때 이상한 사람이 나타나 술법을 바치고자 했다. 천한 술법이라 가볍게 여기지 않는다면 남해의 물가에서 바치고자 한다. 그리고 그것 역시 대보살이 세상을 구제하고 인간을 제도하는 법이라고 했다. 대사가 기이하게 생각하고 그가 말한 남해의 물가를 찾아갔더니, 과연 그런 사람이 있었다. 그는 도선에게 모래를 쌓아 산천 순역(順逆)의 형세를 보여 주었다. 도선은 그로부터 환하게 깨달아 음양오행의 술법을 더욱 연구하여, 금단(金檀)과 옥급(玉

---

31) 풍수지리는 땅에 관한 이치, 즉 지리를 체계화한 것으로 추길피흉(追吉避凶)을 목적으로 하는 상지기술학이라 할 수 있다. 풍(風)은 기후와 풍토를 지칭하며, 수(水)는 물과 관계된 모든 것을 가리킨다. 풍수의 구성은 산(山), 수(水), 방위(方位), 사람의 네 가지 조합으로 성립된다. 최창조, 『한국의 풍수사상』(민음사, 1984) 참조.

32) 출발점이 불교였듯이 그의 주장에는 불교적인 요소가 깔려 있다. 하지만 그것뿐이었다면 그렇게 큰 힘을 발휘할 수 없었을 것이다. 불교의 선근공덕사상(善根功德思想)에다 음양오행설 등을 적절하게 결합해서 독특한 논리를 전개했다.

33) 『화엄경』(華嚴經)을 말한다.

34) 문수(文殊)보살은 지혜를 위주로 한 보살, 보현(普賢)은 행실과 원력[行願]을 위주로 한 보살로 『화엄경』에 상세히 나와 있다.

笈)35)의 깊은 비결까지 모두 가슴속에 새겨 두었다고 한다.36)

풍수지리설에 의하면 지형이나 지세는 국가나 개인의 길흉과 밀접한 관계를 갖는다. 지리에는 쇠왕(衰旺)이 있고 역순(逆順)이 있어, 왕처(旺處)·순처(順處), 즉 명당(明堂)을 택해 양택(陽宅: 住宅)이나 음택(陰宅: 무덤)을 지으면 국가나 개인이 행복을 누릴 수 있다. 그러나 쇠처(衰處)나 역처(逆處)는 불행을 가져다주므로, 사람의 몸에 쑥을 놓고 뜸(灸)을 뜨듯이 비보사찰(裨補寺刹)을 세워 재앙을 막아야 한다. 전국 방방곡곡을 돌아다니면서 그는 산수의 쇠왕과 순역을 점쳤다고 한다.

그렇다면 그 당시의 사회적 상황에서 풍수지리설이 가질 수 있던 정치적·사상적 의미는 무엇이었을까? 단적으로 말해서 그것은 신라 중앙[경주]의 귀족 중심의 기존 질서를 상대화시키고 무력화시키는 데 크게 기여했다고 볼 수 있지 않을까 한다. 평상시라면 가장 좋은 땅임에 분명할 수도(首都: 경주)의 존재 자체를 무색하게 만듦과 동시에, 지방에 새로운 정치적 가능성을 열어 줄 수 있었기 때문이다. 지방 각지에서 웅거하기 시작한 호족들은 저마다 자신의 근거지를 '명당'으로 생각하고, 자신의 존재를 정당화해 갔던 것으로 볼 수 있겠다. 그 지역 사람들의 지지를 얻어 그들을 동원하는 것은 물론이고, 나아가 정신적 일체감을 다지는 데도 유용했을 것이다.

송악(松嶽)의 왕씨 케이스가 대표적인 사례에 속한다고 하겠다. 고려 태조 왕건의 조상은 송악산에 소나무를 심어 푸르게 하고 집을 그 남쪽으로 옮기면 자손 중에서 삼국을 통일할 영웅이 나오리라는 풍수지리설을 그대로 믿고 실천했다. 그 때문인지 왕건은 후삼국 통일은 송악의 지덕(地德)에 힘입은 것이라고 보았다. 왕건 역시 풍수지리설을 믿었던 것으로 여겨지는데, 이는 그가 남겼다는 「훈요십조」의 다음 조항[제2조]이 근거자료가 될 수 있다고 하겠다.

---

35) 금단(金壇)은 신선이 사는 곳이요, 옥급(玉笈)은 도교(道敎)의 비서(秘書)를 감춘 상자이다.
36) 최유청(崔惟淸), 「백계산옥룡사증시선각국사비명」(白鷄山玉龍寺贈諡先覺國師碑銘).

둘째로, 모든 사원들은 모두 도선의 의견에 의거하여 국내 산천의 좋고 나쁜 것을 가려서 창건한 것이다. 도선의 말에 의하면 자기가 선정한 곳 이외에 함부로 사원을 짓는다면 지덕(地德)을 훼손시켜 국운이 길지 못할 것이라 했다. 내가 생각하건대 후세의 국왕, 공후, 왕비, 대관들이 각기 원당(願堂)이라는 명칭으로 더 많은 사원을 증축할 것인데, 그것이 크게 근심되는 바이다. 신라 말기에 사원을 야단스럽게 세워서 지덕을 훼손시켰고 결국은 나라가 멸망했으니, 어찌 경계할 일이 아니겠는가.37)

6. 새로운 정치질서의 구축

지금까지 신라 하대와 후삼국시대에 나타난 몇 가지 사상적 흐름에 대해 간략하게 살펴보았다. 그들 외에도 어둡고 혼란한 시대를 피해 은둔하거나 자연을 벗 삼으며 세상을 잊는 그런 흐름——도가 혹은 청담 계열——도 없지 않았을 것이다. 혼자서 떠돌다가 가야산으로 들어가 그 자취를 알 수 없게 되었다는 최치원, 그리고 나라가 망하자 금강산으로 들어갔다는 신라의 마지막 왕자 마의태자가 그런 범주에 속한다고 하겠다. 하지만 그 성격상 존재 여부를 알기 어려운 만큼 세상에 널리 알려질 수는 없었으며, 알려진 것 역시 극히 일부에 지나지 않았을 것이다.

나말여초라는 격동기를 산 사람들, 특히 새로운 질서를 추구한 사람들은, 설령 의식하지 못했을지라도, 그들 중의 하나 혹은 서로 뒤섞인 형태로 영향을 받았을 것이다. 그들끼리 서로 부딪히며 자아낸 갈등의 모습과 구조는 또 다른 문제라고 하겠다.

언제나 그러하듯이 해체와 분열로 요약되는 혼란의 시대는 그렇게 오래가지 않았다. 그것은 새로운 정치질서를 낳기 위한 몸부림이기도 했기 때문이다. 이미 아는 바와 같이 후삼국의 정립과 쟁패는 마침내 고려 태조 왕건에 의해서 정치적 통일을 맞게 되었다. 천년왕국 신라는 그 오랜

---

37) 『고려사』 태조 세가 26년 4월조.

역사에 종지부를 찍게 되었고, 후백제와 후고구려를 세워 정치변동을 추동해 갔던 견훤과 궁예는 '실패한 영웅'으로 역사 속으로 사라져 갔다. 고려시대에 편찬된 『삼국사기』는 그들에 대해 이렇게 평가하고 있다.

> 저자의 견해: 신라는 운세가 기울고 도가 사라졌기 때문에 하늘이 돕지 않고 백성들이 의지할 곳이 없었다. 이 틈을 이용해 도적들이 무수하게 일어나 마치 고슴도치 털처럼 되었으나, 그 중에서 가장 극렬한 자는 궁예와 견훤 두 사람뿐이었다. 궁예는 본래 신라의 왕자로서 도리어 조국을 원수로 여기고 신라의 전복을 기도했으며, 심지어 선조의 초상화까지 참수했으니, 그의 어질지 못함이 극심했다. 견훤은 신라 백성으로 일어나 신라의 녹을 먹으면서도 불측한 마음을 품었으며, 나라의 위기를 다행으로 여겨 도성과 고을을 침략했다. 그는 새를 죽이고 풀을 베듯 임금과 신하를 살육했으니 천하의 원흉이었다. 그러므로 궁예는 자기 부하로부터 버림을 당했고, 견훤은 제 자식으로부터 화를 입었다. 이는 모두 자업자득이었으니, 누구를 다시 원망하겠는가? 항우와 같이 뛰어난 재주로도 한 나라의 흥기를 막지 못했고, 이밀과 같이 뛰어난 재주로도 당나라의 흥기를 막지 못했거늘, 황차 궁예나 견훤 같은 흉한이 어찌 우리 태조에게 대항할 수 있었으랴. 그들은 다만 태조에게 백성들을 모아 주는 역할을 했을 뿐이었다.38)

이러한 논평[史論]를 통해서 『삼국사기』 편찬자들이 어떤 잣대를 가지고 그들을 평가했는지 알 수 있다. 유교적인 평가와 더불어 고려 태조에 대한 미화가 상당 부분 개입되어 있다는 점을 직감할 수 있다. 언제나 그러하듯이 어차피 역사는 승자에 의해 기록되기 마련인 것이다.

격심한 분열과 해체를 넘어서 후삼국을 통일하게 된 고려 태조 왕건에게는 새로운 정치공동체와 질서의 구축이라는 과제가 기다리고 있었다. 『정계』(政誡) 1권이나 『계백료서』(誡百僚書) 8편──전해지지 않는다──그가 후손들을 위해 남겼다는 「훈요십조」는 나름대로 그러한 시대적 과제에 부응하려는 것이었으리라. 왕건의 정치철학을 엿볼 수 있게 해

---

38) 『삼국사기』 열전 궁예전조; 『삼국사기』 열전 견훤전조.

주는 「훈요십조」의 경우 위작설(僞作說)이 제기되어 있기는 하지만,39) 불교·유교·풍수지리적 요소가 서로 갈등하지 않고 병존하는 양상을 보여주고 있다.40) 대립과 갈등을 넘어 한 왕조를 개창할 만한 포부와 인물됨이라면, 그 사유(思惟)에서도——전략적 차원에서라도——일정한 '포용성'과 '개방성'을 보여주지 않을 수 없었을 것이다.

<참고문헌>

『三國史記』, 『三國遺事』, 『高麗史』.
「白鷄山玉龍寺贈諡先覺國師碑銘」.

가마타 시게오, 『한국불교사』, 신현숙 역(민족사, 1988).
고익진, 『한국고대 불교사상사』(동국대학교출판부, 1989).
김석근, 「삼국 및 남북국시대의 정치사상: 토론을 위한 하나의 시론」, 이재석 외, 『한국정치사상사』(집문당, 2002a).
_____, 「훈요십조와 시무28조: 고려 전기 정치사상에 관한 소묘」, 이재석 외, 『한국정치사상사』(집문당, 2002b).
_____, 「나말여초의 정치변동과 정치사상: 선종을 중심으로」, 『한국정치연구』 제13집 제1호(2004).
불교사학회 편, 『한국불교 선문의 형성사적 연구: 九山禪門을 중심으로』(민족사, 1986).
손문호, 「유교국가주의와 그 대두과정」, 김영국 외, 『한국정치사상』(법문사, 1991).
_____, 「한국정치사상사 연구의 현황과 논점」, 한국정치학회 엮음, 『한국정치학 50년: 정치사상과 최근 연구분야를 중심으로』(한울아카데미,

---

39) 이에 대해서는 김석근, 「훈요십조와 시무28조: 고려 전기 정치사상에 관한 소묘」, 이재석 외, 『한국정치사상사』(집문당, 2002b); 신복룡, 「한국의 지역감정의 역사적 배경: 호남 phobia를 중심으로」, 『한국정치사상사』(나남, 1997)를 참조할 것.
40) 김석근, 같은 논문(2002b) 참조.

2001).

신복룡,「한국의 지역감정의 역사적 배경: 호남 phobia를 중심으로」,『한국정치사상사』(나남, 1997).

역사학회 편,『역사상의 국가권력과 종교』(일조각, 2000).

이재석 외,『한국정치사상사』(집문당, 2002).

최병헌,「신라하대 선종 구산파의 성립: 최치원의 사산비명을 중심으로」,『한국사연구』7(1972).

_____,「나말여초 선종의 사회적 성격」, 불교사학회 편,『한국불교 선문의 형성사적 연구: 九山禪門을 중심으로』(민족사, 1986).

최창조,『한국의 풍수사상』(민음사, 2002).

제2편

고려시대: 초월과 세속의 정치사상

제6장 고려 호국불교의 정치사상

윤대식(충남대학교)

1. 국가와 불교의 관계

고려의 불교는 전반적인 사회구조 속에서 정치적·종교적·사회적 기능을 수행했다. 고려 불교의 기능이 다면적일 수밖에 없었던 근본적인 이유는 불교의 전래과정에서 발생한 정치적·종교적·사회적 배경에 기인한다. 즉 불교의 전래과정에서 주목할 사항은 불교가 민중신앙으로의 발전보다 사회적 통합과 국가권력의 내부정비를 위한 사상적 통일을 목적으로 했다는 점에 있다.

불교가 한국에 본격적으로 유입된 시기는 삼국시대에 이르러서이다. 고구려의 소수림왕(372), 백제의 침류왕(384), 신라의 법흥왕(527)에 의한 불교의 국가공인은 이전부터 진행되어 온 불교의 개별적인 수용과 무속신앙이 지배했던 지역적·부족적·종교적 상이성을 단일한 종교사상으로 귀일시키고, 자연과 신 중심의 세계관을 인간 중심으로 바꾸는 계기로 작용했다. 특히 불교 수용과정에서 중국의 선진문물이 함께 수입되었다는 점에 주목한다면, 그것은 국가 내부의 문제를 더 이상 자신들의 방식으로 해결하지 못했기 때문이다. 즉 삼국이 불교를 공인한 목적은 내부질서의 정비를 필요로 했다는 사실에 있다. 따라서 불교의 공인은 단순히 신앙의 확대로 인한 자발적인 행위가 아니라 치국책으로 수용하려는 의도를 내포한 작위적인 것이었다. 이로 인해 불교는 왕실을 중심으로 한 지배계층에 의해 우선적으로 채택되었으며, 왕을 중심으로 하는 하향식의 불교수용은 국가권력 내지 지배계층과 불교의 상관성을 보여준다. 바로 이 점에서 한국불교는 태생적으로 정치적일 수밖에 없었다.

고려에 이르러서 불교는 실질적으로 국교의 위상을 가졌으며, 대규모 불교행사를 국가가 직접 관장하고 승과제(僧科制)를 통해서 정치과정의 참여를 제도적으로 보장받았다. 또한 국사(國師), 왕사(王師)의 신분을 부여받아 왕실과 국가의 정신적 권위로 격상되었다. 물론 그것은 고려 태조의 개인적인 호불 태도에 기인한 것이기도 하지만 이와 별도로 고려 불교의 호국적인 성격과도 연관이 있었다. 고려 불교의 호국성은 크게 두 가지 의미를 담고 있는데, 하나는 중생을 위한 것이고 다른 하나는 보살을 위한 것이었다. 즉 현실의 국가와 이상의 국가를 상정하고 있으며, 현실의 국가를 수호하는 것이 이상의 국가를 수호하는 것과 일치하는 것이었다.

따라서 불교의 국가진호란 종교적으로 불교의 이상국가를 수호하는 것이 곧 현실국가를 수호하는 것이며, 두 가지 수호의 기능이 분리되지 않고 일치한다는 것을 뜻한다.[1] 특히 고려의 건국과정에서 불교의 호국성은 신라 말 불교의 영향력을 그대로 계승하면서 강화되었다. 이로 인해 고려의 호국불교는 국가의 불교외호(佛敎外護)와 불교의 국가진호(國家鎭護)라는 두 요소가 긴밀한 연계성을 지니면서 상승 작용해 국가의 무한한 발전을 기대한다는 원리로 정의된다. 불교외호와 국가진호 두 작용의 균형이 이루어질 때 비로소 불교의 호국성이 기능한다는 점에서 고려 불교의 순기능을 찾을 수 있다.

정치사상의 관점에서 보자면, 불교에 대한 국가외호와 불교의 진호국

---

1) 서윤길, 「고려의 호국법회와 도량」, 『불교학보』 14집(1977), 112쪽.

가는 결국 양자의 관계가 신앙의 차원을 넘어서 쌍무적인 것으로 해석될 수 있다. 즉 국가의 불교외호와 불교의 진호국가라는 양자의 기능이 균형을 이루었을 때 불교의 호국성이 성립되는 것이라면, 호국불교의 정치사상은 국가와 종교간 쌍무적 관계의 한국적 산물이라고 할 수 있다. 더욱이 고려의 경우 국가의 불교외호가 불교의 정치참여를 제도적으로 보장했기 때문에, 불교의 진호국가 역시 제도화·구체화되었을 것으로 추론할 수 있다. 따라서 이 장의 목적은 고려 불교의 호국성이 국가와 종교, 고려 왕실과 고려 불교 간의 쌍무적 관계로부터 발생했으며, 이로 인해 고려 불교의 호국성이 어떤 형태로 전개되었는지 살펴보는 것이다.

2. 고려 불교의 내적 전개과정

1) 호국불교로의 계승

불교의 호국적 성격은 삼국간 투쟁의 과정으로부터 시원(始原)했다. 특히 신라불교는 삼국간 치열한 패권경쟁 시기에 신앙만을 위한 행위가 아니라 신라의 삼국통일을 기원하는 실천적 행위의 의미를 지녔다. 그렇다면 삼국의 불교수용 중 신라의 불교수용과 이를 호국불교로 특징지을 수 있는 근거는 무엇일까? 만약 이러한 의문이 성립될 수 있다면, 그 해답의 탐색은 정치사상적 맥락에서 불교의 호국성을 이해할 수 있는 단서를 제공해 줄 것이다. 즉 삼국 중 신라가 국가형성이 가장 뒤늦은 미약한 국력과 내부정비의 후진성을 극복하고 통일의 주역으로 등장할 수 있었던 근본적인 요인으로 불교의 역할을 거론할 수 있을 것이다.

신라불교의 주도세력은 진골 출신의 승려들이었다. 따라서 신라불교의 역할을 이해하기 위해서는 그들의 종교적 역할뿐 아니라 세속적 역할, 즉 왕실 권위의 강화와 국가의식의 고취라는 정치적 의도를 고려해야 한다. 예를 들어 왕명을 불교식으로 짓고 왕실을 석가모니 종족으로 규정하는 진종설(眞種說)을 통해서 국왕이 실질적인 정교의 실권자로 부상했고, 황룡사와 같은 대가람의 창건과 승정기구의 설치, 승려들의 종군행위 등 국가의 불교외호와 불교의 국가진호의 교차가 나타났다. 그것은 지배층 중심의 불교를 통해 국가불교적 성격이 강화되면서 중앙집권체제와 국가권력의 정비에 성공했다는 사실을 반영한다.2)

고려의 건국과정에서 왕건은 기존의 불교신앙에 우호적인 태도를 취했다. 그의 호불 태도는 신민의 자발적인 지지를 유도하는 것이었고, 선종과 교종의 구분에 상관없이 균형 있는 처신은 불교의 협조를 이끌어 낼 수 있게 했다. 이와 같은 관계 속에서 불교는 고려 건국 이후 국가의 기본이념으로 채택되었고 국가의 불교 보호가 공식화되었다. 이러한 결과를 국가의 불교외호라고 명명하게 되는데, 그 대표적인 사례는 왕실 주관으로 개최된 정기적인 연등회와 팔관회이다. 이렇듯 국가적으로 불교행사가 매년 행해졌는데, 불교행사의 궁극적인 목적은 국가발전과 왕실의 안녕을 불교의 힘에 의탁하려는 것이었다.

왕실과 불교 간의 우호적인 관계는 고려 태조(943)가 "후손들이 감정과 욕심에 사로잡혀 나라의 질서를 문란시킬 듯하니 이것이 크게 근심스럽다. 이에 훈계를 써서 후손들에게 전하노니, 아침저녁으로 펼쳐 보아 영구히 모범으로 삼게 하기를 바란다"3)는 취지와 함께 「훈요십조」라 불리는 유훈을 제시한 데서도 찾아볼 수 있다. 그는 유훈의 첫째 항으로 "국가의 왕업이 제불(諸佛)의 호위와 지덕(地德)에 힘입었으니, 불교사원을 창건하고 주지들을 파견하여 불도를 닦음으로써 각각 자기 직책을 다하고 불교를 숭상하도록 하는 것"이라고 강조했다. 따라서 유훈의 가장 첫 조항으로 불교에 대한 국가외호를 강조한 대목을 통해서 고려 불교가 태생적으로 정치적일 수밖에 없었다는 것을 찾을 수 있다.

고려 현종 시기부터는 연등회, 팔관회 외에 왕실 내전에서 인왕경이 설법되고 인왕경도량, 금광명경도량 등이 열렸으며, 국사·왕사제도의

---

2) 이병욱, 『고려시대의 불교사상』(혜안, 2002), 25-27쪽.
3) 『高麗史』(2) 「世家」(2) 太祖 癸卯 26年.

채택 등 고려 왕실과 불교의 관계는 더욱 강화되었다. 왕실의 외호에 따른 빈번한 불교행사는 불교의 법력을 통해서 국태민안, 진호국가를 목적으로 하는 것이었다. 특히 이민족과의 투쟁이 본격화됐던 현종·문종 때 이루어진 대장경[初版古本]은 거란 침공이라는 국난을 극복할 목적으로 한 것이었고, 고종 때에 이루어진 팔만대장경[續大藏經] 역시 몽고 침략에 대항해서 국가를 보존하려는 목적에 기인하는 것이었다. 따라서 국가에 의한 대규모 불사는 단순히 고려 왕실과 지배계층의 개인적인 신앙심에 기인하기보다 국가 유지에 초점을 맞춘 것이었고, 이에 상응해서 고려 불교 역시 불가피하게 호국불교의 성격을 한층 강화하게 되었다.

2) 고려 불교의 내적 전개과정

한국의 불교는 통일신라기에 이르러 통합된 사회에 필요한 새로운 이념을 제시해야 했다. 이러한 상황에서는 독자적인 철학체계의 수립이 요구된다. 이와 같은 과제를 해결한 것이 원효의 출현이었다. 원효는 불교의 대중화를 의도했는데, 이를 위해서 화쟁(和諍)과 회통(會通)의 불교교리를 제시했다. 그것은 종파를 초월하고 고구려와 백제의 불교사상을 귀일시킴으로써 국가사상의 총화를 가져왔다. 원효의 화쟁정신은 이후 의상의 화엄학으로 계승되었다. 화엄사상은 "현상세계의 모든 대립물이 차별이 없다"[圓融無碍]는 세계관을 내포한다. 이는 지배계급과 피지배계급 또는 고구려와 백제의 유민들로 하여금 현실적 차별을 초월해서 통일된 사회의 일원으로 동등한 참여를 가능케 해 주는 이념적 기반으로 작용할 수 있었다.4) 그렇기 때문에 삼국통일이라는 역사적 단계에 접어들어

---

4) 신라의 통일이 불교의 국가진호와 밀접한 연관이 있다는 전제하에 당시 불교교단은 진골 출신 승려를 중심으로 교종이 지배적이었다. 그러나 통일신라 말기에 왕실 통치력의 약화는 중앙집권 체제로부터 지방호족의 등장을 가져왔고, 그것은 기존 골품제를 붕괴시키고 신분적 제약하에 묶여 있던 육두품을 중심으로 한 지식인층의 부각과 궤를 같이했다. 한편으로 기존의 이념적 기제로서 교종은 훈고학적 한계성과 의례화, 경주를 중심으로 한 불교교단의 지역성과 계급성으로 인해 보수화되었

불교에 의한 사상적 통일은 통일의 외형을 내부적으로 공고히 해 주는 정신적 동력으로 기능했으며, 고려에 이르러서도 호국불교의 역할로 계승되었다.

고려 초기 불교의 진호국가라는 맥락에서 보자면, 불교는 새로운 국가와 정치권력에 대한 정당성과 치국론을 권고하고 통치행위에 불교의 덕목을 채택할 것을 요구하는 적극성을 보여준다. 당시 불교교단은 선종, 그 중에서 이엄의 수미산(須彌山) 계열이 주도적이었다. 이들의 역할은 후삼국의 통일과정에서 발생한 무력의 사용과 유혈을 동반했다는 통치자의 정신적 갈등을 치유해 주고, 그 도덕적 한계성을 좀더 높은 차원으로 승화시켜 주는 역할을 수행했다.

반면에 교종은 순수 신앙으로 수용된 후 균여에 이르러 화엄종이 국가의 교학으로 자리잡게 되었다. 균여는 광종의 후원하에 화엄학을 강론하고 그 대중화를 이끌었다. 균여사상의 특징은 『화엄경』이 부처의 본래 뜻을 직접적으로 드러낸 별교일승(別敎一乘)이며 절대적 위치에 있다는 데 있다. 그것은 우선 화엄종의 정당성을 주장하기 위한 전제였으며, 선종에 의해 위축된 화엄종의 강화를 목적으로 하는 강한 종파성을 보여 주는 것이었다. 또한 여타 경전의 가르침이 중생의 삶에 대한 방편에 불과한 권교(權敎)에 머무르는 것이기에 『화엄경』을 중심으로 한 포섭을 강조한다. 더구나 광종에 의해 설치된 승과의 정설로서 균여의 화엄학이 채택되었기 때문에 실질적으로 화엄사상의 통일을 이루게 되었다.

이렇듯 고려 초기에 선종 우위에서 교종 우위로의 사상적 추이는 광종이라는 외호의 주체와 밀접한 연계성이 있다. 광종의 개혁정치는 신진세력의 등용과 기존 보수세력의 약화를 의도한 것이었다. 이로 인해 보수세력과 연계되어 있던 기존 불교세력인 선종이 약화되고 교종의 위상이 강화될 수 있었다. 즉 균여의 사상적 통일성은 광종과 그에 의해 형

다. 이에 반해 새로운 이념으로서 선종은 다양한 신분배경을 지닌 승려들의 출신과 교종의 형식화를 비판하고 개성과 독창성을 존중하는 장점이 있었다. 이병욱, 같은 책, 29-30쪽.

성된 정치환경과 궤를 같이하는 것이었다. 이와 같은 추론은 광종 말기 왕권을 강화하기 위해서 잠재적 위협세력을 숙청하는 과정에서 균여의 영향력 역시 상실했다는 사실에서 그 근거를 찾을 수 있다. 더구나 광종 사후 경종의 등극과 함께 균여의 위상과 함께 교종의 위상이 하락했다는 사실로부터 고려 초기 불교 내부에서 나타난 교선간의 교차를 이해할 수 있다.

교선의 위상이 교차되었던 고려 불교는 고려 중기 문종·현종 간에 이르러 전환점을 맞이했다. 초기에 화엄종과 선종이 왕실과 보수세력에 영향력을 행사했다면, 문종 통치기간에 이르러서는 문벌귀족의 부상과 함께 불교교단도 문벌귀족의 성격을 갖게 된다. 특히 이 시기 화엄종과 법상종이 주도권을 행사하면서 선종이 지방으로 밀려나고 약화되었지만, 문종의 왕자인 의천이 천태종을 세우면서 실질적으로 화엄종, 법상종, 천태종, 선종의 4대 종파체제로 정비되었다.

의천사상의 특징은 이론과 수양을 함께 하는 교관병수(敎觀幷修), 전통의 확립과 주체성의 선양에 있었다. 이것은 '불립문자 이심전심'(不立文字以心傳心)을 표방한 선종이 유입된 후, 교종과 선종의 대립이 격화되었던 당시의 상황이 통일신라 말기의 해이한 정신적 풍조와 영합해서 원리 연구에 소홀했던 상황과 똑같다는 문제의식에서 발생한 것이다. 이러한 문제를 해결하기 위해서 이미 원효의 화쟁정신이 제기되었다면, 전통의 확립이라는 차원에서 의천의 교관병수야말로 원효의 화쟁정신을 계승하고 경전과 마음의 수양을 융합하는 사상적 통일을 성취하려는 시도였다.

의천은 이전의 균여사상이 교(敎)와 관(觀)을 동시에 추구하지 못했다는 점을 비판하면서 종파간 구분으로 불교의 가르침조차 차별화해서는 안 된다는 겸수(兼修)의 입장을 표명했던 것이다. 사실상 의천의 교선일치(敎禪一致)는 불교의 진리가 하나임에도 불구하고 이를 전달하는 방법으로 교종과 선종 모두가 병폐를 가지고 있다는 문제의식에서 출발한다. 즉 경전과 마음의 수양으로부터 얻은 진리를 말과 글로 전달하는 과정에서 선종은 지나치게 벗어나 있고 교종은 지나치게 집착했다는 것이다. 따라서 교선일치는 말과 글을 정확히 사용할 것을 요구한다. 또한 종파의 통합과 유가·도가 논리와의 통합도 요구한다. 의천은 경전 안에 모든 종파의 내용이 내포되어 있기에 각 종파간 대등한 통합을 요구하고, 나아가 이것을 유가·도가와의 대등한 통합으로 확대하려고 했다. 궁극적으로는 유가·도가가 제시하는 세속의 원리와 불가의 원리가 동일하기 때문이라고 판단했던 것이다. 결국 의천의 사상적 통일성은 종파의 차별화, 불가와 유가·도가의 차별화를 회통의 원리로 통합하는 불교의 전통을 계승한 것이었다.

원효와 의천에 의해 화쟁과 원융의 정신으로 통일되었던 불교사상은 선종 계열의 지눌에 의해 이론적 완성을 이룬다. 지눌은 기존 불교교단이 국가의 외호 아래 문벌귀족과 같이 특권을 향유하면서 정치에 지나치게 개입했고, 이로 인해 정치개입을 금지하려는 무인정권과 첨예한 갈등관계에 있었다며 비판적 태도를 취했다. 이에 대한 대응으로 지눌은 정치적 오염으로부터 불교교단의 순수성을 회복하기 위해 정혜결사(定慧結社) 운동을 추진했다.[5]

정혜결사는 불교가 세속적 기준에 집착하는 기복신앙으로 타락한 것을 비판하고 교선의 지나친 대립을 지양해야 한다고 강조함으로써 정혜쌍수(定慧雙修)로 귀결된다. 지눌은 교종의 원교로서 『화엄경』의 가르침과 돈오점수의 선사상이 일치하는 것이며, 완성의 과정에서 나타나는 차이에 불과하다고 강조했다. 이를 위한 수행방법으로 "점진적으로 교리와

---

5) 지눌에 의해서 시작된 수선사 결사는 혜심(慧諶), 몽여(夢如), 혼원(混元), 천영(天英)으로 이어지는데, 이는 고려 무신정권과 밀접한 연관성이 있다. 특히 최충헌은 왕실과 문벌귀족들과 연계된 불교세력까지 제거하려 하고 정치로부터 승려들을 축출했다. 이 과정에서 교종을 중심으로 한 불교세력과 대립했으며, 출신성분이 낮은 선종과의 관계를 통해서 그들의 정치적 지지와 민중의 지지를 유도하려고 했다. 최충헌을 계승한 최우는 수선사 결사와 밀접한 관계를 유지했는데, 그 이유는 자신의 정치적 기반을 다지기 위한 사상적 후원자로서 불교세력을 필요로 했는데, 수선사 결사가 지방사회의 폭넓은 지지를 받고 있었기 때문이다.

수양을 통해 인간의 본성으로서 진리를 깨달아야 한다"는 돈오점수(頓悟漸修)를 주장했다. 그것은 의천의 교관병수가 정혜쌍수로 치환된 것이며 종교적 자각과 실천을 통해 교선의 통합을 추구하는 것이었다.

고려 말기에 이르면 불교교단은 새로운 환경에 놓이게 된다. 원(元)제국의 지배는 정치적 압력요인으로 작용했지만, 동시에 유라시아대륙을 관통하는 하나의 단일 문화권을 형성함으로써 새로운 문화적 압력요인으로 작용했다. 즉 이 시기에 종교적으로 원의 라마교가 유입되어 신비론적 요소가 가미되었으며, 무인정권기에 단절되었던 성리학이 재전파되었다. 또한 원의 후원을 받는 귀족들과 불교의 연대가 다시 나타났다. 그것은 귀족불교의 부활과 원제국이라는 정치적 현실의 타협을 의미하는 것이기도 했다. 한편으로 불교교단의 이러한 경향과 달리 순수 신앙운동으로서 결사의 계승이 이루어지면서 불교교단의 보수화를 견제하기도 했다. 당시 새로운 불교계의 중심세력으로 주목할 사례는 선종의 일연과 보우이다.

일연은 교종과 선종 양쪽에 대한 깊은 이해와 유가와 제자백가 등 광범위한 영역의 사상적 편력을 통해서 특정 신앙 또는 종파에 얽매이지 않았다. 일연의 사상적 다원성은 다양한 불교신앙에 대한 저술작업과 교선을 구분하지 않는 불교서적의 편수로 이어졌다.[6] 특히 원의 지배와 삼별초의 난, 일본원정 실패 등 고려 내부의 혼란기에 일연은 민족 주체성을 확립하기 위해서 사상적 총화와 새로운 역사의식의 고취가 필요하다고 판단했다. 그의 사상적 경향과 기초학에 대한 정밀한 분석태도는 『삼국유사』(三國遺事)의 집필로 이어졌으며, 전란으로 지친 민중의 신앙에 활로를 제공하려는 현세 구원적 의미를 내포하고 있었다.

---

[6] 일연의 저작은 「일연비문」에 의거해서 찾아볼 수 있는데, 대부분 교선 양자에 두루 걸쳐 있으며 사전(事典)의 성격을 지닌 저작이 많다. 그것은 당시 불교계에서 일연이 교선 양 방면에 모두 이해가 깊고 어느 한 방면으로 치우치지 않았다는 사상적 경향을 반영하는 것이기도 하다. 채상식, 『고려후기 불교사연구』(일조각, 1991), 144-145쪽.

한편 보우의 선사상은 개인적인 선수행을 통해서 체득한 것이었다. 즉 보우사상은 지눌에 의해서 소개된 선사상을 정착시켰다는 평가와 함께 교학에 대한 이해도 갖추었다는 점에서 교선의 통합을 보여준다. 그럼에도 불구하고 일연과 보우는 고려 말기 불교 내부의 타락이라는 시대적 제약성에서 자유롭지 못했다는 한계가 있었다. 왜냐하면 불교 내부적으로 이전의 불교 전통과 단절되면서 더 이상 사상적 발전이 이루어질 수 없는 상황이었고, 불교계의 타락과 특권 향유로 인해서 교선 통합 또는 이론과 실천의 조화라는 문제가 더 이상 교단의 관심사항이 될 수 없었기 때문이다. 이로 인해 일연과 보우로 대표되는 고려 말기의 불교교단은 그 대중성과 개혁성에도 불구하고 귀족세력과의 관계, 개인의 수행으로 축소된 사상적 경향, 그리고 불교의 도덕적 타락으로 인해 원래의 사회적 기능을 상실하고 성리학에 그 자리를 넘겨주게 되었다.

3. 고려 불교사상의 정치적 함의

1) 통일과 건국의 정당성을 위한 이념

삼국통일이라는 정치적 요인이 사상적 통일을 결과했다는 최초의 전제로부터 불교의 종교적 역할은 통치행위와 직결되어 있음을 볼 수 있었다. 이러한 맥락에서 통일신라의 불교가 혼탁해지는 것과 신라 왕실의 쇠퇴는 궤를 같이할 수밖에 없었다. 그렇다면 불교의 태생적인 정치적 역할을 고려할 때, 후삼국의 통일과정에도 불교의 역할과 비중은 동일한 것임을 추론할 수 있다. 이로 인해 고려 태조의 호불 태도는 순수한 불교적 진리나 가치추구보다 국가 창업을 희구하려는 정치적 의도와 주술성이 내포될 수밖에 없었다.

고려 태조는 신라 이후 지배적인 신앙으로 자리잡은 불교의 영향력을 이용해서 정치적 통일에 원용하려는 통찰력을 보여주었다. 예를 들어 고려 태조는 이미 신라 왕실과 밀접한 관계를 유지했던 교종뿐만 아니라 지방호족을 중심으로 불교교단을 주도했던 선종도 종파를 초월해서 후원했다. 이러한 태조의 태도는 기존 정치세력과 지방세력 모두를 포섭하기 위한 의도를 내포하는 것이었다. 아마 고려 태조는 다원적 종파의 존재와 그 고유성을 인정하고 그들의 존립기반을 국가가 보호해 주는 것이 유익하다고 판단했을 것이다. 왜냐하면 다종파의 인정이 오히려 국가의 불교 통제를 용이하게 해 주기 때문이다.

더구나 건국과정에서 아직 취약한 권력기반을 고려한다면, 태조의 호불태도는 지방호족에 대한 국가통제를 점진적으로 이루어 나가는 것이 왕실에 유리하다는 정치적 판단과 함께 불교교단에 대한 국가통제 역시 점진적으로 이루어 나가면서 궁극적으로 대항세력의 결집을 방지하려는 이중적 목적이 있었다. 결국 다원적인 불교 기반을 인정함으로써 이들 간에 왕실에 대한 경쟁적인 충성을 유도하고 이를 국가로 융합시킬 수 있었던 것이다. 따라서 태조의 불교외호는 불교를 정책적으로 이용하는 수준에 머물렀을 뿐이며, 불교교단의 정비와 국가권력으로의 귀속을 제도화한 것은 아니었다. 교선의 제도적 정비는 광종에 이르러 추진되었다.

광종의 개혁정치는 왕권강화를 목표로 하는 것이었다. 그 과정에서 기존 보수세력의 숙청과 신진세력의 등용을 꾀하게 되었으며, 이로 인해 기존의 보수세력이었던 지방호족과 선종교단이 약화되었고 신진 유학자들의 중용과 교종이 선호되었다. 특히 광종은 기존 정치세력으로 자리잡고 정치에 깊이 개입하던 불교교단을 정비하기 위해 승과제도를 설치해 교종과 선종을 분리하는 등 불교에 대한 국가통제를 강화해 나갔다.[7]

교종의 부각은 광종의 중앙집권화와 개혁정치라는 정치적 동기를 통

---

[7] 이 과정에서 화엄종을 중심으로 한 교종의 정비가 정치적으로 고려를 지지했던 화엄의 북악파 계열인 균여에 의해 주도되었다는 사실에 주목해야 한다. 왜냐하면 신라 말기 지배적이었던 선종으로부터 고려에서 다시 교종이 대두할 수 있었던 정치적·사회적 환경이 조성되었고, 또한 균여의 사상이 대중적이었기 때문이다. 따라서 화엄종이 통합된 후 화엄종을 비롯한 교종 계열의 교단에서 왕사와 국사가 배출되는 등 그 위상이 강화되었다.

해서 이해되어야 한다. 예를 든다면 광종이 균여를 후원한 근본적인 이유야말로 균여 화엄사상의 성격과 왕권강화의 의도가 일치했기 때문이다. 즉 균여사상은 『화엄경』(華嚴經)을 중심으로 여타 경전을 포섭하는 성상융회의 원리를 제시하고 있는데, 이러한 원리는 국왕을 중심으로 하는 강력한 중앙집권 체제의 정비를 기대했던 광종의 의도에 적합했을 것이라는 추론이 가능하다. 만약 화엄종을 중심으로 여타 종파의 포섭과 통합이라는 성상융회의 원리를 정치교리로 치환할 수 있다면, 과거 하나의 지방세력에 불과했지만 후삼국을 통일한 고려의 정당성과 국왕을 정점으로 하는 통치구조의 정당성을 모두 공고화할 수 있기 때문이다.

그러나 균여사상에 내재한 통합성과 포섭성은 고려의 정치적 통일을 정당화하기 위한 통치이념이라기보다 사회적 통합을 위한 기제로 채택되었다고 할 수 있다. 물론 균여의 활동과 광종의 후원이 밀접한 관련을 가지고 있으며 균여가 광종의 개혁을 지지했을 가능성은 있지만, 균여의 사상이 광종의 왕권강화 정책에 대한 통치이념으로 기능한 것만은 아니었다. 더구나 왕실의 권위를 절대화하기 위한 광종의 개혁정치가 이념적으로 사상적 통일과 국가통제를 위한 교선일치의 경향으로 진행되었다는 점을 고려할 때, 균여의 사상은 실질적으로 교종의 종파적 분열을 통일하기 위한 불교 내부의 논리적 귀결이었다.

오히려 광종의 통치이념은 궁극적으로 과거제와 같은 제도적 장치를 통해서 유가적 통치구조를 지향하는 것이었다. 이러한 평가는 경종에 이르러 보수세력의 부활과 함께 팔관회와 연등회 등 국가 불교행사가 폐지되고, 성종에 이르러 경주 육두품의 귀족 출신 유학자가 정계에 진출하는 것과 동시에 강력한 불교 비판으로 이어졌던 사실이 입증해 준다.

2) 불교의 호국성: 사회적 기능을 중심으로

국가의 적극적인 후원과 불교의 정치개입 금지라는 두 영역을 교차했던 초기에 비해, 고려 중기 이후 고려의 불교는 왕실과 문벌귀족이 중심이 된 교학불교로 전개되었다. 문종은 개인적으로 호불의 군주였으며 자녀를 승려로 출가시켰는데, 그가 의천이다. 이로부터 의천의 사상이 단순히 종교적 범주에 머물지 않고 사회적 기능을 강조하게 된 단서를 찾을 수 있다. 특히 의천사상의 사회적 성격은 금속화폐 주조를 주장했다는 사실에서 나타난다. 그는 금속화폐인 주화의 사용을 옹호했는데, 그 근거로 교환과 원거리 수송에 편리하다는 점, 쌀을 화폐로 사용하는 데 따른 모리배의 술책 방지, 녹봉 지급수단으로의 기능성, 재산 축적수단으로서의 우월성 등을 지적했다.

그런데 의천의 금속화폐 주조론은 크게 두 가지의 의미를 내포한다. 하나는 화폐 사용의 합리성과 진보성이다. 금속화폐의 유통은 기존의 화폐가치를 담은 일차산물과 달리 기동성과 호환성에서 비교우위가 있으며, 가치척도의 등가성을 확보함으로써 사회적 관계의 대등성을 유도할 수 있다는 것이다. 다른 하나는 그 이면에 당시의 귀족세력을 억누르고 왕실의 권한을 강화하려는 의도가 내포되어 있다. 즉 정치적 측면에서 화폐 사용은 신분제사회에서 생산수단으로서 토지를 독점하고 그 산물에 대한 독점적 지위를 지닌 문벌귀족과 기득권층의 전횡과 부정을 방지할 수 있다는 의도도 내포되어 있었다. 기득권층의 독점적 지위는 생산수단의 독점과 부의 축적에 있었기 때문에 화폐로의 전환이 국가권력의 강화를 위한 재정적 기반확보와 귀족세력의 기반약화로 이어질 수 있었던 것이다.

그렇다면 의천사상의 사회적 실천성은 불교의 호국성과 어떻게 연결될 수 있는 것인가? 문종의 왕자라는 배경을 전제로 한다면, 의천의 화폐 주조론 역시 국가에 대한 강한 의식에서 파생되었다는 것을 고려해야 할 것이다. 즉 그가 본래부터 정치적 감각을 갖춘 존재일 수밖에 없었다는 사실과 그의 불교사상이 국가진호, 좀더 세부적으로는 왕권의 강화라는 의도를 내포할 수밖에 없었을 것임은 자명하다. 물론 이것은 의천의 불교사상과 일치하는 것이기도 하다. 왜냐하면 의천의 교선일치야말로 이론과 실천의 겸비라는 점에서 합리적 성격을 내포하기 때문이다.

결국 왕실의 불교외호와 불교의 국가진호라는 쌍무적 기능이 의천에 의해 균형의 접점을 찾은 것으로 해석될 수 있다. 그렇다면 양자간 균형이 이루어지는 접점으로부터 한국불교가 지닌 호국성이 표출될 수 있다는 전제가 다시 적용될 수 있다.

고려 중기 무인정권의 등장과 함께 정치권력과 불교교단의 관계는 변화를 갖게 된다. 문벌귀족의 출신배경을 가지고 정치에 깊이 개입했던 교종 중심의 불교교단과 무인정권의 관계는 대립적일 수밖에 없었다. 왜냐하면 기존 정치권력을 장악했던 왕실과 귀족계층이 무인정권에 대항하기 위해서 필요한 유일한 대안세력이 사원 세력이었기 때문이다. 특히 최충헌은 집권 이후 불교의 정치 간여를 금지하고 후원세력으로서 왕실과 문벌귀족을 몰락시켰으며, 그들의 경제적 이익을 위해 설립된 원당(願堂)을 철폐하는 등 기존 정치권력과 연계된 불교세력을 제거하려고 했다. 또한 이 시기는 이민족——거란과 몽골——과의 항쟁의 시기이기도 하다. 따라서 고려 불교는 내부적으로 정치투쟁과 외부적으로 이민족 항쟁을 동시에 추구해 나갔다는 점에서 불교사상의 정치적 특성과 호국성이 두드러진 시기였다.

이와 같은 내외적 조건으로 인해 무인정권은 교종 계열의 교단을 자신의 대항세력으로 간주하고 이들의 견제세력으로 선종 계열을 지원하게 된다. 양자의 관계는 이후 최우와 수선사(修禪社)의 밀착으로 발전했다. 더 나아가 최우는 무인정권의 지지기반을 확충하려는 목적으로 문인을 기용하고 불교에 대한 탄압에서 포섭으로 전환했다. 이로 인해 최우에 이르러 무인정권은 선종뿐만 아니라 적대관계에 놓여 있던 교종에 대해서도 지원하게 된다. 그것은 기존 문벌귀족적 불교교단의 해체를 통해 불교에 대한 통제력을 강화하려는 선행작업이었다. 특히 대몽항쟁 기간의 강화도 천도는 개경을 중심으로 한 왕실과 문벌귀족의 기반을 완전히 무너뜨리는 계기로 작용했고, 그 결과는 기존 불교교단의 세력 약화를 가져왔다. 결국 기존 권력기반이 외부적 요인으로 와해됨으로써 무인정권은 내부적 위협세력인 기존의 불교교단을 자연스럽게 해체할 수 있었던 것이다.

한편으로 지방 사원이 불교의 새로운 중심으로 부각되었다. 대몽항쟁으로 인해 무인정권이 더 이상 불교교단을 직접 통제하기가 어려워졌다는 점에서도 지방의 불교사원이 힘을 얻을 수 있었던 것이다. 더구나 지방의 불교사원은 지역민중과 향리들에 대해 영향력을 가지고 있었기 때문에 대중불교로 전환될 수 있었으며, 대외항쟁의 거점으로서, 또한 대장경 간행 등 저항정신의 고양을 뒷받침하고 종파간 장벽을 허무는 또 다른 힘으로 작용했다.

3) 불교의 일탈과 쇠퇴

고려 말기 불교계는 원의 지배라는 외부요인과 원의 후원을 받는 귀족세력과 불교교단의 연대가 재개되었다는 특징을 지닌다. 물론 당시 불교교단의 중심세력은 일연과 보우였다. 양자 모두 교선통합, 불교의 대중화라는 전통적 역할을 강조하는 입장이었다. 따라서 그들의 사상 역시 외부요인으로 원의 지배와 내부요인으로 교선의 포섭이라는 맥락에서 이해되어야 할 것이다.

일연은 세간과 열반이 하나 되는 불교수행의 최고 경지를 군신의 도가 합일하는 상태로 규정한다. 그것은 정치적으로 해석될 경우 왕실과 백성이 하나가 되는 것을 의미한다. 또한 원의 지배로 추락된 왕실의 권위와 민족적 주체성을 회복하기 위해서 사상적 총화가 요구된다는 문제의식의 표출이기도 했다. 일연의 『삼국유사』는 역사의 동력으로서 종교의 역할에 대한 자신의 관점을 표명한 것이었다. 즉 역사는 합리적 동기 외에 민족의식과 같은 비합리적 동기에 의해서도 추진되었다는 사실을 주지시키고, 그 단서를 종교에서 찾았던 것이다. 특히 『삼국유사』는 민족에 내재한 불교의 호국신앙을 역사적 차원에서 변증하고 종교의 건강성이 역사 진행의 한 축을 담당했다는 사실을 환기시키고 있다. 만약 역사발전의 추진력으로서 건전한 신앙의 전통을 제고시킬 수 있다면, 민족적 주체성 역시 회복될 것이라는 의도를 내포한 것이었다.

보우는 고려 말기의 타락한 불교계를 개혁하려고 했다. 그것은 불교 내부의 대립과 성리학의 도전에 따른 대응이었다. 이러한 개혁의 연장선상에서 보우는 선종의 내부대립을 절충하려는 노력과 공민왕의 반원정책과 주체성 회복을 위한 개혁정치를 지지했다. 보우는 현실참여를 통해 공민왕에게 구산선문(九山禪門)의 통일과 한양 천도를 건의하고 홍건적의 침입에 대비할 것을 요구했으며 궁극적으로 신돈의 축출을 간언하기도 했다.

그러나 귀족세력과 불교교단의 전통적인 밀월관계를 전제로 할 경우, 일연과 보우 역시 당시의 보수세력으로부터 자유로울 수 없었으며, 이로 인해 그들의 개혁성에도 불구하고 고려 말기 불교의 사회적 기능은 이전보다 상당히 축소되었을 것이다. 왜냐하면 신비적 영험과 공덕을 강조하는 기복신앙이 선호되었고, 이를 타파해야 할 불교계 역시 내부적인 타락으로 인해 자체 모순에 직면해 있었기 때문이다. 일연과 보우의 개혁 노력만으로는 이러한 상황을 완전히 타개할 수 없었던 것이다. 또한 오랜 기간 국가의 외호를 받았던 불교는 국사·왕사제도를 통한 정치적 위상뿐만 아니라 경제적으로 강력한 위상을 가지고 있었다. 대규모의 노비와 농장을 소유하고 조세와 요역을 면제받는 특권을 향유함으로써 불교는 오히려 후원자인 국가의 재정을 위협하고 사회문제를 일으키는 가장 큰 원인이 되었다. 이러한 불교의 타락과 순기능의 약화는 불교에 대한 비판적 태도를 유발시켰으며, 그들이 장악했던 사상적 주도권을 성리학으로 넘겨주는 빌미를 제공했다.

4. 고려 불교사상의 호국적 성격

1) 호국불교의 실천성을 위한 전제

고려 태조의 개인적인 호불 태도에 영향을 끼친 것은 음양도참설에 기초한 도선의 비보사탑설(裨補寺塔說)이다. 기존 왕조를 대체한 새로운 왕조는 자신의 정당성과 정치적 기반의 공고화를 시도하게 마련이다. 고려 태조는 신라 경주에서 벗어나 새로운 왕도인 개성을 중심으로 하는 정치적 기반을 마련해야 했고, 왕실과 밀접하게 연계되어 민중을 지배하던 사찰에 대한 통제력도 새로이 구축할 필요성이 있었다. 이와 같은 정치적 필요성과 불교신앙의 결합이 바로 음양도참적인 비보사탑설로 구체화되었다.

도선은 "우리나라는 산천이 수려하지만, 서로 싸우고 배신하는 일이 겹겹이 쌓여 있는 좋지 않은 풍수를 가지고 있으며, 이러한 산천의 병으로 인해 도적이 잇달아 일어나고 홍수와 한발이 많다"고 지적하고, "지형이 배와 같다면, 반드시 물건으로 이를 누르면 이러한 재액을 면할 수 있다. 즉 배가 표류하지 않고 무사히 귀환하려면 마땅히 탑사로 쑥을 삼아 산천의 병을 뜸질해야만 삼재가 소멸될 수 있다"고 제안하면서, "지세를 두루 살펴보니 결함이 있는 곳은 사찰로 이를 보완하고, 등 돌릴 곳은 탑으로 이를 억누르고, 도적이 들끓을 곳은 부도로 이를 막고 석불로 누르기를 수만 삼천 개에 달하면 삼한이 통일된다"8)는 내용으로 비보사탑설을 구축했다.

이렇게 보자면 도선의 비보사탑설은 우선 외형상 사찰의 재배치를 유도하는 것이었다. 그 이면에는 사찰의 재배치야말로 기존 불교계를 재정비하는 출발이 되고 불교의 힘을 국가 창업의 헌공에 주입하려는 주술적 의미를 내포하고 있었다. 왜냐하면 비보사탑설에 기초한 사찰의 재배치는 외부의 침입이 빈번한 취약 지점에 사찰을 건립하는 것이기 때문이다. 국가적 전략지역을 불교가 보완한다는 취지로 사찰의 재배치가 이

---

8) 一行禪師傳鉢偈, 『朝鮮寺刹史料』(上): "東國之山川雖美, 凶害甚多. 有爭奔相鬪者, 有橫奔背走者, 重重疊疊故, 國有分裂之禍, 民多凋廢之患, 盜賊連起, 水旱不調者, 皆以山川病也. 且地形如舟, 必以物鎭之, 可免. 漂沒之歸, 宜以塔寺爲艾, 以炙山川之病, 則三災可消, 國祚可延. 遍觀地勢, 缺者以寺補之, 背子以塔仰之, 賊者以浮屠禁之, 以石佛鎭之, 數萬三千則三韓庶幾一韓矣."

루어진다면, 실질적으로 사원은 민중의 신앙지만이 아니라 외적 방어의 중심지로 기능하게 된다. 따라서 비보사탑설은 국가와 종교간의 호혜적 관계를 상징한다. 즉 태조의 호불 태도가 국가의 불교외호라는 기능으로 구체화되었다면, 불교의 진호국가는 도선의 비보사탑설로 구체화되었던 것이다. 이로부터 양자간의 쌍무성을 찾을 수 있으며 고려 불교의 태생적 호국성을 찾을 수 있다.

여기에서 간과해서 안 될 사항은 고려 태조의 호불이 맹목적이 아니었다는 점이다. 즉 고려 태조 스스로는 종교의 기능에 대해서 명확히 이해하고 있었다. 그는 새로운 국가건설 과정에서 민중의 지배적인 신앙으로서 불교의 지지를 확보할 수 있다면 신민의 자발적인 순응과 복종을 유도할 수 있다고 판단했을 것이다. 그렇다면 기존 왕조의 정신적 권위였던 불교를 여전히 외호하는 것이 불안정한 정치적 기반을 공고히 하는 데 도움이 될 수 있었을 것이다. 따라서 태조는 불교를 국가운영 원리로까지 채택하지는 않았다. 특히 음양도참의 논리와 결합한 불교의 수용은 태조 개인의 호불에 기인했을지라도 사회운영 원리로는 합리적이지 못했다. 따라서 태조는 기존 신앙으로 뿌리내린 불교를 삼한 통일에 원용하기 위해서 채택했을 뿐이다.9) 이런 맥락에서 국가의 불교외호가 이루어졌고 불교와 국가간 균형이 이루어짐으로써 불교의 호국성을 확보했던 것이다.

2) 호국불교의 순기능: 그 전개양상

고려 불교의 호국성은 외부 이민족과의 충돌과정에서 극적으로 표출되었다. 가장 먼저 직면하게 된 이민족의 대규모 침략은 거란의 요(遼)제국이다. 거란의 세력확대와 중원으로의 진출은 만주지역의 안정성을 전

---

9) 崔滋, 『補閑集』(上): "斯言朕豈不知? 然我國山水靈奇, 介在荒野, 土性好佛神, 欲資福利. 方今兵革未息, 安危未決, 旦夕恛惶不知所措, 唯思佛神陰助山水靈應, 儻有效於姑息耳. 豈以此爲理國 得民之大徑? 正可以移風俗美敎化也."

제로 하는 것이었기 때문에 발해의 멸망으로 연결되었다. 더구나 거란의 남진은 고려의 전통적인 북진정책과 충돌할 수밖에 없었기 때문에 거란과의 충돌은 불가피했다. 이 과정에서 3차에 걸친 거란과의 무력충돌이 발생했는데, 거란의 2차 침입(현종 2년, 1011) 시기에 대장경의 조판이 이루어졌다. 알려진 바대로 대장경의 조판은 불교신앙의 힘으로 외부의 침략을 물리치려는 국가적 염원을 담고 있다. 또한 대장경 조판은 고려 중기 이후 불교가 교학으로 자리잡게 된 원인이기도 하다. 더 나아가 국가의 교학으로 위상이 높아진 것은 의천의 위상과 궤를 같이한다.

　문종 대에 완성된 대장경 조판과 의천에 의해 진행된 교장(敎藏)의 주조 역시 국가를 보존하려는 목적을 내포한 것이었다. 더구나 교학불교의 진흥은 거란의 침략에 대한 민중의 강력한 호국신앙을 고취시키려는 것이었다. 그러므로 호국신앙의 고취라는 기능을 위해서는 선종보다 교종과 같은 이론적 수단이 적합했다. 또 하나의 이유는 교학의 진흥이 송나라의 불교학을 적극적으로 수입한 데 기인했다는 것이다. 이는 고려와 송의 양자간 유대관계는 불교를 매개로 해서 더 강력해질 수 있다는 외교적 전략의 일환이기도 했다.

　거란과의 충돌과정에서 고려 불교는 국가 교학으로 격상되었고, 그 기능 역시 내부적으로 호국신앙의 고취와, 외부적으로 사상적 유대에 기초한 국제관계의 공고화라는 진호국가의 소명을 명백히 하는 것이었다. 이후 여진의 금제국과 몽골의 원제국은 또 다른 외부압력으로 작용했다. 특히 몽골의 2차 침입에서 초주대장경이 소진되는 사건을 겪게 되고 3차 침입(고종 23년)에서 대장경의 재주조가 시작되었다. 이 시기 고려는 무인정권기에 접어들면서 빈번한 내부 반란에 직면했기 때문에 안팎으로 혼란기이기도 했다. 더구나 왕실과 문벌귀족의 후원을 받은 교종 중심의 불교는 무인정권과의 대립으로 몰락하고, 출신성분이 낮은 계층에서 충원되었던 선종과 무인정권의 관계가 강화되었다. 따라서 교선의 병립이 나타나게 되었고, 지눌에 의한 정혜결사 운동은 결정적으로 선종의 우위를 가져오게 되었다.

고려 중기 이후 불교는 시대적 변화와 문제의 발생시 새로운 사상적 작용을 통해 이에 대응하는 특징을 보인다. 내외의 문제에 대응하는 과정에서 교선의 교차가 나타나고 불교의 호국성이 강화되는 현상을 보였다는 사실에서 원제국이라는 변수를 주목해야 할 것이다. 이는 원제국과의 관계에서 민족적 주체성을 상실하는 대가로 왕실이 보존되었다는 모순이 있기 때문이다. 이 시기에 고려 왕실은 원제국과의 혼인관계를 통해 원제국 내부에서 나름대로 기반을 확보했지만, 왕실의 격하와 함께 고려의 위상을 원제국의 부용적(附庸的) 존재로 하락시켰다.10) 이러한 상황에 대응해서 고려 불교는 민족의 주체성을 회복하는 데 초점을 맞추게 된다.

『삼국유사』로 상징되는 일연의 사상적 경향은 불교 자체의 내부논리에 따른 결과인 동시에 민족적 주체성을 회복하기 위한 사상적 총화를 목적으로 했다. 즉 이민족에 종속된 구조하에서 당면한 상황을 타개하기 위한 방편으로 물리적 저항이 아니라 정신적 저항을 채택했던 것이다. 일연은 민족사의 근본적인 추진력이 무엇이며 역사동력으로서 불교의 역할을 밝히려고 했다. 그는 역사의 동력으로 비합리적인 신앙의 힘, 그 중에서도 불교의 신앙심을 강조했다. 즉 정치적 기제와 같은 합리적 동기만이 역사의 추진력이 아니라 신앙심과 같은 비합리적 동기 역시 민족사의 형성과정에서 고비마다 중요한 역할을 수행했다고 판단했던 것이다. 이를 근거로 일연은 민족신앙으로서 불교의 역사적 소명을 재인식하고, 이러한 민족신앙의 건강성이 역사의 지속성을 보장해 주었듯이 현재의 상황을 타개할 수 있는 무형의 추진력이 될 것을 기대했다. 따라서 일연은 역사 추진력의 합리적 동기와 비합리적 동기를 포괄함으로써 불교의 호국신앙을 민족사적 차원에서 변증하고 전통적인 외호와 진호의 쌍무성을 포섭했던 것이다.

더 나아가 보우의 불교통합 노력은 원제국으로부터 벗어나기 위한 공

---

10) 고익진, 「고려 불교사상의 호국적 전개 (II)」, 『불교학보』 14집(1977), 45쪽.

민왕의 노력과 부합하게 된다. 공민왕의 자주성 회복과 중흥을 위한 개혁정치는 보우로 하여금 불교의 전통적인 음양도참적 비보신앙과 맞물려 한양 천도로 제시되었다. 그것은 기존 통치구조로는 더 이상 변화에 대응할 수 없다는 정치적·종교적 이해의 일치였다. 그러나 공민왕의 주체성 회복을 위한 노력과 불교의 호국성이 문벌귀족의 반발과 불교 내부의 타락으로 인해 좌절되면서 고려의 멸망과 함께 불교의 진호국가 기능도 종언을 고하게 된다.

3) 호국불교의 실천양상: 사례를 중심으로

불교의 진호국가 기능은 고려 전반에 걸쳐 확대되었다. 우선 태조의 유훈으로 연등회, 팔관회의 정기적인 개최를 통해서 왕실과 국가의 보존을 기원했다. 당시 불교행사는 팔관회, 연등회뿐만 아니라 보살계도량(菩薩戒道場), 백좌인왕도량(百座仁王道場), 화엄법회(華嚴法會), 장경도량(藏經道場), 금강광경도량(金剛光經道場), 반야도량(般若道場), 제석도량(帝釋道場), 사천왕도량(四天王道場), 법화회(法華會) 등 총 83종의 법회, 도량, 법석, 대회가 있었다.[11] 또한 호국불교의 경향을 조장한 불교경전은 인왕호국반야바라밀다경(仁王護國般若波羅密多經), 금광명최승왕경(金光明最勝王經), 반야경계(般若經系)의 경전, 밀교계(密敎系)의 문헌 등을 들 수 있다.[12]

각종 법회와 도량의 근본적인 시행동기는 호국안민이었다. 예를 들어서 백좌인왕도량은 인왕반야경을 설법하는 의례였다. 인왕반야경의 내용 중 호국품(護國品)은 전쟁, 내란, 질병, 풍우 등 일체의 재난으로부터 국가를 진호하고 신민을 보호하는 것을 기원하는 것이었다.[13] 호국품에는

---

11) 서윤길, 앞의 논문, 90쪽.
12) 김선근, 「한국불교의 호국사례 소고」, 『한국불교학』 7집(1982), 144쪽.
13) 인왕반야경은 우리나라 호국불교의 근본이 되는 불교경전으로 채택되었으며, 신라와 고려에서는 이 경의 정해진 바에 따라 백고좌강회(百高座講會) 등을 열고 호국의

나라가 위기에 처했을 때 100개의 불상, 100개의 보살상을 모셔 놓고, 승려와 신도들이 자리를 같이하면서 100명의 법사(法師)를 청해 반야바라밀을 강의하도록 하고 하루에 두 번씩 이 경을 외우면, 갖가지 귀신들이 국토를 지키는 존재로 바뀌어 국토를 수호하게 된다고 기록되어 있다. 또한 이 경을 강독하면 호국뿐만 아니라 호복(護福)까지도 갖추게 된다고 한다. 인왕경의 내용은 만약 국가 멸망의 위기에 처했을 때 이를 구하고자 하면 반드시 반야를 이해해야 하고, 반야를 실수(實修)하지 않으면 호국이 이루어질 수 없다는 철학적인 태도가 강하게 부각되어 있다.

한편 호국신앙의 중요 경전으로 금광명경 역시 받들어졌으며 이를 설강하는 금광명경도량이 개최되었다. 금광명경의 사천왕품(四天王品) 이하 12품에서는 사천왕과 대변천(大辯天) 등 여러 신이 이 경을 신봉하기 때문에, 이 경을 독송하고 강설하는 국왕과 백성을 수호해 국난과 기아와 액병 등을 제거하고 국가 안온과 풍년을 가져다준다고 강조하고 있다. 따라서 금광명경을 유포하고 강독하면서 정법으로 다스려지는 나라는 사천왕과 그 권속들이 국토의 쇠락이나 외적의 침략, 기근이나 질병 등 재난으로부터 보호해 준다는 고려 불교의 주술적 신념을 보여준다. 이 외에 하늘에 관한 신앙을 주로 하는 도량과 법회는 민족의 제천의식과 조화되어 호국신앙의 한 중요한 역할을 담당했다.

고려 중기에 이르러 무인정권의 등장과 요·금·원제국과의 충돌이라는 위기상황에 놓이면서 불교의 호국적 성격은 심화되었다. 당시의 불교행사는 국가를 보존하고 신민을 보호하기 위한 신앙적·정치적·군사적 의도에서 적극적으로 호국사상을 발전시키려는 의도의 표현이었다. 우선 각종 도량과 법회의 행사는 외부 이민족 제국의 침략을 저지하고 고려

정성을 길렀다. 인왕반야경은 2권 8품으로 구성되어 있는데, 8품의 품명은 ① 서품(序品), ② 관공품(觀空品), ③ 보살교화품(菩薩敎化品), ④ 이제품(二諦品), ⑤ 호국품(護國品), ⑥ 산화품(散華品), ⑦ 수지품(受持品), ⑧ 촉루품(囑累品)이다. 제2품부터는 반야(般若)가 잘 지켜야 하는 이유인 내호(內護)에 대한 것, 반야에 의해 지켜지는 국토의 외호(外護)를 밝힌 다음, 그 인과관계도 명시하고 있다.

의 사기를 앙양시키려는 민족적 의지와 염원, 즉 호국의 결의를 하나의 신앙심으로 응결시키는 행사였다. 가령 인왕도량과 금광명경도량은 거란의 침략을 격퇴시키려는 염원을 담은 군사적 성격의 호국법회였으며, 대장경도량의 경우 몽골의 침략에 대항한 대장경 조판과 유포를 위해서 개설된 호국법회였다.

그런데 불교의 신앙심만으로 외부침략을 격퇴시키겠다는 행위는 실력을 도외시한 채 호국적 염원에 기초한 주술에 의존한 것일 수도 있다. 국가적 위기상황에서 실질적인 군사적 대응보다 이러한 불교행사가 현실적인 해결수단이 될 수 있었을까? 더구나 만약 불교행사의 근본이념이나 호국적 본질이 잘못 전달되거나 주술적 성격에 한정되었다면, 오히려 사상적 총화를 저해하는 역기능을 초래할 수도 있지 않았을까? 이러한 문제점을 고려하지 않았던 것일까?

여기에서 주목할 사항은 각종 불교행사에 왕실과 문벌귀족뿐 아니라 계층간 구별 없이 대규모로 자발적 동원이 이루어졌다는 점이다. 그것은 이미 고려 불교가 지닌 교화의 범위가 폭넓은 것이었고, 상당 부분 신민에 대한 교화의 성과를 실증해 주는 것이었다. 따라서 모든 계층이 동일한 국가이념과 가치를 공유하고 있었던 것으로 추론할 수 있다. 이것은 외부의 침략이라는 위기상황에서 개인보다 국가 보존에 대해 동일한 태도를 이끌어 낼 수 있는 동기, 즉 사상적 총화를 가능케 하는 것이었다.

또한 불교의 호국성에 내재한 현실국가와 이상국가간의 일치성은 현실국가에 대한 위협을 이상국가에 대한 위협으로 이해하게 하는 계기로 작용했을 것이다. 그렇기 때문에 불교행사는 주술적이고 비현실적인 대응이 아니라 전 계층의 정체성을 재확인하고 자신들이 삶을 영위하는 현실과 이상의 원리를 일치시키려는 논리적이고 실천적인 대응이었다. 이로부터 고려 불교의 각종 행사는 국난타개를 위한 올바른 정신적 계도의 역할을 담당하고, 이에 대한 사상적·이론적 근거를 제시함으로써 사상적 총화의 이념정립과 단결의 풍조를 유도할 수 있었던 것이다.

한편 고려 불교의 호국성은 승려의 군사적 참여에서도 극적으로 표출된다.『고려사』전반에 걸쳐 대외적으로는 요·금·원제국과의 충돌, 대내적으로는 정치적 갈등과 투쟁의 과정에서 승려들의 직접적인 군사활동이 자주 언급되고 있다. 대외투쟁에서 승려들의 군사적인 호국사례가 14건 기록되어 있는데, 그 내용을 종합해 보면 숙종 이후 승려들로 구성된 승군을 항마군(降魔軍)으로 부르면서 상비군화했고, 법언(法言), 김윤후(金允候), 홍지(洪之)와 같이 직접 전투에 참여해 전공을 세우거나 후방의 지원요원으로 투입되었던 사례를 찾을 수 있다.14) 또한 내부 권력투쟁에 적극적으로 참여해 묘청, 망이(亡伊)·망소이(亡所伊)의 반란 등을 진압하는 데 종군하거나 최충헌 같은 반대세력과의 투쟁에 직접 실력행사를 취하는 등 물리적 폭력의 동원사례도 보여주고 있다. 이렇게 보자면, 고려 불교의 진호국가 기능은 대외투쟁의 강력한 호국성과 달리 내부투쟁에 대한 호국성의 설득력이 미약한 것도 사실이다. 왜냐하면 왕실 보존과 질서유지를 목적으로 이루어졌기 때문에 대외투쟁보다 상대적으로 소극적일 수밖에 없기 때문이다. 그것은 국가의 불교외호라는 선행조건과의 관계와 이로 인한 정치권력과의 유대에 기인한다. 그러므로 불교의 진호국가 기능은 내부모순에 대응하는 과정에서는 소극적일 수밖에 없다는 한계성을 내포한다.

5. 고려 불교의 퇴락

고려 불교의 호국성은 국가의 불교외호라는 선행조건에 대한 쌍무적 결과였다. 이미 삼국시대에 국가적으로 공인된 불교는 각국의 내부문제를 정비하는 기능을 수행하면서 왕실과 정치권력의 보존이라는 소극적 의미의 호국기능을 수행했다. 이러한 특징은 고려 불교에서 극적으로 확대되었다. 즉 국가의 적극적인 불교외호와 본격적인 이민족과의 투쟁과

---

14) 이재창,「고려시대 승려들의 호국활동」,『불교학보』14집(1977), 126-128쪽.

정에서 불교의 진호국가라는 두 가지 기능이 쌍무적으로 교차하면서 불교의 호국성이 정립되었던 것이다. 이렇게 고려 불교의 호국성은 두 가지 맥락에서 이해되어야 한다. 하나는 국가의 외호에 힘입었기 때문에 불교의 내적 발전양상이 궁극적으로 정치적 동기에 의해 이루어졌다는 사실이고, 다른 하나는 불교의 진호국가 기능이 사상적 총화를 위한 불교 통합과 민족적 주체성을 유도해서 역사발전의 동기로 작용했다는 사실이다. 우선 정치적 동기는 정치권력과의 연계성이다. 후삼국 통일과정에서 고려 태조가 가졌던 개인적인 호불 태도와 도덕적인 문제점을 극복하는 단서를 불교가 제공함으로써 고려 불교의 역할이 단순히 개인적 신앙의 차원에 머물 수 없었던 원인으로 작용한다. 왜냐하면 새로운 국가의 정당성과 왕실의 권위를 확립하기 위해서는 신민의 자발적인 복종과 순응을 유도하는 기제가 필요했기 때문이다.

여기에서 주목할 점은 불교가 정치제도로 치환된 기제가 아니라 사회적 기제의 역할을 부여받았다는 사실이다. 왜냐하면 불교는 개인의 신앙을 지배했던 주도적인 위치에서 합리적인 제도적 기제보다는 비합리적 기제로서 비교우위를 가지고 있었기 때문이다. 반면에 국가운영의 합리적 기제로 채택된 것은 유가의 통치론이었다. 이것은 건국과정에서 요구되는 정치적 통일성을 확고한 사회적 통합성으로 공고화하려고 했던 고려 태조의 통찰력에 기인한 것이다. 따라서 고려 불교는 원천적으로 국가에 의한 외호를 통한 사회적 기능의 수행자였으며 정치권력과 불가분의 관련성을 가졌다.

국가의 불교외호가 그 대가로 불교의 사회적 기능을 기대하는 것이었다면, 불교의 진호국가 기능은 규범적일 수밖에 없는 것이었다. 즉 국가의 불교외호는 불교로 하여금 진호국가라는 쌍무성을 유도하는 선행조건이었던 것이다. 이것은 고려 불교의 전반적이고 일관된 특징이기도 했다. 이에 따라 고려 불교의 진호기능은 건국의 정당성을 옹호하고 새로운 왕조의 취약성을 보완하기 위한 논리로 시작해서, 왕권을 정점으로 한 강력한 국가체제의 정비가 곧 불교수행의 최고 경지와 부합된다는 정치적 교의로 전개되었다. 더욱이 국난과 이를 타개하는 과정에서 진호국가의 기능이 호국성으로 극대화됨으로써 사상적 총화를 위한 대장경 조판과 군사적 행위로 이어졌다. 결국 개인신앙에서 출발한 고려 불교는 국가적으로 공인된 이후 정치적·군사적·사상적 영역과 융합·포섭됨으로써 민족사의 근본적인 추진력 가운데 하나로 정립되었다.

고려 불교는 그 사상적 건전성이 확보되었을 때 역사 동력의 비합리적 동기로 작동할 수 있었다. 그것은 국가의 불교외호를 통한 불교의 순기능이 진호국가로 자연스럽게 포섭되는 균형관계에 놓였을 때 가능한 것이었다. 따라서 고려 불교는 일관되게 통합과 포섭의 원리를 제시함으로써 사상적 총화의 기반을 마련하려고 노력했고, 이러한 노력이 성공했을 경우 국가와 불교 간의 쌍무성은 확보될 수 있었다. 고려 말기 일련의 정치개혁과 불교개혁은 양자간 균형을 회복함으로써 쌍무성을 확보하기 위한 마지막 시도였지만, 양자 모두 내부의 모순을 극복할 수 있는 힘을 갖지 못했기 때문에 역사 진행의 추진력으로 심화시키지 못하고, 그 운명을 다하게 되었던 것이다.

<참고문헌>

고익진, 「고려 불교사상의 호국적 전개(II)」, 『불교학보』 14집(1977), 33-59쪽.
김선근, 「한국불교의 호국사례 소고」, 『한국불교학』 7집(1982), 143-168쪽.
노권용, 「고려 불교사상의 전개와 성격」, 『한국종교사연구』 4집(1996), 131-166쪽.
불교사학, 『고려후기 불교 전개사의 연구』(민족사, 1989).
불함문화사, 『한국불교학 연구총서 8』(고양: 불함문화사, 2003).
서윤길, 「고려의 호국법회와 도량」, 『불교학보』 14집(1977), 89-121쪽.
안중철, 「의천의 교관쌍수 사상의 형성배경」, 『한국불교학』 27집(2000), 271-293쪽.
이기영, 「인왕반야경과 호국불교」, 『동양학』 5집(1975), 491-521쪽.

이병욱, 「의천사상의 구조사회적 성격계승」, 『한국종교사연구』 9집(2001), 7-36쪽.
_____, 『고려시대의 불교사상』(혜안, 2002).
이영자, 「의천의 천대회통사상」, 『불교학보』 15집(1978), 219-233쪽.
이재창, 「고려시대 승려들의 호국활동」, 『불교학보』 14집(1977), 123-132쪽.
이재창·김영태, 『불교문화사』(신흥출판사, 1976).
조성대, 「한국 불교사상의 재조명」, 『한국행정사학지』 11집(2002), 105-123쪽.
채상식, 『고려후기 불교사연구』(일조각, 1991).
허흥식, 『고려불교사 연구』(일조각, 1986).
홍정식, 「고려 불교사상의 호국적 전개(I)」, 『불교학보』 14집(1977), 11-32쪽.

제7장 무신정권

이희주(서경대학교)

1170년(의종 24년) 정중부(鄭仲夫), 이의방(李義方), 이고(李高), 이의민(李義旼) 등이 무신란을 일으킨 후 정치권력은 무신에 의해 100년 동안 장악되었다. 이 시기를 무인정권 혹은 무신정권의 시대로 명명하고 있다. 무신 집권자들은 최고의 권력집단으로서 국정에 참여했다. 문벌귀족 체제하에서처럼 출신, 가문에 의존하기보다는 무력에 기반한 유력자들이 고위 관직을 점하면서 정치질서를 장악했다. 또한 이들은 토지겸병을 통해 대토지소유자가 되어 농장제의 이행을 촉진시킴으로써 경제적인 변혁까지 수반했다.

무신 집권자의 통치는 기본적으로 무력을 기반으로 하고 있다. 이것은 통치의 정당성이 덕의 권위에 기초하는 유교적 정치문화와 다른 것이며, 유교적 정치문화에 근거해서 유교식 국정운영 체계를 전통으로 삼은 기존의 통치체제로부터 벗어나게 한 요인이기도 했다. 또한 이들은 기존의 유교식 국정운영 체제로부터 벗어난 통치형태를 보이면서도, 기존의 통치이념을 대신하는 독자적인 것을 지니지 못한 채 여전히 유교의 이념적 측면에 머물러 있었다. 대표적인 것이 '왕의 권위'와 '위민'에 대한 인식이다. 이러한 인식이 통치과정에서 제대로 실행되지 않음으로써 관념적 형태로만 머물러 있었고, 그 결과 고려의 정치사회를 파행으로 몰고간 주 세력으로서 타도의 대상이 되었던 것이다.

또 한편으로 무신정권은 권력의 창출과 유지를 무력에 의존했기 때문에, 이 시기에 보인 정치적 통합사상인 충(忠)도 힘을 가진 자에 대한 인격적 복종의 성격을 보였다. 이는 도리에 근거해서 결합되는 유교의 본래적 의미와 내용을 달리하고 있는 것이다. 이로 인해 무신정권기 이후 친원세력에서 볼 수 있는 것처럼 힘을 가진 세력에게 추종함으로써 권력을 추구하려는 권력구조의 형태변화를 초래하기도 했다. 따라서 무신정권기는 정치적·경제적 변화뿐만 아니라 정치통합에서 사상적 의미변화까지 보이는 등 고려 정치사회의 전반적인 변화를 초래했다는 점에서 이 시기를 고려시대의 정치사회를 대별하는 분수령으로 이해되고 있다. 이 장에서는 무신란이 발생하게 된 요인, 무신정권의 정치권력 획득과정과 통치형태, 정치통합의 사상적 변화 등을 살핌으로써 무신정권이 지닌 특색을 검토하고자 했다.

1. 무신란의 요인

무신란이 초래된 요인은 기존의 문벌귀족 정치에서 연유된 정치사회의 총체적인 위기상황에서 찾을 수 있다. 고려는 건국 초부터 불교, 도교, 유교 등 다양한 사상을 수용하면서도 국정운영은 유교를 기조로 했다. 태조의 「훈요십조」를 보면, 불교로 인한 폐단을 방지할 것, 녹은 공평히 하고 관리 임면을 사정으로 하지 않음으로써 민의 원망을 없앨 것, 국가를 경영하는 자는 항상 경사(經史)를 섭렵해 예(禮)를 거울로 삼아 주공이나 성왕과 같은 정치를 할 것을 권하고 있다. 특히 훈요 7·9·10조는 최고통치자에게 유교 통치이념을 바탕으로 한 위민정치를 펼칠 것을 당부한 내용이다.[1] 건국과정에서는 불교나 도교에 의존하는 면이 많았지만, 왕조 창업 후 왕정을 운영하는 데 있어서는 유교를 중심으로 하고자 하는 태조 왕건(王建)의 유교적인 정치철학이 엿보인다. 즉 태조는 유교이념을 이용해 왕조의 안정을 기하자고 했던 것이다. 이러한 성향은 태조뿐만 아니라 성종, 문종 등 많은 최고통치자에게서 엿볼 수 있으며, 특히 숙종은 한 왕조에게만 충절을 보인 기자를 높이 평가해 1102년(숙종 7년) 평양에 기자사당을 설치하고 국가에서 공식적으로 제사를 지내게 하기까지 했다.

유교이념을 통해 왕조의 안정을 기하고자 하던 정책은 제4대 광종 때 과거제의 실시로 제도화되기에 이르렀고, 이것은 고려의 통치형식을 유교식 국정운영 체제로 이끄는데 크게 기여했다. 동시에 성종 때 시무28조2)를 올린 최승로(崔承老), 문종 때 지방관리들이 『설원』(說苑)의 육정육사(六正六邪)3)를 명심해 왕 대신에 위민정치를 펼칠 것을 당부한 최충(崔冲) 등과 같이 유학적 소양을 지닌 자들이 정책방향에 중요한 영향을 미치게 됨으로써 유교식 국정운영 체제가 통치형태의 전통으로 자리를 굳히게 되었으며, 이후 고려의 통치체제는 이 궤도 위를 달리게 되었다. 무신집권기에도 최고권력 장악자는 무신이었지만, 과거제가 계속 시행되어 유교식의 국정운영 형태에서 완전히 벗어나지 않았던 것도 이러한 전통에 기반을 두었기 때문이라고 할 수 있다.

---

1) 『高麗史』 世家 太祖 26年 4月.
2) 시무28조는 성종 때 경관 5품 이상자에게 각각 봉사를 올려 시정의 득실을 논하게 하자, 최승로가 지어 올린 글이다. 불교로 인한 세속적 폐단을 지적하고, 민생의 안정이 정치사회 안정의 기반이 되어 민심을 얻는 최선의 길이며, 군주의 태도에 따라 개혁의 성공 여부가 달렸음을 강조한 이 상소문은 성종의 새로운 국가체제 정비에 큰 영향을 주었다는 데 그 의의가 있다. 『高麗史』 列傳(6) 崔承老.
3) 『설원』(說苑)은 한(漢)의 유향(劉向)이 지은 책으로, 군도(君道)와 신술(臣術)을 20편으로 분류해 명인들의 일화를 열거한 것이다. 육정육사(六正六邪)는 신하가 지켜야 할 6종류의 바른 도와 6종류의 옳지 않은 행위를 말한다. 바른 도를 갖춘 신하를 성신(聖臣), 양신(良臣), 충신(忠臣), 지신(智臣), 정신(貞臣), 직신(直臣) 등의 육정신(六正臣)으로, 옳지 않은 행위를 하는 신하를 구신(具臣), 유신(諛臣), 간신(姦臣), 참신(讒臣), 적신(賊臣), 망국신(亡國臣) 등의 육사신(六邪臣)으로 칭하고 있다. 『설원』(2) 신술편에 나온다.

유교식 국정운영 체제의 통치형식을 권력구조 측면에서 살펴보면, 왕과 재상을 중심으로 한 군권과 신권이 상호 견제와 균형을 이루는 형태를 취한다. 이것은 유교적 통치에서 보이는 보편적인 권력구조 형태이기도 하다. 그러나 이러한 이상적인 권력구조 형태는 집중화・세력화되려는 권력의 속성 때문에, 현실 정치사회에서는 왕권이 강한 형태를 보이는가 하면 때로는 신권이 강한 형태를 보이는 등 다양한 형태를 보인다.
　고려의 정치사회도 왕권과 신권 사이에서, 때로는 신권 간에 다양한 권력구조의 형태를 보였다. 즉 유교식 국정운영 체제하에 있던 고려의 정치사회는 왕권체제와 유교적 교양집단인 문신체제라는 두 축에서 수많은 권력구조의 형태를 보여 왔다고 할 수 있다. 특히 유교식 문반체제의 권력구조는 문반에게 권력의 집중화・세력화를 용이하게 함으로써 같은 지배층이면서도 국정운영에서 무반의 소외를 가져왔다. 동시에 인주(仁州) 이씨(李氏) 가문이 11대 문종 대부터 17대 인종 대까지 왕과 혼인해 세도를 누렸던 것처럼[4] 문반 가운데서도 왕실이나 유력가들과 다중 혼인한 몇몇 특정 집안에 권력이 집중하는 문벌귀족 체제를 형성하기에 이르렀다. 문벌귀족과 왕의 권력구조 형태도 이자겸(李資謙)의 국정 전횡에서 알 수 있듯이, 신하가 관리 등용이나 왕의 배우자까지 자의대로 정하고, 더 나아가 왕을 바꾸는 양상까지 보이는 등 왕의 권능을 극도로 약화시키기도 했다.
　이처럼 고려 전기의 문벌귀족 체제의 권력구조는 이들 소수 집권세력 외의 다른 집단을 정치권력에서 소외시켰다. 특히 같은 지배층이면서 국정운영에서 소외된 무반은 전쟁 혹은 내란 진압과정에서 최고사령관마저 문관에게 내주어야 했다. 거란 침입 때 강감찬(姜邯贊), 여진정벌 때 윤관(尹瓘), 묘청(妙淸)의 난 진압에 김부식(金富軾)을 최고사령관으로 임

---

4) 인주 이씨 가문에서 14대 헌종과 15대 숙종 대에는 왕과 혼인이 이루어지지 않았다. 이자연의 딸은 문종의 비인 인예왕후(仁睿王后), 인경현비(仁敬賢妃), 인절현비(仁節賢妃)가 되었고, 이자겸의 딸은 예종의 비인 문경왕후(文敬王后)와 인종의 두 비가 되었다. 이자겸의 난 이후 인종의 비였던 이자겸의 두 딸은 폐비가 되었다.

명한 것이 그 예이다. 또한 무반은 최고관직인 상장군이 정3품이며, 그 이상의 관직은 문반직이었다. 길거리에서 문무관이 행하는 피마식(避馬式)에서도 무관은 문관보다 1등급 낮게 대우를 받았고,5) 국가재정의 궁핍으로 인해 하급군인은 군인전마저 받지 못하게 되는 등 여러 부문에서 무반에게 차별대우가 행해졌다. 또한 문벌귀족에 의한 토지겸병으로 인해 농민은 가혹한 부세와 부역에 시달려야 하는 수탈의 대상으로 전락했다. 이처럼 문관체제에서 연유된 불만은 무반뿐만 아니라 하층민에게까지 나타나게 되어 고려의 정치사회는 전반적인 위기상황까지 치닫게 되었던 것이다.

1170년(의종 24년) 발생한 무신란도 의종과 시종하던 문신들의 호위역할을 하던 무신들의 불만이 표출된 것이 직접 도화선이 되었지만, 이 난이 성공하게 된 것은 하층민의 동조가 결정적이었다. 이러한 점에서 무신란의 요인은 고려 전기 정치사회의 총체적 위기상황 속에서 찾아야 할 것이다.

2. 권력장악과 명분: '왕의 권위'와 '위민의식'

무신 집권자는 최씨정권과 임연(林衍)과 임유무(林惟茂) 등의 권력세습을 제외하고는 전(前)정권의 실세자를 죽이고 정권을 장악했다. 이의민을 살해한 최충헌(崔忠獻)의 권력장악 형태를 살펴보면, 개별적인 심복을 통해 이의민을 살해했고, 그 후 형식적이나마 왕의 동의하에 금군이라는 관군을 통해 이의민의 잔여세력을 제거했다. 정권장악 후에는 권력유지에 걸림돌이 되는 세력을 제거했는데, 명종의 폐위, 아우 최충수(崔忠粹), 조카 박진재(朴晉材)의 제거 등에서 알 수 있듯이 그 대상은 왕, 형제, 인척 등 예외가 없었다. 그리고 권력세습 형태를 띤 최씨정권하에서조차

---

5) 『高麗史』 志(38) 刑法(1) 避馬式 조항 참조.

정권의 탄생과 함께 이전에 권력 중심부에 있던 세력은 제거되었다.

이러한 양상은 무신정권의 권력장악 과정에서 반복되어 나타나는 것으로, 집중화·세력화되려는 권력의 속성과 함께 기존의 중앙집권 체제와 무관하지 않은 것으로 여겨진다. 봉건제도하에 있던 일본에서는 공로가 있는 상급무사에게 지방의 봉토를 주어 그로 하여금 추종자에게 일정한 직위와 봉록을 주는 것이 가능했다. 이런 연유로 상급무사는 자신의 세력을 형성할 수 있었다. 그러나 중앙집권 체제하에 있던 고려 정치사회에서 인사 임명권은 권력구조상 최고 세력자에게 있었기 때문에, 추종자에게 대가를 지불하기 위해서는 막강한 힘을 지닌 최고 세력가가 되지 않으면 안 되었고, 권력장악 후 최고의 세력가가 되기 위한 그들 간의 투쟁은 치열할 수밖에 없었다. 따라서 정권 탄생에 큰 공을 세우고도 그 정권의 권력에 희생되는 일이 많았다. 이는 최고 세력가 외에는 권력을 자의대로 행사하기가 힘든 권력구조에 기인한 것이다. 그리하여 최고의 세력가는 당시 왕의 권능을 초월하는 권력을 행사했으며, 그 외의 세력은 정권에 종속되어야 했고 독자적인 세력을 형성할 수 없었다.

이상의 권력장악 형태를 살펴보면, 우선 사적인 병력을 통해 상대 핵심세력을 제거한 후 관군을 장악해 잔여세력을 제거했고, 마지막으로 주변세력을 정리함으로써 소수 또는 일인체제로 권력을 집중시킴과 동시에 세력화했다. 이러한 형태는 각 정권마다 유사성이 있다. 이것은 무신정권의 권력장악과 유지가 철저하게 무력 의존하에 있다는 것을 의미하는 것으로, 덕의 권위에 기반을 두어 지배의 정당성을 획득하는 유교 통치이념과는 상당한 차이를 보였다.

1) 관념적인 천명론과 위민의식

무력에 의존하던 무신 집권자들도 권력을 장악할 때 그 명분을 유교적 통치이념에서 구했다. 대표적인 것이 '왕실의 권위'와 '위민의식'이다. '왕의 권위'는 유교 통치이념 가운데 천명론에 기반한 지배의 정당성과 관련되어 실제 정치사회에서 형상화된 것이라 할 수 있다. 또한 '위민의식'은 실제 정치사회에서는 유교식 국정운영 체제를 통해 실현되어야 할 위민정치의 기본적인 통치이념이다. 그러나 무신집권기의 통치과정을 살펴볼 때, 이러한 통치이념은 정치적인 구호로만 그치는 것이 대부분으로 관념적인 역할밖에 하지 못했다.

먼저 이 시기에 '왕실의 권위'를 보호한다는 이유를 내세워 정적을 제거한 형태를 많이 볼 수 있다. '역적 토벌'이나 '왕실의 능멸'이 그 대표적인 것으로서, 첫 번째 사례로는,

> 정균(鄭筠)이 공주를 처로 삼으려고 하자, 왕이 걱정하는 것을 듣고 분노해하면서 경대승(慶大升)이 정중부 세력을 제거하기로 마음에 품었으며, 이들을 죽인 후 다음과 같이 임금에게 아뢰었다. 신등이 사직을 지키겠으니, 청컨대 임금께서는 놀라지 마십시오.6)

를 들 수 있으며, 두 번째 사례로는,

> 역적 이의민은 일찍이 임금을 해친 대역의 죄를 지고 있으며, 백성들을 포악하게 해치고 왕위를 노리고 있습니다. 그러므로 저희들은 이미 오랫동안 그를 증오해 왔으며, 지금 나라를 위해서 처치했는데7)

를 들 수 있다. 이처럼 무신 집권자들은 고려 왕조체제를 부정하지 않고, 오히려 고려왕조를 지키는 것이 권력을 장악하게 된 명분이었다. 이들에 의한 고려왕조에 대한 충성은 문벌귀족 체제와 다름없이 이어지고 있다. 최충헌이 올린 봉사10조 가운데 왕에게 거처를 궁궐로 옮겨 천명을 받들 것을 권하고 있는 제1조에서도 알 수 있는 바와 같이 고려왕조가 지닌 정당성의 근원은 천명이며, 이는 충의 대상이 천명에 근원이 있는 유교적 통치이념이다. 즉 무신 집권자 스스로도 권력의 정당성을 무위(武

---

6) 『高麗史』 열전(13) 경대승.
7) 『高麗史』 열전(42) 반역(3) 최충헌.

威)에 두는 것이 아니라 천명론에 근거하고 있는 유교적 통치이념에서 벗어나지 않았음을 알 수 있다. 다만 무신 집권자가 권력의 장악과 유지를 실제적으로는 무위에 둠으로써 그들이 지닌 유교적 통치이념이 관념적인 것으로만 그쳤던 것이다.

또 다른 정적 제거의 중요한 구실이 되었던 '위민의식'을 보여준 대표적인 예가 김준(金俊)의 경우이다. 김준은 최의(崔竩)를 살해하면서 그 명분을 '위민'에 두었다.

> 최의가 백성을 돌보지 않고 굶어죽어도 방관시하면서 양곡을 내 구제하지 않았으므로 저희들이 의거해서 죽였습니다. 양곡을 내서 주린 백성을 구제하여 백성의 기대를 만족시켜 주기 바랍니다.[8]

최의의 살해 외에도 이의민을 살해한 최충헌에게서도 알 수 있듯이, 무신 스스로가 정적 제거나 상대 세력에 대해 품은 사적 감정을 위민의식을 빌어 나타내는 경우가 많았다. 이처럼 위민의식은 정적을 제거하는 명분이 되었지만, 최충헌이 봉사10조를 올린 것처럼 권력장악의 명분과 더불어 권력장악 후 정당성을 획득하기 위해 취해진 조치에도 이용되었다. 최충헌이 봉사10조를 올린 배경과 그 내용을 살펴보면 다음과 같다.

> 살피건대 적신 이의민이 위에 대해서는 업신여기고, 아래에 대해서는 능멸하여 포악한 짓을 했습니다. 임금의 자리까지 손을 대고자 음모하게 되어 화가 불꽃처럼 치열해지고 백성은 살길이 아득했습니다. 이때 우리는 폐하의 성위(聲威)를 빌어 단번에 적신을 남김없이 멸망시켰으니, 바라건대 폐하는 낡은 것을 버리고 새것을 위해 노력하면서 모든 일에서 태조의 정대한 전법(典法)을 준수해 중흥의 길을 밝게 개척하십시오. 여기에서 삼가 10가지 사항을 조목별로 기술하여 폐하에게 알립니다.[9]

이의민의 횡포는 왕의 권위에 대한 침해와 더불어 위민정치에 반하는

---

8) 『高麗史』 열전(43) 반역(4) 김준.
9) 『高麗史』 열전(42) 반역(3) 최충헌.

결과를 초래했기 때문에 왕의 권위를 빌어 정적을 제거했으며, 왕은 당시의 굴절된 정치를 회복시키라고 권하는 내용이다. 이의민 제거 명분이 왕의 권위에 대한 침해와 더불어 위민이 중요한 요인이 되고 있음을 알수 있다. 더 나아가 정치를 회복시키는 방도는 태조의 전법을 준수하는 것, 즉 선왕지제를 따르는 것이었다. 이는 유교적 전통을 중시하는 통치기술에 기인하는 것으로서, 태조가 만든 전법을 준수함으로써 사회의 부패를 극복하는 방도로 제시되고 있다. 다음으로 봉사10조의 내용을 요약하면 아래와 같다.

1. 궁궐로 거처를 옮겨 천명을 받들 것.
2. 옛 제도에 준해서 감원하고 적절하게 관리를 임용하여 잉여 인원으로 인한 국고 녹의 낭비를 줄일 것.
3. 권세자의 횡포로 공전과 사전이 획탈되어 국세가 줄고 군량이 부족하니, 이를 원상회복시킬 것.
4. 과다한 조세로 인한 민폐를 없애고, 공정한 조세를 위해 유능한 관리를 파견할 것.
5. 진상의 평계로 사비를 충당하는 민폐가 심하니 이를 금지할 것.
6. 중의 궁중 출입을 막고, 민들에 대한 이식장리 행위를 금지할 것.
7. 지방관의 탐욕을 근절하기 위해 이들에 대한 상벌을 명확히 할 것.
8. 관리들의 사치를 금지하고 검소를 장려할 것.
9. 원당 건립으로 지맥의 손상이 심하니 정해진 비보사찰 외에는 제거할 것.
10. 간언할 적임자를 조정에 둘 것.10)

최충헌은 당시 정치사회의 모순을 총체적으로 파악하고 있었다. 제1조는 고려왕조를 천명에 의거한 지배집단으로서 그 정통성을 인식했고, 제6·9조는 불교의 세속적인 비리를 지적했다. 그 외는 관리들의 자질과 지배능력의 결여, 부패에 따른 민폐를 없애 위민정치를 강구할 것을 지

---

10) 『高麗史』 열전(42) 반역(3) 최충헌.

적했다. 특히 10조는 왕의 통치를 보좌할 자 가운데 간관의 중요성을 지적한 것으로 이에 합당한 적임자를 둘 것을 아뢴 글이다. 10개조 모두가 위민정치와 연결되어 있다.

그러나 최충헌이 정권을 장악한 후 최고의 실세자로서 통치할 때 자신이 제시한 봉사10조를 제대로 시행하지 못했다는 것은, 당시 민란이 전국에 걸쳐 전개되고 있는 상황에서 정권의 안정을 도모하고자 하는 정치적 기도였다는 생각을 불식하기 힘들게 한다. 그럼에도 불구하고 그가 내세운 통치형태는 정통성을 가진 고려왕조 체제 속에서 위민정책 시행을 근저로 하고 있음을 엿볼 수 있다. 위민에 대한 의식은 최충헌의 권력을 세습받은 최이(崔怡)에게서도 엿볼 수 있다.

> 최충헌이 죽은 후 최이는 저장했던 금은보화를 왕에게 바쳤으며, 그 다음해에는 최충헌이 강점했던 공사전민(公私田民)을 그 주인에게 돌려주었다. 또 빈한한 선비들을 많이 선발 등용해서 인망을 거두기에 힘썼다.[11]

권력세습 후 최이가 인심을 얻어 정치적 안정을 꾀하려고 했다는 점은 최충헌과 마찬가지의 통치의식을 가지고 있었다고 할 수 있다. 그러나 그 역시 실제 통치과정에서는 이를 실천하지 못했다. 이처럼 무신 집권자들은 고려왕조가 지배의 정당성을 지닌 것으로 인식했고, 그 체제 아래서 위민정치를 실시하는 것을 올바른 것으로 이해했다. 이처럼 이들은 유교식 통치이념을 받아들이고 있으나, 실제 통치과정에서 이를 실천하지 못했다는 점에서는 이를 관념적으로밖에 인식하지 못하는 수준에 머물렀다고 할 수 있겠다.

또 한편으로 무신 집권자가 정적 제거의 명분으로 내세웠던 '왕의 권위'는 천명론에 기반을 둔 '지배의 정당성' 외에도 '공적 가치의 실현'이라는 사상적 의미와 내적 연관성이 있다. 이를 유교의 이론적 측면에서 살피고, 또 그 연결선상에서 무신정권의 통치형태에 이것이 어느 정도

---

11) 『高麗史』 열전(42) 반역(3) 최충헌.

반영되었는가를 검토하고자 한다. 이것은 무신정권의 특색을 유교 통치이념에 기준해서 평가하는 것이기도 하다.

2) '왕의 권위'와 '공12)적 가치 실현'의 사상적 연관성

유교는 힘이 아닌 덕의 권위에 의해 자발적인 복종을 끌어내는 지배구조를 형성하고 있는데, 지배할 수 있는 통치력은 천명을 받은 왕에게 있었다. 즉 왕이 지닌 통치의 권위는 천(天)으로부터 부여받은 것이기 때문에, 실제적인 힘의 유무를 초월해 왕을 포함한 왕실의 정치적 권위는 항상적(恒常的)인 것이었다. 왕 중심의 지배구조는 실제적 통치사회에서는 권력이 왕을 중심으로 집중화되고 세력화되는 전제성을 띠기가 용이하다. 유교를 주요한 통치이념으로 하는 정치사회에서는 왕의 전제성을 방지하기 위해 대표적인 예로 '삼성육부'(三省六部), '서경'(署經)13) 등 여러 가지 제도를 두고 왕과 신하 간의 견제와 균형을 통한 권력분산의 틀을 장치해 놓았던 것이다.

그러나 천명에 기반한 왕 중심 통치의 정당성은 항상적인 왕의 권위를 도출했기 때문에, 권력의 중심부로 접근하거나 권력을 확대·유지하는 데 왕을 포함한 왕실의 권위가 이용되었다. 고려 왕실과의 혼인을 통해 권력을 확대·강화하고자 하는 양태가 문벌귀족이나 무신 집권자에게 공통적으로 보이는 것도 바로 이 때문이라 할 수 있다. 특히 무신정

---

12) '공'(公)이란 갑골, 금문의 시대에는 공동체의 수장(首長)과 관련된 것, 내지는 그것에 대한 존칭, 또는 공동체의 시설, 소유물 등을 가리켰지만, 전국(戰國)시대 말기 이후 공정, 공평 등 윤리적 의미가 새롭게 가해지게 되었다. 그 결과 '공' 개념은 수장과 관련된 부분으로부터 공문(公門)·조정(朝廷)[第一群], 공동체와 관련된 부분으로부터 공전(公田)·공개(公開)[第二群], 그리고 평분(平分)으로부터 균등·공평·공정의 의미(第三群)로 각각 파생되었다고 미조구치 유조(溝口 雄三)는 분석하고 있다 (『公共哲學Ⅰ 公と私の思想史』 36). 본문에서 사용되고 있는 '공'의 의미도 이러한 해석에 의거했다.
13) 관리의 임명이나 법령의 제정 등에서 대간의 서명을 거치는 제도로 고려·조선시대에 실행되었다.

권기에는 집권자 외의 세력이 왕실의 권위를 빌어 권력을 확대하는 것은 무력으로 저지되고 이를 둘러싼 정쟁은 끊이지 않았는데, 이것이 정적에 대한 불만과 제거의 명분이 되었다. 무신정권기에 이에 대한 예는 수없이 많이 보인다. 대표적인 것을 보면, 첫 번째 사례로 무신집권 초기에 이의방과 형인 이준의(李俊儀)의 권력투쟁에서 이준의가 이의방에게 불만을 표시한 내용이다.

> 너에게 큰 잘못이 세 가지 있으니, 임금을 내쫓고 살해한 후 그 집과 첩을 취한 것이 첫째요, 태후의 딸을 협박하여 간음한 것이 둘째요, 국정을 마음대로 전단한 것이 셋째요.14)

두 번째 사례로 정중부를 죽인 경대승을 축하하자, 이의민을 염두에 두고 경대승이 한 말이다.

> 임금을 죽인 자가 아직도 남아 있는데, 무슨 축하인가?15)

세 번째 사례로 박진재가 최충헌을 비난한 내용이다.

> 우리 외숙은 임금을 업신여기는 마음을 가졌다.16)

네 번째로는 최충헌을 제거하려는 사태가 벌여지자, 희종을 포함한 이들을 전부 제거하고자 하는 김약선(金若先)을 저지하는 최충헌의 말이다.

> 그렇게 하면 나라는 장차 어찌 되느냐? 후세의 말거리가 될까 두려우니 너는 경거망동하지 말라.17)

---

14) 『高麗史』 열전(41) 반역(2) 이의방.
15) 『高麗史』 열전(13) 경대승.
16) 『高麗史』 열전(42) 반역(3) 최충헌.
17) 『高麗史』 열전(42) 반역(3) 최충헌.

이처럼 무신 집권자들이 왕의 권위에 의존해 권력을 유지·확대하고 있었다는 것은 이 시기에도 '왕의 권위'가 통치의 정당성으로 여전히 중요한 부분으로 인식되고 있었다는 의미이다. 그러나 무신 집권자들은 실제 통치에서는 고려왕조의 권위를 인정하면서도 왕에게 통치권을 돌리지 않고 정치적 구호로만 이를 이용했으며, 오히려 왕의 권능을 참람하는 통치형태를 보임으로써 권력을 사유화했다. 이로 인해 정치질서의 혼란은 가중되었다.

　유교의 정치사회에서는 왕의 권위가 '통치의 정당성'을 표출하는 상징성 외에 '공적 가치의 실현'이라는 또 다른 정치적 가치를 가지고 있다. 이는 천명론에 근원한 '왕의 권위'는 '공적 가치의 실현'과 내적 연관성을 가지기 때문이다. 왕은 자연적 개인이 아니라 정치공동체를 이끄는 공인이다. 따라서 왕을 둘러싼 모든 것은 공적 의미를 수반한다. 이러한 존재이기 때문에 왕은 모든 영토와 영민을 거느릴 수 있으며, 이에 대한 권한을 천으로부터 부여받게 되었다.

　왕의 권위란 정치공동체의 실현을 바탕에 둔 것으로서, 궁궐은 왕이 거처하는 곳이지만 사저가 아니며 정치공동체를 실현하기 위해 통치자 사이에 정론이 행해지는 공공의 장소이다. 정론뿐만 아니라 인사의 임면, 관직의 수여 등 모든 통치행위가 여기에서 이루어진다. 천명으로부터 부여받은 권위가 있는 곳, 즉 왕의 주변환경은 정치공동체를 이루기 위해 사적 편협성을 가능한 한 억제하고 공정성, 공평성 등의 공적 가치를 실현하고자 하는 정치적 의미를 가지고 있다. 또한 이러한 통치행위는 권력분산의 장치인 유교식 국정운영 체제와 밀접한 연관성이 있다. 아래에서는 이러한 관점에 근거해 무신정권의 통치형태의 특색을 검토하고자 한다.

3. 무신정권의 통치형태

100년간 지속된 무신정권은 권력장악이나 통치형태에 따라 3기로 구분된다. 제1기는 이의방정권으로부터 이의민정권까지이며, 제2기는 최씨정권, 제3기는 최씨정권 이후부터 무신정권이 몰락할 때까지이다.

1) 제1기: 무신정권 성립기

제1기는 이의방, 정중부, 경대승, 이의민 등이 정권의 핵심부에 있었던 시기로, 경대승을 제외하고는 무신란을 주동한 세력이 국정운영을 담당했다. 이들은 기존의 정치체제를 그대로 계승하면서, 문신에 의해 장악되었던 실권의 자리를 차지해 인사의 전권 등 국정을 주도했다. 아래 글에서 그 상황을 엿볼 수 있다.

> 국가가 관청을 설치하고 직무를 맡기는 관제를 만들었는데, 오직 경(卿)이나 감(監) 외에는 무관으로서 문관의 직무를 겸임하지 못하게 되었다. 경인년 이후에 우리 무관들도 대성에 들어가게 되었고 조정의 중요 관직에도 등용되었다. 교위 대정들에게도 복두를 쓰는 것이 허용되고 서반의 산직도 지방장관으로 임명받게 되었으나, 이것은 확실히 선왕의 제도가 아니다.[18]

위 글은 권력분산 제도를 바탕으로 직임이 나누어진 국정운영 체제의 틀이 무너지고 있는 상황을 말한 것으로, 무신정권 초기뿐 아니라 전반기에 걸쳐 볼 수 있다. 집권자들은 무반뿐 아니라 문반의 고위직을 차지하고 이군육위(二軍六衛)의 지휘관인 상장군, 대장군이 군무를 의논하던 중방에서 정적제거뿐 아니라 국정 전반을 논했기 때문에 초기의 무신집

---

18) 『高麗史』 열전(13) 홍중방.

권 정치를 중방정치라고도 한다. 중방정치는 권력분산인 유교식 국정운영의 기본 틀에서 벗어난, 무신세력으로의 권력집중을 보여주는 통치형태이다. 또한 "선왕의 제도가 아니다"라는 표현에서도 알 수 있듯이 이러한 통치형태가 정당성을 갖지 못하며, 굴절된 통치를 바르게 하는 것은 '선왕지제'(先王之制)로 회복하는 것으로, 권력분산의 성격을 띤 문무반의 직무분할이라는 유교식 국정운영 체제로의 복귀를 의미한다.

> 왕이 경대승을 불러 "정균의 관직 승선을 그대에게 주겠노라" 하니, 경대승이 대답하기를 "저는 글을 몰라 감히 바라지 않는 바입니다"라고 대답했다.…… 승선은 왕의 명령을 전달·보고하는 직무인즉, 선비 출신이 아니고는 될 수 없습니다.[19]

경대승이 무관으로서 문관직을 받기를 거부하는 것은 직임을 구별한 이전체제로 회복시키고자 하는 것이며, 이는 이의방·정중부정권에서 무관이 문관의 겸직을 자의대로 하던 굴절된 통치형태를 인식했기 때문이다. 뿐만 아니라 국사를 결정할 때에는 입궐하는 등 통치의 장소를 궁궐이라는 공공장소에서 행하게 되돌려 놓고 중방정치를 중지시켰다. 그러나 상대 정적의 저항에 대한 공포감에 시달려 호위대인 도방을 설치함으로써 최씨 정권기 사병의 토대를 만드는 전례를 남겼다. 이처럼 경대승은 무신 집권자의 횡포에 저항해 통치형태를 이전의 정치체제로 회복하고자 했으나, 병사로 5년 만에 죽음으로써 실현을 보지 못하고 정권은 이의민에게 넘어갔고, 이후 더욱 가혹한 최씨 무신정권의 시대를 맞이하게 되었다. 따라서 무신집권 초기는 기존의 국정운영 체제를 대신할 무신의 독자적인 것을 지니지 못한 채 권력만 문신에서 무신으로 이동되는 통치형태를 보였다. 무신정권의 독자적인 통치기구는 최씨정권에 이르러서야 출현하게 되었다.

---

19) 『高麗史』 열전(13) 경대승.

2) 제2기: 최씨정권

무신정권 제2기인 최씨정권에 이르면 교정도감, 정방, 서방, 삼별초 등 무신정권의 독자적인 통치기구가 나타난다. 이 기구를 통해 최씨정권은 권력을 공고화할 수 있게 되어 4대 60년간 세습통치를 했다. 뿐만 아니라 왕의 권위를 참람해 왕의 통치형태와 유사한 권력을 행사했으며, 유교식 국정운영 체제의 절차를 무시한 인치의 성격을 강하게 띤 독재를 자행했다. 이로 인해 고려 정치사회의 혼란은 더욱 가중되었다.

1209년(희종 5년) 최충헌은 자신의 살해를 음모한 정적을 제거하기 위해 임시로 교정도감을 설치했다. 그 후 교정도감은 무신정권 내내 존속해 서무를 관장하게 되었으며 무신 초기의 중방을 대신해 권력의 중심처가 되었다. 교정도감의 설치로 중방 중심의 무신합좌 형태의 권력행사는 사라지게 되고 최고 무신 집권자가 최고사령관인 교정별감이 됨으로써 일인체제로 권력이 집중화되었다. 또한 최충헌은 경대승 때 설치된 도방을 다시 부활·확대시켜 권력유지의 기반으로 삼았다. 이러한 권력의 집중화·공고화로 말미암아 최씨 가문은 4대에 걸쳐 권력을 세습할 수 있었다.

최충헌의 권력을 이은 최이는 정방, 서방, 삼별초를 설치했다. 정방은 최이의 사저에 설치되었는데, 관리의 인사행정이 이곳에서 다루어져 이부와 병부에서 행하던 전주기능을 대신했다. 서방은 문신들의 숙위기관이다. 최이의 문객 가운데 명유가 많아 이들 문사로 하여금 3번으로 나누어 교대로 숙위하게 하면서 정치적 고문역할을 담당케 했다. 문신들은 정방·서방을 무신집권기에 위축된 관직 진출의 발판으로 삼았다.

그러나 이부와 병부에서 행하던 전주권(銓注權)이 이곳에서 자의대로 행해짐으로써 권력분산 기능의 관리체제에서 이탈해 최씨정권을 강화시켜 주는 권력 사유화의 근거지가 되었다. 또한 이때 도둑이 많아지자 이를 방지하기 위해 야별초를 설치했는데, 이것이 좌·우별초의 조직으로 개편되었다. 그 후 몽고에 포로로 갔다가 도망온 자를 모아 신의군을 편성했는데, 좌·우별초와 함께 삼별초라 했다. 삼별초는 최씨정권의 사적인 호위병 역할과 함께 경찰과 군대의 임무를 수행한 관군의 기능을 함께 한 병력이라 할 수 있다. 그러나 최씨정권은 용감하고 힘있는 자를 삼별초에 편입시킴으로써 사적 병력을 강화했으며, 이는 관군의 질적 저하를 초래하기도 했다.

이처럼 최씨정권은 무신뿐 아니라 문신도 자신이 만든 통치기구 조직하에 편성하게 하여 문무를 지배하는 실제적인 최고통치자가 되었다. 그러나 사적 기구를 통한 문무관의 지배는 권력 사유화 현상을 초래했고, 이로 말미암아 최씨정권은 왕권을 초월하는 막강한 권력을 행사하게 되었다. 권력의 사유화는 왕의 권위를 참람하게 되었고, 이는 의사(擬似)왕정의 통치형태를 초래하게 되었다. 이의 구체적인 예는 아래와 같다.

첫 번째 사례로 사저에서 작위를 받는 행위이다.

① 최충헌을 진강후로 책봉하고 부를 설립해서 홍녕부라고 했으며,…… 최충헌은 남산리 자택에서 왕명을 맞이했는데, 종친들이 모두 그 집으로 가서 축하를 했다.[20]
② (고종) 40년에 왕은 문하시중 판이부어사대사 벼슬을 주었으며, 최항(崔沆)은 자기 집에서 사은요배(謝恩遙拜)했다.[21]

두 번째 사례로 사저에서 국사를 행하는 행위이다.

① 경주에서 반란이 발생했으므로 최충헌이 3품 이상의 문무관원을 자기 집으로 소집하고 대책을 토의했다.[22]
② 5년부터 최충헌은 자기 집에서 앉아서 내시, 이부, 원외랑 노관과 더불어 문무관원들을 임명하는 문서를 작성해 왕에 보고하면, 왕은 고개만 끄덕이고 두부의 판사들도 정당에 앉아서 단지 그 문건을 볼 따름이었다.[23]

---

20) 『高麗史』 열전(42) 반역(3) 최충헌.
21) 『高麗史』 열전(42) 반역(3) 최충헌.
22) 『高麗史』 열전(42) 반역(3) 최충헌.
23) 『高麗史』 열전(42) 반역(3) 최충헌.

③ 12년에 백관이 최이의 집으로 가서 정부를 올리니 최이는 대청에 앉아서 그것을 받았으며, 6품관 이하는 재배하고 당(堂) 아래 엎드려 감히 쳐다보지 못했다. 최이는 이때부터 정방을 자기 집에 두고 문사를 소속시켰는데, 그들을 '필도적'(必闍赤)이라 불렀다.24)

세 번째 사례로 사저에서 군대훈련을 하는 행위이다.

16년에 최이가 그 이웃에 있는 가옥 100여 동을 강점해서 구장을 건설하여…… 수백 호 인가를 강점했다. 마별초로 5군으로 나누어 전투 연습을 했는데,25)…….

네 번째 사례로 왕의 권위를 참람하는 행위이다.

최충헌은 궁중 출입 때에 평시 의복을 입고 일산을 드리우고 시종을 데리고 다녔으며, 문객이 3천 명에 가까웠다.26)

위에서 이미 왕의 권위와 연관해서 통치를 실행하는 장소로서 궁궐이 갖는 의미를 언급했다. 작위 수여의식, 국사의 의논, 군대훈련 등이 공적 가치의 실현 장소인 궁궐에서 행해져야 함은 권력의 공유화를 의미하는 것이다. 그런데 최씨정권이 이를 사저에서 행했다는 것은 왕의 권위를 참람한 것이며, 공적 권력의 행사를 사적인 것으로 바꾼 것이다. 왕의 권위에 대한 참람은 군신관계의 직분은 물론 예적인 질서까지 무너뜨려, 신하로서 왕과 유사한 행동을 하기에 이르렀다. 네 번째 사례처럼 신하된 자가 궁궐을 출입할 때, 평복을 입고 시종을 3천 명 거느린다는 것은 신하의 분수에 어긋난 행위이다. 최씨정권이 왕의 권위를 참람한 행위는 "최충헌의 사저에 무장한 위병이 몇 리 사이에 가득 찼으며, 이전에 없

---

24) 『高麗史』 열전(42) 반역(3) 최충헌.
25) 『高麗史』 열전(42) 반역(3) 최충헌.
26) 『高麗史』 열전(42) 반역(3) 최충헌.

였던 일로 재상으로서 그를 수행하는 자가 많았다"는 최충헌전에 나오는 기사를 보아도 그 정도를 가늠할 수 있겠다. 최씨정권에서 보인 이러한 통치형태는 덕의 권위에 기반해 천명으로부터 권위와 통치의 정당성을 획득한 유교적 이론과는 전혀 다른 무(武)의 위엄, 즉 무위에 근거한 것이었다.

이외에도 무신정권은 무위에 기반해 기존의 유교식 국정운영 절차를 무시했는데, 대표적인 것이 전주권 행사이다. 위민정치의 수단으로서 중요하게 기능한 관직임명에 대한 전주권 행사가 무신정권기에는 전리품으로 사용된 경향이 짙다. 동시에 관직임명의 전리품화는 집권자가 임의대로 당시의 신분사회 질서체계를 무너뜨리는 것으로, 인치적 통치형태의 성격을 강하게 띠고 있었다. 이것은 최씨정권뿐 아니라 무신정권 전체에서 보이는 면이기도 하다. 그 구체적인 예는 다음과 같다.

① 당시 통역으로 근무하는 내전 숭반 우광유가 임시 지합문지후로 되었는데, 성랑이 의논하기를 우광유는 남반에 속한 사람인데 이제 참직으로 임명하는 것은 전례에 없는 일이라며 수개월간이나 두고 고신에 서명치 않았다. 이때 최충헌이 성랑을 보고 말하기를 "우광유는 전자에 북조사신을 접하면서 훌륭히 응대하는 재능을 보였다. 그래서 참직을 주었는데, 왜 제도만 가지고 고집하느냐"고 하니 성랑이 즉시 서명했다.27)

② 조원정은 옥공의 아들이고 그의 모친과 조모는 모두 관기였으므로 원래 직품이 7품으로 한정되어 있었으나, 정중부의 반란 때 이의방을 조력했으므로 낭장으로부터 장군으로 되었으며, 명종 때에는 공부상서로 있다가 추밀원 부사로 전임되었다.28)

③ 옛 제도로는 노비는 비록 큰 공이 있어도 돈과 포백으로 상 주고 관직과 작위는 주지 않았는데, 최항이 처음으로 그의 종 이공주·최양백·김인준을 별장으로, 섭장수는 교위로, 김승준은 대정으로 임명했다.…… 이공주에게 낭장 벼슬을 주었다. 노예에게 참직을 준 것은 이것이 처음이었다.29)

---

27) 『高麗史』 열전(42) 반역(3) 최충헌.
28) 『高麗史』 열전(41) 반역(2) 조원정.
29) 『高麗史』 열전(42) 반역(3) 최충헌.

첫 번째 사례는 최충헌이 관리임명에서 기존 제도를 무시하고 있음을 보여주는 것이며, 특히 군공을 빌미로 벼슬을 파는 등 전주권을 마음대로 행사했다. 무신집단에 의한 전주권의 자행은 이미 무관이 문관직을 겸임한 무신란 초기부터 시작되었다.30) 이러한 양태는 직무분담 체제인 유교식 국정운영 체제를 무너뜨리는 것으로, 문벌귀족 체제와 다름없는 무신정권이 지닌 권력의 편점화 현상이다. 고려의 정치사회는 조상의 신분에 따라 관직에 진출하는 한도를 정하는 한품제라든가 천한 신분이 관직에 진출하는 것을 금지하는 조치 등으로 신분사회를 유지하려고 했다. 그러나 이러한 기존의 신분질서 체계가 두 번째와 세 번째 사례처럼 무신 집권자의 자의에 따라 무너졌던 것이다.

무신집권기에 나타나는 이러한 관직진출 양태는 문벌귀족 체제와는 달리 문벌과 가문에서 벗어났으나, 이전 체제의 편협한 요소를 극복한 것이 아니라 모순을 반복하고 있다. 최항이 최초로 실시한 노비등용처럼 노비들의 신분해방을 제도적으로 가져온 것이 아니라, 자의대로 충복인 노비에게 관직을 제수한 것이며, 한품제도 제도적으로 폐지한 것이 아니다. 최고 실세자의 임의대로 권력을 전리품화한 권력의 사유화 현상으로, 오히려 기존 정치제도에서 오는 불만을 해소시키기보다는 정치사회의 혼란을 가중시키는 결과를 초래했다. 그리고 문신에서 무신으로의 권력이동과 함께 문벌귀족 체제에서 정치적·경제적 부의 편중이 무신에게 그대로 옮겨짐으로써 오히려 수탈대상의 확대를 가져와, 피지배계층의 고통은 더 가중되었다. 무신정권기에 농민이나 노비의 반란 등 하층민의 반란이 끊이지 않았던 것도 이에 연유한 것이라고 볼 수 있다.

또한 독자적으로 탄생한 무신정권의 통치기구도 위에서 살핀 바와 같이 권력강화에만 기능했으며, 위민정치를 위한 것은 아니었다. 유교 정치사회에서 위민정치에 위배된다는 것은 통치의 정당성 결여와 연결되

---

30) 명종 14년에 무관으로서 동수국사 된 최세보, 예부시강이 된 최련·김부로부터 무관이 문관직을 겸임하는 것이 시작되었다는 기사가 최세보전에 보인다.『高麗史』열전(13) 최세보.

어 상대 세력에게 타도의 명분이 되기에 충분했다. 통치의 정당성이 결여된 정권은 그 집단의 내부 결속력이 약화되거나 외부의 충격이 있을 때에는 정권의 몰락이 쉽게 초래되었다. 최의 대에 이르러 이러한 현상이 나타나자, 최의는 김준에 의해 '위민정치'와 '복정우왕'(復政于王)의 명분으로 살해되었고 최씨정권은 막을 내렸다.

3) 제3기: 무신정권의 쇠퇴기

1258년(고종 45) 마지막 집권자인 최의가 김준 등에 의해 살해됨으로써 최씨정권은 몰락했다. 김준 세력은 '위민정치'와 '복정우왕'을 최씨정권 타도의 명분으로 내걸어 난에 성공했으나, 얼마 후 임연에 의해 살해되었다. 임연이 죽은 후 그의 아들 임유무도 원종과 원의 세력에 의해 살해되어 최씨정권 몰락 후 12년여 만에 무신정권은 완전히 역사 속으로 묻혀 버리게 되었다. 이 시기의 통치형태를 살펴보면, 김준 등은 정방을 최의의 사저에서 궁중으로 옮겼으나 전주권을 여전히 장악했고, 최고집권자가 교정별감에 임용되어 국권을 장악하는 등 최씨정권처럼 일인독재 통치형태가 그대로 지속되어 이들이 내세운 '위민정치'와 '복정우왕'도 정권장악을 위한 명분에 지나지 않았음을 보여주었다.

그러나 제3기에는 몽고와의 관계에서 강화론자와 반대론자의 정쟁이 통치자층의 내부 결속력을 와해시키는 요인으로 작용했고, 이에 반무신정권 세력의 결집에 의한 정권의 붕괴는 시간문제였다. 무신집권 몰락요인의 하나가 무신란 이후 상당히 약화되었던 문신세력이 최씨정권 때 정방·서방 등의 설치를 계기로 꾸준히 성장할 수 있었다고 볼 수 있다. 왕 중심의 유교식 통치체제의 정당성은 문신뿐 아니라 무신들의 의식 속에서도 면면히 이어져 내려온 정치문화의 전통이었다. 그러나 문신세력의 성장은 이를 개혁의 주내용으로 삼아 이를 주도할 수 있는 정치세력으로 형성될 수 있었던 것이다. 단지 왕권의 확립이 왕 스스로의 권력강화에서 오는 것이 아니라 타 세력에게 의존했으므로 또다시 왕권 약화를 가져올 소지가 충분히 있었다. 다름이 아닌 외세, 즉 원의 세력을 업고 세력을 확보하고자 하는 형태가 무신정권 몰락 후 권문세가의 권력구조의 양상이며, 이들 세력의 부패청산은 고려 말 사대부세력을 기다려야 했던 것이다.

4. 무신정권기에 나타난 주종관계의 특색

무신정권의 통치의식은 천명론에 의거한 고려왕조의 존왕의식, 위민론 등의 유교적인 면이 있으면서도 이는 권력장악을 위한 수단으로 이용되었고, 권력의 장악이나 유지는 전적으로 무력에 의존하고 있었음을 살펴보았다. 무신정권이 의존했던 무력은 제도적으로는 도방과 삼별초였지만, 무신 개인적으로도 가병, 가노, 문객 등으로 표현되는 추종자들이었다. 추종자들은 상급 무신에게 충성하는 대가로 그로부터 정치적으로 관직 혹은 경제적인 보상을 받았다. 이러한 보상의 가능성이 희박할 때 그 관계의 결합은 약화되었다. 이의방에게 거세당한 이준의의 주변에서 문객이 흩어진 경우, 이고의 난이 성공할 경우 추종자들의 관직이 보장될 것이라는 것31) 등 많은 경우에서 현실적 이해에 따라 주종관계의 성립 여부를 보이고 있었다.

상급 무신에게는 추종자에게 이러한 보상을 해 줄 수 있는 정치력과 경제적 기반이 절대적으로 필요했는데, 이는 고려의 중앙집권적인 통치체제하에서는 권력의 정점에 위치한 최고의 실세만이 가능했다. 이를 위해 권력의 정점을 향해 치달을 수밖에 없었기 때문에 권력장악 후에도 그들 세력 간의 권력투쟁은 치열했던 것이다. 무신 간의 권력투쟁이 무신정권이 몰락할 때까지 끊임없이 지속되었던 것도 이에 연유된다고 볼 수 있다.

---

31) 『高麗史』 열전(41) 반역(2) 이의방.

충성의 대가로 현실적인 보상을 주는 주종관계는 기존의 유교적 도리 규범인 충의 내용과 상이성을 보일 수밖에 없다. 원래 유교에서 충의 내용이란 천명에 의해 정통성을 획득한 왕에 대한 관계를 그 내용으로 하고 있다. 천의를 실현해야 할 통치자인 왕이 그 책무를 다할 수 있도록 보필하는 것이 충의 내용이다. 충에 대한 대가는 위민정치가 실현된 유교적 도덕국가의 완성이다. 충의 대상도 왕이라는 인격적 개체에 대한 절대적 복종이 아니라 도덕국가를 완성하기 위한 도리 차원의 규범인 것이다. 따라서 개인적 보상을 전제로 주종관계의 성립 여부가 결정되는 것이 아니라, 천의를 실현할 가능성이 없는 왕일 경우 떠나야 하는 것이 주종관계에서의 에토스였다.

무신정권기에 나타난 충의 내용은 크게 두 가지로 대별되어서 나타났다. 하나는 무신 집권자와 고려왕조 사이에 나타나는 충의 내용이다. 이들에게 있어 충의 대상은 고려왕조였다. 최고 실세가에 의해 왕의 교체가 빈번하게 이루어져도 왕의 아들이나, 형제를 왕위로 계승시키면 반역자가 아니라고 의식했던 것 같다. 무신란 주동자에 의해 의종이 폐위되고 명종이 즉위했으며, 최씨정권에 의해 희종, 강종, 고종 등의 왕의 교체, 임연에 의한 원종의 폐위와 창의 옹립이 있었으나, 무신정권의 실세에 의해 즉위한 왕에 대해 정통성 시비가 없었던 것은 이러한 의식을 반영하고 있음이다.

용손(龍孫)은 지금 임금뿐이 아니며, 여러 종친들이 많지 않는가?[32]

고려 왕실의 자손이 한두 사람이 아닌데 하필 지금 임금만이겠는가?[33]

당시 고려의 정치사회는 적장자의 왕위계승이 왕조의 정통성으로 아직 확립되지 않은 상태였음을 알 수 있다. 왕실의 후손 가운데 왕위를

---

32) 『高麗史』 열전(43) 반역(4) 김준.
33) 『高麗史』 열전(43) 반역(4) 임연.

계승시켜, 충의 대상이 왕조의 집단에서 벗어나지 않으면 반역자로 인식되지는 않았다.

다른 하나는 무신과 개별 추종자 간에 나타나는 충의 내용이다. 가노, 가병, 문객으로 표현되는 주종관계는 개인 간의 결합을 말하는 것으로, 예컨대 최이가 권력을 세습한 후 최충헌의 추종자 유송절(柳松節), 최준문(崔俊文) 등을 귀양보내는 등[34] 최충헌의 추종자가 반드시 최이의 추종자가 된 것은 아니었다. 오히려 권력강화의 측면에서 서로 적대적인 경우가 많았다. 이런 관계에서는 충성의 대상이 무신 가문이라기보다 정권 담당자 개인이었다. 이러한 연고로 최씨정권이 60년 계속되었어도 최씨정권에 가문을 이어 대대로 충성하는 보대(譜代)의 신하는 많지 않았다.

또한 직접 섬기는 주인에 대한 절대적 복종과 희생심의 발로를 충의 내용으로 했기 때문에, 왕과 주인의 충돌이 생겼을 경우에도 추종자는 유교의 이상국가를 실현해야 한다는 측면에서 그 책무자인 왕에 대한 유교적 도리 차원에서의 충성보다는 주인 개인에 대한 충성에 역점을 두는 인격적 복종의 성격이 강했다. 이것이 무신정권기의 주종관계에서 나타나는 충의 내용의 특징으로서, 유교규범 차원의 충과는 상당히 다른 내용이었다. 또한 인격적 복종에 대한 인식이 강했기 때문에, 정적을 제거할 때에는 반드시 그의 아래에 있었던 문객이나 가병, 가노 등도 정적의 수뇌와 함께 제거의 대상이 되었다.

이것은 기존의 유교식 국정운영 체제에서 국가를 중심으로 결집력의 기능을 했던 충의 내용과는 다른 양상으로서, 오히려 국가의 분열을 가져올 가능성도 없지 않았다. 이러한 측면에서 무신정권기에는 국가적 통합이 오히려 약했다고 볼 수 있다. 삼별초의 대몽항쟁이 고려왕조가 아닌 무신정권에 대한 충성과 희생의 성격으로 일부 평가를 받는 것도 이 시기에 보인 주종관계의 특색에서 기인된 면이라 할 수 있을 것이다.

---

34) 『高麗史』 열전(42) 반역(3) 최충헌.

<참고문헌>

『北譯高麗史』(평양: 사회과학원 고전연구실, 1991).

김당택, 「고려 최씨 무인정권과 國王」, 『한국학보』 12권 1호(1986).
_____, 「고려 의종대(毅宗代)의 정치적 상황과 무신란(武臣亂)」, 『진단학보』 75집(1993).
_____, 『高麗의 武人政權』(國學資料院, 1999).
김상기, 『高麗時代史』(서울대학교 출판부, 1985).
박충석·유근호, 『조선조의 정치사상』(평화출판사, 1980).
민병하, 『高麗武臣政權硏究』(성균관대학교 출판부, 1990).
하현강, 「고려 의종대(毅宗代)의 성격」, 『동방학지』 26집(1981).
홍승기, 『高麗武人政權硏究』(서강대학교 출판부, 1995).
_____, 「고려 무인집권시대의 유교와 민란(民亂)」, 『진단학보』 81집(1996).

佐佐木毅·金泰昌 編, 『公共哲學 1 公と私の思想史』(東京: 東京大學出版會, 2001).

제8장 고려 말 성리학의 정치와 사상

손문호(서원대학교)
김영수(국민대학교)

1. 고려 말의 위기와 성리학 운동

고려 말은 위기의 시대였다. 그리고 그 위기는 정치적이자 정신적인 것이었다. 그러나 고려 말은 위대한 창조의 시대이기도 했다. 위기에 처한 고려 말의 지식인들은 정치와 정신 전반에 걸쳐 치열한 반성을 전개했고, 새로운 정치체를 창조하기 위한 장대한 구상을 제시했다. 그 중심에 성리학이 있었다. 고려 말의 지식인들은 이 새로운 정신 및 정치사조를 수용하여 당대의 문제를 포괄적으로 성찰했다. 그 결과 새로운 정치혁명과 정신혁명이 탄생했다. 조선의 건국과 성리학의 수용은 그 산물이었다.

아시아는 '역사의 유년시대'에 머물러 있었으며, 여말선초의 정치변동은 "봉건적 사회에서의 단순한 왕권이동에 불과"했다는 견해도 있다. 또한 성리학은 공리공담의 형이상학으로만 이해되기도 한다. 그러나 노년에 이르기까지 정치에 대해 열렬한 관심을 잃지 않았던 공자처럼 성리학의 창시자들과 추종자들 역시 진지하고 열성적인 구세주의자들이었다.

그러한 성리학이 한반도에 수용되자, 그것은 하나의 정신적·정치적 운동으로 변해 전면적인 역사변동을 초래했다. 도이힐러(Martina Deuchler)는 다음과 같이 말하고 있다.

> 한국에 성리학이 도래함에 따라 포괄적이고 열성적으로 사회문제에 대답하고자 하는 하나의 이념이 부상했다. 그것은 인간과 사회에 대해 유례없는 정치적 논쟁을 자극했다. 성리학은 사회정치적 변혁에 대한 명확한 가르침을 포함하고 있었고, 그것이 제대로 실현될 것이라는 희망을 고대 중국 성왕들의 사례로부터 찾았다. 더구나 성리학의 변혁욕구는 그 실천자들을 행동으로 이끌었으며, 사회적 변혁 프로그램에 대한 완전한 헌신을 요구했다. 여말선초의 성리학자들은 이 요청을 받아들여 한국사회를 유학화하기 위한 변혁 프로그램을 실천하기 위해 노력했다. 11세기 왕안석의 개혁이 실패한 후 그들의 프로그램은 동아시아 세계에서 가장 야심적이고 창조적인 개혁실험이었다.[1]

고려의 정치위기는 일차적으로 토지제도와 국방의 위기에서 비롯되었다. 그 이유는 토지와 관직, 군대가 사유화되었기 때문이다. 토지의 과도한 사유화로 인해 국가재정은 파탄상태였으며, 사전 소유자들의 혹독한 수탈로 백성들은 기본적인 삶조차 영위할 수 없었다. 벌족을 이룬 특권층은 정치적 지위까지 독점해 국가의 공공성은 심각한 타격을 받았다. 군대를 유지할 수 없었던 고려정부는 외적의 방어에 대응할 수 없었다. 왜구가 40년 동안 전국을 유린하면서 백성들을 도륙해도 속수무책이었다. 1388년 위화도회군 뒤 올린 조준의 「전제개혁 상소」를 살펴보자.

> 대저 어진 정치는 반드시 밭둑으로부터 시작하는 것이니, 전제를 바로잡아 국가의 용도를 풍족하게 하고 민생을 넉넉하게 하는 것, 이것이 지금의 급무입니다. 국가의 존속이 길고 짧은 것은 민생의 고락에서 나오고, 민생의 고락은 전제의 고르고 고르지 않음에 있습니다.…… 근년에 이르러 겸병이 더

---

[1] Martina Deuchler, *The Confucian Transformation of Korea: A Study of Society and Ideology* (Cambridge[Massachusetts] and London: Harvard University Press, 1992), p.27.

욱 심해져 간흉한 무리가 주군에 걸치고 산천을 경계로 삼아, 이를 가리켜 모두 조상이 물려준 땅이라고 하여, 서로 밀치고 서로 빼앗아, 땅 하나의 주인이 5, 6명을 넘으며 1년에 세금을 8, 9차나 거두게 되었습니다.…… 사전(私田)이야말로 난을 일으키는 첫 번째 원인이 되었습니다.…… 백성이 사전의 세금을 낼 때를 당해 남에게 빌려서도 감당하지 못하며, 처와 자식을 팔아도 빌린 것을 갚을 수 없고 부모가 굶주리고 추위에 떨어도 봉양할 수 없습니다. 이에 원통하게 부르짖는 소리가 위로 하늘에 사무치고 마을이 텅 비게 되었습니다. 이 때문에 왜구가 내륙까지 들어와 천 리에 걸쳐 죽은 시체가 널려 있어도 막을 자가 없습니다.2)

이러한 정치적 위기에도 불구하고 고려의 지식인들은 적절한 대안을 제시할 수 없었다. 국가의 위기를 생각하면 "밤에 잠을 이루지 못하고, 밥상을 대하고도 탄식하며, 가슴에 손을 얹고 아프게 생각하여, 능히 스스로 그치지 못한다"고 권근은 말하고 있다.

그러나 500년 동안 고려의 정신계를 지배했던 불교는 당대의 정치사회 위기에 비전을 제시하지 못했다. 불교는 오히려 세속적인 욕망을 충족하기 위한 수단으로 변모해 정치체에 거대한 부담이 되었다. 최해는 "그 무리들이 모두 권세에 의지하고 금력을 휘둘러 백성에게 해독을 끼치고 사대부를 노예처럼 여기게 되었다"고 말하고 있다.3) 이와 함께 고려 초기의 정치적 지성을 상실하고 문학화된 유교[詞章儒學] 역시 대안을 제시하지 못했다. 1170년 무신란 이후 고려 유학은 정치체 전반에 대한 시야와 열정을 상실했다. 위기 자체보다도 그것에서 탈출할 전망의 부재가 더 심각한 위기였다. 그로부터 성리학 운동이 자라났다. 중국에서도 전면적으로 실험되지 않았던 성리학이 한반도에서 전격적으로 수용되어 500여 년 동안 지속된 것은 그러한 시대적 상황의 산물이었다.

성리학이 새로운 정신적·정치적 자원으로 부상한 것은 세속적이고 정치적인 삶에 윤리적 정당성을 부여하고, 포괄적인 체제개혁의 비전을

---

2) 『高麗史』 食貨志 田制.
3) 『拙藁千百』(1) 頭陀山 看藏庵重營記.

제공할 수 있었기 때문이다. 성리학자들은 시대의 고난을 구원하려는 열렬한 열정의 소유자들이었다. 여말선초의 개혁은 이들의 집단적 정신·정치운동으로부터 배태된 것이었다.

이처럼 14세기 말 고려에서는 정치체 전체의 정신과 정치에 대해 전면적이고 포괄적인 공동의 반성(collective reflection)이 전개되었다. 이 때문에 이 시기의 변동은 단순한 정치적 사건을 넘어 세계관의 변혁과 직접 연관되어 있었다. 그러한 전면적 반성은 한국 역사상 처음이었다. 당대의 지식인들은 정치와 문명이 직접적으로 관련되어 있다고 이해했다. 성리학 운동이 무엇보다도 반불교 운동으로 진행된 것은 이 때문이었다.

이러한 정신적 탐구의 결과가 정도전의 『불씨잡변』과 권근의 『입학도설』, 『오경천견록』이며, 정치적으로는 정도전의 『조선경국전』과 『경제문감』이 그러한 노력의 산물이었다. 『불씨잡변』은 한국 최초의 본격적인 정신적·정치적 논쟁서라고 할 수 있다. 또한 권근의 저술은 한국 최초의 체계적인 형이상학 연구서이며, 『조선경국전』과 『경제문감』은 정치체제와 정치적인 것을 포괄적으로 다룬 최초의 서적이었다. 14세기 말 한반도에는 정치체 전반의 문제를 전체적으로 반성하고 이해할 수 있는 사유가 폭발적으로 개화했던 것이다.

이는 한반도인들의 역사적 도전에 대한 대응으로 나타난 것이었다. 그러나 이러한 사유의 단서는 중국문명에서 유입되었다. 근대 이전 한반도 문명의 성숙은 중국의 영향을 고려하지 않고는 이해될 수 없다. 중국은 모든 분야에서 한반도인들의 문화적 모범이었다. 성리학의 기원은 송(宋)이다. 그러나 고려 말의 성리학 운동은 원(元)으로부터 비롯된 것이었다. 원의 고려 지배는 이중적 성격이 있었다. 승려 충지(1226~1292)는 원 지배의 참상을 다음과 같이 전하고 있다.

> 밤낮으로 벌목하여 전함을 만들다 힘은 다했고,
> 손바닥만한 땅도 개간하지 못했으니 백성들은 무엇으로 연명하랴.
> 집마다 묵은 양식은 없고 태반은 굶어서 우는구나.

슬프다! 나는 무엇을 하는 사람인가.
눈물만 하염없이 흘러내리네.
슬프다! 동토의 백성이여, 하늘마저 슬퍼하지 않네.
언제 장풍이 불어와서 나의 피눈물 나는 시(泣血詩)를 불어 가려나.4)

그러나 원의 강력한 힘은 동북아에 평화를 가져왔다. 이색은 "태평을 누린 지 100년에 백성이 병화(兵禍)를 알지 못하"였다고 말했다.5) 원은 고려에 100여 년의 평화와 코스모폴리탄적인 세계문화를 동시에 가져다주었다. 원의 고려 지배는 고려인의 문화적·정치적 경험에 심대한 영향을 미쳐 고려 말의 정신적 성숙과 정치변혁에 근본적인 영향을 미쳤다. 당나라 이후 한반도의 중국문화 유입은 간접적인 것이었다. 그러나 원종이래 고려와 원은 국경이 없어져 한반도는 역사상 처음으로 선진문화와 전면적이고 무제한적인 교류를 가질 수 있었다. 수많은 전쟁포로와 인질, 공녀, 환관 등과 함께 관료, 승려, 학자, 정치가 등도 세계문화와 직접 접촉을 가질 수 있었다. 충선왕을 따라 10여 년 동안 원의 수도에 머무르면서 당대 최고의 지식인들과 교유한 이제현의 사례를 보자.

선생이 이들 모두와 교제하여, 보는 것이 바뀌고 듣는 것이 새로워져, 격려되고 변화되어 진실로 그 정대하고 고명한 학문을 다 연구했다.…… 우리나라 사람들은 선생을 태산같이 우러러보았으며, 학문하는 선비들이 그 비루한 습관을 버리고 차츰 고상해진 것은 모두 선생의 교화 때문이었다.6)

충선왕의 서재 만권당(萬卷堂)은 훌륭한 담론장이었다. 이제현은 이곳에서 최고의 문화적 세례를 받았다. 고려 말 개혁운동의 지도자들은 대부분 이제현의 정신적 문도들이었다.
이러한 교류에 의해 고려의 문명은 중국과 비슷한 수준에 도달했다.

---

4) 『圓鑒錄』.
5) 『高麗史』(115) 列傳(28) 李穡.
6) 『牧隱集』 益齋先生亂稿序.

당대 고려의 지식인들은 중국과의 문화교류에 어려움을 느끼지 않았으며, 자신들의 지적 세계를 고려에 한정시키지 않고 중국으로까지 확대해 사고하고 있었다. 중국문화권의 변방에 속했던 고려는 보다 보편적이고 세계적인 문화권의 일원으로 성장했던 것이다. 여말선초의 문화적·정신적 활력의 분출은 이러한 조건에 깊은 영향을 받았다. 안향 등 제1세대가 성리학을 수용하고 전파했다면, 이제현 등 제2세대는 성리학의 학문적·정치적 전환을 비로소 이해하고 이를 실천하려고 노력했으며, 이색 등 제3세대는 그 문명적 의미까지 이해를 성숙시켜 정치운동화했다. 고려 말의 정치운동과 그 대안은 다음 장에서 기술될 것이다. 여기에서는 주로 정신적 대안과 관련해서 살펴보고자 한다.

2. 고려 말 성리학의 정신적 대안

1) 고려 말의 정신적 공황과 성리학의 동전

1170년 무신란 이후 14세기 중엽 공민왕 대에 이르는 고려 정치의 특징을 요약한다면, 그것은 국가적 공공성의 붕괴라고 말할 수 있다. 이 때문에 정치권력은 양민의 보호자가 아니라 수탈자로 변모했다. 이제현에 의하면, "근래에 권세가가 거의 다 (공전을) 점탈하여, 중간에 자주 개혁을 의논했으나 문득 위협적인 말로 왕을 속이고 협박해 마침내 능히 행하지 못하게 했"다고 한다. 그것이 가능했던 것은 지배층이 원의 중앙정부와 다양한 인적 네트워크를 형성해 그들의 권력과 특권을 보호했기 때문이다.

1356년 공민왕은 친원세력을 일제히 숙청하고 원의 지배로부터 독립함으로써 개혁의 서막을 열었다. 그러나 23년에 걸친 그의 개혁노력도 실패로 끝났다. 이러한 상황에서 정치체의 위기를 걱정하고 새로운 비전을 제시할 뿐 아니라 그것을 실천할 수 있는 정치집단이 필요했다. 그러나 무신란 이래 고려의 정치적 지성은 거의 소멸되었다. 지식인들은 시대의 호소에 둔감했을 뿐만 아니라 그것을 이해할 수 있는 깊은 통찰력과 창조성을 상실했다.

불교는 정신을 가장한 세속적 욕망의 수단으로 전락하여, 쇠락하는 고려의 정치사회에서 아무런 정치적 상상력도 불러일으키지 못했다. 출세간의 원리가 아니라 세속을 구원하기 위한 정치적 비전이 필요했다. 성리학이 새로운 대안으로 등장했다. 그러나 성리학적 비전이 갑자기 용출한 것은 아니다. 고려 전기 유학의 정치적 감각을 가장 뛰어나게 보여주는 것은 최승로의 「시무28조」이다. 그러나 그러한 유학의 전통은 단절되었다. 이제현은 그 원인을 무신란으로 인한 지식계의 괴멸에서 찾았다.

> 그 중에서 겨우 범의 입을 벗어난 것처럼 화를 피한 자는 깊은 산 속으로 도망가서 의관을 벗어 버리고 가사를 입고서 남은 생애를 보냈으니, 신준 오생 같은 유가 바로 그들입니다.[7]

대다수의 지식인들은 학살을 피해 승려가 되거나 낙향해서 처사로 삶을 마쳤다. 살아남은 자들은 죽림고회(竹林高會)의 인물들처럼 음주와 시를 통해 도가적인 세계에 탐닉해 그들 자신의 정신적 독립성을 지키고자 했다. 이규보는 "삼황(三皇)도 오히려 개미 같거늘, 나비 같은 우리 인생 취하고 깸을 따질손가"라고 말하고 있다.

또 하나의 정신적 도피처는 불교였다. 정치적 적실성을 상실하고 형이상학적 완전성이 결여된 유교에서는 정신적 정체성을 확인할 수 없었기 때문이다. 오직 초월만이 그들의 정신을 구원할 수 있었다. 이러한 정신적 경향은 거사불교(居士佛敎)로 나타났다. 거사불교의 본래 의미는 불교의 세속화를 통해 불교의 실천영역을 확장시키는 것이었다. 그러나 당대 고려의 거사불교는 현실비판을 포기함으로써 정치적 의미를 상실한 고매한 정신이 현실과의 고투 없이 완전한 세계에 이르려고 하는 고도의

---

[7] 『益齋集』 櫟翁稗說 前集(一).

개인주의적 허위의식을 대표하고 있었다. 그런 의미에서 유교와 불교는 융합된 것이 아니라 야합했던 것으로 보인다.

정치적 지성의 암흑상태에 새로운 활로를 제시한 것은 충렬왕 대의 안향(1243~1306)이었다. 그는 유학이 파멸적인 상태에 빠졌음을 인식했다. 그러나 그 역시 이러한 위기에 대한 대안의 모색에는 무력했다. 1289년 47세의 안향은 원에 들어가 남송에서 전래된 주자의 학문세계와 처음으로 조우했다.

> 연경에 머물면서 주자서(朱子書)를 손수 쓰고 공자와 주자의 초상화를 모사했다. 당시에 주자서는 세상에 널리 알려지지 않았는데, 선생이 처음 보고 마음으로 몹시 좋아하고 공문(孔門)의 바른 맥락임을 알고는 드디어 그 책을 손수 기록하고 공자와 주자의 초상화를 모사해서 돌아왔다. 이로부터 주자서를 강구해 박약(博約)의 공부를 깊이 이루었다.[8]

그는 고려의 정신과 정치상황에서 주자학이 지닌 의미를 직감했으며, 장차 고려 유학이 지향해야 할 목표를 간명하게 제시했다. 그 요체는 자신이 부흥시킨 국자감의 학생들에게 제시한 국학의 기본정신에 적절히 요약되어 있다.

> 성인의 도는 일용 윤리에 지나지 않는다. 아들이 되어 효도해야 하고, 신하가 되어 충성해야 한다. 예로 다스리고 신의로 벗과 사귄다. 자기를 닦는 데 경(敬)으로 하고, 일을 실천하는 데 성(誠)으로 할뿐이다. 저 불자들은 부모를 버리고 출가해 윤리를 어그러트리니 곧 이적의 무리이다.[9]

여기에는 고려 말 성리학 운동의 근본적인 테제가 이미 함축되어 있다. 가장 중요한 것은 불교가 제시한 '초월'의 이상을 '세속'의 세계로 환원시키고자 했다는 점이다. 그는 개인의 완성이 정치체에서 벗어나 초

---

8) 『晦軒先生實記』(3) 年譜.
9) 『晦軒先生實記』(1) 論國子諸生文.

월적 세계를 성취함에 있는 것이 아니라, 정치체 안에서 적절한 행위를 통해서 이루어질 수 있다고 주장하고 있다. 이러한 주장은 불교가 중국에 유입된 이래 유교가 천여 년 가까이 추구해 온 정신적·정치적 대안의 결정이었다.

그러나 안향의 대안이 역사에서 구체적으로 인식되었던 것은 거의 한 세기가 지난 후였다. 성리학의 메시지가 지닌 정치적·철학적 의미를 심화시키고 명료하게 한 것은 이제현이었다. 1345년(충목왕 원년) 이제현은 왕의 경연과목으로 육경보다 사서(四書)가 우선되어야 한다고 주장했다. 그것은 성리학적 학문체계의 수용을 의미하는 것이었다. 그는 또한 『대학』의 인간관과 정치관을 연관시키고 있다.

그러나 이는 아직 고려사회에서 새롭고 낯선 시도였다. 민자복이 어느 날 정몽주를 찾아갔을 때, 정몽주는 "사장(詞章)은 말운(末芸)이고 이른바 심신(身心)의 학문이 있는데, 그 말은 『대학』과 『중용』 두 책에 갖추어져 있다"고 말했다. 민자복은 그 말을 정도전에게 전했다. 당시 16~17세로 시의 성률 공부에 열중하고 있던 그는, "그 말을 듣고 두 책을 구해 읽었더니, 비록 잘 알지는 못하겠으나 매우 기뻤다"고 한다.10) 이러한 광경은 종교적인 회심을 연상케 한다. 유교 내에 새로운 혁명이 일어났던 것이다.

이러한 정신적 각성이 결집되어 시대의 경향을 이루고, 공식적인 의미를 획득한 것은 성균관을 통해서였다. 공민왕 16년(1367) 전쟁으로 소실되었던 성균관이 중영되었다. 이제현의 문생인 이색이 이 운동의 주동자였다. 『고려사』는 당시의 정경을 다음과 같이 전하고 있다.

> 공민왕 16년, 성균관을 중영할 때 이색을 판개성부사 겸 성균관대사성으로 삼고 생원을 더 두었으며, 경술(經術)의 선비인 김구용, 정몽주, 박상충, 박의중, 이숭인을 택해 모두 다른 관직과 함께 성균관의 교관을 겸하도록 했다. 그 전에는 성균관생이 수십 명에 불과했다. 이색이 다시 학식을 정하고, 매

---

10) 『三峰集』 圃隱奉使藁序.

일 명륜당에 앉아 경을 나누어 수업하고, 강(講)을 마치면 서로 함께 논란해 지루한 것을 몰랐다. 이에 많은 학자가 모여서 서로 보고 감화를 받으니, 정주의 성리학이 비로소 흥기했다.11)

전통적인 경전 연구가 아니라 이 훌륭한 열띤 대화와 사색의 전통이 어디로부터 기원했는지는 알 수 없다. 이와 같은 기록은 『고려사』에서도 유일한 것이다. 그것은 아마 이제현의 만권당 경험으로부터 시작되었는지도 모른다. 충선왕의 만권당은 대화와 사색이 서식하기에 적절한 곳이었을 것이다. 이색은 자신이 "정체와 국풍에 관계되는 일을 일찍부터 읽고 음미해 왔으며, 동지들과 더불어 이를 강학하려고 오랫동안 생각해 왔다"고 말했다.12) 당시 권근과 이웃해서 살고 있었던 정도전은 그들의 학문적 유대와 열의를 다음과 같이 말하고 있다.

좋은 벗이 이웃에 함께 살아서
골목이 서로 연접했다오.
찬이슬에 젖으면서
등불 밝혀 밤에 모이네.
마주 앉아 기문(奇文)을 감상하다가
이치의 극을 보면 말을 잊는다.
날로 달로 언제나 이와 같으리
이 즐거움을 잊지 말자 맹세를 했네.13)

이 공동의 대화와 사색이야말로 고려 말의 정신적 폭발의 기원이었던 것으로 생각된다. 이로부터 새로운 문화가 창조되어 조선의 원형이 탄생했다. 이 운동은 고려 후기의 정신 및 정치운동에 위대한 족적을 남겼다. 고려의 전통적인 정신 및 정치를 전면적으로 극복할 수 있는 대안이 이곳으로부터 분출되어 개화했다. 그런데 이러한 정신적 활기의 돌연한 분

---

11) 『高麗史』(115) 列傳(28) 李穡.
12) 『牧隱集』 萱庭記.
13) 『三峰集』: "夜與可遠子能讀陶詩賦而效之"

출은 당시 고려의 정치적 상황과 극명한 대조를 이룬다.

그런데 이 시대의 정신운동이 직면한 과제는 궁극적으로는 진정한 '세속성' 또는 '정치성'의 회복이었다. 즉 일상생활과 분리되어 산 속으로 간 진리를 환속시키는 한편, 비속화된 현실의 세속성을 정화시키는 것이었다. 현세적 삶을 옹호할 뿐만 아니라 동시에 그 속에서도 초월적 삶을 성취할 수 있을까? 이것이 성리학의 본질적인 질문이었다.

2) '세속'의 부활을 위하여: 유교와 불교의 투쟁

고려 말 성리학의 가장 격렬한 정신적 투쟁은 불교에 대항해서 이루어졌다. 불교가 초래한 가장 심각한 분열은 세속과 초월의 분리였다. 수행자들이 정치공동체로부터 독립되어 별개의 공동체에 소속되어 있다는 혜원(慧遠)의 지적은 인간의 삶에 나타난 본질적 균열을 지적한 것이었다. 인간은 정치공동체 외에 다른 세계를 발견했던 것이다. 그것은 또한 정치의 세계에는 진리가 존재하지 않는다는 자각이었다. 진리를 알기 위해서는 속세를 떠나야 했다[出家]. 속세는 '집착의 거소'이며 집착은 존재의 실상을 가리기 때문이다. 20세에 과거 급제 후 출가한 충선왕 대의 승려 천책은 다음과 같이 말했다.

> 이곳은 순전히 고통뿐이고 즐거움이 없으며 삼악도(三惡途)에 닿게 하는 원인을 증장시키고, 저곳은 순전히 즐거움뿐이고 고통이 없으며 사덕(四德)의 과보를 성취시킨다. 이미 깨끗하고 더러움이 올라가고 가라앉음이 있으며, 목숨이 길고 짧은 것이 있고, 선악이 나누어지고 고락이 다르다. 그러니 더러운 세상을 버리고 저 즐거운 곳에 나아가고자 하는 사람이라면 누가 아미타교관을 연마하여 궁구하지 않겠는가.14)

---

14) 『萬德山白蓮社第四代眞靜國師湖山錄』, 「勸誦阿彌陀經願文」, 『韓國哲學思想研究資料集』 I(서울대학교 철학사상연구소), 1998, 353-354쪽.

이처럼 세속과 탈속은 이원화되고 일상적 삶은 초월적 삶과 화해할 방법이 없는 것이다. 이 때문에 고려의 유수한 지식인들은 현세적 삶에서 심각한 분열을 경험했다. 이숭인은 불교가 "어리석고 지혜로운 이를 다 사로잡았으니, 뉘라서 창을 잡고 대항하리오…… 그 뿌리 뽑을 힘 없으니 눈물만 줄줄 흘러내리네"라고 탄식하고 있다.15) 따라서 여말선초 성리학자들의 최대의 정신적 과제는 세속성에 진정한 의미를 부여하는 것이었다. 정몽주는 공양왕에게 다음과 같이 주장하고 있다.

> 유자의 도는 모든 일용의 평상사에 있습니다. 음식과 남녀는 모든 사람이 같이하는 바이나 거기에 지극한 이치가 있으니, 요순의 도가 또한 다른 것이 아닙니다. 동정어묵이 올바름을 얻으면 이것이 곧 요순의 도요, 시초가 심히 높고 행하기가 어려운 것이 아닙니다. 저 불씨의 교는 그렇지 않아서, 친척과 절연하며 남녀를 끊고, 홀로 암혈에 앉아 풀로 짠 옷을 입고, 나무열매를 먹으며 관공적멸을 숭상하니, 어찌 이것이 정상적인 도이겠습니까.16)

정몽주는 '세속'이야말로 오히려 인간이 진리를 발견하고 완성할 수 있는 유일하고 진정한 공간이라고 주장하고 있다. 그들은 '일용의 평상사'를 '지극한 이치'의 출발점이자 목표로 이해했다. 카네티의 말처럼 "인간의 정신사에서 가장 알 수 없고 무서운 현상의 하나는 구체적인 것을 회피하는 것"이다. 인간은 우선 멀리 있는 것을 좇고, 그 주변에서 항상 부딪히는 모든 것을 간과해 버리려는 두드러진 성향을 가지고 있다.

그렇다면 현실 긍정은 어떻게 가능한 것인가? 그 정신적 과제는 단순하다. 그것은 일상적인 삶의 실천을 통해서도 인간이 어떻게 자기를 완성시킬 수 있는가 하는 문제이다. 그러나 이에 대한 답변은 매우 어려웠다. 성리학자들의 주장에 따르면 맹자 이후 천 년의 세월이 흐른 송대에서야 가능했다. 권근에 의하면, "불법이 중국에 들어오니 그 폐해가 양묵

---

15) 『陶隱集』(1) 秋夜感懷
16) 『高麗史』(11) 列傳(30) 鄭夢周.

(楊墨)보다 심하여, 선유들이 이따금 그 잘못을 변박했으나 책을 지을 만한 사람이 없었다"고 한다.17)

노불(老佛)에 반대하는 성리학의 근본테제는 '이'(理)이며, 그에 기초한 인륜성이다. '이'는 하늘과 땅이 존재하기 전에 이미 존재했다. 천지도 '이'가 있음으로써 존재한다. 그러므로 만일 '이'가 없으면 천지도 존재할 수 없고 사람이나 사물도 존재할 수 없다.18) 즉 '이'는 세계의 근원적 창조자이자 만물이 모범으로서 따라야 할 표준이다. 참된 인간은 '이'를 알고 실천해야 한다. 즉 '이'가 만물의 근원임을 자각하고 그것을 이해하여, 일상적 삶의 모든 국면이 '이'에 적합하면 그는 완성된 자이다.

주자는 현세에서 인격 완성이 가능할 뿐만 아니라 그것이 이상적이라고 주장한다. 이런 자각에 의해 정도전은 "도에는 두 갈래로 높은 것이 없다"고 선언한다.19) 권근의 「입학도설」(1390)은 '이'에 의해 우주와 인간이 어떻게 상호 연관되어 있는지를 논리적으로 설명하고 있다. '이'에 의해 인간은 자신의 궁극적 기원을 알고 우주와 사회 속에서 자신의 위치를 이해하게 되어, 자신의 주체성을 확립할 수 있게 되는 것이다. 그것은 이규보의 「문조물」(問造物)에 나타난 정신적 혼란이 극복 가능하게 되었다는 것을 뜻한다. 이는 당대 지식인들에게 혁신적 전환의 희망을 고취시켰다. 그들의 정치적 희망은 유교의 이상국가를 건설하는 것이었다. 이색은 "가소롭다, 당시에 동주(東周) 만들려던 마음, 지금의 이 마음 그 누가 알아주리"라고 노래했다.20) 정도전은 예악이 "안방부터 온 나라에 이르는" 정치를 찬양했다.21)

이처럼 여말선초의 성리학은 불교의 이원적이고 초월적인 이념에 대항해 일원적이고 현세적인 이념을 제시했다. 나아가 성리학이 단순한 이

---

17) 『三峰集』(5) 佛氏雜辨.
18) 『朱子語類』(1).
19) 『三峰集』(6) 心氣理篇.
20) 『牧隱集』 夜雨.
21) 『三峰集』 文德曲.

념이 아니라, 그것을 실천함에 의해 세속적 삶 속에서 어떻게 그 진리를 습득하고 실현할 수 있는가에 대한 답변을 제시해 주었다는 점에서 고려의 정신과 정치에 혁명적인 변동을 야기했다.

3. 성리학과 정치: '거경궁리'의 정치

그렇다면 불교에 대항해서 제시된 성리학의 이러한 정신적 대안은 정치체에 어떻게 제도화될 수 있었던 것일까? 플라톤의 국가가 이데아의 실현을 목표로 하고 있듯이 조선은 인간성의 완성을 국가의 이상적 목표로 생각했다. 주자는 성리학의 정치적 이상을 다음과 같이 말했다.

> 하늘이 사람을 냄으로부터 사람들에게는 이미 인의예지의 본성이 부여되지 않은 일이 없었다. 그러나 그 타고난 기질이 같을 수가 없었으니, 그래서 모두 자기 본성이 지니고 있는 것을 알아 가지고 그것을 온전히 하지 못했던 것이다. 그들 가운데 총명하고 예지가 있어 그의 본성을 다할 수 있는 자가 나오기만 하면, 곧 하늘은 반드시 그에게 명해 만민의 군사(君師)를 삼게 하고, 그로 하여금 백성들을 다스리어 교화하게 하여, 그들의 본성을 되찾도록 했던 것이다.22)

인간의 참된 상태를 회복하는 것[復性]이 정치의 궁극적 목표인 것이다. 성리학적 국가는 또한 유학의 전통적 이상처럼 민생을 최우선으로 하는 국가이다. 하늘은 만물을 낳았고, 통치자로 하여금 하늘을 대신해서 자신의 자식들에 대한 보호를 위임했다. 정도전은 다음과 같이 말하고 있다.

> 대개 임금은 나라에 의존하고 나라는 백성에 의존하는 것이니, 백성이란 나라의 근본이며 임금의 하늘인 것이다. 그러므로 『주례』에서는 인구수를 왕

---
22) 「大學」 章句序.

에게 바치면 왕은 절하면서 받았으니, 이것은 그 하늘을 존중하기 때문이었다. 인군 된 사람이 이러한 뜻을 안다면 백성을 사랑함이 지극하지 않을 수 없을 것이다.23)

요컨대 조선의 정치체제는 두 가지 목적을 가지고 있다. 첫째는 인간의 완성이고, 둘째는 민생의 보호이다. 이를 위해 조선의 정치체제는 두 가지 방식으로 구성된다. 첫째는 정신의 육성이고, 둘째는 욕망의 통제이다. 여기서는 정신의 육성에 대한 정치체제론만 검토해 보도록 하자.

플라톤 이래 서양의 정치철학은 기본적으로 선한 인간이 선한 시민이라는 인식에 기초하고 있다. 모든 정치적 질병은 결국 영혼의 질병에서 기원하는 것이다. 그러므로 그들은 모두 정치적 삶과 영혼의 선을 일치시키고자 했다. 그러한 인식은 성리학도 동일하다. 주자가 제시한 "격물치지 성의정심 수신제가 치국평천하"라는 방법론은 바로 그러한 인식의 산물이다. 인간의 완성은 정치의 완성이자, 세계의 완성과 수미일관하게 직접적으로 연관되어 있는 것이다. 그러므로 교육은 정치의 처음이자 가장 근본적인 방법론이다. 주자는 이에 대해 다음과 같이 말하고 있다.

> 삼대의 융성했던 시기에 학교의 제도가 점차로 갖추어진 뒤엔 왕궁이나 국도에서 여항에 이르기까지 학교가 있지 않은 곳이 없었다. 사람이 나서 여덟 살이 되면 왕공으로부터 아래로 서민들의 자제에 이르기까지 모두 소학에 들어가 그들에게 물 뿌리고 쓸고 응대하고 진퇴하는 절도와 예법, 음악, 활쏘기, 말몰기, 글쓰기, 산수에 관한 글을 가르치게 했다. 그들이 열다섯 살이 되면 천자의 원자와 그 밖의 아들들로부터 공경, 대부, 원사의 적자들과 평민의 뛰어난 자제들에 이르기까지 모두 대학에 들어가게 하여 궁리정심, 수기치인의 도를 가르쳤다.24)

조선 역시 모든 사람들에게 적절한 교육의 기회를 제공하려는 이상을

---

23) 『朝鮮經國典』(上) 賦典 版籍.
24) 「大學」章句序.

가지고 있었다. 왕과 세자에게는 경연과 서연을, 중앙에는 성균관과 4학을, 지방에는 향교를 설치해 사대부와 서민의 자제를 교육했다.

첫째, 조선 정치에서 가장 중요한 교육의 대상은 왕이었다. 성리학 정치이론에 의하면, 왕은 교육자 중의 교육자가 되어야 한다. 왕은 군사(君師)로서 하늘을 대신한 교화자이기 때문이다. 이첨은 "후세 사람들이 일을 계속하지만 그 근본이 없으니, 다스림을 구할 줄은 알아도 임금을 바르게 할 줄을 모"른다고 말한다.25) 조운홀은 다음과 같이 말하고 있다.

> 예로부터 임금이 학문을 말미암지 않고 능히 천하국가를 다스린 자가 없었고, 학문을 하는 요체는 다름이 없고 글을 읽어 이치를 궁구하고 뜻을 성실히 하며 마음을 바르게 할 뿐입니다.…… 만기의 여가에 경사(經史)를 강습하사 착하게 인도함을 즐겁게 들으시고, 덕성을 함양하여 지치(至治)에 이르게 하소서.26)

경연은 보다 실제적인 목적도 가지고 있었다. "임금은 만백성의 위에 있어 한 나라의 영화를 누리고 있는 만큼, 교만과 사치가 빨리 이르고 음란과 방탕이 쉽게 오"기 때문이다.27) 그 결과는 파괴적이다. 군주정은 특히 그러한 정치적 위험성에 깊이 노출되어 있다. 이는 동양정치에서 '걸주의 정치'로 모형화되었다. 고려 말 충혜왕과 우왕은 그 전형적인 예이다. 그러므로 정치체제의 건전성을 유지하기 위한 왕의 교육은 실제로는 적극적이라기보다 방어적인 것이었다.

둘째, 성리학은 정치공동체가 단지 왕 1인만이 아니라 전체 구성원의 문명화를 통해서만 평화에 도달할 수 있다고 본다. 조준은 지방수령의 주요한 임무 중 하나로 "학교를 흥하게 하는 것"을 들고 있다. 왜냐하면 학교는 문명과 정치의 근원이기 때문이다.

---

25) 『高麗史』(117) 列傳(30) 李詹.
26) 『高麗史』(112) 列傳(25) 趙云仡.
27) 『高麗史』(117) 列傳(30) 李詹.

학교는 풍속을 아름답게 하는 원천이며, 국가의 치란과 정치의 성패가 모두 이로부터 시작됩니다.…… 원컨대 이제부터는 근민하고 박학한 자를 교수관으로 삼아 5도에 각 1인씩 분견해 군현에 주행케 하고, 그 마필의 공억(供億)은 모두 향교에 맡겨 주관케 하고, 또 주군에 한거해 유학을 업으로 삼는 자로 본관교도로 삼아 자제로 하여금 항상 사서와 오경을 읽게 하여 사장 읽기를 허락하지 마십시오.28)

조선이 원했던 이상적인 국가는 정치공동체 구성원 모두가 자신을 수양하는 커다란 학교였다. 교육을 통해 욕망을 극복하고 참다운 평화[太和]에 이르고자 했던 것이다. 그러나 푸코의 관점을 따른다면, 이는 특정 형태의 이데올로기를 재생산하는 정치적 장치이기도 하다. 한 정치체의 모든 인간이 동일한 텍스트를 읽고 동일한 해석을 따르며 동일하게 사유하고 동일하게 행동한다면, 법의 강제성 이전에 거기에는 이미 자발적 질서가 존재하고 부단히 재생산되고 있는 것이다. 그러나 거기에는 정신의 교조화라는 위험이 내재되어 있다.

셋째, 그런데 성리학의 교육에서 중요한 것은 관습의 교육이다. 즉 '이해'보다는 '행동'의 반복에 의해 특정한 형태의 정신을 창조하려는 것이다. 그것이 '예'이다. 예의 본질은 만물에 대한 '공경'에 있지만, 입법가의 관점에서 본다면 평화로운 사회관계를 유지하기 위한 적절한 행동양식이다. 세 가지 인간관계의 상하질서[三綱]와 다섯 가지 인간관계의 기본원리[五倫]는 그러한 예의 정수였다. 즉 '예'는 한 인간이 사회에서 어디에 속해 있는지, 그리고 자신의 위치에서 무엇을 해야 하는지에 대한 코드와 같은 것이다. 그 결과가 공자의 '정명'(正名)이자 주자의 '지분'(知分)이다.

삼대의 사람들은 배우지 않은 이가 없었고, 그 배운 사람들은 자기의 본성의 분수에 본래부터 지니고 있던 것과 직분으로 당연히 해야 할 것을 알아, 각자가 힘써 그의 역량을 다하지 않는 이가 없게 되었다. 이것이 옛날 융성

---

28) 『高麗史』(74) 志(28) 選擧 學校 國學.

했던 시대에 위에서는 융성히 잘 다스리고, 아래에서는 풍속이 아름다웠던 까닭이니, 후세 사람들로서는 따를 수가 없는 일인 것이다.29)

'예' 중에서 정치적으로 가장 기본적이고 중요한 것이 '가례'(家禮)이다. 아리스토텔레스가 가정을 '생산'(poiēsis)의 영역으로 보고 정치와 구분한 것과 달리, 유학의 독특한 정치적 구상은 바로 이 혈연에 기초한 자연적 결사체 위에 기본적인 윤리적 규범을 세우고, 그것에 기초해서 국가를 구성하려고 했다는 데 있다. 즉 '가'(家)는 단순한 '필요'의 영역이 아니라 정치체의 기본단위이자 정치적 행위가 처음 발생하는 곳이다. 유학은 부자관계 같은 자연적 윤리를 정치사회적 윤리로 곧바로 연결시키려고 한다. 그것이 『주자가례』의 목적이었다. 장횡거는 다음과 같이 말한다.

"종법이 서면 사람들마다 온 곳을 알게 되고 조정에는 크게 이익 됨이 있을 것이다"라고 했다. 혹자가 "조정에 무엇이 유익한가?"라고 묻자, "공경들마다 그 집을 보전하면 충의가 서지 않겠는가? 충의가 이미 섰다면 조정이 안정되지 않겠는가?"30)

4. 고려 말의 성리학자: 구세와 문명의 인텔리겐차

14세기 말 한국에서 정신적 영역과 정치체 전체를 성리학과 같이 세속적이고 합리주의적인 사유로 재편성하려는 노력은 비상했다고 할 수 있다. 그것은 정치적 모험이자 진지한 정신적 도전이었다. 그 요체는 인간이 자신의 힘과 이해에 의해 자신의 삶을 정복하려는 노력이며, 인간의 주체성을 오로지 자신의 이성과 양심에만 근거지우려는 프로메테우스적인 것이었다. 성리학자들은 그것이 세상을 구원할 수 있다고 믿었으

---

29) 「大學」章句序.
30) 『朱子家禮』(1) 通禮

며, 자신들을 그러한 사명의 사도로 생각했다. 그들은 불교가 '독선'만을 추구한다고 비판했다. 이제현은 다음과 같이 말하고 있다.

> 맹자가 이르기를, "우는 천하에 물에 빠진 자가 있으면 자기가 빠진 것같이 생각하고, 직은 천하에 주린 자가 있으면 자기가 주린 것같이 생각한다"고 했으나, 천하의 물에 빠진 자와 굶주린 자를 우가 몸소 빠트린 것도 아니요, 직이 그 먹는 것을 막은 것도 아니거늘, 왜 단연코 자신의 책임으로 삼아 사양하지 아니하였겠습니까. 하늘이 대인에게 자리를 내린 것은 본래 이런 사람을 구제하고자 한 것이라, 진실로 곤궁하여 고할 데 없는 자를 보고 활연히 부끄러워하지 아니하면, 어찌 하늘이 강임한 뜻이리오.[31]

그러나 진리를 정치와 역사의 세계 속에서 성취하고자 했을 때 성리학자들은 중대한 시련에 직면했다. 고려 말의 역사에서 이 간극을 가장 민감하게 느꼈던 사람은 정몽주와 정도전이었다.

1362년 제2차 홍건적의 난에서 국가를 구한 장군은 정세운, 안우, 김득배, 이방실이었다. 이들은 승리 직후 모두 처형당했다. 그것은 장군들의 군사력이 왕권에 대한 위협으로 간주되었기 때문이다. 당시 26세의 청년이었던 정몽주는 좌주 김득배의 제문에서 다음과 같이 절규했다.

> 아아 황천이여! 나의 죄가 무엇이며, 아아 황천이여! 저는 어떠한 사람입니까. 대개 듣건대 하늘은 선인에게 복을 주고 음란자에게 화를 내리며, 사람은 선인을 상주고 악인을 벌한다고 했습니다. 하늘과 사람이 비록 다르다 할지라도 그 이치는 하나인즉, 옛 사람이 말하기를 하늘이 정하면 사람을 이기고 사람이 많으면 하늘을 이긴다 했으나, 하늘이 정하면 사람을 이김은 과연 무슨 이치며 사람이 많으면 하늘을 이긴다 함은 또한 무슨 이치입니까? 앞날 홍건적이 침입하자 임금이 서울을 떠나시니 국가의 운명이 위태롭기가 한 가닥 실 끝에 달린 것 같았습니다. 오직 공이 먼저 대의를 선창하매 원근이 향응했고, 스스로 만 번 죽을 계책을 내 삼한의 대업을 회복했습니다. 이제 이 땅에서 먹고 이 땅에서 잠자는 것이 누구의 공입니까? 비록 그 죄가

---

[31] 『高麗史』 列傳(23) 李齊賢傳.

있더라도 공으로 덮는 것이 옳을 것이요, 죄가 공보다 무겁더라도 반드시 그 죄를 자복시킨 뒤에 베는 것이 옳을 것입니다. 그런데 말의 땀이 마르지 않고 개선하는 노래가 끝나지 않았는데, 어떻게 태산 같은 공을 무시하고 오히려 칼날의 피가 되게 했습니까? 이것이 내가 피눈물을 흘리며 하늘에 묻는 바입니다. 나는 그 충혼과 장백이 천추만세에 반드시 구천 아래서 울음을 머금을 것을 알고 있습니다. 아아, 명(命)이니 어찌 하리오, 어찌 하리오!32)

이 글은 단순한 슬픔 이상을 담고 있다. 그는 역사의 본질에 대한 물음, 즉 하늘과 인간의 관계를 묻고 있다. 인간과 하늘이 하나라면, 하늘의 원리는 왜 인간사에는 다르게 나타나는가? 과연 하늘의 원리는 존재하는가? 인간에게 올바른 가치의 기준이 존재할 수 있겠는가?

그러나 정몽주의 비탄은 역사의 불합리에 대한 의문이지만, 동시에 역사에서 참으로 실현되지 않은 것에 대한 발견 혹은 고양이기도 했다. 그래서 송시열은 정몽주가 "조선 문명의 창성을 열어 놓아 우리 동방 사람으로 하여금 망극한 은혜를 받게 했다"고 말했다.33) 정몽주는 고려왕조의 수호자였지만, 송시열은 그를 조선 정신의 기원으로 인식했다. 고려 말 성리학자들의 문명적 목표는 중화문명의 완전한 성취였다. 한 세기 뒤 그들은 다음과 같이 말하고 있다.

> 누가 우리『경국대전』의 제작이 주관, 주례와 함께 표리가 되지 않는다고 말하겠는가. 천지, 사시와 맞추어도 어그러지지 않고, 전성(前聖)에 고증하여도 틀리지 않으며, 백세 이후 성인이 다시 나오다 하여도 자신이 있음을 알 수 있다. 지금으로부터 성자신손이 모두 이룩된 헌장을 따라 그르치지 않고 잊지 않는다면, 곧 우리 국가의 문명지치가 어찌 한갓 주의 융성함에 비할 뿐이겠는가.34)

삼대의 정치, 특히 주의 문명은 조선문명의 모범이었다. 그러나 그것

---

32) 『高麗史』 列傳(26) 安祐.
33) 『宋子大全』 圃隱先生集重刊序.
34) 『經國大典』序.

은 환상이 아니라 당대의 고려사회가 처한 현실에 대한 아픔과 이해로부터 출발하고 있었다. 그들은 보편문명의 이상과 한반도인들의 정치적 경험을 전면적으로 재성찰함으로써 새로운 정치체와 정치적 인간을 탄생시켰다. 그러나 기독교가 그 진리의 실현을 위해 십자가의 사람들을 필요로 했던 것처럼 성리학 역시 그 사도인 성리학자들의 희생과 헌신을 요구했다. 정치는 진리의 실험장이 아니기 때문이다.

<참고문헌>

『高麗史』, 『高麗史節要』, 『朱子大全』, 『二程遺書』『朱子家禮』, 『拙藁千百』, 『東國李相國集』, 『晦軒先生實記』, 『益齋集』, 『牧隱集』, 『圃隱集』, 『三峰集』, 『陶隱集』, 『圓鑒錄』, 『萬德山白蓮社第四代眞靜國師湖山錄』, 『宋子大全』.

김석근, 「조선의 개혁사상과 정치변동: '개혁'과 '혁명' 그리고 주자학──여말 선초를 산 정몽주와 정도전의 현실인식과 비전」, 『한국정치의 재성찰』(한국정치학회, 1996).
김영수, 「고려말과 조선건국기의 정치적 위기와 극복과정에 관한 연구」, 서울대학교 박사학위논문(1997).
도현철, 『고려말 사대부의 정치사상 연구』(일조각, 1999).
박충석·유근호, 『朝鮮朝의 政治思想』(평화출판사, 1980).
박홍규, 「주자학과 조선건국(1)」, 『아세아연구』 43권 1호(2000).
_____, 「주자학과 조선건국(2)」, 『남명학연구』 10집(2000).
부남철, 『조선시대 7인의 정치사상』(사계절, 1996).
손문호, 「고려말 신흥 사대부들의 정치사상 연구: 유교적 국가주의를 중심으로」, 서울대학교 박사학위논문(1990).
손영식, 「宋代 新儒學에서 哲學的 爭點의 硏究: 道德 形而上學의 原則性·現實性 問題를 中心으로」, 서울대학교 박사학위논문(1993).
이상백, 『朝鮮建國의 硏究』(을유문화사, 1984).
이익주, 「고려·원관계의 구조와 고려후기 정치체제」, 서울대학교 박사학위논문(1996).
이정주, 「麗末鮮初 儒學者의 佛教觀: 鄭道傳과 權近을 중심으로」, 고려대학교 박사학위논문(1997).
정옥자, 「麗末 朱子성리학의 導入에 대한 試考: 李齊賢을 중심으로」, 『震檀學報』 51집(1981).
최연식, 『창업과 수성의 정치사상』(집문당, 2003).
최연식, 「均如 華嚴思想硏究」, 서울대학교 박사학위논문(1999).
한영우, 『왕조의 설계자 정도전』(지식산업사, 1999).

de Bary, William, *East Asian Civilizations: A Dialogue in Five Stages* (Harvard University Press, 1988).
Deuchler, Martina, *The Confucian Transformation of Korea: A Study of Society and Ideology* (Cambridge[Massachusetts] and London: Harvard University Press, 1992).
Duncan, John B., *The Origins of the Chosŏn Dynasty* (Seattle and London: University of Washington Press, 2000).

제3편

조선시대(I): 정치와 도덕의 긴장

제9장 조선건국의 정치사상
- 정도전 -

박홍규(고려대학교)
부남철(영산대학교)

1. 역성혁명

　대몽항쟁을 끝내고 개경으로 환도한 고려는 비록 정치적 안정은 되찾았으나 사회모순이 점차 심화되어 고려 말기에 이르게 된다. 원의 세력이 약화되던 상황에서 1352년에 즉위한 공민왕은 다양한 개혁을 시도했다. 특히 국학(國學)인 성균관을 중영(重營)하여 이색을 중심으로 주자학 학풍을 진작하도록 했으며, 그와 동시에 행해진 국학에서의 과목 변화는 과거제도의 개정과 더불어 주자학이 뿌리를 내리는 데 결정적인 계기가 되었다. 그러나 공민왕기의 개혁은 왕조의 쇠퇴를 극복하지 못한 채 끝나고 말았다. 그럼에도 불구하고 이 개혁의 시도는 그 후 새로운 시대를 열어 가, 결국에는 조선 건국의 주역이 되는 새로운 세력[新興士大夫, 新興儒臣, 新進士類]을 탄생시켰다는 점에서 중대한 의미를 갖는다.
　공민왕이 시해되자(1374년) 이인임은 재빨리 당시 10살이던 우왕을 즉위시키고 실권을 장악했다. 그리하여 우왕 13년(1387)에 그가 노병으로 사임하기까지 정치적 반동기는 지속된다. 이인임이 사임한 후 요동 경략(經略)에 크게 진전을 보인 명은 이른바 철령위 설치문제를 들고 나왔다. 당시 실권을 장악하고 있던 최영은 이성계의 반대를 물리치고 우왕의 지지를 얻어 요동공벌[攻遼]을 단행했다. 그러나 이 전투는 선봉에 섰던 이성계가 독단으로 감행한 회군(1388년)에 의해 고려의 내전으로 바뀌어 버렸다. 최영은 유배 후 참살되고 우왕은 방출되었으며, 당시 겨우 9살이던 창왕이 즉위했다. 혁명에 의한 왕조교체의 시점이었다. 그럼에도 불구하고 최영을 축출한 후 "두 도통사와 36명의 원수들이 대궐에 나아가 절하여 사례하고는, 군사를 궐문 밖으로 돌려"[1] 왕조를 지속시켰다. 그것은 왜일까?

우선 생각할 수 있는 것은, 앞의 인용문에서도 알 수 있듯이 당시 군인들 간의 세력관계에서 볼 때 이성계의 세력이 상대적으로 강했다고는 하지만, 혁명을 감행할 정도는 아니었을 것이다. 그러나 더 중요한 점이 있다. 고려왕조는 어디까지나 문신이 지배하는 체제였던 만큼, 공민왕기 이후 성장해 온 주자학적 지향을 가진 신세력이 이 시점에서 상정하고 있던 것은 '혁명'이 아닌 '중흥'이었기 때문이다.

원래 주자는 맹자의 혁명사상을 계승할 때, "오직 아래에 있는 자[신하]에게 탕(湯)·무(武)와 같은 인(仁)이 있고, 위에 있는 자[군주]에게 걸(桀)·주(紂)와 같은 포악함이 있으면 [혁명을] 가하겠지만, 그렇지 못하면 이는 찬시(簒弑)의 죄를 면치 못한다"[2]고 하는 엄격한 조건을 부여했다. 회군 당시 신세력이 그러한 엄격한 조건부 혁명보다 중흥 쪽으로 경사한 것은 자연스러운 일이었을 것이다. 우왕의 폐위가 '군신의 대의(大義)'에는 위배될지 모르지만, 대국적으로 본다면 그로 인해 무상하게 끝나고 만 공민왕의 개혁의 뜻을 계승하는 것이 되고, 더 나아가서는 고려의 창건자인 태조가 이룩했다는 '훌륭한 시대'로의 부흥까지도 가능케 하는 사건으로서, 우왕의 폐위와 창왕의 즉위를 신세력들은 받아들이고

---

1) 『高麗史節要』 우왕 14년 6월.
2) 『孟子集注』 梁惠王下. 원래 王勉의 말.

있었던 것이다. 당시 고려의 중흥을 개진한 것은 주로 상서(上書)를 통해서였다. 이 시기에 그러한 상서에 담긴 내용을 대별해 보면, 하나는 제도에 관한 것이고, 다른 하나는 수양(주로 왕이 실행의 주체)에 관한 것이다.

중흥의 기치 아래 전제개혁이 추진되었다. 그러나 이를 추진하려는 세력과 저지하려는 세력 간에 분열이 생겨, 급기야 양 세력 간에 권력투쟁의 양상이 나타나게 된다. 한편은 이성계를 정점으로 하여 조준·정도전·윤소종 등이, 다른 한편에는 이색을 중심으로 이림·우현보·변안열·권근 등이 포진하고 있었다. 양파 간의 권력투쟁은 김저사건(1389. 11)을 계기로 창왕이 폐위되고 공양왕이 옹립되기에 이르고, 윤이·이초사건(1390. 5)을 통해 더욱 확대·심화되었다. 그러던 중 대략 공양왕 2년(1390) 후반에서 3년 초두에 걸쳐 이성계파에서 중흥에서 혁명으로 전략적 전환이 시도되었다. 그리고 이 시점부터 중흥 대 혁명이라는 대결구도가 형성되어 조선 건국까지 1년여에 걸쳐 목숨을 건 투쟁이 펼쳐졌다.

중흥에서 혁명으로 전략의 전환이 있었던 때, 이성계파 내부에서는 혁명이라는 목적에 대해서는 합의에 도달해 있었으나, 그것을 실현하는 방법과 과정에 대해서는 대립이 있었다. 예를 들어 무장 세력들은 수단과 방법을 가리지 않고 정권탈취를 통한 왕조교체를 생각하고 있었을 것이다. 반면 주자의 가르침을 체득해 실천하려고 하는 정도전 같은 인물에게는 무력에 의한 혁명노선에 가담한다는 것은 있을 수 없었다. 왜냐하면 주자학에서 그러한 행위는 '패술'(霸術)에 의한 '찬탈'(簒奪)에 지나지 않았기 때문이다. 그렇다면 정도전의 구상은 어떤 것이었을까?

혁명에 관한 주자의 견해는 두 가지로 나눌 수 있다. 하나는 『사서집주』(四書集注)[주로 『맹자집주』]에 나타나 있으며, 다른 하나는 『자치통감강목』(資治通鑑綱目)으로부터 읽어낼 수 있다.3) 다시 말하자면, '도통'(道

---

3) 전자가 이념과 관련되는 것으로 '도'(道)의 불멸성을 형이상적으로 증명하기 위한 것이라면, 후자는 현실에 입각해 '기'(氣)의 강력함을 강조하기 위한 것이라고 할 수 있을 것이다.

統)론을 근거로 하고 있는가, 그렇지 않으면 '정통'(正統)론을 근거로 하고 있는가에 따라서 혁명이라는 개념은 전혀 다른 의미를 갖게 된다. 하·은·주 삼대(三代)의 혁명은 도통론과 모순 없이 인정되고 있는 반면, 삼대 이후의 혁명은 도(道)를 실현하는 계기로서가 아니라 단지 정통성 있는 왕조교체의 계기로 인정되는 데 그치고 있다.

당시 정도전은 도통론에 의거한 혁명을 실현하려는 것을 보류했을 것이다. 그렇다고는 해도 주자학 이념 자체를 완전히 포기한 것도 아니다. 왜냐하면 이념을 포기한다는 것은 이미 주자학자이기를 부정하는 것이기 때문이다. 정도전은 한편으로는 도통론에 근거한 삼대의 '태평'(太平)을 이념으로 견지하면서, 다른 한편으로는 그것에 도달하기 위한 실현 가능한 방책으로 뒤에서 말하듯이 정통론에 근거한 혁명을 상정하고 있었던 것이다. 게다가 그가 상정하고 있던 혁명은 결코 내란과 통일을 반복·순환하는 중국적인 것이 아니라 고려에 적용 가능한 혁명이었다.

정도전은 당시 고려가 내란상태에 빠져 있다고는 보지 않았다. 분명히 적대구도가 있기는 했다. 그러나 그렇다고 해서 병사가 무기를 들고 싸우는 내전상태는 아니었다. 오히려 군사권은 일원화되어 있었다. 이와 같은 대결상태를 종식시키는 방법은 결코 무력이 아니다. 가령 무력을 사용해 왕조교체에 성공한다고 하더라도 '대의'를 잃고 말아, 남북조나 오대(五代)와 같은 악순환을 초래할 수도 있다. 더욱이 그러한 상황에서 '일대지제'(一代之制)를 이룩한다는 것은 지난한 도정이다. 그러므로 가장 중요한 것은 대의를 관철하는 것이며, 이를 위해서는 어떻게든 정통성을 지니고 있는 왕명(王命)을 이용해야 한다. 즉 왕명에 의해 반대파를 몰아내는 것이다. 그렇게 함으로써 조정은 일원화되고, 왕은 고립무원이 될 것이다. 그렇게 되면 왕은 스스로 양위하지 않을 수 없고, 그 후에 이성계를 추대한다. 이것이 대의를 잃지 않고 공론(公論)에 의해 왕조교체를 이룰 수 있는 최선의 방책임에 틀림없다고 정도전은 생각하고 있었던 것이다.

앞에서 말했듯이 이성계파는 공양왕 즉위 후 1년간은 중흥의 기치 아래, 그 다음의 1년간은 혁명의 뜻을 품고 투쟁해 왔으나, 승리는커녕 오히려 불리한 형세가 조성되고 말았다. 중흥론을 고수하는 정몽주 세력에 의해 혁명파는 무력화되기에 이르렀다. 이에 이방원은 정몽주 격살을 지시하고 그로부터 3개월 후 고려왕조는 종언을 고하고 조선은 건국을 맞이했다.

공양왕 4년(1392) 3월의 이성계 낙마사건이 계기가 되어 7월에 공양왕의 퇴위와 이성계의 추대에 이르게 되는 왕조교체란 무엇인가? 이에 대해서는 다양한 평가와 해석이 가능하겠지만, 한 가지 분명한 것은 권력투쟁의 연장선 속에서 이루어진 찬탈이 그 사건의 본질이라는 것이다. 즉 폭력으로 탕·무와 같은 성인이라고 볼 수 없는 신하 이성계가 걸·주와 같은 폭군이라고 할 수 없는 군주 공양왕을 몰아내고 왕위를 빼앗았던 것이다. 그러한 사태를 정도전은 어떤 입장에서 어떻게 생각하고 있었을까?

정도전은 1391년 9월에 이른바 박자량 사건에 휘말려 평양부윤으로 좌천되어 얼마 후 봉화로 쫓겨났고, 10월에는 나주에 유배되어 있었다. 12월에 죄가 완화되어 다시 봉화로 옮겨졌고, 그 다음해 봄에는 영주에 유환(宥還: 죄가 완전히 용서된 것은 아님)되어 있었다. 그러나 이성계가 낙마한 다음 달인 4월에 정몽주의 지시를 받고 있던 김진양 등의 탄핵으로 다시 보주에 투옥되었고, 얼마 후 전라도 남부의 광주로 옮겨져 있었다. 6월 10일에 중앙 조정으로 소환은 되었지만, 이미 숙청작업은 상당히 진행되어 있었고, 게다가 함께 소환된 남은이 그 즉시 관직에 들어가 왕조교체를 위한 작업에 합류해 있던 것과는 달리, 정도전은 정몽주 암살 이후 추진되고 있던 왕조교체를 위한 작업에서 배제되어 있었다. 정도전이 진정한 의미로 중앙정계에 복귀하는 것은 이성계 추대 후인 7월 20일이다.

조선 건국이라고 하면 으레 가장 먼저 거론되는 이름이 정도전이다. 그러나 실은 유동적이던 정세가 고정화된 4월부터 7월까지 정도전은 그 자리에 없었다. 적어도 그 기간만을 한정해서 고려한다면 정도전은 무대에서 밀려나 있었다. 즉 정도전은 실제로 있었던 조선 건국이라는 사건의 주도자가 아니었던 것이다. 게다가 그 사건은 그의 손을 떠나 그의 의도와는 전혀 다른 방향으로 전개되어 가고 있었다.

찬탈에 의한 왕조교체――이것만은 피하기 위해 진력한 보람도 없이――를 눈앞에 한 채 정도전은 중앙정계에 소환되었다. 불러들인 쪽에서 보면 그것이 목숨을 구해 주는 은혜를 베푸는 것이었을지도 모른다. 그러나 정도전에게는 불의(不義)에의 투항을 강요하는 것이나 다름이 없었을 것이다. 따라서 정도전은 은둔이냐 출사냐를 선택해야 했다. 그의 결정은 출사였고, 출사에 즈음해서 그는 출사의 변을 가지고 있었다. 정도전은 출사를 결심할 때, 자신의 출사는 불의에의 투항이 아니라 불의를 바로잡기 위해서라고 그 의미를 부여했던 것이다. 일련의 '찬위'(簒位)행위가 '찬적'(簒賊)으로의 악순환에 빠지지 않고 정통왕조로서 결실을 맺게 하기 위해서, 더욱이 그것이 결코 자기 개인을 위해서가 아니고, 또한 이씨 왕가를 위해서도 아닌, 오로지 민(民)을 위해서 출사했던 것이다. 태조 즉위 후 즉위교서는 다음과 같은 구절로 시작되고 있다.

　　왕은 이르노라. 하늘은 많은 백성을 낳고 이들의 군장(君長)을 세워, 그로 하여금 이들을 길러 서로 살게 하고 이들을 다스려 서로 편안하게 한다. 그러므로 군도(君道)에는 득실(得失)이 있게 되고 인심(人心)에는 복종과 배반이 있게 된다. 천명(天命)이 떠나가고 머무름은 이에 달려 있다. 이것이 바로 이지상(理之常: 변함없는 이법)이다.4)

이 문장을 작성한 사람이 바로 정도전이다. 주자가 『맹자집주』에서 "한번 다스려지고 한번 어지러워지는 것[一治一亂]은 기화(氣化: 陰陽二氣의 변화)의 성쇠(盛衰)와 인사(人事)의 득실이 반복해 서로 찾아오는 것이니, 이지상(理之常)이다"(滕文公下)고 단언해 혁명을 인정하고 있는 것과 그 내용에는 차이가 없다. '이지상'이란 주자의 애용구인데, 주자가

---

4) 『太祖實錄』 원년(1392) 7월 28일(丁未).

혁명을 원리적으로 인정할 때 사용한 말을 정도전은 그대로 사용하고 있는 것이다.

이렇듯 정도전은 주자학을 가지고 사태의 본질을 변질시킴으로써 찬탈에 의한 왕조교체를 정당화시키고자 했다. 그러나 신왕조의 정통성이란 그러한 담론적 정당화만으로 확립되는 것은 아니었다. 실질적 정당화가 당면한 과제로 요구되었다. 첫째는 제도화의 과정을 통해서 정치체제를 확립하는 것이고, 둘째는 명조의 승인을 통해 명조 중심의 국제체제에 편입되는 것이며, 셋째는 척불이념을 확립하는 것이었다.

2. 통치구조

정도전의 정치사상 형성과 전개에서 주목해야 할 두 사람은 주공(周公)과 맹자(孟子)이다. 정도전의 이들에 대한 존경심이 그의 저술 『삼봉집』(三峰集) 곳곳에서 드러난다. 정도전은 "백성이 가장 귀하고 군주는 가볍다"는 말로 표현되는 민본주의 정치이상을 제시한 맹자를 그 자신의 우상으로 받아들였다. 그리고 그러한 이상을 『삼봉집』 곳곳에서 "백성은 군주의 하늘이다"는 말로 거듭 표현하면서 자신의 목표와 확신을 천명했다. 사실 민본주의라는 슬로건은 정치적 수사로 늘 인용되어 왔고 유교적 교양을 유지해 온 당시 지식인들의 세계에서는 그다지 참신한 말은 아니었지만, 정도전이 새로운 왕조의 창업기에 민본주의라는 분명한 정치적 목표를 재삼 다짐하면서 조선의 구체적인 통치구조를 그려냈다는 것 자체가 중요하다.

그리고 그러한 통치구조의 구체성은 사상적으로 주공(周公)에 의지했다. 그것은 주공이 저술했다고 전해지는 『주례』(周禮)를 모델로 삼아 조선의 통치구조를 설정하려고 했다는 것이다. 그런 『주례』가 조선의 국가통치구조 전반과 그 운영에 관해서 논한 『조선경국전』(朝鮮經國典), 총재와 재상의 정치와 관료제에 대해서 논한 『경제문감』(經濟文鑑), 그리고 중국 역대 제왕의 통치 사례의 특징과 문제를 나름대로 평가 서술한 『경제문감별집』의 골격으로 작용했다.

먼저 정도전은 '군주권의 가내 세습'이라는 당시로서는 당연했던 일을 다시 언급했다. 요순(堯舜)시대에는 요임금이 순에게 선양(禪讓)하고 순임금도 우(禹)에게 선양했는데, 우임금부터 그 자식에게 자리가 세습되어 하(夏)나라가 되었고, 그 이후 '유덕자군주론'이라는 말이 제왕의 권위를 보강해 주는 수사로 동원되었지만 이것은 사후적인 말에 불과했다. 기존의 군주에게 붙여지는 미사여구였던 것이다. 맹자가 말하는 바 "백성의 마음을 얻는 자가 천자가 된다"는 주장조차 역시 원론적으로 정치권위의 근원이 백성에게 있다는 것을 통치자들이 각성하도록 하기 위한 것이었다.

군주권 세습문제에 대해 정도전은 좀 다른 각도에서 해석했다. 대권의 변동으로 인한 정치의 불안정 문제에 주목한 것이다. 대권 계승이 예정되어 있는 경우에는 그러한 정치 불안정의 문제가 적어질 것이라는 계산이었다. 그러면서 동시에 유덕자군주론을 보완하기 위한 장치로 차기 왕위계승 대상자 중에서 가장 현명한 자를 선택할 것을 권했다. 그렇지만 아무리 이렇게 하더라도 그 나라에서 최고의 유덕자는 왕의 가문을 벗어날 수 없다는 한계가 있다. 그리고 기존의 왕가에서는 결국 덕이 부족한 자들도 나오게 된다는 근본적인 한계가 있음을 인식하고, 이를 보완하기 위해 정도전이 구상한 것이 바로 총재정치였다.

총재정치는 위에서 지적한 바 『주례』의 제도와 주공이 했던 통치의 사례를 참고한 것이다. 『논어』를 보면 공자가 꿈에서나마 주공을 만나기를 원했던 것처럼 주공은 공자가 정신적 지도자로 섬긴 인물이다. 주공은 주(周)나라 문왕의 아들이자 무왕의 동생이었다. 무왕의 후계자인 성왕이 어린 나이로 즉위하자 적극적으로 정치를 펴서 나라를 안정시킨 다음 성왕에게 자리를 인계했다고 전해진다. 여기서 주공이 했던 바와 같이 실질적인 권력을 갖고 국정을 운영할 적극적인 정치적 역할자로 정도전은 총재를 생각한 것이다. 군주는 위에서 지적한 바와 같이 가내의 권력계승으로 인해 최고의 유덕자를 고르는 데 한계가 있기 때문에, 그러한 군주의 역할은 단지 총재 한 사람을 선택하는 데 그치고 국가를 운영하는 실무의 총책임을 총재가 맡는 정치를 구상한 것이다. 이러한 총재는 군주의 명령을 받들어 기계적으로 집행하는 존재가 아니라 자기의 판단과 책임으로 정무를 이끌어 가는 것이다. 정도전은 주공이 했던 바와 같은 총재의 역할이 후대에 가서 점차 약화되었음을 한탄했다. 그것은 총재라는 명칭이 승상이라는 이름으로 바뀐 바와 같이 이들이 단지 군주의 명령을 받들어 보조하는 역할로 축소되었다는 것이다. 그렇기 때문에 정도전은 그러한 이상적인 총재정치의 원형을 다시 조선에서 구현해 보려고 했다. 그러한 포부가 『조선경국전』「치전」부분에 서술되어 있다.

정도전은 "백관을 거느리고 인민을 다스린다"는 총재의 역할을 군주보다 더 중시했기 때문에 『경제문감』에서 다시 재상에 대해서 상술했다. 여기서도 역시 주나라의 총재에 해당하는 태재(太宰)가 했던 역할을 부각시키면서 주나라의 통치구조인 주관(周官)에 대해 상술했다. 결국 총론 부분에서 "주나라의 총재는 거느리지 않는 것이 없다"고 할 정도로 총재가 정치의 모든 것을 다 하는 총재정치를 강조했다. 그러면서 주나라 이후 진, 한, 당, 송의 재상들의 권한과 역할의 변천을 설명하면서 점차 그런 권한과 역할이 소극적으로 변해 왔음을 안타까워했다. 정도전이 생각한 총재나 재상은 다음과 같은 존재인 것이다.

> 위로 음양을 조화하고 아래로 서민을 어루만져 편안히 하며, 안으로 백성을 밝고 화평하게 하며 밖으로 사방의 오랑캐를 진정(鎭定)하고 무마하며, 국가의 작록(爵祿)과 포상(褒賞)과 형옥(刑獄)과 징벌 등이 여기에 매였으며, 천하의 정치, 교화, 명령이 여기에서 나오는 것이다.[5]

그 다음으로 정도전은 총재 이하의 중앙관직으로 대관(臺官)을 주목했

---

5) 『三峰集』(9) 經濟文鑑 宰相之職.

다. 대관은 주관(周官)에서는 어사(御使)라는 이름으로 총재를 보좌하는 역할을 하고, 진(秦)나라에서도 역시 어사라는 이름으로 감찰을 담당했으며, 한(漢)나라에서 역시 어사라는 이름으로 규찰을 담당했던 것으로 설명했다. 당송시대에는 이를 어사대(御史臺)라 하고 송나라에서는 어사로 하여금 조정의 잘못된 일을 말하게 했다고 한다. 이후 이들은 언관과 간관의 역할을 하면서 천자의 이목(耳目)으로 활약한 사례를 설명하면서, 정도전은 조선에서도 이와 같은 대관이 필요하고 또 실질적으로 그런 일을 감당할 만한 재질을 가진 사람을 선발할 것을 강조했다.

정도전은 지방정치를 운영하는 두 개의 축인 감사와 수령에 대해서도 관심을 갖고 있었다. 감사는 주나라 때부터 있었는데, 당나라 때 순찰사(巡察使), 송나라 때의 전운사(轉運使), 그리고 고려조에서 안찰, 안렴, 도관찰사 등으로 그 명칭이 변했지만 지방수령의 정치를 감독하는 자리였다. 그렇기 때문에 정도전은 감사의 자리에는 실정과 부정을 탄핵할 수 있는 강직한 성품을 가진 사람을 감사로 선발할 것을 강조했다.

그렇지만 그가 지방정치에서 감사의 보조적 역할보다 더 중시한 것은 수령이었다. 수령은 약간의 역할 차이는 있지만, 진나라의 군수, 한나라의 태수, 당나라의 주자사와 군태수, 그리고 고려의 현령(縣令) 등과 같은 역할을 담당했다. 이들은 천자, 군주의 명령을 받아 백성을 직접 다스리는 역할을 맡았다. 이들은 지방무대에서 백성들이 직접 피부로 접하는 왕이나 다름이 없었다. 이들의 행동 하나하나가 백성들에겐 결정적으로 영향을 미치기 때문에 정도전은 "무릇 백성이란 나라의 근본이요, 군수 현령은 백성의 근본이다"고 했다.

그렇기 때문에 군수, 수령의 자리는 백성들의 근심을 이해하고 백성들과 친근하게 지낼 수 있는 인격자들에게 맡겨야 한다고 역설했다. 이들이 실제로 선정을 베풀어야 천자, 군주의 덕이 실질적으로 백성들에게 실현되는 것이었다. 이와 같이 정도전은 백성을 하늘로 모시는 정치를 선언하고, 그러한 이상을 실현할 수 있는 요체로서 국정 전반에서는 실질적인 권한을 갖는 총재의 정치를, 그리고 조정에서 벌어지는 정치실무를 감시·탄핵하는 견제장치로서 대관을, 그리고 백성을 위한 지방정치의 실현을 구상했다.

3. 국제관계

이성계가 즉위한 다음날 조선 조정은 즉각 명조에 사신을 보내 승인을 요청했다. 그러나 그 문서에는 즉위교서에서 사용되고 있는 역성혁명을 나타내는 말인 '천명'(天命)은 말할 것도 없고 '인심'(人心)이라는 말조차 사용되지 않았다. 단지 "오직 문하시중 이성계는 은택을 백성들에게 입히고 공로는 사직에 드러나 조정과 민간의 마음이 일찍부터 모두 진심으로 따랐으므로, 이에 온 나라의 대소신료와 한량, 기로, 군민들이 모두 왕으로 추대하기를 원했습니다"6)라고 이성계가 왕이 되지 않을 수 없었던 이유를 간절하게 적고 있을 뿐이다. 신생 왕조 조선은 자국의 정치변동을 동시대의 '천자'(天子)인 명조 황제의 승인에 의거해서 정당성을 확보하려고 했던 것이다. 즉 사대외교 전략이었다.

사대를 국가간의 원리로 제시한 것은 맹자이다. 국가간의 교제방식, 즉 바람직한 국가간의 질서를 맹자는 이렇게 제시하고 있다.

> 제선왕(齊宣王)이 물었다. 이웃나라와 사귐에 도(道)가 있습니까? 맹자께서 대답하셨다. 있습니다. 오직 인자(仁者)만이 대국을 가지고 소국을 섬길 수 있습니다[以大事小]. 그러므로 탕왕이 갈(葛)나라를 섬기고 문왕이 곤이(昆夷)를 섬기신 것입니다. 오직 지자(智者)만이 소국을 가지고 대국을 섬길 수 있습니다[以小事大]. 그러므로 대왕(大王)이 훈육(獯鬻)을 섬기고 구천(句踐)이 오(吳)나라를 섬기신 것입니다. 대국을 가지고 소국을 섬기는 자는 천을 즐거워하는[樂天] 자요 소국을 가지고 대국을 섬기는 자는 천을 두려워하는[畏天] 자이니, 천을 즐거워하는 자는 온 천하를 보전하고 천을 두려워하는 자는 자기 나라를 보전합니다(梁惠王下).

---

6) 『太祖實錄』 원년(1392) 7월 18일(丁酉).

요컨대 힘에 의한 관계가 아니라 대국과 소국이 서로 도(道)를 실천·지향하는 예(禮)적 상하관계를 제시하고 있는 것이다. 주자는 이러한 맹자의 제안을 계승했다. 앞의 인용문에 대한 주석에서 "천(天)은 이(理)일 뿐이다. 대국이 소국을 돌보고 소국이 대국을 섬기는 것은 모두 이의 당연함이다"[天者理而已矣. 大之字小, 小之事大, 皆理之當然也]라고 하여, 예(禮)적 상하 질서를 '천리'(天理), 즉 절대적 이법으로 단정했다. 정도전은 바로 이러한 맹자와 주자가 제시한 원리에 입각해 명조와의 대외관계를 설정하려고 했다.

명조는 처음에 조선 건국에 우호적이어 조선이란 국호도 정해 주었다. 그러나 전조의 공민왕 때 받았던 금인(金印)을 반환하고 새로운 금인을 요청하자, 명은 뜻밖의 태도를 보였다. 태조 2년(1393) 5월에 조선 사신이 가져간 문서에서 생흔(生釁: 서로 간에 틈이 생기게 함) 3조와 모만(侮慢: 업신여기고 잘난 체함) 2조를 지적하며 표전문제를 야기했다. 이 시기에 조선의 최고책임자는 정권과 병권을 동시에 장악하고 있던 정도전이었다. 명 황제는 정도전을 표전의 작성자로 간주해 태조 5년(1396) 6월에 그의 입조(入朝)를 명했고, 그에 응하지 않는 조선에 명은 출병을 시사하는 말투로 위협하는 문서를 빈번히 보냈다. 그로 인해 조선 조정은 무거운 긴장감에 휩싸이곤 했다. 이런 일련의 사태에 대해 정도전은 어떠한 대책으로 임했을까?

조선에게 중국이란 한편으로는 자신의 존재를 위협하는——의지만 있다면 멸망시킬 수도 있는——자국보다 압도적으로 강한 군사력을 갖고 있는 존재임과 동시에, 다른 한편으로는 자국이 지금까지 실현한 적이 없는 문화를 갖고 있는 나라이기도 했다. 이 나라에 대해서는 부정은커녕 오히려 그에 의지하면서 자기의 생존을 확보할 수밖에 없는 그러한 나라였다. 구체적으로 말하면, 그들이 주창하는 '천하'(天下)질서[명분상으로는 상하관계에 의한 질서]에 편입됨으로써 실질적으로는 대내적으로 정권의 안정을 도모하고, 나아가 그들의 우월한 문화를 수용·적용해야 했다. 정도전은 그와 같은 가장 바람직한 관계가 원(元)을 몰아내고 중원을 회복한 명과의 사이에 실현되기를 기대했다.

> 아아, 천자[朱元璋]의 덕(德)은 주(周)의 무왕(武王)에게 부끄러울 게 없거니와, 전하[이성계]의 덕 또한 어찌 기자(箕子)에게 부끄러울 게 있겠는가. 장차 홍범지학(洪範之學)과 팔조지교(八條之敎)7)가 오늘날 다시 시행되는 것을 보게 되리라. 공자가 나는 동주(東周)로 만들겠다고 했으니, 공자가 어찌 나를 속이겠는가.8)

적어도 대국인 명에 의한 국제관계의 형성, 그 질서에의 편입을 의미하는 명의 승인, 그것이 가져다줄 왕조교체의 정당화[事大], 그리고 명의 우월한 문화의 수용[慕華] 등을 상정하고 있던 정도전에게 앞에서 말한 명의 태도는 상당한 난관이었다. 그 난관을 자기 자신은 말할 것도 없고 신왕조의 운명이 걸린 중대한 사태로서 받아들이고 있던 정도전은 현명한 대책을 강구하지 않으면 안 되었다. 그렇기는 하나 때로는 설득하기도 하고 때로는 변명하기도 하며 때로는 사소(事小)를 애원까지도 하는 사대책(事大策)을 지성으로 다할 수밖에 없었다[至誠事大]. 그러나 『조선왕조실록』에는 명조의 무리한 요구에 직면한 정도전이 고구려 옛 영토의 수복이라는 대의명분을 내걸고 요동공벌을 추진했다고 기록되어 있다.9) 과연 그런가? 그 기록은 사실인가?

중국 중심의 천하질서를 원리적·현실적으로 인정하는 것과 명조와의 전면전을 상정하는 공요는 양립할 수 없다. 즉 '사소·사대'의 원리와 공요는 모순된다. 그런데 그러한 상황에서 정도전이 요동공벌을 기도했다고 할 수 있을까?

정도전이 신봉하는 『맹자』에서 소국의 군주 등문공이 소국이 대국을

---

7) 홍범지학은 기자가 주나라 무왕에게 제시한 아홉 가지 선정(善政)의 방법. 팔조지교는 기자가 주나라 무왕에 의해 조선에 분봉(分封)된 후 제정한 여덟 조목의 금법(禁法).
8) 『三峰集』(13) 朝鮮經國典(上) 國號
9) 『太宗實錄』 5년(1405) 6월 27일(辛卯).

지성으로 섬기는데도 화를 면할 수 없을 처지에 이르렀을 때 어떻게 하면 좋은지를 물었을 때, 맹자는 두 가지 방책을 제시했다. 하나는 백성의 생존을 위해 군주가 자신의 나라를 버리고 떠나는 길이고, 다른 하나는 백성과 더불어 죽음으로써 사수하는 길이다. 그런 상황에서 소국이 선택할 수 있는 길로서 대국을 선제공격하는 것을 맹자는 제시하고 있지 않다. 당시 정도전은 후자의 길, 즉 "못을 깊이 파며 성을 높이 쌓아 백성과 더불어 지켜서 백성들이 목숨을 바치고 떠나가지 않는"[與民守之, 效死而民弗去](梁惠王下) 길을 선택했다.

정도전은 고구려 영토의 회복이 자신의 원대한 이상이라고 말한 적이 없다. 그의 문집과 저술의 어디에도 그런 표현이나 암시도 없다. 그렇다면 그가 품은 원대한 이상은 무엇이었을까? 조선에 삼대(三代)의 이상시대, 즉 '소중화'(小中華)를 실현하는 것이었다. 물론 그러한 이상시대가 영토확장을 통해 이루어지는 것이 아니라고 맹자는 단정하고 있다. 그러한 맹자의 사상을 신봉하고 있던 정도전이 공요를 기도했다고 생각하기는 어렵다. 그의 직접적인 언설을 담은 문집과 저술의 어디에도 '사소·사대'의 원리에서 벗어나 중국을 선제공격한다는 내용은 발견되지 않는다. 그는 처음부터 자신과 조선의 사직을 방어하기 위해 군사훈련과 군제개혁을 지속적으로 추진해 갔으며, 명조의 압력이 강해질수록 그 강도를 더해 갔을 뿐이다. 그렇다면 공요를 기도했다는『조선왕조실록』의 기록은 어떻게 해석해야 하나?

원래 정도전은 대내적으로는 중앙집권 체제를 확립하고 대외적으로는 중국 중심의 천하질서에 들어간다는 전략을 가지고 있었다. 그러한 전략 하에 군제개혁과 군사훈련을 시행해 오던 정도전은 표전문제로 명조와의 관계가 어긋나자, 국내체제 강화를 목표로 개혁을 추진하기 위해 명조와의 긴장관계를 이용했다. 즉 전술을 구사한 것으로 생각된다.

표전문제로 인해 정도전은 자신의 신분에 대한 위협보다는 조선의 사직에 위협을 느꼈다. 여기서 그가 취한 대책은 앞에서 말한 대로 한편으로는 정권의 최고책임자로서 지성사대를 지속하면서, 다른 한편으로는 병권의 최고책임자로서 군비강화를 추진하는 것이었다. 정도전이 건국한 그 해 겨울에 「오행진출기도」(五行陣出奇圖)와 「강무도」(講武圖)를 지어 올리자, 이성계는 그것으로 군사를 훈련시키도록 명했다. 태조 3년(1394) 1월에 정도전은 판의흥삼군부사로서 군중의 기강을 세우기 위해 제독(祭纛)행사(軍旗에 제사를 드리는 의식)를 실행하고, 다음달에는 병제개혁을 상소한다. 명과의 관계가 악화되어 감과 동시에 언젠가 일어날지도 모르는 전쟁에 대비해 무장(武裝)을 독려한 것은 군사 최고책임자로서는 당연히 해야 할 일이었다. 이후 군사훈련은 계속되었고, 태조 6년(1397) 10월에는 새로이 유비고(有備庫)가 설치되어 정도전이 그 제조관을 맡게 되었다.

이렇듯 당시에 시행된 군사훈련은 군제개혁과 맞물린 것으로 신생 조선을 지키기 위한 것이었다. 즉 당시의 군사훈련은 요동을 공격하기 위한 공격용이 아니라 조선을 지키기 위한 방어용이었다고 보아야 할 것이다. 정도전에게는 명과의 긴장관계를 적절히 이용하면서 국내통합에 최대의 걸림돌인 사병을 폐지해 군사권을 완전히 장악하려는 의도가 있었던 것이다. 병제개혁과 군사훈련에 의한 군사력 강화책은 국내외의 장애를 극복하고 신왕조의 안정화를 이루는 데 최선책이었다.

원래 정도전의 공요전술은 이성계의 권위를 빌어 정승 수준(좌정승 조준과 우정승 김사형)에서 합의를 도출해 구사하려고 했던 것으로 추측된다. 그러나 최고권력자 수준에서 은밀히 시도된 정도전의 전술은 조준의 반대로 무위로 끝나고 말았다. 그러나 정도전이 견지했던 대명정책은 쿠데타(왕자의 난)를 통해 정권을 장악한 태종 이방원에 의해 계승되었고, 사소·사대의 대명관계는 정도전의 구상대로 결착이 지어졌다.

정도전은 주자학이라는 이념·원리를 받아들여 그것과 현실의 차를 좁혀 보려고 고투한 사상가이자 정치가였다. 그는 원리를 신봉하면서도 이에 맹목적으로 집착하지 않고, 현실의 제약 속에서 자신의 논리를 세워 그에 따라 실천해 갔다. 사소·사대의 원리를 신봉하고 그에 입각해 신왕조 조선의 틀을 확립하려고 했던 정도전은 원리대로만은 진행되지 않는 현실의 난제에 직면하여, 이를 돌파하기 위해 전술로서 공요를 기도했던 것이다.

4. 불교 비판

정도전이 쓴『불씨잡변』(佛氏雜辨) 서문에서 권근은 정도전을 "맹자를 계승한 분이다"고 평가했다. 그 이유는 무엇보다도 정도전이 맹자가 했던 것처럼 이단에 대한 비판논리를 분명히 갖고 있었고, 또 그렇게 하는 것을 사명으로 자임한 점에서 공통점이 있다고 보았기 때문이다. 유교에서 이단이란 용어는『논어』에도 나올 정도로 오래된 것인데, 공자가『논어』에서 "이단을 전공하면 해로울 뿐이다"고 했지만, 이 책에는 이것 외에 더 이상 언급된 부분이 없어 그 이단이라는 것이 무엇인지 분명하지 않았다.

그러나 맹자는 위아설(爲我說)을 주장한다는 양자와 겸애설(兼愛說)을 주장한다는 묵자를 인(仁)과 의(義)를 해치는 위험한 학설로 파악하고, 이들 학설의 사회적·정치적 해악을 '무부무군'(無父無君)이란 용어로 간단하게 정리해서 비판했다. 여기서 '무부'는 묵자의 설을, '무군'은 양자의 설을 겨냥한 것이다. 맹자는 종합적으로는 이들 이단이 가족과 국가의 실천윤리를 해롭게 할 위험한 것이라고 경고하고, 이의 확산을 막는 것이야말로 맹자 자신과 올바른 지식인들의 당연한 의무라고 규정했다. 정도전 역시『불씨잡변』에서 맹자의 위와 같은 논리를 길게 인용하면서 이단 배척의 목적과 사명을 강조했다. 다만 정도전에게 이단은 불교를 의미하는 것이었다. 특히 주자는 불교가 그 어떤 이단보다도 유교의 내용과 비슷한 것처럼 보이기 때문에 더욱 사람들을 혼란스럽게 할 위험한 것이라고 진단했는데, 정도전도 이와 같은 생각을 갖고 유불이 어떤 점이 비슷하지만 어떤 점이 다른지를 세밀하게 분석했다.

그러면 여말선초에 불교와 주자학의 상황은 어떠했는가? 고려는 불교,

조선은 유교라고 이분법적으로 간단하게 학습해 왔다면, 조선이라는 새 왕조의 등장은 완전히 유교, 주자학자들의 정치적 포부와 이념을 실현한 결과라고 예상할 수도 있겠지만, 실제는 그렇지 않았다. 조선 건국의 주도세력 대부분이 주자학으로 정신 무장된 사람들이라고 볼 수 없기 때문이다. 우선 조선의 태조 이성계 자신이 불교신앙 덕택에 새 왕조를 창업할 수 있었다고 믿었고, 그러한 확신도 표명했다. 그는 신앙문제에서는 고려 태조 왕건과 비슷한 태도를 갖고 있었다. 이성계는 분명한 불교신자였다. 그리고 그 뒤를 이은 조선 초기의 군주들 역시 불교신앙을 유지했고, 특히 세조의 경우는 불교신앙이 확고했다.

그리고 주자학을 공부한 학자들이라고 해서 모두 정도전처럼 이단 배척의 대열에 확고하게 동참한 것도 아니었다. 정도전의 『불씨잡변』에 서문을 썼고 주석을 달았으며 『입학도설』이라는 주자학 해설서를 쓴 여말선초의 중요한 주자학자인 권근의 사례가 당시 지식인들의 학문과 종교에 대한 태도와 경향을 보여주는 대표적인 사례라고 할 수 있다. 권근의 위와 같은 행적과 저술을 보면 그는 정도전처럼 강경한 불교비판과 배척론자일 것으로 예상할 수 있다. 그러나 그의 실제 생활에서는 불교에 우호적이었다. 그의 불교 비판은 교리에 대한 이론적인 것이었다. 그의 가족들 중에 승려가 있었고 그는 승려들과 친분관계를 유지했다. 각종 불교행사에 참여했고 행사에 참여해 불교를 찬양하는 글을 남겼다. 그렇지만 이러한 권근의 태도를 주자학적 관점에서 부정적으로만 평가하는 것은 곤란하다. 그는 당시 지식인의 한 표본이었다. 많은 학자들이 권근처럼 생각하고 행동했다. 당시 생활 속에 유불은 함께 있었다. 그렇기 때문에 이단문제에 대한 권근과 같은 지식인의 태도와 경향이 조선 초기에는 여전히 지속되었다.

그러면서 한편으로 일부 학자들에 의해 강경한 불교 비판과 배척 논의가 지속된 것 또한 사실이다. 『고려사절요』에는 조선 건국이라는 역성혁명이 임박한 공양왕 3년에 성균박사 김초가 불교의 화복설, 승려의 출가, 각종 불교행사, 불교사원에서 갖고 있던 노비, 군역회피 문제와 무당의 활동에 대해 비판하고 경계한 기록이 있다. 또한 같은 해 성균생원 박초 등이 좀더 상세하고 불교가 유교적 인륜을 해친다는 점과 불교사찰의 토지소유, 군역기피 문제 등을 비판한 기록도 있다. 이렇게 여말선초에는 유불이 여전히 병존하는 상황이었는데, 그런 가운데 불교를 이단으로 비판하는 경향이 부각되었던 것이다. 정도전은 그런 이단 배척에서 주도적인 인물이었다.

정도전은 『불씨잡변』을 조선 건국 이후 7년이 지난 태조 7년(1398)에 저술했다. 여기서 『불씨잡변』이 조선 건국 이후의 작품이라는 점에 주목할 필요가 있다. 정도전의 이에 대한 설명을 보면, 이성계의 자신에 대한 신임이 확고하고 조건 건국 이후에 어느 정도 마음의 여유를 갖게 되어 『불씨잡변』을 저술하게 되었다는 것이다. 물론 정도전은 여말에도 불교를 비판하는 글을 공양왕에게 올린 적이 있다. 정도전은 공양왕이 불교를 믿는 것은 나라를 부유하게 하고 백성을 오래 살게 하기 위한 것이라고 하면서 불교행사를 계속하자, 불교를 믿어 오히려 나라를 망친 역사적 사례를 거론하면서 "부처를 섬기고 신을 섬겨서 이익은 없고 해만 있다"[10]고 반박한 적이 있다.

그렇지만 조선 건국 이전에 쓴 이단 관련 글들은 『불씨잡변』에 들어 있는 이단 비판의 내용과 심도에서 분명한 차이가 있다는 점도 주목할 필요가 있다. 그의 「심문천답」(心問天答), 「심기리편」(心氣理篇) 같은 이단에 관한 논평은 학술적 관점에서 유교, 불교, 도교 등의 차이를 논하면서 불교와 도교의 이론적 허점과 유교의 우월성을 지적한 정도에 불과했다. 그렇지만 『불씨잡변』은 작심을 한 듯 불교를 목표로 정하고 불교교리에 대한 이론적 비판, 불교 생활에 대한 비판, 그리고 결론에 이르러 불교를 신봉하면 결국 나라가 망한다고 극단적으로 경고하고 있다. 이런 점으로 볼 때 정도전의 이단 배척에 대한 인식과 실천은 단계적으로 강화되었으며, 특히 『불씨잡변』은 조선 건국 이후에 정도전이 분명하

---

10) 『高麗史節要』 공양왕 3년.

게 정치적 목적을 갖고 저술한 것이었다.

『불씨잡변』은 19개의 단편적인 논평으로 구성되어 있다. 목차로 그 내용을 보면 먼저 불교의 윤회설과 인과설 같은 일반적으로 널리 알려진 불교교리를 주자학자의 입장에서 비판한다. 윤회설 비판에서 정도전은 사람과 만물의 생명, 삶과 죽음 같은 근본적인 문제를 언급한다. 이어서 인과설 비판에서는 이치에 따르는 삶을 추구하는 유교와 신앙으로서 불교라는 둘 사이의 차이를 말한다. 정도전이 『불씨잡변』 서론에서 제기하는 이 두 가지 쟁점은 곧 학문과 교양으로서 유교와 종교신앙으로서 불교의 차이와 내재한 갈등을 드러낸 것이다. 이 둘 중에서 정도전은 유교적 입장을 택한 것이다.

이러한 바탕에서 정도전은 특히 주자학을 공부한 학자로서 이치[理]와 마음[心], 그리고 성(性)이라는 주자학의 개념을 중심에 두고 유불 사이의 차이를 분석했다. 정도전의 주장에 의하면, 이치를 따르는 유교는 사람을 착하게 만드는 것이다. 자식은 효도하게 하고 백성은 충성하게 한다는 것이다. 반면 불교는 복을 바라는 공리주의에 입각해 있기 때문에 결국은 사람을 타락하게 만든다는 것이다. 이러한 논지를 펼치면서 결국 정도전이 『불씨잡변』에서 하고 싶은 말은 불교는 정치적으로 해롭다는 것이었다. 『불씨잡변』을 통해 정도전이 설파한 불교의 정치적 위험성과 유교의 정치적 유용성에 관한 설명을 살펴본다.

우선 정도전은 불교의 사유방식을 문제 삼았다. 유교는 죽은 다음의 세계를 생각하지 않는 현세적인 세계관인 데 비해, 불교는 지금 사람들이 살고 있는 속세가 있고 그 다음에 불토가 따로 있다고 이 세상을 이원적으로 보는 것이 문제라는 것이다. 불교에서 말하는 것처럼 이 세상을 둘로 보게 되면 지금 살고 있는 현세에 대한 의욕과 집착심이 약화된다는 것이다. 지금 살고 있는 세상에서 최선을 다하지 않게 된다는 것이다. 반면 유교에서는 한번 사는 세상이라고 생각하기 때문에 더욱 현세의 삶에 대해 관심을 갖게 된다는 것이다. 그렇기 때문에 유교적인 신념을 가질수록 더욱 가족의 행복과 국가의 발전에 관심을 갖고 헌신하게 된다는 것이다. 반면에 불교신앙은 믿을수록 현세를 버리는 경향이 발전하게 되어 가족과 국가를 멀리하게 된다는 것이다.

두 번째의 초점은 인격수양의 목적이 무엇인가 하는 점에 관한 것이다. 유교에서는 수기치인(修己治人)의 정신이 강조하는 바와 같이 무엇을 하든 그 출발점은 자기 자신의 인격수양이 문제다. 불교에서도 역시 마음을 다스리는 수양을 한다. 정도전은 이렇게 유불에서 공히 인격수양을 강조하는 점은 비슷하지만 그렇게 하는 궁극적인 목적이 전혀 다르다는 것을 문제로 삼았다. 위에서 지적한 바와 같이 유교적 세계관은 일원적이기 때문에 개인, 가족, 국가, 천하가 하나로 유기적으로 연결되는 것으로 파악하고 개인의 인격수양은 곧 가족 구성원으로서 도리를 하게 만들고, 국가에서는 신하로서 또는 정치지도자로서 책무를 다하게 하여, 결국은 다스려진 마음이 천하만물에 미치게 하기 위한 것이라는 것이다.

반면 불교에서의 수양이라는 것은 가족관계에서 벗어나기 위한 것에 목적이 있다는 것이다. 정도전은 출가를 그런 행위로 파악했다. 그리고 국가적 단위로 보면 신민의 역할에서 벗어나기 위한 것이라는 것이다. 그렇기 때문에 불교에서 마음수양을 하는 것은 가족을 버리고 국가를 버리기 위한 것이라는 점을 정도전은 위에서 맹자가 인용한 '무부무군'(無父無君)이라는 용어로 설명했다. 이렇게 인륜을 실천하기 위한 유교적 수양과 인륜을 버리기 위한 불교적 수양은 그 출발점은 비슷하지만 목표와 결과가 완전히 다르다는 것이다.

세 번째의 초점은 국가적 차원에서 유불의 차이점을 보자는 것이다. 유교에서 위와 같이 이 세상을 보는 관점이나 인격수양이나 가족 구성원으로서 도리를 실천하는 것이 결국은 현실정치에 관심을 갖고 군주에게 최대한의 존경과 충성을 다하는 신민이 되는 것으로 연결된다는 것이다. 반면에 불교에서는 위에서 지적한 바와 같이 저세상에 불토가 따로 있다고 생각하기 때문에 지금 살고 있는 현세에 최선을 다하지 않게 되어, 속세의 가부장적인 권위를 무시하고 결국은 군주에 대해서도 소홀하게 대하는 신민이 되게 한다는 것이다. 유교를 통해 군주에게 충성스런 신민을 만들어 낼 것인가? 아니면 불교신앙이 퍼지게 하여 불효와 불충의 신민을 양산할 것인가를 선택하라는 것이다. 정도전은 위와 같은 불교 비판을 통해 역사상 불교신앙 때문에 몸을 망친 통치자들의 사례를 열거한 다음, "불교를 믿을수록 나라가 빨리 망하게 된다"고 경고했다. 이렇게 정도전이 『불씨잡변』에서 정치적 목적을 가지고 유교와 불교의 차이를 논한 초점을 도표로 정리하면 <표 9-1>과 같다.11)

이처럼 정도전은 불교가 인륜의 문제에서 해로울 뿐만 아니라 정치적으로도 위험한 종교라는 논지를 전개했다. 맹자가 말했던 '무부무군'이라는 용어를 좀더 정교하고 구체적으로 분석하고 불교가 군주권 유지에 얼마나 위험한 종교인가를 드러낸 것이다. 정도전이 위와 같이 『불씨잡변』을 통해 불교를 비판한 것이 그 당시에 즉시 효과를 본 것은 아니었다. 그렇지만 『불씨잡변』은 그 이후 지속적으로 전개된 학자들의 불교 비판의 이론적 기반이 되었다.

〈표 9-1〉 정도전이 본 유교와 불교의 차이

	유 교	불 교
사유방식	개인, 가족, 국가, 자연이라는 차원이 일원적으로 연결되어 있다.	이 세계를 속세와 불토로 구분하는 이원적 사유가 특징이다.
개 인	사회적·정치적으로 원만한 인격을 구비하기 위해 수양을 하고, 그런 인격을 바탕으로 사회적·정치적 책임과 의무를 다한다.	개인의 수양은 가족관계, 정치 사회적 관계를 극복하기 위한 것이다.
가 족	가부장적 권위와 가족규범을 존중한다.	가족을 버린다. 불효자를 만든다. 가부장적 권위를 인정하지 않게 된다.
국 가	신민들의 군주에 대한 의리와 충성심을 길러 낸다. 현실정치에 적극 참여하게 한다.	만인에 대한 보편적인 사랑 때문에 가족과 국가 단위에서의 사랑을 소홀히 한다. 군주에 대한 충성심이 약해진다.

---

11) 부남철, 「조선유학자가 불교와 천주교를 배척한 정치적 이유: 정도전과 이항로의 사례를 중심으로」, 『한국정치학회보』 30집 1호(1996), 96쪽 도표.

<참고문헌>

『高麗史』, 『高麗史節要』, 『四書集注』, 『三峰集』, 『太祖實錄』, 『太宗實錄』.

박홍규, 「주자학과 조선건국(1): 고려말기 주자학의 수용과 적용」, 『아세아연구』 43집 1호(2000).
_____, 「주자학과 조선건국(2): 조선건국과 정도전」, 『남명학연구』 10집 (2000).
_____, 「조선왕조 정치체제의 원리: 정도전의 구상」, 최상용 외, 『인간과 정치사상』(인간사랑, 2002).
_____, 「정도전의 '공요'기도 재검토: 정치사상의 관점에서」, 『정치사상연구』 10집(2004).
부남철, 『조선시대 7인의 정치사상』(푸른숲, 1996).
_____, 「조선유학자가 불교와 천주교를 배척한 정치적 이유: 정도전과 이항로의 사례를 중심으로」, 『한국정치학회보』 30집 1호(1996).
_____, 「조선건국기 성리학자의 이단논쟁: 불교를 배척하지 않은 권근의 사례」, 『정치사상연구』 창간호(1999).
_____, 「한국 정치사상에 있어서의 정치와 종교: 조선 성리학자의 불교·천주교 등 종교에 대한 정치적 평가와 비판」, 『한국정치학회보』 34집 3호(2000).
조유식, 『정도전을 위한 변명』(푸른숲, 1997).
한영우, 『정도전 사상의 연구』(서울대학교 출판부, 1987).

제10장 유교적 공론정치의 출발
- 세종과 수성의 정치론 -

박현모(한국학중앙연구원)

1. 수성기의 군주, 세종

세종의 시대는 조선왕조의 역사에서 수성기(守成期)에 해당된다. 수성기란 잘 알려져 있는 것처럼 창업, 수성, 경장, 쇠퇴라는 동양사상의 체계 순환론에서 두 번째 단계를 가리킨다. 혁명과 건국이라는 창업의 어수선한 시기를 지나 정치 및 사회의 운영 메커니즘이 안정화되고 제도화되어 가는 시기가 그것이다.

세종에 따르면, 이 시기에 군주가 피해야 할 일은 큰 공(功)을 세우려고 애쓰는 것이다. 큰일을 꾀하기보다는 "조종의 왕업을 안존(安存)"시키고 민심을 가라앉히는 일이 더 중요하기 때문이다. 세종이 "수성하는 임금은 큰 것을 좋아하고 공(功)을 세우기를 즐겨"해서는 안 된다고 하면서, "이것은 예로부터 지금에 이르기까지 조상의 왕위를 계승하는 임금이 마땅히 경계해야 할 일"[1]이라고 말한 것이 그것이다.

다른 한편 수성기의 군주는 "연락(宴樂)과 안일함에 빠져 아예 입지(立

---
1) 『세종실록』 15년 11월 19일 戊戌條.

志) 자체를 포기하는[無立志]" 것도 피해야 한다. 수성 군주가 조심해야 할 것으로서 세종이 '사냥놀이나 노래와 여색[聲色]'2)을 지적한 것이나 '해이함과 게으름'의 병통과 관련해서 '입정'(立政)의 중요성이 종종 강조된 것도 이러한 맥락에서 이해할 수 있다.3)

결국 수성기의 군주는 창업기에 세워진 큰 틀을 안존시키면서도 제도를 세우고[立政] 원칙에 따라 다스려야 하는 결코 쉽지 않은 과제를 안게 된다. 이 때문에 많은 사람들은 "창업보다 수성이 더 어렵다"4)고 생각했다. 제도와 원칙의 중요성과 관련해서 대사헌 신개(申槩) 등은 수성하는 시기에는 '정도'(正道)에 의해 정치가 운영되어야 한다고 보았다. 즉 "시의(時宜)에 따라서 변경할 수 있는 손익(損益)하는 법"인 권도가 창업의 덕목인 데 비해, 수성기에는 "영세(永世)토록 전혀 변경할 수 없는 경상(經常)의 법"인 정도를 중시해야 한다는 것이다. 신개 등에 따르면 "처음에 나라를 창업할 때에는 권도(權道)를 행"해서라도 "사람들의 마음을 통솔해 내고" 일을 이루어 내는 것이 필요하지만, '수성할 시대'에는 그 "적의(適宜)함이 달라" "정도를 지켜 국맥(國脈)을 배양(培養)"하고 "그 세대(世代)를 영구"하게 만드는 일이 더욱 중요하다.5) 한마디로 창업의 정신을 되살리면서도 "물정(物情)을 귀착(歸着)"시키고 국맥을 튼튼하게 만드는 체제의 공고화 작업이야말로 수성 군주의 사명이라는 것이다.

그렇다면 "조종의 왕업을 계승해 영성(盈盛)한 왕운(王運)을 안존(安存)시키는 것"6)을 자신의 사명으로 생각한 세종은 어떤 방식으로 정치를 운영해 나갔는가? 세종이 조선왕조 체제의 공고화를 위해서 채택한 정치운영 방식은 공론정치(公論政治)였다.7) 재상과 간관, 그리고 집현전 학

---

2) 『세종실록』 15년 11월 19일 戊戌條.
3) 『서경』 주서/강왕지고.
4) 『세종실록』 21년 4월 18일.
5) 『세종실록』 14년 8월 21일.
6) 『세종실록』 15년 11월 19일.
7) 공론정치는 오늘날의 민주정치와 마찬가지로 다양하게 접근할 수 있다. 즉 ① 천리와 민심을 해석하고 성찰한 공론(公論)에 따라 정치가 운영되어야 한다는 '정치이

사들을 중심으로 활발한 논의와 토론을 거쳐 정책을 입안하며, 공론의 관점에서 그 정책을 판단하고 채택하는 정치 메커니즘이 그것이었다.

세종은 이처럼 공론화 내지 공론을 중시하는 전통이 정치운영 방식의 원칙이자 '경상의 법'으로 정착하길 원했다. 이 원칙을 통해서 물정이 귀착되고 왕운이 안존될 수 있다고 보았기 때문이다. 나아가 세종과 그의 신료들은 이 원칙을 준수함으로써 두 가지의 정치적 효과를 거둘 수 있다고 보았다. 그들은 먼저 주요한 국정 및 인사에 관한 사안을 각종 회의와 언관의 검증절차를 통해서 결정함으로써 시행착오를 최소화하고 결정의 정당성을 획득할 수 있다고 보았다. 뿐만 아니라 그들은 공론화 과정을 통해서 보다 현명한 정책결정을 내릴 수 있다고 보았다.

어떻게 하는 것이 공동체를 위해 좋은 것인지, 무엇이 진실로 옳은지를 아직 알 수 없는 상태에서 정책결정자들이 할 수 있는 최선의 일이란 함께 모여 토론하고 지혜를 모으는 것이라는 조선 건국자들의 인식이 그것이다(공론정치의 이념). "대저 천하의 눈을 나의 눈으로 삼는다면 보이지 않는 것이 없고, 천하의 귀를 나의 귀로 삼는다면 들리지 않을 것이 없으며, 천하의 마음을 나의 마음으로 삼는다면 생각하지 못할 지혜가 없을 것"인바, 이렇게 하면 "천하를 고무(鼓舞)하면서도 심력을 수고롭게 하지 않아도 될 것"[8]이라는 정도전의 말은 조선 전기 지식인들의 공론정치에 대한 생각을 잘 보여준다.

념'으로서의 공론정치론과, ② 그 이념을 잘 구현할 수 있도록 국가의 조직과 법제를 마련하는 '장치' 또는 '제도'로서 공론정치의 구조와 ③ 그런 이념과 장치를 조건으로 하여 실제로 정책결정이 이뤄지는 '과정' 내지 '방식'으로서 공론정치의 양식이 그것이다. 조선왕조의 경우 ①과 ②는 대체로 공통적이었으나 ③의 경우는 시기별로, 국왕별로 다르게 나타났다.

8) 『三峰集』(12) 經濟文鑑別集 議論.

2. 세종시대 공론정치의 양태와 특징

1) 양 태

잘 알려진 것처럼 조선조 정치의 대표적인 특징의 하나는 공론(公論)을 중시하는 정치라는 점이다. 유교이념의 구현을 천명한 조선왕조는 국정의 총괄자로서 재상의 역할과 언관의 면책특권을 『경국대전』에 명문화하는 한편, 국왕을 중심으로 한 주기적인 어전회의와 다양한 정치비평을 통해 공정하고도 신중한 정책결정이 이루어질 수 있도록 제도화했다. 정도전 등 조선 건국자들이 구상한 성리학 정치체제론에 따라 형성된 '재상위임론'과 '간관론,' '유자(儒者)들의 의논[公論]을 반영하는 정치운영론' 등이 그것이다. 그리고 이러한 공론정치의 구조 내지 제도적 장치는 '정치적 정당성의 유교적 근거'로서 매우 중시되었다(공론정치의 구조).9)

말하자면 조선왕조의 공론정치는 국가의 중심인 국왕의 유학[聖學] 공부와 그 실천[敎化]을 통해 천리(天理)와 민심(民心)에 합치되는 정치를 구현하려는 성리학 이념의10) 정치적 구체화이자 정책결정과정의 제도적 조건이라고 할 수 있다. 국왕을 비롯한 대부분의 유교지식인들이 자신들의 행위를 정당화하거나 국왕 또는 신료들의 행동을 제약하려 할 때 공론이라는 용어를11) 거론하는 것은 바로 이 때문이다.

---

9) 이상익, 『유교전통과 자유민주주의』(심산문화, 2004), 356-375쪽; 박현모, 「정조시대의 공론연구: 대간의 활동과 유생들의 집단상소를 중심으로」, 『한국정치연구』 제11집 2호(서울대학교 한국정치연구소, 2002), 98-101쪽.
10) 『大學』章句序.
11) 공론이라는 말은 조선왕조 개창기부터 조선조 말 세도정치기에 이르기까지 거의 모든 국왕과 사대부들에 의해 사용되었다. 『국역조선왕조실록』 CD에서 공론(公論)이란 단어를 기계적으로 검색했을 때 총 1,001건이 발견된다. 태조부터 순조시대에

첫째, 많은 사람들은 어떤 조치를 정당화하거나 반대할 때 공론을 거론하곤 했다. 세종시대에도 예외가 아니어서 세종과 그의 신료들은 특정인을 처벌하거나 천거할 때 공론을 그 근거로 삼곤 했다. 예컨대 세종이 김한로를 유배보내거나12) 정안지를 "공의(公議)에 부친 후"에 처형시킬 때,13) 신하들이 공론을 근거로 양녕대군의 처벌을 요구할 때,14) 그리고 하위지(河緯地)가 고약해(高若海)에 대한 '사론(士論)의 높은 지지'를 들어 그의 재등용을 건의할 때15) 그들은 모두 그 근거로 공론을 말했다.

둘째, 공론은 유교정치 이념의 중요한 기초[元氣]로16) 간주되었을 뿐만 아니라 국가정책을 결정하는 데서도 중요한 기준으로 작용했다. 예컨대 태종 말년과 세종 전반기의 핵심 쟁점이었던 세자 교체과정에서 조정의 공론은 중요한 판단기준이었다. 즉 "형을 폐하고 아우를 세우는 것은 화란(禍亂)의 근본"이 된다면서 양녕의 아들을 '종법'(宗法)에 따라 세손(世孫)으로 세워야 한다는 태종비 원경왕후 및 우의정 한상경 등의 의견과, "일에는 권도(權道)와 상경(常經)이 있는바, 어진 사람을 고르는 것[擇賢]이 마땅"하니 충녕대군으로 정하자는 영의정 유정현, 좌의정 박은(朴訔) 등의 입장이 대립되었을 때가 그랬다. 이때 태종은 조연(趙涓), 심온(沈溫) 등 15인이 "종실에서 어진 자를 골라 세자를 세워 인심을 정해야 한다"고 요청하자,17) "그 공론에 따라" 충녕대군을 세자로 세웠다.18)

셋째, 공론정치를 효과적으로 작동시키기 위한 장치의 마련이다. 국왕의 거경궁리(居敬窮理)와 정책결정과정의 공론화를 위한 각종 제도가 그

이르기까지 폭넓게 발견되는 이 단어는 중종(217건), 성종(201건), 선조(129건), 숙종(117건) 순으로 높은 빈도를 보이고 있다.
12) 『세종실록』 원년 12월 12일 丁亥條.
13) 『세종실록』 3년 2월 22일 乙卯條.
14) 『세종실록』 10년 1월 25일 戊申條.
15) 『세종실록』 22년 9월 17 丙辰條.
16) 『세종실록』 23년 11월 17일 庚辰條.
17) 『태종실록』 18년 6월 3일 壬午條.
18) 『세종실록』 즉위년 총서.

것이다. 즉 성학(聖學) 공부 및 정책토론을 위한 경연(經筵), 정치의 공공성 확보를 위한 언관, 유생들의 간쟁 및 상소, 그리고 도덕적이고 유능한 재상에게 국정을 맡기는 권한위임의 정치 등이 그것이다. 세종의 경우도 즉위한 이후 약 20년간 거의 매일 경연에 참석해 경사(經史)를 강론했으며, 언관·유생들의 각종 아이디어와 정치비평을 '가납'했을 뿐 아니라 오히려 '초청'하고 '촉구'하곤 했다. 뿐만 아니라 세종은 "재상에게 전임(專任)하는" 국가운영, 즉 '의정부 서사제'를 "태조께서 제정해 놓으신 법"[祖宗成憲][19]이라는 근거를 들어 복구시킨 후 황희 같은 재상으로 하여금 백관을 통솔하고 온갖 정사[庶政]를 총괄하도록 했다.

넷째, 국왕과 신료들은 공론의 연원이 되는 하늘의 뜻과 민심의 소재를 파악해 국정에 반영하려고 노력했다. 태조를 비롯해서 역대 국왕들은 재이(災異)가 발생하면 '하늘의 견책'[天譴][20]으로 간주해 억울한 옥사나 잘못된 정사가 없는지 살폈으며, "공구(恐懼)하고 수성(修省)하여 마음을 다해 간(諫)하는 것을 받아들일"[21] 것을 요구받았다. 세종의 경우도 재위 5년에 "인사(人事)가 아래에서 감동되면, 천도(天道)는 자연히 위에서 반응하게 된다"면서 연이은 홍수와 가뭄으로 흩어진 민심을 추스리고, "천지로 하여금 그 자리를 잡을 수 있게" 할 '정치의 근본과 대체'[22]를 묻고 있다. 세종시대의 공론정치에서 특기할 만한 사항은 인재의 등용으로부터 세제의 개혁 및 국방문제에 이르기까지 거의 모든 국정이 국왕과 신료 사이의 끊임없는 논의와 대화를 통해서 결정되었으며,[23] 경우에 따라서는 백성들의 폭넓은 의견수렴까지 거친 후 결정되었다는 점이다.

다섯째, 세종시대의 공론과 관련해서 특기할 사항은 '사론'(士論) 또는 '군자의 평론'[君子之論]의 주체인 새로운 정치세력의 등장이다. 즉 주자

---

19) 『세종실록』 18년 4월 12일 戊申條.
20) 『태조실록』 1년 12월 1일 丁未條.
21) 『정종실록』 1년 10월 8일 甲辰條.
22) 『세종실록』 5년 3월 28일 己酉條.
23) 최승희, 『조선초기 정치사연구』(지식산업사, 2002), 170쪽.

학의 세례를 받은 유학자들이 국왕의 이단존중 행위를 배척하고 성리학 이념에 따라 국정을 이끌 것을 주장하는 상소가 그것이다. 예컨대 유생 하위지(河緯地)는 흥천사(興天寺) 사리각(舍利閣)을 수리하라는 세종의 지시가 이단을 배척하는 정신에 어긋남을 지적하면서, "만대에 전하는 군자의 평론"에 따라 중지할 것을 주장했다.24) 그는 또한 같은 상소에서 "구중(九重)의 이목이며, 백관의 승묵(繩墨)"인 대간이 국왕의 마음을 바로잡고 '정직한 말로' 국가를 바로 세울 것을 기대하는 "중망(衆望)을 저버리고" 국왕의 눈치나 보고 있다고 비판했다.

집현전 직제학 신석조 등은 세종이 궁중에 불당을 설치하려는 움직임에 대해 "예(禮)를 어기고 공론을 등져 가며 묘궁(廟宮) 곁에 불우를 세우는 것은 실로 부끄러운 일"이라고 반대했다.25) 다시 말해 세종시대에 재야의 유학자들은 중종반정 이후만큼 강력한 정치세력으로 성장하지는 못했지만, '산림(山林)의 소박(素朴)한 논의'[山林朴野之論]26)에 따라서 정치를 해야 한다는 의식을 갖기 시작했으며, 이것은 공론의 새로운 주체로서 사림세력이 성장하고 있음을 보여주는 예이다.

요약하자면, 세종과 세종시대의 신료들은 공론 및 공론화 과정을 거친 정책결정과정을 매우 중시했으며, 그것이 왕조를 안존시켜야 하는 '수성의 정치'에 필요하다고 보았다. 세종이 민생에 직접 영향을 미칠 세제개혁이나 국가안보에 큰 영향을 미칠 대외정책을 결정할 때 공론정치 메커니즘은 효과적으로 작동되었다.

2) 세종의 공론정치 활성화 노력

그러면 이처럼 중요한 정치적 문법이자 정치운영 메커니즘으로서 공론정치를 효율적으로 작동시키기 위해서 세종과 그의 신료들이 한 일은

---

24) 『세종실록』 20년 4월 12일 乙丑條.
25) 『세종실록』 30년 7월 19일 癸卯條.
26) 『세종실록』 22년 9월 17일 丙辰條.

무엇인가?

첫째, 세종은 정도전과 마찬가지로 재상 중심의 정치를 복원하려고 했다. 그 대표적인 예가 재위 18년에 육조직계제를 태조시대의 예에 따라서 의정부 서사제로 전환한 조치이다.27)

> 지금부터는 태조께서 제정해 놓으신 법[祖宗成憲]에 의거해 6조에서는 각각 맡은 직무를 먼저 의정부에 품(稟)하고, 의정부에서는 가부를 의논하여[商度] 아뢴 뒤에 분부를 받아서 다시 6조로 돌려보내서 시행하게 한다. 다만 이조와 병조에서의 관리 제수나, 병조에서 군사를 쓰는 것과, 형조에서 사형수 이외의 형벌의 판결은 해당 조(曹)로 하여금 직접 아뢰어서 시행하게 하라. 이때 해당 조는 즉시 의정부에 보고해야 하며, 만일에 합당하지 못한 일이 있으면 의정부에서는 이에 따라 반대하고 다시 계문해서 시행하게 하라. 이렇게 하면 거의 옛날 재상에게 전임(專任)하는 본의에 합당할 것이다[如此則庶合古者專任宰相之意]. 예조에서는 이를 중외에 밝게 알리라.28)

이 조치는 일차적으로 세종의 건강 악화로 대소 업무가 국왕에게 폭주하는 육조직계제를 피하려는 의도에서 선택된 측면도 있다. 하지만 "옛날 재상에게 전임(專任)하는 본의"라는 말에서 보듯이 세종은 재상 중심의 정치운영이 유교정치 이념에 더 부합된다고 보았다. 뿐만 아니라 그는 유능한 재상의 등용을 통해 공론이 활성화되고 정국운영도 안정화되기를 바랐던 것으로 보인다. 실제로 의정부 서사제로의 전환 이후 언론활동도 활발해졌다. 육조직계제하에서 세종은 언관에 대해 강경해 징계가 잦았으나, 서사제 채택 이후 점차 관대해진 것이다. 재위 20년 이후에는 언관에 대한 징계를 거의 볼 수 없는 것이 그 근거이다. 대간들은

---

27) 그 결과 의정부 잡사가 증가했다. 의정부 전리(專吏), 조예(皂隷), 안독승발녹사(案牘承發錄事)가 가설된 것이다. 전리를 20인에서 36인으로, 조예는 50인에서 100인으로 증가시킨 조치나(『세종실록』 18년 4월 13일 己酉條) 19년(1437) 10월에 찬성 1인을 추가해 영의정, 좌우의정, 좌우찬성, 좌우참찬이라는 의정부 당상 직제를 마련한 것도 '재상 중심의 정치'를 위한 조치였다(『세종실록』 19년 10월 24일 庚辰條).

28) 『세종실록』 18년 4월 12일 戊申條.

신변에 대한 위협 없이 비교적 자유로운 분위기에서 국정 전반에 걸쳐 활발한 '의논'을 펼칠 수 있었다.29)

둘째, 간관제도의 중시이다. 잘 알려진 것처럼 공론정치의 핵심적 기관은 사간원과 사헌부, 즉 대간(臺諫)이었다. 대간은 백관의 인사권에 개입할 수 있는 권한[署經]을 가지고 있었을 뿐만 아니라, "재상과 함께 천하의 일을 엮고, 천하의 일을 맡은"30) 기관으로 간주되었기 때문이다. "인주(人主)의 좌우에 서서 인주와 더불어 시비(是非)를 다투며, 인주는 '행할 만하다'고 하는데도 대간은 '결코 행할 수 없다' 하고, 인주는 '마땅히 죽여야 한다'고 하는데도 대간은 '결코 죽여서는 안 된다'고 하며, 진노(震怒)에 부딪치면서도 천안(天顔)에 항거하는" 중요한 '임무'31)를 가졌다는 믿음이 대간을 비롯한 많은 유교 지식인들에게 있었던 것이다. 이 때문에 "간쟁(諫諍)은 공론의 근저(根柢)"32)이며, "간관이 없으면, 나라는 나라답지 못하게 된다"[無諫官, 則國非其國矣]33)는 말을 어전회의에서도 당당하게 할 수 있었다.

세종은 간관의 역할이 국왕으로 하여금 '후세의 비난'을 듣지 않도록 잘못을 예방하고 비판하는 데 있다고 보았다. 그에 따르면, 한나라의 선제(宣帝)나 송나라의 신종(神宗)은 당대에는 "총명하고 지혜 있는 임금이라고 칭찬"받거나 "스스로 정신을 가다듬어 잘 다스리기를 도모"하는 군주로 평가받았다. 그러나 후세의 평자들은 이들을 "화(禍)의 근본을 만든 임금"이라고 비난하고 있다. 따라서 세종 자신도 "비록 백성에게 이로운 일을 시행하고 있으나, 후세에 나무람을 받을 것이 없지 않을 것"인데, 간관들이 이 점을 지적하지 않은 것은 잘못이라고 한 것이다.34)

세종의 판단에 따르면, 당시 사람들은 "비록 무사 평안하다고 말하나,

---

29) 최승희, 앞의 책(2002), 134쪽.
30) 『三峰集』(10) 經濟文鑑(下) 諫官.
31) 『세종실록』 20년 4월 12일 乙丑條.
32) 『태조실록』 1년 11월 9일 丙戌條.
33) 『태종실록』 1년 7월 23일 庚戌條.
34) 『세종실록』 7년 12월 8일 癸酉條.

태평을 믿는 것은 쇠퇴하고 어지러워지는 징조"이다. 그런데도 간언하는 자들은 제 역할을 다하지 못하고 있다. 즉 "아직 과감한 말로 면전에서 쟁간(爭諫)하는 자를 보지 못했으며, 또 말하는 것이 절실 강직하지 않다." 뿐만 아니라 "의논하라고 내린 일로 보아도, 그것을 논의할 적에 한 사람이 옳다고 하면 다 옳다고 말하고, 한 사람이 그르다고 말하면 다 그르다고" 하는 등 "한 사람도 중론을 반대해 논란(論難)한 자가 없는" 것이 지금 언론의 문제라는 것이다.35)

셋째, 세종은 공론정치를 보다 효과적으로 운영하기 위해서 집현전을 확장했다.36) 집현전은 세종 2년에 확장될 때 "경연을 전담하고 도서의 수장, 이용, 그리고 학문활동에 전념"하도록 되어 있었다. 그러나 재위 후반기로 가면서 점차 정책토론을 주도하고 백관을 논핵하는 등 언론의 중심기관으로까지 성장했다.37) 집현전 관원의 상소는 학술기관의 특성상 대간 언론의 부족한 면을 보완해 주는 효과가 있었고, 특히 척불(斥佛) 상소는 대간의 그것보다 높은 권위를 가지고 성리학 이념을 수호하는 역할을 했다.38) 말하자면 세종은 황희 등 신뢰하는 재상들에게 국정을 통솔하는 권한을 주어 안정적이면서도 효과적인 국정수행을 꾀하는 한편, 사헌부·사간원의 간관과 집현전 신료들에게 견제와 학술적 지원을 추진하도록 했던 것이다.

세종은 이처럼 재상의 역할을 강화하고 언로를 활성화하는 한편 집현전을 발전시킴으로써 공론의 정치를 정착시켰다. 세종시대에 형성된 이

---

35) 『세종실록』 7년 12월 8일 癸酉條.
36) 집현전의 겸관, 전임관은 모두 당대의 일류 학자로 임명되었다. 이 중에서 영전사, 대제학, 제학, 부제학 등은 겸관으로 관아의 운영에 직접 개입하지 않았다. 부제학 이하의 관원들이 제수 후보자 추천[擬望]과, 언론활동 전개와 관련해서 국왕과 언관 등이 대립했을 때 중재하는 역할을 했다. 특히 부제학 이하는 조회시에 동렬의 제일 앞에 서는 우대를 받았는데, 이들은 경연과 서연도 전담했다. 그리고 부제학 이하는 결원이 생기면 차하위 관원에 의해 차례로 승진되었고, 부제학까지 승진한 연후에는 육조나 승정원 등으로 진출했다.
37) 최승희, 「집현전연구 상」, 『역사학보』 32(1967), 18-32쪽.
38) 최승희, 『조선초기 언관·언론연구』(서울대출판부, 1976), 267쪽.

러한 정치운영 메커니즘이 나중에 『경국대전』으로 법제화되어 조선왕조 공론정치의 전통이 된 것은 물론이다. 그러면 이러한 정치운영 메커니즘은 현실정치에서 어떻게 운용되었는가? 이는 절을 바꾸어서 살펴보기로 한다.

3. 공론정치의 작동사례: 숙의의 정책결정

1) 국내문제

세종은 정책구상이나 국가전례에 관한 것은 물론이고 외교나 국방에 관한 일까지 중요한 사안에 대해서는 공론정치 메커니즘을 최대한 활용하곤 했다. 그는 신료들과 함께 하는 어전회의나 집현전 학사들이 참석하는 경연 등에서는 물론이고, 과거시험 문제의 형태로, 또는 가뭄과 같은 재이(災異)가 발생했을 때 구언(求言)을 하는 방식 등으로 신하들의 아이디어를 구하고 문제의 해결책을 찾곤 했다.

그는 이렇게 수렴된 아이디어와 정책을 실현하기 위해 여러 신료들과 의논했다. '숙의(熟議)의 정치'라 특징지을 수 있는 그의 정책결정 방식은 국내정치뿐만 아니라 대외관계 등의 문제를 해결하는 과정에서도 나타났다. 먼저 국내문제의 사례로서 세제개혁 과정, 즉 공법(貢法)의 입법에 나타난 숙의의 결정과정을 간략히 살펴보면 다음과 같다.

첫째, 세종의 세제개혁은 한마디로 중앙에서 파견된 조사관이 풍흉의 정도를 보고 세액을 매기는 '손실답험법'(損實踏驗法) 대신 토지의 비옥도와 지역별 일기에 따라 국가에서 정한 일정액을 내도록 하는 '공법'(貢法)으로의 전환을 말한다.

둘째, 중요한 것은 그 공법을 제정·시행하는 '과정'인데, 놀랍게도 세종은 무려 '17년의 긴 토론'(1427~1444)과 4단계의 공론화 과정을 거치면서 반대자들까지 그 제도의 필요성을 인정한 상태에서 시행에 들어갔다.

셋째, 그 4단계란 ① 1430년에 위로는 고위관료로부터, 아래로는 일반 농민에 이르기까지 17만여 명을 대상으로 공법에 대한 찬반조사를 실시하는 과정, ② 이러한 관민들의 여론조사를 놓고 "백관들로 하여금 공법에 대한 의견과 개선책을 문서로 보고[以啓]"하게 하는 과정, ③ 전현직 고위관료들이 참석한 어전회의에서 충분한 시간을 두고 찬반토론을 거쳐 개혁안이 가져올 후유증을 검토하는 한편, 그 보완책을 마련하게 하는 과정, ④ 국왕의 최종 결단과 지역별 부분 실시, 그리고 경기도 들판의 현지답사 후 전국적 확대 실시과정을 말한다.

넷째, 전국적으로 17만여 명에 이르는 여론조사를 한 것도 그 당시로서는 세계 역사상 유례가 없는 것이지만, 개혁정책의 후유증을 최소화하는 과정도 혁신적인 것이었다. 즉 세종은 전국적인 여론조사와 사대부들의 찬반 이유에 대한 의견조사, 어전회의 등에서 찬성의 의견이 높았음에도 불구하고 공법을 6년 동안이나 보류상태로 놓아두었다. 그 기간 동안 그는 척박한 토지에 무거운 세액이 책정되지 않도록 하는 방법과, 흉년이 들었을 때 발생할 수 있는 공법제도의 문제점을 보완한 다음, 반대하던 황희, 맹사성 같은 사람들도 공법 실시에 '전원 찬성'[僉曰可]하게 된 1444년에야 비로소 시행했다. 이후 공법은 『경국대전』에 반영되어 조선왕조 조세제도의 기틀로 작동되었다.39)

2) 대외관계

세종시대의 대외관계에서 최대의 위기는 '토목(土木)의 변' 직후의 일련의 사태라 할 수 있다. 1449년 8월에 명나라 영종 황제가 오이라트부[몽골]의 에센과 싸우는 도중에 사로잡힌 사변이 그것이다. 이 사변은 명나라뿐만 아니라 동북아의 여러 나라들에게 중대한 위기로 간주되었다.

---

39) 세종의 세제개혁 '내용'이나 그 '과정'에 대해서는 김태영, 『조선전기 토지제도사 연구』(지식산업사, 1983); 박현모, 「세종의 세제개혁과정에 나타난 혁신리더십」, 『선조에게서 배우는 혁신리더십』(문화재청, 2005) 참조.

에센이 몽고군을 이끌고 북경을 포위하고 항복을 요구하는 상황이 발생하자, 조선을 비롯한 주변국들은 신흥 제국 명나라가 이대로 주저앉고 제2의 몽고제국이 등장할지도 모른다고 우려했다.

이 사태와 관련해서 세종은 특유의 '숙의의 정책결정' 방식을 효과적으로 활용했다. 우선 에센이 명나라를 침공했다는 소식이 조선 조정에 처음 전해진 것은 1449년(세종 31) 8월 1일이었다. 통역사 이유덕(李裕德)이 요동에서 급히 달려와 7월 20일에 발생한 '서쪽의 급박한 소식[聲息]'을 전달한 것이다. 그에 따르면 "에센의 병마(兵馬)가 밤에 장성(長成)에 들어와 (광녕성의)……군졸 1천 명과 말 8천 필을 사로잡았고, 또 광녕(廣寧)에서 요동(遼東)까지" 점령했다는 것이다. 한밤중에 이 소식을 들은 세종은 긴급히 의정부와 병조·도진무(都鎭撫) 합좌회의를 소집해 "양계(兩界)의 방비에 대한 일"을 의논하게 했다. 그 결과 요동에 통사를 급히 파견해 사태의 추이를 정찰하게 하는 한편, 대장(大將)을 양계에 별도로 급파하고 변장(邊將)들에게 경비를 강화하라고 지시했다. 간첩을 보내 여진족의 동향도 파악하는 한편 상중에 있는 자들을 기복(起復)시키는 명령도 잊지 않았다.[40]

이 날 병조에서 보고한 바에 따르면, 전국에서 동원 가능한 육군의 병력수는 함길도와 평안도를 제외한 상태에서 총 157,734명으로 파악되었다(현역군은 131,704명). 대부분의 병력이 충청, 전라, 경상의 하삼도에 집중되어 있어 만일 북쪽에서 10만 이상의 병력이 갑자기 침입할 경우 임진강 이북 지역은 쉽게 무너질 수밖에 없는 상황이었다.

다행히 세종시대에 들어서 수축되기 시작한 산성과 성보의 힘에 의지해 어느 정도의 방어는 할 수 있었지만, 그것도 아직까지 공사중인 것이 태반이었다. 세종이 에센의 침공소식을 들은 직후 산성 쌓는 일을 "만일 중도에 폐하지 않았더라면 오늘날 방어의 일이 도리어 쉽지 않았겠는가"[41]라고 안타까워한 것은 이를 두고 한 말이었다.

---

40) 『세종실록』 31년 8월 2일 己酉條.
41) 『세종실록』 31년 8월 2일 己酉條.

열흘 뒤인 8월 12일에 통역관 김자안(金自安)이 요동(遼東)에서 가져온 급보에 따르면, 다행히 "달달(達達: 오이라트에 대한 오해인 듯——필자)이 광녕성을 3일 동안 포위했으나, 함락시키지 못하고 포위를 풀어 10리쯤 떨어진 곳에 물러가 주둔"했다. 또한 "에센의 군마(軍馬)가 요동에 가지 않고 우리 국경에도 가까이 오지 않는다"는 사실도 파악되었다. 따라서 세종은 각 도의 군대를 가정(加定)할 때 "민간이 소요되지 않도록" 조심히 시행하라고 지시했다.42)

그런데 정작 중요한 위기는 다음달인 9월 9일에 도래했다. 명의 황제는 요동 지휘(遼東指揮) 왕무(王武)를 보내 조선의 "왕은 마땅히 정병(精兵) 10여만을 골라 모아 대두목(大頭目)으로 하여금 통솔케 하여 요동 여러 장수와 더불어 모여 협공할 것을 기약해 이 적을 박멸하는 데 힘쓰게 하라"는 칙서를 보내왔기 때문이다. 명의 영종 황제는 7월 17일에 군병 7만을 거느리고 친히 정벌을 감행하는43) 과정에서 조선의 군대 파병을 요청한 것이다.

세종은 일단 "이 일이 병기(兵機)에 관계된다 하여 비밀로 하고 발표하지"44) 않은 상태에서 대책을 모색했다. 그런데 서울의 시위군사를 제외하면 전국의 군사를 다 보내도 10만이 겨우 되는 상황에서 이것은 아무리 황제의 명령이라 하더라도 도저히 수용할 수 없는 요구였다. 이에 세종은 한성부윤 김하(金何)를 북경에 보내 칙유(勅諭)에 대해 사례하는 한편, 군대를 파병할 수는 없고 "삼가 봉토(封土)를 굳게 지키는 데" 최선을 다하겠다면서 다음과 같은 주문(奏文)을 올렸다.

> 공경하여 따르는 외에 그윽이 생각하오니, 정병을 골라 모아 요동의 여러 장군으로 더불어 협공하기를 기약하라 하신 말씀은 (따르기 어렵습니다). 본국은 3면이 모두 대해에 접해 있어 왜산(倭山), 대마(對馬), 일기(一岐), 화

---

42) 『세종실록』 31년 8월 12일 己未條
43) 『세종실록』 31년 8월 18일 乙丑條
44) 『세종실록』 31년 9월 9일 丙戌條

가(花加) 등 여러 섬이 바다 가운데 나열되어 있습니다. 이 때문에 도적 무리가 갑자기 왔다 갔다 하므로 대대로 변방의 환란이 되어 왔습니다.…… 지금 남방과 북방의 소식[聲息]이 연속하여 끊어지지 않으니, 방어하는 사무가 예전보다 갑절이나 긴박하므로, 수자리[戍]설 군사도 오히려 넉넉지 못합니다. 만일 하찮은 군마라도 나눠 국경 밖으로 출병시키게 되면, 그윽이 왜구와 야인이 틈을 타 어지럽게 하여 해를 입는 것이 가볍지 않을 것이요, 또한 성상의 동쪽을 돌아보시는 걱정을 끼쳐 드릴까 염려스럽습니다. 사세를 살펴 생각하매, 진퇴유곡(進退維谷)이오라 전전긍긍하여 어찌할 바를 모르겠습니다. 설혹 북방 오랑캐가 저희 나라를 침범한다면 신은 마땅히 힘을 다해 무찌르겠나이다.45)

'변방의 환란' 때문에 도저히 파병을 할 수 없다는 것과, 만약 파병했을 경우 또 다른 환란이 발생해 명나라에도 더 큰 위험이 미칠 수 있다는 논리였다. 이처럼 명나라의 요구를 완곡하지만 단호히 거절한 상태에서 또 다른 급보가 전해졌다. 영종 황제가 "달달(達達)을 친히 정벌하다가 잘못해서 오랑캐의 나라에 잡혀갔다"46)는 보고가 그것이다. 또한 황태후가 "신민(臣民)에게 주군(主君)이 없을 수 없으므로"47) 황제의 아우 성왕(郕王)을 새 황제로 등극하게 했다는 소식도 전해졌다. 이 소식을 들은 세종은 깜짝 놀라 의정부와 육조의 신하들을 불러 대책을 논의했다. 이 자리에서 세종은 "황제가 잘못 오랑캐에게 잡혀가고 새 황제가 즉위하는 큰 변이 일어났으니, 마땅히 진하(進賀)와 진위(陳慰)를 속히 해야 할 것"인데, 잡혀간 "태상황제(太上皇帝)를 위해 (조선의 임금이) 곡림(哭臨)을 행한" 전례가 있는지를 집현전에 알아보게 했다.

다음날인 10월 1일 어전회의의 쟁점은 "두 황제가 병존해 있을 때" 제후국이 어떤 예법을 취해야 하는가였다. 이 회의에서 예조는 "이제 조사(詔使)가 반드시 또 올 것인데, 태상황제가 오랑캐에게 사로잡힌[陷害]

---

45) 『세종실록』 31년 9월 19일 丙申條.
46) 『세종실록』 31년 9월 29일 丙午條.
47) 『세종실록』 31년 10월 7일 甲寅條.

상태에서" 평상시와 같이 채붕·나례를 사용하면 혹 미안하지 않을까 염려된다는 소견을 밝혔다. 이에 대해 세종은 "오늘의 일로 말하면 비록 천하가 통분(痛憤)해하지만 (황제가 죽었다는) 흉문(凶聞)이 없으니 채붕·나례를 폐하기는 어려울 듯하다. 그러니 정부와 더불어 다시 의논하도록 하라"고 지시했다.

이 지시에 따라 의정부 관료와 집현전 학사, 그리고 국왕 자신이 다시 모여 열띤 토론48)을 벌였다. 그 결과 조정은 진위사와 진하사를 동시에 파견하기로 결정했다. 그런데 사신을 파견한 직후 요동에서 또 다른 치보가 전해져 왔다. 그것은 "에센이 군사 3천으로 정통 황제(正統皇帝: 영종)를 송환한다"는 소식이었다. 세종은 "중국의 변(變)은 천고에 없었던 바이며, 황제를 송환한다는 것도 뜻밖의 일"인데, 아마도 이는 영종과 경종 황제의 '시새움'과 '내란'을 의도한 에센의 계략에서 나왔을 것이라고 말했다. 그는 이어서 만약 황태후의 명령으로 다시 영종을 세우게 되면, "정조(正朝)의 표전(表箋)에다 경태(景泰, 경종)로서 연호를 기록하는 것은 매우 절실하지 못하니, 어떻게 처리해야 하겠느냐"고 주위의 신하들에게 물었다.

이에 하연(河演) 등은 "진위(進慰), 등극(登極), 정조사(正朝使)를 잠시 의주에 머물러 있게 하여, 먼저 통사로 하여금 요동에 가서 탐문하게 하자"고 말했다. 그래서 만약 영통이 다시 황제로 복위한다면 진위사와 등극사는 그만두게 하고, 정조(正朝)의 표전(表箋)도 고쳐서 정통으로 연호를 기록하도록 하자는 것이었다. 그러나 승문원 제조 정인지(鄭麟趾)는 홀로 "경태 황제가 지금 즉위해 천하에 포고(布告)했는데, 우리나라에서 정통으로 연호를 씀은 의리상 불가하니, 모르는 척하고 입조(入朝)함이

---

48) 이 토론에서 의정부 좌참찬 정분(鄭苯) 등은 명나라 사신이 왔을 때, 연향(宴享)의 음악은 연주하되 채붕·나례는 베풀지 말자고 주장했다(황희, 하연, 황보인 등 삼정승 지지). 이에 반해 세종은 "만약 사신을 맞이하는 연향이 그 전보다 줄면 혐의가 생길 것"이라면서 비록 예문(禮文)에 없더라도 "할 만한 일은 다 행해야 한다"고 말했다. 『세종실록』 31년 10월 1일 戊申條.

옳을 것"이라고 주장했다. 세종은 이에 대해 "여러 사람의 의논(즉 하연 등의 제의)을 따라 시행하라"고 명하고, 통역관 김유례(金有禮)를 요동으로 파견했다.49)

이상에서 살펴본 바와 같이 세종은 앞을 내다볼 수 없는 혼란스런 국제정세 속에서 주요한 결정을 내릴 때 주위 신하들과 충분한 토의를 거쳤다. 그는 조선의 국방과 안위가 중원 패권국과의 관계 형성에 달려 있다고 보고 때론 지나칠 정도로 명나라에 대해 지성사대를 했으며, 명나라 사신들의 무례와 과욕을 참아 내기도 했다. 세종의 재위기간에 무려 다섯 명의 황제(영락, 인종, 선종, 영종, 경종)가 바뀌었다. 수많은 사신과 국서가 오가는 상황에서도 명나라와의 관계가 더욱 돈독해지고, 조선에 대한 명 황제들의 신뢰가 높아져 간 것은 거의 전적으로 세종의 일관되면서도 정성스런 사대외교 때문이었다고 할 수 있다.

무엇보다도 숙의를 중시하는 세종의 정책결정 방식은 태종의 그것과 대조된다는 점에서 주목할 만하다. 태종의 경우 정책을 결정할 때 대체로 핵심 사안을 위에서 지시하고, 신속하게 임시방편적 조처[權道]를 취해서라도 좋은 결과를 거두는 것을 중시했다. 예컨대 세종 1년에 태종이 상왕으로서 추진한 '대마도 정벌'(1419. 6)의 경우 특별한 토론과정 없이 태종의 결정과 지시대로 추진되었다. 이에 비해 세종 15년의 '파저강 토벌'(1433. 4)은 군신간의 대토론을 거쳐 시행되었다.50) 즉 ① '토벌'과 관

---

49) 『세종실록』 31년 10월 18일 乙丑條. 결국 경종은 새 황제로 등극해 8년간 치세하다가 1457년에 상왕으로 있던 영종에게 폐위되었고, 영종은 재등극한 뒤 8년간을 더 다스린 뒤 1464년에 사망했다. 세종은 경종이 즉위한 뒤 구원병을 파견하라는 요구와 말 2, 3만 필을 매매하라는 요청(『세종실록』 32년 1월 5일 辛巳條) 등으로 또 한 차례 곤경을 치렀으나, 세종 특유의 토론을 통한 지혜의 도출과 '지성사대'(至誠事大)로 위기를 넘겼다. 세종시대 대명외교에 대해서는 박현모, 「세종과 경국의 정치: 세종은 외교적 난관을 어떻게 헤쳐나갔는가」, 『유교문화연구』 제9집(성균관대학교 교문화연구소, 2005) 참조.
50) 김홍우 교수는 세종의 '야인정벌을 위한 대토론'을 카이사르의 "갈리아 전기에 나오는 대회의"에 비견했다. '파저강 토벌'과 '대마도 정벌'과정이 세종과 태종의 서로 다른 '정치 스타일'을 보여준다는 김홍우 교수의 견해는 이 책의 '종장: 한국정치사

련해 중국에 보고하는 문제, ② 실제로 침입한 여진족의 실체를 둘러싼 논쟁, ③ 토벌의 방법(기습공격이냐, 회유 후 토벌이냐) 등과 관련된 심도 깊은 논란과 숙의 과정이 있었다.

결과적으로 '대마도 정벌'의 경우, 약 보름 만에 전격 철수함으로써 일시적으로 왜구를 위축시키는 효과는 있었지만 후속조치가 뒤따르지 않았고, 그 결과 대마도는 조선과 일본에 '양속'(兩屬)하는 섬으로 남게 되었다. 이에 비해 '파저강 토벌'의 경우는 그 결과가 달랐다. 즉 세종은 '4군6진 개척' 같은 일련의 후속 논쟁과 조치를 취해 그 동안 불확실하던 우리 변경을 분명히 했고, '압록강·두만강' 선(線)까지 확장시켜 오늘날 우리나라의 영토를 확정지었다. 요컨대 예기치 않은 사태가 발생했을 때 세종은 신료들의 폭넓은 의견을 수렴하고 활발한 토론을 거쳤다. 이 과정을 통해 발생할 수 있는 여러 문제점을 미리 대비할 수 있게 했으며, 신중하게 결정을 내릴 수 있도록 했다. 그리고 그 결과도 세제개혁이나 '파저강 토벌'과 같이 대체로 성공적인 것으로 나타난 것이다.

4. 맺음말

율곡 이이에 따르면, 세종은 '동방의 성주(聖主)'[51]로서 "국가를 안정"시킨 '수성의 군주'였다. 창업의 군주 태조 이성계가 새롭게 국운을 열었다면, 수성의 임금 세종은 그 통서(統緒)를 계승해 국가를 안정시키고 체제를 공고화시켰다는 것이다. 세종의 정치에 대한 율곡의 평가를 좀더 들어 보면 다음과 같다.

우리 태조는 왕씨가 쇠한 뒤를 이어 신령스러운 무용으로 새 국운을 여셨고, 통서(統緒)를 이으신 임금 중에 세종이 계셨으니 세종의 성스러움은 전

상 연구의 새로운 지평'에 자세히 나와 있다.
51) 『栗谷全書』(7) 疏箚(5).

조(前朝: 고려──필자)에 없었던 바입니다. 국가를 안정시켜 비움과 개임을 적기에 했고, 유(儒)를 숭상하고 도를 중하게 여겨 인재를 양육했으며, 예악을 제작해 후손에게 잘살 수 있는 길을 터놓았으니 우리나라의 정치가 여기서 융성했던 것입니다. 그것이 오늘까지 뻗쳐 와서 유택(遺澤)이 끊이지 않고 있으니 우리나라 만년의 운이 세종에게서 처음 기틀이 잡힌 것입니다.52)

세종이 유학이념을 중시하면서 인재를 양육하고 예악을 제작함으로써 체제가 안정되었고, 우리나라 "정치가 융성"할 수 있었다는 것이다. 필자는 우리나라 정치를 융성하게 만든 바로 그 방법이 공론정치라는 정치 메커니즘이었으며, 세종의 경우 그것이 '숙의의 정치'로 나타났음을 살펴보았다. 이 점에 의거해 세종의 정치가 한국정치사상에서 갖는 의의를 간략히 정리하면 다음과 같다.

첫째, 세종은 공론을 보다 폭넓게 이해해 일반 백성들의 의견을 묻기도 하고, 과거제도의 개편 및 중국과의 외교문제 등에 대해서도 충분한 토론과 검토를 거쳐 '전원 찬성'의 결정을 이끌어 내곤 했다. '과거제도 개선,' '세제개혁 과정,' '대외정책 결정' 등이 그 예이다. 이처럼 세종은 관련된 모든 신료들로 하여금 다 말하게 하고 재상과 언관의 적절한 역할을 통해 "효과를 거두는 정치"를 했다. 이러한 사례는 공론정치 메커니즘을 활성화함으로써 이해가 대립되는 사안이 '적정한 과정'을 거치도록 하는 것이야말로 체제 안정기[守成期]의 정치에서 가장 중요한 조건의 하나라는 것을 보여준다.

둘째, 세종시대의 공론은 중종반정 이후 본격화되는 사론(士論) 내지 산림(山林)보다는 조정 신료들에 의해서 주도되었다. 사헌부, 사간원의 언관과 집현전의 학자들이 그것이다. 그러나 하위지 등의 말에서 볼 수 있듯이 성리학에서 말하는 공론의 주체이자 도통의 계승자로서 사론에 대한 문제의식이 싹트고 있었음을 알 수 있다. 이러한 재야의 사론은 특히 선조조 이후 붕당과 함께 중요한 조선조의 공론정치 주체로 부각되

---

52) 『栗谷全書』「東湖問答」: 우리 조정에 고도(古道)가 회복되지 않음을 논함.

었다. 그리고 이들의 역할은 주로 국왕으로 하여금 성학 공부를 통해서 거경궁리(居敬窮理)하도록 경연 등에서 이끌며, 국정을 위임해 천리와 인심에 따르도록 하는 일이었다.53)

셋째, 세종의 공론정치에 의해서 조선왕조는 창업기의 불안정한 단계를 지나 안정적인 수성기로 전환할 수 있었다. 조선왕조를 건국한 지 50여 년을 전후한 시점에 즉위한 세종에게 주어진 최대의 과제는 아직까지 안정되지 못한 백성들의 민심과 대외관계를 정착시키는 일이었다. 이를 위해서 그는 '토론과 숙의(熟議)의 정책결정' 방식을 통해 민심을 끌어들이는 한편, 다수의 정치적 지혜를 모아 갔다. 세종시대의 허성(許誠) 등이 지적한 것처럼 "문화적인 정치를 하는 시대에는 본시 나라를 창설할 시기와는 같지 않아서"54) 재상과 간관은 임금의 "귀와 눈의 역할을 대신하여" 다양한 구성원들의 말을 잘 보고 들은 다음, 이를 정책결정과정에 반영하는 것이 특히 중요하다. 어떤 결정이 성공적으로 시행되기 위해서는 그와 관련된 일정 정도의 사회적 합의와 정치적 정당성이 필요하기 때문이다. 세종시대의 공론정치라는 정치메커니즘은 바로 그러한 기능을 수행하는 효과적이면서도 적정한 장치였던 것으로 판단된다.

<참고문헌>

『世宗實錄』, 『三峰集』.

권연웅, 「세종조의 경연과 유학」, 한국정신문화연구원 편, 『세종조 문화연구(I)』(박영사, 1982).
김구진·한명기·나종우, 「세종시대 대외정책」, 세종대왕기념사업회 편, 『세종문화사대계 3』(세종대왕기념사업회, 2001).

---

53) 『大學』 章句序.
54) 『세종실록』 8년 1월 26일 辛酉條: "守文之世, 固與創業之時不同."

김태영, 「조선전기 공법의 성립과 그 전개」, 『조선전기 토지제도사 연구』(지식산업사, 1983).
_____, 『조선전기 토지제도사 연구』(지식산업사, 1983).
김홍우, 「닫힌 사회와 소통의 정치: 한국정치의 활성화를 위한 제언」, 『삶의 정치, 소통의 정치』(대화출판사, 2003).
박현모, 「정조시대의 공론연구: 대간의 활동과 유생들의 집단상소를 중심으로」, 『한국정치연구』 제11집 2호(서울대학교 한국정치연구소, 2002).
_____, 「세종의 세제개혁과정에 나타난 혁신리더십」, 『선조에게서 배우는 혁신리더십』(문화재청, 2005).
_____, 「세종과 경국의 정치: 세종은 외교적 난관을 어떻게 헤쳐나갔는가」, 『유교문화연구』 제9집(성균관대학교 유교문화연구소, 2005).
손보기, 『세종대왕과 집현전』(세종대왕기념사업회, 1984).
이상익, 『유교전통과 자유민주주의』(심산문화, 2004).
조남욱, 『세종대왕의 정치철학』(부산대학교출판부, 2001).
최승희, 「집현전연구 상」, 『역사학보』 32집(1967).
_____, 『조선초기 언관·언론연구』(서울대학교출판부, 1976).
_____, 『조선초기 정치사연구』(지식산업사, 2002).

Palais, James B., *Confucian Statecraft and Korean Institutions: Yu Hyongwon and the Late Choson Dynasty* (Seattle: University of Washington Press, 1996).

제11장 예와 법의 정치사상
- 경국대전 -

조우영(경상대학교)

1. 정치와 법, 법과 정치사상

일반적으로 말해서 정치와 법은 서로 떼려야 뗄 수 없는 관계에 있다. 정치가 사람들 사이에 존재하기 마련인 '권력현상'을 매개로 일정한 단위의 공동체를 형성하고 그 공동체의 내부구성 내지 구성원들 사이의 역할분담 및 공동체 전체가 나아갈 방향에 대한 의사를 형성해서 그것을 집행해 나가는 과정이라면, 법은 정치과정의 결과이자 그 연속적 과정을 구성하는 한 요소로서 공동체 차원에서 형성된 의사가 낱낱의 구성원들을 향한 구체적인 '규범'의 형태를 띠게 된 것이고, 그것이 관철됨으로써 비로소 그 의사가 현실을 움직이는 '힘'으로 작용할 수 있는 것이다. 정치권력은 법을 통해 발현되지 않는다면 단순한 폭력에 지나지 않을 것이고, 법은 정치권력의 뒷받침을 받지 못한다면 허황된 관념에 지나지 않을 것이다.

이처럼 정치와 법은 서로 맞물려 있으므로, 우리는 하나의 공동체에 통용되는 법규범의 내용을 통해서 그 사회를 지배하거나 그 사회의 구성원들이 대체로 공유하는 정치사상의 내용을 읽을 수 있다. 더구나 법이란 현실에서 나온 것이기는 하되 당장 존재하는 현실 그 자체는 아닌, 어떤 이념에 따라 현실을 이끌어 가고자 하는 당위 명제이므로, 거기서는 당대 정치사상의 현실인식(존재론적 측면)과 이념적 지향(가치론적 측면)이라는 양면을 모두 읽을 수 있다. 요컨대 '법전'은 한 나라 한 시대의 정치사상을 읽을 수 있는 중요한 소재 가운데 하나이다. 그러므로 이 장에서는 『경국대전』을 통해서 우리나라 조선시대 정치사상의 몇 가지 면모를 살펴보기로 한다.

2. 『경국대전』의 시대적 배경과 역사적 성격

먼저 이 장의 논의가 갖는 시대적 위상을 밝혀 둘 필요가 있겠는데, 그러기 위해서는 『경국대전』의 편찬 배경과 경과 및 그 존폐 내력을 살펴보는 것이 좋겠다.

『경국대전』 편찬의 배경을 이루는 첫 실마리는 멀리 고려 말기의 율령 재편 움직임과 이성계의 「국왕 즉위교서」(1392, 정도전 지음)까지 거슬러 올라가서 찾아볼 수 있다. 널리 알려져 있듯이 고구려, 백제, 신라에서는 율령을 반포·시행했으나 고려에서는 성문 율령을 반포하지 않고 판(判), 제(制), 교(敎), 령(令), 지(旨), 조(詔) 따위의 왕법(王法)으로 통치했는데,1) 그 말기에 이르러서는 원나라의 『지정조격』(至正條格)을 들여와서 쓰기도 하고(우왕 3년, 1377), 『명률』(明律)과 원나라의 『의형이람』(議刑易覽)을 참작한 율전(律典) 편찬을 시도하기도 했으며(우왕 14년, 1388), 정몽주는 사사로이 율전을 만들어 왕에게 바치기도 했다(공양왕 4년, 1392). 이성계의 「즉위교서」에서는 국호도 그대로 고려로 두고 의장(儀章)과 법제(法制)도 한결같이 고려의 것을 따르도록 하면서도, 한편으

---

1) 다만 『고려사』 「형법지」(刑法志)에 2개의 옥관령(獄官令) 조목과 69개의 형률 조목이 전한다.

로는 종묘와 사직, 과거(科擧), 역법(役法), 세법(稅法), 공법(貢法), 전법(田法) 따위의 정비를 천명하고, 특히 고려 말기에는 형률이 일정하지 않았음을 비판하면서 앞으로는 공·사 범죄를 한결같이 『대명률』에 따라 처단하도록 했다. 이러한 움직임은 모두 유교를 받아들이고 유학을 공부한 사대부들이 정권을 장악하면서 일어난 일이었다.

  종합적인 법전을 편찬하기 위한 시도는 조선시대에 들어와서 결실을 맺기 시작했는데, 먼저 정도전이 사사로이 『조선경국전』을 완성해서 임금에게 바쳤고(태조 3년, 1394), 이어서 사료상 확인되는 우리 역사상 최초의 종합·통일 법전인 『경제육전』이 완성되었다(태조 6년, 1397). 그 뒤에도 『경제육전원전』, 『경제육전속전』(태종 13년, 1413), 『신속육전』 및 그 『등록』(謄錄)(세종 8년, 1426), 『신찬경제속육전』(세종 15년, 1433) 따위가 반포·시행되었다. 이러한 과정에서 법전 편찬에 관계되는 중요한 원칙 두 가지가 정립되었는데, 그 한 가지는 '원전'과 '속전'이 충돌할 경우에는 원전을 우선하되 부득이한 경우에는 원전 규정을 그대로 둔 채 그 밑에 각주로 속전 규정을 삽입한다는, 이른바 '조종성헌'(祖宗成憲) 존중 원칙이고(태종 15년, 1415),[2] 또 한 가지는 영구히 지켜야 할 조목은 '전'(典)에 싣고 한때의 필요에 따라 시행할 조목은 '록'(錄)에 싣는다는 전·록 구별의 원칙이다.[3] 이들 원칙은 나중에 『경국대전』이 편찬·시행된 다음에도 이른바 '갑오개혁'(1894) 때까지 줄곧 지켜졌다.

  『경국대전』의 편찬은 이른바 '만세성법'(萬世成法)을 이룩하려는 세조의 야심에 따라 시작되었다. 맨 처음 세조 6년(1460)에 「호전」이 완성되어 이듬해에 「형전」과 함께 시행된 것을 비롯해서 예종 원년(1468)까지 1차로 모두 완성되어 이듬해 초부터 전면 시행되었고, 이후 3차에 걸쳐

---

[2] 이 원칙은 공자, 맹자의 복고적·보수적 종주(宗周) 정통 사상과 통한다. 공자는 극기복례(克己復禮)가 곧 인(仁)이라고 했는데(『논어』 안연편(顔淵篇)), 그 정치적 함의를 제후들에 대해 욕심을 자제하고 종주를 섬기라고 요구하는 것으로 풀이할 수도 있다.

[3] 이 원칙은 유교·유학에서 '경'(經)과 '권'(權), '상도'(常道)와 '권도'(權道, 임시방편)를 구별하는 논리와 통한다. '전'에 실린 조목이 '조종성헌'으로서 존중되었다.

전면 개수된 다음 마지막 것이 성종 16년(1485) 초부터 시행되었다. 이 제4차 『경국대전』의 조문들은 위에서 말한 조종성헌 존중의 원칙에 따라 나중에도 『속대전』(영조 22년, 1746)과 나란히 쓰이다가 『대전통편』(정조 10년, 1786)과 『대전회통』(고종 2년, 1865)에는 그대로 실려 갑오개혁 때까지 효력을 발휘했다.

조선시대 법전 편찬의 연혁과 관련해서 특기할 점은 『경국대전』만은 그 이전 법전의 조목들을 살려서 싣는 형식을 취하지 않고 스스로 '원전' 노릇을 했다는 것이다.4) 그 점을 헤아려 보면 참으로 『경국대전』이야말로 조선시대를 대표하는 유일·최고의 종합·통일 법전이라고 하지 않을 수 없다.5) 그러므로 또한 거기에 담긴 정치사상을 살펴보는 것은 다만 그 성립 당시인 15세기 후반의 사상을 살피는 데 그치지 않고, 널리 고려 말부터 형성되기 시작해서 그 때에 제도(규범 명제)로 굳어진 다음 멀리 갑오개혁 때까지 두루 영향을 끼친 정치사상을 살펴본다는 의미를 갖는다.

3. 『경국대전』을 뒷받침한 유교·유학의 성격

이제 본격적으로 『경국대전』에 담긴 정치사상을 살펴보아야 하겠는데, 사상에 대한 일반적 논의방식이 대개 사상가들의 저술과 언행을 통해서 사상 그 자체의 내용을 검토하는 것인 점과는 달리, 여기서는 사상의 결실인 제도를 통해서 그 배경이 되는 사상을 거꾸로 추적하는 방식을 취

---

4) 제4차 『경국대전』(이른바 '을사대전') 이전의 법전은 모두 현존하지 않는데, 그 까닭은 『경국대전』을 1차로 완성·시행할 때부터 그 뒤로 개수·시행할 때마다 그 이전의 법전을 모두 거두어 없애 버렸기 때문이다.

5) 『경국대전』의 포괄성과 체계성은 동·서양을 아울러 『주례』(周禮), 『당육전』(唐六典), 『경세대전』(經世大典: 원나라), 『대명회전』(大明會典), 『로마법대전』(동로마), 『작센슈피겔』(Sachsenspiegel: 중세 독일, 개인 편찬) 따위의 어느 대표적인 전근대 법전과 비교해도 모자람이 없다.

할 수밖에 없다. 그 추적의 과정을 일일이 밝힐 수는 없으므로, 독자들의 직관에 호소하면서 결과론적으로, 그리고 서로 관련성이 별로 없는 몇 개의 논점을 임의로 나열하면서 서술하기로 하겠다. 또한 『경국대전』처럼 거대하게 체계화된 제도는 대개 이론적 사상요소들을 반영할 뿐만 아니라 인간의 의식(意識)을 매개로 형성·발현되는 자체 논리 및 역사의 퇴적물로서의 유구한 내력을 가지므로, 그 논점은 꼭 '사상'이라고 하기에는 걸맞지 않은 인간 의식과 제도의 관계에 대한 특정한 방식의 이해나 거시적 사상 조류의 역사적 배경에 대한 외면적 총평(總評)을 포함할 수밖에 없다는 점을 미리 밝혀 둔다.

『경국대전』 편찬의 배경을 이루고 또 그 속에 담긴 사상을 한마디로 요약하라면 '유교' 또는 '유학'이라고 할 수밖에 없다.

그런데 그 유교나 유학은 인류 사상사의 한 부분을 차지하는 일반적 정치사상의 한 갈래인 동시에 우리나라라는 한정된 공간에서 우리 민족이라는 한정된 주체에 의해 전개된 국지적 정치사상이기도 하다. 또한 그것은 하나의 종교인 동시에 세속적 학문이기도 하다. 『경국대전』의 배경 사상으로서 유교 내지 유학이 가지는 이러한 다면적 성격은 그것을 서로 다른 여러 가지 맥락 속에서 파악하도록 요구한다.

그에 대응해서, 먼저 일반적 정치사상으로서의 유교 내지 유학은 인류 역사 초기의 보편적 정치현상으로 나타났던 원시 민주주의를 일찌감치 망각하거나 극복한 바탕 위에서 전개된 사상 조류라는 점을 지적해 두어야 하겠다. 이 점은 서양의 민주주의적 사상 조류와 대비되는 면이다.

그리스나 로마에서는 미개사회의 공화제적 정치형태가 '문명'과 '국가' 발생 이후에도 보존되고 세련되어 사상적으로도 깊이 이해된 바 있다. 서양 고대의 민주주의나 공화제는 그 이후 오랫동안 망각된 듯했으나,[6] 르네상스를 거치면서 먼저 사상으로 부활했고, 마침내 시민혁명을

---

6) 예외적인 현상으로 고대·중세 이행기 게르만족의 원시 민주주의, 중세 이탈리아 일부 도시의 공화정, 신성로마제국의 황제 선거, 아이슬란드의 알팅기(Athingi: 930년부터 지금까지 존속하는 의회) 따위를 들 수도 있다.

거치면서 제도로도 부활했다. 그에 비해 동양을 대표한다고 할 수 있는 중국에서는 원시 민주주의가 제도적으로 매우 일찍 소멸했고, 거기서 발생한 문명을 사상적·학문적으로 대표한다고 할 수 있고 한(漢)나라 이후 그 땅에 수립되었던 모든 국가의 지배 이데올로기였던 유교·유학은 그런 제도를 까맣게 모르고 있었다.7) 인류사에서 독자적으로 발생한 여러 문명 가운데 오로지 지중해문명과 중국문명만이 '역사'라는 것을 사상의 소재로 삼았으나,8) 그 정치적 전사(前史)에 대한 기억과 이해는 그토록 달랐던 것이다.

강조하건대, 중국에서 생겨난 유교·유학은 우리나라에 들어와서 『경국대전』의 배경 사상으로 작용할 때에도 원시 민주주의를 잊고 있었다.9) 나아가 널리 이른바 '유교문명권'에서는 문명화된 인류가 운영해 온 양대 정치체제인 '세습수장제'(왕정, 제정)와 '선거수장제'(공화정, 민주정) 가운데 후자에 대해서는 전혀 몰랐을 뿐만 아니라 세습수장을 종교적으로 신성시하기까지 했다.10) 그 점을 증명하듯, 『경국대전』은 나라의 온갖 제도를 규정하면서도 '왕'의 지위나 신상에 대해서만은 일체 침묵을 지켰다.11)

---

7) 제자백가 이전에 성립된 문헌이나 공자, 맹자가 지었다는 문헌에서 화하족(華夏族: 나중의 한족)의 초기 수장들이 그 지위를 꼭 세습하지는 않았다는 사실을 기록하기는 했으나, 유교·유학은 그 점에 특별히 주목하지 않았다.
8) 유교·유학에서 역사가 각별히 다루어진다는 점에 대해서는 새삼스레 지적할 필요가 없을 것이다.
9) 유교·유학에 물든 중국인들이 기록한 『삼국지』 「동이전」의 부여, 고구려 관련 내용이나 고려 중기의 유학자가 편찬한 『삼국사기』 「신라본기」의 초창기 왕위전승 관련 내용에서 우리나라 원시 민주주의의 흔적을 찾아볼 수는 있지만, 고려나 조선의 '사대부'들은 그 점에 아무런 관심도 두지 않았다.
10) 중간적인 체제도 여러 가지 있음은 물론이다. 동양에서도 유교·유학의 영향을 받지 않은 유목민들은 대개 국가형성 직전까지 원시 민주주의를 보존해서 수장을 선거했다.
11) 기휘(忌諱)는 유교의 신성시 방식 가운데 하나이다. 『주례』, 『당육전』, 『대명회전』도 제왕에 대해 대체로 침묵한다. 그에 비해 유목민이 세운 국가인 원나라의 『경세대전』은 군사(君事)와 신사(臣事)의 2군(群)으로 나누어졌는데, 전자는 제호(帝號)·

다음으로, 조선의 국지적 정치사상으로서의 유교 내지 유학은 그 관심 주제나 당시의 국제 형세로 보아 '모화사상'(慕華思想)일 수밖에 없었다는 점을 지적해 두어야 하겠다. 이 점은 중국 유교·유학의 중화주의적 성격과 대비되는 면이다.

유교·유학은 크게 보아 세 차례에 걸쳐 우리나라의 정치에 영향을 끼쳤다고 할 수 있는데, 첫째는 삼국시대에 율령을 반포할 즈음부터 얼마간이고, 둘째는 고려 전기·중기에 제도를 정비하고 문신들이 주요 정무를 돌본 기간이며, 셋째는 고려 말부터 조선시대에 걸쳐 사대부들이 정권을 장악한 시기이다. 그 각각의 시기마다 좁게는 이 땅의 정치, 넓게는 이 땅의 문명에서 유교·유학이 차지한 위치와 구실은 서로 달랐던 것으로 파악된다.

첫째 시기는 우리나라에서 비로소 본격적인 '문명'이 일어난 때로서, 당시 이 땅에 살던 사람들은 스스로 문명을 일으킬 만한 에너지를 충분히 축적한 상태에서 유교·유학을 특별한 '주인'이 없는 문명 요소 가운데 하나로 보고 받아들였던 것으로 보인다. 그들이 유교·유학의 본류를 담당한 한족 세력에 대해 줄기차게 항적했던 사실이 그 점을 뒷받침한다. 그런 까닭에 당시 이 땅의 유교·유학은 주로 충, 효, 신(信) 따위의 소박한 윤리관념이나 실용적 통치술을 제공해서 제도운용에 이바지했을 뿐, 세계관이나 인간관 같은 사상적인 면에서는 별다른 의미를 띠지 않았던 것으로 여겨진다. 사상적 영향력에서는 비슷한 시기에 마찬가지로 특별한 주인이 없는 문명요소로서 도입된 불교나 도교에 밀렸던 것이다.

둘째 시기의 사정도 첫째 시기와 비슷한 면이 많았다. 당시 고려는 국제적 권력정치 관계에서 문명 수준이 낮거나 꽤 이질적인 북방민족들과 항쟁하면서, 유교·유학의 본류를 이어 가던 송나라에 대해서는 적어도 그 주변부로 취급당하면서 종속되지는 않았다. 불교 또한 그 건강성이나

제훈(帝訓)·제제(帝制)·제계(帝系)의 4편(篇), 후자는 치전(治典)·부전(賦典)·예전(禮典)·정전(政典)·헌전(憲典)·공전(工典)의 6편으로 이루어져 있었다고 한다(내용은 전하지 않음).

사상적 영향력을 잃지 않고 있었다. 다만 이 시기 고려의 유교·유학은 스스로 사상적·학술적 논의를 진행해서 경전 해설서를 낼 수 있을 정도로 발전했다.12) 그와 관련해서 특기할 만한 사실은 삼국시대부터 알려져 있던 5경 외에 구체적인 국가제도를 담은 『주례』에 대해서도 관심을 기울였다는 점이다. 그 점은 당시의 치세뿐만 아니라 나중에 조선을 세운 세력의 제도 구상에도 영향을 끼쳤을 것으로 여겨진다.13)

셋째 시기의 사정은 첫째나 둘째 시기와 매우 달랐다. 당시 이 땅에 살던 사람들은 몽골족에게 지배당한 경험 때문에 국제 권력정치에서 자신감을 가질 수 없는 상태에서 유교·유학의 본류를 담당한 한족 세력과 국경을 맞대고 직접 이해를 다툴 수도 있는 처지에 놓였다. 경제와 문화는 몽골족의 지배로 한번 피폐해지고 나서는 한족의 그것에 비길 만큼 독자적으로 번성할 전망을 잃었다. 불교는 고려 말기에 건강성을 잃어 가면서도 정치색을 짙게 띠었다가 끝내 유교·유학에 밀려 조선시대에는 줄곧 억눌린 상태에 있었다. 유교·유학은 고려 말기에 이전보다 한층 충실한 내용을 갖추어 영향력을 키운 다음 불교를 제압하고 마침내 조선의 '유일사상'(唯一思想)이 되었다. 고려 말기의 유교·유학이 내용적으로 충실해졌다는 것은 이미 들어와 있던 공자·맹자의 수사학(洙泗學)과 한·당 유학에 더해서 주자학을 새로 들여옴으로써 윤리관념, 역사관, 제도론, 형이상학(세계관과 인간관) 따위 종합적 사상 체계의 여러 요소를 두루 갖추게 되었다는 것을 말한다. 거기에서 특히 주자학이 기여한 바는 예전에 없던 형이상학(성리학)과 '가례'(家禮)를 제공했다는 점인데, 그 덕분에 유교·유학은 불교를 완전히 대체할 수 있게 되었다. 이 시기 유교·유학의 유일사상적 측면은 『경국대전』의 여러 사상통제 규정에 반영되었다.14)

---

12) 윤언이(尹彦頤)의 『역해』(易解), 김인존(金仁存)의 『논어신의』(論語新義), 이인실(李仁實)의 『춘추강의』(春秋講義) 따위가 나왔다.
13) 정도전의 『조선경국전』은 『주례』를 모범으로 삼은 것이다.
14) 사상통제와 관련된 규정들로는 「호전」 제전조(諸田條: 사전<寺田> 규제), 「예전」 도

이러한 셋째 시기의 사정 속에서 이 땅의 사대부들은 유교·유학을 '문명'과 동일시했고, 그 본류를 담당한 한족 세력에게 순순히 복종해서 길이 은택을 누리려고 했다. 지류가 본류로 될 수 없는 바에는 말이다. 그리하여 유교·유학의 본류에 담겨 있던 문명론인 '화이사상'(華夷思想)은 그 한 지류를 이어받은 이적(夷狄)의 손에서 '모화사상'(慕華思想)으로 변형될 수밖에 없었다.15) 결국 그와 같은 모화적 문명주의로서의 유교·유학이 『경국대전』의 배경적 사상으로 작용했다. 그런 점은 『경국대전』의 전반적 취지에 두루 반영되었지만, 특히 그 명칭과 외교관계 규정 및 『대명률』을 원용하도록 한 규정에 뚜렷이 반영되었다고 볼 수 있다.16)

4. 『경국대전』에 담긴 정치사상의 요소

조선 전기의 사대부들이 『경국대전』을 통해서 이룩하고자 한 문명은 과연 어떤 것이었는가? 그것은 간단히 말해 한족에 완전히 동화되지는 않은 채 독자적으로 국가를 유지하면서 유교·유학의 이상을 실현하는 것이었다. 그러므로 『경국대전』에 담긴 핵심적 정치사상의 내용은 곧 당

승조(度僧條: 승려 규제)와 사사조(寺社條: 사찰·암자 규제), 「형전」 금제조(禁制條: 민간인의 사찰 출입 규제, 야제<野祭>·산천제<山川祭>·성황제<城隍祭> 따위의 규제, 사찰·무당에 토지·노비 헌납 금지, 무당의 도성 거주와 승려의 여염 유숙 금지)와 공천조(公賤條: 노비의 출가 금지) 따위를 들 수 있다.

15) 모화사상과 '사대주의'는 구별되어야 한다. 전자는 스스로 중화(中華)세계에 편입되지 않고 유교·유학을 통해 문명을 추구할 경우에 논리적 모순에 빠지지 않으려면 반드시 취할 수밖에 없는 철학적 태도이고, 후자는 단순한 형세판단에 기초하거나 혹 맹목적일 수도 있는 처세술적인 태도이다. 조선 후기의 일부 사대부들이 모화사상을 넘어 '소중화'(小中華)를 자처하면서 청나라에 대한 사대(事大)를 꺼린 것은 판단 착오이면서 논리 모순이다.

16) 원나라의 『경세대전』과 비교해 보면 그 명칭이 참람스러움을 피한 것임을 알 수 있다. 외교관계에 대한 규정은 「예전」의 조의조(朝儀條)와 사대조(事大條) 및 대사객조(對使客條)에 담겨 있다. 「형전」 첫머리의 용률조(用律條)에서는 "『대명률』을 쓴다"고 했다.

시 이 땅의 상황논리와 접목된 유교·유학의 내용이라고 할 수 있다. 그 것은 위에서 보았듯이 선진(先秦) 유학, 한·당 유학, 송·원 신유학의 여러 요소들을 두루 포괄한다. 이제 그 가운데 특히 주목할 만한 것들을 살펴보기로 한다.

무엇보다도 먼저 꼽을 것은 멀리 유교·유학이 성립하기 이전 주나라 사람들의 종교적 관념으로부터 유래하는 '자연주의'이다. 그것을 정치사상으로 보자면 '천명'(天命)사상이며 법사상으로 보자면 '천법'(天法)사상이다.17) 그 내용은 인간 사회의 질서는 자연의 질서를 본받아 그에 부합해야 한다는 것이다. 그 성격에 대해 평론하자면 인간 의식의 유추작용에 따른 일종의 유사과학(類似科學)이며 존재론적 인식내용이 가치론에 투영된 것이다. 그것이 『경국대전』에 반영된 모습은 이(吏), 호(戶), 예(禮), 병(兵), 형(刑), 공(工)의 6관(官)·6전(典) 체제인데, 각각 천(天), 지(地), 춘(春), 하(夏), 추(秋), 동(冬)을 본받은 것이라고 한다.18) 이 점은 서거정(徐居正)이 지은 『경국대전』 '서문'에 분명히 지적되어 있다.

그 다음으로 꼽을 것은 '예치주의'(禮治主義)이다. 그것은 천명·천법사상이 한편으로 추상화되면서 동시에 한편으로 구체화된 것으로서, 선진시대 원시유교·유학의 핵심적 요소라고 할 수 있다. 천명·천법사상의 후속 형태는 그것을 정치사상으로 보자면 예치주의라고도 할 수 있고 '덕치주의'(德治主義)라고도 할 수 있는데, 법사상으로 보자면 덕치주의라기보다는 예치주의라고 해야 할 것이다.19) 아무튼 정치사상·법사

---

17) 천명·천법사상은 주나라 사람들이 은나라 사람들의 소박한 다신론적 자연숭배 사상을 극복하고 숭배의 대상을 '하늘'로 일원화하면서 성립된 추상적 자연주의이다. 서양의 유대교나 기독교가 인간주의적(인격적) 유일신론이라면, 주나라의 하늘숭배는 자연주의적 유일신론이라고 할 수 있다.

18) 6관·6전체제의 원형은 『주례』이다. 6관·6전의 자연주의적 비유 내용은 하늘은 만물의 위에서 그 질서를 잡고, 땅은 만물을 떠받쳐 기르고, 봄은 만물을 낳아 싹트게 하고, 여름은 만물을 여물게 기르고, 가을은 만물을 거두어 추려 내고, 겨울은 만물을 소생시킬 준비를 한다는 것이다.

19) '예'는 통치자와 피치자 모두에게 요구되는 데 비해 '덕'은 통치자에게만 요구되기 때문이다. 아울러 다음 각주 참고.

상으로서의 유교·유학은 실로 '예'의 사상으로서,20) '예'를 빼고서는 유교적·유학적 정치와 법을 논할 수 없다.

'예'가 주나라 사람들의 하늘숭배 종교로부터 유래했다는 것은 그 관념을 나타내는 글자를 뜯어보면 쉽게 이해할 수 있다. '禮'의 옛 글자는 '豊'인데, 제기(祭器)의 모습을 본뜬 것이다. '豊' 옆에 붙은 '示'는 하늘(二)이 무언가를 아래로 내려 보내거나 내려 보이는 모습(小)을 본뜬 것이다. 그렇게 보면 결국 '禮'는 하늘은 베풀어 다스리고, 사람은 누리고 섬기는 관계를 나타낸 글자임을 알 수 있다.

그렇다면 '예'의 내용은 과연 무엇인가? 그것은 간단히 말해서 이 세상 모든 사람이 하늘이 베풀어 준 바대로 살아야 한다는 것이다. 유교·유학의 눈으로 볼 때 하늘은 각양각색의 사람을 낳았고 그 각각에게 서로 다른 몫과 구실을 주어 어울려 살아가도록 했다. 사람들의 성품과 재주는 한결같지 않아서 각자는 서로 다른 구실을 떠맡을 수밖에 없고 서로 다른 몫을 차지할 수밖에 없다는 것이다. 그것이 하늘의 뜻인 한 그렇게 하는 것이 옳다는 것이다. 그렇게 보면 '예'란 한마디로 차등적 역할분담론이라고 할 수 있다. 이 또한 존재론적 인식내용이 가치론으로

---

20) 그에 대비해서 윤리·도덕으로서의 유교·유학은 '인'(仁)과 '의'(義)의 사상이라고 할 수 있으며, 그것이 '예'와 함께 구체적인 국가생활과 가족생활의 규범으로 나타난 것이 '충'과 '효'라고 볼 수 있다. 공자에 의해 창시된 원시유교·유학은 그가 죽은 다음 크게 두 갈래로 나뉘어 발전했는데, 그 하나는 증자(曾子)를 비롯해서 노(魯)나라에 남은 제자들이 이룩한 이른바 '제로학파'(齊魯學派)이고, 다른 하나는 자하(子夏)를 비롯해서 진(晉)나라로 이주한 제자들이 이룩한 이른바 '삼진학파'(三晉學派)이다. 전자는 당대의 정치현실과 거리를 두고 개인의 도덕적 수양을 강조하면서 '효'를 인간윤리의 근본으로 삼았고, 후자는 사회질서와 국가제도에 관심을 가지고 현실정치에 참여해서 '예'를 강조하면서 '행의'(行儀)와 '작법'(作法)을 중시했다. 나중에 제로학파를 계승한 이른바 '직하학파'(稷下學派)의 일원인 맹자는 다시 정치에 관심을 두고 '왕도'(王道)의 실현을 주장하면서 '인정'(仁政)과 '덕치'를 강조했다. 결국 맹자의 사상은 법사상적 측면이 미약하다고 할 수 있는데, 그것을 유교·유학의 '정통'이라고 치면 '예치'는 그 핵심에서 벗어난 것이라고 볼 수도 있다. 그러나 앞에서 보았듯이 공자는 '예'를 '인'(仁)의 요체로 강조한 바 있으며, 그런 생각을 삼진학파가 계승해서 '예치'를 강조하는 법사상으로 발전시켰다고 볼 수 있다.

전화된 것이다.

　인간 사회의 다스림이 '예'에 따라 이루어져야 한다는 것 자체가 '예'의 한 내용이며, '예치주의'는 '예'사상의 필수요소이자 필연적 귀결이다. '예'가 인간 세상의 모든 일을 포괄하는 만큼 '예치주의'의 내용도 매우 포괄적이다. '예'에 따라 통치자와 피치자가 구분되고, 그 각각은 '예'에 따라 통치하고 복종해야 하며, 피치자 서로 간에도 '예'를 지켜야 한다는 것이다. 그러므로 유교·유학의 바탕 위에서는 참으로 인간 세상의 모든 제도가 예치주의에 따라 구성되고 운용된다. 그렇게 보면 『경국대전』 자체도 '예치주의'를 실현하는 하나의 수단에 지나지 않는 것이며, 거기에 담긴 모든 제도가 예치주의의 발로라고 할 수 있다.21) 특히 그 「예전」에서 국가적인 사항뿐만 아니라 친족관계와 복식(服飾) 및 이른바 '가례'(家禮)에 해당하는 관혼상제에 대해서까지 규정해 놓은 점과 『오례의』(五禮儀)를 '의주'(儀註)로 쓰도록 한 점은 『경국대전』이 예치주의 실현의 한 수단임을 뚜렷이 보여준다.22) 다만 『주자가례』(朱子家禮)는 과거 시험과목에 넣기는 했으나,23) 그것을 민간에 강제하기 위한 규정을 따로 두지는 않았다.

　예치주의가 매우 포괄적인 것이기는 하나, 그 또한 몇 가지 요소로 분석해서 볼 수 있다. 그 가운데 하나가 '정명론'(正名論) 내지 '명분론'(名

---

21) 예치를 실현하기 위해 일찍부터 예경(禮經)들이 편찬되었는데, 『주례』, 『의례』(儀禮), 『예기』(禮記)의 '3례'가 대표적이다. 『주례』와 『의례』는 주나라 초기의 주공(周公)이 지었다고 하지만, 그 진위 논란이 있어서 전자는 한나라 때에 성립되었고 후자는 춘추전국시대에 성립되었다는 것이 정설이며, 『예기』는 공자의 제자들에서부터 한나라 초까지에 걸쳐 성립된 것으로 알려져 있다. 그 각각의 내용을 보면, 『주례』는 국가의 관제에 대한 것이고, 『의례』는 종교, 정치, 가정의 여러 의식(儀式)에 대한 것이며, 『예기』는 『의례』의 내용에 대한 해설을 담고 있다.

22) 「예전」 의주조(儀註條)에서 "무릇 의주는 『오례의』를 쓴다"고 했는데, 그 『오례의』란 세종 때에 편찬이 시작되어 성종 때에 완성된 『국조오례의』(國朝五禮儀)를 가리킨다. 5례는 길례(吉禮), 가례(嘉禮), 빈례(賓禮), 군례(軍禮), 흉례(凶禮)를 가리키는데, 『국조오례의』의 내용은 대부분 국가적인 의식에 대한 것이고 '가례'(家禮)에 해당하는 내용은 '흉례'편 맨 끝의 상례(喪禮)에 관한 것 정도밖에 없다.

23) 「예전」 제과조(諸科條) 참고.

分論)이다. 세상 만물에 각각의 이름이 정해져 있듯이 제도로 정해지는 인간의 갖가지 지위에는 각각 그 구실에 걸맞는 이름을 붙여야 하고, 그 지위를 맡은 사람은 그 이름에 걸맞는 구실을 해야 한다는 것이다. 그렇게 보면 『경국대전』의 「이전」과 「병전」에 담긴 관제(官制)는 유교적·유학적 명분론의 한 가지 발로라고 할 수 있다. 특히 온갖 관직의 명칭과 등급 및 승급과 강등의 조건을 자세히 정해 놓은 것은 '예'에 따른 차등적 역할분담론을 통치제도로 구체화한 것이면서 또한 통치자가 '명기'(名器)를 어지럽히는 일이 없도록 하려는 취지를 담고 있는 것으로 여겨진다.

정명론의 대표적인 구호는 "임금은 임금답고, 신하는 신하답고, 아비는 아비답고, 자식은 자식다워야 한다"(君君 臣臣 父父 子子)거나 "친한 것은 친하게, 높은 것은 높게 대하라"(親親 尊尊)는 것인데, 그것이 구체적인 사회생활의 규범으로 나타난 것이 충효사상이라고 할 수 있다. 정명론에서 비롯된 충효사상도 『경국대전』의 배경 이데올로기로 작용했음은 말할 나위가 없는데, 그와 관련된 구체적인 제도는 『경국대전』 자체나 그곳에서 원용된 『대명률』과 『국조오례의』의 내용 곳곳에서 찾아볼 수 있다.

『경국대전』에 담긴 정치사상의 내용 요소로서 세 번째로 꼽을 것은 '예주법종'(禮主法從), '선법후형'(先法後刑)의 사상이다. 이것은 특히 춘추전국시대에 유교·유학이 치국(治國)과 경세(經世)의 수단을 놓고 법가사상과 대립·경쟁하면서 성립되기 시작한 사상 요소로서, 한나라 이후 유교·유학이 확고한 지배 이데올로기가 되면서 그 안에 법가적 요소를 종속적으로 포괄하는 논리로 작용했다. 『경국대전』도 그렇게 자체 이데올로기 아래에 법가적 통치술을 받아들인 '국교'(國敎)이자 '관학'(官學)으로서의 어용 유교·유학을 배경으로 삼고 있는 것이다. 만약 그렇지 않았더라면 아무래도 '법전'으로서의 『경국대전』은 성립하지 않았을 것이며, 혹 성립했더라도 법전이 아닌 '예경'(禮經)쯤이 되었을 것이다.

유교·유학은 본디부터 복고적 성향을 띠어서 스스로 그 뿌리를 멀리

주나라, 더 멀리는 전설상의 시대인 요(堯)·순(舜)시대에서 찾았으나, 법가사상의 뿌리는 춘추시대 이전으로 소급하지 않는다. 춘추시대에는 이전 시기의 '천명'사상이 퇴조하고 대신 '중민'(重民)사상이 힘을 얻었는데,24) 그런 경향 속에서 법가사상이 싹트기 시작했다. 그 점을 반영하는 현상이 바로 정(鄭)나라 자산(子産)의 '형정'(刑鼎) 주조로부터 비롯되는 성문법의 등장이다. 자산의 형정 주조에 대해 공자는 편지를 보내서 항의했다고 한다. 그 사실을 두고 보면 그때부터 이미 유가와 법가는 나라를 다스리고 천하를 경영하는 수단을 놓고 대립·경쟁하기 시작했던 것으로 보인다. 그 경쟁은 전국시대에 열국들이 법가를 채용해서 이른바 '변법'(變法)에 성공하고 그 가운데 진(秦)나라가 나머지 모든 나라들을 병합함으로써 현실적으로는 일단 법가의 승리로 끝났다.25)

유가와 법가가 경쟁하는 동안 법가사상도 여러 갈래로 나뉘어 전개되면서 여러 사상 요소를 포함하게 되었다. 법가의 주류는 법치를 강조했는데, 법을 사람의 위아래 구분을 정하는 '불변지법'(不變之法), 여러 지역의 습속을 살펴 같고 다름을 밝히는 '제속지법'(齊俗之法), 상작(賞爵)과 형벌로 민중을 다스리는 '치중지법'(治衆之法), 도량형을 규제하는 '평준지법'(平準之法)의 네 가지로 분류해서 그 가운데 특히 치중지법을 즐

---

24) 전국시대에 살았던 맹자도 왕도정치의 첫 걸음으로 '중민'을 강조했다.
25) 전국시대 변법의 대표적인 것으로 이회(李悝)가 위(魏)나라에서 시행한 것, 오기(吳起)가 초(楚)나라에서 시행한 것, 상앙(商鞅)이 진(秦)나라에서 시행한 것을 들 수 있다. 이회는 『이자』(李子) 32편을 지었는데 그 가운데 『법경』(法經) 6편이 있었다고 한다. 그 내용은 전하지 않으나 편목은 도법(盜法), 적법(賊法), 수법(囚法), 포법(捕法), 잡법(雜法), 구법(具法)이었다고 하는데, 그 6편은 자연질서를 모방한 『주례』의 6관과는 달리 실용적인 고려에 따른 것임을 알 수 있다. 상앙의 사상은 그가 지었다고 전하는 『상군서』(商君書)를 통해서 엿볼 수 있는데, 거기서 그는 나라를 다스리는 첫 번째 수단으로 법을 꼽고 그 하위수단으로 상작(賞爵)과 형벌(刑罰)을 들고서, 형벌을 바로 써서 형벌을 없앰으로써 일을 이루어 나라를 다스릴 수도 있고 형벌을 잘못 써서 형벌에 이름으로써 일을 만들어 나라를 어지럽힐 수도 있지만, 아무튼 형벌은 인민에게 은혜를 베풀고 왕군(王君)에게 덕을 가져다주는 필수적인 수단이며 그것을 통해서만 천하에 인의(仁義)가 베풀어질 수 있으므로, 형벌로 형벌을 없앨 수만 있다면 아무리 무거운 형벌이라도 쓰는 것이 옳다고 역설했다.

겨 쓰면서 평준지법을 곁들였다. 그 밖에 '술치'(術治)나 '세치'(勢治)를 강조하는 조류도 있었다. 법치, 술치, 세치라는 법가사상의 세 조류는 나중에 한비(韓非)에 의해 유가의 일원인 순자(荀子)의 '성악설'(性惡說)을 기초로 통합되어 진나라의 통치 이데올로기에 깊은 영향을 미쳤다.

법가사상은 진나라를 통해 일단 난세를 평정했으나, 진나라의 정책과 통치술로 드러난 법가사상의 현실적인 모습은 평균주의적 동원 이데올로기이자 획일적인 억압의 논리였다. 이 점 유가에서 말하는 '예'의 차등적 역할분담론과 극명하게 대조되는데, 그 차이의 근원 가운데 하나로 법가에 영향을 끼친 순자의 성악설이 자연주의적 유사과학과 완전히 결별한 인간주의에 기초한 것이라는 점을 꼽을 수 있다. 아무튼 현실에서의 승리와 동시에 그 부정적 측면을 남김없이 드러낸 법가사상은 진나라의 멸망과 함께 퇴조할 수밖에 없었다.

진나라를 멸망시킨 한나라는 처음에는 법치를 극도로 혐오해서 '약법삼장'(約法三章)이라는 최소한의 법만 남기고 법가가 만든 온갖 법을 모두 폐지했다고 한다. 그러나 그 또한 하나의 극단으로서 오래 이어질 수는 없었고, 무제(武帝) 때에 이르러서는 통치 이데올로기와 인재등용 양면에서 유가와 법가를 병용했다. 유가사상을 국학(國學)으로 채택해서 유가 관료들을 중용하고 덕치주의를 표방하면서도, 법가 관료들을 등용해서 새로이 법령을 정비·시행함으로써 중앙집권적 제국 질서를 안정시켜 갔던 것이다. 이로써 '외유내법'(外儒內法)의 제국 질서가 확립되고 그 속에서 유가사상과 법가사상이 대립적 경쟁관계가 아닌 협력적 보완관계를 맺게 되었는데, 그렇게 유교·유학의 이상론과 법가의 통치술이 결합해서 이후 2천 년 동안 중국 땅을 지배하게 되었다.

한나라 이래 유가와 법가가 보완·결합했다고 하지만, 어디까지나 유교·유학이 우위에 서서 법가적 제도와 사상 요소를 그 아래에 포괄하는 형태를 띠었다. 그 까닭은 여러 가지로 설명할 수 있겠지만, 결과론적으로 역대 왕조와 역대 통치자들이 그런 방식을 선호했기 때문이라고 할 수 있다. 아무튼 유교·유학으로서는 이미 공식적 통치 이데올로기로 채택된 마당에 통치수단으로서 법의 유용성을 인정하지 않을 수 없었고, 그에 대해 법가보다 더 설득력 있는 사상적 뒷받침을 할 필요가 있었다. 그리하여 유교·유학도 나름대로 정밀한 법이론을 갖추게 되었는데, 그 내용을 쉽게 설명하면 다음과 같다.

통치의 기본은 어디까지나 '예'이며, 예가 전제되지 않은 법이나 형벌은 말단의 술책에 지나지 않는다. 예의 원리는 한마디로 말하면 하늘이 내려준 분수를 지키는 것이다. 천자는 하늘의 뜻을 받들어 인의를 베풀어야 하고, 관료는 천자를 보필해서 백성들을 다스려야 하며, 백성은 나라에 충성하고 부모에게 효도하면서 각자의 생업에 힘써야 한다. 사람들이 하늘이 내린 분수를 지키지 않는 경우에는 그것을 바로잡기 위해서 하는 수 없이 형벌을 시행해야 하는데, 누구나 처음부터 자기 분수를 인식할 수는 없으므로 '법'으로 그것을 밝혀서 굳이 형벌을 써야 하는 사태를 미리 막아야 한다. 그런데 일반 백성은 어차피 어리석어서 그들에게는 예를 들먹여 보았자 소용이 없고, 자기 분수를 알 만한 사람들에게는 굳이 법이나 형벌을 들먹일 필요가 없다.26) '형'(刑)을 시행하는 데서는 법가처럼 엄격하고 가혹하게 하면 백성들이 오로지 두려움에 사로잡혀 겉으로는 따르면서도 속으로는 반발하게 되므로 교화(敎化)의 효과가 없어진다. 분수와 국법을 어기면 벌을 주기는 하되, 될 수 있으면 너그럽게 하여 백성을 사랑하는 '덕'(德)을 보임으로써 스스로 뉘우치게 해야 한다. 천자는 그렇게 일반 백성들까지 예에 이르도록 길러야만 하늘의 뜻을 온전히 이룰 수 있으며, 그것이 곧 '왕도'(王道)이다.

이와 같은 유교·유학의 법사상 아래에서 법제도도 진화·발전을 거

---

26) 『예기』에서 이미 "예는 일반 백성들에게까지 내려가지 않고, 형은 대부에게까지 올라가지 않는다"(禮不下庶人 刑不上大夫)고 했다. 이런 생각은 '예주법종', '선법후형' 사상과 '예' 자체에 내재하는 신분제 이데올로기의 교차점에 있는 것이라고 볼 수 있다. 『경국대전』이나 그에 의해 원용된 『대명률』에서는, 『당률』에서 확립된 전통을 이어받아, 범죄가 일어난 경우 일반인에게는 형률에 규정된 '정형'(正刑)을 가하도록 하면서도 관료에 대해서는 대개 고신(告身: 임명장)을 빼앗고 관료 명부에서 제명하는 데 그치도록 했다.

듭해서 당나라 때에 이르러서는 마침내 이른바 '율령체제'의 완성을 보게 되었다. 율령체제는 그 이후 천 년이 넘는 기간 동안 적잖이 변형되기도 했으나 중국 땅에 세워진 정치질서의 근간을 이루었고, 이 땅에도 도입되어 비슷한 운명을 겪었다.『경국대전』은 그와 같은 변형된 율령체제의 한 부분으로서, 위와 같은 내력과 내용을 가진 '예주법종'·'선법후형' 사상을 배후로 삼고 있는 것이다.

『경국대전』에 담긴 사상 요소로서 넷째로 꼽을 만한 것은 '신분제 이데올로기'인데, 그 또한 유가적 요소와 법가적 요소가 결합해서 형성된 것이지만, 그 자세한 내용은 국지적 어용 통치 이데올로기로서의 조선 유교·유학에 특유한 요소이다. 유교·유학 본래의 복고주의적 '예' 사상이나 '정명론'에 담긴 차등적 역할분담론 자체가 신분제 이데올로기의 한 요소임은 틀림없으나,27) 유교·유학이 인간의 변화 가능성을 부정하지 않고 오히려 수양을 통한 인격 고양을 강조한다는 점 또한 분명한 사실이다. 유교·유학의 본류가 사·농·공·상의 구별을 인정하고 강조한 것은 틀림없는 사실이지만, 그것은 어디까지나 고정된 세습 신분이 아니라 변동 가능한 경제적 계급의 구분을 말한 것이다. 그에 비해『경국대전』에 담긴 신분제도는 사·농·공·상이 아니라 양·천을 구별하고 그것을 세습시켜 영구화한 것이며, 그런 제도를 뒷받침한 사상이 특별히 조선 사대부들의 머리 속에 있던 것이다.

양·천 구분 자체는 조선에 특유한 것이 아니라 신라에서부터 내려온 것이고, 중국에서도 한나라부터 당나라에 걸쳐 제도로 확립되어 청나라 때까지 이어졌다. 그 사상적 배경은 법가의 평균주의적 제민(齊民) 지배 이데올로기와 상벌(賞罰)사상이다. 그런데 중국에서는 이미 송나라 때부터 관노비를 줄이고 사노비의 소유와 매매를 금지해서 세습노비가 없어진 데 비해,『경국대전』을 근간으로 짜여진 조선의 사회제도에서는 의연히 노비의 세습을 규정하면서 그 소유에도 아무런 제한을 두지 않았다.

---

27) 유교·유학에서 이상적 시대로 여기는 주나라는 천자, 제후, 경대부(卿大夫), 서인(庶人)이 구분되는 세습적 신분제도를 유지했다.

조선에서는 세습노비까지 형벌노비 이론으로 정당화했는데, 이 점이 『경국대전』의 배경 사상으로서 신분제 이데올로기가 갖는 특징적인 면모이다. 유교·유학의 본류에 속하는 한나라의 정현(鄭玄)도 『주례』에 주석을 달면서 "오늘날 노비라는 것은 곧 옛날의 죄인이다"고 하여 노비제도를 정당화한 바 있지만, 『경국대전』을 편찬한 조선의 사대부들은 다만 노비제도를 형벌의 결과로 정당화하는 데 그치지 않고 "우리나라에 노비가 있는 것은 풍속을 교화하는 데 큰 도움이 되는데, 안팎을 엄하게 하고 귀천의 등급을 지우는 까닭이니, 예의가 행해짐이 이로써 말미암지 않는 것이 없다"고 했다.28)

마지막 다섯째로 들 것은 '농본주의'이다. 유교·유학에서는 본디 사·농·공·상의 이른바 '사민'(四民) 가운데 특히 '사'의 역할을 강조했을 뿐 실제 생업에 종사하는 나머지 세 부류의 우월을 가리지는 않은 듯하다.29) 그러나 송나라 때의 주자(朱子)는 이미 세 가지 주요 생업 가운데 농업을 중시하는 것을 당연하게 여겼던 것으로 보인다.30) 아무튼 『경국대전』을 편찬한 조선의 사대부들은 농업을 중시하는 생업 관념을 가졌으며, 그들의 머리 속에서는 그 관념이 유교·유학의 맥락에 따라 모순 없이 자리잡았음이 분명하다. 『경국대전』에 담긴 농본주의의 제도적 표현으로는 장인(匠人)을 '잡류'(雜類)로 여겨 잡색군(雜色軍)에 붙이도록 한 규정이나 공장(工匠), 상고(商賈)에게서 걷는 세금을 '잡세'(雜稅)로 분류한 규정 따위도 들 수 있겠지만,31) 특히 존장(尊長)을 모욕한 경우에 공장(工匠), 상고(商賈)는 천예(賤隸)와 마찬가지로 가중 처벌하도록 한

---

28) 『고려사』, 「형법지」 참고.
29) '사'의 역할을 강조한 점에 대해서는 대표적으로 『맹자』 곳곳 참고. 『춘추곡량전』(春秋穀梁傳)에서는 사민의 순서를 사민(士民), 상민(商民), 농민(農民), 공민(工民)으로 나열했고(「성공」(成公) 원년 3월조 참고), 『맹자』에는 농가(農家)의 일원인 허행(許行)을 비판하는 내용이 보인다(「등문공장구」(滕文公章句) 상(上) 참고). 그에 비해 오히려 법가인 상앙은 뚜렷이 농본주의적 경향을 보였다.
30) 『맹자』 「진심장구」(盡心章句) 상(上)에 대한 주자의 주(注) 참고.
31) 「호전」 잡세조 및 「병전」 잡류조 참고.

규정을 들 수 있다.32)

5. 맺음말

이제까지의 논의로 『경국대전』의 배경을 이루거나 그 속에 담긴 정치사상의 중요한 측면이나 요소들은 대체로 살펴보았다고 여겨진다. 다시 요약해 보면, 『경국대전』의 배경으로 작용한 유교·유학의 성격은 '왕정' 체제 아래에서 그것을 뒷받침한 사상이자 중국과 같은 문명사회를 지향한 '모화사상'인데, 『경국대전』에 투영된 그 중요 내용 요소로는 '자연주의', '예치주의', '예주법종'·'선법후형'의 사상, 신분차별, '농본주의' 따위를 들 수 있다는 것이다. 그 가운데 가장 두드러진 것을 꼽으라면 아무래도 '예주법종', '선법후형'의 논리를 지목할 수밖에 없다. 결국 『경국대전』의 편찬 사실과 그 내용은 '예치주의'라는 이상을 표방하면서도 '법'이라는 수단을 중시하지 않을 수 없었던 어용 통치 이데올로기로서의 조선 초기 유교·유학의 현실인식을 반영하는 것이라고 하겠다.

<참고문헌>

『경국대전』, 『고려사』, 『국조오례의』, 『삼국사기』, 『논어』, 『당육전』, 『대명률』, 『대전통편』, 『대전회통』, 『맹자집주』, 『상군서』, 『속대전』, 『예기』, 『의례』, 『조선경국전』, 『조선왕조실록』, 『주례』, 『삼국지』, 『춘추곡량전』.

강경선·이상영, 『법제사』(한국방송통신대학교 출판부, 2000), 171-204쪽, 「고대의 법」 부분.
박병호, 『한국법제사고』(법문사, 1974), 397-421쪽 「조선 초기의 법원」 부분.

---

32) 「형전」 고존장조(告尊長條) 참고.

이춘식,『중국고대사의 전개』중판(신서원, 1989).
_____,『춘추전국시대의 법치사상과 세(勢)・술(術)』(아카넷, 2002).
전영섭,『중국 중세 신분제 연구』(신서원, 2001).
한영우,『다시 찾는 우리 역사』(경세원, 1997).
張晉藩,『中國古代法律制度』(北京: 中国广播电视出版社, 1992).
조우영,「경국대전의 신분제도」, 서울대학교 법학박사학위논문(2003).

제12장 사림의 지치주의 정치사상

최연식(연세대학교)
이지경(한국학중앙연구원)

1. 사림의 계보 형성과 『소학』 정신

성리학이란 말 자체는 성명(性命)과 의리(義理)에 관한 학문이라는 뜻이다. 성명에 관한 학문이라는 의미에서 성리학은 인간의 본성과 우주의 원리를 종합적으로 탐구하는 형이상학적인 사변철학이지만, 동시에 의리에 관한 학문이라는 의미에서 성리학은 천인합일(天人合一)의 이념에 기초한 도덕원리를 현실에서 적극적으로 구현하고자 하는 실천철학이다. 이처럼 성리학은 객관적 지식의 탐구와 그것에 기초한 도덕의 실천을 모두 포괄하는 용어이지만, 그 중에서도 의리의 실천을 중시하는 학문적 경향을 도학(道學)이라고 한다.

원래 도학이란 용어는 장재(張載, 1020~1077)의 『답범손지서』(答范巽之書)에 처음 등장했고,[1] 주희(朱熹, 1130~1200)에 의해 도학의 학문적 전통이 도통(道統)으로 확립되면서 정통과 이단을 구분하는 기준으로 활용되었다.[2] 그 후 『송사』(宋史)를 편찬한 원대(元代)의 성리학자들이 소옹(邵

---

[1] 『張橫渠集』(11) 答范巽之書: "朝廷以道學政術爲二事."

雍, 1011~1077), 주돈이(周敦頤, 1017~1073), 장재(張載), 정호(程顥, 1032~1085), 정이(程頤, 1033~1107) 등 북송(北宋)의 다섯 학자와 주희 및 그 문인들의 전기를 「도학전」(道學傳)에 수록하면서, 성리학의 별칭으로 도학이라는 개념이 본격적으로 사용되기 시작했다. 이 점에서 도학은 순정(醇正)한 성리학을 계승한 특정 학파의 학문만을 배타적으로 지칭하는 개념이었다.

조선에서도 도학의 전통은 정몽주(鄭夢周, 1337~1392) 이래 비교적 선명한 계보를 따라 전승된 것으로 받아들여졌다. 즉 조선 전기의 도학은 정몽주를 필두로 길재(吉再, 1353~1419), 김숙자(金淑子, 1389~1456), 김종직(金宗直, 1431~1492), 김굉필(金宏弼, 1454~1504)을 거쳐 조광조(趙光祖, 1482~1519)로 계승되었다는 것이 일반적으로 받아들여지는 정설이다.3) 이 점에서 조선 전기 사림의 도학정신은 고려 말의 절의파(節義派)에 정신적 연원을 두고 형성되었다고 평가할 수 있다. 그리고 이러한 불사이군(不事二君)의 절의정신은 부당한 권력행사에 저항하는 사림의 시대정신으로 부활했다.

조선 전기 사림파의 도학 전통을 관통하는 공통의 이념적 기반은 『소학』(小學)정신이었다. 물론 『소학』은 기본적으로 어린이들을 위한 성리학 입문서로 편집된 것이다. 그러나 주희는 이에 그치지 않고 『소학』을 풍속을 바로잡고 인재를 양성하는 출발점으로 활용하고자 했다.4) 조선 전기의 사림들이 『소학』에 주목했던 것은 바로 『소학』이 갖고 있는 이러한 정치적 기능 때문이었다. 따라서 조선 전기의 사림들은 자신들의 학문적 전통이 『소학』정신의 전승을 통해 계승되었음을 강조했다. 우선 김종직은 자신의 부친 김숙자가 길재의 문하에서 쇄소응대(灑掃應對)의 학문을 수학했다는 점을 들어,5) 주희의 『소학』정신이 자신들의 학문적

---

2) 『中庸』 中庸章句 序.
3) 張志淵, 『朝鮮儒敎淵源』(明文堂, 1983), 11쪽.
4) 『小學』, 小學題辭. "世遠人亡 經殘敎弛 蒙養弗端 長益浮靡 鄕無善俗 世乏良材 利欲紛挐 異言喧豗 幸玆秉彝 極天罔墜 爰輯舊聞 庶覺來裔."

뿌리인 길재와 연결되어 있다고 판단했다. 또한 길재의 학통을 계승한 김숙자는 아들 김종직을 가르칠 때 반드시 『소학』에서 시작하고, 그 다음에 유학의 다른 여러 경전을 강습했던 것으로 알려져 있듯이,6) 『소학』을 중시하는 길재의 학풍을 계승하고자 했다. 김종직 역시 이러한 부친의 학풍에 영향을 받아 김굉필에게도 학문에 뜻을 둔다면, 반드시 『소학』으로부터 시작해야 한다고 가르쳤다.7) 김종직의 문하에서 수학한 김굉필은 스스로 '소학동자'(小學童子)를 자처할 만큼 『소학』을 중시해 스승으로부터 원(元)나라 허형(許衡, 1209~1281)에 버금간다는 평가를 받았으며,8) 김굉필의 문하에서 수학한 조광조는 이황(李滉, 1501~1570)으로부터 "『소학』을 인재육성의 근본으로 삼고, 향약을 풍속교화의 방법으로 삼았다"는 평가를 받았다.9)

그러나 이들이 그토록 『소학』을 중시했던 정치적 의도가 처음부터 명확하게 드러났던 것은 아니다. 이들의 의도가 보다 분명해진 것은 조광조를 중심으로 한 신진사림들이 본격적으로 활약하기 시작한 중종 10년(1515) 이후였다. 이때 신진사림들은 우선 일상 윤리의 실천을 강조하는 『소학』정신이 연산군의 학정 이후 재상의 자제들에게 제대로 교육되지 않는 현실을 비판했다.10) 이어서 사림들은 군주가 『소학』 교육에 모범을 보임으로써 선비들의 무너진 기강을 바로잡아 정의로운 정치를 구현해야 한다고 요구했다.11) 특히 사림들은 『소학』정신을 지식인 사회의 윤리적 실천문제에 국한시키지 않고 제왕의 학문으로 격상시키고자 했다. 이를 위해서 사림들은 경연에서 『소학』을 진강(進講)하는 문제를 실현시켰고,12) 『소학』이 제왕의 수기치인(修己治人)과 무관하지 않음을 강조했

---

5) 『佔畢齋集』 彝尊錄(下) 先公事業.
6) 『佔畢齋集』 年譜.
7) 『佔畢齋集』 年譜.
8) 『佔畢齋集』 年譜.
9) 『退溪全書』(48), 靜庵趙先生行狀: "小學爲育材之本 鄕約爲化俗之方."
10) 『中宗實錄』 12년 8월 辛亥; 12년 11월 丁亥.
11) 『中宗實錄』 12년 9월 丙戌.

다.13) 그 후『소학』진강은 기묘사화(己卯士禍, 1519)가 일어나기 직전이었던 중종 14년(1519) 5월까지 계속되었다.14)

이 과정에서 김종직은『소학』정신에 입각한 도학 전통, 즉 길재로부터 계승된 불사이군의 절의정신을 조선 전기의 새로운 시대정신으로 재현한 상징적인 인물로 부각되었다. 특히 사림들이 주목한 것은 무오사화(戊午士禍, 1498)의 발단이 되었던「조의제문」(弔義帝文)이었다. 사림들은「조의제문」에서 정치와 도덕의 날카로운 대립을 포착했고, 파렴치한 권력행사에 맞선 숭고한 저항의 의미를 복원시키고자 했다.

2.「조의제문」과 도학정신의 정치적 발현

「조의제문」은 글자 그대로 항우(項羽)에게 왕위를 빼앗기고 억울한 죽임을 당한 초 회왕(楚懷王) 의제(義帝)를 조문하는 글이다. 김종직이「조의제문」을 쓴 세조 3년(1457) 10월은 마침 세조가 강원도 영월 청령포(淸泠浦)에서 단종을 살해한 시기와 일치한다는 점에서,15) 김종직은 세조의 왕위찬탈과 단종의 억울한 죽음을 겨냥하고 이 글을 쓴 것으로 보인다.16) 김종직은 시를 통해서도 부당한 왕위 찬탈에 대한 비평을 시도했는데,「화도연명술주시」(和陶淵明述酒詩)에서는 남조(南朝)의 송 태조(宋太祖) 유유(劉裕)가 진 공제(晋恭帝)의 왕위를 찬탈하고 시해한 사실을 비평했고,17)「고풍이수」(古風二首)에서는 후경(侯景)이 양 간문제(梁簡文帝)를 시해한 사실을 비평했다.18) 특히 도연명(陶淵明)의 술주시(述酒詩)

---

12)『中宗實錄』12년 8월 癸酉.
13)『中宗實錄』12년 8월 壬申.
14)『中宗實錄』14년 5월 癸卯.
15)『莊陵誌』(1) 舊誌 事實.
16)「조의제문」의 전문과 그에 대한 훈구파의 해석은『燕山君日記』4년 7월 辛亥 참조.
17)『佔畢齋集』詩集(11) 和陶淵明述酒.
18)『佔畢齋集』詩集(13) 古風二首.

에 화답하는 시에 덧붙여진 서문에서는 비평의 목적이 후세의 난신적자(亂臣賊子)를 경계하기 위한 것이라는 점을 분명히 밝혔다.19)

그러나 「조의제문」은 김종직이 환로(宦路)에 들어서기 이전에 지어진 것이다. 김종직은 세조 5년(1459) 문과에 급제한 후 성종 20년(1489)에 형조판서를 역임하기까지 평생을 세조와 그 직계 자손들의 충실한 신하로 살았던 인물이다. 게다가 그는 세조가 지은 제범(帝範)에 관한 훈사(訓辭)를 인쇄해 올리라는 예종의 명을 받고는 그날 밤 기뻐서 잠을 이루지 못하고 시 3수를 지었는가 하면,20) 세조의 왕위 찬탈을 미화하는 악장 두 곡을 남겼다.21) 이쯤 되면 김종직에게는 이미 「조의제문」을 지었을 때의 절의정신과 도학정신을 찾아보기 어렵게 되었다.

김종직의 이러한 태도변화는 그의 문도(門徒)들에게도 탐탁지 않게 여겨졌다. 김굉필은 김종직이 이조참판이 되었는데도 정치를 밝히는(建明) 일에 힘쓰지 않자, 그에게 시를 지어 올리면서 "난초가 시속을 따라 끝내 변한다면, 소로 밭 갈고 말에 올라탄다고 한들 누가 믿겠습니까"라고 비평했고,22) 김종직에게 두시(杜詩)를 배운 홍유손(洪裕孫, 1431~1529)은 "시세의 일을 올바로 건의(建白)하지 않고 어찌 헛되이 남의 작록(爵祿)만 취하고 있습니까"라고 간언했다가 김종직의 미움을 샀다.23) 또한 후학인 이황도 "김종직은 학문적인 사람은 아니었다. 그의 종신 사업은 다만 문장치레[詞華]에만 있었으니, 그의 문집을 보면 알 수 있다"고 하면서 그의 학문과 도학정신을 폄하했다.24) 이처럼 문도와 후학들이 공통적

---

19) 『佔畢齋集』 詩集(11) 和陶淵明術酒: "後世亂臣賊子 覽余詩而知懼 則竊比春秋之一筆云."
20) 『佔畢齋集』 詩集(5): "十月初六日上命本署印進帝範訓辭是夜喜而不寐"
21) 두 개의 악장은 외외곡(巍巍曲)과 천명곡(天命曲)이다. 『佔畢齋集』 詩集(6), 世祖惠莊大王樂章.
22) 『秋江先生文集』(7) 雜著 師友名行錄: "佔畢先生爲吏曹參判 亦無建明事 大猷上詩曰 道在冬裘夏飮氷 霽行潦止豈全能 蘭如從俗終當變 誰信牛耕馬可乘"
23) 『秋江先生文集』(7) 雜著 師友名行錄: "諫先生 不建白時事 何空取人爵祿爲也"
24) 『退溪先生言行錄』(5) 論人物: "金佔畢非學問底人 終身事業 只有詞華上 觀其文集 可知也"

으로 문제 삼았던 것은 김종직의 정신과 정치행태가 일치하지 않았다는 점이었다.25)

김종직의 정신과 정치행보가 일치될 수 있었던 것은 역설적으로 훈구파들의 공격 때문이었다. 연산군 대에 훈구파들은 사림파에 대한 정치공세를 취하기 위해 「조의제문」의 상징성을 적극적으로 활용했다. 무오사화의 주동자 유자광(柳子光, ?~1512)이 김종직을 "세조와 그 자손 대대로의 원수"라고 평가했듯이,26) 김종직은 연산군과 훈구파에 의해 단종에 대한 절의를 지키기 위해 세조를 배신한 반역의 표상으로 각인되었다. 게다가 이 때문에 김종직 자신이 부관참시(剖棺斬屍) 당한 것은 물론이고,27) 그의 제자들까지도 단지 김종직의 문도라는 이유만으로 사화의 소용돌이에 휘말리게 되자, 사림들은 자연스럽게 김종직을 정치적 수난의 상징으로 받아들일 수 있게 되었다.

그러나 중종 원년(1507)에 이미 김종직과 무오사화의 희생자들에 대한 명예회복 조치가 이루어졌음에도 불구하고,28) 세조에 대한 반역행위 자체는 세조의 직계 후손인 중종에게는 쉽게 용납되기 어려운 민감한 문제였다. 따라서 정순붕(鄭順朋, 1484~1548), 기준(奇遵, 1492~1521), 이청(李淸), 조광조 등 신진사림들은 먼저 세조의 왕위 찬탈에 맞선 성삼문(成三問, 1418~1456)과 박팽년(朴彭年, 1417~1456)의 행위를 옹호함으로써,29) 「조의제문」이 세조에 대한 반역행위로 간주되어 희생된 김종직과 그 문도들의 행위를 정당화하고자 했다. 그러나 김종직에게 씌워진 불충의 명

---

25) 김종직의 모순적 행태는 그 후에도 계속 문제가 되었다. 장유(張維, 1587~1638)는 김종직이 「조의제문」을 지었음에도 불구하고 세조의 조정에 벼슬함으로써, 결국은 마음과 실제가 모순되고 의리와 명분을 모두 잃었다고 평가했다. 『谿谷先生漫筆』(2): "圃隱佔畢齋皆有重名於斯文而皆有大可疑處." 허균(許筠, 1569~1618)은 김종직을 가학(家學)이나 주위 모으고 문장 공부나 해서 스스로 발신하려 했던 위선적인 인물로 묘사했다. 『惺所覆瓿藁』(11) 文部(8) 金宗直論.
26) 『中宗實錄』 2년 2월 丙子.
27) 『燕山君日記』 4년 7월 辛酉.
28) 『中宗實錄』 원년 10월 壬子.
29) 『中宗實錄』 12년 8월 戊申; 辛亥.

에는 그 후에도 오래도록 벗겨지지가 않았다. 연산군 5년(1499)에 완성된 『성종실록』의 김종직 졸기(卒記)에 따르면, 김종직 사후에 내려진 원래 시호(諡號)는 문충(文忠)이었는데, 후에 대간의 논박을 받고 문간(文簡)으로 개정되었다.30) 이것은 김종직의 세조에 대한 불충을 용납할 수 없었던 무오사화 직후의 분위기를 반영한 것이다. 그 후 김종직은 숙종 34년(1708)에야 비로소 원래의 시호를 회복하고 불충의 멍에를 벗을 수 있었다.31)

조선 전기의 도학정신은 일반적으로 선명한 학문적 계보를 따라 전승된 것으로 받아들여졌지만, 실제로 도학정신이 발현된 것은 연산군 대의 정치와 밀접한 관련이 있었다. 우선 연산군 대의 훈구파들은 성종 대 이후 급속히 성장한 사림파를 견제하기 위해서 김종직과 그 문도들의 세조에 대한 불충을 문제 삼음으로써, 역설적으로 사림들을 도학정신의 기치하에 결집시키는 결과를 낳았다. 이어서 중종반정이 성공한 뒤 개혁적인 신진사림들은 연산군 대의 정치적 유산을 청산하고 진정한 의미의 반정을 완성하기 위해 도학정신을 그들의 이념적 구심점으로 삼고 세력을 결집했다. 이 점에서 이 시기의 도통 확립에 대한 논의에는 단순히 도학의 전승과정을 분명히 한다는 학문적 의도뿐만 아니라 도학정신에 충실한 새로운 정치를 구현하려는 조광조와 그 추종세력의 정치적 의도가 개입되어 있었다.

3. 반정 실현을 위한 지치이념의 설계

1) 반정의 과제

반정(反正)이란 발란반정(撥亂反正)을 줄여 쓴 것으로,32) 정치적 문란

---

30) 『成宗實錄』 23년 8월 丁巳.
31) 『肅宗實錄』 34년 7월 丙申.

(秦亂)의 원인을 제거해 정도(政道)를 회복한다는 뜻이다. 따라서 반정은 정치체제의 새로운 설계도를 제시하는 혁명과 달리 선대의 경험을 통해 정당성이 입증된 성헌(成憲)의 회복을 지향하는 복고적인 정치변동이다. 연산군을 몰아내고 성종의 둘째아들 진성대군(晋城大君) 이역(李懌)을 옹립한 중종반정 역시 혁명적인 체제의 변화보다는 연산군 대 이전의 정상적인 정치를 회복하는 데 목표를 두고 있었다. 특히 연산군이 폐위된 마지막 날의 실록 기록에 묘사된 것처럼, 중종반정이 평정하려 했던 정치적 혼란의 근원은 평정심을 잃고 방탕과 광포로 일관했던 연산군 개인의 패륜과 부도덕에 있었다.33) 따라서 중종이 즉위교서에서 "예전부터 내려온 법과 제도를 변란(變亂)하여 새로 만들어진 조항은 말끔히 제거하고, 조종(祖宗)이 이루어 놓은 법도를 한결같이 준수할 것"이라고 밝혔듯이,34) 반정 정권이 출범 초기부터 목표로 삼은 것은 연산군 대 이전의 성헌을 온전히 회복하는 것이었고, 그것은 곧 정치의 도덕성 회복을 의미했다.

그러나 중종반정이 성공한 이후에도 정치와 도덕의 대립은 쉽게 해소되지 않았고, 권력에 맞서다 희생당한 자들의 후예들에게는 여전히 의혹의 눈길이 끊이지 않았다. 중종 5년(1510) 진사시험에 합격해 성균관에 입교한 조광조에게도 사정은 마찬가지였다. 이때 일부의 성균관 유생들은 김굉필의 학문을 전수받은 김식(金湜, 1482~1520)과 조광조의 학행을 궤이(詭異)하다고 비난했고,35) 그 후 조광조는 천거를 통해 관직에 등용되는 과정에서도 여러 차례 논란의 표적이 되었다. 그리고 마침내 중종 10년에 비로소 조광조는 다시 천거되어 종6품의 조지서(造紙署) 사지(司紙)에 제수되었지만,36) 그에 대한 여론이 반드시 곱지만은 않았다. "한

---

32) 『公羊傳』 哀公 14년.
33) 『燕山君日記』 12년 9월 己卯.
34) 『中宗實錄』 원년 9월 戊寅.
35) 『中宗實錄』 5년 10월 癸巳.
36) 『中宗實錄』 10년 6월 癸亥.

권의 『소학』이라도 부지런히 읽으면 사지의 공명(功名)이 저절로 온다"37)는 당시의 조롱 섞인 평판은 『소학』정신에 충실했던 김굉필과 그의 제자들에 대한 폄하와 부정적 시선을 반영하고 있었다.

정치와 도덕의 대립을 극복하기 위해서는 정치현실에 참여하는 것이 필요했지만, 천거에 의한 출사는 사림의 정치적 진출을 경계하던 반대세력을 설득할 수 있는 적절한 방법이 아니었다. 따라서 천거에 의해 관직에 진출하는 것을 우려하던 숙부 조원기(趙元紀, 1457~1533)의 권고도 있었지만, 조광조 자신도 정계진출이 정당하게 받아들여질 수 있는 방법이 강구되어야 한다고 판단했다. 조광조의 표현대로 "부득이 과거를 거쳐서 도를 행하는 단계를 밟아야" 되었던 것이다.38) 결국 조광조는 조지서 사지로 임명된 지 두 달 만에 열린 알성시(謁聖試)에 급제해 정계진출을 위한 공식적인 절차를 밟았다.39)

조광조가 알성시에서 제출한 답안은 그가 공식적으로 정치무대에 등장하면서 표명한 제일성인 셈이었다. 이 시험에서 중종이 출제한 문제의 요점은 두 가지였다. 하나는 기강과 법도가 땅에 떨어진 춘추(春秋)시대였음에도 불구하고 공자(孔子)는 3년이면 바른 정치를 실현할 수 있다고 했는데,40) 그렇다면 공자가 제시한 정치의 요체는 무엇이었는가 하는 것이었고, 다른 하나는 요·순(堯舜)시대의 이상적인 정치를 당대에 구현할 수 있는 방법을 논하라는 것이었다.41) 말하자면 공자는 자신을 등용해 주는 이가 있다면 3년 안에 바른 정치를 이룰 수 있다고 호언장담했는데, 중종 자신은 반정이 성공한 지 10년이 지나도록 만족할 만한 성과를 거두지 못했으니 그 대책을 강구하라는 것이었다.

이에 대한 조광조의 답안은 정치에 대한 도덕적 원칙을 제기하는 것

---

37) 『燃藜室記述』(8) 己卯黨籍 趙光祖: "一部小學須勤讀 司紙功名自然來."
38) 『靜菴集』附錄(5) 年譜.
39) 『中宗實錄』10년 8월 丙子.
40) 『論語』子路: "子曰 苟有用我者 朞月而已 可也 三年 有成."
41) 『靜菴集』(2) 謁聖試策.

으로 일관되어 있었다. 우선 조광조는 공자의 정치를 도(道)와 심(心)이라는 도덕적 원칙에 입각한 감동의 정치로 요약했다. 조광조의 표현에 따르면, 정치란 "천하에 공유된 도(道)로 나와 하나가 될 수 있는 사람을 인도하고, 천하에 공유된 마음으로 나와 하나가 될 수 있는 마음을 감동시키는 것"42)이고, "치란의 구분은 나의 도와 마음이 진실한가, 진실하지 못한가 여부에 달려 있다."43) 다음으로 요·순시대의 이상적인 정치를 구현할 방법에 대해 조광조가 제시한 대안은 근본과 원칙을 바로 세우는 것이었다. 조광조의 표현에 따르면, "도덕적 원칙이야말로 정치적 판단의 출발점"[道乃出治之由]이다. 따라서 조광조는 중종반정이 성공한 지 10년이 지나도록 기강과 법도가 확립되지 못했던 이유도 바로 "근본은 서지 않았는데, 오직 말단만을 추종해서 도(道)를 얻지 못했기 때문"44)이라고 주장했다.

알성시책문에서 표현된 조광조의 정치에 대한 관점은 적어도 표면적으로는 지도자의 도덕적 자질을 강조하고, 그것으로부터 감동의 정치를 기대하는 전형적인 유학의 정치관에서 크게 벗어난 것으로 보이지는 않는다. 그러나 조광조의 감동의 정치에 대한 기대는 그리 낙관적이지 않았다. 우선 조광조는 감동의 정치가 실현되기 위해서는 도덕과 원칙의 공유가 전제되어야 한다고 판단했다. 사실 "천하에 공유된 도로써 나와 하나가 될 수 있는 사람을 인도하고, 천하에 공유된 마음으로써 나와 하나가 될 수 있는 마음을 감동시킨다"는 표현에는 도덕과 원칙을 공유하지 않는 경우에는 감동의 정치가 실현되기 어렵다는 도덕적 엄격주의가 강하게 배어 있었다. 게다가 조광조는 군주의 자질에 대해서도 다분히 회의적인 인식을 가지고 있었다.

따라서 조광조는 "법도와 기강의 확립은 대신을 공경해 그들에게 정치를 맡겼기 때문에 가능했다"45)고 주장하면서, 책문의 말미에는 군주에

---

42) 『靜菴集』(2) 謁聖試策: "以共天下之道 導與我爲一之人 以共天下之心 感與我爲一之心."
43) 『靜菴集』(2) 謁聖試策: "吾之道與心 誠未誠如何 而治亂分矣."
44) 『靜菴集』(2) 謁聖試策: "其本未立 惟末之從 而未得其道也."

게 항상 명도(明道)와 근독(謹獨)으로 경계할 것을 요구했다. 말하자면 조광조는 유학적 정치이상을 실현하는 데 군주에 의한 감동의 정치를 낙관적으로 기대하는 것은 현실적이지 못하다고 판단했던 것이다.

2) 지치이념의 설계

조광조는 알성시에서 급제한 후 초고속 승진을 거듭했고, 중종을 최측근에서 보좌하면서 자신이 제기하는 정치의 도덕적 원칙을 중종이 받아들이도록 요구했다. 조광조가 강조한 것은 "인군(人君)은 마땅히 도덕으로 근본을 삼아야 한다"46)는 것이었다. 이 점에서 조광조에게는 "삼공(三公)도 역시 선비이며, 국왕은 단지 사기(士氣)의 종주(宗主)"에 불과했다.47) 이 기사에 관한 사관의 평가처럼, 조광조는 "중종의 학문 성취를 자신의 임무"로 여기고 있었다. 게다가 조광조는 군신 간에는 장벽이 없어야 한다는 것을 강조하면서, "오직 위세를 잊을 수 있어야 불치하문(不恥下問)할 수 있다"48)고 주장했다. 조광조의 중종에 대한 요구는 군주의 위세를 버리고 신하들의 도덕적 원칙을 받아들이라는 것이었다.

조광조가 중종에게 요구한 것은 위인지학(爲人之學)이 아니라 위기지학(爲己之學)이었다. 정자(程子)의 해설에 따르면, 위기지학은 자신을 위한 학문을 하여 마침내 남을 완성시키는 데 이르는 것이고, 위인지학은 남을 위한 학문을 하여 끝내는 자신을 상실(喪失)하는 데 이르는 것이다.49) 그런데 조광조의 판단에 따르면 당시는 위기지학보다는 위인지학이 성행하던 시대였다. 그리고 조광조는 학자들이 위인지학을 버리고 위

---

45) 『靜菴集』(2) 謁聖試策: "若法度之所以粗定 紀綱之所以粗立者 未嘗不在乎敬大臣而任其政也."
46) 『靜菴先生續集』(1) 筵中記事(5): "人君當以道德爲本."
47) 『中宗實錄』11년 6월 壬子.
48) 『靜菴先生續集』(1) 筵中記事(4): "惟能忘其位勢 然後方能不恥下問."
49) 『論語集註』憲問: "程子曰 古之學者 爲己 其終至於成物 今之學者 爲人 其終至於喪己."

기지학을 실천하도록 하기 위해서는 먼저 임금이 위기지학을 실천해야 한다고 판단했다.50) 따라서 조광조는 중종에게 임금이 먼저 자신의 덕을 길러 실천에 옮길 것을 요구하면서, 그렇게 된다면 사람들이 모두 감복해 일부러 교화하지 않더라도 스스로 교화될 것이라고 주장했다.51)

위에서 언급한 검토관 시절(중종 11년)의 경연 기사나 참찬관 시절(중종 13년)의 계문(啓聞)은 모두 중종의 물음에 대한 대답이었다. 이 점에서 중종과 조광조 사이에는 어느 정도 이념적 공감대가 형성되어 있었던 것도 사실이다. 그러나 중종과 조광조의 관계는 위계가 분명한 군신관계였고, 학문과 정치를 판단하는 군신간의 입장차이도 분명했다. 중종 11년(1516) 12월의 석강(夕講)에서 제기된 학문과 정치에 대한 판단의 차이가 그 단적인 예였다. 이 자리에서 조광조는 제왕의 학문하는 도리를 논하면서, 중종에게 "학문이 고명해지면, 다른 일은 자연히 노력하지 않아도 다스려진다"고 주장했다. 반면에 중종은 "임금이 학문을 좋아하는 것이 마음을 보존하고 정치를 하는 요도(要道)이기는 하지만, 정령(政令)도 소홀히 할 수는 없다"고 반박했다.52) 조광조는 중종에게 위기지학을 요구했지만, 중종에게는 군주로서의 권력행사도 소홀히 할 수 없는 문제였던 것이다.

그러나 조광조는 신하가 군주의 위엄을 두려워해서는 안 된다고 판단했다. 조광조에 따르면, 바른 선비란 임금의 뜻을 거슬러 직언해 결국 원망과 노여움을 사더라도, 자신을 돌보지 않고 나라를 걱정하는[委質憂國] 선비였다.53) 이 점에서 조광조는 중종에게 필요한 학자는 비록 중용

---

50) 『靜菴先生續集』(1) 筵中記事(5): "理學乃爲己之學 而非爲人之學 今者多成宗朝舊相 豈無傳習之地乎 朱子進講于光宗 値其機會而斥僞學 今之學者 皆爲人之學 而不知爲己之學 若自上崇尙示其所好 則下之人 自樂爲之 豈無爲理學者乎."
51) 『靜菴集』(3) 參贊官時啓(1): "自上先養己德 推之行事 則人皆誠服 不期化而自化矣."
52) 『中宗實錄』 11년 12월 戊午.
53) 『靜菴集』(3) 參贊官時啓(2): "自古正直之流 盛行於世 則必有大禍隨其後 是故深於自謀 周於涉世者 不敢抗志直言以召怨怒 而低回俯仰 周旋彼此 保其身全其妻子 蓋亦多矣 此非委質憂國之人也 夫不顧其身 惟國是謀 當事敢爲不計禍患者 正士之用心也."

을 지키지는 못하더라도, 기상이 탁월하고 입지(立志)가 고원(高遠)한 사람이어야 한다고 생각했다. 조광조는 "중도(中道)의 선비를 찾을 수 없다면, 광견(狂狷)을 찾아 가르치겠다"54)고 했던 공자의 말을 염두에 두고 있었던 것이다. 광자(狂者)는 뜻은 높지만 실천이 뒤따르지 못하는 사람이며, 견자(狷者)는 지식은 미치지 못하지만 절조를 굳게 지키는 사람이다.55) 중용을 지키는 선비가 최선의 선택이라면, 광견의 선비는 차선에 불과하다. 그러나 조광조의 비유에 따르면, 정상(頂上)에 오르려는 기개가 있어야 산허리에라도 도달할 수 있다.56) 그리고 조광조는 중종에게 절개를 지키는 선비의 충고를 겸허하게 받아들여야 한다고 요구했다.57)

조광조가 염두에 둔 바른 선비의 전형은 송(宋) 태조 조광윤(趙匡胤)을 도와 송 건국을 주도한 조보(趙普)였다. 조보는 송 태조의 권유로 『논어』(論語)를 배우기 시작하여, "절반으로는 태조를 도와 천하를 안정시켰고, 나머지 절반으로는 태종을 도와 태평을 이룩했다"고 알려진 인물이었다.58) 특히 조보는 성격이 강직해 송 태조에게도 자신의 뜻을 굽히지 않고 관철시킨 일화로 유명했다. 한번은 조보가 천거한 인물을 송 태조가 받아들이지 않고 천거한 문서[奏牘]마저 찢어 버리자, 조보는 다음날 그것을 꿰맞추고 다시 천거해 결국은 자신의 뜻을 관철시킨 일이 있었다. 또 한번은 송 태조가 평소 싫어하던 인물을 천거해 송 태조가 궁문(宮門)을 닫고 들어가 버리자, 조보는 궁문을 지키고 서서 자신의 뜻을 관철시킨 일도 있었다.59)

조광조는 중종 13년(1518)년 5월 조강(朝講)에서 조보가 문서를 꿰맞추

---

54) 『論語』子路: "子曰 不得中行而與之 必也狂狷乎 狂者 進取 狷者 有所不爲也."
55) 『論語集註』子路: "狂者 志極高而行不掩 狷者 知未及而守有餘."
56) 『靜菴集』(5) 筵中記事(1): "蓋志大之人 雖未必做經綸之業 當大節 能不失其所守 故聖人云 必也狂狷乎 譬之登山 期至山頂者 雖不至頂 可至山腰矣 若期至山腰 則不離山底必止矣."
57) 『靜菴集』(5) 筵中記事(1): "自上當提警臣僚 以盡君師之責 而亦當容受臣僚啓沃之言也."
58) 『中宗實錄』 11년 12월 戊午.
59) 『宋史』(256) 列傳(15) 趙普.

어 송 태조에게 아뢴 일과 궁문을 지키고 서서 떠나지 않았던 일화를 장황하게 언급했다. 조광조는 이러한 조보의 행동이야말로 진실로 굳세고 과단성 있는 것으로 대신의 체모가 서는 일이라고 평가했다. 그리고 조광조는 송 태조가 조보에게 모든 일을 맡겼고 조보 역시 천하를 자임했듯이, 기왕에 재상의 자리를 만들었다면 자신의 포부를 펼 수 있도록 전적으로 그에게 책임을 맡겨야 한다고 주장했다.60) 군주의 권력 앞에서 자신의 뜻을 굽히지 않았던 조보와 마찬가지로 조광조는 자신의 의리론에 입각한 정치의 원칙을 중종에게 관철시키고자 했던 것이다.

  조광조가 중종과의 마찰을 무릅쓰면서 관철시키고자 했던 것은 유학의 이상을 현실정치에 구현하는 것이었다. 조광조의 표현에 따르면, 그것은 "도에 부합되는 정치,"61) 즉 요·순시대의 지치(至治)를 실현하는 것이었다. 그러나 조광조는 지치의 실현을 낙관적으로 기대하지 않았다. 조광조는 오히려 지치의 효과는 빨리 기대할 수 없으며,62) 군주가 당우삼대(唐虞三代)를 목표로 한다고 해서 반드시 당우삼대의 정치를 실현할 수 있는 것은 아니라고 판단했다.63) 고전적 의미에서 지치는 군주의 덕치에 대한 낙관적 기대를 표명하고 있었지만,64) 조광조가 염두에 두고 있던 지치는 군주가 신하들의 도덕적 원칙을 받아들임으로써 실현될 수 있는 것이었다. 따라서 조광조는 군주가 사림들을 보호해 그들로 하여금 자신의 뜻을 펼칠 수 있도록 적극적으로 기용한다면, 요·순시대의 지치도 실현할 수 있다고 강조했다.65)

---

60) 『中宗實錄』 13년 5월 戊午.
61) 『靜菴集』(3) 侍讀官時啓(13): "道洽政治."
62) 『靜菴集』(3) 侍讀官時啓(15): "近來朝廷之事 庶幾向治 而亦未可遽期其治效也."
63) 『靜菴集』(3) 侍讀官時啓(6): "人主以唐虞三代爲期 未必卽致唐虞三代之治."
64) "지치는 향기로워 신명을 감동시키니, 기장이 향기로운 것이 아니라 밝은 덕이 향기로운 것이다"(至治馨香 感于神明 黍稷非香 明德惟香)라는 표현에서 볼 수 있는 바와 같이 지치는 도덕적 감동의 정치를 지향하는 개념이다. 『書經』 周書 君陳.
65) 『靜菴集』(3) 檢討官時啓(2): "必須上下相孚 而君相常以保護士林爲心 使爲善者有所恃 且知其爲善 則表而用之 不使賢愚混淆 則可見至治矣."

지치의 실현을 갈망했다는 점에서 조광조는 분명히 개혁론자였다. 조종의 옛 법을 함부로 고칠 수는 없지만, 그것이 현실에 부합하지 않는다면 마땅히 변통(變通)시켜야 한다는 것이 조광조의 기본 입장이었다.66) 그리고 조광조는 개혁의 당위성뿐만 아니라 개혁의 신속성을 강조했다. 조광조는 구습에 젖어서는 복고(復古)할 수 없으며, 고쳐야 할 것은 신속하게 고쳐야 요・순시대의 정도(正道)를 회복할 수 있다고 판단했다.67) 또한 조광조는 개혁의 일시적인 성공에 안주하지 말아야 하며, 개혁은 지속적으로 추진되어야 한다는 것을 강조했다. 즉 조광조에 따르면, 약간의 성공에 안심해 머뭇거린다면 결국 제왕의 정치를 이룩할 수 없게 된다는 것이었다.68)

4. 개혁의 실천과 좌절

1) 현량방정과 실시

조광조가 개혁의 문제를 본격적으로 논하기 시작한 것은 중종 13년(1518)이었다. 이때 개혁을 주도하면서 조광조가 처음으로 제기한 문제는 한(漢)나라에서 실시되었던 현량방정과(賢良方正科)의 전례에 따라 전국의 숨은 인재를 발탁해 효과적으로 활용하자는 것이었다. 조광조가 이러한 제안을 한 배경에는 무엇보다도 개혁을 추진하는 데 필요한 인재가 부족하다는 판단이 작용했다. 즉 조광조는 "이미 출신한 자들은 모두 고위직에 있고 아래로부터는 계승할 만한 사람이 없으니, 지금이 사람을

---

66) 『靜菴集』(3) 檢討官時啓(4): "祖宗舊章 雖不可猝改 若有不合於今者 則亦可變而通之"
67) 『靜菴集』(3) 侍讀官時啓(12): "流俗 固不可一朝而猝變也 但悠悠泛泛 以俟其漸變 則習俗趨向 安於踵舊 不能復古矣 當以俗尙商量 可改者 卽改之 使耳目觀感 優游而善導之 則斯民亦直道而行者也 安有扭於舊習 終不改革之理乎."
68) 『靜菴集』(3) 參贊官時啓(5): "若安於小成 苟且因循 則帝王之治 何可致也."

뽑아 쓸 적기"라고 생각했던 것이다.69) 그리고 조광조는 자신의 이러한 제안에 대한 중종의 적극적인 지지도 확보했다.70)

　조광조가 제안한 천거에 의한 인재선발 방식에 대해서 여러 가지 절차적인 문제점이 지적되었지만, 적어도 김우증(金友曾)의 모반사건 전까지는 조광조가 현량과를 통해 붕당을 결성하려 했다는 공개적인 비난은 제기되지 않았다. 게다가 중종 14년 3월에는 현량방정과 출신들이 조정을 장악해 정국공신들을 제거하기 전에 그들을 제거하자는 김우증의 모반사건이 일어났지만,71) 이 사건은 오히려 김우증을 경흥부(慶興府)로 귀양 조치하는 것으로 매듭지어졌다.72) 그리고 한 달 뒤 4월에는 김식을 포함한 28명이 조광조가 제안한 새로운 방식에 의해 최종 선발되었다.73)

　김우증 모반사건은 정국공신 세력의 위기감을 단적으로 보여주는 사례였고, 그들의 위기의식은 중종 14년 10월에 조광조가 정국공신의 개정을 요구하면서 현실로 나타났다. 그러나 기묘사화 전까지 그 어느 누구도 현량과의 실시에 담긴 조광조의 정치적 의도를 공개적으로 비난할 수 없었던 것은 그 사안의 도덕적 정당성 때문이었다. 즉 조광조가 현량과를 제안하면서 강조했던 "임금과 도의(道義)를 강론할 수 있는 학문과 덕기(德器)가 겸비된 선비"의 필요성을 부인하기는 어려웠던 것이다.74) 게다가 조광조는 현량과 실시에 대한 중종의 지지가 확인되자, 중종에게 연산군 때보다는 나아졌지만 여전히 선비의 기풍[士習]이 바르지 못하다고 지적하면서, 군자와 소인의 준별을 요구했다.75) 그리고 조광조는 임금이 군자와 소인을 명확히 분변할 수 있을 때 비로소 지치를 실현할 수 있다고 강조했다.76)

---

69)『中宗實錄』13년 3월 庚戌.
70)『中宗實錄』13년 3월 庚戌; 辛亥.
71)『中宗實錄』14년 3월 乙未; 丙申; 丁酉.
72)『中宗實錄』14년 3월 戊戌.
73)『中宗實錄』14년 4월 丙子.
74)『中宗實錄』13년 3월 庚戌.
75)『中宗實錄』13년 4월 丁酉.

특히 조광조가 "소인은 마땅히 기미가 보일 때 통렬히 응징해야 한다"고 주장했을 때,[77] 그가 염두에 두고 있었던 논거는 『주역』(周易)의 태괘(泰卦)와 비괘(否卦)였다. 즉 조광조에 따르면, "『주역』에도 군자를 안으로 하고 소인을 밖으로 한 것은 태괘가 되고, 소인을 안으로 하고 군자를 밖으로 한 것은 비괘가 되듯이, 군자가 진출하면 천하가 태평하고 소인이 등용되면 천하가 막히게 된다"는 것이다. 그리고 조광조는 이러한 근거를 바탕으로 중종에게 재위 10년이 지나도록 지치가 실현되지 않은 이유가 신하들의 보좌에 문제가 있다는 점을 강조했다.[78] 따라서 중종도 조광조의 이러한 설득에 귀 기울이지 않을 수 없었던 것이다.

2) 소격서 혁파

1518년의 개혁을 주도하는 과정에서 조광조가 제기한 두 번째 문제는 소격서를 혁파하자는 것이었다. 유교 입국을 표방한 조선에서도 소격서는 연산군 때 잠시 형식적으로 폐지된 것을 제외하고는[79] 조종의 오랜 관행이었다는 이유에서 계속 존속되고 있었다. 중종 대에 들어서도 소격서는 사도(邪道)를 숭상하는 곳이므로 혁파되어야 한다는 의견이 지속적으로 제기되었지만, 중종은 번번이 조종의 관행을 이유로 이 문제에 반대해 왔다. 그러자 조광조는 "조종이 도교를 신봉했다는 사실을 들어 반대한다면 그것은 선조의 허물을 드러내는 것이며, 소격서는 단지 인습에 따라 우연히 존속하게 된 것인데 그 책임을 조종에게 돌린다면, 그것은 선조에게 누를 끼치는 것"이라고 주장하면서, 중종의 조종에 대한 불경과 무례를 비난하고 나섰다.[80] 조광조의 입장은 조종으로부터 내려온 제

---

76) 『中宗實錄』 13년 5월 壬寅.
77) 『中宗實錄』 13년 5월 丙辰.
78) 『中宗實錄』 13년 6월 庚午.
79) 『燕山君日記』 12년 1월 丙戌.
80) 『中宗實錄』 13년 8월 戊辰. 『靜菴集』에는 중종 13년 7월의 상소로 기록돼 있다. 『靜菴集』(2) 弘文館請罷昭格署疏.

도적 관행이라고 해서 정치의 이념적 원칙을 훼손할 수는 없다는 것이었다. 이 점을 조광조는 이 상소의 첫머리에서 "도덕적 원칙이 일관되지 않아서 정치가 불순하게 되면, (도덕과 정치가) 갈라져서 혼란스럽게 된다"는 말로 요약했다. 그리고 전반적으로 이 상소에서 조광조가 강조하고자 했던 것은 이단에 현혹되지 않는 정신적 순수성을 지켜 가는 것이 왕도정치의 관건이라는 점이었다.

그러나 중종의 입장도 완강했다. 소격서 혁파를 주장하며 전 대간이 사직하는 사태가 발생했는데도, 중종은 "조종조(祖宗朝)에서 혁파하지 못한 일을 스스로 잘난 체하면서 바꾸지는 못하겠다"면서 자신의 입장을 굽히지 않았다.[81] 그러자 조광조는 "명주(明主)는 남의 말을 잘 받아들이고 자기 의견을 고집하지 않으며, 암군(暗君)은 자기 의견을 고집하고 남의 말에 귀 기울이지 않는다"는 말로 중종을 압박했다.[82] 말하자면 조광조가 중종에게 요구했던 것은 신하들이 제기한 정치의 도덕적 원칙을 군주가 받아들여야 한다는 것이었다. 중종 13년 8월 초하루에 시작된 조광조의 끈질긴 요구는 한 달 이상 계속되었고, 마침내 중종도 조광조의 요청을 사실상 받아들였다.[83]

개혁이 성공하기 위해서는 기회를 놓치지 않는 것이 중요하다. 조광조는 시기는 놓치기 쉽고 기회는 얻기 어렵다는 것을 잘 알고 있었다.[84] 그리고 그는 지금 기회를 놓쳐 버린다면 다음을 기약하기 어렵다는 점도 직감하고 있었다.[85] 이 두 계문은 조광조가 두 번째로 홍문관 부제학에 제수된 이후 중종 13년 9월과 10월에 올린 글이다. 소격서 혁파문제에 관한 논쟁에서 조광조가 중종을 설득해 자신의 입장을 관철시킨 이후의 발언이었다.

---

81) 『中宗實錄』 13년 8월 庚寅.
82) 『中宗實錄』 13년 8월 丁酉.
83) 『中宗實錄』 13년 9월 己亥.
84) 『靜菴集』(4) 復拜副提學時啓(8): "盖時易失 而機難得也."
85) 『靜菴集』(4) 復拜副提學時啓(10): "今者 聖學已至高明 若失此機 後不可圖."

3) 정국공신 개정

소격서 혁파가 마무리되고 이어서 중종 14년 4월에 현량과가 실시되자 조광조는 곧바로 그의 오랜 숙원이었던 세 번째 개혁작업, 즉 정국공신 개정작업에 착수했다. 그리고 조광조는 이 문제를 중종 13년 5월에 있었던 군자·소인 논쟁의 연장선상에서 추진했다. 이 점은 정국공신 개정 논의가 본격화되기 전인 중종 14년 5월에 행한 조광조의 다음과 같은 발언에서도 확인할 수 있다. 이 발언에서 조광조는 "연산군 때 조정에서 위세를 떨친 사람들은 단지 공신 되기만 서로 숭상해 아첨으로 진출하기를 바랐고, 그 과정에서 행적은 비록 높지 못하지만 옛사람에 감탄해 숭모하는 뜻을 가진 사람들은 도리어 논박과 공격을 받아 용납되지 못했다"면서, 군자·소인의 분변과 정국공신 개정의 필요성을 우회적으로 표현했다.86)

조광조가 발의한 정국공신 개정의 목표는 공신으로서 합당한 자격을 갖추지 못한 자들을 훈적(勳籍)에서 삭제하는 것이었다. 즉 조광조에 따르면, 정국공신 중에는 상당수가 연산군 대의 총신(寵臣)들이며, 이들이 바로 임금을 시해하고 국가를 찬탈하는 사익[利]의 근원이라는 것이다. 조광조는 정국공신 개정 문제를 의리[義]와 사익[利]의 분변 문제로 파악했던 것이다. 그러나 중종은 사익의 근원을 막아야 한다는 점에는 동의할 수 있지만, 완급의 조절이 필요하다는 것을 강조하면서 정국공신의 개정을 허용할 수 없다는 입장을 분명히 했다.87)

정국공신 개정 문제와 관련된 중종과 조광조의 대립은 상당 기간 지속되었다. 경우에 따라서는 조광조의 집요한 설득이 3고(鼓)까지 계속되기도 했다.88) 조광조를 위시한 대간은 중종에게 정국공신에 대한 시비를 분명히 가려 임금의 도리를 지킬 것을 요구했지만,89) 반면에 중종으로서

---

86) 『中宗實錄』 14년 5월 癸卯.
87) 『中宗實錄』 14년 10월 乙酉.
88) 『中宗實錄』 14년 10월 己丑.

는 자신을 국왕으로 옹립한 세력을 일거에 제거해야 한다는 요구를 쉽게 받아들일 수는 없었던 것이다. 그러나 결국 중종은 조광조의 요구를 받아들였고, 100여 명의 정국공신 중에서 문제가 있는 76명을 삭훈(削勳)하라는 전지를 내렸다.90)

4) 개혁의 좌절과 그 의의

기묘사화는 76명의 정국공신을 삭훈하라는 중종의 전지가 내려진 지 4일 만에 발생했다. 이때 중종이 의금부에 내린 전지에서 밝힌 조광조, 김정, 김식, 김구(金絿) 등의 죄목은 사사로이 붕당을 결성하고 후진을 유인해 궤격(詭激)한 풍습을 조장함으로써 국론과 조정을 분열시켰다는 것이었다.91) 그러나 조광조는 자신은 오로지 임금의 마음만을 믿고 사익의 근원을 근절해 국가의 기강을 쇄신하고자 했을 뿐 다른 의도는 전혀 없었다고 변명했다.92) 정광필(鄭光弼), 안당(安瑭), 신상(申鏛) 등도 조광조 등의 언행이 과격했던 것은 사실이지만, 조정을 어지럽히는 붕당 죄에는 해당되지 않는다고 지적했다. 그리고 마침내 중종도 이 점을 받아들여 처음의 사사(賜死)해야 한다는 주장을 번복해 고신(告身)을 박탈하고 장(杖) 1백과 원방(遠方)에 안치하는 것으로 감형 조치했다.93)

중종이 조광조의 감형을 결심한 것은 그들이 급박하게 지치를 추구해 물정(物情)에 어긋나긴 했지만, 그것이 나라를 위하는 충정에서 비롯되었다는 점은 인정했기 때문이다.94) 그러나 중종은 더 이상의 감형은 용납하지 않았다. 대각(臺閣)이 권력을 행사해 정치를 혼란시킨 것에 대한

---

89) 『中宗實錄』 14년 11월 己亥.
90) 『中宗實錄』 14년 11월 辛丑.
91) 『中宗實錄』 14년 11월 乙巳.
92) 『靜菴集』(2) 獄中供辭: "士生斯世 所恃者君心而已 妄料國家病痛 在於利源 故欲新國脉 於無窮而已 頓無他意."
93) 『中宗實錄』 14년 11월 丙午.
94) 『中宗實錄』 14년 11월 丁未.

응분의 책임을 물어야 한다는 것이 중종의 생각이었다.95) 그리고 그로부터 약 한 달 뒤 중종은 조광조를 마음이 곧지 못한 사람으로 평가하면서 능주(綾州: 현 전남 화순군 능주면)의 유배지에서 사사(賜死)했다.96)

사약을 받는 마지막 순간까지도 조광조는 언젠가는 중종이 자신의 단충(丹衷)을 알아주리라는 기대를 버리지 않았다. 그러나 이 날 중종은 조광조의 죽음을 전혀 슬퍼하지 않았다. 당시의 사관(史官)은 이러한 중종의 태도 변화를 "예전에 총애하던 것에 비하면, 마치 두 임금에게서 나온 일 같다"고 평가했다.97) 조광조는 비판세력의 음모가 개입되어 있을 것이라고 생각했지만, 주위의 만류를 물리치고 냉혹한 결정을 내린 것은 중종이었다.

중종은 자신을 옹립한 반정세력으로부터 자유로워지기 위해서 절의를 강조하는 조광조와 그 추종세력을 중용했다. 그러나 중종의 이 선택은 처음부터 모순적이었다. 집권 초반에 부도덕한 과거를 청산하고 공신세력의 영향력을 배제하기 위해서는 사림의 도덕론이 필요했고 그것은 현실적으로도 유용했지만, 도덕론을 앞세워 권력을 교정하려는 사림의 시도는 결국 왕권에 치명적인 손상을 가져다줄 수도 있었다. 따라서 중종은 호생지덕(好生之德)을 갖춘 제왕의 도리가 아니라는 비난에도 불구하고, 왕권 수호를 위해서 조광조의 처형을 단행했던 것이다. 이 점에서 조광조가 추진한 개혁이 그의 죽음과 함께 실종된 이유는 단순히 개혁의 이상주의적 급진성 또는 비현실성 때문이었다기보다는 권력에 대한 도덕적 교정을 용납하지 못하는 왕권이라는 구조적 장벽 때문이었다.

도덕적 근본주의자 조광조는 "간언하는 선비는 먼저 군주의 총애를 확인해야 한다"98)는 한비자의 충고를 받아들이지 못했고, 그 결과 그는 권력의 장벽을 뛰어넘지 못했다. 그러나 조광조는 선조 원년(1568)에 영

---

95) 『中宗實錄』 14년 11월 戊申.
96) 『中宗實錄』 14년 12월 丙子.
97) 『中宗實錄』 14년 12월 丙子.
98) 『韓非子』 說難: "故諫說談論之士 不可不察愛憎之主而後說焉."

의정에 추증되었고, 광해군 2년(1610)에는 김굉필, 정여창(鄭汝昌), 이언적(李彦迪), 이황 등과 함께 문묘에 배향되었다. 조광조는 정치활동이 4년에 불과하고 학문적으로도 뚜렷한 업적을 남기지 못했지만, 정치의 도덕적 원칙을 엄격히 지키려 한 그의 신념은 정치적으로 재평가되었던 것이다. 그리고 이러한 정치적 복권과정을 통해서 조광조의 도덕적 근본주의는 한국 정치사상의 독특한 전형으로 굳어져 갔다. 조선시대의 유학이 단순한 도덕의 담론이 아니라 정치사상으로 확립될 수 있었던 것은 절대왕권을 부정할 수 없는 구조적 제약 속에서도 왕권의 도덕적 일탈을 견제하고 교정하는 소명을 꾸준히 지켜 갔기 때문이다.

<참고문헌>

『公羊傳』,『谿谷先生漫筆』,『論語』,『書經』,『惺所覆瓿藁』,『小學』,『肅宗實錄』,『燃藜室記述』,『燕山君日記』,『莊陵誌』,『張橫渠集』,『佔畢齋集』,『靜菴集』,『中庸』,『中宗實錄』,『秋江先生文集』,『退溪全書』,『韓非子』.

장지연,『朝鮮儒敎淵源』(明文堂, 1983).
이지경,「조광조의 유교국가에 관한 연구: 정치개혁론을 중심으로」,『담론 201』 6권 1호(2003 봄·여름호).
최연식,「정암 조광조(1482~1519)의 도덕적 근본주의와 정치개혁」,『한국정치학회보』 37집 5호(2003 겨울).

제13장 성리학적 정통성의 확립
- 퇴 계 -

김 명 하 (한국학중앙연구원)
전 세 영 (부산교육대학교)

1. 퇴계의 진퇴지절

 퇴계가 활동하던 16세기는 정치적으로 혼란기였다. 중종반정 이후 절대적이던 왕권이 신권(臣權)에 의해 견제되는 상황에 있었고, 반정에 참여한 공신들인 훈구파의 정치적 영향력이 극대화되어 있었다. 뿐만 아니라 중종 대의 외척세력에 의한 권력 농단의 폐습과 영향이 퇴계가 활동하던 당시까지도 종식되지 못하고 있었다.
 정치적 이해관계와 관료들의 대립 때문에 일어난 4대사화로 혼란이 가중된 이 시기에는 학자들의 현실참여가 상당히 제한되었지만, 사림(士林)이라 불린 재야학자들은 향약과 서원 등을 통해 향촌교화와 학문연구 및 후진양성에 전력을 기울였다. 특히 명종, 선조 대에 바야흐로 조선 유학의 전성기를 맞이한 것도 이들에 의해 이기(理氣), 심성(心性)을 중심으로 한 학설의 대립 및 논쟁이 일어나면서부터다. 조선조 유학사를 대표하는 많은 학자들이 있었으나, 그 중에서 율곡과 더불어 '동방의 주자'로 불리는 퇴계(1501~1570, 이름은 滉, 자는 경호, 호는 퇴계, 도옹, 도수)가 단연 뛰어났다.

퇴계는 당대의 사회적 혼란을 "하늘에 천변이 일어나고, 땅에는 인간들이 자기의 일을 다 못해 큰 혼란이 거듭 일어나고, 국운이 어렵게 막히고, 나라의 근본이 불안해졌으며, 변방이 허술하고, 군비가 부족하며, 식량이 떨어지니, 백성만이 아니라 귀신조차 원망과 노여워함이 극에 달한 시대"[1])로 표현했다. 당쟁과 사화로 대표되는 당시 내정의 혼란은 국가재정의 궁핍으로 이어졌고 더욱이 지방에서 흉년과 관리의 폭정은 민심을 더욱 악화시켰으니, "지방의 서리(胥吏)와 노복(奴僕)들은 이리떼처럼 백성을 잡아먹고 재물을 거두어들이면서도 역시 부족하다고 하고, 도적질로 부고(府庫)를 비게 하고, 진포(鎭浦)의 장수들은 호랑이같이 군졸들을 못살게 굴고도 역시 부족하다며 이웃 사람들에게까지 마구 해독을 끼치던 시대"[2])였다. 이러한 시대적 상황과 더불어 사화의 여파로 뜻을 같이하던 지인과 친형 온계공(溫溪公) 이해(李瀣)의 죽음은 퇴계로 하여금 자신이 꿈꾸던 이상사회의 실현을 다음 세대로 미루게 했고, 이를 위해 세속에서 물러나 향촌에서 풍속의 교화와 교육에 매진하게 했다.

퇴계 정치사상의 결정체인 「성학십도」(聖學十圖)는 "교화는 반드시 위로부터 아래로 이르러야 한다. 그런 다음에 그 교화가 근본이 있게 되고 그 미침이 멀고 길어질 수 있음"[3])을 밝힌 것으로서, 정치의 최종 목적은 '현명한 통치자'에 의한 교화가 위주로 되어야 한다고 말하고 있다. 그러나 당시 조정에는 퇴계의 올바른 뜻을 강구해 밝혀 줄 현군은 물론 현신조차 없었기에, 군주를 보좌하고 덕을 길러 치세를 이루려 고심했던 퇴계는 여러 가지로 좌절하게 되었다. 당시의 정치사회적 상황과 퇴계사상의 이러한 측면을 고찰하지 않고 퇴계의 사상을 내면주의적 내지는 주관주의적 경향으로만 파악해서는 안 될 것이다.

---

1) 『退溪全書』 甲辰乞勿絶倭使疏.
2) 『退溪全書』 戊辰六條疏.
3) 『退溪全書』 上沈方伯.

34세라는 늦은 나이에 문과에 급제했지만, 퇴계는 고관요직을 두루 역임한 끝에 명종 말, 선조 초에는 정계뿐 아니라 학계까지 장악한 영수로서 조야(朝野)의 존경을 한 몸에 받고 있었다. 따라서 당대를 주름잡던 학자와 관인들이 대개 그의 문하를 출입한 데서 퇴계의 영향은 경상좌도에 국한되지 않고 거의 전국을 포괄하게 된다. 그러기에 퇴계 정치사상의 요체도 내면적인 수신의 차원에만 머무르지 말고, 그것을 기초로 하는 교화의 단계까지 확대해서 고찰해야 진면목이 드러날 것이다. 즉 퇴계가 '경'(敬)과 '의'(義)에 바탕을 두고 '성학'(聖學)을 존중할 것을 여러 차례에 걸쳐 군주에 진언한 점과 향약 결성과 서원의 설립 및 운영에 적극적이었던 점은 정암 조광조(靜庵 趙光祖)의 적극적인 지치주의와 왕도정치의 맥을 이은 것이라고 할 수 있다.

그러므로 퇴계를 결코 당쟁으로 점철되었던 당시 사회에서 적극적인 중앙정계 진출을 포기하고 산림에 숨은 은둔자로만 규정함은 퇴계사상의 진면목을 너무 소극적으로 파악하는 것이다. 그런 측면에서 본다면 퇴계사상의 정치적인 면을 고찰할 때, '수신'의 측면만이 아니라 '제가'와 '향촌교화' 및 '서원건립을 통한 후진교육', 그리고 각종 상소문을 통한 군주에의 진언 등 교화의 측면을 제대로 분석한다면, 당시 조선사회를 개혁시키기 위해서 근본적으로 무엇이 가장 중요한 것인가에 관심을 쏟았던 퇴계사상의 정치적 특징을 파악할 수 있을 것이다.

2. 성현정치와 통치의 요체

1) 치자의 전형 성현

퇴계 정치사상의 핵심이 이상사회의 건설이라 한다면, 이를 위한 주체로서 치자(治者)의 역할은 절대적이라고 할 수 있다. 이 치자가 통치를 함에는 일차적으로 성현의 학문을 배워 자신에게 내면화하는 위기(爲己),

즉 내성(內聖)의 단계와 이를 외재화하는 위인(爲人), 즉 외왕(外王: 통치)의 단계로 나누어 설명할 수 있다. 즉 이상적인 치자라면 외왕 이전에 내성의 과정을 거쳐야 하며, 이런 과정을 거친 자를 유가에서는 성인 또는 성현으로 표현하고 있다.

퇴계도 성인을 "천지(天地)와 덕을 합일하는 사람"으로, 현인을 "여러 사람 중에서 뛰어난 사람"으로 정의하면서,[4] "하늘은 백성을 사랑하는 마음을 지니고 있으면서도 스스로 사랑을 베풀지 못하므로, 반드시 영명한 사람 중에서 가장 성(聖)스럽고 밝고[哲] 으뜸[元]이 되고 착[良]하고 또한 그 덕이 신(神), 인(人)에 화합할 수 있는 사람을 군주로 삼아, 그에게 백성을 맡아 기르는 일을 부탁해 인애의 정치를 행하게 한다"[5]고 했다. 나아가 선조에게 올린 「성학십도」를 통하여, 군주는 성학을 밝히고 터득한 심법을 가리키고 설명을 붙여 사람들에게 도(道)에 들어가는 문과 덕을 쌓는 바탕을 알려주어야 한다고 역설하고 있다. 이것은 경천애인(敬天愛人)의 유교적 이상을 실현하기 위해서는 우선 한 나라의 군주가 성학에 드러난 덕목을 생각하고 배우며, 마음으로 깊이 되새기고 몸소 실천하며, 부단히 자성하고 수양하는 노력이 필요하다는 것을 말하는 것이다. 그러므로 성인은 학문이 깊고 천리를 아는 덕망을 가진 자, 즉 성학에 의해 수신하며 천명을 깨달아 공(公)과 사(私)를 구분해 공을 위주로 행동하며 정치에 임하는 군주나 지도자라고 할 수 있다.[6]

또한 현인은 성군을 보좌해 치민의 도를 실천할 수 있는 치자계급이라고 할 수 있다. 이 현인계급은 퇴계의 「무진육조소」(戊辰六條疏)에서 구체적으로 언급되는 대신과 대간이며, 현실적으로 군주와 백성 사이에

---

4) 『退溪全書』, 進聖學十圖箚.
5) 『退溪全書』, 戊辰六條疏.
6) 퇴계의 치자 중심의 정치를 김우영과 장승구는 성인정치라고 표현하였다. 김우영, 『한국정치사상사』(이문출판사, 1995), 159-173쪽; 장승구, 「퇴계의 자연성의 세계관 연구」, 『퇴계학연구』 6집(1992), 18쪽. 수기치인의 유교적 이상을 실현하는 주체로서 성인과 현인에 의한 정치인 성인정치, 현인정치와 성현정치 또는 성군(성왕)정치는 그 의미하는 바가 동일하다고 할 수 있다.

서 실제 통치를 담당하는 관료계급, 백관(百官), 그리고 현사(賢士)를 지칭하는 것으로 볼 수 있다. 군주국가 체제를 뛰어 넘을 수 없는 조건 아래에서는 왕도정치로 이상을 삼고 성인이 임금이 되어 현인을 구해서 치국하는 것만이 가능한 것이다. 퇴계는 유학의 이상을 철저히 따르려 한 전형적인 도학자였기 때문에 국가를 치세로 이끌어 가는 데는 성스러운 군주[聖君]와 어진 재상[賢相], 즉 성현의 존재가 필요함을 굳게 믿고 있었고 또한 그 역할에 많은 기대를 했던 것이다.7)

따라서 성왕이든 현인이든 백성을 다스리는 바른 도를 실현함에는 우선 부단한 수신이 필수적이고, 나아가 이를 바탕으로 부단한 교화가 있어야 하는 것이었다. 이 바른 도를 벗어나는 것은 각자에게 주어진 책무를 다하지 못하는 것이었으니, 여기에는 책임이 따르는 것이었다. 때문에 퇴계는 "국가가 장차 그 도를 잃으면 하늘이 먼저 재해를 내려 이를 견책하며 고(告)하고, 그래도 스스로 반성할 줄 모르면 다시 괴이한 변고를 내려서 이를 경고하고 겁을 주며, 그래도 모르면 그때는 나라의 임금에게 패망을 가져오게 합니다. 이것으로 하늘이 마음으로 임금을 인애(仁愛)하고 그가 문란(紊亂)하게 되는 것을 막고자 함을 알 수 있습니다"라고 한 동중서(董仲舒)의 말을 인용하여8) 군주가 끊임없이 자성해 천명에 거역함이 없어야 하며, 절대로 천명에 거역하는 폭정을 해서는 안 된다고 했다. 그러므로 군주는 마땅히 천심(天心)의 인애하는 이유가 무엇인가를 알아야 하며, 또한 자신이 천심을 받드는 이유가 무엇인지 알아서 심사숙고하고 몸소 실천해야 한다고 강조했다.

그러기 위해서는 "성학을 돈독히 하여 정치의 근본을 바로 세워야 한다"9)고 하여 제왕지학과 심법(心法)의 요체(要諦)로서 성학을 지극한 다스림[至治]의 근본으로 삼아『대학』의 '격물치지'·'성의정심'(誠意正心)과『중용』의 '명선'(明善)·'성신'(誠身) 및『대학』과『중용』의 '장구'(章

---

7) 류성렬,「퇴계의 정치도의 실현과 성군의 역할」,『퇴계학연구』10집(1996), 39쪽.
8)『退溪全書』戊辰六條疏
9) 위의 책.

句)와 '혹문'(或問)의 교훈을 준수하여, 공경을 위주로 하고 항시 경계하며 예법과 경륜에 힘쓰면 자연히 중화(中和)의 경지에 들어간다고 했다. 그리하여 그 실천의 효험이 여기에 이르면 '도'가 성립되어 세상이 융성하고 태평하게 되어 백성을 편안하게 다스릴 수 있다고 보았다.

이렇게 군주 된 자의 기본적인 자세를 강조하는 퇴계의 사상 속에서 성학의 전통으로서 수기치인(修己治人)의 법이 자세히 설명되어 있음을 살펴볼 수 있다. 또한 그것은 군주의 학, 즉 제왕의 학과 항인(恒人)의 학에 차이를 두는 것이 아니고, 어디까지나 인간의 근본적인 자세로 심성의 근원으로 돌아가 정치의 요도(要道)로 삼을 것을 말하고 있다.10) 여기서 퇴계는 인간 이성에 대한 신뢰를 토대로 군주도 성학에 의해 수성해 인간 본래적인 근원으로 돌아가면(본성의 회복) 천리(천명)와 합일되는 경지, 즉 성인의 경지에 도달할 수 있다고 말하고 있다. 이처럼 군주는 우주의 주재자(主宰者)인 천의 명, 즉 천명(天命)을 대행하는 자로서 스스로 몸을 닦는 것이 다스림의 근본을 세우는 것이 된다 하여 성학에 의한 수양이 강조되었고, 이런 성왕과 현상에 의해서만 백성을 위한 정치를 행할 수 있으며 당우(唐虞) 3대의 이상정치를 실시할 수 있다고 보았다.

2) 성현에 의한 다스림의 요체

선진(先秦) 이래 유교정치가 지향하는 바는 치자가 자신의 수양(修己)을 바탕으로 백성을 편안하게 하는 것[治人, 安百姓]인데, 공맹의 왕도사상은 정치의 요체로서 모든 학자들의 정치적 이상이었으며 퇴계의 사상

---

10) 퇴계는 제왕과 보통 사람이 다 같이 평등하다고 하여 "공경으로 근본을 삼고 경의(經義)를 궁구해서 앎을 이룩하고 자신을 반성하고 실천하면 이것이 도학을 전하는 요건이니, 제왕과 보통 사람이 어찌 구별이 있겠는가"라고 했다(『退溪全書』戊辰六條疏). 그러나 이것은 인간 본연지성의 측면에서 그러한 것이고, 기질지성에 의하면 상지(上智), 중지(中智), 하지(下智)의 3등급으로 나누어진다고 했다(『退溪全書』天命圖說).

에서도 여전히 강조되고 있다. 퇴계는 천명을 부여받고 성학으로 수양한 유덕군주(有德君主, 성왕)와 현인에 의한 덕에 근거해 백성을 위한 정치가 이루어져야 한다는 성현정치의 기본원칙을 제시했다.11) 이것은 아무리 좋은 제도나 정치조직도 이것을 운용하는 올바른 인간을 전제하지 않고는 악용될 수 있음을 의미하는 것이다. 그러기에 퇴계는 경세(經世)를 위한 구체적인 방안보다 수양을 통한 개인의 철저한 자각이 오히려 더 근본적인 사회문제의 치유책이 된다고 주장했던 것이다.12) 이것은 군주와 관료의 도덕적 의무를 강조하고, 천명을 대행하는 자로서 직분의 행사가 결국 안민(安民)의 이상사회를 만든다는 것을 역설한 것이다.

이처럼 천명을 부여받고 성학으로 수양한 유덕군주와 현인에 의한 정치를 중심문제로 삼을 때, 퇴계 정치사상의 근본적 특성은 다음 두 가지로 파악할 수 있다.

첫째, 퇴계의 이기론 중 이귀기천사상(理貴氣賤思想)에서 '이'(理)의 중요성이다. 여기서 '이'는 천리, 천도, 천명과 같은 뜻으로, 만물의 주재자인 "천은 사람을 땅에 내리시되"13) 직접 통치하는 것이 아니라 "천의를 대신하는"14) 유덕자를 통해서 정치를 하게 된다. 여기서 '이', 즉 천명은 군주권력의 원천으로 그 정당성을 말해 주는 것이며, 군주가 천명을 거역하지 않은 것은 '이', 즉 인간을 포함한 우주 삼라만상의 보편적 당연지리(當然之理)에도 어긋나지 않음을 말하는 것이다. 나아가 퇴계가 '이' 우위론을 전개한 것은 군주가 천명을 귀히 여겨 이에 순응할 것을 강조한 것으로, 천명을 거슬러 인의를 저버리고 백성을 폭력으로 다스려 갈

---

11) 물론 이 경우에도 천리의 실천자로서 주체는 군주이다. 이러한 군주를 류성룡은 성군(聖君)으로 표현하여, 국가의 치란흥망 여부가 성군의 역할에 있다고 강조하고 있다. 류성룡, 앞의 논문(1996), 53-65쪽 참조.
12) 때문에 퇴계는 수신과 치인의 연속성을 논하면서도 오히려 정치적 실천, 즉 법제의 문제나 제도개혁 같은 문제를 말(末)이라 하여 소극적인 자세를 취하고 있다. 박충석, 『한국정치사상사』(삼영사, 1982), 37-38쪽.
13) 『詩經』 大雅 烝民
14) 『書經』 尙書 皐陶謨

때 천은 천명을 거두어 간다는 천명사상의 연장선상에 있으며, 이는 맹자의 폭군 방벌론과 맥을 같이하고 있다.

둘째, 천명을 부여받은 유덕군주가 수제치평(修齊治平)하기 위해서는 수신을 중시하지 않을 수 없다. 군주가 수신, 수기를 중시할 때 이것은 반드시 퇴계의 인성론 및 수양론과 연관이 있다. 퇴계는 천리의 경지에까지 도달할 수 있는 인성을 주장하여, 이성적 존재인 인간이 그 본성의 회복을 추구하면 인성에 내재한 천성이 발현되어 천인합일의 경지에까지 도달할 수 있다고 했다. 군주의 경우도 마찬가지로 인간의 본성은 모두 선하다는 전제하에 정치를 할 때 그 선한 본성, 즉 인심을 발휘하는 것이 군주의 의무라고 강조하고 있다. 따라서 "도술(道術)을 밝혀 인심을 바르게 한다"15)고 하여 천도에 어긋남이 없는 정치를 행해 사술(邪術)에 현혹됨이 없으면 인심은 바로잡힌다고 했다. 아울러 천도를 밝히고 강명(剛明)함과 다스림을 구하면 백성들도 자연히 대도(大道)로 올라가게 되며, 사악한 무리와 간특한 잡배들도 장차 신령스러운 감명을 받아 선화(善化)된다고 했다.

이러한 퇴계의 성현정치 사상은 결국 정치의 근본을 인군(人君)이 덕을 닦고 덕에 의한 정치를 하는 데 두고 있는 왕도적 덕치주의의 표출로서, 이상정치의 구현을 바라는 퇴계의 정치사상은 도덕적 이상국가의 실현을 꿈꾸던 정암의 지치주의(至治主義)에 영향받은 바 크다. 퇴계의 '경'에 근거한 수양 및 존양성찰(存養省察)은 결국 인륜을 밝히는 것이며, 인간의 본성을 회복해 치인의 면에서 진정한 성현정치의 이상을 이루는 것일 뿐만 아니라 주자의 "'경'으로써 스스로를 닦는" 것이 결국 성학의 처음이자 끝이라는 인식은 정암과 맥을 같이하고 있다.

나아가 퇴계는 성학에 의해 수성(修性)을 이룬 군주가 그를 보필할 관료를 구할 때에도 마땅히 현우(賢愚)를 분별해서 등용할 것을 주장했다. 이것은 성현정치의 근본이 군주만이 성학을 배워서 정치를 하는 게 아

---

15) 『退溪全書』 戊辰六條疏

니라 군주를 포함한 모든 위정자들이 치도(治道)의 근본을 알아야 한다는 것을 의미한다. 그러므로 관직에는 현우와 능력에 따라 인재를 적재적소에 배치하는 것을 기본으로 하여, 공직자는 위로는 상관, 밑으로는 사람이나 백성들에게 지탄을 받았을 때, 재능이 부족하거나 직무에 적합하지 않을 때, 노쇠해서 정무를 감당할 수 없을 때에는 책임을 통감하고 진퇴지절(進退之節)을 지켜서 물러나야 한다고 말했다.16)

또한 그는 인재를 등용함에는 반드시 여론을 반영해야 하며, 군주와 관료는 결국 백성들을 위해 존재하기 때문에 백성들의 의사가 위정자들에게 최대한 반영되어야 한다고 역설했다. 이는 모든 정사(政事)를 국인(國人), 즉 백성들의 의사에 따라 최종적으로 결정을 내려야 함을 말하는 것이다. 퇴계의 이러한 사상은 정암에게도 발견할 수 있는바, 이는 근대 민주주의에서 가장 중요시하는 여론정치와 근본적으로 합치되는 것으로서, 치자는 백성의 여론에 항상 귀를 기울여야 함은 물론 여론의 소통과 막힘[通塞]이 국가의 발전과 난망(亂亡)에 가장 중요한 요소로 작용한다는 것을 말하는 것이라고 할 수 있다.

3) 통치계급 내의 협력과 조화

군주를 포함한 모든 위정자들이 다스림의 근본을 따라 통치한다는 것은 이들 통치조직 내의 유기적인 협력관계를 전제로 한다. 퇴계는 통치계급을 인체에 비유17)하면서, 군주도 일종의 기관이라는 인식하에 군주전제를 제한할 것을 주장했다. 한 나라가 움직이자면 원수(元首)가 있어야 하고 그 원수를 받드는 복심(腹心)이 있어야 하며, 원수와 복심이 모

---

16) 『退溪全書』 戊午辭職疏. 이러한 퇴계의 입장은 결국 당시 조정에 무능하고 어리석은 사람이 자리잡고 버티고 있는 것에 크게 불만이 있었다는 것이고, 또 간악한 무리들이 조정에서 현신을 헐뜯고 공격하므로 그들(주로 척신과 간신)과 같이 일할 수 없다는 뜻을 밝힌 것이라 볼 수 있다.

17) 위의 책.

두 완전하려면 이목(耳目)이 있어 지켜 주어야 하는데, 퇴계는 원수를 군주에, 복심을 대신(大臣)에, 이목을 대간(臺諫)에 비유하면서 이들 삼자의 삼위일체론을 펴면서 이른바 국가유기체론을 주장했다.18) 그러므로 국가에서는 군주를 중심으로 천의 원리인 통치질서가 확립되고, 가정에서는 가부장을 중심으로 차별질서가 이루어지는 것이다.

따라서 군주는 군주대로 천명에 따라 치본(治本)을 세워 정치를 할 줄 알아야 하고, 대신은 대신대로 보필을 잘 해야 되며, 또 대간은 대간대로 직언을 잘 해야 정치가 바르게 이루어져 백성이 평안해지는 성현정치가 달성된다고 보았다. 나아가 원수, 대신, 대간 삼자가 서로 자기의 맡은 소임에 충실하되, 보상(輔相)의 지위에 있는 자는 모두가 마음을 털어놓고 자기가 생각하는 바를 군주에게 말하고 계책을 진술하며 도를 의논해 나라 일을 경론하는 것을 스스로의 임무로 삼아야 하며, 원수의 지위에 있는 자는 사악한 대신들을 물리치며 항시 대간의 간언(諫言)에 귀를 기울여야 한다19)고 했다.

또한 원수는 대신을 잘 선임해야 하고, 선임하고 신임함에서도 도를 지키고 사사로운 복심이 되지 않도록 해야 하며, 대간의 직언을 받아들여 간사하고 아첨하는 무리를 물리쳐야 한다고 했다. 사리사욕이 가득한 대신을 임명하면 원수는 자기 욕심을 채우는 데 이용할 것이니 자연히 흉악한 권세자가 될 것이고, 또 강직한 선비가 그 예봉(銳鋒)을 건드리면 반드시 찬적주륙(竄謫誅戮)을 가해 어질고 충성스러운 신하가 모두 쫓겨나게 된다고 했다. 그러므로 대간은 어디까지나 국가적 입장에서, 또 공적 입장에서 이목의 노릇을 해야지 어느 한 권력층이나 집단의 이목이 되거나 또 그렇게 만들어도 안 된다고 했다.

이는 천명을 수행하는 군주가 항시 천명을 거역함이 없어야 하며, 모든 국책에는 대신과 대간의 주장을 배격하지 않아야 한다는 것으로, 결

---

18) 강주진은 이를 달리 나타내 군주의 '국가기관설'로 표현한 바 있다. 강주진, 「퇴계의 정치사상」, 『한국의 철학』 4집(1976), 77-94쪽.
19) 『退溪全書』戊辰六條疏

국 군주에 의한 전제정치를 반대하고 있는 것이다. 아울러 그는 세도가 한계를 넘으면 지기(志氣)가 충일(充溢)해져 자연히 교만해진다고 보고, 군주가 폭군이 되기 쉬운 약점을 분석해 당대 군주의 시대정신적 측면을 예민하게 포착함으로써 민주주의의 원칙을 천명했다.[20] 이는 퇴계의 정치사상이 제도로서 군주제도를 의심한 것은 물론 아니며, 나아가 전제군주주의가 아닌 오히려 계몽군주적 민주주의사상 격에 속하는 것이라고도 하겠다.[21]

3. 위민·민본정치

1) 다스림의 근원적 개념: 민본

조선의 성리학은 정주계 성리학을 포함한 모든 유학사상을 섭취·소화했고 특히 심성설 분야에서는 독자적인 연구가 있어 중국 성리학의 수준을 능가하게 되었다. 따라서 사단칠정설(四端七情說)과 인물성동이론(人物性同異論) 같은 심성 연구는 모두 인간 권위의 확립이 주가 되었고, 이것은 결국 윤리적 측면에서는 인성을 비호하는 인본사상이며 정치적 측면에서는 민본사상과 통한다.

원래 민본(民本)[22]이라는 말은 『서경』의 "백성을 가까이 하는 것은 옳으나 아래에 두는 것은 옳지 못하다. 백성은 오로지 나라의 근본이니 근

---

20) 김영두, 『한국문화사대계(II)』(고려대학교 민족문화연구소, 1992), 98-100쪽.
21) 이환구, 「Hobbes의 자연·인간관에 관한 정치철학적 고찰」, 『군산대학논문집』 2집 (1981), 95-105쪽.
22) 부남철은 유교 정치사상에서 말하는 민본 혹은 위민정치의 개념을 단순하게 치자(군주)가 주체이고 피치자(백성)는 객체라고 이해하는 이분법적 사고는 옳지 못하다고 보았다. 그 이유는 정치가 지향하는 궁극적인 목표는 치자·피치자 모두가 일체인 정치공동체이며, 모두가 정치의 주체가 되어 인(仁)과 서(恕)를 실천하는 것을 정치로 이해하기 때문이라고 보았다. 부남철, 『조선시대 7인의 정치사상』(사계절, 1996), 128-132쪽.

본이 견고해야 나라가 편안하다"23)에서 유래된 것으로서 주자 성리학의 외연(外延)도 이렇게 백성을 편안하게 하려는 데 학문의 궁극적인 목표를 나타내고 있다. 조선조 성리학의 위민·민본적 구현은 무엇보다도 사림파에 의해 개화했으며, 치인의 면으로 볼 때 위민·민본정신은 특히 정암과 회재 이언적(晦齊 李彦迪, 1491~1553)에게서 두드러진다. 이들의 지치적 위민·민본정치의 지향은 다분히 연산군의 폭정으로 실추된 국정을 회복하기 위해 나왔으며, 건국 후의 안정에 뒤따르는 지배·특권층의 귀족화를 막고 유학 본래의 합리적, 기능 위주의 관료제를 강화해 민본적·민주적 의식을 드높이기 위한 것이었다.

퇴계도 "백성이 나라의 근본"임을 강조해 당시 혼란한 내정과 탐관오리의 착취 및 흉년에 의한 백성들의 기근에 끝없는 위기의식을 느끼고, 왕화(王化)가 백성에게 미쳐야 한다고 역설했다. 그리고 백성들의 원한은 벼슬아치들의 지나친 탐학, 노역과 과세 등에 기인한다고 보고, 설사 지방관리들이 재해를 보고한다 할지라도 국가(朝廷)가 이에 적절한 구제방법을 강구하지 않고, 오히려 도탄에 빠진 백성들에 대해 '매질과 형벌'을 가하고 있는데, 이로 인해 백성들이 생업을 버리고 떠돌게 하며 도적으로 만들고 있다고 했다.24) 이처럼 백성들의 질병과 기한(飢寒)을 염려하고 이에 대해 적절한 조치를 취할 것을 끊임없이 촉구한 것은 퇴계의 백성에 대한 철저한 위민우환 의식을 보여주는 것이다.

이렇게 퇴계의 이상은 왕화(王化)가 백성들에게 미쳐 백성들이 부유하게 되고 모든 정치가 백성들을 근본으로 하여 행해지는 데 있었다. 따라서 퇴계는 당시 피폐된 시국을 개탄하며 국력이 약화된 원인이 백성들의 삶이 불안한 데 있다고 강조하면서, 백성들의 살 길을 열어 주는 일이 무엇보다도 시급함을 강조했던 것이다.

---

23) 『書經』 夏書 五子之歌.
24) 『退溪全書』 戊辰經筵啓箚.

2) 천리의 실현 민본정치

주자의 '세조리'(細條理)로서의 '이'(理)는 천도(天道) 혹은 천리(天理)로 표현되며, 여기서 천리는 자연과 인간사회 모두에 적용되는 운행원리이자 법칙이다. 인간도 이 천리를 따름으로써 안정되고 조화로운 사회를 유지할 수 있는 것이다. 이것이 바로 천도와 인도의 합일, 즉 천인합일이라는 유학 본래의 이상을 의미하는 것이다.

중국에서 천의 관념은 부자관계가 주축이 되고 있는 가족의 개념과 결합해 정치제도상 소위 '천자정치'(天子政治)를 탄생시켰다. 천자정치는 하늘(天)이 특정한 사람에게 하늘의 뜻[天意]을 대행하게 하는 정치이다. 그런데 천의의 대행자인 천자(天子)의 개폐(改廢)는 당연히 천의에 따르게 되는데, 이 천의는 곧 민의(民意)에 의탁해서 나타난다는 것이다. 이렇게 해서 천자정치와 민본주의가 결합하는데, 이는 유교 천명사상의 한 중요한 특색으로 공맹 이래 연면히 계승되어 왔다. 공자의 경우도 민의 존재를 늘 염두에 둔 민을 위한 군자의 통치를 주장했으며, 맹자에 이르러 민본정치가 실질적인 통치이념으로 논의되고 검토되었다.[25]

이러한 천명사상은 퇴계에게도 여전히 강조되어 퇴계는 「개정천명도」(改訂天命圖)를 펴낼 정도였다.[26] 성리학자들은 공통적으로 군주도 두렵게 여기는 재천(在天)의 상제(上帝)를 상정했으니, 이는 필경 군주의 전제를 막고 선정을 베풀게 작용할 한 방편, 즉 민본주의를 중시하는 의식으로 내세워진 것이라고 하겠다. 한 나라의 군주라 하더라도 천명을 두렵게 여기지 않는 자는 마침내 멸망한다는 사실을 가리켜 퇴계는 "후세의 군주들이 천명을 받고 임금 자리에 올라 그들의 책임이 지극히 중대하거늘, 어찌된 것인지 그들은 다스림에 있어 전혀 옛 성군들같이 엄숙

---

25) 전세영, 『공자의 정치사상』(인간사랑, 1992), 124-136쪽 참조.
26) 물론 퇴계의 경우는 수신의 방법으로 정지운(鄭之雲)의 「천명도」를 개정했으나, 유학의 목표가 '수제치평'임을 상기한다면 수신의 목표도 결국 치인으로 확충되는 것이다.

한 데가 없고 스스로 성인인 체 들먹이고 왕공(王公)이나 수많은 백성들 위에 있으면서 오만과 자만을 일삼다가 마침내 나라를 파괴하고 멸망으로 끝나게 하고 만다"27)고 했다.

여기서 "군주가 천명을 받는다"는 말은 군주가 천의, 즉 민의에 의해 추대되었기 때문에 결코 민심[天心]을 거역하지 말며, 항상 모든 정치가 민을 위하고[爲民] 민에 근본[民本]을 두어 행하라는 위민・민본사상을 말하는 것이다. 또 군주의 전제주의를 반대했다. 모름지기 군주는 항상 천명[천의, 즉 민의]에 거역함이 없어야 하며 절대로 폭정을 해서는 안 된다고 했다. 이것은 민본정치의 실시를 다만 백성을 편안하게 하는 차원에 머무르지 않고 천리에의 도달, 즉 천지자연의 운행질서를 이루는 것으로 퇴계가 이해했다는 것을 의미한다. 나아가 천지인(天地人) 삼자가 조화를 이루어야 하듯이, 치자와 피치자도 서로 협조・공화해야 하는 공동체, 즉 이상사회의 달성을 주장하는 것이라고 할 수 있다.

3) 민본사상의 결정체: 향약

퇴계의 민본의식은 그의 「예안향약」(1556)에서 군주에 의한 위민・민본사상만이 아니라 백성들 자신에 의한 민주・민본 자치사상으로 나타난다. 사실 조선의 '향약'은 중앙의 통제와 교화보다 지방자치를 위한 도덕적 조직체의 민간 자치규약으로서, 때로는 사회기강을 바로잡는 데 방백수령(方伯守令)의 행정력보다 효과적으로 기능했다. 뿐만 아니라 향약은 미풍양속을 유지하는 것은 물론, 사회통제 기능과 협동단결의 기능을 통해서 향리(鄕里)를 고도의 정치적・사회적・윤리적 공동체 의식으로 다져 간 역할도 했다.

퇴계는 농암 이현보(聾岩 李賢輔, 1467~1555)의 뜻을 받들어 「예안향약」을 완성하고 「향약입조서(鄕約立條序)」와 「약조」(約條)를 만들었다. 그

---

27) 『退溪全書』 進聖學十圖箚.

주요 내용은 향리의 결집과 해체가 지도자의 도덕적 감화력에 달렸음을 강조하고 사회적 부조리의 요인을 비판하면서, 사회악과 대결하기 위해 향리가 단결해 도덕적 견제력의 구실을 할 것을 권하고 있으며, 또한 서로 협동해서 가난한 자나 곤궁한 자를 서로 구휼(救恤)할 것을 권하고 있는데,28) 빈곤의 상호 구휼은 향리 자치적인 사회보장제의 제창이라고 볼 수 있다. 특히 향리 자치조직체가 관료의 부정부패를 규제하도록 한 것29)은 민본적인 정치·사회·윤리관의 전형으로 주목된다.

물론 퇴계의 향약도 중국의 전통적인 향촌의 인륜관계를 규정한 교화 통합의 방책에 근거하고 있으나, 「약조」는 그 내용 면에서 「주자증손여씨향약」에서 탈피해 '덕업상권, 과실상규, 예속상교, 환난상휼'의 4조에 의한 분류가 보이지 않는 독창성이 발견되며, 그 실시 면에서는 향인들의 의사를 중시했다는 점에서 민본적이고 민주적인 절차와 사고방식을 발견할 수 있다. 이것은 국가 정치를 그 기초인 자치단위로부터 모범적으로 건전하게 유지하려는 것으로, 민주주의가 지방자치를 근본 토대로 하고 있다는 점을 감안할 때 크게 주목할 만한 것이라고 할 수 있으며, 또한 서양 민주주의 사상과 비교가 되는 것이다.30) 이러한 퇴계의 민본사상에는 군주에 의한 하향식 위민·민본사상만이 아니라 백성들 자신에 의한 민주·민본 자치사상도 공존하고 있다고 할 것이다.

4. 도덕적 인간의 완성을 위한 교육사상

전통 유학에서는 비록 관리가 되더라도 학문을 한 이상 천하에 영재를 얻어 교육하는 것을 더 없는 인륜도덕의 낙31)으로 여겼는데, 퇴계의

---

28) 『退溪全書』 鄕約立條序.
29) 『退溪全書』 約條.
30) 김영두, 앞의 책, 98-100쪽.
31) 『孟子』 盡心章.

학문적 태도와 수신처세의 행동도 이런 관점에서 벗어나지 않았다. 중기의 조선사회는 거듭되는 사화로 인해 학풍이 침체·쇠퇴했으며, 학자들의 사기는 극단으로 실추된 혼란한 시대적 상황에 처해 떨어져 있었는데, 이로 말미암아 퇴계는 풍기군수 직에서 물러난 뒤에는 현실정치에 적극적으로 나서지 않고 학문에만 전념하면서 제자 양성에 주력했다. 그가 본 국가의 교육목적은 충신(忠信)의 마음가짐과 손제(遜悌)의 행실로 예의를 실천하고 경세의 기운을 잃지 않는 선비를 기르는 것이었다. 나아가 후진양성에 있어 정자와 주자의 학문을 한결같이 표준삼아 경의협지(敬義夾持)하고 지행병진(知行竝進)하는 것을 가르치고, '경'(敬)의 태도를 지니고 인간이 천리를 깨우쳐 내면적 자각을 일깨우는 궁리의 학으로서 교육이념을 강조했다.

원래 성리학이란 무엇보다도 존심·양성(存心·養性), 즉 자신의 수양을 가장 중시하는 학문이다. 성리학은 외면상으로는 원시유학 위에 형이상학적 이기설의 체계를 더한 것이지만, 그 내면의 정신에서는 존심·양성 또는 수기·정덕(修己·正德)을 통한 도덕적 인격의 완성에 역점을 두고, 그 인격 완성의 전제 위에서 안인(安人)·치인(治人)이라는 유가 본래의 이상을 실현시키고자 한다. 따라서 퇴계의 교육목적도 자연히 윤리, 도덕 등 인간 당위의 문제를 위주로 해서 성인의 경지에 도달하게 하는 데 있었다.

성인이란 "천리를 체득한 자연 그대로의 인간"인바, 본연적·본래적 인간성을 완전히 구현한 인간을 뜻한다. 이 성인이 되는 과정은 일상 도덕적인 생활을 통한 교육과 자학적·이성적·학문적 자아완성으로 개인을 인격적 존재에서 사회적 존재로 확장함으로써 인을 체득하는 것으로 보았다. 즉 인간은 마음을 바르게 하고 몸을 닦는[正心修身] 여하에 따라 성인도, 악인도 될 수 있다는 것이다. 따라서 인간은 사욕을 없애고 인욕을 막으면 도가 밝아지고 덕이 확립되어 성(性)의 체인(體認), 인(仁)의 회복을 통해서 성인이 된다는 것이다. 지극한 선에 머무른다는 인간의 최고 경지, 즉 지어지선(止於至善)은 유교적 인간의 이상이자 교육의 궁극 목적인바, 결국 퇴계의 교육이념·목적도 같은 것이라고 하겠다.

퇴계에 의하면 성인의 학문은 그 처음과 끝[始終]을 모두 완성하는 것으로 『소학』은 처음, 『대학』은 끝을 완성하는 것이라고 했다. 『소학』은 일상의 예의범절을 익히고 이를 실생활에서 행하게 하는 생활교육, 도덕교육, 기초적 지식교육[六藝]을 실시하고 아울러 『대학』의 준비 교육이라 했다. 또 『대학』은 지도자의 자질을 갖추기 위한 교육으로 개인의 인격 완성과 더불어 만인의 지도자로서의 품성을 갖추게 하는 교육이다. 그는 궁리, 정심, 수기, 치인 중에서 도덕적 자기완성에 제일의(第一義)를 두고 수신이 위주가 됨을 말하면서도, 내성(內聖)의 공부인 수기에서 외왕(外王)의 공부인 치인까지 모두 통하는 것이 대학의 교육이라고 했다. 퇴계는 교육방법 면에서 개인의 자발적 태도를 존중했으며, 특히 개성을 살리는 민주적·개인적 방법을 주장해 입지(立志)를 기초로 지행병진과 경, 궁리, 숙독(熟讀), 심득궁행(心得窮行), 광문견(廣聞見), 잠심자득(潛心自得)을 강조했다.

이렇게 퇴계는 성인의 도를 흠모하며 그 인을 익히고 덕을 쌓아 인격을 도야하는 교육을 중시했으며, 그 방편으로 스스로 서원의 건립과 보급에 주력했다. 조선의 서원은 주세붕이 풍기 지역의 교화를 위해 백운동서원을 건립한 것(1543)이 그 시초가 되지만, 정작 서원제가 사회적으로 정착된 것은 7, 8년 후 퇴계에 의해서이다. 퇴계는 서원을 통해 첫째, 군현(郡縣)의 학, 즉 향교의 현행 교육은 쇠퇴했으므로 교육의 재건·정상화를 기하고, 둘째, 인덕(仁德)의 도를 익히고 연마해 수기치인의 술(術)과 인격을 완성한 국가가 요구하는 인재를 육성하고, 셋째, 중국과 어깨를 겨룰 정도로의 학문적 진흥을 기하려고 했다.[32]

이러한 서원교육의 목적을 실현하기 위해 퇴계는 첫째, 교육권의 독립성을 유지해 학문의 자유를 보장하려는 점에서 교육 자율성의 강조와 교육 자치제의 구상 및 교육 보호 속에서의 행정 불간섭의 원리와 그 실

---

32) 송긍섭, 「이퇴계의 서원정책론고찰」, 『한국의 철학』 2집(1974), 159-160쪽.

천을 주장했으며, 둘째, 사도(師道)를 확립함으로써 인격교화의 방법원리로 삼고자 했고, 셋째, 학생들을 선비로 대접해 사기 배양의 교육을 실시함으로써 당시 수령 등 관원들의 서원에 대한 지나친 간섭과 천시를 배제할 것을 역설했다.33) 그 결과 퇴계 이후 서원이 고도의 자치기관으로서 지방 공론의 지도와 인재의 양성 등 국가목적에 이바지하는 곳으로 성장·발전해 갔음은 명백한 사실이라고 하겠다.

5. 퇴계 정치사상의 현대적 의의

여말선초에 전래된 정주성리학은 조선 초·중기를 거치는 동안 철학적인 면에서 사단칠정설과 인물성동이론 같은 심성설 분야에서 독자적인 연구, 발전이 있었고, 정치적인 면에서는 4대 사화 등의 혼란을 겪으면서도 원시유학의 왕도사상과 민본주의가 그 현실적인 구현책으로 더욱 강화되는 특징을 보였다. 퇴계는 주자의 이기론보다 더욱 심화된 이 우위론적 이기이원론(理氣二元論)을 주장했으며, 치자가 위기지학을 통해 마음을 보존하고 본성을 길러 자기수양의 토대를 강화하고, 이런 군주가 치인의 도를 행할 때 진정한 성현정치와 민본정치가 실현될 수 있다고 역설했다.

이러한 퇴계 정치사상의 특징은 다음 몇 가지로 요약할 수 있다.

첫째, 퇴계는 성리학에서 실천적 윤리의 주관적 방법[存心]과 객관적 방법[格物致知] 중에서 전자에 중점을 두고, 정치의 근본 의의를 존심에서 추구함으로써 수기와 치인의 연속성을 논하면서도 수신을 강조한 왕도적 성현정치를 주장하고 있다. 이는 정치사회의 질서를 확립하기 위해서는 기본적으로 통치자의 내성적 수신과 피치자의 교화가 이루어져야 함을 말한 것으로, 통치자의 수신이 정치의 출발점이 되어야 함을 강조

---

33) 정순목, 『퇴계평전』(지식산업사, 1989), 128-132쪽.

한 것이다.

둘째, 민본정치 사상에서 퇴계는 이기, 심성에 관한 연구를 바탕으로 이귀기천 사상을 강조하고 있다. 이것은 윤리적으로 인간 권위의 확립을 꾀하는 인본사상이며, 정치적으로 왕도정치[至治]의 시행에 의한 위민·민본정신의 고양으로 나타났다. 이러한 '이'[天理]의 중시는 천명의 중요성으로 이어졌고, 그 당연한 귀결로 천의, 즉 민의에 거역하는 폭군에 대한 혁명사상이 전개되었던 것이다. 여론정치의 주장과 향약의 실시도 역시 퇴계의 민주·민본의식의 발로이며, 진정한 민본정치를 실현하기 위한 것이었다. 이는 현대의 민주정치와 비교할 때 인민을 위한 정치란 점에서 결국 이념적으로 공통점을 내포하고 있다.

셋째, 교육사상을 보면 퇴계는 당대의 혼란한 사회현실을 근원적으로 회복시키는 것은 교육의 재건과 정상화에 있다고 진단하고, 국가가 요구하는 인재의 육성과 중국과 비견할 학문의 흥기를 위해 서원교육에 매진했다. 나아가 퇴계가 학원의 자치와 관련해서 행정력 간섭의 배제를 주장한 점은 오늘날 많은 시사점을 준다.

물론 조선 성리학이 안고 있는 약점처럼 퇴계사상에서도 그 한계점이 발견된다. 철학적으로 주리설을 바탕으로 한 천인합일 사상은 실체적인 인간을 공허한 '이' 자체와 합일하려고 함으로써 현실적으로 인간이라는 존재의 중요성을 약화시켰다. 그 결과 인본의 본의를 잃게 하는 명분론적 형식주의에 빠졌으니, 후에 실학자들로부터 공리공론으로 반박을 받은 것도 이러한 점 때문이다. 정치적으로 퇴계가 군주의 전제를 배제한 성현정치 사상과 위민·민본사상을 강조했다고 하더라도 삼강오륜적 질서, 즉 유교적 봉건제도 내의 사상인 만큼 양자 모두 전제 봉건사회 질서를 공고히 하기 위한 것이었다[34]는 비판에서도 자유로울 수 없다.

그러나 이와 같은 점이 있음에도 불구하고 천리와 인욕을 판별하는

---

34) 그런 측면에서 율곡은 백성을 편안하고 윤택하게 하며 국가보위를 위해 상하가 함께 하는 대동(大同)의 사회체제 수립을 강조해 퇴계보다는 좀더 백성을 위한 현실적인 시무책(時務策)을 주장했다(『栗谷全書』六條啓 참조).

준극(準極)을 세우고 의(義)와 이(利)를 분간해 인심을 밝히고자 한 퇴계의 정치사상은, 무조건 이상의 추구에만 국한되지 않고 현실을 직시해 정치의 피폐를 논하고 그 대책을 강구했다는 점에서 오늘날 우리들도 수용할 수 있는 실용성이 존재한다. 지금까지 퇴계의 학문적 업적을 인정하면서도 퇴계의 정치적 업적에 대해 의구심을 보이는 견해는 퇴계가 당시의 피폐한 민생을 도외시하고 기존의 반상(班常)질서를 보위하면서 16세기 당시의 정치·사회체제가 지닌 모순과 부조리를 정면으로 문제 삼지 않고 농촌에서 양반관료, 귀족이 갖는 특권에 젖어 안이함만을 추구했다는 것, 즉 퇴계를 소극적으로 은둔한 '도산의 산새'로만 파악하려는 것이 지배적이었다. 그러나 "진정한 유학자는 은둔자가 될 수 없다"는 말처럼 퇴계에게도 성리학적 이상국가의 실현이라는 현실적인 목표가 분명히 있었고, '제가'(齊家)의 중요성 강조, 향촌교화 및 서원건립을 통한 후진교육, 그리고 각종 상소문에 나타난 내용 속에서 퇴계사상의 실천적이고 적극적인 측면을 살펴볼 수 있다.

또 퇴계의 주리론에서 영향을 받은 조선 후기의 의리학파는 내우외환 속에서 민족을 보위해 국권을 수호하는 충렬정신을 발휘하게 했다. 그들의 사상이 한말의 민족적 위기상황에서 민족의 위기를 타개하기 위한 민족 주체성의 확립과 민족운동의 지도이념이 되었음을 상기한다면, 오늘날 서구의 사상과 전통사상을 발전적으로 융화시키고 아울러 주체성을 견지해야 할 현시점에서 퇴계의 정치사상에 대한 더 많은 연구가 있어야 할 것이다. 퇴계사상의 철학적·윤리적 측면에 대한 깊이 있는 연구는 현대사회가 안고 있는 퇴폐적 향락주의, 배금주의적 풍조 속에서 인간소외와 같은 사회적 문제점을 해소하는 데 도움을 줄 것이며, 정치적 측면에 대한 통찰은 민족의 자존을 확립하고 정치·사회적 무질서를 척결해 안정을 도모하고 정치의 가장 근본적인 목적이 위민에 있음을 밝히는 데 도움을 줄 것이라고 판단된다.

<참고문헌>

『退溪全書』,『孟子』,『書經』,『詩經』,『性理大全』.

강주진,「퇴계의 정치사상」,『한국의 철학』 4집(1976).
금장태,「퇴계의 천관념과 천인관계론」,『석당논총』(1990).
김병규,『퇴계사상과 정의』(박영사, 1987).
김병욱,「퇴계의 정치사상: 통치이론으로서의 사단칠정론에 관한 연구」, 중앙대학교 박사학위논문(2001).
김영두,『한국문화사대계(II)』(고려대학교 민족문화연구소, 1992).
김우영,『한국정치사상사』(이문출판사, 1995).
김춘식,「퇴계의 행정사상」,『퇴계학연구』 6집(1992).
류성렬,「퇴계의 政治道義 실현과 聖君의 역할」,『퇴계학연구』 10집(1996).
_____,「퇴계의 憂民論에 관한 연구」,『한국정치학회보』 32집 1호(1998).
박문옥,「이퇴계의 행정철학」,『퇴계학연구』 6집(1992).
박충석,『한국정치사상사』(삼영사, 1982).
부남철,『조선시대 7인의 정치사상』(사계절, 1996).
송긍섭,「이퇴계의 서원정책론 고찰」,『한국의 철학』 2집(1974).
유정동,『퇴계의 생애와 사상』(박영사, 1982).
윤사순,『퇴계철학의 연구』(고려대학교출판부, 1980).
이완재,「퇴계선생의 학문과 방법」,『퇴계학연구』, 퇴계400주기 기념논문집(1972).
이환구,「Hobbes의 자연·인간관에 관한 정치철학적 고찰,『군산대학논문집』 2집(1981).
장승구,「퇴계의 자연성과 세계관 연구」,『퇴계학연구』 6집(1992).
전두하,『퇴계사상 연구』(일지사, 1978).
전세영,『공자의 정치사상』(인간사랑, 1992).
정병석,「유가의 성왕이념에 대한 비판적 검토」,『철학연구』 61집(1997).

정순목, 『퇴계평전』(지식산업사, 1989).
조남욱, 「이퇴계의 치도관 연구」, 『부산대 교육논집』 10권(1983).
최병덕, 「조선성리학의 정치사상적 변용」, 경북대학교 박사학위논문(2001).
한영국, 「퇴계 이황의 시정론고」, 『한국의 철학』 1집(1973).

제14장 경장과 변법의 정치사상
- 율 곡 -

강광식(한국학중앙연구원)
전정희(전북발전연구원)

1. 율곡의 정치사상사적 위상

율곡 이이(栗谷 李珥, 1536~1584)는 조선조 사상사에서 뛰어난 업적을 남기고 있는 사상가 중의 한 사람이다. 그의 업적은 16세기 후반 조선조의 철학, 정치, 경제, 교육 등 각 분야에 걸치고 있다. 율곡은 많은 저술과 소(疏), 차(箚) 등을 남겼는데, 그의 정치사상이 담겨있는 대표적인 저술은 『동호문답』, 『만언봉사』, 『성학집요』 등이다. 율곡은 그의 저술 속에서 성리학의 철학적 논변과 성학(聖學)적 수기(修己)뿐만 아니라 실제로 현실정치를 어떻게 개선할 것인가에 대한 구체적인 방법론에 관심을 가지고 있었다. 그의 정치적 사고의 우선적인 관심사는 곤궁에 처한 백성들의 생활을 어떻게 개선시킬 수 있을 것인가 하는 점이었다. 이러한 관심은 당시 조선의 현실에 대한 인식에서 비롯되었고, 현실에 대한 타개책은 제도 개혁론으로 귀착되었다.

이러한 점에서 율곡에 대한 사상사적 평가는 두 가지 측면에서 이루어지고 있다. 하나는 그가 조선조 개창의 지도이념으로 표방된 신유학사상의 이론체계와 실천이념을 가장 체계적으로 집대성한 사상가라는 것이다. 이 점에서 그에게 가장 크게 영향을 준 사상적 전통은 퇴계 이황(退溪 李滉, 1501~1570)과 정암 조광조(靜菴 趙光祖, 1482~1519)이다. 성리학의 측면에서 율곡은 퇴계와 쌍벽을 이룬다고 평가되는데, 이러한 평가는 주로 형이상학적인 '이기론'과 '심성론'의 관점에서 이루어진다. '이'와 '기'에 대한 이해, 4단과 7정을 어떻게 볼 것인가 하는 점에서 율곡과 퇴계는 서로 다른 입장을 보였고, 이러한 해석을 기반으로 해서 기호학파와 영남학파가 분화되는 계기가 되었다.1)

또한 율곡은 변법주의를 주장했던 정암의 맥을 잇고 있다. 정암은 상고주의의 이상정치를 꿈꾸었던 유학자로서, 그러기 위해서는 먼저 다스림의 근본이 되는 마음자리를 바로 잡지 않으면 안 된다고 해서 철인군주와 도학정치에 가치를 두고 있었다. 그러면서 한편으로 종래의 제도와 습속 중에 불합리하다고 생각되는 것을 개혁하고자 했다. 율곡은 정암의 그러한 개혁성을 높이 평가하고 그의 사상의 근간으로 삼았으면서도 급진적인 성향에 대해서는 비판적 인식을 가지고 있었다.

율곡에 대한 또 다른 평가는 율곡이 제도 개혁론을 통해 조선 후기실학에 영향을 미쳤다는 점에서 후기실학의 선구(先驅)라는 것이다. 율곡은 당시 조선의 현실이 "통치자의 수신과 그에 따른 피치자의 교화"라는 퇴계를 비롯한 주자학자들의 일반적인 통치방식으로는 위기를 극복할 수 없다는 인식하에 폐법(弊法)을 개혁하지 않으면 안 된다고 생각했다. 조선조 개창 이래 조종지법(祖宗之法)이라는 명목으로 구법(舊法)을 온존시켜 폐해가 드러나고 위정자에 의해 악용되는 상황에 이르러서는 결국 그 제도에 대한 전반적인 검토가 요구되었던 것이다. 조선 후기실학의

---

1) 기호학파와 영남학파는 조선조 주자학 사상사에서 각각 율곡과 퇴계를 시조로 하는 2대 학파로서 전자는 지금의 경기도, 충청남·북도 지방을 중심으로 형성된 학파이며, 후자는 지금의 경상남·북도 지방을 중심으로 형성된 학파이다. 양 학파의 사상적 대립은 이기론을 둘러싸고 전개되었다.

대두는 이러한 맥락에서 파악이 가능하며 율곡의 사상은 실학사상이 싹트는 데 토대를 제공했다. 이 점에서 율곡의 사상은 특히 초기 실학파인 반계 유형원(磻溪 柳馨遠, 1622~1673)에게 큰 영향을 미쳤다.[2]

2. 시대상황과 율곡의 현실인식

1) 시대상황

율곡이 살았던 16세기 중반 이후의 조선은 적폐(積弊)와 고질(痼疾)이 만연된 시기로서 조선이 정치적 제도화를 통한 안정기에서 벗어나 왕조질서가 흔들리는 동요기였다고 볼 수 있다. 정치적으로는 4대 사화(士禍)를 겪은 후 선조조(宣祖朝)에 이르러 유자(儒者)들 내부에서 이른바 동서(東西) 양당(兩黨)의 분열이 일어났고 조정에는 모략·중상이 만연되었다. 뿐만 아니라 병비(兵備)가 변변치 못한 상태에서 변경에서는 북쪽 여진(女眞), 남쪽 왜구(倭寇)의 약탈이 자행되어 국방이 불안했다.

경제적으로는 연산조(燕山朝) 이래의 폐해가 누적되어 백성들의 고통이 심화되었다. 조선 경제의 근간이라고 할 수 있는 토지제도가 문란(紊亂)해져 토호들은 공전(公田)을 겸병(兼倂)해서 농장을 확대하고, 실경작자인 영세농은 중간지주와의 병작제(竝作制)에 의해 수확의 대부분을 수탈당했다. 또한 지대(地代), 입역(立役), 공물(貢物), 진상(進上) 등의 의무는 농민들에게 과중한 부담을 주었고, 족징(族徵), 인징(隣徵)으로 불리던 연대책임제는 농촌을 더욱 황폐화시켜 갔다.

이러한 상황에서 당시의 유학자들은 현실정치를 멀리하고 수양과 사

---

[2] 『반계수록』 26권에 인용된 저서 중에서 조선의 전적(典籍)으로는 『經國大典』, 『高麗史』의 각지(各志)를 빼면 이이 26, 이이의 문제(門弟)인 조헌 15, 유성룡 5, 한백겸 4, 조광조 3, 강항 3, 이황 2, 이수광 2 등의 빈도를 보인다. 천관우, 「반계 유형원 연구 (하)」, 『역사학보』 3집(역사학회, 1953), 126쪽.

색을 주로 하는 학문적 경향을 보이고 있었다. 이와 같은 경향은 조선 중기에 이어졌던 사화에 대한 유자(儒者)들의 두려움을 반영한 것이었다. 기묘사화 이후 사류(士類)들은 정계를 등지고 산림으로 들어가 진리를 탐구하고 지조를 닦는 데 전념했다. 서원(書院)이라는 사설 학교가 성행했고, 세속적인 관학(官學)에 대해 수양과 사색을 주로 하는 참다운 성현의 학(學)을 하겠다는 사조가 농후해졌다.3) 실제로 율곡은 "이때부터 사람들은 숨을 죽이고 구활(苟活)하는 것으로 다행인 줄 알아 감히 국사(國事)를 가지고 말하지 못했다"4)고 했다. 사화는 또 그 이전 시대의 일련의 사건(예컨대 왕자의 난, 세조의 왕위찬탈 사건)들과 더불어 유자(儒者)들로 하여금 현실에 대한 윤리적 비판의식을 심화시키는 계기가 되었다. 이러한 비판의식은 군신(君臣)의 의(義)를 강조하는 주자학의 정치도덕과 결부되어 통치에서 통치자의 수신의 문제가 중요하게 부각되는 계기를 마련했다.

그러나 이와 같은 수기 중심의 학문적 경향이 당시의 역사적 현실에서 군신(君臣)의 의(義)를 강조하는 측면에서 어느 정도 의의를 가지고 있었다고 할지라도, 여기에는 당시 사회가 직면해 있던 정치·경제·사회문제를 내성적 '수기'(修己)를 통해서 해결하는 것이 가능한가 하는 문제가 남게 된다. 율곡은 바로 이러한 수기 중심의 학문적 경향이 갖는 한계성을 인지하고 당시 조선의 현실을 타개해 나가기 위해서는 치자(治者)의 윤리적 수양 이상의 무엇이 있어야 한다고 보았는데, 이러한 인식은 무엇보다 현실에 대한 위기의식에서 비롯된 것이었다.

2) 현실인식과 경장의 주창

율곡은 당시 조선의 현실에 대해 다음과 같이 파악하고 있다.

---

3) 이병도,「이율곡과 그의 경세사상」,『행정논총』7(서울대학교, 1972), 21쪽.
4) 『栗谷全書』(5) 萬言封事.

어떤 사람이 젊어서 주색을 멋대로 해서 상한 것이 많았으나, 바야흐로 혈기가 강해 상한 것이 나타나지 않았다가, 늙어서 상해의 독이 몸이 쇠약함에 따라 한꺼번에 나타나서, 아무리 삼가고 조절하여도 원기가 이미 시들어서 움직이지 못하는 것과 같이, 오늘날의 사태가 이와 같으니 10년을 지나지 않아 화란(禍亂)이 닥칠 것입니다.5)

또한 그는 "국가의 지독한 재화(災禍)가 금일(今日)보다 더 심함이 없고, 생민(生民)의 초췌함이 금일보다 더 심함이 없다"6)고 해서 당시의 상황을 극단적인 위기상황으로 판단하고 있다.

그런데 율곡에 의하면 시무(時務)란 어느 때나 한결같은 것이 아니라 창업(創業)과 수성(守成)과 경장(更張)의 세 가지를 통해 이루어진다. 수성할 때를 당해 경장에 힘쓴다면 이것은 병도 없는데 약을 먹는 것과 같아 도리어 병이 생길 것이고, 마땅히 경장해야 할 때 그것을 준수하려고 힘쓴다면 이것은 어린애가 병에 걸렸음에도 불구하고 약을 물리치는 것과 같아서 죽음을 기다리는 것이라고 한다.7)

이와 같이 율곡은 시무를 세 가지 차원에서 파악하면서 시무의 요체는 그 시대상황에 적합하게 행해지는 것이라고 보았고, 당시의 현실상황 타개책을 '경장'하는 것에서 찾고 있었다. 즉 "만일 경장하지 않는다면 나라는 장차 나라꼴이 못 될 것이니, 입조(立朝)의 사(士)로서 안타까운 심정이 장막 위에 집을 짓는 제비가 마음을 죄는 것과 무엇이 다르랴. 중야(中夜)에 이를 생각하면 저절로 일어나 앉게 된다"8)고 하여, 그의 정치적 사고가 당시 조선의 현실에 대한 생생한 인식을 바탕으로 치자(治者)의 수신(修身)에 중점을 두던 종래의 유자들과는 다른 방향으로 나아가고 있었음을 알 수 있다.

---

5) 『栗谷全書』(5) 萬言封事.
6) 『栗谷全書』(3) 論妖僧普雨疏.
7) 『栗谷全書』(25) 聖學輯要(七).
8) 『栗谷全書』(9) 上退溪先生.

3. 개혁사상의 인식론적 근거

1) 성리학적 인식론의 입장 분화

(1) 이기론

조선조 사상가들의 정치사상을 설명하는 데 이기론(理氣論)과 심성론(心性論) 같은 인식론적 배경을 살펴보는 것은 중요한 의미가 있다. 이기론과 심성론이 단지 철학적 사고에 머무는 것이 아니라, 그에 대한 입장이 어떠한가에 따라 정치사상의 방향이 달라질 수 있기 때문이다. 모든 학자들이 그러한 것은 아니지만 율곡의 경우에는 특히 그의 성리학적 인식론과 정치사상은 밀접한 연관성을 갖고 있고, 논리적으로 고도의 정합성을 보인다.

율곡 이기론의 특징은 주염계 이래 주자, 퇴계에 걸쳐 받아들여졌던 태극[=理]의 의미가 변화하고 있다는 점과, 그러한 의미변화에 따라 '기'(氣)가 상대적으로 중시되고 있다는 것이다. 율곡은 우주의 생성원리인 태극(太極), 음양(陰陽)에 관해 "음양은 본래부터 있는 것"[9]이라고 하여 태극과는 태초부터 동시적으로 존재한다고 보았다. 율곡 역시 주자학의 태극[=理]이 만물의 근본이라는 기본원리를 받아들이면서도, 한편으로 영원불변한 '이'의 보편성에 대응해 상대적으로는 음양이라는 '기'의 개별성을 중시하는 경향으로 기울고 있었다. 이것은 곧 그의 정치사상이 음양동정(陰陽動靜)의 변화, 즉 만물의 변화하는 상황을 중시하는 상황주의로 기울고 있었던 것과 서로 조응하는 것이다.[10]

'기'는 형이하의 세계, 가변성 등을 상징함으로써 형이상의 세계, 불변성을 상징하는 '이'와 대조적으로 파악된다. 또한 '이'는 무형·무위한

---

9) 『栗谷全書』(9) 答朴和叔
10) 박충석, 『한국정치사상사』(삼영사, 1982), 251쪽.

것이고, '기'는 유형·유위한 것이다. 가치상으로 '이'는 지선(至善)한 것이고, '기'는 악으로 될 가능성이 있다. 정치원리로 이기론을 전개하는 경우 '이'를 강조하는 정치적 목적은 차별적 신분체제의 강화에 있고, 기를 강조하는 이유는 생리와 직결되는 백성의 의식주 생활을 안정시키는 것과 관련되어 있다.[11]

율곡은 '기'를 중시하는 사고의 연장선상에서 '이'와 '기'는 명백하게 별개의 것이라는 퇴계의 논리로부터, '이'와 '기'가 성질을 달리하는 별개의 존재이지만 실제적으로는 결코 분리해서 생각할 수 없는 묘합(妙合)관계에 있는 것으로 파악한다. '이'는 '기'의 주재이면서도 '이'와 '기'는 하나이다. 동시에 '이'와 '기'는 서로 섞임이 없이 각각의 성질을 가지고 있기 때문에 하나이면서 동시에 둘이 된다. 이것을 율곡은 '이기지묘'(理氣之妙)[12]라고 했다.

이와 같은 율곡 이기론의 불상리(不相離)·불상잡(不相雜)의 논리는 그의 이통기국설(理通氣局說)로 나타나고 있다. 율곡이 의미하는 '이통'이란 모든 만물에는 하나의 '이'가 공통적으로 존재하고 있다는 것이며, '기국'이란 각각의 물(物)에 내재하고 있는 각기 다른 '기'가 그 물(物)의 특성을 이루고 있다는 것이다.[13] 즉 '이'는 무형으로서 시공을 초월한 보편성이며, '기'는 유형으로서 시공적으로 제한을 받는 특수한 개별성이 있다고 한다.

율곡의 음양본유라든가 이기지묘, 이통기국에서 나타나는 '기'에 대한 상대적인 강조는 그의 심성론에서 인간의 내면적 도덕성보다는 인간과 외부세계의 관계라는 경험적 인식에 대한 강조, 가변적인 인간의 기질 변화에 대한 관심 등으로 나타난다. 그리고 더 나아가서는 변통론으로 이어지는 시대의 개별성 논리와도 연관되어 있다.

---

11) 김만규, 『한국의 정치사상』(현문사, 1999), 229쪽.
12) 『栗谷全書』(20) 聖學輯要(二).
13) 『栗谷全書』(10) 答成浩原.

(2) 심성론

본래 성리학이란 유학적 차별원리에 따라 인간의 본성을 기질상의 차이로 구별함으로써 계급적 신분질서의 불가피성을 인간성의 차별로 합리화한 이론이다. 그러나 율곡은 유학의 성리론(性理論)이 주장하는 것처럼 신분적 차별질서를 확립하려는 저의에서 인간의 차별성을 강조하기보다는, 인간의식 자체의 객관적·경험적 구조를 중요시했다.14) 율곡이 이기론에서 '이'의 절대성과 근원성을 부정하지 않으면서도 가변적인 '기'에 관심을 둔 것은 사단칠정론(四端七情論)에서 '기발이승일도설'(氣發理乘一途說)로 나타난다.

'사단'은 원래 맹자 성선설의 핵심사상으로서 인의예지(仁義禮智)의 단(端)이 되는 인간의 측은(惻隱)·수오(羞惡)·사양(辭讓)·시비(是非)지심을 말하며, '칠정'이란 『예기』에 나오는 것으로 희(喜)·로(怒)·애(哀)·락(樂)·애(愛)·오(惡)·욕(欲)이라는 인간의 정(情)을 의미한다. 이러한 사단칠정의 문제는 조선조 주자학 사상사에서 최대 쟁점의 하나로 부각되었는데,15) 그것은 인간의 '사단'과 '칠정'이 '이'가 발한 것인가 '기'가 발한 것인가에 대한 논쟁이었다. 율곡의 경우 이와 같은 사단칠정론은 그가 이기론에서 퇴계의 '이'의 유위성(有爲性)을 부정하고 '기'만이 유일하게 운동능력을 갖고 있다고 논한 데서부터 출발하고 있다. 그는 '사단칠정'에 대해 다음과 같이 논하고 있다.

> 퇴계는 이에 의거해서 논하기를, "사단(四端)은 이가 발(發)해 기가 그것을 따르는 것이요, 칠정(七情)은 기가 발(發)해 이가 그것을 타는 것"이라고 했으나, 이른바 "기가 발(發)해 이 그것을 탄다"는 것은 옳은 것이나, 칠정만 그러할 뿐 아니라 사단 역시 기가 발(發)해 이가 그것을 타는 것이다. 왜냐하면 어린아이가 우물에 빠진 연후에야 측은한 마음을 발(發)하는 것이니,

---

14) 김만규, 앞의 책, 230쪽.
15) 퇴계(退溪)는 인성론을 둘러싸고 기대승(奇大升, 1527~1572)과 8년간에 걸쳐 논쟁을 벌였는데, 이 사칠·이기(四七·理氣)논쟁은 영남·기호학파(嶺南·畿湖學派)의 주리·주기(主理·主氣)논쟁으로 이어져 조선 말기까지 약 300년 동안 계속되었다.

이것을 보고 측은하게 여기는 것은 기(氣)다. 이것이 이른바 기발(氣發)이다.

즉 퇴계가 인간의 칠정은 기발(氣發)이지만 사단은 이발(理發)이라고 한 이원적(二元的)인 발상을 부정하고 기발일도(氣發一途)만을 인정하고 있다. '기'의 유위성(有爲性)을 근거로 한 기발이승일도(氣發理乘一途)만을 인정한 것은 천부적으로 소유한 인간의 선한 본성이 스스로에 의해 가려지고 있으며, 이것은 또 스스로에 의해 개현(開現)될 수 있다는 그의 인간관에서 비롯되는 것이다.16) 뿐만 아니라 퇴계가 인간의 행위를 내면적인 도덕성의 문제로 파악하려고 한 데 대해 "어린아이가 우물에 빠진 것을 본 연후에야 측은한 마음이 발하는 것"이라고 함으로써 인간과 외부세계의 관계를 중시하고 있다.

이와 같이 인성론에서 '이'에 대해 '기'를 보다 중시함으로써 율곡은 '심'을 명확히 '기'라고 보았다.17) 그런데 '심'을 '기'로 파악하려는 지향은 다음과 같이 '심'을 인간의 내면적 도덕성의 문제로 연결시키기보다는 감각적 기능을 포착함으로써 인간의 행위를 있게 하는 동인(動因), 즉 외부환경과의 관계에 관심을 기울이고 있음을 볼 수 있다.

> 비록 성인의 마음이라 하더라도 느끼지 않고 스스로 움직일 수는 없고, 반드시 느낌이 있어야 움직이는 것이니, 느끼는 바는 다 외물(外物)이다.……천하에 어찌 밖에서 느끼지 않고 안으로부터 스스로 발(發)하는 정(情)이 있겠는가.

그런데 이와 같은 '심'은 무엇을 위해 발(發)하는가에 따라 인심(人心)이 되기도 하고 도심(道心)이 되기도 한다. 만약에 정(情)이 도의(道義)를 위해 발한다면 도심이 되고, 구체(口體)를 위해 발한다면 그것은 인심이 되는 것이다.18) 이렇게 분별이 있기 전의 하나의 심(心)이라는 관점에서

---

16) 장숙필,「栗谷 李珥의 聖學硏究」,『實學思想硏究資料集(21)』(열린문화사, 2002), 97쪽.
17) 『栗谷全書』(10) 答成浩原.
18) 『栗谷全書』(14) 人心道心圖說.

마음을 파악하기 때문에 그에게 인심과 도심은 결코 확고하게 구분되는 별개의 관념이 아니라 한 마음의 가변적인 현상으로 인식되는 것이다. 그러면서 율곡은 이와 같은 인심, 도심을 또한 선악의 가치의 문제와 결부시키고 있다.

> 도심이 나는 것은 순연히 천리(天理)이므로 선만 있고 악은 없으며, 인심은 천리도 있고 인욕(人欲)도 있으므로 선도 있고 악도 있는 것이니, 예를 들면 마땅히 먹을 경우에 먹고 마땅히 입을 경우에 입는 것은 성현도 면하지 못하는 것이니 이것은 천리요, 식색(食色)의 염(念)으로 인해 흘러 악이 된다면 이것은 인욕이다.19)

그는 '도심'은 천리로서 순선(純善), '인심'은 천리와 인욕을 함께 가지고 있는 유선악(有善惡)으로 파악하고 있다.20) 여기에서 율곡이 인간에게 있어 먹고 입는 것과 같은 기본적인 욕구를 긍정적인 시각으로 봄으로써 "그것은 성현도 못 면하는 것이며 천리"라고 하고 있는 것은 퇴계가 '인심'을 그대로 인욕시(人欲視)하고 있는 것21)과 비교해 볼 때 특이한 의미가 있다. 이 점이 퇴계와 율곡의 정치사회론이 방향을 달리하게 되는 분기점인 것이다. 즉 율곡은 인간의 기본적 욕구에 관심을 가짐으로써 궁극적으로는 통치의 관념이 양민(養民)이라는 경제문제의 해결에 우선적인 무게를 두게 된다.

---

19) 『栗谷全書』(14) 雜著 人心道心圖說
20) 이것은 주자(朱子)가 말년정론(末年定論)에서 인심(人心)을 인욕(人欲)으로만 보지 않은 것을 받아들인 것이라고 할 수 있다. 『朱子語類』(13): "飮食者天理也, 要求美味 人欲也"
21) "인심(人心)은 인욕(人欲)의 본원(本源)이고, 인욕은 인심의 유출이다. 무릇 형기(形氣)에서 생기는 마음은 성인이라도 없을 수 없다.…… 그러나 인욕이 일어나는 것은 실상 이것으로 말미암기 때문에 인욕(人欲)의 본원(本源)이라 한다. 물욕(物欲)의 마음에 빠진다는 것은 중인(衆人)이 하늘을 피했기 때문이다. 그러므로 인욕이라는 이름으로 인심을 변칭(變稱)한다." 『退溪全書』(40) 答窩姪問目.

2) 성학으로서의 수기치인론

율곡에게 있어 성학은 유가 본래의 수기치인지학(修己治人之學)이다. 원래 주자학에서의 수기치인론에 나타난 논지의 특징은 격물(格物) 치지(致智) 성의(誠意) 정심(正心) 수신(修身) 제가(齊家) 치국(治國) 평천하(平天下)가 논리적으로 연속되어 있다는 것이다. 뿐만 아니라 격물·치지·성의·정심·수신은 본(本)이고, 제가·치국·평천하는 말(末)로서 수기(修己)는 치인(治人)을 위한 전제조건이 되고 있다.

율곡 역시 "경(敬)은 성학의 시작이요 끝이다"[22)]고 논한 것처럼 그가 성학의 기초로 삼고 있는 것은 경(敬)이라는 도덕적 관념이었다. 또한 "제왕의 학문에는 수기보다 앞서는 것이 없다"[23)]고 논한 것처럼 율곡의 경우에도 내성적인 수기의 문제가 성학의 근본이 되고 있다. 이러한 사고의 기반이 되는 것은 인간의 기질이 변할 수 있다는 믿음이다. 그가 이기설을 통해 기의 가변적 특성을 중시하는 이통기국론(理通氣局論)과 기발이승일도설(氣發理乘一途說)을 제기했던 것은 수기를 통한 기질변화의 가능성과 밀접한 연관이 있다. 즉 '편벽된 기질'을 바로잡아 본래의 '선한 본성'을 실현시킬 수 있도록 하는 '수신'이 중요한 의미를 지니게 되는 것이다.

그런데 여기에서 다시 주목되는 것은, 율곡이 말하는 기질변화의 수양론을 군왕에게 적용하는 경우에는 그것이 군왕 자신의 '선성'(善性) 실현에 그치지 않고, 자신의 '덕량'(德量)을 신장시킴으로써 널리 인재를 등용해 '왕도정치'의 이상을 실현할 수 있게 된다는 것을 강조하고 있다는 점이다.[24)] 그러한 점에서 율곡의 성학관에 내재하는 '기질변화'를 위한 '수기'의 중요성이 군왕에게는 '용현'(用賢)의 중요성으로 연결되고 있음을 볼 수 있다. 이러한 논리는 '수기'와 '치인'을 불가분의 하나로 연결

---

22) 『栗谷全書』(19) 聖學輯要 修己(上).
23) 『栗谷全書』(19) 聖學輯要 修己(上).
24) 강광식, 『新儒學思想과 朝鮮朝 儒教政治文化』(集文堂, 2000), 144쪽.

시켜 군왕의 '임현사능'(任賢使能)의 기능을 정치의 근본으로 삼고 있는 율곡 경세론의 중요한 특징을 이룬다고 할 것이다.25)

이와 같이 율곡이 '경'(敬)이라든가 '수기'(修己)를 성학(聖學)의 본(本)으로 삼았다는 점에서는 종래의 유자들과 차이가 없다고 할 수 있다. 그러나 퇴계가 수기와 치인의 연속성을 논하면서도 오히려 수기 쪽에 한결같이 중점을 두어 치인에 대해서는 구체적인 정치적 실천을 제시하지 않았던 것26)과 비교해 볼 때 율곡이 치인의 문제에 치우치고 있었다는 점에서 그의 특이성을 발견할 수 있다. 율곡은 주자학적인 '수기치인'론에서 출발하면서도 수신과 치국평천하의 관계에 대해 "수신을 치국보다 먼저 한다는 것은 단지 그 순서의 당연함을 말할 뿐이다. 만약 반드시 수신이 지극함을 기다린 연후에 비로소 정치를 할 수 있다고 한다면 참된 덕이 이루어지기 이전에는 국가를 어디에 두겠는가"27)라고 한다. 여기에서 보면 율곡의 경우 '치국평천하'라는 정치적·사회적 가치실현의 문제는 단순히 '수신'의 연장선 위에 놓여 있는 이차적인 것이 아니라 '치국평천하' 그 자체가 문제시되고 있다. 즉 수신을 먼저 하는 것이 '당연한 순서임'을 인정하면서도 통치자의 덕이 완성되기 이전에도 나라는 다스려져야 함을 간과하지 않고 있는 것이다.

따라서 그는 유자(儒者)에 대해서도 "선비의 겸선(兼善, 어진 정치를 하여 善을 천하의 사람들과 함께 하는 것)은 진실로 그의 본뜻이니 물러나서 자수(自守)함이 어찌 그 본심이겠는가"28)라고 하여 종래의 학문이 자수라는 수기 중심적 경향을 띠고 있었던 것을 비판하면서 그의 학적인 태도는 구체적인 정치적 실천 즉, 경세(經世)의 문제로 이행하고 있었다.

퇴계와 율곡의 이러한 차이는 사상적으로 다음과 같은 의미가 있다. 즉 퇴계가 한결같이 수기에 비중을 둠으로써 정치사상에서도 내성적인

---

25) 같은 책, 145쪽.
26) 박충석, 앞의 책, 37쪽.
27) 『栗谷全書』(25) 聖學輯要(七) 爲政(下).
28) 『栗谷全書』(15) 東湖問答 論臣道.

수신론 내지는 교화주의를 강조하고 있는 것과 대조적으로, 율곡은 수기를 중시하면서도 한편으로 치인의 문제를 도외시하지 않음으로써 그의 정치사상이 치인을 위한 구체적인 방안, 즉 제도개혁의 문제에 착안하게 되었다는 것이다.

4. 개혁사상

1) 개혁논의의 기초: 변통론

율곡은 당시의 조선이 위급한 상황에 처해 있다고 판단하고, 그러한 현실을 극복하기 위해서는 무엇보다도 구폐(舊弊)를 혁신하는 것이 급선무라고 보고 있었다. 변통론은 율곡이 그러한 개혁론을 주창하게 된 이론적 근거라고 할 수 있다.

'변통'(變通)이란 원래 주역에 보이는 것으로서,29) 그 바탕에는 수시변역(隨時變易)의 논리가 있다. 이 수시변역이란 기본적으로 모든 만물은 때를 따라 변화한다는 것으로 인간의 역사적 상황 역시 시대를 따라 변화한다는 시간상의 개별성을 말하고 있다. 율곡은 이러한 역사인식 위에서 정치에서도 때를 아는 것, 이른바 '시의'(時宜)를 파악하는 일이야말로 가장 중요하다고 보고 있다.30) 현실을 직시하고 그 시대의 현실에 합당한 도리 내지 요청하는 이상이 무엇인지를 간파하는 것이 시급하다는 것이다. 그에 의하면 시의라는 것은 "때에 따라 변통해 법을 만들어 백성을 구하는 것"31)으로서 그 시대의 상황에 맞는 올바른 도리나 이법(理法)을 의미하는 것이었다. 그리하여 그는 성왕의 법이라는 것도 단지 그 시대에 적합한 것일 뿐이었으며, 조종(祖宗)의 법이라 할지라도 때에 맞

---

29) 『周易』 繫辭(上).
30) 『栗谷全書』(5) 萬言封事.
31) 『栗谷全書』(5) 萬言封事.

게 고쳐야 한다고 주장했다. 불변(不變)의 성헌(成憲)으로 받아들여졌던 조종(祖宗)의 법에 대해서도 상대적인 가치밖에 부여하지 않았던 것이다.

이러한 의미에서 율곡의 변통론은 다음과 같이 그의 제도개혁론과 밀접한 연관을 맺고 있다.

> 대개 성왕이 법을 세웠더라도 어진 후손이 있어서 변통하지 못하면 마침내 반드시 폐단이 있는 것이니…… 우리 조종께서 법을 세우신 당초에는 물론 극히 상세했었으나 그 뒤 200년이 가까우매 때도 바뀌고 일도 바뀌어 폐단이 없지 않아 오히려 변통해야 할 것인데, 더구나 그 뒤의 잘못된 법규라면 부지런히 고쳐 마치 불에서 건져내듯이 해야 하지 않겠사옵니까.[32]

여기에서 율곡의 변통론은 두 가지의 정치적 사유를 내포하고 있음을 볼 수 있다. 첫째는 시대적 개별성에 입각한 현실에 대한 상황논리이다. 둘째는 이러한 시대의 변화에 따라 제도 역시 그 시대상황에 적합하도록 시행되어야 한다는 것이다. 이와 같은 인식은 구체적으로 "대개 법이 오래되면 폐가 생기고, 폐가 생기면 고쳐야 하는 것이니, 주역에서 이르기를 '궁하면 변하고 변하면 통한다'고 했다"[33]고 함으로써 변통의 이론을 바탕으로 제도개혁에 대한 구상을 분명히 하고 있다.

이와 같이 율곡은 퇴계와는 달리[34] 제도개혁의 문제를 통치의 중심과제로 삼고 있다. 그러나 율곡의 경우에도 모든 법의 개혁을 논하고 있는 것은 아니다. 그는 "대개 때를 따라 변할 수 있는 것은 법제이고, 고금에 걸쳐 변하면 안 될 것은 인정이고 삼강이며 오상이다. 후세에는 도덕과 학술에 밝지 못해 변해서는 안 될 것이 때로 변개되기도 하고 변해야 할 것이 때로 고수되기도 했으니, 이것이 화평한 날은 일상 적고 어지러운 날이 일상 많은 이유이다"[35]고 해서 개혁논의를 두 가지 측면, 즉 "변할

---

32) 『栗谷全書』(5) 萬言封事.
33) 『栗谷全書』(15) 東湖問答 論安民之術.
34) 퇴계는 제도개혁의 문제를 통치에서 말(末)이라고 하여 그다지 비중을 두지 않고 있다. 『退溪全書』(6).

수 있는 법제"와 "변해서는 안 되는 인정·삼강·오상"으로 구분하고 있다. 여기에서 제도란 그 시대의 특수성에 입각해 개별적으로 시행되어야 한다는 상황주의적 지향이 강조되고 있음을 볼 수 있다.

그런데 이러한 제도개혁의 이론적 기초로서 변통론은 조선조 사상사를 통해 율곡에게서 처음으로 발견되는 정치적 사고는 아니었다. 그러나 율곡의 변통론이 이전 학자들의 변통론과 다른 의미를 갖는 것은 당시의 조정이 묵수(墨守) 만능에 젖어 있었기 때문에 조종의 법을 개혁한다는 의식이 싹트기가 어려웠고, 설령 있었다고 해도 소극적이고 지엽말단적인 데 불과했기 때문이다. 율곡이 유학자로서 수기(修己)·치인(治人)의 학(學)을 전개하면서도 그의 경세사상이 실학파에 의해 주목된 것은 바로 이러한 변통적(變通的)·변법적(變法的) 성격이었다.

2) 개혁의 주체

조선사회처럼 민(民)이 정치의 주체가 아니라 군(君)·신(臣)의 통치계급이 정치사회를 실질적으로 재단하게 되는 경우, 이들 통치층이 정치사회 전반에 미치는 영향은 지대하다. 정치사회의 안정·불안정과 민의 복리(福利) 등은 통치자가 그 역할에 얼마나 충실하고 능력을 발휘했는가에 달려 있는 것이다. 율곡 역시 통치에서 치자(治者)의 중요성에 대해, "나라의 다스려짐과 어지러워짐은 임금이 자세히 살펴어 기회를 잘 타는 데 달려 있을 뿐"[36]이라고 하여 군주의 일심(一心)이 이상정치의 근본임을 밝히고 있다.

율곡이 구상하는 통치자의 요건은 일차적으로 수기(修己)의 문제가 근원적인 것이기는 하다. 그러나 그가 "어진 이를 구해 신임한다면 덕은 비록 이루어지지 아니하더라도 치도(治道)가 시작될 수 있습니다"[37]라고

---

35) 『栗谷全書』(5) 疏箚 萬言封事.
36) 『栗谷全書』(6) 應旨論事疏.
37) 『栗谷全書』(25) 聖學輯要(七) 爲政(下).

한 것처럼, 실질적으로는 '통치자의 덕의 완성'에 절대적인 가치를 부여하고 있지는 않다. 그러면서 통치자의 덕의 부족분을 보완할 수 있는 방법으로 어진 이의 등용을 들고 있다. 그는 어진 이는 국가의 기용(器用)이며, 나라를 다스리려고 하면서 어진 이를 구하지 않는 것은 노를 버리고 하천을 건너려는 것과 같다38)고 하여 정치에서의 인사(人事)의 중요성을 강조하고 있다. 따라서 율곡은 통치자의 요건을, 수신을 통한 덕의 완성과 더불어 인재등용이라는 통치기술 차원에서 논한 것이다. 뿐만 아니라 "맹자가 말하기를 '국가가 한가하면 이때를 타 그 정형(政刑)을 닦으라' 했으니, 전하께서 유념하시어 진흥할 도리를 생각하소서"39)라고 한 것처럼 그것은 또한 '정형을 닦는다'고 하는 제도의 문제와도 결부되어 있었다. 그런데 율곡의 통치자에 대한 관심은 다음과 같이 통치능력의 관점에서도 드러난다.

> 정(政)은 시(時)를 아는 것을 귀히 여기고, 사(事)는 실(實)을 힘쓰는 것을 요체로 하는데, 정치를 하는 데 있어 시의(時宜)를 모르고 일에 당해서 실공(實功)을 힘쓰지 않으면 비록 성군(聖君)과 현신(賢臣)이 만났어도 치효(治效)는 이루어지지 못하옵니다.40)

여기에서 율곡은 통치능력을 두 가지 측면에서 파악하고 있다. 첫째는 "시의(時宜)를 아는 것"이다. 그런데 '시의를 아는 것"은 율곡이 "지금 논의하는 자들은 조종의 유법(遺法)이라 해서 감히 개혁논의를 펴지 못하니 이것은 이른바 시의를 모르는 것이라 하겠습니다"41)라고 했듯이 개혁을 위한 전제가 되는 것이다. 즉 통치자의 '지'(知)의 내용이 퇴계의 경우처럼 내성적 수양에 의한 '도덕지'(道德知) 단계에 머물러 있는 것이 아니라, 현실적으로 시의(時宜)를 파악할 수 있는 '실질지'(實質知)의 의

---

38) 『栗谷全書』(24) 聖學輯要(六) 爲政(上).
39) 『栗谷全書』(5) 萬言封事.
40) 『栗谷全書』(5) 萬言封事.
41) 『栗谷全書』(5) 萬言封事.

미로 사용되었다. 둘째는 "실공(實功)에 힘쓴다"는 것이다. 이른바 '실공'이란 일을 하는 데 있어 결실을 거둔다는 것으로서 정치의 효과를 가늠하는 척도가 되는 것이며,42) 이러한 의미에서 정치의 실천적 측면에 역점을 두고 있었다.

따라서 율곡의 경우 개혁의 주체로서 통치자에 대한 인식은 세 가지 측면에서 논의되었음을 알 수 있다. 즉 일차적으로는 통치자의 도덕적 수양을 전제로 하면서도 그 위에 인재등용과 제도의 정비라는 통치기술의 측면, 그리고 시의를 파악하는 현실적 지(知)의 문제와 실공(實功)에 힘쓴다고 하는 통치능력이다. 이와 같은 시의를 파악하고 실공에 힘쓰는 통치능력의 문제는 또한 제도개혁의 문제와 결부되어 있었다.

3) 개혁의 목표

율곡은 제도개혁에 대해 논하면서, "신은 경장하기를 좋아하는 것이 아니라 민막(民瘼)을 구제하고자 하는 것입니다."43) "법이 오래되면 폐단이 생겨서 폐가 백성에게 돌아가니, 계책을 써서 폐단을 고치는 것은 백성을 이롭게 하는 것입니다"44)라고 했듯이, "민막(民瘼)을 구하고," "백성을 이롭게 하려는" 것에 그 목표를 두었다. 이러한 의미에서 그의 개혁론은 민본주의의 연속선상에 있는 것이다.

고대 유교부터 통치의 대상으로서 '민'(民)의 중요성은 강조되었다. 공자의 경우 족병(足兵), 족식(足食), 민신(民信) 중에서 마지막까지 가지고 있어야 하는 것으로 민의 신뢰를 들었으며,45) 맹자도 국가에 민이 가장 귀중하며 사직(社稷)의 신이 그 다음이고, 군주는 제일 가벼운 것46)이라

---

42) 『栗谷全書』(5) 萬言封事.
43) 『栗谷全書』(35) 行狀.
44) 『栗谷全書』(5) 萬言封事.
45) 『論語』 顏淵篇.
46) 『孟子』 盡心章句(下).

고 하여 '민'을 정치의 근본으로 보고 있다. 따라서 맹자의 경우 정치사회에서 민심을 잃은 군주에게는 역성혁명도 정당화되었으며,47) 정사(政事)를 수행하는 데는 '민의'(民意)가 우선적인 고려의 대상이 되었다.48)

율곡은 바로 이러한 유교 본래의 민본사상을 계승했다. 그에게도 민은 '나라의 근본'49)인데 군(君)은 국(國)에 의존하고, 국(國)은 민(民)에 의존한다.50) 그러면서 나라를 편하게 하고 백성에게 이로우면 다 행할 수 있는 일이요, 나라를 편하게 하지 못하고 백성을 보(保)하지 못하면 해서는 안 된다51)고 했듯이 정치적 행위의 기준이 '민'(民)에 놓여 있었다. 그러나 조선사회는 아직 '민의'(民意)가 효과적으로 정치과정에 반영될 만한 제도적 장치가 마련되어 있지 못했다. 따라서 민(民)은 수동적이고 소극적인 위치에 머물러 있었으며, '민의'는 치자(治者)의 시찰을 통해서만 반영될 수 있었다. 이러한 이유로 치자(治者)가 민(民)을 어떻게 보고 있는가에 따라 전반적인 통치의 방향과 내용이 결정되는 것이었다.

율곡은 우선 그 당시 극심했던 백성들의 궁핍한 생활상에 관심을 가지고 있었다. 그는 민생(民生)의 곤궁함이 거꾸로 매달린 것보다 더 고통스러워, 만약 급히 구하지 않는다면 그 형세가 장차 나라를 비우고야 말 것52)이라고 보았다. 따라서 백성들이 하늘 삼을 배[食]를 잃어버려 기한(飢寒)이 몸에 절실하면 예의(禮義)를 돌아보지 않는다53)고 하여 '양민(養民)·생민(生民)'의 문제가 먼저 해결되어야만 '교민'(敎民)이 가능하다고 보고 있다. 또한 율곡의 민(民)에 대한 관심이란 우선적으로 식(食), 의(衣), 일(佚)이라는 인간의 자연적 욕구를 충족시켜 주는 것이었다.54) 이

---

47) 『孟子』 梁惠王章句(下).
48) 『孟子』 梁惠王章句(下).
49) 『栗谷全書』(5) 玉堂陳戒箚.
50) 『栗谷全書』(3) 諫院陳時事疏.
51) 『栗谷全書』(5) 雜著(二) 拾遺.
52) 『栗谷全書』(15) 東湖問答 論安民之術.
53) 『栗谷全書』(5) 玉堂陳戒箚.
54) 『栗谷全書』(7) 陳時弊疏.

점에서 율곡이 인심도심론에서 "먹고 입는 것은 성현도 면하지 못하는 것이며 천리"라고 한 부분과 맥락을 같이하고 있다. 그러나 율곡이

> 신의 의견으로는 향약을 시행하는 것이 너무 이르다고 생각합니다. 백성을 기르는 것을 먼저 하고 그들을 가르치는 것을 뒤에 할 것입니다. 생민(生民)의 곤궁이 오늘보다 더 심한 때가 없었으니 급급히 폐해를 구정(救正)하고 급박한 사정부터 풀어 준 뒤에야 가히 향약을 시행할 수 있습니다.55)

라고 한 것처럼 양민(養民)은 그가 추구하고자 하는 궁극적인 목표가 아니라 교화를 이루기 위한 방편이었다고 볼 수 있다. 다시 말하면 율곡도 통치의 궁극적인 목표는 퇴계와 마찬가지로 교화에 있었으나, 이에 도달하기 위한 방법에서 차이를 보였던 것이다. 율곡이 양민의 문제에 관심을 기울이고 있었고, 그러한 연장선 위에서 제도개혁을 구상했다 할지라도 그것이 그의 통치론의 궁극적인 목표는 아니었다. 그것은 단지 정책 수행상 순서의 문제였으며, 퇴계적인 '교화론'을 부정했던 것은 아니다.

4) 개혁의 방법

그러면 율곡은 개혁이 어떠한 과정을 통해서 이루어져야 한다고 보았는가? 여기에서 그가 제시하고 있는 방법이 언로(言路)의 확대이다. 그는 "언로가 열리느냐 닫히느냐에 국가의 흥망이 달려 있다"56)고 말할 만큼 언로 문제를 정치의 주요 관건으로 간주하고 있었다. 또 그가 "정치는 무엇을 먼저 할 것인가"라는 질문에, "먼저 폐법을 개혁해 민생을 구출해야 하는데, 폐법을 고치려면 언로를 넓혀 선책(善策)을 모아야 할 것"57)이라고 답하고 있듯이, 언로는 폐법을 개혁하고 민생을 개선하는

---

55) 『栗谷全書』(29) 經筵日記 今上 7年 2月條.
56) 『栗谷全書』(3) 陳弭災五策箚.
57) 『栗谷全書』(5) 東湖問答. 論安民之術.

데 중요한 기능을 담당한다고 보았다.

율곡은 통치자가 언로를 넓혀야 하는 당위를 통치자는 억조(億兆)의 위에 있기 때문에 그 자신의 총명(聰明)으로서 모든 것을 다 듣고 볼 수 없기 때문이라고 한다.58) 그래서 백성들의 눈, 귀, 마음을 자기의 것으로 삼아 알아야 한다는 것이다. 즉 언로의 개방은 민의를 파악하기 위한 중요한 방편이 되고 있음을 볼 수 있다. 그런데 이러한 언로는 종래 그러했던 것처럼 조정 내부의 통치층에 국한되어 있는 것이 아니라 신분이나 지역에 관계없이 광범위하게 열려 있다.59) 뿐만 아니라 "비록 그 한 말이 수리(修理)가 없어 보잘 것이 없고, 또 좋지 않은 말이 많아 기탄없는 자라도 역시 내버려두고 죄를 묻지 마소서"60)라고 함으로써 거리낌 없이 자기의 의견을 피력할 수 있도록 언론의 자유를 보장할 것을 강조했다.

이와 같은 언로의 개방을 통해서 민심이 수렴되면 그것은 곧 '공론'(公論)으로 집약된다. 율곡은 공론이란 "사람의 마음이 함께 그러하다고 동의하는 것"61)이라고 하며, 그러한 공론은 나라의 원기(元氣)로서 공론이 조정에 존재하면 나라가 다스려지고, 마을에만 머무르면 나라가 어지러우며, 만약 공론이 상하에 모두 없다면 나라는 망하고 만다62)고 할 만큼 민심이 수렴되는 정치를 중요시하고 있다. 이처럼 율곡이 정치에서 공론을 강조하고 있는 것은 통치자의 전제를 경계했기 때문이다. 즉 정책에 대한 결정이 통치자 개인에 의해 이루어져서는 안 되며 '민의'를 바탕으로 하는 공론에 의거해야 한다는 것이다. 따라서 제도개혁의 문제 역시 개혁의 기본적인 방향은 공론에 의해서 이루어져야 한다는 것을 함축하고 있다.

---

58) 『栗谷全書』(3) 玉堂陳時弊疏
59) 『栗谷全書』(3) 諫院陳時事疏
60) 『栗谷全書』(3) 諫院陳時事疏
61) 『栗谷全書』(7) 辭大司諫兼陳洗滌東西疏
62) 『栗谷全書』(7) 代白參贊疏

공론은 궁극적으로 국시(國是)로 정립되는데,63) 율곡에 의하면 국시란 일국(一國)의 사람이 모의하지 않고도 함께 옳다고 하는 것이며, 이익을 가지고 꾀고 권위를 가지고 두렵게 하지 않아도 삼척동자라도 옳은 줄 아는 것64)이다. 이러한 율곡의 '국시론'으로부터 두 가지의 정치적 사고를 발견할 수 있다. 하나는 일국(一國)의 사람이 함께 옳다고 하는 차원에서의 '동의'의 문제이며, 그러한 동의가 별다른 유혹이라든가 협박 같은 수단을 필요로 하지 않고 자발적으로 이루어진다는 점이다. 또 하나는 동의의 기반으로서 정당성의 내용, 즉 '시'(是)의 문제이다. 이러한 국시는 율곡이 "국시가 정해지지 않고 명분을 바로잡기를 다하지 못했으니, 백성을 안정시키고 풍기를 진작시키려 해도 방법이 없다"65)고 논하고 있는 바와 같이, 공론으로 합일된 민의가 통치층 내부에 전달되어 국가의사로 제도화되는 측면이라고 할 수 있다.

　그런데 공론은 다만 개혁의 방향성을 설정하는 데 있어서만이 아니라 인재등용의 문제에까지 미치고 있다. 즉 "현재의 계획은 무엇보다도 8도의 감사로 하여금 각 고을에 통첩해 3년마다 한 번씩 그 고을 사람 중에서 경사(經史)에 능통하고 방향을 조금 알아 남의 스승이 될 만한 사람을 뽑아 그 이름을 적어서 감사에게 보고하고, 감사는 여러 고을에서 선발된 자를 종합해 이조에 넘기면 이조에서 그 명부를 살펴 널리 공론에 부쳐 다시 정밀하게 선택해야 한다"66)고 함으로써, 마치 오늘날의 인력은행을 연상시킬 만큼 하부단위의 조직으로부터 전국적 규모의 단계에 이르는 인력관리를 구상하면서 그 선발 방법을 공론에 의거하고 있는 것이다. 이렇게 볼 때, 율곡의 개혁에 대한 논의는 그 방법이 기본적으로는 민본주의를 토대로 하고 있으며, 그것은 언로·공론·국시의 과정을 거쳐 '민'으로부터 도출하려는 의도를 가지고 있었다.

---

63) 『栗谷全書』(7) 辭大司諫兼陳洗滌東西疏.
64) 『栗谷全書』(7) 辭大司諫兼陳洗滌東西疏.
65) 『栗谷全書』(15) 東湖問答. 論敎人之術.
66) 『栗谷全書』(15) 東湖問答 論安民之術.

5. 율곡 개혁사상의 사상사적 의의

율곡의 개혁사상은 그의 사상의 내적 구조, 즉 성리학적 사고를 바탕으로 전개되었다기보다는 오히려 그 시대의 상황에 대한 냉철한 인식으로부터 비롯되었다. 그러한 인식에 의거해서 율곡은 통치의 급선무를 통치자의 수신이나 백성들의 교화라는 도덕적 교의에 두지 않았다. 오히려 실질적으로 백성들을 생활의 궁핍으로부터 벗어나게 해야 한다는 데 착안했다. 그런데 이러한 발상은 인간이 기본적으로 갖고 있는 자연적 욕구를 "성현도 면하지 못하는 선(善)"으로 인식하고 있는 그의 인간관과 밀접히 결부되어 있다. 그래서 율곡은 통치란 이러한 인간의 자연적 욕구를 충족시켜 주는 것으로부터 출발해야 한다고 본 것이다. 그러한 측면에서 율곡은 통치자에게 수신이 최대의 목표가 되어야 한다고 요구하고 있지 않다. 기본적으로는 도덕적 수양의 문제를 전제로 하고 있기는 하지만 그것에 절대적인 가치를 두고 있었던 것은 아니다. 오히려 수신이 이루어지기 이전이라도 민생의 안정에 도움이 되도록 시의를 파악하고 제도를 개혁하며 인재를 등용하는 차원에서 통치의 기술과 능력의 문제와 결부시켜 통치자의 요건을 언급했다.

율곡은 개혁의 1차적인 목표를 백성의 경제적 안정에 두었다. 제도개혁의 목적도 "백성을 위하고" "백성을 이롭게 하려는" 것에 있었고, 그것은 유교 본래의 민본주의의 연장선상에 있는 것이었다. 다만 이러한 민본주의는 여전히 민을 수동적이고 소극적인 존재로 간주함으로써 통치자의 의지가 민본의 실현을 좌우하는 관건이 되게 했다. 그러나 양민(養民)은 율곡에게 궁극적인 목표가 아니었으며, 교화를 위한 전제조건이었다고 볼 수 있다. 이와 같은 정치적 사고의 특질은 반계에게도 그대로 계승되어 도달 방법의 차이에도 불구하고 퇴계, 율곡, 반계를 잇는 사상의 흐름이 궁극적으로 지향한 것은 백성들의 교화, 즉 유교적 도덕국가의 완성에 있었다.

비록 율곡에게 현대적 의미의 참여 민주주의의 개념은 배제되어 있었다고 할지라도 그는 언로(言路)의 확대를 통해 백성들의 여론을 정치에 반영시키고자 하는 의지를 강력히 표명하고 있다. 그에게 언로는 국가의 흥망을 좌우할 만큼 중요한 의미가 있으며, 민심이 수렴된 공론에 의해 제도의 개혁이라든가 인재의 등용까지도 이루어져야 한다고 보았다.

그러면 율곡의 개혁사상은 조선조 사상사에 어떠한 의의를 갖는가? 율곡의 정치사회론은 그 이전의 유자들과 방향을 달리했다. 퇴계를 중심으로 하는 종래의 유자들이 통치자의 수신을 통한 도덕국가의 수립에 뜻을 두었다면, 율곡은 민생의 안정, 즉 민의 경제적 수준 향상을 통해 교화를 도모하고자 했다. 이러한 민생의 안정을 이루기 위해서는 그 시기에서 무엇보다 연산조 이래 문란해진 제도의 개혁이 선행되지 않으면 안 된다고 보았다. 제도란 때에 따라 그 시대상황에 맞도록 변개되지 않으면 안 된다고 하는 사고는 반계의 정치적 사고에 그대로 계승되었으며, 제도개혁의 문제는 후기 실학파의 지배적 논의의 대상이 되었다. 이렇게 본다면 율곡은 그의 변통론이라든가 제도개혁을 통치에서의 선행과제로 삼았던 통찰 등을 통해서 후기실학이 발현할 수 있는 사상 내재적인 계기를 마련해 주었다고 할 수 있을 것이다. 또 그러한 의미에서 율곡을 후기실학의 선구라고 하는 평가는 타당성을 갖는다고 하겠다.

<참 고 문 헌>

『論語』,『孟子』,『栗谷全書』,『周易』,『朱子語類』,『退溪全書』.

강광식,『新儒學思想과 朝鮮朝 儒教政治文化』(集文堂, 2000).
김만규,『한국의 정치사상』(현문사, 1999).
박충석,『한국정치사상사』(삼영사, 1982).

이동인, 『율곡의 사회개혁사상』(백산서당, 2002).
이병도, 「이율곡과 그의 경세사상」, 『행정논총』 7(서울대학교, 1972).
장숙필, 「栗谷 李珥의 聖學硏究」, 『實學思想硏究資料集(21)』(열린문화사, 2002).
천관우, 「반계 유형원 연구(하)」, 『역사학보』 3집(역사학회, 1953).
황의동, 『율곡의 개혁사상』 上卷(율곡사상연구회, 1997).

제4편

조선시대(II): 전쟁의 충격과 사상적 대립

제15장 당쟁과 학파 분립의 사상적 배경

김우영(대구가톨릭대학교)

　현대정치 이론은 인간을 다른 동물과는 달리 이성적 존재인 동시에 또한 정서적 존재로 규정하고, 지배자가 자기의 명령이나 지도를 받아들이게끔 피지배자에게 끊임없이 이성적 또는 정서적 반응을 재생산해 가지 않으면 안 된다고 말한다. 따라서 이와 같은 반응을 재생산하는 데 실패하게 된다면, 최후의 수단으로 물리적 강제력의 발동, 즉 폭력상태를 유발하게 된다[1]고 한다.
　그런데 조선조 성리학적 통치이념은 가장 이상적인 정치형태를 요순과 같은 도덕정치에 두고 있기 때문에 인간을 이성적·정서적 반응뿐만 아니라 규범적 존재로 규정하면서, 김종직, 조광조, 이황 등과 같은 도학자들은 도덕적·규범적 반응의 재생산을 위해 소학(小學)이나 향약 보급 운동을 전개하고, 형정(刑政) 같은 물리적 지배를 말단(末端)으로 하는 성리학적 도덕정치 사상의 구현에 노력했다. 그러나 조선조는 17세기경에 이르러 성리학적 도덕정치 사상의 반응을 재생산하는 데 실패하면서

---
[1] 김운태, 『정치학원론』(박영사, 1979), 298쪽.

정치권력의 실효성 상실과 함께 사화와 당쟁의 소용돌이에 빠져 들어가고 말았다.

1. 당쟁 발생의 사회적·사상적 배경

1) 서원의 건립과 당쟁 발생의 사상적 배경

15세기경 조선조는 사림파 형성이 시대적 대세였다. 비록 무오와 갑자의 양대 사화로 인해 김종직 일파는 큰 타격을 받았지만, 그들이 배양해 놓은 사림의 기세는 시간의 흐름에 비례해 발전하고 있었다.

그러나 성리학은 결코 사림파의 전유물이 아니었기에 정몽주, 길재, 김숙자, 김종직, 조광조 등으로 이어지는 사학(私學) 계통의 줄기보다는 정도전, 권근, 변계량 등 성균관, 집현전으로 이어지는 관학 계통의 줄기가 훨씬 굵었다.2) 그런데 사림의 일부가 중앙정치 무대에 진출해 정치세력을 형성하게 됨으로써 사림과 관학 계통의 훈구파가 서로 대립하면서 사화를 발생시켰던 것이다.

대체로 15세기 사림들의 정치사상은 사육신, 생육신으로 이어진 대의(大義)로 표현되는 도덕적 정치규범이었다. 그런데 사림파의 대표적인 학자인 사림 5현(賢)으로 불리는 인물들은 김굉필(1454~1504), 정여창(1450~1504), 조광조(1482~1519), 이언적(1491~1553), 이황(1501~1570) 등이다. 이러한 5현 가운데 조광조가 목숨 걸고 실현하고자 한 것은 성리학의 대의로 일컬어지는 왕도정치로서 지치(至治)를 행하는 것이었다.

도학에 입각한 지치의 본뜻은 유학 전래의 민본사상과 위민사상이었다. 그런 점에서 훈구의 전횡에 대한 사림의 항거는 피할 수 없었다.3)

---

2) 이수건, 『영남사림파의 형성』(영남대학교 출판부, 1984), 258쪽.
3) 윤사순·고익진, 「한국성리학의 전개와 그 특징」, 『한국의 사상』(열음사, 1984), 36-37쪽.

결과적으로 15세기부터 16세기 중반까지 무오사화, 갑자사화, 기묘사화, 을사사화 등 4대 사화를 차례로 겪었지만, 그것은 훈구파의 몰락과정인 동시에 사림파의 성장과정이었던 것이다.4) 이러한 4대 사화의 참화를 겪으면서 조선조의 성리학적 도덕정치는 실효성이 급격히 떨어지게 되었다. 따라서 4대 사화 이후 많은 선비들이 관직을 단념하고 지방에 내려가 서원을 세워 그들 일족의 자녀교육을 실시하면서, 점차 서원은 유생들의 집합 장소인 동시에 이를 통해 당파의 결합을 굳게 하는 계기가 되었다.

서원은 물론 성립 초기에는 엄격한 규율을 가진 교육기관으로서, 그리고 성리학적 도덕규범의 정치사회화의 중요 기관으로 인정받아 그 발전책이 국가에 의해 강구되기에 이르렀다. 그리하여 백운동(白雲洞)서원이 명종 5년에 사액(賜額)되어 소수서원(紹修書院)으로 되고 국가로부터 공인받게 되자 유림은 서원건립 운동을 크게 일으키게 되었다. 그러나 정치적으로 지방에 있는 유림이 서원을 근거지로 삼고, 중앙의 양반귀족들과 결탁하면서 당쟁을 유발시키거나 격화시켜 서원은 사회적으로 신성한 교육기관의 의의를 점차 잃어 가고 다만 무위도식하는 유생들의 소굴로 바뀌게 되었다.5)

원래 서원과 같은 교육기관의 설립목적은 성리학적 규범을 정치사회화해 근본성품을 배양하려는 것이었다. 그러므로 도산서원에서 제자 교육에 힘을 기울이고 있던 이황은 "천하의 모든 사물에는 반드시 이(理)가 갖추어져 있다"6)고 말하고, 이러한 "이학(理學)은 인(仁)을 구하는 데 있고, 인(仁)만이 4덕(仁義禮智)을 포함한다"7)고 하여 인의예지 4덕의 덕치주의를 강조했다. 또한 "무릇 사람의 성품은 애초에는 선(善)하지 아니함이 없지만 보통 사람들은 어리석어서 물욕에 서로 가리어져 4덕의 벼

---

4) 이수건, 앞의 책, 61쪽.
5) 유홍렬, 『한국사회사상사논고』(일조각, 1982), 112-113쪽.
6) 『退溪集』 鄭子中庚申論.
7) 『退溪集』 聖學十圖 西銘.

리가 기울어져 자포자기에 떨어진다. 오직 성인이 학교를 세우고 근본성품을 배양한다"[8]고 하여 보통 사람들이 4덕과 같은 덕치주의를 도외시하고 있기 때문에 인의예지 4덕과 같은 근본성품을 배양하기 위해 서원을 세워서, 물욕에 떨어져 있는 보통 사람들을 가르쳐야 한다고 했다.

그러므로 그칠 줄 모르는 당쟁은 성리학적 도덕정치에서 중요시하는 이(理)와 같은 근본성품, 즉 4덕의 배양을 소홀히 한 데서 파생된 것이라고 할 수 있다. 일찍이 김종직도 성리학적 도덕정치를 예악(禮樂)과 인의(仁義)로 교화하는 정치사상을 말하고 있다. 김종직은 "정성(鄭聲: 음탕한 음악)을 내치고 선왕이 가르친 예악(禮樂)으로 다 고르게 밝히고, 인의(仁義)로 가르치면 교화하기 쉽다"[9]고 예악과 인의를 내용으로 하는 교화정치 사상을 말하고 있다.

이렇게 조선조에서는 성리학적 도덕정치의 실현을 위해 서원의 건립이 이루어지게 된 것이다. 이러한 목적의 서원건립을 통해 형성된 덕치주의와 교화정치 사상을 내포하고 있던 향약적(鄕約的) 질서는 서원이 가지고 있는 성리학적 도덕정치의 정치사회화에 긍정적 측면으로 평가되고 있다. 그러나 다른 한편으로 서원을 근거지로 해서 모인 유생들은 이학(理學)과 같은 근본성품의 배양보다는 토지소유 확대와 같은 물욕에 가려져 당파의 당쟁을 더욱 격화시키는 부정적 측면을 파생시키는 원인이 되기도 했다.

2) 토지소유 확대와 당쟁 격화의 정치사상적 배경

조선조 정치사회가 당쟁을 격화시키게 된 또 다른 원인은 토지의 균등한 분배의 실패에도 원인이 있다. 성리학적 도덕정치 사상의 최고목표는 민본과 위민을 내용으로 하는 왕도정치로서의 지치주의와 인의예지 4덕과 같은 덕치주의 구현을 위한 근본성품의 배양에 있지만, 물욕에 가

---

8) 『退溪集』 小學題辭.
9) 『佔畢齋集』 與密陽鄕校諸子書.

려진 유생들은 중앙 진출과 함께 도덕정치 사상의 실천과 동떨어진 토지소유 확대문제를 둘러싸고 대립해 나가게 되었다.

조선조는 집권적 양반국가였기 때문에 중앙에 진출해 관리가 되는 것을 최고의 목표로 삼고 있는 사회였다. 그리고 친족제도의 발달로 말미암아 지배계층의 자손들이 그들의 신분 및 혈연적 배경을 근거로 특권이 획득되는 강력한 귀속주의(歸屬主義)가 지배하는 사회였다. 따라서 귀속주의와 신분제도를 바탕으로 운영되는 음서제(蔭敍制)는 종친(宗親), 공신, 대관(大官)들의 자손과 그 친족에게 많은 특혜를 주었다. 그러므로 조선시대의 신분은 가족, 나아가 친척에 의해, 심지어 사위까지 장인의 음덕(陰德)을 입을 수 있었다. 따라서 친척, 외척, 처족(妻族)의 3족이 통혼(通婚)에 의한 권력 공동체를 형성하고 있었다.10)

그런데 시대가 내려갈수록 귀속주의로 뭉쳐진 양반의 수는 증가했으나 관직의 수나 토지는 일정해 양반 사이에 싸움이 벌어질 수밖에 없었다. 건국 초기에 양반귀족들은 국가로부터 과전(科田)과 세습이 허용된 공신전(功臣田)을 받았는데, 그들은 각종 방법으로 그들의 소유지를 확대시켰다. 양반귀족은 경기지방 이외에 특히 3남(三南)지방에서도 그들의 토지를 많이 확대해 나갔다. 이미 태종 17년에 경기의 과전(科田), 공신전(功臣田), 별사전(別賜田), 사사전(寺社田) 등의 3분의 1을 충청, 전라, 경상의 이른바 3도에서 지급했다. 비록 15년 후 다시 경기도로 이환(移還)했지만, 이미 사전(私田)의 축적이 가능하게 되었다.11)

이러는 사이에 어려운 문제가 나타나게 되었는데, 그것은 과전으로 지급할 토지의 여유가 없어진 것이다. 과전법을 폐지하고 현직자에게만 주는 직전법(職田法)을 도입하게 된 것은 이 때문이었다. 그러나 양반귀족들의 소유지는 농장형태를 가지게 되어 직전법조차 실시할 수가 없어, 이제는 새로이 관리가 되더라도 국가로부터 아무런 땅을 받을 수 없게 되었다.12) 그러므로 신진관료들은 여기에 불만을 갖고 토지제도 개혁을

---

10) 김영모, 『조선지배층 연구』(일조각, 1986), 37쪽.
11) 같은 책, 124쪽.

주장해 토지문제를 둘러싼 훈구파와 사림파의 대립이 귀족간의 분열과 파쟁을 일으키는 또 하나의 원인이 되었다.

중종 14년 조광조 등이 주창해 76인의 정국공신(靖國功臣)에 대한 삭훈(削勳)이 단행된 것은 조광조가 형평(衡平)이라는 명확한 정치적・사상적 배경하에 추진한 정책이었다. 그 당시 반정공신(反正攻臣)의 부모나 친인척, 그리고 공신에 대한 토전(土田)이나 관작남수(官爵濫受)는 많은 문제점을 야기했다. 조광조는 알성시책(謁聖試策)에서 "천하의 물건이 모두 다 그 형평함을 얻으면 만물의 조화가 확립되고 정치의 도(道)가 이루어진다"13)고 하면서 형평이라는 정치적 이데올로기하에서 정국공신에 대한 대대적인 삭훈(削勳)이라는 개혁정치를 단행하다가, 귀속적 권력공동체를 형성하고 있던 훈구파의 반발로 일어난 기묘사화로 신진사류와 함께 축출되기에 이르렀다.

이처럼 토지가 형평에 의한 분배가 이루어지지 못하고 오히려 양반귀족들이 농장을 소유하고 토지를 확대해 나가자, 이러한 토지분배 문제로 인해 조선조 정치사회는 당쟁의 소용돌이 속에 빠져들어 가게 되었던 것이다. 그러므로 정약용도 그 당시 당파싸움은 정치사회에 예양과 같은 규범의 상실과 함께 파생된 음식의 싸움이나 다름이 없다고 했다. 정약용은 말하기를 "가령 여기에 10여 명의 사람들이 모여 앉아 연회를 차리는 경우, 그들이 서로 예의, 도덕으로 사양하지 않고 각기 남보다 많이 먹기 위해 욕심을 내면 반드시 싸움이 벌어질 것이다. 그 원인을 규명하면 결국은 서로 많이 먹기 위한 싸움에 지나지 않는다"14)고 했다. 시대가 내려갈수록 양반의 수는 증가했으나 관직의 수나 지급할 토지가 부족함에도 성리학적 도덕정치에서 중요시하는 예양의 도덕정치나 조광조와 같은 형평의 사상을 수용하지 못한 조선조 정치사회는 정약용의 표현과 같이 양반귀족들이 귀속주의적 권력공동체를 형성하고 자기들만이

---

12) 이수건, 앞의 책, 209-211쪽.

13) 『靜庵集』謁聖試策.

14) 『茶山詩文選』人才策.

더 많이 먹기 위한 토지소유 문제로 야기된 파쟁을 피할 길이 없었다.

2. 중도사상에서 본 당쟁

1) 제왕지학의 요체와 붕당적 파벌주의

대체로 연산군에서 선조에 이르는 조선조 100여 년간은 성리학적·규범적 통치이념의 실효성 상실에 직면하면서 사화와 당쟁이 격화된 시기이다. 그런데 4대 사화를 전후해서 난망지화(亂亡之禍)의 소용돌이 속에서 생활하고 있던 이황은 말하기를 "제왕지학(帝王之學)의 요체는 대순(大舜)이 우(禹)에게 명(命)함으로 연원된 것인데, 그 말에 이르기를 인심은 위태롭고 도심은 정미하니, 오직 정미하고 오로지 전일(全一)하게 그 중(中)을 잡아라"15)고 하여, 정치사회 상황을 정미하게, 그리고 한결같이 편파적이지도 않고, 한쪽에 기울지도 않는 중(中)을 잡는 중도사상을 제왕지학의 요체로 설명하고 있다.

그런데 당쟁 발생의 직접적 요인이 된 선조 초년의 심의겸과 김효원의 대립을 살펴보면, 이황이 말하는 제왕지학의 요체인 중용과는 거리가 먼 어느 한 파에 치우치거나 한쪽에 기울어진 행동에서 당쟁이 연원되었던 것이다. 동서 당쟁 시작의 원인이 되었던 심의겸과 김효원의 대립은 전랑(銓郞: 관리의 任免을 장악하고 있는 중요한 자리)의 관직을 에워싼 암투에 있었다.

전랑 관직의 임면은 이임자가 추천하도록 되어 있었다. 처음 김효원이 문명(文名)이 높아 전랑에 천거를 받았는데, 심의겸이 반대한 일이 있었다. 마침내 김효원이 전랑이 되었는데, 그가 이임(離任)할 때에 심의겸의 아우 심충겸(沈忠謙)이 천거되었다. 이번에는 김효원이 거절해 양인 간에

---

15) 『退溪集』 戊辰六條疏.

불화가 생기게 되었다.16) 이러한 인사권을 둘러싼 양인 간의 대립은 제왕지학의 요체인 중도사상을 도외시한 정치행태였던 것이다. 당시의 관리와 유생들은 모두 양 파의 어느 하나에 붙어서 반목(反目)하게 되니 성리학적 도덕정치 사상의 구현은 전혀 찾아볼 수 없는 것이었다. 그런데 성리학자인 길재, 김숙자의 학통을 계승하고 있던 김종직이 "스스로 우리 당[吾黨]에는 기특한 인사들이 많다"17)고 해서 사림의 당파적 성격이 김종직(1431~1492) 시대에 이미 형성되어 가고 있던 기미를 볼 수 있다. 따라서 조선조는 이미 성리학과 주자가례의 보급을 통해 자파(自派) 세력의 확립을 모색한다는 구체적인 공동의 목표를 가지고 있었고, 김종직 같은 인물을 중심으로 조직성과 강력한 동류의식, 그리고 집단을 규제하는 성리학적 가치관을 가지고 있었다.18) 그러므로 김종직이 일컬은 오당(吾黨)이라는 말에는 벌써 당쟁의 싹이 자라고 있었던 점을 암시하고 있었던 것이다.

따라서 사림파 형성 초기부터 이들의 조직성과 동류의식 등이 불편부당한 중도사상의 정치사회화 발현을 저해하고 있었던 것이다. 그러므로 심의겸과 김효원 사이의 당쟁은 처음부터 중도사상을 수용하지 못한 가운데 전개된 갈등이었다. "김효원의 집이 서울 동쪽 건천동에 있었기 때문에 그 일파를 동인이라 하고, 심의겸의 집이 서쪽 정릉방(貞陵坊)에 있었기 때문에 서인이라 부르게 되었는데"19) 이러한 내력은 성리학적 도덕정치에서 중요시하는 규범적 접근이 아니고, 지리적 위치에 따라 붙인 이름이기 때문에 처음부터 동인, 서인의 당파는 붕당적 파벌주의에서 연원되었던 것이다.

---

16) 진단학회, 『한국사: 근세전기편』(을유문화사, 1972), 569-570쪽.
17) 『佔畢齋集』 年譜 成化 13年 丁酉條.
18) 이병휴, 『조선전기 기호사림파 연구』(일조각, 1984), 6-7쪽.
19) 이홍식, 『한국사 대사전(상)』(교육도서, 1990), 446쪽.

2) 당파의 당쟁과 중도사상

붕당적 파벌주의에서 파생된 당파의 당쟁을 막기 위해 인조(1595~1649)도 무척 고심했던 흔적을 살펴볼 수 있다. 『인조실록』에 보면 인조는 편당의 일을 절대로 말하지도 말고, 당(黨)이라는 말의 사용도 온당치 못하다고 했다. 『인조실록』에 의하면 "'내 생각으론 옳고 그른 것을 막론하고 편당의 일은 절대로 말하지 말아야 한다'고 했다. 이에 검토관 조희열이 아뢰기를, '붕당은 참으로 두려운 것입니다만, 당에도 군자와 소인의 구분이 있으니 붕당이라 해서 배척하는 것이 옳겠습니까' 하니 인조가 말하기를, '군자의 당이라고 해도 내 생각에는 당이라는 용어가 온당치 않다'고 했다. 이에 좌의정 정창연이 아뢰기를, '붕당을 깨뜨려 없애는 방법에는 다른 것이 없습니다. 그들의 소행이 타당한가, 그렇지 아니한가를 살피면, 현(賢)과 사(邪)가 구별될 것입니다'라고 하니 인조가 말하기를, '군자와 소인의 구별은 과연 거기에 있다. 그러나 내가 명철하지 못해서 분명히 알지 못할까 두렵다'"[20)]고 했던 바와 같이, 인조는 군자의 당이라고 해도 당이라는 용어가 온당치 않다는 입장이었기 때문에, 김종직이 우리 당은 기특한 인사들이 많다고 하는 말은 편당의 일로서 당파의 원인이 되는 것을 이미 인조는 파악하고 있었다.

이처럼 인조는 당쟁의 원인이 군주가 명철하지 못해 보편타당한 이(理)를 구별하지 못하는 데서도 파생된다는 점을 명확하게 말하고 있다. 그러므로 정창연이 아뢰기를, "동인과 서인이 처음 갈라질 때만 해도 그다지 심각하지 않았습니다. 그런데 그 뒤 점차 틈이 벌어져 동인 가운데 상대적으로 온건한 자들이 소북(小北)이 되고 과격한 자들이 북인(北人)이 되었으며, 북인 가운데에서 온건한 자들이 소북, 중간에 속한 자들이 중북(中北)이 되었습니다. 대북의 무리는 모두 적당(賊黨)입니다. 대체로 동인의 경우는 집권한 시기가 길었기 때문에 분열하게 되었지만, 서인의

---

20) 『仁祖實錄』 元年 癸亥 4月 11日.

경우는 집권한 기간이 짧았던 까닭에 온전히 하나로 유지되었습니다. 현재는 서인이 정국을 주도하고 있는데, 앞으로 하는 일을 보면 알 수 있습니다"21)라고 하여 보편타당한 중도사상을 수용하지 못한 가운데 당파의 분열과 당쟁이 더욱 심화되어 가고 있는 것을 설명하고 있다. 당시 이이는 학문적으로 명성을 떨치고 있었지만, 그의 제자에는 서인(西人)들이 많았기 때문에 동인들의 공격을 받았다.

그러나 이이는 동서 당파싸움이 뚜렷해지는 선조(1552~1608) 대에 당파의 폐지를 위해 노력했다. 이이는 "도덕인의는 천하의 지극한 보배인데, 학자가 위기(爲己)에 능하지 않으면 세속에 명리를 구해 재물로 겉만 꾸미니, 도덕인의를 지나쳐 버리고 허위의 악을 본다. 바라건대 실학을 병행해 폐단을 폐지하려 한다"22)고 하여, 동인·서인의 붕당 폐단은 천하의 보배인 도덕인의를 저버리고 명리를 구하는 데서 발생하기 때문에, 도덕인의와 실학을 병행해 당파의 폐단을 폐지하려고 했다. 이처럼 당파의 폐지에 앞장서 노력했던 이이가 죽은 후 문묘종사(文廟從祀) 문제가 당쟁 격화의 빌미가 되었던바, 이이의 생전에 당쟁의 폐단을 폐지하려고 한 뜻을 새겨볼 수 있는 것이다.

이이의 문묘종사가 처음으로 논의된 것은 인조반정(仁祖反正, 1623) 이후의 일로서, 인조반정으로 서인들이 세력을 장악하면서, 이이의 문묘종사를 주장했다. 그러나 현종 초에 서인과 남인 사이에 경신대출척(1680) 같은 예송이 벌어진 이후 숙종 7년(1681)에 이르러 이이는 비로소 문묘에 종사되었다. 그런데 주자가 "중(中)은 치우치지도 않고 의지하지도 않으며, 지나치지도 않고 미흡함도 없다. 용(庸)은 항상 형평을 이룬다"23)고 말했지만, 서인이나 남인 어느 한쪽에서도 수용하려는 노력이 없는 상황에서 경신대출척 같은 예송을 겪은 후에야 이루어졌던 것이다.

그러므로 비록 이이의 문묘종사는 이루어졌지만, 도덕정치에서 중요

---

21) 『仁祖實錄』 元年 癸亥 4月 11日.
22) 『栗谷集』 論朋黨疏
23) 『中庸集註』 中庸章句大全.

시하는 열복(悅服)에 의한 수용이 아니었기 때문에 여전히 남인의 반대는 계속되었다. 따라서 숙종 15년에 다시 서인이 조정에서 쫓겨나고 남인이 등용되면서 서인의 원로 송시열 등이 사사(賜死)되고 서인이 귀향가거나 병사하는 일대 수난을 겪는 기사환국(己巳換局)이 일어나고, 그리고 숙종 20년(1694)에는 다시 갑술환국(甲戌換局)이 일어나 5년간 득세하던 남인이 모조리 쫓겨나고 서인이 다시 등용되는 등 붕당적 파벌주의로 인한 당쟁 격화는 보편타당한 중도사상을 수용하지 못한 학파들 사이의 대립에서도 찾아볼 수 있다.

3. 학파의 분립과 당쟁

4대 사화 이후 사림은 그 의기가 꺾여 학문과 정치를 불가분의 실천관계로 보는 성리학 본래의 면목에 충실할 수가 없어, 정치현실보다는 산림에 숨어 학문과 교육에 힘쓰는 경향이 두드러지게 되어[24] 학문 발달에 크게 기여했다. 그러나 다른 한편으론 학파의 형성과 더불어 학연(學緣)의 뿌리를 더욱 심화시켜 당쟁을 격화시키게 되었다.

1) 학파의 분립

명종 때에 이르러 성리학의 본격적인 연구와 함께 영남의 안동지방에 이황의 주리론을 중심으로 하나의 학파가 형성되어 사림의 종장(宗匠)으로 받들어졌고, 선산지방에는 이황이 그들의 학문에 선미(禪味)가 있다고 하는 박영(朴英)의 학파가 있었다. 그리고 진주지방에는 주자학적 색채가 엷은 조식의 학파도 있었다. 호남 광주지방에는 이황과 사칠논변(四七論辯)을 벌인 기대승에 의해 한 학파가 형성되어 있었다. 기호지방

---

24) 진단학회, 앞의 책, 563-564쪽.

에는 주기론을 주장하는 서경덕이 하나의 학파를 형성하고 있었다. 그리고 선조 초에는 이기일원론적 입장을 가지고 있는 이이, 성혼 등을 중심으로 기호지방의 여러 학파를 종합하는 또 하나의 학파가 형성되어 있었다.25) 이렇게 형성된 사림은 선조 즉위와 함께 중앙에 대거 등용되기 시작해 확고한 세력화를 이루게 되면서 당쟁 격화의 요인이 되었다.

그러므로 이러한 당쟁의 폐단을 폐지하기 위해 노력했던 이이는 "연평(延平) 선생은 고요한 가운데서 희로애락(喜怒愛樂)이 발(發)하지 아니한 가운데 중(中)이라는 것을 본다고 했는데, 이것이 성찰(省察)의 공부이다. 성찰은 천리(天理)냐 인욕이냐를 살피는 것이다"26)고 하여, 고요한 가운데서 천리와 인욕을 살필 수 있고 사사로운 인욕을 버릴 수 있기 때문에, 비록 학파들 사이에 성리학 이해의 차이가 있다고 할지라도 고요한 근본성품을 회복해 중용이 되면 천리와 인욕을 성찰할 수 있어, 학파와 당파의 대립을 극복할 수 있다는 중도사상을 말하고 있다.

그리고 조선조 청소년 교육의 지침서인 『소학』에서도 "군자는 고요함으로 수신을 한다. 대저 배움은 모름지기 마음이 고요해야 하고, 마음이 고요하지 아니하면 배움을 완성하지 못한다"27)고 한 것처럼 이황의 주리론이나 이이의 이기일원론 같은 학설의 대립도 인욕을 버리고 마음을 고요하게 할 때 배움이 완성되고, 천리를 살피면서 치우치지도 않고, 한쪽에만 의지하지도 않아 학파의 세력화도 지양(止揚)해 나갈 수 있다. 따라서 각 학파의 유생들이 인욕을 버리지 못하면서 학파 간의 대립은 당쟁 격화로 발전할 수밖에 없었던 것이다.

이러한 학파와 당파의 대립관계를 보면 다음과 같이 살펴볼 수 있다. 대체로 동인에는 김효원을 비롯해서 유성룡, 김성일, 곽재우, 이산해, 이발, 이황과 조식의 문인이 많았고, 서인에는 심의겸을 비롯해서 윤근수,

---

25) 김항수, 「16세기 사림의 성리학 이해」, 『부산대 한국사상사 논문집』(부산대학교, 1983), 155-156쪽.
26) 『栗谷集』聖學輯要.
27) 『小學』「外篇」嘉言 諸葛武候戒子書.

정화, 정철, 김천일 등 이이와 성혼의 문인 또는 우인(友人)이 많았다. 그러나 이이는 중앙에서 중립을 지키며 조정(調整)을 꾀했으나 선조 17년에 병으로 죽자 동인이 득세하게 되니, 여기에 남인과 북인의 분파가 생기게 되었다. 남인은 우성전이 서울 남산에 살아서 남인이라 했는데 이황의 문인들이 많았고, 북인은 이발, 정여립, 이산해 등이 일파가 되어 그 수령 이발의 집이 북악에 있었기 때문에 북인이라 했는데 조식의 문인이 많았다.[28]

인조반정 후에 북인은 크게 쇠퇴하고 서인이 득세하니, 남인만이 서인과 대적할 만했다. 남인 학자들은 대개가 이황 학파에 속했고, 서인 학자들은 이이 계통으로서 양파의 알력은 더욱 심해졌다. 이들 가운데는 불초자(不肖子)들이 많아 순전히 당색의 감정으로 상대 학설을 비난해 그 폐해가 이루 말할 수 없을 정도이었다.[29]

숙종 대에 이르러 남인과 서인의 대립의 골은 더욱 깊어져, 남인 일파가 대거 실각하는 경신대출척(1680)과 정권이 서인에서 남인으로 바뀌면서 송시열까지 사사(賜死)되는 기사환국(1689)이 발생하는 등 당쟁이 격심했다. 이황의 학파에 속하는 남인 학자들이나 이이의 계통에 속하는 서인 학자들은 이황이나 이이의 가르친 바와 같이 불편부당의 중도사상이나 천리와 인욕을 성찰하는 공부를 다하지 못하고 당색의 감정에 사로잡혀 치유하기 어려운 당파싸움이 고질이 되었다. 조선조 학파들 역시 성리학적 도덕정치가 중요시하는 천리와 인욕을 성찰하거나 중도사상의 반응을 재생산하는 데 실패함으로써 정치권력의 실효성 상실 속에 공리공론의 당쟁을 격화시켰던 것이다.

2) 당쟁과 임진왜란

당쟁은 국난의 위기 속에서도 지속되었다. 선조 23년 7월 첨지(僉知)

---

28) 진단학회, 앞의 책, 570-572쪽.
29) 이병도, 『한국유학사』(아세아문화사, 1987), 261쪽.

서인 황윤길을 통신사로, 사성(司成) 동인 김성일을 부사(副使)로 삼아 일본의 실정과 도요토미 히데요시(豊臣秀吉)의 저의(底意)를 파악하기 위해 일본으로 가도록 했다. 통신사 일행은 익년 3월 서울에 돌아와 일본의 정세를 보고하니, 서인 황윤길은 "일본이 많은 병선(兵船)을 준비하고 있어 필경 병화(兵禍)가 있으리라"고 했으나, 동인 김성일은 "내구(來寇)할 정형(情形)을 보지 못했다"고 하여 정반대로 보고했다. 이처럼 동서 당쟁은 국가존망의 위태로움이 더해 가던 당시의 상황 속에서도 자기 당(黨)의 사절을 비호함으로써 김성일의 의견에 기울어진 의견을 내놓고, 무사안일 속에서 방비를 강화하던 것도 중지하고 말았으니30) 왜란의 참화를 피할 길이 없었다. 일찍이 토붕지세(土崩之勢)의 위태로운 국운 앞에서 서인 이이는 내금위(內禁衛)이던 이순신의 비범한 재능을 알아보고 유성룡에게 "장차 삼한(三韓)을 구제할 인물이니 기회가 있을 때 조정에 천거해서 등용하라"31)고 했다.

그러나 이이가 죽고 서인 세력이 조정에서 약화되고 동인 세력이 성했던 정유재란이라는 국가 존망의 와중에 이순신 장군의 투옥사건이 발생되었으니, 당쟁의 해(害)가 얼마나 극심했던가를 짐작할 수 있다. 선조 29년(1596) 화의(和議)가 깨져 일본군이 재침입하는 정유재란이 발발하자, 왜란 초에 이순신과 함께 협력해 승리했던 원균은 이순신이 통제사가 되고 자기는 충청병사로 옮겨 앉게 되자 선배로서 이순신 밑에 있음을 불쾌히 여겨 무고한 말로 조정을 기만하고 다녔다. 이때 원균을 두호(斗護)하는 조정 신하들이 이순신을 탄핵해 투옥하고 전라좌수사겸 통제사의 후임에 원균이 임명되었는바32) 원균은 일본에게 제해권(制海權)을 상실하는 참패를 당했던 것이다.

일본의 정세를 파악하기 위해 갔던 서인 황윤길과 동인 김성일의 정반대된 보고나 이순신의 투옥은 외침이라는 절체절명의 국가 위기상황에서

---

30) 진단학회, 앞의 책, 602-603쪽.
31) 『한국의 사상대전집(12)』(동화출판공사, 1972), 503쪽.
32) 진단학회, 앞의 책, 651-652쪽.

도 인욕에 사로잡혀 편을 가르는 붕당적 파벌주의가 얼마나 심각했던가를 보여주는 사건이었다. 그러나 17세기 조선조 일각에서는 당쟁의 폐해에 대한 반성과 이를 극복하기 위한 불편부당의 탕평 정신이나 실효성을 중요시하는 실학사상과 같은 사상계의 새로운 움직임이 대두되었다.

3) 당쟁과 탕평의 정신

왜란이나 호란을 겪으면서도 지속되었던 당쟁이 가장 격렬했던 경종 재위 4년을 지나 왕위에 오른 영조는 누구보다도 당쟁의 피해를 절감하지 않을 수 없었다. 그러므로 영조는 말하기를, "붕당의 폐단이 요즈음보다 심한 적이 없었다. 처음에는 사문(斯文: 유학을 지칭함)에 소란을 일으키더니 지금에는 한편 사람을 모조리 역당(逆黨)으로 몰고 있다. 세 사람이 길을 가도 역시 어진 사람과 불초(不肖)한 사람이 있게 마련인데, 어찌 한편 사람이라고 모두가 같은 투(套)일 이치가 있겠는가, 각박해 유배되었으니 그 가운데 어찌 억울한 사람이 없겠는가. 우리나라는 본래 사람을 쓰는 방법이 넓지 못하여, 요즈음 사람을 임용하는 것이 모두 당목(黨目) 가운데 사람들이었으니 이와 같이 하고서 온 세상의 마음을 복종시킬 수 있겠는가. 피차가 서로 공격해 역당(逆黨)으로 지목하면 옥석(玉石)이 구분되지 않을 것이니, 전조(銓曹)에서는 탕평(蕩平)하게 거두어 쓰라. 여러 신하들은 당습(黨習)을 버리고 공평하기에 힘쓰라"33)고 신하들에게 당습을 버리고 공평하게 노력하면서 탕평하게 거두어 쓰라고 했다.

영조가 말한 탕평이란 『서경』(書經) 홍범에 "치우침과 편벽됨이 없고 무리를 만들지 않으면 왕도가 크고 넓으며, 무리가 없고 편벽되지도 치우치지도 않으면 왕도가 화(和)해 바르게 될 것이다"34)는 내용으로, 영조는 이러한 탕평의 정신을 당시 신하들에게 하교(下敎)했던 것이다.

경종(景宗) 초기에는 세제(世弟: 후일의 영조) 책봉문제를 에워싸고 신임사화(辛任士禍)가 있어 노론이 축출되고 소론이 집권해 왔으나, 영조가

---

33) 『英祖實錄』元年 乙巳 1月 3日 참조.
34) 『書經』洪範

즉위하자 신임사화의 참변을 몸소 목격한 그는 노·소 양파의 조정에 힘을 기울여 탕평책에 주력했던 것이다. 영조의 탕평사상은 성리학적 도덕정치에서 중요시하는 불편무당(不偏無黨)의 중(中)을 잡는 중도정치 사상과 맥락을 같이하고 있는 것이다.

당쟁이 격화되었던 17세기 사상계의 동향은 영조와 같이 불편무당의 탕평사상이 제기 되기도 했고, 유형원은 왜란·호란의 양 대란을 겪은 당시 정치사회의 문란상과 성리학적 도덕정치의 실효성 상실, 어려운 농촌사회와 민생문제를 목격하고 타개책을 모색하기 위해『반계수록』(磻溪隧錄) 전 26권을 지어 실학의 비조(鼻祖)가 되었지만, 조선조는 이이와 같이 중도사상이나 도덕인의 규범 같은 덕치주의나 실학으로 당쟁의 폐단을 막으려는 노력을 끝내 수용하지 못하고 여러 당파의 대립과 갈등이 왕조 말까지 계속되었다.

<참고문헌>

『茶山詩文選』,『書經』,『小學』,『英祖實錄』,『磻溪隧錄』,『栗谷集』,『仁祖實錄』,『佔畢齋集』,『中庸集註』,『退溪集』.
김영모,『朝鮮支配層 硏究』(일조각, 1986).
김운태,『정치학원론』(박영사, 1979).
김항수,「16세기 사림의 성리학 이해」,『부산대한국사상사논문집』(부산대학교, 1983).
유홍렬,『한국사회사상사논고』(일조각, 1982).
윤사순·고익진,『한국의 사상: 한국성리학의 전개와 그 특징』(열음사, 1984).
이병도,『한국유학사』(아세아 문화사, 1987).
이병휴,『조선전기 기호사림파 연구』(일조각, 1984).
이수건,『嶺南士林派의 形成』(영남대학교 출판부, 1984).
이홍식,『한국사대사전』(교육도서, 1990).
진단학회,『한국사: 근세전기편』(을유문화사, 1972).

제16장 퇴계·율곡 이후 성리학의 흐름

박병련(한국학중앙연구원)
권오영(한국학중앙연구원)

1. 조선 후기 퇴·율 성리학맥의 흐름

13세기 말 고려에 수용된 성리학은 조선왕조가 개창되면서 지배이념으로 채택되었다. 그러나 조선 초기에 성리학은 아직 철학적 탐구의 단계에는 이르지 못했다. 그 이유는 당시 사회에 불교와 도교, 성황신앙 등 고려사회의 사상적 불꽃이 여전히 큰 힘을 발휘하고 있었고, 아울러 성리학자들도 국가체제 정비에 더 힘을 쏟고 있었기 때문이다.

16세기 들어와 성리학자들은 주희(朱熹)의 방대한 저술을 중심으로 성리학을 이해하고 서로간의 학술논쟁을 통해 성리학의 이론을 심화·발전시켜 나갔다. 특히 이황(李滉)과 정지운(鄭之雲)의 '천명'(天命)에 대한 토론은 철학적 논쟁의 첫 시작이었다. 남송의 성리학이 조선의 성리학으로 변모하는 과정에는 이와 같이 당시 대표적인 지식인들의 학문적 고뇌가 스며 있었다. 이황은 조선의 성리학을 주희의 학문적 수준으로 끌어올렸고, 이이(李珥)는 이황의 성리학을 바탕으로 성리학의 수준을 한 단계 진전시켜 조선의 성리학, 곧 조선의 독자적인 사상체계를 열었다.

그런데 17세기로 접어들면서 조선사회는 나라 안팎으로 여러 가지 커다란 변화와 갈등을 겪게 되었다. 임진왜란으로 인한 인명의 손실, 토지 결수의 감축과 각종 시설의 엄청난 파괴는 조선사회의 기반을 크게 뒤흔들었다. 그것을 복구하기 위해서는 오랜 기간에 걸쳐 막대한 노력과 재원을 투입해야 했다. 또 전쟁과정에서 분명하게 드러난 정부와 지배층의 무기력과 분열양상, 그리고 이로 말미암은 그들의 정신적 위축과 지배층으로서의 권위 실추는 지배체제의 동요와 사회기강 이완현상으로 직결되어 가고 있었다. 이때 양반 집권층은 이른바 '인조반정'(仁祖反正)을 통해 국왕을 교체하는 선에서 스스로 정치운영상의 책임을 해소하고 분열된 지배세력의 결속을 꾀하려고 했다. 서인(西人)·남인(南人) 연합세력이 주자학적 명분(名分)을 내세워 광해군과 북인(北人)세력을 실각시킴으로써 이 시기 위기상황을 초래한 책임을 그들에게 전가하는 대신 자신들의 집권명분을 확보해 나갔다. 그러나 사회 내부의 모순이 축적된 상태에서 곧이어 일어난 병자호란은 당시 사회적·정치적 과제를 더욱 어렵고 복잡하게 만들었다.1)

특히 병자호란이 조선에 끼친 피해가 임진왜란보다 훨씬 적음에도 불구하고 이른바 '소중화'(小中華)인 조선이 오랑캐인 청에게 무릎을 꿇었다는 점에서 당시 조선의 지식인들은 임진왜란보다 병자호란을 더 큰 충격으로 생각했다.2) 이런 시대적 상황은 필연적으로 지배 이데올로기였던 성리학의 변화를 초래할 수밖에 없었다.

17~18세기의 가장 뚜렷한 사상사적 특성은 이황과 이이로 대표되는 16세기 성리학자들의 논쟁을 계승해 학파적 입장으로 정립시키는 한편, 이를 예학·의리론·수양론 등 다양한 영역의 문제로 확산시켜 갔다는 점이다. 즉 이황과 이이를 각각의 정점으로 삼는 영남학파(동인→남인)와 기호학파(서인→노론·소론)의 학파적 성격이 분명하게 정립되었고, 이에

---

1) 金駿錫, 『朝鮮後期 政治思想史 硏究: 國家再造論의 擡頭와 展開』(지식산업사, 2003), 11-12쪽.
2) 『東野彙輯』: "赤鼠之變 辱大羞小 黑龍之變 辱小羞大"

따라 이론의 활발한 분화가 이루어졌다. 그리고 영남학파와 기호학파 간의 배타적인 대립은 16세기에 서경덕(徐敬德), 조식(曺植) 등에 의해 형성된 다양한 학풍의 학맥들을 대체로 이 두 학파 속으로 편입하도록 만들었다.

이 시대는 앞 시대의 다양한 갈래를 두 줄기의 학파로 통합해 가는 동시에, 각 학파 내부에서는 새로운 분파화가 일어나는 현상을 보여준다. 퇴계학파 안에서도 몇 가지 학맥이 각각의 특성을 지니고 있었다. 첫째, 김성일에서 이현일로 이어지는 학맥이 퇴계학맥의 주류를 이루었으며, 둘째, 유성룡에서 정경세로 이어지는 학맥은 김성일·이현일 학맥과의 사이에 뚜렷한 이론적 대립이 없으면서도 경쟁관계에 놓이게 되면서 분열이 일어났다. 셋째, 정구·허목의 학맥은 기호지방으로 확산되어 근기 남인학파를 이루었으며, 성리설에서 절충적이지만 성리설 자체에서 벗어나 육경(六經)의 고학(古學)을 계발한 허목을 비롯해서 경전의 새로운 해석을 추구한 윤휴도 여기에 흡수되었다. 넷째, 정구의 질서(姪壻)인 장현광의 계열은 이황의 성리학을 옹호하는 데서 한 걸음 벗어남으로써 이른바 영남학파에서 또 하나의 학맥으로 자리잡게 되는 양상을 보였다.

율곡학파 안에서도 몇 가지 학맥이 성립하고 있다. 김장생, 김집, 송시열로 이어지는 학맥이 정통 주류를 이루어 왔으나, 송시열과 윤선거 사이에 윤휴에 대한 절교(絶交) 여부 문제로 동문 안에서 갈등이 일어나자, 송시열과 그의 제자인 윤증(윤선거의 아들) 사제 사이에 노론·소론의 당파적 분열을 일으켰으며, 이와 더불어 학파적 차별화도 일어났다. 처음에는 율곡 계열이 아니지만 율곡학파에 흡수되었던 김상헌에서 박세채로 이어지는 학맥은 성리학에서 절충적인 태도를 보였다. 김상헌의 증손으로 이단상의 문하인 김창협도 이황과 이이의 성리설에 대해 절충적 입장을 취하고 있었다. 조성기(趙聖期), 임영(林泳) 등도 기호학파의 절충파에 속했다. 충청도에 자리잡은 송시열 계열과 서울 근교에 자리잡은 김상헌 계열은 서로 교류를 유지하면서도 기호학파 안에서 가장 대표적인 두 학맥을 형성하고 있었다.3) 이들은 주자학과 존명배청의 의리론에서 서로 같은 보조를 취했다.

이 시기의 정치세력은 학파에 기반을 두었기 때문에 각 학파의 견해는 곧 그 정파의 견해와 연결이 되었다. 각 학파의 구성원이 처한 정치적·사회적·경제적 상황, 학문적 입장, 사회문제에 대한 대처방안 등이 달랐기 때문에, 학문적 논쟁은 정치적 논쟁으로 쉽게 변전되었으며 정치적 논쟁도 각 학파의 학문적 뒷받침을 받았다.

특히 17~18세기는 당시대의 사회적 모순을 해결하려는 방안을 모색하는 과정에서 각 학파 간에 이견이 노출되고 대립했다. 기존 성리학의 의미와 역할을 절대화하고자 하는 학파와 성리학의 한계를 인식하고 새로운 학문 경향을 보이려는 학파간의 대립이 한층 치열하게 전개되었다. 이런 학문적·정치적 논쟁은 또한 학파의 자체 분열을 한층 더 촉진시키기도 했으며, 학파간의 학문적 대립은 곧 정치사상의 대립으로 보아도 무방했다.

2. 성리학적 사회질서의 재편: 예학사상

조선 후기 17세기는 '예학의 시대'로 일컬어질 정도로 조선 정치사상사에서 하나의 획기적인 시대라고 할 수 있다. 이러한 시대가 올 수 있었던 것은 16세기에 이황과 이이에 의해 성리학에 대한 철학적 탐구가 이루어졌고, 아울러 임진왜란과 병자호란이라는 전쟁이 큰 작용을 했다.

17세기에 많은 학자들은 성리학적 지식을 새로운 사회에 실제적으로 적용하고 혼란해진 사회질서를 바로잡기 위해 예학을 본격적으로 연구해 학문적 체계를 확립했다. 그들은 예에 대한 인식과 이념 면에서 커다란 변화를 보였는데, 이것은 그들의 주된 관심이 종전의 오례(五禮: 吉·凶·軍·賓·嘉禮)를 중심으로 한 왕조예제(王朝禮制)에서부터 사대부계

---

3) 琴章泰,『朝鮮 後期의 儒學思想』(서울대학교출판부, 1998), 3-5쪽.

층의 실생활에 보편화된 사례(四禮: 冠·婚·喪·祭禮), 즉 가례(家禮) 쪽으로 전환되면서 이루어진 것이었다. 이 시대의 예학은 대부분 '가례' 연구를 중심으로 했으며, 이것이 그들의 예관념에 여러 가지 중요한 변화를 가져오게 했다.4)

물론 예학이 17세기에 들어와 갑자기 부각된 것은 아니다. 가례는 고려 말기에 도입되어 조선 초기부터 사대부 관료들에게 권장되었고 국가전례에도 부분적으로 사용되기 시작했다. 이어 16세기 중반 가례 중심의 생활규범서인 제례서(祭禮書)가 출현하고 동시에 가례에 대한 학문적 연구가 이루어지기 시작했다. 16세기 후반에 가면 조선의 지식인들 대부분이 예에 관심을 가졌으며 예에 관한 글을 남겼다. 예학의 이러한 발전과정은 질적인 차이는 있으나 이기심성론의 심화과정과 거의 궤를 같이하는 것이었다.

17세기에 들어와서 예는 양란으로 인해 해이해진 예절 질서의 회복이 강조되면서 더욱 중시되었다. 나아가 예로 나라를 다스리면 다스려지고, 가르침도 예교(禮敎)보다 앞서는 것이 없으며, 학문도 예학보다 절실한 것이 없다는 생각이 널리 퍼져 나갔다. 예가 사회를 이끌어 가는 하나의 방도로 부각되었던 것이니 예치(禮治)가 바로 그것이다.5) 그러므로 17세기에 예설의 수집, 정리 및 세목화, 그리고 그 세목의 작용과 변통에 대한 연구야말로 당시 성리학자들의 가장 큰 임무가 되었다. 그 결과 당시의 대표적인 성리학자는 곧 예학자로 불리게 되면서, 성리학은 예학으로 대칭될 상황에 이르게 된다. 당시 대표적인 예학자로는 정구(鄭逑), 김장생(金長生), 정경세(鄭經世), 박세채(朴世采), 이재(李縡) 등을 들 수 있다. 이들의 예와 관련되는 대표적인 저술로는 김장생의 『상례비요』(喪禮備要)와 이재의 『사례편람』(四禮便覽)이 가장 널리 활용되었다.

예가 이처럼 학자들에게 중시되고 치국의 방도로 대두하면서 예학 연구는 심화되고 각 학파 예학의 차이는 전례논쟁을 통해 표출되었다. 특

---

4) 李迎春, 『朝鮮後期 王位繼承 硏究』(集文堂, 1998).
5) 고영진, 『조선시대 사상사를 어떻게 볼 것인가』(풀빛, 1999), 93쪽.

히 예송(禮訟)이 그 대립의 정점으로 각 학파의 예학 연구가 당파 간의 정권다툼과 어떻게 결부되고 있는가를 잘 보여준다. 그런 실제 사례를 예송의 일단에서 살펴볼 수 있다. 1659년 효종이 세상을 떠나자 효종의 계모이자 인조의 계비인 자의대비(慈懿大妃) 조씨(趙氏)의 상복이 문제가 되었다(1차 예송). 이때 서인인 송시열, 송준길 등은 자의대비가 기년복(朞年服)을 입어야 한다고 주장한 반면, 남인인 윤휴, 허목 등은 삼년복(三年服)을 주장해 서로 대립했다.

그런데 두 정파 모두 그 근거가 있었다. 『국조오례의』에는 "어머니가 자식의 상(喪)을 당함에는 기년복을 입는다"고 했는데, 이는 『예기』의 기년설과도 일치하며 『대명률』(大明律)과 『경국대전』 및 『상례비요』의 설과도 일치한다. 송시열 등은 당시 통용되는 이러한 법제에 근거해 기년설을 주장했다. 반면 『의례』(儀禮) 「참최장」(斬衰章) 가공언(賈公彦)의 주석에는 "서자(庶子)로서 후사를 잇게 했을 경우 그가 죽음에 삼년상을 지낼 수 없으니, 첩의 자식인 까닭이다"고 했다. 그리고 그 대신 "첫째아들이 죽을 경우 정실(正室) 소생인 둘째아들로 적통(嫡統)을 잇게 하니, 이 또한 장자(長子)라 부른다"고 했다. 따라서 허목 등은 이 『의례』의 주석에 의거해 삼년복을 주장했다. 결국 이 1차 예송에서는 서인의 기년설이 채택되어 서인이 득세하고 남인이 정치적으로 실세하는 현상을 가져왔다.6)

또한 예송에서 율곡학파의 서인은 『주자가례』와 『의례』 등을 강조하며 신권(臣權)의 입장에서 왕과 사대부의 동례(同禮)를 주장했다. 왕실에 적용되는 예와 일반 사대부에게 적용되는 예가 동일해야 한다는 주장이다. 반면 서경덕, 조식 학맥의 학문을 흡수한 근기남인은 『주례』와 『예기』 등을 강조하며 왕권(王權)의 입장에서 왕과 사대부의 부동례(不同禮)를 주장했다. 왕실의 예는 일반 사대부에게 적용되는 예와 같을 수 없다는 것이었다.

결국 예송은 표면적으로는 효종의 상에 삼년복을 입을 것인가 기년복

---

6) 尹絲淳, 『한국유학사상론』(예문서원, 1997), 134-135쪽.

을 입을 것인가(1차 예송), 그리고 효종 비의 상에 기년복을 입을 것인가 대공복(大功服)을 입을 것인가(2차 예송) 하는 복제의 문제였지만, 근본적으로 17세기 사회에서 각 학파 내지 붕당들이 나름대로의 학문적 기반 위에서 자신들의 정치노선의 정당성을 주장한 전형적인 '정치형태로서 전례논쟁'이었다. 물론 이러한 서인과 남인의 예송에 대해 박세당 같은 학자는 「예송변」(禮訟辨)을 지어 삼년복을 입든 기년복을 입든 국왕의 종통(宗統)과 복제는 아무 관계가 없다며, 이를 연결시켜 예송을 벌이는 것에 대해서 두 정파 모두 정치적 헤게모니를 잡기 위한 의도가 개재되어 있다고 강하게 비판했다.7)

즉 예송논쟁은 성리학과 예학의 심화, 친가·장자 중심 가족제도로의 변화, 학파·붕당 간의 긴밀성, 신권의 성장, 양란 이후 국가재건의 방법 등 당시 정치·사상적인 면뿐만 아니라 사회 모든 분야의 요인이 종합적으로 결합되어 왕실의 전례문제를 매개로 표출된 것이다. 나아가 예송에서의 사상적 차이는 중세 사회체제에 대한 정치적 관점의 차이로 연결되었다. 그렇기 때문에 예송은 조선 후기 사회체제가 변해 가는 상황에서 반드시 겪어야 했던 하나의 과정이었다.8)

3. 국가재건의 정치적 이념: 대명의리론

17세기는 위기의 시대이자 개혁의 시대였다. 조선이 창업한 지 2백여 년의 세월이 흐르는 동안 조선사회는 많은 난제가 쌓여 있었다. 이러한 상황에서 발발한 임진왜란은 조선을 거의 멸망의 위기에 처하도록 만들었다. 우여곡절 끝에 임진왜란이 종결된 후 조선은 피폐해진 민생과 문란해진 국가기강을 회복하기 위해서 많은 노력을 기울였다. 그러나 인조반정 이후 닥쳐 온 병자호란은 조선과 조선의 지식인에게 커다란 상처

---

7) 『西溪集』(4) 辨論 禮訟辨.
8) 고영진, 앞의 책, 94쪽.

를 남겼다. 사실 병자호란은 단기간인 데다 조선에 입힌 인적·물적 피해는 임진왜란보다 상대적으로 훨씬 미미했다. 그러나 오랑캐라고 멸시했던 만주족의 청(淸)에게 문명국이라고 자부하던 조선이 군신관계로 치욕적인 화친을 맺었다는 점에서 조선의 지식인들은 엄청난 정신적 상처를 입었다. 사실 병자호란을 당하자 당시의 지식인들 사이에서는 국가와 왕실의 보전을 위해 화친하자는 최명길 등 주화론(主和論)의 현실적 인식과 불의(不義)한 힘에 굴복할 수 없다는 대의의 신념에서 화친을 거부하는 김상헌 등 척화론(斥和論)의 입장이 팽팽하게 맞섰다. 그러나 인조가 청 태종에게 항복하는 굴욕을 당한 이후 척화론은 이후 새로운 적응을 위한 변화를 겪어야 했다.

그런데 효종 즉위 후 송시열, 송준길을 비롯한 서인이 정국을 주도하면서 조선 후기 사회는 척화론과 대명의리론(大明義理論)이 정치적 대세를 잡았다. 즉 조선 후기 사회를 지배한 이념은 화이론(華夷論)에 기초하고 있는 강렬한 배청(排淸)의 대명의리론이라 할 수 있다. 당시 조선은 두 가지 선택의 길에 놓여 있었다. 하나는 중화세계의 붕괴라는 현실을 부정하고 조선에서 그 중화를 세우려고 했던 길이고, 다른 하나는 중화세계의 붕괴를 인정해 대명의리론을 포기하고 청의 경우와 같이 새로운 질서를 구축해 나가는 길이었다. 그런데 조선사회에서 인조반정과 병자호란, 그리고 서인의 집권은 의리명분적 요인이 사회경제적 요인보다 더 큰 규정력을 갖게 했다. 따라서 조선은 전자의 길을 선택했으며, 이후 조선의 역사는 전자의 방식에 의해 전개되었다.9)

병자호란은 조선의 지식인에게 그들의 사유체계를 성찰하는 계기를 주었다. 송시열로 대표되는 당대 주류의 보수적인 유학자는 주자학 절대주의로 나간 반면, 윤휴·박세당을 비롯한 일군의 학자는 주자학의 이념과 방법만으로는 당시 조선이 처한 현실문제와 시대적·정신적 상처를 치유할 수 없다고 생각했다. 그들은 송시열 계열과는 달리 새로운 이념,

---

9) 같은 책, 91-92쪽.

새로운 사상에 의거해 조선에 주어진 문제를 해결하려고 노력했다.

그러나 주류와 비주류 지식인 모두 청나라를 오랑캐로 배척하고, 이미 멸망한 명나라를 중화의 정통으로 존숭하는 '숭명배청'(崇明排淸)의 의리를 신봉한 점은 공통적이었다. 대명의리론은 17세기 이후의 조선사회를 대변하는 시대적 코드였다. 조선이 명나라를 숭배하는 이유는 표면적으로는 명이 한족의 정통 중국왕조이고, 또 임진왜란 때 신종(神宗)이 원병을 보내주어 우리나라를 멸망에서 구원해 주었다는 '재조번방'(再造藩邦)의 은혜에 보답하기 위해서였다. 그러나 그 내면에는 현재 중국을 장악한 청나라는 만주족 오랑캐이므로 인정할 수 없다는 화이론적 신념이 더욱 강하게 자리 잡고 있었다. 화이론은 중화문명에 대한 존숭의식과 더불어 오랑캐의 야만적 침략성에 대한 저항의식을 내포한 의리정신으로 나타나고 있었다. 또한 화이론은 중국 중심적 세계관이지만, 그 논리형식을 빌려 만주족의 청나라는 중원을 차지했지만 오랑캐로 규정하고, 우리나라는 중국의 문화를 받아들인 중화로 파악하는 세계질서의 인식이라 할 수 있다.

17세기 이래 성리학의 최대 이념적 과제는 화이론을 강력한 의리론으로서 확립하는 것이었다. 이는 주자학에 대한 철저한 학습과 춘추대의(春秋大義)의 천명을 통해 구현되었다. 곧 조선 후기 성리학은 주희의 해석에 따라 화이론이 춘추대의인 왕패론(王覇論)과 근원에서 일치하는 것으로 인식함으로써 그 시대의 의리론적 문제의식을 체계화했다. 주희도 남송시대에 금(金)나라에 대해 주전론(主戰論)을 주장하던 입장이었으므로 그의 사상은 직접적으로 화이론의 의리론 체계를 제공해 주었다. 따라서 당시 조선의 지식인들은 이러한 주희의 입장을 모범으로 삼아 당면한 배청북벌의 과제에 대해 이념적 기반을 마련하고자 했다. 이와 같은 인식은 존왕천패→존화양이→존명배청으로 구체화되어, 마침내 효종대에는 북벌론을 대의의 실천과제로 확인하기에 이르렀다.

이런 상황은 당연히 주자학에 대한 엄격한 수호 태도를 요청했다. 주자학을 절대시해 그 수호를 사명으로 여기고 수행한 인물이 바로 송시열이었다. 그는 북벌론에 앞장섰고 가장 강하게 존명배청의 의리론을 주장했다. 그는 1689년 6월에 전라도 정읍에서 사약을 마시기 직전에 그의 수제자 권상하에게 "학문은 마땅히 주자를 주로 하고, 사업은 효종이 추진하고자 했던 뜻[北伐]을 주로 하라"고 했다.10) 그러면서 화양동에 만동묘(萬東廟)를 세워 명나라 황제를 제사지내도록 당부했다. 효종과 자신이 생전에 이루지 못한 청에 대한 복수설치(復讐雪恥)를 후배들이 대명의리를 통해 철저히 계승해 나가기를 부탁한 것이었다. 대명의리론자들은 청나라 연호를 쓰지 않고 간지(干支) 앞에 반드시 '숭정기원후'(崇禎紀元後)를 붙여 명나라에 대한 의리를 표시했다.

사실 송시열은 생전에『주자대전』(朱子大全)을 연구하는 데 심혈을 기울였으며, 그의 제자들과 함께『주자대전차의』(朱子大全箚疑)를 편찬해 방대한 주자학에 대한 주석(註釋)을 시도했다. 또한 그는 주자의 성리설이나 예론뿐만 아니라 벽이단론(闢異端論)과 화이론도 철저히 계승했다. 송시열의 이런 모습은 기호학파의 학풍에 크게 영향을 주었다.

춘추대의에 입각한 대명의리론은 조선 후기 사회에서 사회이념으로 정립되어 모든 생각과 행동에 적용되었다. 대명의리론은 시대에 따라 몇 단계의 과정을 거치면서 전개되었다. 숙종 때 대보단이 설치되어 명나라 황제에 대한 제사를 지냈고, 영조 때에는 황경원에 의해『명배신고』(明陪臣考)가 편찬되었다. 그 뒤 정조의 명으로『존주휘편』(尊周彙編)이 편찬되어 대명의리론에 대한 정리작업이 이루어졌다.11) 이러한 대명의리론이 조선 후기 사회에서 전개되는 과정은 다음과 같이 몇 단계로 나누어 볼 수 있다.

첫째, 인조 때에는 병자호란의 굴욕을 직접 당한 시대였으므로 정부나 백성이 청에 대한 적개심을 갖고 화이론의 대의명분을 지키는 데 일치했다. 둘째, 효종 때에는 이미 청이 중원을 차지한 다음이었으나, 오랑캐를 섬기게 되는 것을 원통하게 여겼고 임금은 복수해 치욕을 씻겠다는 의지를 확립해 천하에 대의를 펴기를 다짐했다. 이때 선비들도 무기를

---

10)『宋子大全』附錄(11) 年譜 己巳 6月 壬申.
11) 정옥자,「正祖代 對明義理論의 整理作業: <尊周彙編>을 中心으로」,『韓國學報』69(일지사, 1992).

들고 북녘 땅에서 싸우다 죽겠다는 의지를 내세우고 임금의 북벌정책을 지지했다. 셋째, 숙종·영조 시대에는 천하가 오랑캐의 지배 아래 안정을 누려 북벌론이 쇠퇴했지만, 청에 대한 거부의식은 계속 있었다. 그리고 명에 대해 대보단과 만동묘(萬東廟) 등에서 제사를 드려 여전히 존명의식을 고취시켰다. 넷째, 정조 때에는 복수의식이 쇠퇴하는 현실을 경계하면서, 척화 순절자들의 후손을 포상하고 숨겨진 의사를 드러냈으며 배청의리에 대한 역대의 사실과 의식을 수집해 문헌적으로 정리했다. 이는 점차 쇠퇴하는 배청의식을 일깨우고 춘추의리에 기초한 화이론의 의리정신을 지속시키기 위한 노력이었다.12)

대명의리론은 조선 후기 사회의 지배이념으로 기능하면서 배타적·보수적 체제를 강화시켜 갔다. 그러나 이미 대명의리론이 일어나던 당시에 박세당은 숭정연호 사용에 대해 부당성을 제기했다.13) 그리고 대보단이나 만동묘 등의 설치도 현재 청과의 외교마찰을 가져올 수 있으며 예에도 맞지 않는다고 반대하는 의견이 있었다. 그런가 하면 18세기 들어와서는 개방적인 실학 학풍이 싹트고 북학파 실학자들이 청의 문물을 배울 것을 주장하는 등 대명의리론에 대한 비판과 도전이 점차 거세게 일어났다.

박지원은 처음에 「초구기」(貂裘記)를 지어 대명의리론을 열렬히 지지하다가,14) 청을 다녀온 뒤에는 「허생전」(許生傳)을 지어 대명의리론의 허구성을 비판하고 청의 문물을 적극 수용할 것을 주장했다.15) 박제가도 「존주론」(尊周論)을 지어 대명의리론을 비판하고 청나라의 우수한 문물을 배우자는 북학을 주장했다.16) 홍대용은 화(華)와 이(夷)가 똑같다는 세계관을 제시하여17) 대명의리론이 설 자리를 없애 버렸다. 정조 역시

---

12) 금장태, 『朝鮮 後期의 儒學思想』(서울대학교출판부, 1998), 35-37쪽.
13) 『西溪集』(7) 辨論 辨和叔論紀年示兒姪.
14) 『燕巖集』(3) 記 貂裘記.
15) 『燕巖集』(14) 日記 玉匣夜話.
16) 『北學議』 尊周論.
17) 『湛軒書』(4) 毉山問答.

대명의리론을 정치적으로 지지했으나, 청의 문물을 받아들이는 것이 대명의리론과 서로 어긋나는 것이 아니며[18] 강희제(康熙帝)를 성군으로 보는 등 청나라의 인물과 문물을 인정했다.[19]

한편 18세기 후반에 이르면 서학(西學), 천주교(天主敎)가 국내에 신앙공동체로 표면화되면서 화이론에 입각한 성리학적 지배체제가 크게 위협받는 상황이 초래되었다. 이에 대해 성리학자들은 정학(正學)과 이단(異端)을 철저히 구분해 정학을 높이고 이단을 배척하는 벽이단론을 전개하게 되었다. 나아가 19세기에 들어오면서 선교사와 직접·간접으로 연결된 서양 무력의 위협이 가중되면서 위정척사론이 화이론의 한 시대적 형식으로 배청론을 대신해 등장했다. 다시 19세기 후반에 오면 위협의 주체이자 배척의 대상이 서학(西學)·사교(邪敎)에서 서양(西洋)·양이(洋夷)를 거쳐 일본(日本)·왜이(倭夷)로 바뀌면서, 척사론에서 척양론을 거쳐 일본도 서양과 같다고 보아 척왜양론(斥倭洋論)으로 전개되었다.[20]

4. 이기심성론의 심화: 호락논변

18세기 초부터 전개된 호락논변(湖洛論辨)은 주로 인성(人性)과 물성(物性)의 동이(同異) 문제를 중심으로 발단되어, 그 뒤 기호학계에서 근 백년간 지속된 학술적 논변이었다.[21] 조선왕조에서 흔히 문예부흥의 시기로 꼽고 있는 영·정조 당시 학계는 경(京)·향(鄕)의 분기 현상을 뚜렷이 드러내고 있었고,[22] 호락논변도 기호학계의 이러한 분기과정에서

---

18) 『弘齋全書』(175) 日得錄(15) 訓語(2).
19) 『弘齋全書』(175) 日得錄(15) 訓語(2).
20) 금장태, 앞의 책, 35-37쪽.
21) 이하 서술은 권오영, 「호락논변의 쟁점과 그 성격」, 『조선 후기 유림의 사상과 활동』(돌베개, 2003)을 참조해 작성했다.
22) 유봉학, 「京·鄕 학계의 분기와 京華士族」, 『조선 후기 학계와 지식인』(신구문화사, 1998).

정치사상적 문제와 관련해서 일어난 학설논쟁이었다.

호락논변은 호론(湖論)의 한원진(韓元震), 윤봉구(尹鳳九)와 낙론(洛論)의 이간(李柬), 이재(李縡), 김원행(金元行) 등이 벌인 논쟁이다. 원래 권상하 문하의 한원진과 이간 사이에서 벌어진 논쟁이 이후 호서지방의 권상하 계통의 학자들과 서울·경기지역의 김창협·김창흡 계열 학자들 사이의 논쟁으로 확대되었다. 당시 호론 쪽에서는 한원진과 윤봉구가, 낙론 쪽에서는 이재, 박필주, 김원행 등이 중심이 되고 학술활동을 했다.

호락논변에서 우선 주목해야 할 것은 인성과 물성의 동이에 대한 문제이다. 따라서 '성'(性)을 어떻게 해석하느냐가 주요 논점으로 떠오른다. 잘 알다시피 『중용』 첫 장의 "천(天)이 명(命)한 것을 일러 성(性)이라 한다"는 구절에 대한 주(註)에서 정이(程頤)는 "성(性)은 곧 이(理)"라고 정의했다. 이 "성은 곧 이"라는 학설을 그대로 지키느냐, 그렇지 않으면 새롭게 해석해서 보느냐 하는 것이 호론과 낙론의 성에 대한 인식의 차이였다. 호론의 한원진은 파격적인 해석을 했다. 즉 "성은 곧 이"라는 것을 "성(性)은 기(氣)에 내재된 이(理)"로 이해해야 한다고 주장했던 것이다. 즉 성(性)을 이(理)로 해석하면서도 "기(氣)에 내재된"이라는 글자를 더 넣어 설명해야 의미가 분명해진다고 본 것이 한원진의 지론이었다.

그런데 낙론의 입장에서 볼 때 "성(性)은 기(氣)에 내재된 이(理)"라는 한 구절이 한원진의 학설이 갖는 온갖 병폐의 뿌리이고, 정이의 "성(性)은 곧 이(理)"라는 가르침에서 어긋난 것으로 파악했다. 성(性)을 기(氣)에 내재된 이(理)라고 파악했기 때문에 『중용』에 이른바 천(天)이 명(命)한 성(性)은 사람과 물이 같지 않게 되고, 결국에는 본연(本然)의 성(性)이 편전(偏全)해 다름이 있게 된다는 것이다.

낙론은 호론이 물성(物性)에 이르기까지 탐구하고 있는데, 이러한 것은 급히 힘써야 할 것이 아니라고 하면서 인간 심성의 해명에 더 중점을 두었다. 낙론은 물성을 공연히 탐구하기보다는 인성을 밝혀 극진히 하는 것이 보다 우선해야 할 일이라고 보았다. 즉 자기의 성(性)을 극진히 하면 다른 사람의 성도 극진히 할 수 있을 것이고, 만물의 성은 저절로 나타날 것으로 보았던 것이다. 이러한 견해는 호론이 인성과 물성의 차이를 매우 강조해 중화와 오랑캐, 사람과 짐승, 성인과 범인 등을 엄격히 구분한 것과는 다른 것이다. 호론과 낙론은 성인과 범인의 마음에 대해, 즉 일반 백성의 마음도 성인과 동등하게 파악할 것인가, 그렇지 않으면 차별을 둘 것인가 하는 인식에서도 차이를 드러냈다. 인성과 물성의 문제와 마찬가지로 성인과 범인의 마음에 대한 문제에서도 호론과 낙론의 두 학파는 견해차이가 컸다. 성인의 마음과 범인의 마음이 같으냐, 같지 않느냐 하는 문제에서 낙론은 정호(程顥)의 "마음의 본체는 선하다"는 말을 받아들여 성인과 범인의 마음은 같다고 생각했다.

반면 한원진은 "마음이 곧 기질(氣質)이다"는 새로운 설을 제기했다. 한원진의 학설은 기존 학자들이 일반적으로 마음을 "이(理)와 기(氣)를 합친 것"으로 본 것과는 구별되는 학설이다. 여기에 "마음이 곧 기질"이라고 하면 자연히 마음에는 선과 악이 있다는 결론에 이르게 된다. 그러나 낙론에서는 마음과 기질은 약간 차이가 있다고 이해했다. 주희가 말한 "마음은 기(氣)의 정상(精爽: 靈明한 모습)이다"는 말과 한원진이 "마음이 곧 기질"이라는 말에는 차이가 있다는 것이다. 그러므로 낙론은 한원진의 새로운 주장이 정호와 주희의 설과 어긋난 것이기 때문에 한원진은 제대로 마음을 알지 못했다고 비판했다.

이러한 한원진의 견해에는 다분히 송시열, 권상하를 거쳐 자신에게 전해지고 있던 명나라를 숭배하고 청나라를 배척하는 의식과 당시의 정치 사회적 상황이 짙게 투영되고 있었다. 다시 말해 호론은 중화와 오랑캐, 사람과 짐승, 성인과 범인, 군자와 소인 등을 엄격히 구분하는 성리학의 명분론적 사고가 낙론에 비해 더 철저했던 것이다. 호론과 낙론의 논변은 낙론의 경우 물성에 대한 문제, 구체적으로 인간의 본성은 착하며 따라서 인류를 밝히는 것이 보다 근본적인 관심의 대상이었다. 낙론은 인간의 본성은 착하다는 성선론(性善論)의 기본적 인식에 입각해 인간 본성의 순수함을 회복하려는 의도가 내재해 있었다. 이러한 믿음 때문에 심지어 낙론은 남인, 소북, 소론의 인사도 널리 끌어들여 스스로 '탕평

(蕩平), '포용'(包容)이라고 말하기도 했다. 그 결과 정치적 탕평뿐만 아니라 당시 청나라 문화에 대한 개방적인 입장을 견지하게 되었고, 그 뒤에 전개되는 파란만장한 정치현실의 대처에서 공리적인 입장을 쉽게 취할 수 있었던 것이다.

이에 비해 호론은 이러한 낙론의 태도를 충(忠)과 역(逆), 선(善)과 악(惡), 정(正)과 사(邪)가 섞인 모호한 것으로 파악하고 비판했다. 호론에서는 당시 '탕평'이라 해서 노론 외의 정치세력이 등장해 참여하는 것은 이른바 충과 역이 뒤섞이는 현상으로 받아들여졌다. 그리고 양반과 그 외 계층과의 사이가 엄격했던 신분제의 해이가 급속히 일어나 기득권에 대한 위기의식이 확산되었다. 이러한 여러 현상은 호론의 사상체계를 더욱 엄격하게 만들었다. 또한 대외적으로 중화 문물을 지닌 명나라를 대신해 들어선 청나라를 오랑캐로 보면서 이에 대한 비판의식이 더욱 팽배해지기 시작했다. 호론은 당시의 사회와 문화를 중화와 오랑캐의 두 구도 속에서 파악하고, 학계는 유학과 불교의 학설이 뒤범벅이 된 상황으로 보아 깊이 우려했다. 이 때문에 인성과 물성에 대한 상호 비교를 통해 인성과 물성은 뚜렷이 구분된다는 학설을 내놓았다.

호론은 성인과 범인은 그 마음이 다르다고 주장함으로써 인간 자체 내에서도 차별을 강조하는 매우 보수적인 성향을 보여주었다. 호론은 심성론에 대한 해석에서 보다 엄격한 명분을 적용해 사람과 짐승, 중화와 오랑캐의 구별뿐만 아니라 성인과 범인의 차별을 더욱 강화해 나갔다. 이러한 호론의 견해는 조선 후기 급속도로 해이해져 가는 신분질서를 보다 공고히 하려는 경향이 강하게 반영되어 있었다.

그런데 낙론은 송시열→권상하→한원진으로 이어지는 호론에게 송시열의 적전을 주지 않고, 오히려 자기들이 학문적 주도권을 잡기 위해 호론을 기호학계에서 배제해 나갔다. 호론의 학자인 윤봉구는 「화양서원묘정비명」(華陽書院廟庭碑銘)을 지어 송시열의 심성설을 언급함으로써 학통을 전수한 증거로 삼고자 했는데, 낙론의 김원행은 이를 비석에 새기지 못하게 했다. 낙론에서는 줄곧 「화양서원묘정비명」을 문제삼아 호론의 인물성이론을 비판하고, 아울러 자신들의 학문적·정치적 입지를 굳게 확보하려고 했다. 김원행 등 낙론은 이기설을 이 비석에 기록하는 것은 매우 부당하며, 송시열의 뜻이 반드시 이와 같은지를 알지 못하는 상황에서는 더욱 그러하고, 가령 송시열의 말이 진실로 이와 같더라도 주희의 설에 구애됨이 없다는 것을 알지 못한다면 이는 송시열의 신상에도 편치 않을 것이라고 주장했다. 그리고 당대에 미결이던 안건을 가지고 갑자기 묘정비에 등재해 혹시라도 의논이 일어나게 되면 도리어 송시열을 존경하는 도리에 손상이 간다는 주장을 폈다.

한편 호락논변 전개과정에서 기호학계 내에 정통과 이단이라는 대립구도가 암암리에 형성되어 가고 있음을 확인할 수 있다. 즉 호론이 제출한 「한원진청증작시소」(韓元震請贈爵諡疏)의 내용 중에 낙론을 이단으로 규정하는 문구가 있다는 시비 속에서 두 학파의 논변이 매우 격화되기도 했다. 이 문제는 당시로서는 기호학계의 정통과 이단을 구분하는 문제로서 그 갈등의 심각성이 내재되어 있었다. 이러한 과정에서 낙론에서는 이채·김인순·김매순 등이, 호론에서는 김일주 등이 참여해 논쟁했고, 심지어 정조도 이 논변의 격렬함을 염려해 그 견해를 발표할 정도였다. 그러나 1805년에 호론의 정치적 후원세력이던 정순왕후의 죽음과 더불어 한원진의 학설을 이은 호론 계열이 정치적·학문적으로 몰락하고, 그 대신 낙론 계열의 학자인 김원행의 학설을 이은 안동 김씨 일가가 정치 일선에 등장함으로써 노론 일당 전제 속에서도 낙론 계열만이 학계와 정계를 주도해 나가게 되었다.

이처럼 호락논변은 조선 중기에 이루어진 이기심성론(理氣心性論)에 대한 포괄적 이해 단계에서 임진왜란과 병자호란 전후의 예학에 대한 연구의 시기를 거쳐 이제 심성론뿐만 아니라 물성에까지 그 논의의 영역이 확대되어 나간 것을 의미한다. 사단칠정(四端七情) 논변과 예송이 그 당대에 일어났던 사화(士禍)와 당쟁(黨爭)이라는 정치적 갈등의 소용돌이 속에서 인간의 본성과 행신(行身)에 대해 점검해 본 것이었다면, 바로 18세기에 전개된 호락논변은 그 이전 시기의 당쟁을 통해 이루어진

정계와 학계의 복잡한 재편과정에서 또다시 인간의 심성에 대해 학자들의 문제의식을 표출한 것이었다.

호락논변의 결과는 기호학계에서 이른바 송시열, 권상하, 한원진으로 이어지던 호론의 학맥이 소멸된 것으로 나타났다. 그러나 호론의 학맥은 사라졌지만 인성과 물성이 다르고 성인과 범인의 마음이 다르다는 호론의 학설은 19세기 일본과 서양의 침략에 대응해 정통과 이단, 중화와 오랑캐로 구분해서 배척하는 위정척사의 이론으로 변형되어서 다시 살아났다.

반면 현실정치에 많은 관심을 보이면서 여러 방면에 개방적 자세를 보인 학파인 낙론 계열은 19세기 이후 정계와 학계를 주도했다. 이들 낙론 계열이 지닌 인식의 틀은 아마도 국내외의 다양한 사상과 학술문화를 점차 수용한 진보적 실학자나 개화사상가의 이론으로 발전해 나갔다고 볼 수도 있다. 그러나 낙론의 학설이 포용을 강조하는 논리이고 보니 주체적인 학문태도에서 보다 체계적이고 합리적으로 외부의 현상을 수용할 필요가 있었으나, 그 사상적 틀과 제도적 장치를 그 시대에 맞게 만들어 나가지 못한 것 또한 사실이다.

5. 비주류의 학문적 배경과 정치사상

지금까지 주류적 위치를 차지한 퇴율의 학문과 사상에 근거한 정치세력들의 분파와 사상적 발전에 대해서 살펴보았다. 그러나 퇴율 이후 주류 사상의 흐름에 완전히 흡수되지 않으면서, 정치적인 문제나 국가적 이슈를 다르게 설정하는 주목할 만한 흐름이 있었다. 그 흐름은 단일 학맥으로 연결되지는 않았지만, 국가사회의 현실을 진단하고 처방하는 데 있어 주류 학문의 접근방식에 동의하지 않는 것으로 나타난다. 이들은 대체로 서경덕이나 조식과 사상적 친화성을 갖고 있으며, 성혼을 학문적 연원으로 하는 정치세력이었다.

조식은 왕양명과 비슷하다는 비판을 받을 정도로 성리학적 도덕률의 주체적 실천에는 적극적이었으나, 성리학의 관념론적 경향에 대해서는 경계하면서, "국가의 큰일은 국방을 튼튼히 하고, 식량을 넉넉히 하는 데 불과 한 것23)"이라는 생각을 갖고 있었다. 조식의 성리학이 갖는 실천성과 박학적인 학풍을 최영경과 정구는 '응세'(應世)와 '무실'(務實)의 학문으로 평가했다. 스승의 학풍을 이어받은 정인홍은 당시의 풍조를 "실용을 멸시하는"[蔑實用] 것으로 진단하고 실용적 개혁과 이용후생을 강조했으며,24) 곽재우는 "백성을 편하게 하고 국가를 이롭게 하는"[便民利國] 정치를 주문했다.

서경덕은 이(理)는 기(氣)에 앞설 수 없으며 기의 용사(用事)를 지시하는 것으로 이해하는데,25) 신흠과 김육은 서경덕을 높이 평가하고 공감했다. 이는 임란 이후 붕괴 직전의 국가와 민생을 구제하는 데는 당위론적 도덕론이나 명분론이 아니라, 국가와 백성이 처한 현실에 기초해서 그에 따른 절실한 대책을 강구하고 실천해야 한다는 이론적 구도를 제공하기 때문이었다.

신흠은 주자학을 이데올로기화하고, '존주대의'를 주된 정치이슈로 부각시켜 가던 시기에 이와는 다른 사상적 입장을 드러냈다. 그는 주류 학문 경향에 부정적이었는데, 그 비판의 관점은 남명의 그것과 유사하다. 즉 천(天)이니 성(性)이니 하는 고원한 논의는 인사에 도움이 안 되는 것으로, 도를 말하는 사람은 많으나 도를 얻은 사람은 드물다고 비판했다.26) 당시의 집권층으로서는 특이하게 사공(事功)을 강조하고, 노장사상의 효용을 긍정하며, 왕양명을 높이 평가했다. 장유와 최명길은 상당 부분 신흠의 사상과 일치하는데, 그들은 조선이 당면한 현실문제에 적절히

---

23) 『南冥集』與子强子精書又.
24) 이이화, 「鄭仁弘의 政治思想과 現實認識」, 『鄭來庵思想硏究論叢(1)』(來庵思想記念事業會, 1995). 105쪽.
25) 『花潭集』理氣說.
26) 박희병, 「申欽의 學問과 그 思想史的 位置」, 『民族文化』 20집(民族文化推進會, 1997).

대응하지 못하는 주자학의 대안으로 양명학을 생각했다.

김육은 임진·병자 양란을 거치면서 피폐해진 민생을 회복하기 위해 헌신했는데, 백성에게 삶의 희망을 주고 굶주리지 않게 하는 데 정책의 최우선을 두었다. 특히 양란 이후 도래한 국가사회의 위기를 성리학적 지배질서의 강화를 통해 극복하려고 하는 김집, 송시열 등에 맞서 백성의 안정된 삶의 회복을 통해서 국가적 위기를 극복하려고 했다. 그의 성리학적 학문의 연원은 성혼과 퇴계학파에 속하는 조호익이지만, 정치적 사유의 기초에는 서경덕과 왕양명의 영향이 짙게 나타나며, 박학을 긍정하는 열린 태도 및 하학(下學)적 실천을 강조하는 측면에서는 조식과 유사하다.

그는 인간과 자연 사이에는 기(氣)를 매개로 한 연결이 존재하며, 따라서 정치적 효과와 자연의 감응 사이에는 필연성이 존재한다고 믿었다. 그리고 그 기는 실(實)로 읽혀지면서 허(虛)와 실(實)의 의미론적 대립은 그의 경세사상을 구성하는 기본 축이 되고 있다. 즉 "나라에 이익 되게 하는 것"[國]과 "백성을 편안하게 하는 것"[安民]은 '실'이고, 거짓 꾸밈이나 나라와 백성에게 무익한 일을 '허'로 보아 시종일관 '실'에 기초한 정책을 입안·시행하려고 했다.

박세당은 17세기 집권 노론의 이념적 지주였던 송시열의 주자학적 교조주의에 반대하고 그 정치적 독선을 비판했다. 그는 주자학적 보편윤리보다 조선이 처한 특수윤리를 옹호했다. 청나라 사신의 접대에 배종을 거부한 김만균에 대해 송시열이 개인의 입장과 주자학적 윤리를 앞세워 옹호한 반면, 박세당은 김만균을 성토한 서필원을 옹호했다. 서필원은 김육이 대동법의 완결을 위탁한 경세적 관료이기도 했다. 또한 그는 우리나라의 역사를 명과의 의리관계를 중심으로 평가하려는 송시열에 반대해 국가에 대한 충성을 중심으로 이해하려 했다. 이러한 사관에 기초해 병자호란 때 화의를 주선한 최명길과 삼전도 비문을 지은 이경석을 옹호하고 송시열을 비난했는데, 이로 인해 정치적 핍박을 받기도 했다.

이처럼 비주류 정치사상의 내용은 크게 보아 현실을 인정하는 속에서

'무실'(務實)을 통해 국가적 위기를 타개하고 민생을 보호하고자 하는 것이었다. 그 사상적 특징은 학문적 사승관계로 명백하게 연결되지는 않지만, 박학을 긍정하고 하학적 실천을 강조하며, 관념론적 명분론에 동조하지 않는다는 공통점을 갖고 있다. 화담 서경덕, 남명 조식, 내암 정인홍, 상촌 신흠, 잠곡 김육, 계곡 장유, 지천 최명길, 서계 박세당과 그들의 핵심 문인이나 동료들이 이에 속한다고 할 수 있다.

<참고문헌>

『西溪集』, 『燕巖集』, 『楚亭全書』, 『宋子大全』, 『東野彙輯』, 『弘齋全書』, 『南冥集』, 『花潭集』.

고영진, 『조선시대 사상사를 어떻게 볼 것인가』(풀빛, 1999).
권오영, 『조선 후기 유림의 사상과 활동』(돌베개, 2003).
금장태, 『朝鮮 後期의 儒學思想』(서울대학교출판부, 1998).
김준석, 『朝鮮後期 政治思想史 硏究: 國家再造論의 擡頭와 展開』(지식산업사, 2003).
박희병, 「申欽의 學問과 그 思想史的 位置」, 『民族文化』 20집(民族文化推進會, 1997).
윤사순, 『한국유학사상론』(예문서원, 1997).
이영춘, 『朝鮮後期 王位繼承 硏究』(집문당 1998).
이이화, 「鄭仁弘의 政治思想과 現實認識」, 『鄭來庵思想硏究論叢(1)』(來庵思想記念事業會, 1995)
유봉학, 『조선후기 학계와 지식인』(신구문화사, 1998).
정옥자, 「正祖代 對明義理論의 整理作業: '尊周彙編'을 中心으로」, 『韓國學報』 69(일지사, 1992).
_____, 『조선후기 조선중화사상연구』(일지사, 1998).
지두환, 『한국사상사』(역사문화, 1999).

제17장 숭명반청 사상

유근호 (성신여자대학교)

1. 재조지은

　임진왜란은 일본이 명나라를 치기 위해서 조선의 길을 빌려 달라는 요구를 조선 조정이 거절하면서 시작된 전쟁이기 때문에 명의 참전은 불가피한 것이었음에도, 명은 참전 후에 참전의 명분을 어디까지나 조선을 구원하기 위한 목적에서 이루어진 것이라고 강조했다. 그러나 참전 후에 조선을 돕는다는 명분하에 왕과 신료들의 권위나 자존심을 무시하고 오만하게 행동하고, 심지어는 명의 조정에서는 조선의 쇠약과 부진을 국왕 등 지배층의 무능에 있다 해서 직할통치를 해야 한다는 논의마저 일곤 하여 조선 조정으로서는 명에 대한 감정이 좋은 것만은 아니었다. 또 명군의 장기 주둔으로 군량과 군수물자를 제공해야 하는 부담과 그들이 끼치는 민폐 등으로 조야와 백성들 사이에서도 명나라에 대해 원망이 없는 것은 아니었다.
　그럼에도 불구하고 임진왜란 초반에 거듭되는 패전으로 종사를 보전할 수 없게 되고, 선조가 의주로 파천하면서 도중에 민심의 심각한 이반 현상을 목도하면서 위기의식이 극에 달한 와중에 명군이 평양전투에서 승리를 거두면서부터 조선의 왕과 사대부 관료들 사이에는 재조지은(再造之恩), 즉 망해가는 조선을 다시 세워 준 데 대한 은혜의 감정이 나타나기 시작한 것으로 볼 수 있다.

한편 재조지은이 정치적으로 강조되는 배경을 보면, 전란이 지속되면서 이순신, 권율 같은 조선의 구국영웅이 나타나고 재야 의병장들이 혁혁한 전공을 세우게 되었는데, 패전으로 실추된 왕과 호종 신료들은 자신들의 패전 책임을 모면하고 명의 참전을 끌어낸 조정의 공적을 알리기 위해서라도 명의 참전을 전란 극복의 동력으로 찬양하고 '재조지은'을 강조하게 되었던 것으로 볼 수 있다.[1] 이러한 배경에서 전쟁이 종료될 무렵에는 조선에 참전한 장수들의 공로를 현창하는 사업을 추진했다.

평양에는 무열사(武烈祠)를 지어서 이여송(李如松)을 비롯한 5명의 명나라 장수를 제사지내고,[2] 총독 형개(邢玠)를 모신 선무사(宣武祠)에는 선조가 직접 '재조지은'(再造之恩)의 네 글자를 써서 양각한 현판을 걸었다.[3] 또 명의 관리나 장수가 조선에서 세운 공적을 찬술해 출판을 담당할 기구로 천조장관찬집청(天朝將官撰集廳)을 설치했다.[4] 특히 조선 원병 파견에 적극적이어서 명에서 고려천자(高麗天子)로 불리던 신종(神宗) 황제에 대한 존숭의 염이 깊었으며, 조선에서 명군의 작폐를 막는 데 힘쓴 양호(楊鎬)를 고려재상(高麗宰相)으로 불러 이들을 현창하는 사업을 추진했다.[5] 명도 이에 호응해 정유재란 이후에는 '재조지은'이란 용어를 사용하고, 조선 참전에 대해 그에 대한 보답을 강조했던 것이다. 명의 은혜에 감사하고 보답해야 한다는 조선의 입장과 이를 강조하는 명의 입장이 맞물려 시간이 흐를수록 '재조지은'을 강조하는 분위기가 확산되

---

1) 한명기,『임진왜란과 한・중 관계』(역사비평사, 1988), 74-82쪽 참조.
2) 『선조실록』선조 29년 7월 갑오.
3) 『선조실록』선조 32년 9월 정미.
4) 『선조실록』선조 32년 11월 기유.
5) 신종과 양호에 대한 조선 조정의 숭모의 감정과 현창사업에 관해서는 한명기, 앞의 책, 83-84쪽 참조.

어 갔다고 하겠다.

그러나 광해군 대에 오면 만주에서 발흥한 후금(後金) 세력이 강성해지면서 조선에 위협이 될 뿐만 아니라, 요동으로 진출해 이를 점령하게 되자 명으로서도 극도의 위기감을 갖게 되었다. 광해군은 명과 후금 사이에서 어느 쪽으로부터도 호의를 잃지 않도록, 소위 기미책(羈縻策)을 써서 후금의 위협을 완화시키면서도 명나라에 대한 의리를 지키려는 이중적인 외교정책을 구사했다.

1619년 명이 조선에 원병을 요청하자, 광해군은 조선의 명에 대한 '재조지은'을 생각해 어쩔 수 없이 겉으로는 강홍립(姜弘立)과 김경서(金景瑞)의 인솔하에 군사 1만을 보내 명에 대한 명분을 세우면서도, 뒤로는 형세가 불리할 경우 청에 투항하도록 밀지를 보내는 한편 청에도 이러한 취지를 알려 적의가 없음을 보이고 호의를 유지하고자 했다.[6]

그러나 비변사를 위시해서 많은 신료와 재야사림들 가운데는 명에 대한 '재조지은'에 보답하기 위해서는 후금과의 관계를 끊고 적극적으로 명을 도울 것을 주창해 왕과 비변사 신료 간에는 '재조지은'에 대한 생각이 달랐던 것을 알 수 있다.[7] 당시 집권세력은 대북파로서 이들은 대부분 광해군의 입장을 지지했기 때문에 별 문제가 없었지만, 대북파 관료들 중에도 이이첨(李爾瞻) 같은 지도적 신료는 '재조지은'을 내세워 명에 대한 원병을 적극 지지했다. 이와 같이 숭명반청(崇明反淸)을 에워싸고 왕과 신료나 재야사림들 간에는 미묘한 대립과 갈등이 있었다.

그 후 정권에서 소외되어 있던 서인과 남인들에 의해 광해군이 폐위되어 축출되고 인조가 왕위에 오르는 인조반정(仁祖反正, 1623년)이 일어났다. 당시 집권파로 등장한 서인과 이에 동조한 남인들은 반정의 명분

---

[6] 幣原坦, 「朝鮮孝宗 淸を伐つ陰謀の淵源」, 『史學雜誌』 제13편 제4호(1902), 385-388쪽 참조.
[7] 『광해군일기』 광해군 10년 4월 임오: "但 天朝是我父母之國而有再造之恩. 今有外侮 徵兵於我 則在我之道 安可不爲之馳援乎." 원병 파견을 둘러싼 광해군과 신료들의 갈등에 대해서는 한명기, 앞의 책, 245-250쪽에 자세한 논의가 있음.

으로 국내정치에서 광해군의 실정과 패륜성을 드는 한편, 대외관계에서 대명·대후금 사이에서 상황주의적 대응으로 명에 대한 '재조지은'을 망각한 데 대한 비판을 내세웠다.8) 따라서 반정으로 왕위에 오른 인조로서는 서인계 신료는 물론이고 일반 사림이 지니고 있던 화이론적 세계관에 기초한 숭명반청론에 동조하지 않을 수 없었던 것으로 볼 수 있다. 1627년 후금은 가도(椵島)에 주둔하고 있던 명나라 장군 모문룡(毛文龍)을 지원하는 조선의 태도를 못마땅하게 여기고, 숭명배금(崇明排金) 정책을 포기하고 후금에 대한 경제적 원조를 요구하면서 정묘호란을 일으켜 침공하게 되자 조선의 조정은 결국 이러한 요구를 받아들이고 강화하게 되었다.

그러나 정묘호란의 이러한 귀결은 정치적으로 심각한 후유증을 남겼다. 우선 반정공신들이 주화론을 내세웠던 것은 조야의 극심한 비판을 받게 되었다. 조야의 비판은 후금과의 화친은 이름만 화친이지 실제는 항복이라 했고, 후금 사신과 주화론자들의 목을 베고 인심을 격려해 끝까지 싸우자고 했다. 정묘호란 직후 이인거(李仁居)는 반정공신들이 취한 후금 유화정책에 불만을 품고 반란까지 기도하다가 발각되었다.9) 이러한 상황에서 왕과 조정의 대후금 정책은 숭명배금의 기풍이 만연하는 분위기에서 점차 경직되어 갔으며, 결국 후금의 군사적·경제적 지원을 거부하게 됨으로써 병자호란을 맞게 되었다.

---

8) 『승정원일기』 인조 원년 3월 14일: "我國服事皇朝二百餘載 義卽君臣 恩猶父子 壬辰再造之恩 萬世不可忘也…… 光海忘恩背德 罔畏天命陰懷貳心."
9) 『昭武寧社功臣錄都監儀軌』(奎章閣 14583), 丁卯 9월 25일: "李仁居答曰 朝廷與奴賊相和 吾欲起兵義 由忠淸道 得軍器直向京城 請斬主和奸臣 一人頭 掛於旗芋 仍爲西下 討賊云."

2. 숭명반청 사상의 전개

17세기에 들어서면 조선조는 중국대륙에서 정치적 중심세력이 명(明)에서 청(淸)으로 이동하는 대사변을 맞게 되고, 그 와중에서 불가피하게 종래에 명에 대한 사대관계를 새롭게 일어난 청에 대한 사대관계로 전환하지 않으면 안 되게 되었다. 만주지방에서 일어나 급속히 중원으로 세력을 확대시켜 나가는 여진족(女眞族)의 청과 노쇠한 종주국 명 사이에 끼어 있던 조선조는 1636년(인조 11년) 병자호란을 당해 삼전도(三田渡)에서 왕 스스로 청 태종 앞에 나와 성하(城下)의 맹약(盟約)을 하고 신하로서 사대의 예를 다할 것을 약속하게 되었다. 인조는 그해 11월, 그리고 왕비와 소현세자(昭顯世子)는 인조 17년 6월과 9월에 각각 책봉을 받고, 청의 정삭(正朔)을 받아 봉하고, 성절(聖節)·정조(正朝)·동지(冬至)에 연공(年貢)사절을 보내는 등 종래 명나라에 대해서 행한 것과 같은 예를 행하게 되었다.[10]

그러나 지금까지 '호로'(胡虜)로서 멸시해 온 여진족인 청의 명을 받들고 명실상부하게 군신·부자로서 예를 다한다는 것은 마음속으로 용납할 수 없는 것이었다. 당시 명은 노쇠하기 극에 이르렀다고 해도 여러 통로를 통해 조선조와 연락을 유지하고 있었으므로, 춘추대의(春秋大義)의 명분론을 기초로 하는 사림(士林)과 사림파 관료들의 숭명반청(崇明反淸) 사상은 조금도 쇠퇴하지 않았다.

대청강화(對淸講和)를 둘러싸고 주화파(主和派)와 척화파(斥和派)의 의

---

[10] 조선조 사대부의 대청척화론이 뿌리 깊은 것을 안 청은 정축(丁丑)의 약(約)의 위약을 구실로 청의 사절 영아이대(英俄爾垈) 등을 파견해 조선 포로의 도피자, 향화인(向化人) 및 도주 한인(漢人)의 소위 '삼색쇄환'(三色刷還)을 요구하는 한편, 조선조 조정 내에 소위 모의(謀議)·제신(諸臣)의 치죄에서 많은 반청론자가 심양(瀋陽)으로 끌려갔다. 田川孝三, 「瀋獄問題について」, 『靑丘學叢』 17호(1934) 참조.

견대립이 있었지만, 그것은 청의 남한산성 포위라는 극도의 위기적 상황에서 나타난 의견의 차이로서 강화 후에는 주화파도 명에 대한 은혜와 의리를 인정하지 않는 것이 아니고, 숭명반청에 관해서는 양 파가 내심으로 일치하고 있었다. 그러므로 남한산성 조약에서 명의 고명(誥命),11) 책봉을 청에 헌납하고 그 연호를 폐지하고 명과 절연할 것을 서약했으나, 항복 다음해부터 정월 초하루에 명에 대한 망궐례(望闕禮)를 행하고 연호 사용에서도 심양(瀋陽)에 납치된 세자 일행의 관소(館所)를 비롯해서 평안, 함경, 황해, 경기, 그리고 관상감(觀象監), 역서(曆書) 등 청인의 눈에 쉽게 띄는 곳에서만 청의 연호를 사용하고, 그 밖에 충청, 강원, 전라, 경상도와 부산 왜관 등 남부지방 및 일반 제향축사(祭享祝辭), 그리고 일본과의 외교문서에는 명의 연호나 간지(干支)만을 사용했다.12)

당시 척화파의 대표적인 인물이었던 김상헌(金尙憲, 1570~1652)은 명에 대한 의리를 지키기 위해 끝까지 청나라에 대한 항전을 주장했다. 그는 명의 신종(神宗) 황제의 국가 재조(再造)의 은혜를 마음에 새겨 끝까지 만절필동(萬折必東)의 큰 의리를 고수할 것을 주장했다. 명나라에 대한 의리를 지킨다는 것은 개인의 생사, 국가의 존망과 관계없이 이를 초월하는 불변적 규범이며, 이 불변적 규범을 거역할 수 없다는 것이었다.13) 원래 명에 대한 사대관계는 임진왜란 이전에는 대륙의 군사적 위협을 완화하고 평화관계를 유지하기 위한 정치·외교적 수단으로 조선 측이 스스로 맺은 관계였지만, 이 시기에 오면 조선조 스스로가 명나라에 대한 관계를 군신의 충의라는 불변적 규범질서로 인정하게 되었다.

또 한 사람의 숭명반청론자였던 정온(鄭蘊, 1569~1641)은 병자호란 때 이조참판으로서 국왕에게 상소하기를 군주[인조] 일신의 안전을 위해 대

---

11) 중국 황제가 새롭게 국왕에 즉위한 왕을 승인하는 문서.
12) '丁丑의 約' 제1조에 조선조가 청의 연호를 사용할 것을 규정하고 있으나, 그 후 조선조 정부는 국내에서 가능한 한 청의 연호를 사용하지 않으려고 연호 표기의 신례를 만들었다. 예를 들어 '上之四年庚子' 또는 '當宁五年戊辰' 등이 사용되었다.
13) 玄相允, 『朝鮮儒學史』(民衆書館, 1971), 188쪽.

청강화를 주장하는 주화파의 충의(忠義)는 '부사(婦寺)의 충(忠)'으로서 진정한 충성이 아니라고 비판하고, 대명관계는 군·신, 부·자의 윤리적 관계이며 국내의 군신관계보다 상위의 규범인 것으로 보았다.14)

청나라에 대한 사대를 약속하고 강화가 성립되자 김상헌, 정온 등 척화파 사람들은 향리나 산중으로 은거했다. 정온은 자결하려 했으나 절명치 못하고 그 후 산중은거 5년째 되는 해에 죽었다. 김상헌은 왕이 성문을 나와서 항복하자 남한산성에서 직접 향리인 안동(安東)으로 가서 다시 세상에 나올 뜻을 끊고 명에 대한 충의의 절개를 끝까지 지켰다. 그는 퇴거 후 『풍악문답』(豊岳問答)에서 왕의 가봉(加俸) 분부를 고사하고 왕의 가마를 따라서 출성하지 않은 이유를 설명하는 데서 신하가 군주를 따르는 이유는 군주가 의(義)를 행하기 때문이며, 단지 군주의 명령이 있으므로 이에 따르는 것은 '부사(婦寺)의 충(忠)'에 불과하다고 하고, 따라서 대의(大義)인 명에 대해 충의를 지켜 군주의 곁을 떠나는 것도 또한 신하된 도리라고 하여 명에 대한 의리를 무엇보다 중요시했다.15)

그는 조선조보다 문화적으로 열등한 호로인 청을 섬기는 것은 지상에서 최고의 도(道)의 구현자인 명나라 천자에 거역하는 일이요, 결국 천지의 이(理)에 거역하는 것으로 생각해 청과의 사대관계를 맺은 조정에 서기를 꺼려했다. 물론 조정의 왕이나 주화파도 심정은 척화파와 같았으나, 다만 '힘'에 굴복해 본의와 다르게 청에 가신(家臣)의 예를 취하게 된 것이다. 김상헌은 이에 분노해 6일간 단식하고 자결을 기도했으나 실패하고, 그 후 청의 강요로 심양에 압송되어 명나라가 완전히 멸망한 후에나 귀환하게 되었다.

그밖에 당시 장령(掌令) 홍익한(洪翼漢, 1586~1637), 교리(校理) 윤집(尹集, 1609~1637), 부교리(副校理) 오달제(吳達濟, 1609~1637)는 반청척화(反淸斥和)를 주장하다가 청국에 포박·압송되었지만, 청나라 황제 앞에서 무릎 꿇기를 거부하고 "몸을 굴(屈)한다는 것이 죽음보다 더 큰 고통이

---

14) 같은 책, 189-190쪽 참조.
15) 위와 같음.

라는 것을 너희 놈들이 어찌 알겠는가"16)라고 외치면서 심양의 서문 밖에서 처형되었다. 이후 세상에서는 이들 3인을 삼학사(三學士)라 해서 척사사상의 표본으로 삼았다.

이러한 시대풍조 속에서 주자 강목(綱目)을 굳게 지키며 백이(伯夷), 숙제(叔齊)의 아류로 자임하는 척청론(斥淸論) 일파의 많은 사람들이 조정에 서기를 원치 않고 향리로 은퇴해서 절개를 지키려 했다. 숭명반청론은 서인·남인계를 위시해 일반 사림 중에도 광범한 지지를 얻었으며, 특히 김상헌의 거처에 가까운 삼남지방에서는 대단한 세력과 영향력이 있었다. 존화양이 사상에 기초한 숭명반청론은 주자학의 도학(道學)적 세계상이 난숙해 감에 따라서 나타나는 대외인식의 표현이지만, 한편 이러한 시대사상적 분위기를 고조시킨 현실적 요인으로는 청이 군사력에 의지해 고압적 자세를 취하면서 종래 중국과의 사대관계에서는 생각할 수 없는 가혹한 강화조건을 요구한 데도 원인이 있다고 보겠다.

청은 강화조건으로 ① 군·신, 부·자의 예를 다할 것, ② 명을 정벌하기 위한 원병을 보낼 것, ③ 군비를 제한할 것, ④ 다량의 인·마(人馬)를 보낼 것, ⑤ 배청 인사들을 포박·압송할 것 등이었다.17) ①과 ②는 조선의 대명관계를 차단하는 것이고, ③과 ⑤는 조선의 반청적 경향을 경계해 그 뿌리를 뽑으려는 것이었다. 이것은 종래의 사대관계에서는 보기 어려운 내정·외교의 자율성을 크게 훼손하는 것이었다. 이러한 만주족의 비문화적인 군사력 중심의 체질에 대한 혐오감이 문화주의적인 한(漢)족의 명에 대한 숭모의 감정을 불러일으키게 한 한 요인으로도 볼 수 있을 것이다.

---

16) 『尤菴先生文集』(156) 三學士傳 19장.
17) 田川孝三, 앞의 논문, 118-130쪽 참조.

3. 소중화사상의 형성과 체제 이념화

명·청 교체기에 조선의 사림과 사림파 관료들은 대부분 화의를 배척하고 숭명반청을 일관되게 주장했는데, 이는 주자(朱子)의 중화적 세계 인식에 크게 영향 받은 것으로 볼 수 있다. 우암 송시열(尤菴 宋時烈, 1607~1689)은 조선조와 명·청의 관계를 설명하는 데서 "공자가 춘추(春秋)를 지어 대일통(大一統)의 의(義)를 천하에 밝힌 후 존화양이(尊華攘夷)로 정사(政事)를 행함이 불변의 진리"[18]가 되었다고 하고, "명은 조선조와 동시에 창업해 '자소(字小)의 은(恩)', '충의'(忠義)의 절(節)로서 군신의 의를 정한 나라이며, 청은 예의의 나라를 도적질한 천한 호로(胡虜)"라고 하면서 명과의 관계를 군신의 도덕관계로 보고, 청은 군·부의 원수이며 문화적으로 열등한 호로[19]라고 멸시했다.

여기서 보면 국제관계를 힘의 강약에 의해 변하는 상황적인 것으로 보지 않고, 중화관념에 입각해 국제관계를 규범적인 문화의 상하관계로 인식, 중화의 질서를 영구불변한 당위의 질서로 인식했음을 알 수 있다. 그는 명이 청에게 멸망해 조선조가 청에 대해 사대관계를 맺게 된 이유가 병력의 강약에 의한 것임을 인정하면서도, 또 다른 근본 이유는 조선조 집권층 내에서 정치가 도덕에 기초하지 않고 힘의 강약에 따라 상황주의적 술수로 행해졌기 때문이라고 했다.

따라서 그는 조정은 물론 사림의 도덕적 기강을 세우는 일이 급선무라고 역설했다. 그리고 국제간에서도 도덕적 의리를 지킬 것을 주장했다. 그는 광해군의 이중적 외교정책을 맹렬히 비판하고, 실은 인조반정이 광해군 외교정책의 반도덕성에 연유하는 것이라고 하면서 국가간에

---

18) 『宋子大全』(5) 封事(27쪽). 이하 괄호 안의 쪽수는 『宋子大全』(斯文學會, 1971)의 것임.
19) 『宋子大全』(5) 封事(28쪽).

서도 도덕성을 강조했다.

그는 일생 중화사상에 입각해 숭명반청 사상을 견지하고, 죽을 때에는 그의 문인 권상하(1614~1721)에게 유명(遺命)을 주어 청주 화양동에 만동묘(萬東廟)를 건립케 하고 명의 신종(神宗), 의종(毅宗)의 제사를 지내게 했다. 사후 그를 모신 화양동서원은 한말까지 척사사상(斥邪思想)의 성지였으며, 그 자신은 한말 위정척사파가 가장 숭배하는 선인 중의 한 사람이 되었다. 우암의 만년에는 중화적 세계의 중심국인 명조가 지상에서 없어진 결과, 중화문화의 계승국으로서 조선의 지위와 역할의 재검토가 필요하게 되었다.

본래 중화관념에서 보면 중국은 세계의 지리적·정치적, 그리고 문화적 중심을 이루고 조선은 동이(東夷)에 불과하지만, 중화문화의 전통적 계승국인 명조가 멸망한 현실에서 조선조는 스스로의 역사적 역할을 재인식 할 수밖에 없었다. 더욱이 문화적으로 열등한 만주족이 중원 대륙을 지배하고 있는 현실에서 중화사상에 내포된 한족 중심, 중원 중심의 혈연적·지리적 요소는 어느 정도 수정되지 않으면 안 되게 되었다. 원래 중화사상에서는 문화의 전통을 유교 성인의 역사 속에서 구했던 관계로 공자 이후에 오면 예나 덕치주의, 그리고 송대에는 송학을 통해 도(道)나 성·리(性理) 같은 보편규범이 강조되었다. 이러한 규범적 문화개념을 극단으로 강조하게 되면, 중화사상에 내포된 지리적·혈연적 의의는 후퇴하고 동시에 문화적 요소만이 관념의 중핵을 이루게 된다.

16세기 후반에서 17세기에 걸쳐 조선조 주자학자들의 이론 세계가 난숙해 감에 따라서 이에 비례해 문화적 자부심이 고조되어 갔다. 당시 유학자들은 조선의 문화적 시원을 중국에서 도래한 기자(箕子)에서 구하고 기자조선이야말로 조선에서 문화국가의 출발로 생각했는데, 이 경우 기자에게 봉(封)을 내렸다는 주(周)의 무왕(武王)과 기자의 관계에 관해 율곡은 이를 부인하고, 도리어 기자가 주의 무왕에게 홍범(洪範)을 가르쳤으며 군신관계가 아니라 독자적인 문화의 창시자임을 강조했으며, 또 조선조는 정몽주(鄭夢周) 이래 도학이 발전해 왕도정치가 행해지는 문화국가임을 자부했다. 병자호란기에 반청숭명론자인 정온(鄭蘊)도 「기자수봉조선론」(箕子受封朝鮮論)에서 하늘이 도(道)를 실행하기 위해 기자를 조선에 봉하게 된 것이라고 하여 주의 무왕과 기자의 종속적 관계를 극복하려고 했다.[20]

우암은 기자가 기자팔조(箕子八條)를 제정한 것은 주대의 가례(家礼)가 실시된 것과 시기를 같이한다고 해서 조선문화의 시원이 오래되고 독자적인 것이었음을 자부했으며, 그의 스승 사계(沙溪 金長生)가 공자묘와 같이 기자묘를 세워 망극한 은혜에 보답하고자 했는데 조종이 이를 받아들이지 않았음을 애석하게 여겼다.[21] 특히 주자학 전래 후 정몽주 같은 이가 나와 도학(道學)이 급속히 보급되어 회제(晦齊), 퇴계(退溪), 율곡(栗谷), 우계(牛溪)에 이르러 도학이 전성해, 이제 조선을 동이(東夷)라 부르는 것은 부당하다고 했다.[22] 이러한 조선문화에 대한 자부심은 명조의 뒤를 이어 조선조가 중화문화의 전통적 계승국이 될 수 있다는 논리로 연결되었다.

그러나 중화사상에는 전술한 바와 같이 한족 중심, 중원 중심적 지향을 내포하고 있기 때문에, 이러한 사상적 제약을 극복하기 위해 다음과 같이 설명했다. 화이(華夷)의 구별은 '작흥'(作興) 여하에 달린 것으로, 순(舜)이 동이 사람이고 문왕(文王)이 서이 사람이면서도 성인이 된 점을 지적하고, 중화문화가 결코 한족의 전유물이 아님을 분명히 했다.[23] 또 예전에는 남이(南夷)의 지역이었던 칠민(七閩)이 주자가 나온 이래 중화의 예악문화가 융성한 곳이 된 점을 들어 중화문화가 지리적으로 중원에서만 꽃피운 것이 아니라는 점을 강조했다.[24] 여기서 비로소 조선조가

---

20) 『桐溪先生文集』(2) 箕子受封朝鮮淪.
21) 『宋子大全』(131) 雜著(24쪽).
22) 우암은 도학(道學)의 전통이 정몽주(鄭夢周)로부터 시작된 것으로 보고, 그 후 길재(吉再), 김종직(金宗直), 김굉필(金宏弼), 이언적(李彦迪), 이황(李滉), 이이(李珥), 성혼(成渾)으로 이어져 온 것으로 보았다. 『宋子大全』(131) 雜著(25쪽).
23) 『宋子大全』(131) 雜著(24-25쪽).
24) 위와 같음.

명의 뒤를 이어 정통유학의 문화전통을 계승·발전시켜야 하는 역사적 사명을 담당할 지상에서 유일한 나라로 등장하는 것이다.

그는 중화문화의 정통성을 요(堯), 순(舜), 탕(湯), 문(文), 무(武), 주(周), 공(孔), 맹(孟), 주(周), 장(張), 정(程), 주(朱)로 이어진 것으로 보고, 그 후에는 조선조 주자학으로 이어진 것으로 보았다. 이렇게 해서 조선은 더이상 중화적 세계에서 이적의 지위에 머무는 나라가 아니고, 중화문화의 정통을 계승한 나라로서 세계문화의 중심을 이룬다는, 소위 소중화(小中華)의 세계관이 정착하게 되는 것이다.

우암은 당시 육학(陸學)이나 양명학, 그리고 기(氣)의 철학이 왕성한 세력으로 번지는 중국의 사상적 분위기에 대해 크게 우려하면서, 명조 멸망 후 사학(邪學)이 만연한 청조가 지배하는 현실의 중국은 이미 중화일 수 없으며, 따라서 문화의 중심국이 될 수 없다고 했다. 그는 조선을 춘추시대의 노(魯)에 비유하면서 대륙으로부터 '피음사둔'(詖淫邪遁)의 사설(邪說)이 침투할 것을 경계했다.25) 그가 청에 대해 품고 있던 위기의식은 군사적인 면에 머무는 것이 아니라 문화적으로까지 확대되었으며, 따라서 주자학을 통해 조선조의 문화적 정체성을 확고히 하고, '숭정학'(崇正學) 벽이단(闢異端)의 정신으로 국가적 위기를 극복하고자 했다.

그는 '인륜추 천리극'(人倫推 天理極)이라는 주자학의 명제로부터 오랑캐에 의해 역전된 현실을 통분히 여김으로써, 인의(仁義)가 발하고 이것이 확대되면 천리(당위의 중화질서)를 회복할 수 있다고 생각했다. 그는 주자학의 인성론에서 천리·인욕의 이분법을 그대로 대명·대청관계에 적용해 명에 대한 사대를 천리로 보고 청에 대한 사대를 인욕의 결과로 보았고, 숭명반청의 감정을 "천리를 존(存)하고 인욕을 거(去)하는" 도덕수양의 결과로 보았다.26) 즉 국내 통치는 물론이고 국제적 위기에 대한 대응의 문제도 도덕수양의 문제로 환원시켜서 생각했던 것이다.

이와 같이 내성(內省)적 세계인식에 기초한 숭명반청 사상은 그 후 청

---

25) 『宋子大全』(131) 雜著(25쪽).
26) 『宋子大全』(5) 封事(9쪽).

조가 정치적 안정을 구축하게 되자 현실과의 괴리가 점차 확대되면서 관념의 폐쇄성이 더욱 짙어 가게 되었다. 우암에게는 청조의 침략으로부터 조선의 생존권을 지키고 자존을 유지하는 길은 중화적 질서를 회복하는 일이기 때문에, 중화적 질서의 회복은 나라의 독립·자존을 유지하는 길로 연결되는 것이었다. 구국(救國)과 중화질서의 회복은 같은 것이었기 때문에, 결국 중화적 세계관을 보편이론으로 지지한 주자학이야말로 국난을 극복하고 국가의 주체성을 유지할 수 있는 정신적 지주로 생각하게 되었다.

이와 같이 이 시기에 우암에 의해 이론적 정당성을 확보한 소중화적 세계관은 그 후 우암을 지지하는 노론파를 중심으로 하는 사림과 사대부 계층의 세계관으로 뿌리를 내리게 되며, 이들의 정치적 부상과 더불어 조선조의 체제이념으로 기능하게 된다. 숙종은 소론과 남인의 사주를 받고 우암을 죽였지만, 그 후 장희빈의 간교함이 드러나자 깊이 후회하고 생전 우암의 뜻이 단순히 정권적 차원이 아니라 국난을 당해 주자학을 국가보위의 정신으로 승화시킨 큰 의인으로 생각해 노론을 다시 기용하고 우암 추모사업을 대대적으로 지원했다. 당시 위대한 성인의 경우도 사후 그를 추모하는 서원은 일개소로 한정되어 있었지만, 우암의 경우는 황해 이남의 전 지역에 유생 및 일반 백성들 가운데서 그를 추모하는 사업이 전개되어 조정에서도 이들 추모사업에 특별한 관심으로 지원을 아끼지 않았다. 추모서원은 화양(華陽)을 비롯해서 도봉(道峯)서원 등 4곳에 모셔졌으며, 영당(影堂)도 예산, 장발, 진금, 홍농 등 전국에 세워져 존화양이의 정신으로 나라를 지키려는 뜻을 기리게 되었다.[27]

1704년(숙종 20) 명이 망한 지 60년, 즉 환갑이 되던 해에 대보단(大報壇)을 세워 명의 신종, 의종뿐만 아니라 명의 태조(太祖)까지 모셔 제사를 지내고, 임진왜란과 병자호란의 충신열사를 거기에 향배했다. 즉 이들은 조선의 충신, 열사인 동시에 중화질서의 수호자로 현창된 것이다.

---

27) 우암 추모사업이 어떻게 전국적으로 확산되었는지는 『국역 송자대전』(XIII) 「연보」, 10-11쪽 참조.

숙종의 뒤를 이은 경종은 병약해 일찍 죽고 그 뒤를 이은 영조는 전적으로 노론의 지지를 받아 왕위에 오른 관계로 노론을 중용하는 한편, 노론의 영수였던 우암을 다시 도봉서원에 형배하고, 그의 존화양이 대의의 정신을 현창하고, 대보단에서는 황단망배례(皇壇望拜禮)를 행하고, 거기에 배향된 충신, 열사의 자손까지 참여토록 했다.[28]

특히 우암의 유명을 받아 권상하가 창건한 화양동 만동묘는 화양서원과 함께 조정의 재정적 지원을 받고 수직관이 파견되어 각별한 보호를 받았다. 이후 이곳은 한말까지 일반 사림은 물론이고 조정에서도 반청숭명 정신으로 존화양이의 대의를 편 호국·척사사상의 성지로 여겨져 왔다. 19세기 후반에 서양의 군사적·경제적 충격이 가중되는 상황에서 나타난 위정척사파는 우암의 정신으로 돌아가 나라를 지키려 했기 때문에, 학통과 정파를 초월해 한결같이 우암을 대성인으로 숭모하고, 중화문화는 공자 이래 주자를 거쳐 조선의 송자(宋子)로 계승된 것으로 보고, 조선이야말로 세계문화의 중심이라는 소위 소중화사상을 계승했다.

이리하여 주자학의 존화양이 사상에 기초한 우암의 숭명반청 사상은 그것이 호국사상이 되어 체제의 통치이념으로 뿌리를 내리게 되었다. 동아시아의 한·중·일 3국이 근세에 모두 주자학을 교학(敎學)으로 채용해서 장려했지만, 조선조의 주자학만이 유독 체제이념이 되어 대외적 위기의 국면마다 호국이념으로 승화되었고 한국인의 정체성을 확인하는 이념적 수단으로 재생되었다.

<참고문헌>

『朝鮮王朝實錄』(과천: 國史編纂委員會, 1958).
『承政院日記』(民族文化推進會, 2003).

---

28) 대보단향사(大報壇享祀)에 어떤 인물들이 선정되었는지에 관해서는 정옥자,『조선 후기 조선중화사상연구』(일지사, 1998), 161-183쪽에 자세히 소개되어 있음.

『尤菴先生文集』(景仁文化社, 1996).
『桐溪先生文集』(景仁文化社, 1996).
『宋子大全』(斯文學會, 1971).
『昭武寧社功臣錄都監儀軌』(奎章閣 14583).

『국역 송자대전』(民族文化推進會, 1980).
박충석·유근호, 『조선조의 정치사상』(평화출판사, 1981).
유근호, 『조선조 대외사상의 흐름』(성신여대출판사, 2004).
정옥자, 『조선후기 조선중화사상 연구』(일지사, 1998).
한명기, 『임진왜란과 한·중 관계』(역사비평사, 1988).
현상윤, 『朝鮮儒學史』(民衆書館, 1971).

田川孝三, 「瀋獄問題について」, 『青丘學叢』 제17호(1934).
幣原坦, 「朝鮮孝宗 清を伐つ陰謀の淵源」, 『史學雜誌』 제13편 제4호(1902).

제18장 복제예송과 그 함의

전락희(단국대학교)
이원택(서울대학교)

1. 복제예송의 발단과 전개

예송(禮訟)은 말 그대로 예(禮)에 관한 송사(訟事)를 가리키는 보통명사이다. 예치(禮治)를 이상으로 여겼던 조선시대에는 많은 예송이 있었다. 그 중에서도 가장 격렬하고 정치적 파장이 컸던 것이 상복(喪服)의 형식, 곧 복제(服制)를 둘러싸고 기해년과 갑인년에 일어난 이른바 기해복제 예송과 갑인복제 예송이다. 혹자는 전자를 제1차 예송, 후자를 제2차 예송이라고 부르기도 한다. 기해복제 예송은 인조(仁祖, 재위 1622~1649)의 계비(繼妃)였던 자의대비(慈懿大妃, 1624~1688, 莊烈王后로 추존됨)[1]가 효종(孝宗, 재위 1649~1659)의 상례(喪禮)에 입어야 할 상복의 형식을 두고 쟁론한 것이며, 갑인복제 예송은 자의대비가 효종의 비(妃)였던 인선왕후(仁宣王后, 1618~1674)의 상례에 입어야 할 복제를 두고 쟁론한 것이다. 그런데 자의대비의 복제를 두고 벌어진 예송은 두 차례나 더 있었다. 현종(顯宗, 재위 1659~1674)의 상례에서 자의대비의 복제를 의

---
1) 인조의 가계도는 다음과 같다.

논하면서 벌어진 을묘복제 예송과 숙종(肅宗, 재위 1674~1720)의 비였던 인경왕후(仁敬王后, 1661~ 1680)의 상례에서 역시 자의대비의 복제를 의논하면서 벌어진 경신복제 예송2)이 그것이다.

1) 기해복제 예송

기해복제 예송은 효종에 대한 자의대비의 복제를 둘러싸고 벌어진 논쟁으로, 현종 즉위년에 시작되어 8년간 진행되었다. 기해년(1659) 5월 4일 효종이 승하했다. 그런데 자의대비가 효종을 위해 입을 복제가 『국조오례의』(國朝五禮儀)에 실려 있지 않았다. 논의과정에서 처음 문제가 된 것은 삼년복(三年服)인가 기년복(期年服)인가였다. 윤휴(尹鑴)는 효종의 종법(宗法)상의 지위를 적장자(適長子)로 간주해 삼년설을 제시했다. 반면 송시열(宋時烈)은 효종의 종법상의 지위가 서자(庶子: 次子 이하를 서

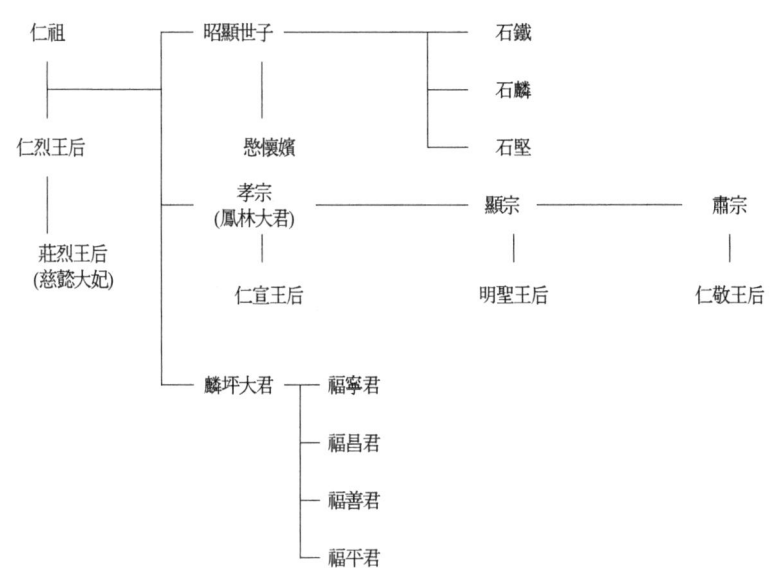

2) 경신복제 예송은 자의대비의 복제 때문에 발생했지만, 앞서의 복제 예송과는 쟁점이 달랐으므로 이 글에서는 생략하기로 한다.

자라 함)이기 때문에 기년설이 옳다고 주장했다. 송시열이 주장한 기년설의 논거에 대해 영의정 정태화(鄭太和)는 "깜짝 놀라 손을 흔들며 말을 못하게 하면서" 소현세자의 아들이 살아 있기 때문에 그 설을 사용할 수 없다고 했다. 송시열의 논리 속에는 소현세자가 적장자이므로 종법상 정통(正統)의 지위가 소현세자의 아들에게 있는 것으로 해석될 소지가 있었기 때문이다. 그리하여 정태화가 『대명률』(大明律)과 『경국대전』(經國大典)의 규정을 적용할 것을 제안하자 송시열이 동의해 기년복으로 결정되었다.3)

그런데 『경국대전』에 규정된 기년복 자체에 문제의 소지가 있었다. 『경국대전』의 복제 조항에는 "아들에게 기년복을 입는다"4)고만 규정되어 있을 뿐, 그 '아들'이 장자인지 차자(次子)인지 구별되어 있지 않아 효종의 종법상의 지위가 명확하게 드러나지 않았다. 게다가 송시열이 제시했던 사종설(四種說)5)에 따르면 서자에게 기년복을 입어 주는 것이어서 결과적으로 『경국대전』의 기년복과 명목이 같게 되었다. 그래서 자의대비의 기년복은 송시열이 제시한 사종설의 서자에게 입는 기년복으로 일반에게 이해되었다.

복제논쟁은 효종이 승하한 이듬해인 경자년(1660) 3월에 허목(許穆)이 상소하면서 본격적으로 진행되었다.6) 허목은 기해년의 복제가 송시열의 기년설을 따른 것이라고 생각해 삼년설을 제기한 것이다. 그는 효종이 비록 차자로 태어났으나, 정체(正體: 正은 祖와 父를 이은 적장자를 말하고, 體는 祖孫 계승이 아닌 父子 계승을 말함)로서 전중(傳重: 大統을 이어받은 것)했기 때문에 효종의 종법상의 지위가 적장자라고 주장했다. 이

---

3) 『현종실록』 즉위년(1659) 5월 5일.
4) 『經國大典』 禮典 五服條.
5) 사종설은 『의례』(儀禮) 「상복」(喪服)에 대한 당나라 가공언의 주석에 나오는 설로서, 네 가지 특수한 경우에 삼년복을 입어 주지 않는 것을 말한다. 그 중 하나가 "체(體)이지만 정(正)이 아닌 경우," 즉 아버지의 적자(適子)이지만 적장자(適長子)가 아닌 경우이다. 송시열은 효종이 바로 그 경우에 해당한다는 것이다.
6) 『현종실록』 원년(1660) 3월 16일.

번에는 송준길(宋俊吉)이 상소해 허목을 비판했다. 송준길의 주장은 송시열의 입장을 지지하는 것으로 효종이 인조의 차자임에는 변함이 없기 때문에 기년복이 옳다는 것이었다.7) 허목과 송준길의 차이는 허목이 차자가 대통(大統)을 계승하면 정체의 지위를 차지할 수 있다고 본 반면, 송준길은 차지할 수 없다고 본 것에 있다.

현종 원년 4월 자의대비의 복제에 대해 송시열이 장문의 헌의(獻議)를 하여 삼년설을 비판하고 기년설을 주장했다.8) 송시열은 허목의 상소문을 조목별로 비판하고, 또 윤휴의 삼년설을 비판했다. 허목과 윤휴의 삼년설이 상복의 기간이 3년이란 점에서는 같지만, 허목의 자최삼년설과 윤휴의 참최삼년설은 복제의 성격이 본질적으로 다른 것이었다. 이 차이점은 갑인복제 예송 때까지 주목되지 않다가 을묘복제 예송에서 분명하게 드러난다.

같은 달 윤선도(尹善道)가 상소해 허목의 입장을 지지하면서 송시열의 기년설을 논박했다.9) 윤선도는 이 상소에서 송시열의 논의를 조목별로 비판했는데, 사용된 어휘가 매우 과격했다. 특히 복제가 기년복으로 결정되자, 왕가의 종통(宗統)이 "약간 흐릿한 느낌이 있으며 어쩌면 다소 흔들리고 있는 것" 같다며 종통문제를 제기했다. 그리하여 윤선도는 일단 세자로 책봉되면 원래 서자였더라도 장자가 된다고 하여 허목의 삼년설을 지지했다. 그는 특히 송시열의 기년설이 "장유(長幼)의 차례만 엄히 하고 군신(君臣)의 신분은 엄히 하지 않아도 된다는 것"으로, 곧 적통(嫡統)과 종통(宗統)을 분리하려는 논리라고 비판했다. 뿐만 아니라 그는 예설 외의 사항, 즉 "재궁(梓宮)을 제대로 쓰지 못했던 일"10)과 "의관(衣冠)을 영원히 간직하는 일"11)을 거론하면서 송시열을 비판했다.12)

---

7) 『현종실록』 원년(1660) 3월 21일.
8) 『현종실록』 원년(1660) 4월 16일.
9) 『현종실록』 원년(1660) 4월 18일.
10) 효종이 승하했을 때 관이 작아 판자를 이어서 관을 만들었는데, 당시 송시열이 염습의 감독을 잘못해서 그렇게 되었다고 비난한 것이다.
11) 효종의 능을 윤선도는 수원 뒷산을 추천하고 송시열은 동구릉을 추천해 결국 동구

윤선도의 상소로 정국은 급랭했다. 삼사(三司)에서 복제문제가 종묘사직의 안위(安危)나 국조(國祚)에 조금도 관계가 없다고 하면서 윤선도의 처벌을 주장했다. 그리하여 복제논쟁은 당파간의 쟁송으로 발전했다. 이 때 권시(權諰)가 상소해 송시열과 송준길을 비판하고, 윤선도를 "과감하게 말을 하는 선비"[敢言之士]라고 옹호했다. 또 원두표(元斗杓)가 차자(箚子: 격식을 갖추지 않은 상소문)를 올려 자최삼년설을 주장했다. 그래서 현종은 다시 복제에 관한 의견을 묻게 되었다. 서인 측의 이유태(李惟泰)는 송시열과 같은 의견임을 밝혔으나, 남인 측의 허후(許厚), 윤휴, 심광수(沈光洙)는 적극적으로 의견을 표명하지 않았다. 현종은 이들의 의견이 분명치 않다고 해서 대신들에게 물었다. 대신들은 국제(國制: 『경국대전』을 말함) 기년설을 주장했으며 그래서 기년복으로 확정되었다. 이렇게 해서 자의대비의 복제와 관련한 쟁송은 윤선도가 유배되고 권시는 파직되었으며 허목이 삼척부사로 좌천되는 것으로 일단락되었다. 기해복제 예송은 일단 서인 측이 승리한 셈이었다. 그렇지만 남인 측은 기회가 있을 때마다 복제문제를 제기했다.

2년 4월 조경(趙絅)이 상소해 윤선도를 변호했다. 조경의 처벌 문제로 조정이 다시 시끄러워졌다. 3년 4월 윤선도의 해배 문제가 논의되면서 다시 조정이 시끄러워졌다. 이때 홍우원(洪宇遠)이 상소해 윤선도와 허목, 권시, 조경을 변호했다. 그 후 한동안 잠잠하던 복제문제는 6년 2월 성대경(成大慶)의 상소로 다시 제기되었다. 7년 2월에는 서인계의 김수홍(金壽弘)이 송시열에게 보낸 「장자를 분변하고 서자를 논하는 글」[辨長論庶]이 문제가 되었다. 김수홍의 편지는 허목과 윤선도의 삼년설에 찬동하는 것이었다. 동년 3월에는 유세철(柳世哲) 등 영남 유생 1천여 명이 상소해 삼년설을 지지했다. 그들은 효종의 종통문제를 거론하면서 송시

릉에 장사했는데, 물이 흘러들어 석축이 무너진 것을 비난한 것이다. 효종의 능은 후에 여주로 옮겨졌다.
12) 이원택, 「현종대의 복제논쟁과 공사의리에 관한 연구」, 서울대학교 박사학위논문 (2000), 32-41쪽 참조.

열을 논죄하고 고묘(告廟: 종묘에 보고하는 의식)할 것을 청했다. 영남 유소(儒疏)가 나오자마자 관학 유생들이 상소해 영남 유소를 조목별로 비판했다. 4월에는 충청도 유생들이 상소해 영남 유소를 비판하고 송시열을 변호했다. 그 후에도 유생들의 상소가 이어지자 현종은 복제 관련 상소 금지령을 내렸다. 그리고 나서 현종 8년 7월 현종은 윤선도를 연로하다는 이유로 특별히 석방했다. 이로써 기해복제와 관련된 분쟁은 갑인복제 예송이 시작될 때까지 더 이상 표출되지 않았다.

2) 갑인복제 예송

갑인년(1674) 2월 24일 효종비 인선왕후(仁宣王后)가 승하했다. 인선왕후에 대한 자의대비의 상복이 다시 문제가 되어 갑인복제 예송이 발생했다. 처음 예조에서 자의대비의 상복을 기년복(期年服)으로 결정해 현종의 윤허를 받았으나, 곧바로 그것이 잘못되었다고 해서 대공복(大功服)으로 바꾸게 된 것이다.13)

복제를 개정하면서 예조가 보고한 내용을 살펴보면, 첫째로 기해년 당시 효종에 대한 자의대비의 복제가 기년복이었음을 말했다. 그러나 『경국대전』에는 장자와 차자를 막론하고 아들에게는 기년복으로 규정되어 있어 효종의 종법상의 지위가 분명하게 천명되지는 않았었다. 둘째, 그런데 인선왕후에게는 대공복이 된다고 천명했다. 그렇다면 인선왕후는 적부(適婦)가 아닌 서부(庶婦)가 된다. 『경국대전』에 따르면 적부에게는 기년복이고 서부에게는 대공복이기 때문이다. 『주자가례』(朱子家禮)에도 똑같이 규정되어 있다. 셋째, 인선왕후가 서부라면 효종은 서자가 되는 셈이다. 넷째, 그렇다면 자의대비가 효종에게 입었던 기년복은 효종을 서자로 간주한 서자복이 된다. 그리하여 결국 "승중(承重)하여 대통을 이은 경우도 장자라고 할 수 없고 서자인가"라는 기해복제 예송의 쟁점이

---

13) 『현종개수실록』 15년(1674) 2월 28일.

다시 등장하게 된다.

당시의 정황을 보면, 기해복제를 결정할 때 송시열의 뜻이 사종설에 있었는데, 예조에서 그것을 모르고 인선왕후를 적부로 간주해 자의대비의 상복을 기년복으로 의정한 것이다. 그리하여 박세당(朴世堂)이 만약 자의대비의 복을 기년복으로 의정하게 되면 송시열의 의논과 배치된다는 것을 지적했다. 송시열의 의견에 따라 효종을 서자로 간주해 효종에게 기년복을 입었으면, 인선왕후를 서부로 간주해 인선왕후에게는 대공복을 입어야 하기 때문이다. 예관들은 박세당의 문제제기를 수용해 대공복으로 개정했는데, 송시열의 논리를 따른 셈이 된다. 이때까지 복제문제에 대해 예관의 단순한 실수로 여겼지 누구도 특별한 의심을 하지 않았던 것 같다.

그 해 7월 대구의 도신징(都愼徵)이 상소해 자의대비가 인선왕후를 위해 입는 복을 처음에 기년복으로 정했다가 나중에 대공복으로 고친 것을 문제 삼았다. 그는 효종의 복제를 『경국대전』에 따라 기년복으로 정했으면 효종비 인선왕후는 적부가 되며 『경국대전』에 적부에게는 기년복으로 정해져 있는데, 지금 서부를 위한 복인 대공복으로 바꾼 것은 모순이라고 했다. 만약 인선왕후가 서부가 되면, 현종은 서손(庶孫)이 되어 훗날 자의대비에게 "감히 중대한 대통을 전해 받은 적장손(適長孫)으로 자처"할 수 없다는 것이었다.14)

13일 현종은 대신들을 인견하는 자리에서 복제문제를 제기했다. 현종의 물음에 영의정 김수흥(金壽興)은 기해년에는 효종을 서자로 간주해 기년복이 되었으며, 인선왕후는 서부가 되고, 따라서 대공복이 된다는 요지의 발언을 하면서, 기해년에 "고례(古禮)와 금례(今禮)를 참작해 썼"음을 강조했다. 그러나 현종은 "기해년에 쓴 복제는 그것이 국제(國制)였지 고례는 아니었던 것"임을 지적했다. 현종은 도신징의 상소를 내보이면서 예관들을 비판한 후 "대신·원임대신·육경, 삼사의 장관, 참찬·

---

14) 『현종개수실록』 15년(1674) 7월 6일.

판윤을 다 불러들여 회의하게 하고, 예조의 참판·참의도 동참하도록 하라"고 명령했다.

이날 밤 여러 신하들이 빈청에 모여 의논하고 보고했는데, 기해년 복제 결정의 시말을 설명하는 것이었다. 이 보고는 효종이 차자이기 때문에 기해년 효종의 상례에 고례에 따라 기년복으로 결정한 것이며, 지금의 복제도 그러한 뜻이라는 것이었다. 다시 말하면 효종이 서자이기 때문에 인선왕후도 서부가 되며, 따라서 자의대비의 복은 대공복이라고 한 것이다. 그러자 현종은 보고내용이 분명치 않다고 불만을 표시하고, 분명하게 결정해서 보고하라고 하교했다. 그리하여 빈청에서 다시 보고했는데, 승중(承重) 여부보다는 출생의 차서(次序)를 중시하는 뜻으로 보고했다.15)

14일 현종은 어제 빈청에서 두 번째 보고한 것도 분명치 못하다고 하면서 다시 의논할 것을 하교했다. 현종의 하교 내용을 살펴보면, 현종은 기해년에 국제를 사용해 기년복으로 의정했으므로 지금의 복제도 국제에 따라 결정하면 된다는 것이었다. 현종의 이와 같은 국제 준용 주장은 효종이 적장자로서 기년복이었고, 인선왕후도 적부로서 기년복에 해당한다는 것이었다. 이에 대해 빈청에서 기해년 당시 국제를 적용할 때 장자·차자를 분변하지 않았으나, 이번 복제 결정에는 『경국대전』에 따라 적부·서부를 분변해야 하며, 그 경우 대공복이 된다고 보고했다. 그런데 빈청의 대공복 논리를 기해년에 소급해 적용하면 효종은 서자가 된다. 즉 "차자가 승중할 경우 장자가 된다"는 명문이 『경국대전』에 없으므로 윤서(倫序)를 따져 보면 효종은 서자라는 것이다. 이러한 의논은 기해복제 예송에서 송시열의 기년설과 그 궤를 같이한다.

빈청의 보고를 받은 현종은 내용 중에서 "차자라도 대통을 이으면 곧 장자가 된다"고 한 구절의 출전을 찾아내게 하고, 그것을 김석주(金錫胄)에게 해석하게 했다. 김석주는 그 구절을 송시열의 견해에 의거해서 해

---

15) 『현종개수실록』 15년(1674) 7월 13일.

석하지 않고, 허목의 견해에 의거해서 해석했다. 그 구절에 대한 송시열의 견해는 적자가 어려서 죽었을 경우 차자가 대통을 이으면 곧 장자가 된다고 하면서 매우 엄격하게 해석하는 것이었다. 반면 허목은 그 구절을 아무런 전제 없이 넓게 해석했다. 따라서 송시열의 견해를 따르게 되면 소현세자가 성년이 되어 죽었으므로 효종은 장자가 될 수 없게 된다.16)

15일 마침내 현종은 전일 빈청의 보고에 대해 효종이 종법상 장자에 해당하고, 따라서 인선왕후는 적부가 되므로, 자의대비의 인선왕후에 대한 상복은 국제에 따라 기년복이 된다고 처분했다. 그러고 나서 예관들의 처벌을 명하고, 영의정 김수홍을 춘천에 유배했다. 8월 1일 대왕대비 복제를 기년복으로 고쳐 성복(成服)했다. 그런데 18일 현종이 승하했다. 현종을 이어 즉위한 숙종은 서인을 처벌하고 남인을 등용해 인조반정 후 50여 년 만에 남인정권이 성립되었다. 숙종 초 6년간 기해복제 예송에서처럼 처벌과 신원 요구라는 똑같은 과정이 반복되었다.

3) 을묘복제 예송

을묘복제 예송은 현종의 상례에 자의대비가 입어야 할 상복을 놓고 숙종 원년부터 2년까지 진행되었다. 논쟁이 진행될 당시는 갑인복제 예송의 여파로 서인들이 정계에서 물러나 있는 상황이었으며, 따라서 논쟁은 남인들 사이에서 진행되었다.

갑인년(1674) 8월 현종이 승하했다. 처음에 자의대비의 상복은 적손(適孫)에게 입는 기년복(期年服)으로 결정되었다. 그런데 이듬해 을묘년(1675) 윤5월 윤휴가 상소해 현종에 대한 자의대비의 복제를 참최삼년복(斬衰三年服)으로 개정할 것을 주장했다.17) 이 논쟁에서 그 동안 수면 아래 가라앉아 있던 윤휴의 입장이 비로소 공개적으로 표출되었다. 그는

---
16) 『현종개수실록』 15년(1674) 7월 14일.
17) 『숙종실록』 원년(1675) 윤5월 1일.

기해복제와 을묘복제에 똑같은 논리가 적용되는 것으로 보았다. 윤휴는 조손(祖孫)간의 의리에 입각하면 자의대비의 상복이 기년복이지만, 군신(君臣)간의 의리에 입각해서 보면 현종의 상에 자의대비는 참최삼년복을 입어야 한다는 것이었다. 그리하여 을묘복제 예송을 통해 윤휴와 허목의 차이점이 명확히 드러났다.18)

숙종은 윤휴의 상소를 대신들로 하여금 의논해 정하게 했다. 이때 허목이 헌의해 자신의 의견을 제시했다. 허목의 주장은 태후(太后)와 국군(國君)은 존귀함[尊]이 같으며, 존(尊)이 같으면 그 본래의 복을 입는다는 것이었다. 그리고 "어머니가 아들에게 참최삼년복을 입어 준다"는 명문이 경전에 없다는 것을 지적했다. 결론적으로 허목은 군신간의 의리보다는 조손간의 의리가 더 중요함을 표명한 것이다.19)

숙종은 윤휴의 견해를 지지하고, 대왕대비의 복제를 참최삼년복으로 개정할 것을 하교했다. 그러자 허목이 차자를 올려 대신들에게 대왕대비의 복제를 다시 의논하게 할 것을 청했다. 그리하여 빈청에서 자의대비의 복제를 의논했는데, 윤휴는 자신의 의견을 강력하게 주장했다. 그러나 허적과 권대운(權大運) 등은 윤휴의 주장에 반대했다. 마침내 숙종은 참최삼년복을 취소했다. 숙종이 자의대비의 복제를 참최삼년복에서 자최기년복으로 번복하자, 윤휴가 다시 상소했다. 그러나 숙종은 여전히 예경(禮經)에 "모후(母后)는 천왕(天王)에게 참최를 입는다"는 명문이 없다는 것을 이유로 기년복을 개정할 수 없다고 했다.20)

한동안 잠잠하던 복제문제에 대해 숙종 2년 6월 윤휴가 다시 상소해 문제를 제기했다. 그는 "태상(太上)을 누르고 친속(親屬)의 법제를 쓰고 있다"고 하면서 복제의 개정을 요구했다. 아울러 그는 이처럼 대례(大禮)가 잘못된 것이 대신들 때문이라고 하면서 영의정 허적과 좌의정 권대

---

18) 이원택, 「숙종초 을묘복제 논쟁의 사상사적 함의」, 『한국사상사학』 제14집(한국사상사학회, 2000).
19) 『숙종실록』 원년(1675) 8월 7일.
20) 『숙종실록』 원년(1675) 8월 10~15일.

운을 탄핵했다.21) 그러자 권대운이 차자를 올려 윤휴를 비판하고, 또 허적도 상소해 윤휴를 비판했다. 허적은 특히 윤휴의 신모설(臣母說)을 문제 삼았다. 이에 숙종은 "모후(母后)를 신하로 삼는다는 설은 매우 이치에 가당치 않다"고 화답했다. 그리하여 현종에 대한 자의대비의 상복은 자최기년복으로 결정되었다.22)

2. 예론의 대립: 친복론과 존복론

앞에서 살펴본 세 차례의 예송은 참여자와 주장된 예론이 각기 다르지만 서로 밀접한 연관성을 갖고 있다. 다시 말하면 기해복제 예송의 두 측면이 갑인복제 예송과 을묘복제 예송으로 전개된 것이다. 따라서 편의상 기해복제 예송을 중심으로 예론을 분류해서 살펴보기로 한다.

기해복제 예송에서 제기된 예론은 송시열의 자최기년설, 허목의 자최삼년설, 윤휴의 참최삼년설로 정리할 수 있다. 자최기년설은 송준길, 이유태 등 서인계의 지지를 받았으며, 자최삼년설은 남인계의 윤선도, 권시, 원두표 등이 지지했다. 윤휴의 참최삼년설은 복제논의 단계에서 제시되었다가 논쟁이 본격적으로 전개될 때는 수면 아래로 잠복해, 허목의 자최삼년설과의 차이가 분명하게 인식되지 않은 채 삼년설로 함께 묶여서 취급되기도 했다.

특히 앞에서 살펴보았듯이 논쟁이 본격화되면서 효종의 종법상 지위를 놓고 종통논쟁으로 비화되었다. 그리하여 참최복[윤휴]과 자최복[송시열, 허목]의 차이는 무시되고 자최복 내의 기년복[송시열]과 삼년복[허목]의 차이에 초점이 모아졌다. 뿐만 아니라 기해복제 예송의 이 측면은 효종비 인선왕후의 상에 자의대비가 입을 상복을 놓고 벌어진 갑인복제 예송에서 다시 쟁점으로 등장했다. 서인측의 대공설(大功說)은 송시열의

---

21) 『숙종실록』 2년(1676) 6월 21일.
22) 『숙종실록』 2년(1676) 7월 2일.

기년설에 근거해 인선왕후의 종법상 지위를 서부(庶婦)로 간주하고, 반면 현종과 남인측의 기년설(期年說)은 허목의 삼년설에 근거해 인선왕후를 적부(適婦)로 간주한 것이다. 그리하여 대부분의 연구자들이 기해복제 예송과 갑인복제 예송을 함께 연관시켜 파악함으로써 허목과 윤휴의 차이에는 주목하지 않은 것으로 보인다.

사실 종통문제는 처음 복제논의를 할 때부터 논란의 소지가 될 수 있었으며, 종통문제를 중심으로 복제논쟁이 당쟁으로 비화된 것은 부인할 수 없는 사실이다. 특히 논쟁이 당쟁으로 비화되자, 예론의 설득력 여부에 관계없이 상대편의 처벌을 요구하고, 그래서 한쪽이 처벌받게 되면 그것을 신원(伸寃)하려고 쟁송이 다시 증폭되는 악순환을 겪었다. 이런 양상은 기해복제 예송과 갑인복제 예송에서 똑같이 나타났다. 이처럼 예론을 권력투쟁의 수단으로 보는 것도 복제예송을 이해하는 중요한 관점이라 할 수 있다.

그러나 이처럼 종통논쟁에 초점을 맞출 경우 보다 근본적인 차이점을 놓칠 염려가 있다. 다시 말하면 논쟁이 군주복제라는 특수성 때문에 발생했다는 점이 명확하게 드러나지 않는다. 군주복제의 특수성은 모후(母后)와 사군(嗣君)의 관계가 사적인 모자(母子)관계와 공적인 군신(君臣)관계를 겸하고 있다는 것을 말한다. 따라서 이 측면에 따라 예론을 분류하면, 송시열과 허목은 모자관계를 일차적이라고 여겨 친복론(親服論)을 주장했고, 윤휴는 군신관계를 우선시해 존복론(尊服論)을 주장했다고 할 수 있다. 그리고 이 측면은 현종의 상에 자의대비가 입을 상복을 놓고 윤휴와 허목이 논쟁한 을묘복제 예송에서 분명하게 드러났다. 을묘복제 예송에서 허목은 조손복(祖孫服)으로 자최기년설을 주장했고, 윤휴는 군신복(君臣服)으로 참최삼년설을 주장했다. 따라서 갑인복제 예송을 통해 기해복제 예송을 설명하는 것보다 을묘복제 예송을 통해 기해복제 예송을 설명하는 것이 군주복제의 특성을 보다 잘 드러낼 수 있다고 하겠다.

1) 송시열의 친복론

송시열은 『의례』 「상복」의 가공언 소설(疏說) 가운데 사종설에 근거해서 자의대비의 효종에 대한 복을 어머니가 중자에게 입어 주는 기년복으로 단정했다. 그는 자의대비가 효종에게 입을 복은 군신복이 아니라 모자관계를 일차적으로 고려한 모자복(母子服)이 되어야 한다고 하여 친복론을 주장했다. 그는 신분을 기준으로 자의대비와 효종의 관계를 볼 경우 자의대비가 효종에 대해 임금의 지위에 해당한다고 보았다.

따라서 신하가 군주에게 입는 군신복(君臣服)을 적용할 수 없다는 것이었다. "친친(親親)은 부모가 맨 먼저이고, 존존(尊尊)은 군신이 맨 먼저"23)라는 상복 결정의 원칙에 비추어 보면, 송시열의 주장은 존존보다 친친을 일차적으로 고려한 것이었다.24) 이는 군신관계보다 부자관계를 일차적으로 고려한 것이라고도 하겠다. 그는 왕가의 특수성으로 인해 아우로서 형의 뒤를 이었거나 숙부로서 조카의 뒤를 이어 왕위에 오른 경우라도 상복을 결정할 때에는 본래의 종법적 지위를 고려해야 한다고 했다. 왜냐하면 사대부가에서 가통을 계승하는 것과 천자·제후가 왕통을 이어서 국가를 전수하는 것은 서로 다를 것이 없기 때문이라는 것이었다. 즉 사가나 국가[王家]나 승계에서는 동일한 원리가 적용된다는 것이었다.

송시열은 정체(正體)의 지위를 천합(天合: 하늘이 만들어준 관계)이라고 보아 적장자만이 차지할 수 있다고 했다. 따라서 차자가 비록 승중했을지라도 정체가 되는 것은 아니라고 주장했다. 다만 장자가 어린 나이에 적자 구실을 하지 못하고 죽었을 때에 한해 차자가 승중해 장자의 지위, 곧 정체를 차지할 수 있다고 하여 제한적으로 인합(人合: 사람이 義

---

23) 『禮記』 大傳 服術章 鄭玄의 주(註).
24) 규범의 근거로서 친친과 존존에 관해서는 이봉규, 「규범의 근거로서 혈연적 연대와 신분의 구분에 관한 고대유가의 인식」, 『태동고전연구』 제10집(한림대 태동고전연구소, 1993) 참조.

로써 만든 관계)을 인정했다. 이처럼 그가 장소(長少)[長庶: 장자와 서자]의 구별을 중시한 것은 하늘이 만들어 준 본래의 관계는 변경할 수 없다는 천합 중시의 태도라고 할 수 있다. 그는 제왕가에서 권도를 취해 서자가 승중할 수도 있다며 왕조례의 특수성을 인정하지만, 주공의 본뜻은 승계의 원칙을 확립해 질서를 세우려는 데 있었다고 했다. 송시열이 천합을 중시한 것은 종법을 위반하고 자의적으로 승계하는 것을 방지하기 위한 것이었다. 이는 또 인위적 질서보다 하늘이 정한 자연적 질서를 우선적으로 고려한 것이라고 생각된다.

한편 송시열은 자신의 주장이 군주의 존엄성을 깎아내리는 것이라는 주장에 대해 복제와 종통은 별개의 사안이라고 주장했다. 차자에게 복을 강등하는 것은 적(嫡)의 의리를 밝히는 것이고, 대통이 옮겨지는 것은 임금을 높이는 도리라는 것이었다. 다시 말하면 복제는 계통의 원칙을 밝히는 것이고, 종통이 옮겨 가는 것은 정상적인 것은 아니지만 성인이 인정한 권도라는 것이다. 그렇기 때문에 원칙과 권도 두 가지를 병행해야지, 어느 하나를 폐기할 수는 없다는 것이었다. 또 그는 자신이 주장한 기년복에 존존의 요소가 들어 있음을 표명했다. 그는 효종이 비록 서자이지만 대통을 계승했기 때문에 기년복으로 의정한 것이지, 만약 대통을 계승하지 못했으면 무복(無服)이라고 했다. 천자와 제후는 방계의 기년복에 대해서는 입어 주지 않기 때문이다. 요약하면 송시열의 친복론은 친친을 중심으로 존존을 참작한 것이라고 할 수 있다.

2) 허목의 친복론

허목은 자의대비가 효종에게 입을 상복이 자최삼년복이라고 주장했다. 이 자최삼년복은 어머니가 장자에게 입는 모자복으로서 친복론에 속한다. 그는 기해복제 예송 당시 존복론을 주장한 윤휴의 편지를 받았음에도 그에 대응한 기록을 남기지 않았다. 따라서 을묘복제 예송의 논점을 가지고 추론해 보면, 허목의 친복론 논거는 두 가지였다. 첫째, 그는 효종과 자의대비의 존(尊)[지위]을 같다고 본 셈이다. 이와 같은 인식하에 존이 같으면 그 본래의 복을 입는다는 존동설(尊同說)에 따라 그 본래의 복인 모자복을 주장한 것이 된다.

둘째, 군신의 의리가 지극히 엄하지만 부자(父子)의 인륜은 폐할 수가 없다고 했다. 이는 부자관계의 일차성을 주장한 것이다. 그런데 모자복으로 의정할 경우 효종의 종법상 지위에 따라 기년복이 될 수도 있고 자최삼년복이 될 수도 있다. 송시열은 천합을 중시해 효종을 서자로 보고 기년복을 주장한 반면, 허목은 인합을 중시해 차자로 태어났을지라도 전중(傳重)을 하면 정체의 지위를 차지할 수 있다고 주장한 것이다. 그래서 허목은 효종을 장자로 보고 자최삼년복을 주장했다. 결론적으로 허목의 경우 복의 원인에서는 존존을 따르고 복의 결과에서는 친친을 따른 절충적인 성격을 띠고 있었다고 할 수 있다.

3) 윤휴의 존복론

윤휴는 군주의 복제를 결정하는 데는 혈연관계보다 군신관계가 일차적으로 고려되어야 한다고 했다. 그래서 그는 효종의 상에 자의대비는 모자복이 아닌 군신복으로서 참최삼년복을 입어야 한다고 존복론을 주장했다. 그는 또한 현종의 상에서도 자의대비가 군신복으로 참최삼년복을 입어야 한다고 주장했다. 그는 사서인(士庶人)의 예에서는 친친이 우선시되지만 제왕가에서는 계체(繼體: 體를 계승함)가 중요하기 때문에 존존을 우선시해야 한다고 해서 "왕자(王者)의 예는 사서인의 예와 다르다"는 왕자례부동사서설(王者禮不同士庶說)을 주장했다. 이 논리의 연장선에서 가공언의 사종설은 사대부가에만 적용되는 것이지, 제왕가에서는 전중을 중시하기 때문에 아직 전중하지 않은 경우를 가정한 사종설을 제왕가에 적용할 수 없다고 했다.

나아가 윤휴는 "하늘에 두 개의 태양이 있을 수 없고 백성들에게 두 사람의 임금이 있을 수 없다"[25]는 춘추대일통론(春秋大一統論)을 내세워

"어머니도 아들의 신하가 될 수 있다"는 신모설(臣母說)을 주장했다. 그는 대통을 계승한 자에게 존(尊)이 있다고 해서 효종을 임금으로, 자의대비를 신하로 간주했다.

윤휴는 종법상의 지위와 관계없이 일단 대통을 계승해서 군림했으면 존과 통(統)이 모두 그에게 있다는 것이었다. 그래서 그는 장서(長庶)와 적서(適庶)를 구별할 필요가 없다고 했다. 비록 첩(妾)에서 태어났을지라도 일단 전중해서 지존에 오르면 적장자의 지위를 차지해 종(宗)과 적(適)이 된다는 것이었다. 이의 논거로 "제후가 된 자는 종을 빼앗고, 서자로서 왕이 된 자는 적을 빼앗는다"는 매복(梅福)의 제후탈종성서탈적설(諸侯奪宗聖庶奪嫡說), "곁가지가 자라나 줄기가 될 수 있다"는 정자(程子)의 방지달간설(傍枝達幹說), "두 개의 종통이 있을 수 없고 두 개의 사당이 있을 수 없다"는 주자의 무이종이묘설(無二宗二廟說) 등을 제시했다.26) 이처럼 그는 인위적 요소에 의해 변경 가능하다는 점에서 적장자의 지위를 인합(人合)으로 보았다.

3. 복제예송의 함의

현대의 예(禮)는 에티켓 정도로 간주되고 있고, 또 예의 형식도 개인이 임의로 결정해 행하는 사적인 것으로 이해된다. 그러나 전통시대의 예는 현대의 법(法)처럼 그 사회 전반을 관통해 규정하는 매우 중요한 규범이었다. 따라서 복제예송의 함의는 두 가지 차원에서 논할 수 있다.

첫째는 일차적으로 전통시대를 살았던 당대인들의 입장에서 복제예송을 해석하는 것이다. 복제예송은 예송에 참여한 당사자들뿐만 아니라 참여하지 않은 동시대인들도 예송에 관한 논평을 남기고 있으며, 후대인들도 예송에 관한 많은 논평을 남긴 것에서 알 수 있듯이 조선 후기 내내

---

25) 『禮記』坊記.
26) 『白湖全書』典禮私議.

중요한 쟁점으로 토론되어 왔다. 특히 정약용(丁若鏞)은 복제예송에 관한 체계적인 논평을 남기고 있는데, 우리에게 매우 중요한 관점을 제시해 주었다. 그는 복제예송을 친친과 존존이라는 유학의 사회구성 원리에 입각해서 분석하고, 친친이 존존에 우선한다는 관점을 제시했다.27)

둘째는 근대적 관점에서 복제예송을 해석하는 것이다. 복제예송을 당쟁을 위한 명분싸움으로 파악함으로써 실제 생활과 관계없는 공리공담으로 인식하는 것이 그것이다. 이 입장은 널리 확산되어 있는데, 그 기원을 살펴보면 일제시대의 식민사관에 근거하고 있다. 식민사관은 복제예송을 당쟁과 연관시켜 단순히 권력투쟁을 위한 명분으로 파악하고 한국인의 당파성을 강조했다.

이와 같은 식민사관을 극복하기 위해 그 동안 복제예송에 대한 다양한 해석이 제시되었다. 이기론(理氣論) 등 철학적 내용과 결부시켜 해석하는 견해,28) 예학의 발달과 그로 인한 예학파의 분기로 설명하는 견해,29) 왕위계승을 둘러싼 종법상의 정통성 문제를 놓고 대립한 것으로 해석하는 견해,30) 예론의 차이를 넘어서 남인과 서인 간의 사회경제적 문제 등 종합적인 차이로 설명한 견해,31) 친친과 존존이라는 사회구성 원리의 대립으로 해석하는 견해32) 등이 그것이다. 이들 연구는 우리로 하여금 복제예송의 다양한 측면을 볼 수 있게 해 주며, 아울러 조선시대를 내재적으로 이해하려고 한 점에서 연구사적으로 중요한 의의가 있다.

그렇다면 복제예송을 어떻게 정치적으로 이해할 수 있을까? 복제예송

---

27) 정약용, 『정체전중변』, 실시학사경학연구회 역(한길사, 1995); 장동우, 「다산 예학의 연구: 『의례』, 「상복」과 『상례사전』, 「상기별」의 비교를 중심으로」, 연세대 박사학위논문(1998) 참조.
28) 지두환, 「조선후기 예송연구」, 『부대사학』 11(부산대학교사학회, 1987).
29) 정옥자, 「17세기 사상계의 재편과 예론」, 『한국문화』 10(서울대 한국문화연구소, 1989).
30) 이영춘, 『조선후기 왕위계승 연구』(집문당, 1998).
31) 고영진, 『조선중기 예학사상사』(한길사, 1995).
32) 이봉규, 「17세기 예송에 대한 정약용의 철학적 분석」, 『공자학』 제2호(한국공자학회, 1996).

을 정치적으로 이해하는 것에는 두 가지 방식을 상정해 볼 수 있다. 첫째는 복제예송 자체가 '정치적인 것'이라는 관점이다. 칼 슈미트(Carl Schmitt)는 '정치적인 것'은 본질적으로 '논쟁적'이라고 했다. 따라서 '정치적인 것'은 윤리, 종교, 경제 등과 같은 실체적인 것이 아니라 실체적인 것에 덧붙여진 '부가적'(附加的)인 것이라고 했다.33) 실체적인 것은 논쟁을 통해 정치적인 것으로 떠오른다. 어느 사회에서나 마찬가지로 조선시대에도 생활상의 구체적인 여러 문제가 예학적 판단의 대상으로 떠오르고, 그에 대해 논쟁이 전개되는 데서 바로 조선시대의 '정치적인 것'을 찾을 수 있을 것이다.

둘째, 주장된 예론과 정치론의 관련성에 주목하는 방식이다. 예컨대 복제예송에서의 친복론은 친친의 일차성을 주장하고, 사적 관계를 공적 관계보다 더 근원적이라고 인식하고 있다. 이와 같은 친친에 대한 강조는 상대적으로 존존에 대해 제한을 가하는 의미가 있다. 특히 친친과 효(孝)에는 임금도 예외일 수 없다는 원칙주의적 입장은 왕권을 상대화시킨다는 함의가 있다. 이러한 입장의 연장선에서 친친과 효라는 인도(人道)를 담보한 사림이 왕을 교육시키고, 더 나아가 정치를 주도해야 한다는 사림정치론이 주장된다. 사림정치론은 조선 후기 서인 노론계의 정치사상으로 조선이 망할 때까지 주도적인 지위를 점했다. 반면 존복론은 존존의 일차성을 주장하고, 사적 관계보다 공적 관계의 중요성을 내세운다. 그리하여 붕당을 타파하고 왕을 중심으로 효율적이고 일원적인 통치체제를 구축하기 위해 왕권강화론을 주장한다. 왕권강화와 제도개혁을 통한 정치적 효율성의 추구는 조선 후기 남인계 실학자들의 중요한 정치사상적 특색이라고 할 수 있다.34)

마지막으로 예치(禮治) 자체에 대한 깊은 이해가 요청된다. 이는 곧 유학에서 예와 정치의 관계, 예와 법의 관계 등에 대한 이해를 말한다. 예

---

33) Carl Schmitt, 『정치적인 것의 개념』, 김효전 역(법문사, 1995), 46쪽.
34) 이원택, 「기해복제 논쟁과 그 이념적 지향」, 『한국정치학회보』 34집 4호(한국정치학회, 2000), 34-37쪽 참조.

치는 전통시대 동아시아의 특유의 정치이념으로 서구의 정치 전통과 매우 다른 특징적인 것이다. 또한 예치이념의 적극적인 의미는 정치를 법가식의 권력정치에서 한 차원 높이 끌어올려 고양시키는 것이었다. 그러나 예는 구성원의 계약에 의해 만들어지는 것이 아니라 성인이 만들어 준 것으로 이해되었으며, 그것은 천리(天理)로서 '주어진 것'(the given)이기 때문에 예의 실현을 위한 투쟁은 극단적일 수밖에 없게 되어 있었다. 이와 같은 예치이념은 구한말 서구적인 법치이념으로 전환될 때까지 조선을 지배한 사고방식이었다.

<참고문헌>

『經國大典』, 『현종실록』, 『현종개수실록』, 『숙종실록』, 『白湖全書』.

고영진, 『조선중기 예학사상사』(한길사, 1995).
장동우, 「다산 예학의 연구: 『의례』, 「상복」과 『상례사전』, 「상기별」의 비교를 중심으로」, 연세대 박사학위논문(1998).
정약용, 『정체전중변』, 실시학사경학연구회 역(한길사, 1995).
정옥자, 「17세기 사상계의 재편과 예론」, 『한국문화』 10(서울대 한국문화연구소, 1989).
지두환, 「조선후기 예송연구」, 『부대사학』 11(부산대학교사학회, 1987).
이영춘, 『조선후기 왕위계승 연구』(집문당, 1998).
이봉규, 「규범의 근거로서 혈연적 연대와 신분의 구분에 관한 고대유가의 인식」, 『태동고전연구』 제10집(한림대 태동고전연구소, 1993).
_____, 「17세기 예송에 대한 정약용의 철학적 분석」, 『공자학』 제2호(한국공자학회, 1996).
이원택, 「현종대의 복제논쟁과 공사의리에 관한 연구」, 서울대학교 박사학위논문(2000).
_____, 「숙종초 을묘복제 논쟁의 사상사적 함의」, 『한국사상사학』 제14집(한

　　　　국사상사학회, 2000).

_____, 「기해복제 논쟁과 그 이념적 지향」, 『한국정치학회보』 34집 4호(한국
　　　　정치학회, 2001).

Schmitt, Carl, 『정치적인 것의 개념』, 김효전 역(법문사, 1995).

제5편

조선시대(III): 서구사상과의 만남

제19장 전기실학의 정치사상

김한식 (국방대학교)

1. 실학이 나타난 배경

실학은 1600년대부터 약 300년간 한반도를 공간으로 해서 면면히 이어 온 조선조 시기의 대표적인 근대 사상체계라 할 수 있다. 실학은 우리의 사상을 토대로 서양의 근대문화를 재평가하고 이를 수용하는 디딤돌이 된다는 점에서, 말하자면 우리의 근대성의 단서가 된다는 점에서 그 의의가 매우 크다. 조선조 정치이념인 성리학은 이(理)·기(氣)논쟁에서 기존 질서의 강화를 통해 문제를 해결하려는 이(理) 중심의 입장에 서 있었다. 이러한 성리학의 분위기에서는 변화를 정당화시킬 수 있는 사상논리는 나타나기 어려웠다. 성리학이 상층 중심의 상하관계에 바탕을 둔 보수적인 성격이었기 때문에 이러한 상황에서는 하위권에 자율성과 주권을 인정하는 근대성의 논리는 찾아보기 어렵게 된다. 이러한 성리학 이념체계에 대해 실학은 조선조 후기에 나타난 변혁사상이라고 볼 수 있다. 그렇다면 실학의 변혁논리는 어디에서 어떻게 나타난 것일까?

실학에 나타난 변혁논리는 두 가지 관점에서 살펴보아야 할 것이다. 하나는 정치사회적 상황의 관점이고 다른 하나는 사상의 흐름이라는 관점이다. 정치사회적 상황의 관점은 16세기 말부터 시작된 근 50년에 걸친 조선조 초유의 전쟁사와 관련이 있다. 1592년 임진왜란부터 시작된 전쟁은 중국과의 전쟁으로 이어져 한반도를 초토화시켰다. 농본사회에서 수십 년간 농사를 지을 수 없는 상황에서 사람들은 고향을 등지고 방황하게 된다. 이러한 농민의 방황은 수많은 생명을 희생시키면서도 농민의 사회적 이동성을 높이고 정치의식을 갖게 했으며 지도층의 무능과 수탈에 대해 정치제도상으로나 신분제도상으로 근본적인 회의를 불러일으키게 했다. 여기서 기존 질서에 대한 재음미가 시작되고 변혁의 필요성이 인식되기 시작한 것이다. 실학의 변혁논리를 이끈 사상상의 흐름은 여러 사상과의 교섭에서 이루어졌는데, 일부 불교 등의 영향도 없지 않았으나 주로 유학과 서학의 사상으로부터였다.

유학의 경우 매월당(每月堂) 김시습(金時習, 1435~1493)과 화담(花潭) 서경덕(徐敬德, 1489~1546), 그리고 율곡(栗谷) 이이(李珥, 1536~1584)로 이어진 기(氣) 중심의 논리와 관련이 있다. 매월당 김시습의 사상 속에는 군주가 백성에 의해서 추대된다거나 군주를 평민과 동등시하는 논리가 포함되어 있어 성리학 정치이념을 추구하는 지도층에 대해 매우 비판적이었다. 이러한 매월당의 주장은 근대 민주주의 논리와 상통하는 면이 있었다.

15세기 말 서양에서 종교개혁에 의한 민주주의의 발현으로 유럽 전역이 뒤흔들리기 시작할 즈음 한반도에서는 매월당에 의해 주자 절대의 정치이념에서 벗어나 신·인간·자연의 일기생성이론(一氣生成理論)을 바탕으로 인간의 평등성을 암시하는 기(氣) 개념이 전개된다. 그리고 음양 교차의 운동법칙이라는 자연원리를 기존 정치체제에 대한 변혁 주장의 논거로 삼음으로써 사회진화론의 면모를 보이기도 했다. 이러한 그의 인간 평등성이나 발전관의 제시는 백성에 의한 군주 추대론이나 군주와 평민 간에 차별 없음을 내세우는 주장 등과 함께 17세기 이후 실학사상가들에게 현실 타개를 위한 이론적 방편의 역할을 했던 것이다. 그러나 군주의 성립이 백성의 추대에 의해서라고는 하나 그가 군주 자신의 지대한 역할을 인정한 점이라든지 기존 왕권체제를 부인하지 않았던 점에서 근대 정치사상으로까지 발전하지 못한 시대적 제약은 있었다.

매월당보다 50여 년 뒤에 태어난 화담 서경덕의 사상에서는 진화론의 자연성 주장이나 자존적(自存的) 개체성의 주장이 훨씬 논리적인 모습을 띠면서 제기된다. 화담의 기일원론 입장은 퇴계의 유리론(有理論)이나 율곡의 이기이원론(理氣二元論) 입장과 더불어 조선조 정치사상상의 치열한 논쟁점으로 부각되기에 이르렀고, 이러한 면모는 율곡이 화담의 계승자인 연방(蓮坊) 이구(李球, ?~1573)에 대한 통렬한 반대의 입장에서도 엿보인다. 이러한 화담의 정치사상은 17세기 이후 실학자들에게 깊은 영향을 준다.

실학의 변혁사상에 보다 직접적이고 구체적으로 영향을 준 사상가는 역시 율곡 이이이다. 율곡은 기존 체제의 보강을 주장하는 퇴계의 주리적(主理的) 입장과 대립한다. 동시에 그는 기존 질서의 변화를 보다 강하게 주장하는 화담의 기일원론도 비판, 이통기국설(理通氣局說)과 기발일도설(氣發一途說)을 통해 개체의 고유성을 인정하게 된다. 이러한 논리를 바탕으로 정치적 주체가 종래의 지도층 중심에서 일반 서민으로까지 확대될 수 있는 정치사상상의 근거가 마련된다. 율곡사상을 실학과 관련해서 보면 그가 주장한 개체의 보편성과 특수성을 유기체적 논리로 연결시키고 있는 점, 그리고 이러한 사상논리를 바탕으로 구체적인 정책대안을 제시하고 있는 점은 17세기 이후 실학사상가들이 개체성 논리를 발전시키는 데 큰 그늘의 역할을 한다.

실학사상이 등장하게 된 영향과 관련해서는 16세기 말 이후 한반도 지성인들을 충격의 도가니로 몰아넣었던 서학을 빼놓을 수 없다. 임진왜란을 계기로 소개되기 시작한 서학은 200년 동안 유학과 이론적 논쟁을 벌이다가 1800년대를 전후해서 정치적 세력으로 등장할 만큼 강력해진다. 서학은 인간이 사물과 다르다는 인간의 특이성을 강조하면서 인간관에 새로운 면모를 제시하고 있다. 여기서 군주나 서민 모두 천주 앞에서 동등하다는 인간평등론이 제기될 수 있었고 군주의 절대권위에 대한 회의가 싹틀 수 있게 된다. 특히 개인을 중요시하는 인간관이 제기되어 19세기 실학사상의 전개에 큰 영향을 준다.1)

천주(天主)의 창조와 주재자 기능이 소개되면서 종래 성리학의 신관(神觀)과 다른 새로운 신관이 소개되었다. 천주의 인격성이 강조된 것이다. 서학은 만물이 신의 창조물이며 인간이 이를 활용할 수 있다는 주장을 펴면서 전통적인 음양오행설과 대립한다. 인간은 자연과 명백히 구별되는 우월한 위치에 있게 되면서 사물을 두려움이나 신비의 대상이라기보다 객관적 관찰의 대상으로 삼을 수 있게 된다. 여기서 과학적 사고가 고양될 수 있게 된 것이다. 서학의 이러한 인간관, 자연관, 신관은 실제로 성리학 사상에 엄청난 영향을 끼치게 된다. 상층 중심의 계층질서에 대해, 그리고 군주의 절대권위에 대해 맞설 수 있을 뿐 아니라 오륜사상을 비판할 수 있는 논리를 제공한 것이다. 조선을 기준으로 세계를 바라보면 조선이 바로 세계의 중심이라는 주장이 되어 중국 중심의 국제관에서 벗어나는 계기를 마련한다.

이렇게 실학사상은 1592년 임진왜란 이후 근 50년에 걸친 전란을 통해 성리학의 계층질서가 지탱하기 어려운 시대적 상황과, 매월당과 화담을 거쳐 율곡에 이르는 주기(主氣)적 논리, 그리고 서학의 새로운 신관과 인간관, 자연관에서 발원된 사상의 흐름을 통해 나타났다. 여기에는 양명학을 비롯한 일부 다른 사상의 영향도 있었으나 공개적으로 드러난 것은 아니다.

2. 실학사상을 보는 관점: 변혁논리

이러한 정치상황적 또는 정치사상적 배경에서 태동된 '실학'을 우리는

---

1) 이러한 주장을 하게 된 근거는 '아니마'(anima) 논리에서, 그리고 마음의 선악 결정이 경향성[嗜好]을 띠는 개개의 주체적 결정에 따른다는 인간의 주체성 논리에서 전개되었다. 金漢植, 『실학의 정치사상』(일지사, 1985), 95-97쪽.

어떤 관점에서 보아야 할 것인가? 이러한 질문은 앞에서 언급된 변혁논리와 관련이 있다. 그리고 이에 대한 보다 구체적인 관련성은 '실학'의 개념문제와 직결된다. '실학'이라는 말이 문헌상에 나타나기로는 1929년 정인보의 「성호사설류선 서」(星湖僿說類選 序)에 '의독구실지학'(依獨求實之學)이라는 표현에서부터이며, 1931년 최남선의 「조선역사」이후 일반화되기 시작했다.2) 이렇게 시작된 '실학'이라는 표현이 1930년대 이후 현재에 이르러서는 여러 각도에서 많은 개념풀이를 낳게 했다. 여러 종류의 개념이긴 하지만 크게 보면 두 가지로 구분해 볼 수 있다. 하나는 '실학'의 '실'(實) 자라는 자구의 해석에 중점을 둔 개념풀이고, 다른 하나는 '개신유학'(改新儒學)이라는 관점에서 한 개념풀이다.

'실'(實)의 자구 해석에 중점을 둔 개념풀이의 경우는 '실'(實)을 '허'(虛), '공'(空), '가'(假), '무'(無), '화'(華) 등에 대한 대립개념으로 보아 '실용'(實用), '실증'(實證), '무실'(務實) 등의 내용을 '실학'이라고 보는 입장이다.3) '개신유학'이라는 관점에서 개념 풀이할 경우는 '실학'을 "수기치

---

2) 천관우, 『한국실학사상사』(고대민족문화연구소간 한국문화사대계, 1970), 192-194쪽.
3) 유학에서 실(實)의 뜻으로 개혁을 주장한 예는 허다하다. 송대(宋代) 정명도(程明道)와 정이천(程伊川)이 내세운 성즉리(性卽理)학도 노장(老莊)의 '허무'(虛無)와 불가의 '공무'(空無)에 대한 '무실'(務實)을 그 주된 내용으로 해서 제기되었다. 정이천은 '중용'을 해석하면서 성리학을 '실학'이라고 했다. 또한 청대의 고증학도 송대(宋代) 성리학이 '실'(實)이 아니라고 보아 이에 대한 반작용에서 '실사구시'(實事求是)의 학, 즉 '징실학'(徵實學)으로 나타났다. 송명(宋明) 이학자(理學者)들의 실학이 보편적인 '성'(性) 또는 '이'(理)를 이해함으로써 현실의 문제를 해결하려는 형이상학[道] 중심의 방법이었다고 한다면, 청초 학자들의 실학은 반대로 정치, 사회 등 실제적인 문제의 해결로부터 현실을 타개하려는 형이하학[器] 중심의 방법이었다. 송학의 실학이 '이'(理) 중심으로 구성된 것이라면 청조의 실학은 '사'(事) 본위로 이루어졌다고 볼 수 있다는 차이뿐이다. 다시 말하면 '실학'으로 선포된 송대(宋代)의 성리학이 '실학'의 기능을 상실했다고 주장되면서부터 새로운 실학으로 청대의 '징실학'(徵實學)이 대두된 것이다. 우리나라에서는 정몽주(鄭夢周, 1337~1392)를 중심으로 하는 수정보수파의 주장에 대해 정도전(鄭道傳, 1337~1398), 권근(權近, 1352~1409), 하륜(河崙, 1347~1416) 등을 중심으로 하는 급진개혁파는 모두 성리학을 신봉하면서도 보다 적극적인 '실학'의 입장이 아니라는 이유에서 적대시했다. 조선조가 정치이념으로 채택한 성리학은 그만큼 적극적인 '실학'의 의미를 전제하고 있었다. 이와 같

인(修己治人)을 목표로 하는 유학의 본령(本領)에 충실한 상태를 가리키는 것"이라고 해서 '실학'의 근본이 어디까지나 유학에 있다고 보는 점에 특징이 있다. 이 두 가지 '실학'의 개념구분은 제각기 타당성이 있다. 사실상 '실학'의 발단이 17세기 조선조 지도층의 '허'(虛), '공'(空), '화'(華) 등의 자세에 대한 반발로 나타난 것이고, 또 그러한 반발의 내용이나 방법, 기준 등이 유학적인 울안이었기 때문이다.

그러나 이러한 두 가지 '실학'의 개념풀이에는 한계가 있다. 먼저 '실학'의 뜻 해석을 중요시하는 경우를 보자. 여기서 우선 '실'(實)의 의미만 있다면 모두 '실학'일까 하는 문제가 제기된다. 일단 '실'(實)의 뜻만 있으면 '실학'이라고 하자. 그렇더라도 여기서 '실'(實)이라 함에는 무엇에 대한 '실'(實)이냐의 문제가 제기되지 않을 수 없다. 군주를 위한 '실'(實)인가 또는 민을 위한 '실'(實)인가가 규명되지 않고 있다. 그리고 '실'(實)의 성격을 규정하는 기준도 문제가 된다. 군주의 독재라는 성격을 위한 '실'(實)인지, 또는 민을 위한 군의 민본적 통치기능을 위한 '실'(實)인지가 설명되지 않고 있다. 여기서 우리는 이러한 '실'(實)의 뜻풀이에 중점을 둔 '실학' 개념규정의 한계를 보게 된다. '실'(實)의 대상과 성격이 제시될 수 없으므로 바른 정의를 내릴 수 없기 때문이다.

그러면 '개신유학'으로서 '실학' 개념풀이의 경우는 어떠한가? 17세기 '실학'의 성립은 유학을 바탕으로 해서 출발했다. 그러나 여기에는 당장 유학적 의미밖에 없었을까 하는 문제가 제기된다. 실학사상이 대두된 배경에는 당시의 특수한 정치상황적 요인도 있었고 서학의 영향도 컸음은 이미 살펴보았다. 19세기에 나타난 실학사상가들의 제반 특성의 경우만 해도 벌써 유학의 관점으로만 설명될 수는 없는 면이 있다. 또 하나의 문제는 '개신유학'의 상한선을 어디에다 설정해야 할 것이냐 하는 점이다. 실학을 '개신유학'이라고 보는 관점에서 보면 '실학'은 결국 고려조

이 '실학'의 뜻 속에는 '허'(虛), '공'(空), '가'(假), '무'(無), '화'(華)에 대립되는 '실'(實)의 내용이 있는 것인데, 이러한 '실학'의 개혁논리는 유학 자체를 발원으로 해서 펼쳐졌다.

의 권양촌(權陽村)으로까지 소급되어야 할지 모른다.

송대(宋代)의 성리학적 '실학'과 송대(宋代)의 성리학이 '실학'이 아니라고 해서 그 반작용으로 대두된 청조의 '징실학'(徵實學)적 '실학'과는 어느 것이 '실학'적인 의미를 더 갖는 것인가 하는 반문이 제기될 수 있다. 이것은 조선조 초기의 '실학'과 17세기의 '실학'의 실학적 의미를 비교하는 경우에도 해당된다. 또한 유학이 아닌 문화 바탕에서는 '실학'사상이 대두될 수 없는 것인가 하는 문제도 제기될 수 있다. 여기서 우리는 이러한 반문이나 문제제기에 대해 '개신유학'으로서의 '실학' 개념풀이로는 명백히 설명할 수 없다는 것을 알 수 있다. '개신유학'에 초점을 맞춘 '실학' 개념풀이의 한계를 본다. '실'(實)의 내용이 유학에 한정되어 그 일반성을 잃을 뿐 아니라 설사 유학 내에서 그러한 '실학'의 개념을 설정할 수 있다고 하더라도 그 상한선을 그을 수도 없으며, 각 시대마다 '실학'의 의미가 서로 달라 실학의 일반적 개념을 찾아 정리할 수 없기 때문이다.

그러면 '실학'을 어떻게 보아야 할 것인가? 여기서 우리는 17세기 조선조에서 '실학'의 사회변혁 관점에 유의하게 된다. 이러한 관점에서 '실학'의 의미를 찾는다면 지향하는 변화의 목표는 무엇인가를 살펴보자. 그것은 민중의 생존 보장이다. 또 그 변혁의 방법과 적용 이론은 무엇인가? 그것은 '기'(氣)론4)에 입각한 점진적 변혁방법이라고 할 수 있다. 그러면 그 변혁의 주체는 누구인가? 변혁의 주체는 지도층을 중심으로 한

---

4) 여기서 '기'(氣)라 함은 생명력 또는 활동력의 근원으로서 변화하는 힘[力]이라는 포괄적 개념으로 사용했다. 일반적으로 '기'라고 할 때에 그 의미는 매우 다양하다. 인체의 힘[力]을 말하기도 하고, 지(志)에 지배되는 성질의 것으로 설명되기도 하며, 우주에 충만한 맹자의 호연지기(浩然之氣)와 같은 것으로 설명되기도 한다. 때로는 음양오행이 그대로 '기'와 동일시되기도 하고, 때로는 음양만을 말하기도 한다. 대체로 유학에서는 도교에서와 같이 '기'를 영적인 것으로 보고 있다는 점에서는 동일하다고 할 수 있으나, 유학자에 따라 그 뜻이 반드시 같지는 않다. 따라서 이 글에서는 '기'를 '이'(理)와의 관계에서 주로 '변화'의 근원이라는 관점에 유의한 일반적 개념으로 사용하기로 한다.

소속 계층 모두라고 할 수 있다. 이와 같이 조선조 후기 '실학'의 특징이 변혁에 있으며, 그 변혁의 목표, 방법 및 주체가 명백히 드러남을 볼 수 있다. 17세기 조선조 '실학'을 정치사상 면에서 이와 같이 정의함으로써 '실학'이 어떤 계통의 사상이라든지 그 상한선이 어디까지인가 하는 등의 문제제기는 의미가 없게 된다. 실학을 변혁논리라는 동적(動的) 개념으로 보기 때문이다.

따라서 이러한 '실학'의 정의는 어떤 시대, 어떤 사회에서나 변혁논리로 적용될 수 있을 것이다. 단지 이러한 실학의 개념 속에는 동양적 정치문화의 특성이 내포되고 있는데, 개혁과 주체의 성격 면에서 그러하다. 개혁의 성격이 점진적이고 주체의 성격이 치자(治者) 중심으로 설정되고 있기 때문이다. 그러나 여기에서 주체의 내용이 다를 수 있다. 경우에 따라서는 민족국가일 수도 있고, 경우에 따라서는 어떤 경제집단일 수도 있다. 이렇게 볼 때 '실학'은 조선조 후반이라는 시공간적 제약에서 벗어나 보편성을 띠는 변혁이론으로 정리될 수 있는 사상상의 의미를 내포하고 있다.

3. 전기실학과 성리학의 관계

여기서 우리가 궁금한 것은 실학이 기존 정치이념인 성리학과 어떤 관계에 있느냐 하는 것이다. 조선조에 정치이념으로 채택된 성리학은 성리학 외에 다른 학문은 받아들이지 않는 매우 큰 배타성을 띠고 있었다. 기존 질서의 보완과 강화를 통해 난국을 타개하려는 성리학의 입장에서 변혁사상인 실학을 수용한다는 것은 매우 어려운 일이었다. 사실상 성리학자이면서 한대 훈고학의 영향을 받았다는 이유로 백호(白湖) 윤휴(尹鑴, 1617~1680)와 서계(西溪) 박세당(朴世堂, 1629~1703) 같은 이는 끝내 사문난적(斯文亂賊)으로 처형의 비운을 맞기도 했다. 유학의 하나인 양명학은 여러 사상가들의 관심 대상이었으면서도 공개적으로 거론되지는 못했고, 따라서 많은 문헌의 기록을 남기지도 못했다. 조선조의 주자 정치이념은 매우 배타적인 성격을 띠고 있었다.

그러나 앞에서 지적한 것과 마찬가지로 성리학은 그 사상의 형성이나 조선조에 전래된 과정에서 벌써 실학적 성격을 띤 바 있고, 또 매월당, 화담, 율곡을 통해 실학사상으로 이어질 논리바탕을 마련하고 있었다. 그렇지만 동시에 실학사상은 성리학을 비판하면서 시작되었다는 사실 또한 간과할 수 없다. 그렇다면 실학사상은 어느 정도로 성리학의 영향을 받았으며 어느 정도로 성리학에 반대의 입장이었는가? 이 문제는 실학사상을 이해하는 데 있어서나 우리나라 근대성의 특징을 이해하는 데 중요한 의미가 있다.

대체로 이에 대한 검토는 세 가지 경우로 나누어서 생각할 수 있다. 첫째는 성리학을 제대로 구현함으로써 유학의 본의를 살릴 수 있고, 따라서 실학이 추구하는 목적을 달성할 수 있다는 경우이고, 둘째는 사상상으로는 성리학에 대해 강한 회의를 나타내면서도 현실적으로는 성리학의 울 속에 머무는 경우이며, 셋째로는 현실적으로는 성리학 세계에 머물고 있지만 적어도 사상상으로는 성리학의 울을 완전히 떠나 자유롭게 유학의 여러 부류를 비판·소화한 경우이다.

첫째의 경우로는 반계(磻溪) 유형원(柳馨遠, 1622~1673)을 들 수 있다. 그는 주자 사상의 참다운 실현이 유교의 본의를 이루는 것이라고 생각했다. 그는 오직 주자학자들이 공리공론만을 일삼는 잘못에 대해서만 공격의 초점을 맞추었다. 그는 직업문제, 토지제도, 관료제도, 군사제도, 노비제도, 교육제도, 인재등용 제도의 개혁 등 실로 대담한 경세적(經世的) 변혁을 시도했다. 그러나 그의 이러한 시도의 이론적 근저(根抵)는 주자 정치사상의 울 속에 머물러 있었으며 대체로 율곡 못지않게 퇴계의 입장에도 주안을 둔 사상 전개였다.

그리고 원시유교로의 복귀를 명실공히 주장하면서도 실제로 성리학의 사상 범주에 머물렀던 경우가 18세기의 실학사상가들, 특히 이익의 경우이다. 성호(星湖) 이익(李瀷 1681~1763)은 주자의 교조주의적 성격을 비난하면서 강력하게 조선조의 주체성을 내세우고 있다. "글자 하나에 대해 의문을 가져도 망발이라 하고, 고증하고 비교·대조한다면 죄로 인정한다. 주자의 글이 오히려 이와 같거늘 하물며 고대 경전에 대해서는 더 말할 것도 없다. 그러니 우리나라의 학문이 고루하고 거칠게 됨을 면할 수 없을 것"5)이라고 지적하면서, 우리나라의 국사 불신풍조를 비난하고 소국 초나 제도 한 나라였음을 말해 중국에서 탈피한 민족 주체의식을 고창한 것이다.

그러나 그의 정치사상적 근간은 여전히 주자 사상의 바탕에 머물러 있었다. 이 점은 이기론(理氣論)에 보인 그의 입장에서 잘 나타나 있다. "이(理)는 기(氣)의 수(帥)요 기(氣)는 이(理)의 병졸(兵卒)이다. 무릇 움직임은 모두 이(理)가 먼저이다. 아마도 기(氣)가 먼저 있고 이(理)가 뒤따를 도리(道理)는 없을 것이다. 만약에 방촌(方寸) 사이에 출입하는 기(氣)를 말한다면 혹 이(理)가 먼저 하여서 기(氣)가 와서 이에 따르는 것이다. 기(氣)가 먼저 하여 이(理)가 이에 타는, 어찌 이런 일이 있을까."6) 그는 이일원적(理一元的) 주리사상(主理思想)의 일면을 나타내고 있는 것이다.7)

---

5) 『星湖僿說類選』(2) 上 論學問 儒門禁綱: "日一字致疑則妄也 考校參互則罪也 朱子之文 尙如此 況古經乎 東人之學 難免魯莽矣"

6) 『星湖先生全集』(14) 書 答權台仲二: "夫理者 氣之帥也 氣者理之卒徒也 凡動皆理先也 恐無氣先而理方隨後之道也 若曰方寸間出入之氣 或理先而氣來隨之 氣先而理方乘之 寧有是義"

7) 성호는 이기(理氣)문제에 있어 주리적(主理的) 입장을 명백히 하고는 있으나 주기적(主氣的) 입장임도 아울러 밝히고 있다. 이러한 그의 양면성은 『성호사설류선』에서 "그 때에 따라 맹자는 주리(主理)를 주장하고 고자(告子)는 주기(主氣)를 주장했다. 발생하면 이(理)와 기(氣)가 하나로 뭉치기 때문에 주리론(主理論)도 주장하고 주기론(主氣論)도 좋다"(『星湖僿說類選』(2) 上 論學問 生之謂性: "當彼時孟子主理, 告子主氣, 生則理與氣合 主理說亦得 主氣說亦得")고 하여 이기론(理氣論)을 통한 주자 사상의 공론성을 원시유교의 고증으로 비판하기까지 하고 있는 데서 잘 나타난다. 이렇게 성호(星湖)는 주자학의 비실용 측면을 지적하면서도 주자의 귀신론, 무신론의 범주를 크게 벗어나지 못했으며, 보다 적극적으로 주자 이론에 대한 대안을 제시하지 못한 채 소극적인 입장에 머물고 만다.

셋째의 경우, 즉 성리학의 울을 떠나 자유롭게 유학의 여러 부류를 비판・소화한 경우로는 다산(茶山) 정약용(丁若鏞)을 들 수 있다. 그는 원시유교로의 복귀라는 명제를 내걸고 성리학을 비판・소화하면서, 동시에 당시 성리학에 대해 이단시되었던 양명학, 청대의 고증학까지를 각각 그 장단점을 취사선택함으로써 조선조 실학의 새로운 면모를 보이고 있다. 다산은 원시유교 이후 2천 년을 '부장'(蔀障)[8]으로 선언하고 한・송의 유학 사조를 동시에 비판했다. 한나라의 주소학(注疏學)은 그 노학자인 정현(鄭玄)마저도 천재지이(天災地異)를 숙명설로 풀이한 '재이설적식위사설'(災異說的識緯邪說)의 미망(迷妄)에서 완전히 벗어나지 못한 채 이루어진 것이요, 송・명시대의 이학(理學: 性理學)으로 말하더라도 사변적(思辨的)인 화엄 불교철학을 기반으로 해서 이루어진 것이라고 했다. 그러므로 이들은 도리어 태양처럼 빛나는 공자교(孔子敎)의 광명을 가린 것들이라고 다산은 단정한 것이다.[9]

다산의 실학사상에 비친 경학적 가치가 원시유교 회복에 얼마나 의미가 있는가 하는 유학사상의 연구는 앞으로 두고볼 일이나, 다산이 주자의 정치사상적 바탕을 부인하면서 동시에 고증학적 청조의 한학풍(漢學風) 역시 비판하고 원시유교로의 복귀라는 입장에 섰던 점은 부인할 수 없다. 그러나 다산의 사상에 가장 큰 영향을 준 것은 더 말할 것도 없이 서학이다.

이렇게 실학사상은 성리학의 울 속에 머물기도 하고 그 중간에 움츠려 있기도 하면서 완전히 벗어나기도 했음을 알 수 있다. 대체로 실학사상이 처음 태동될 때에는 성리학의 울 속에 머물러 있었으며, 그러다가 시간이 지날수록 성리학의 울을 점차 벗어나고 있었다고 볼 수 있다. 따라서 실학사상과 성리학의 관계는 초기의 '성리학 속에서의 실학'이 시간이 흘러갈수록 '실학 속에서의 성리학'으로 성격이 바뀌었다고 할 수

---

[8] 『與猶堂全書』(2/47) 經集十 易學緖言(3), "以除同好者之蔀障焉"; 『星湖先生全集』(2/9) 經集四 論語古今注(3), "二千年來 儒者蒙 此大都不知解脫"
[9] 이을호, 『다산학 이해』(현암사, 1975), 214-215쪽.

있다.

여기에서 실학사상을 유학의 관점에서 보면, 초기에는 성리학의 절대 영향 속에서 출발했고, 그 후 점차 성리학에 대한 논리적 비판의 성향을 띠면서 유학의 다른 부류인 한대(漢代)의 훈고학과 명대(明代) 양명학의 영향을 받기 시작했음을 알 수 있다. 실학사상이 훈고학이나 양명학의 영향을 받은 데는 성리학에 대한 비판이라는 면 외에도 사고의 개방성, 고거(考據)에 의한 사실 확인, 주기적(主氣的) 개혁사상, 실천성과 주체성 강조 등의 요인이 곁들여져 있었다는 점도 염두에 두어야 할 것이다. 그러다가 19세기에 접어들어 실학사상이 무르익기 시작하면서부터 실학사상은 성리학의 울에서 탈피해 보다 자유스럽게 여러 부류의 유학을 비판·소화했고 이런 과정을 통해 자기의 장점을 보완해 나갔던 것이다.

이와 같이 실학사상을 유학적 관점에서 살펴봄으로써 조선조 후반의 실학사상이 한대의 훈고학이나 송대·명대의 성리학이나 양명학 또는 청대의 고증학 중 어느 하나에 그 바탕을 두고 있다고 할 수 없다는 것을 알 수 있다. 동시에 실학 정치사상의 바탕은 어떤 교리(doctrine)의 사적(史的) 관점에서 볼 것이 아니라, 기존 정치질서 또는 이 질서를 지탱하게 하는 정치사상의 변화라는 변혁이론의 관점에서 검토해야 한다는 것도 다시 확인할 수 있게 된다.

실학사상이 전개됨에 따라 성리학적 성격이 퇴색되어 갔다면, 이것이 바로 훈고학이나 양명학의 성격이 그만큼 증대되었다는 것을 의미하는가 하는 문제가 제기된다. 한마디로 말하면 그렇지 않다. 문제의 핵심은 후기 실학사상에 두드러지게 나타나고 있는 유학 외의 관점, 특히 서학과의 관계에서 그러하다.

4. 초기 실학사상의 몇 가지 특징

실학사상을 이끌어 온 사상가는 이미 지적한 이들 외에도 매우 많다.10) 그 중에도 대표적인 실학 초기 사상가라면 지봉(芝峰) 이수광(李睟光, 1563~1628), 반계(磻溪) 유형원(柳馨遠, 1622~1673), 성호(星湖) 이익(李瀷, 1681~1763)을 들 수 있다.

이수광, 유형원, 이익을 중심으로 하는 초기 사상가들의 사상 속에는 다음과 같은 몇 가지 특징이 있다. 이러한 특징은 후기실학과 비교하는 데 도움이 될 뿐만 아니라 실학사상이 우리나라의 근대사상에 끼친 영향을 이해하는 데에도 매우 중요하다.

첫째, 이들 초기실학 사상가들은 성리학이 주장하는 인성(人性)의 본구성(本具性)을 부인하면서 인간의 평등성을 암시하고 있다. 성리학의 인성론은 인간의 성이 본질적으로 선하다고 보고, 이러한 논리의 근거가 선의 바탕인 순선무악(純善無惡)한 '이'(理)가 인간에게 내재되어 있다는 '이'의 보편성 주장에 기초를 두고 있다.

이들 초기실학 사상가들은 인성론에서 '이'의 보편성을 거부한다. 유형원은 '이'의 이해가 개물(個物)을 통해서 알 수 있다고 함으로써 개물을 부각시키며 '이'의 보편성 주장에 이의를 제기한다. 동시에 그는 '이'를 소유하고 있는 개물의 평등성도 아울러 주장한다. 이익에 와서는 선

---

10) 16세기 말에서 17세기까지로 임진왜란과 양차의 호란으로 기존 정치질서가 크게 동요되고 새로운 정치이념을 모색하는 시기에 해당되는 대표적인 사상가로는 유몽인(柳夢寅), 조헌(趙憲), 이수광(李睟光), 한백겸(韓百謙), 김육(金堉), 유형원(柳馨遠), 윤휴(尹鑴), 박세당(朴世堂), 홍만선(洪萬選) 등을 들 수 있고, 영조와 정조의 문화정책과 서학을 학문적 논쟁으로뿐만 아니라 신앙적으로도 받아들였던 18세기 초에서 18세기 말까지 활동했던 사상가로는 이중환(李重煥), 이익(李瀷), 유수원(柳壽垣), 신후담(愼後聃), 안정복(安鼎福), 신경준(申景濬), 위백규(魏伯珪), 권일신(權日身), 이가환(李家煥), 성해응(成海應), 정약전(丁若銓), 정약종(丁若鍾), 이승훈(李承薰), 이기양(李基讓), 유득공(柳得恭), 이벽(李檗), 원명은 李德祚), 홍대용(洪大容), 박지원(朴趾源), 박제가(朴齊家), 이덕무(李德懋), 이긍익(李肯翊), 우하영(禹夏永), 한치윤(韓致奫) 등을 들 수 있다. 그리고 순조 이후 계속된 세도정치로 정치가 안정되지 못하고 각종 민란으로 사회가 불안할 뿐 아니라 서학이 수난을 겪으면서도 사상적으로 매우 완숙한 모습을 보여주던 19세기 초부터 말에 이르는 시기의 대표적인 사상가로 정약용(丁若鏞)을 비롯해서 서유거(徐有渠), 김정희(金正喜), 이규경(李圭景), 최한기(崔漢綺), 이제마(李濟馬) 등을 들 수 있다.

(善)의 본구성이나 또는 '이'의 보편성에 대한 반대가 한결 논리성을 띤다. 이익은 지선(至善)의 본구성을 체계적으로 반대해 영득(靈得)한 마음작용에 따라 "'중인'(中人)에 한하기는 하나" '성'(性)이 변화될 수 있다고 본다. 그는 누구나 성인이 될 수 있지만 현실적으로는 누구도 성인이라고 볼 수 없기 때문에, 완성된 개체는 없다는 점에서 인간은 평등하다는 것이다. 여기서 완전한 한 사람보다 불완전한 다수가 중요시되는 민주적 논리가 암시된다. 이러한 이익의 인성 변화 가능성이 '이'의 주재성(主宰性)을 거부하고 하나의 법칙으로 설명되면서 '인지리'(人之理)와 '물지리'(物之理)를 구별함으로써 인간사회의 법칙이 자연사회의 법칙과 별도로 있음을 말하기에 이른다. 인간은 사물과 달리 인간된 특이성을 지니고 있기 때문에 인간은 인간으로서 누구나 동류성(同類性)을 지니며, 그렇기 때문에 인간은 평등하다는 것이다. 뿐만 아니라 인간은 누구나 완전할 수 없는 '악지류'(惡之類)라는 점에서 역시 평등하다는 것이다. 이러한 논리는 후에 더욱 발전해 '인지리'(人之理)보다 '물지리'(物之理)가 더 중요시되기까지 한다.

이러한 논리구조는 선의 윤리성을 부인하는 경우에까지 이르는데, 여기서 인간에게 처음부터 천성이 부여되었다는 성리학의 주장은 설득력을 잃게 된다. 그만큼 기계론적 평등성이 제기될 소지가 마련된 것이다. 이러한 초기실학 사상가들의 사상을 통해 성리학의 본구성, 보편성은 그 이론의 근거를 상실하게 된다. 인간의 특이성이 부각될 수 있는 바탕이 마련되고, 인간은 누구나 성인이 못 된다는 점에서, 그리고 하늘의 명(命)을 받은 성(性)을 소유한 인격체라는 점에서 평등이 강조된다. 실학이 무르익을 즈음에는 선의 윤리성 자체가 거부되는가 하면 하늘(天)에 대한 인간의 대응관념까지 나타나 성리학의 인성에 대한 반대논리가 성립하기에 이른다.

둘째, 초기실학 사상가들은 인성에 내재된 '사'(私)와 '이'(利)를 누구나 가지고 있는 인간의 속성으로 보고 있다. 성리학에서는 인간의 본성은 선한 것으로 보기 때문에 순선무악(純善無惡)한 '본연지성'(本然之性)을 덮고 있는 혼탁한 '기질지성'(氣質之性)은 제거될 수 있다고 주장한다. 기질(氣質)에는 청탁수박(淸濁粹駁)이 있기 때문에 '천리'(天理)와 지행(知行)을 완전히 구비한 청수(淸粹)의 '상지'(上智)가 있고, 지(知)가 어둡고 행(行)이 악(惡)한 '하우'(下愚)가 있으며, 그 중간에 행(行)이 부족한 '중인'(中人)이 있는 것11)이라고 본다. '천리'(天理)를 지키고 확대해 '인욕'(人慾)을 억제함으로써 혼탁한 '기'(氣)를 제거할 수 있다는 것이다. 즉, '공'(公)과 '의'(義), 곧 '천리'(天理)를 좇아서 '사'(私)와 '이'(利), 곧 '인욕'(人慾)을 억제할 때 비로소 선(善)이 구현될 수 있다는 것이다.12) '성선'(性善)을 '공'(公)과 '의'(義)로 보며 '성악'(性惡)을 '사'(私)와 '이'(利)로 본다. 그렇기 때문에 선을 추구하기 위해서는 '사'(私)와 '이'(利)를 멀리해야 한다고 생각한다. 그런데 이들 초기실학 사상가들은 '사'(私)와 '이'(利)를 멀리해야 할 경계의 대상으로 보기보다는 이를 사람의 한 속성으로 인정하고 있다. 유형원은 '정'(情)을 가진 인간의 현실성을 부정하지 않았다.

셋째, 초기 실학자들은 지선(至善)에 이르는 방법에서 주관적 수양보다는 객관적 장치가 필요하다고 본다. 성리학에서 지선(至善)의 방법은 '존덕성'(尊德性)이라는 내면적 수양에 두고 있다. 그러나 반계 유형원의 경우 백성 본위의 치자정치(治者政治)가 인간의 내면적 수신(修身)이라는 주관적 이상론의 방법만 가지고는 이룩될 수 없다고 본다. 따라서 '제도'라는 객관적인 방법을 강조하고 있다. 이는 당시 민생책인 토지정책과 관련해서 '성인정전지법본지이균인'(聖人井田之法本地而均人)13)이라고 한 표현에서 잘 나타나고 있다.

사실상 반계는 '균지령각득기분자법지선자야'(均之令各得其分者法之善者也)14)라 해서 법, 곧 제도에 따라 선(善)이 좌우될 수 있음을 시사하고

---

11) 「天命圖說 論五行之氣」.
12) 『退溪續集』(8) 論意幾善惡.
13) 『磻溪隨錄』 附錄.
14) 『磻溪隨錄』(1) 田制(上).

있다. 또한 '순인지정이제'(順人之情而制)15)라 해서 정을 가진 인간을 현실 그대로 인정할 것을 말하기도 한다. 여기서 반계는 그러한 정을 지닌 인간은 수신에 의해서라기보다는 제도에 의해서 다스려야 한다고 본 것이다. 그는 "대체로 법이란 것은 장인의 승척과 같고, 사람을 다스리는 자의 규범과 같다. 소위 승척(繩尺)이 승척 되지 못하고 규범이 규범 되지 못하면 비록 천하의 양공이 있다고 할지라도 한 칸의 집도 한 개의 그릇도 만들 수가 없다. 세상 사람들은 양공(良工)이 있다면 승척(繩尺)이나 규범이라는 것을 쓸 필요가 없다고 말하지만 그것은 심히 부족한 생각이다"16)고 한다. 정치에서 제도의 실시가 중요하며, 천하 양공의 치자라 하더라도 제도가 있음으로써 좋은 정치가 가능하다는 것이다.

이와 같이 '제도'의 문제가 통치 자체의 문제로 부각된 것이다. '정'(情)을 가진 인간이기 때문에 통치자의 덕에만 맡길 수 없는 객관적 규제장치로서 '제도론'을 주장한 것이다. 이익에 오면 이러한 '제도론'이 단순히 덕의 정치에 대한 보완이라는 의미를 넘어 '형정'(刑政)에 바탕을 둔 '제도론'으로 나타난다. 통치자가 성인일 수 없다는 이유로 객관성이 강조되며 제도가 정치선(政治善) 구현의 수단이 된다.17) 이러한 초기실학 사상가들의 주장을 거치면서 성리학의 본구성(本具性)・보편성은 그 이론적 근거를 상실하게 된다.

넷째, 초기 실학사상에는 개체가 주체성을 갖게 되는 논거가 특징적으로 나타나고 있다. 실학사상에서 개체의 주체성 논거는 서학(西學)의 수용 정도와 주변 강국에 끼친 서구 제국주의 세력의 영향력 정도, 그리고 조선조(朝鮮朝)의 정치적 안정성의 정도에 따라 그 양태와 내용이 달리 나타나기는 했으나, 대체로 중국 중심 또는 지배계층 중심의 '이'(理) 보

---

15) 『磻溪隨錄』(1) 田制(上).
16) 『磻溪隨錄』(4) 田制後錄(下) 國朝名臣論弊政諸條附: "大抵法者, 猶匠人之繩尺也, 猶治人之模範也, 所謂繩尺非繩尺 所謂 模模 非模範 雖有天下良工, 無以成一間室一箇器, 世之徒談良工而謂不必用其繩尺模範者, 其不思甚矣."
17) 김한식, 앞의 책, 122-123쪽.

편질서는 조선민족 또는 백성이라는 개체성 부각으로 와해되고 있다. 이러한 개체 수준의 이론적 근거는 주기론(主氣論)의 강조, 부국론(富國論), 관점의 상대화, 반주자(反朱子)의 입장, 마음(心)에 대한 새로운 해석 시도 등에 의해 이루어진다.

주기론을 강조하면서 개체성을 부각시키는 것은 1600년경부터 영조 즉위 직전까지(1724년)의 실학 초기단계에 서경덕의 영향을 받은 유형원에 의해 보다 구체적으로 제기된다. 유형원은 '이'(理)가 나타나는 것은 개체를 통해서야 가능한 것으로 보아 개물(個物)을 살피지 않고는 '이'(理)를 알 수가 없다고 했다. 이와 같은 유형원의 '기'(氣) 중시의 면모가 이익의 이기병론(理氣倂論)의 주기론적(主氣論的) 입장을 거쳐 후대로 오면서 이기(理氣) 논의 자체가 등한시될 만큼 주기사상(主氣思想)이 실학사상가들에게 일반화된다. 주기(主氣)의 이러한 강조는 응당 주리적(主理的) 정치이념의 보편질서에 대한 거부를 뜻하게 되었고, 동시에 주자(朱子) 정치이념의 보편성에 대한 개체성 부각의 계기가 되었다.

이러한 주기론(主氣論)의 일반화에 따라 개체성 부각의 또 하나의 논거인 안민위주(安民爲主)의 부국론(富國論)이 실학에서 매우 중요시된다. 실학 초기단계에서 부국론의 성격은 지배계층의 시혜적(施惠的) 제도개혁에 그쳤고, 주어진 조건 내에서 최선을 다한다는 매우 보수적이고 소극적인 것이었다. 그러나 시간이 지날수록 민중의 참여가 중요시되었다. 또 농업보다는 상공(商工)의 기술이 강조되고 변화에 대처하는 능력이 중시된다. 그만큼 부국론의 성격이 진취적이며 적극성을 띠어 갔던 것이다. 이러한 변화가 일어나게 된 원인은 주로 서학(西學)의 수용과 관계가 깊다. 서학의 수용이 원활해질수록 부국의 방법에서 민중의 역할이 커져 갔고 농업, 상업 및 공업의 기술이 강조되었다. 이는 동시에 그만큼 실학의 실용적 의미도 커져 갔다는 것을 뜻한다.

관점의 상대화 논리로 개체성을 부각하려 했던 것은 서학의 영향을 받기 시작한 1600년대의 이수광에게 이미 나타난다. 개체의 기준을 민족으로 보았을 때 그것은 곧 민족 개체의 독자성을 말하는 논리로 나타난다. 이는 조선과 중국의 관계에 대한 인식의 변화를 의미한다.

초기실학 사상가들의 중국관을 살펴보자. 주자학자나 초기 실학자들이 똑같이 '존명'(尊明)의 입장을 취하지만 그 바탕은 전혀 다르다. 이러한 구별이 실학이 싹틀 때에는 다소 애매했으나, 실학 논의가 구체화되기 시작하면서부터는 명백해지기 시작한다. 초기실학 사상가들이 말하는 '존명'은 '존명(尊明) = 청이(淸夷) = 조선(朝鮮)의 화(華)'라는 논리가 암시되어 결국 '조선의 화(華)'를 말하는 '존명'이기 때문이다. 그런데 이러한 논리가 뒤에 보다 발전해 '반존명(反尊明) = (克淸의 전제로) 친청(親淸)'의 과정을 겪은 후 "문화 정통상의 중화(中華) = 극청(克淸) = 조선(朝鮮)의 참 '중국'"이라는 명백한 조선의 개체성 부각으로 나타나기에 이른다. 이러한 내용상의 '극청'정책이 현실상으로는 '친청'의 형식으로 '사대'정책으로 나타났던 것이다.

즉 주자학자들이 말하는 '존명'은 '존명(尊明) = 중화(中華) = 반청(反淸)'이라는 중국 주도하의 조선이라는 논리에 바탕을 둔 것임에 비해, 초기실학 사상가들이 말하는 '존명'은 "청(淸) = 반(反)'중국(中國)'"이므로 조선이 청(淸)보다 더욱 '화'(華)라는 논리에 바탕을 둔 것이며, 이것이 '극청 = 친청'이 되어 현실 대외정책으로 '사대'외교로 나타난 것이다. 주자학자들이 말하는 '존명'(尊明)이 '존명(尊明) = 중화(中華) = 사대(事大) = 반청(反淸)'이었다면, 실학 사상가들이 말하는 '존명'(尊明)은 '중화'와 '사대'를 구별할 뿐더러 주체를 조선으로 본 '중화'이고 '극청'의 수단으로서 '사대'를 주장하는 '존명'이었다.

주자 사상의 잘못을 지적함으로써 개체성을 드러낸 것은 실학사상 전반에 걸쳐 일관된다. 다만 시간이 지날수록 그 내용이 보다 구체적이고 근본적인 것으로 되어 갔을 뿐이다. 실학 초기단계에는 이와 같은 반주자 사상의 고취는 '이'(理) 중심 보편질서의 거부를 뜻했고, 이러한 보편질서의 거부는 동시에 개체성 발로(發露)의 여지를 마련해 주었다.

다섯째, 초기 실학사상에서는 개체와 개체 간의 관계설정이 독립된 평등의 기능개체(機能個體)로 설정된다. 성리학에서 말하는 개체는 '상지'

(上智)에 속하는 개체를 제외하고는 모두 자존성(自存性)이 제약된 개체라고 볼 수 있다. 신분적 계층구조 속에서 불평등한 관계를 전제로 하는 개체인 셈이다. 그러나 초기실학에서는 계층구조상에서 불평등관계에 있는 개체가 독자적인 기능개체로 설정된다. 각 개체는 저마다 독특한 기능이 있으며 이 기능은 보완적이라고 본 것이다. 개체의 기능적 보완성이 사회구조에 나타난 내용을 오늘날 표현으로 말한다면 기능적 유기체 논리라고 할 수 있다.

반계는 또한 개체는 각기 고유한 저마다의 기능을 가지고 있다고 보았다. 지도층 개체는 백성 개체가 '항업'(恒業)을 하도록 하는 데 으뜸 기능이 있다[18]는 것이다. 치자 개체은 기능이 백성이 '항업'(恒業)하도록 하는 것이라고 구체적으로 지적한다. "백성이 나라의 근본인데, 백성을 돌보는 얼이 그 길을 얻지 못하니 참으로 탄식할 일"[19]이라 하여, 민본정치 실현이 지도층의 으뜸가는 기능이라는 주장은 『반계수록』(磻溪隨錄) 전편의 일관된 내용이다.

반계는 기능수행 주체로서 개체를 치자·피치자의 구분에 머물지 않고 더욱 확대했다. 관료도 하나의 기능개체로 부각시킨 것이다. 관료의 임명 또는 충원문제에서 여러 가지 배려가 기능의 관점에서 행해진다. "직무에 적당치 못한 자가 있으면 바꾸거나 퇴직시키는 것이 옳다."[20] 그는 인재의 보임(補任)이 능력을 기준으로 되어야 한다고 말한다. 과거제도의 폐지, 능력 위주의 학교교육, 입학자격에서 신분상의 구분 철폐[21] 등을 주장해 신분 위주가 아니라 기능 위주의 관리 보임을 주장한 것이다. "한번 시험을 보아서 어찌 능히 그 사람의 재질을 살필 수 있겠

---

18) 『磻溪隨錄』(1) 田制(上): "古井田法至矣 經界一正而萬事畢擧 民有恒業之固 兵無搜括之弊 貴賤上下 無不各得其職 是以人心底乏 風俗敦厚 古之所以鞏固 維持救百千年禮樂行興者 以有此根基故也"이라 하여 올바른 토지제도로 백성에게 '항업'(恒業)이 있게 되면 문화가 발달한다고 보았다.
19) 『磻溪隨錄』(13) 任官之制 外任: "民爲邦本而撫民不得其道 誠可歎也".
20) 『磻溪隨錄』(21) 兵制: "夫人君所貴 唯在得人以任 苟有不可者 遞改之可也 退黜之可也"
21) 『磻溪隨錄』(9) 敎選之制(上) 學校事目.

는가."22) "사람을 관리로 채용할 때는 오직 그 현명함과 재질을 기준으로 할 것이며 문벌(門閥)은 논하지 말아야 한다."23) 기능에 따라 인재를 등용해야 한다는 것이다. "하는 업(業)이 같으면 하는 일이 같다"24)고 하여 업(業)의 기능에 따른 구분이 사회적 신분의 구분에 앞서는 것임을 말하고 있다.

반계는 이렇게 치자와 피치자의 개체뿐만 아니라 관료·상공업 계층까지도 기능적인 면에서 사회에서 필요로 하는 개체라고 보았다. '동업즉사동'(業同則事同)이라 하여 업(業)의 기준에서 나온 기능의 동질성을 말하기도 하고, 사회는 '현자(賢者)나 우자(愚者), 귀한 자나 천한 자가 각기 분수를 얻어 사람들에게 덕의(德義)를 권장하는'25) 기능적 유기체로서, 각기 개체는 고유의 '분수'를 지킴으로써 덕의(德義)가 이룩되는 것이라고 말하기도 한다.

성호(星湖) 이익(李瀷, 1681~1763)은 치자 개체와 백성 개체의 기능을 벌(蜂)이나 기러기에 비유해서 설명하고 있다. "아래에서 받드는 여러 벌들은 위를 위해서 기꺼이 죽으려고까지 하고 또 그렇게 하고 싶어하는 듯하다. 이렇게 됨은 임금이 없으면 벌 또한 떼를 이룰 수 없고 목숨을 보전할 수 없기 때문이다.…… 이런 뜻으로 미루어 보건대, 임금이란 것도 역시 한 마리의 벌로서 한 구멍에 처박혀 있기만 하고 아무 하는 일이 없다면 뭇 벌들이 무엇으로 그 임금이 있고 없음을 알겠는가. 그러므로 임금으로서도 반드시 때때로 나와서 순행하고 경계한다. 마음과 뜻을 서로 통하고 위와 아래가 서로 굳어지도록 하는 것인데, 이는 그냥 두어서는 안 되기 때문이다."26)

---

22) 『磻溪隨錄』(13) 任官之制: "一試何能察其人乎."
23) 『磻溪隨錄』(13) 任官之制: "凡用人惟其賢才 勿論其門地."
24) 『磻溪隨錄』(9) 敎選之制(下) 貢擧事目: "曰業同則事同 事同則列同而序."
25) 『磻溪隨錄』(26) 奴隷(下): "貴者役人而賤者役於人 此不易之理 亦不易之勢…… 賢愚貴賤 各得其分 而人勸於德義."
26) 『星湖先生全集』(5) 萬物門 蜂巡: "其下之親上死長如嗜欲然然無此君 蜂亦不能成羣 無以保守永命也 迹其日用事爲其君 疑若無所用心 然君之動靜衆必以之觀 羣蜂喧鬧飛繞則

그는 백성은 각기 생산에 전념하고 군주는 백성을 지키고 융화·조정시키는 데 그 기능이 있다고 말한다. "대개 임금은 마음을 수고롭게 해서 백성을 다스리고, 백성은 힘을 수고롭게 해서 윗사람을 섬긴다. 양쪽이 서로 은혜에 보답해서 아비가 그 자식을 기르면 자식은 그 아비에게 효도함과 같으니 하나라도 없을 수 없다. 임금으로서 백성이 없으면 또한 필부일 뿐이다."27) 그는 치자에게 '노심이치지'(勞心以治之)라는 마음의 수고를, 백성에게는 '노력이사지'(勞力以事之)라는 힘의 수고를 각기의 기능으로 지적한다. 그리고 이러한 기능이 은혜와 보답의 계기에 의해 서로 보완되고 있다고 주장한다.

이렇게 성호는 나라의 근본이 백성이라는 전제하에 백성 개체가 '노력이사지'로 생업의 기능을 수행하고, 치자 개체가 '노심이치지'의 기능, 즉 백성을 지켜 생업기능을 잘 하도록 하는 데 있다고 함으로써 백성 개체와 치자 개체가 제각기 독자적인 기능이 있다고 보았다. 그리고 각 개체가 '은혜·보답'의 정신으로 기능적 조화를 이룸으로써 국가라는 집단의 발전이 이룩된다고 보았다. 그는 "잘 다스리는 정치란 할 일이 없게 되고 교화가 저절로 깊어지는 것"28)이라고 말한다. 성호는 개체의 기능성을 강조하고 상호 보완의 의미를 통해 그의 민본 또는 민주의 사상을 보다 적극적으로 주장한다. 이러한 민주사상은 그의 군신합의제 주장에서도 잘 나타나고 있는데, 특히 전제개혁론인 균전론(均田論)에서 두드러지고 있다. 여기서 성호는 토지는 왕의 것이 아니라 백성의 것이라고 선언한다. 천하도 왕의 천하가 아니라 백성의 천하라는 민주의 논리가 되고 있다.29)

  知其君之內有巡動也 每日過亭 午則泌然以意推之君亦一蜂耳 蟄在一窠 無所猷爲羣 下何從而知其有無 必時出巡警 使心意相接 上下相固 不可以但已者也"
27) 『星湖先生全集』(14) 一年兩秋: "夫君勞心以治之 民勞力以事之 兩相報惠 如父畜子其子 孝其父 不可闕一 君而無民亦匹夫"
28) 『星湖先生全集』(6) 萬物門 蜂史: "至治無爲化自深"
29) 『孟子疾書』 人 人文公 下篇: "有人 此有土 土皆民之田也 聖王畫井而授民 民非受王之田也 乃王者因民之有 而經界之 禁其爭奪也 於是賦以什一 非王者蠲其九而與民 乃民出

사실상 성호의 정치관은 반계에 비해 현실성이 더 배려되고 있다. 반계가 백성의 '항업'(恒業)을 말하고 공전론(公田論)을 주장한 것은 덕치정치의 '교화'를 전제로 한 '양민'의 방책으로서였다. 이에 비해 성호는 '교화'보다는 '형정'(刑政)이라는 객관적인 제도적 장치를 중요시하고 있다.30) 즉 성호는 그의 민주논리가 제도적으로까지 보장되어야 할 것을 말한 것이다.

그러나 성호 역시 시대적 제약에서 벗어날 수는 없었다. 그의 개체 평등성이 '중인'(中人)에 한(限)한 것이고, 신(臣) 개체의 기능성이 부각되기는 했으나, 산업에서 개체의 세분화는 되지 못했기 때문이다. 실제로 이러한 소지는 후에 담헌 등에 이르러 획기적인 변화로 나타난다. 특히 다산 정약용에 오면 개체의 평등성 문제와 기능적 상호 보완의 의미는 놀랄 만한 근대적 민주논리로 전개된다.

<참고문헌>

『磻溪隨錄』,『星湖先生全集』,『星湖僿說』,『星湖僿說類選』,『退溪續集』.

김한식,『실학의 정치사상』(일지사, 1985).
이을호,『다산학 이해』(현암사, 1975).
천관우,『한국실학사상사』(고대민족문화연구소간 한국문화사대계, 1970).

其一而供君也 故天下者天下之天下也 非一人之天下也."
30)『星湖僿說』(24) 賡載明郞: "治道始於德禮 終於刑政 德禮雖明 政刑不修 民不可得以治也."

제20장 후기실학의 정치사상

김정호(인하대학교)

　1392년 성립된 조선조는 16세기의 임진왜란(壬辰倭亂, 1592~1598)과 17세기의 정묘호란(丁卯胡亂, 1627) 및 병자호란(丙子胡亂, 1636)을 거치면서 극심한 대내외적 시련을 경험했다. 한민족의 자주성과 피지배계층의 생활안정이 보호되기는커녕 통치계층 내부의 갈등과 반목은 더욱 심해졌고, 이것은 여러 차례에 걸친 사화와 당쟁 및 그에 따른 피지배계층의 고통, 그리고 국가적 생산력 저하로 결과가 나타났다. 이러한 상황에 직면해 18세기 중반 이후 민족자주성 확립과 철저한 국내적 개혁 및 발달한 대외문물의 수용과 적용을 통한 국가발전을 목표로 자주적 사상을 전개하려는 경향이 나타났다.
　이들은 이른바 후기실학자로 구분되는 개혁파들이었다. 후기실학 사상가들은 이전 개혁사상가들의 이론적 논의를 계승·발전시키는 한편 18세기 이후 중국을 통해 발달한 서양의 문물을 접하면서 새로운 세계관을 형성했다. 서구의 발달한 과학기술을 바탕으로 한 서학(西學)의 수용은 이들의 인간 및 세계에 대한 인식의 범위를 일층 확대시키는 계기를 마련했고, 그것은 피지배계층의 생활안정과 복리도모, 그리고 국가적 생산력 발전의 정책적 논의로 확대·전개되었다.

1. 이용후생적 국가발전의 정치목표

후기실학 사상의 보편적 특징이라면 무엇보다 다수 피지배계층의 생존권 및 생활권 보호와 국가적 생산력의 향상을 위한 다양한 인적·법적·제도적 장치의 마련을 정치목표로 설정했다는 데 있다. 이는 우선적으로 민(民)의 생활안정과 국가발전을 정치의 본질로 규정한 후기실학 사상가들의 정치론에서 공통적으로 나타나고 있다.

예를 들어 18세기 후반에 활동한 홍대용(洪大容, 1731~1783)은 "(覇道의 정치에서는) 왕이 의복을 검소하게 하고 조세를 경감하는 것이 백성을 위한 것이 아니고, 어진 사람을 존경하고 유능한 사람을 등용하는 것이 나라를 위한 것이 아니다.…… 오직 선조의 혈통에 따라 지위를 보전하고 죽을 때까지 존귀함과 영화를 누리며, 이를 2세, 3세에 걸쳐 무궁토록 전하려 하는 것이다"1)고 함으로써 군주의 역할이 국가발전과 민생안정에 있음을 명확히 밝혔다. 동시대의 박지원(朴趾源, 1737~1805) 역시 "무릇 천하를 다스리는 자는 만약 백성에게 이롭고 국가를 부강하게 할 수 있는 것이라면 그 법이 비록 이적(夷狄)에게서 나온 것이라 하더라도 반드시 취해야 할 것이다"2)고 주장함으로써 안민후생(安民厚生)과 부국(富國)을 군주의 역할로 규정하기도 했다.

19세기 초의 정약용(丁若鏞, 1762~1836) 또한 군주추대론(君主推戴論)3)과 함께 "정치란 바로잡는 것이다. 바로잡는다는 것은 부와 이익의 차별

---

1) 『湛軒書』(上) 內集 補遺 鼇山問答(361쪽). 괄호 안의 쪽수는 『湛軒書』(景仁文化社, 1972)의 것임(이하 동일).
2) 『燕巖集』(12) 熱河日記 馹汛隨筆(3쪽). 괄호 안의 쪽수는 『燕巖集』(京仁文化社, 1974)의 것임(이하 동일).
3) 『與猶堂全書』(1/11) 詩文集 論 湯論(230쪽). 본문의 『與猶堂全書』(1/11)는 제1집 권11호를 가리킴(이하 동일). 괄호 안의 쪽수는 『與猶堂全書』(景仁文化社, 1970)의 것임.

을 저지해 민(民)을 균등하게 하는 것을 말한다. [동등한 국민으로서] 어찌 누구는 토지를 겸병해 이익과 부[富厚]를 얻을 수 있게 하고 누구는 토지의 이택(利澤)을 막아 빈곤하게 할 수 있는가. 이러한 차별을 바로잡고 토지와 민을 계산해 동등하게 분배하는 것이 소위 민을 균등하게 하는 정치라고 할 수 있다"[4]고 함으로써 정치의 본질이 동등성에 바탕을 둔 다수 피지배계층의 이익보호에 있음을 주장했다. 마지막으로 "집안의 효자가 반드시 국가의 충신이 되는 것도 아니고 국가의 충신이 반드시 집안의 효자가 되는 것도 아니다.…… 진정한 의미의 충효란 국가와 백성에게 충성하고 효도하는 것이다"[5]고 하여 충효의 객체를 국가와 민족, 그리고 다수 국민으로 설정하는 혁신적 입장을 피력한 19세기 중반의 최한기(崔漢綺, 1803~1879)의 논의 속에서도 정치의 본질을 국가발전과 민생의 안정으로 보았던 후기실학 사상가들의 정치론의 보편적 특성을 파악할 수 있다.

이와 더불어 후기실학 사상가들이 활동했던 18세기 후반부터 19세기 중반에 이르는 기간이 집권층 내부의 권력투쟁과 이에 따른 매관매직(賣官賣職)의 성행 및 중간관리 계층의 가렴주구(苛斂誅求), 신분구조 변동에 따른 비생산적 양반계층의 급속한 증가, 전체 경작지의 대폭적인 감소, 그 결과 국가적 생산력의 저하와 피지배계층의 빈곤 심화, 그리고 그에 따른 피지배계층의 대규모 저항 등[6]을 특징으로 하는 것이었음을 상기할 때, 그리고 후기실학 사상가들이 이와 같은 모순된 현실을 위기로 파악하는 객관적인 현실관(現實觀)을 지니고 있었음[7]을 볼 때 후기실

---

4) 『與猶堂全書』(1/10) 詩文集 原 原政(202쪽).
5) 『明南樓叢書』(3) 人政(24), 用人門五. 忠孝分別(175쪽). 괄호 안의 쪽수는 『明南樓叢書』(成均館大學校 大東文化硏究院, 1971)의 것임(이하 동일).
6) 이상백, 『韓國史: 近世後期篇』(乙酉文化社, 1965), 270-372쪽 참조.
7) 『湛軒書』(下) 附錄 從兄湛軒先生遺事(564쪽); 『湛軒書』(上) 內集(2) 桂坊日記(195쪽); 『湛軒書』(上) 內集 補遺 豎山問答(332쪽); 『燕巖集』(7) 序 北學議序(105쪽); 『與猶堂全書』(5) 政法集 經世遺表(10), 地官修制, 賦貢制三(196쪽); 『與猶堂全書』(1) 詩文集 論 技藝論(1)(227쪽); 『與猶堂全書』(1) 詩文集 論 技藝論(3)(227쪽); 『明南樓叢書』(3) 人政(21)

학 사상의 정치목표가 민생의 안정과 국가적 생산력의 발전이었다는 점은 분명했다.

구체적으로 먼저 후기실학 사상가들은 피지배계층의 생존권 및 생활권 보호의 정책대안에 관해서 양반계층의 무위도식과 부익부빈익빈의 사회적 현상을 타파할 개혁적 장치의 마련을 요구하는 데 노력을 집중했다. 홍대용이 양반 귀족계층의 비생산적인 무위도식 및 사치, 그리고 노동 천시 등이 다수 피지배 노서민(奴庶民)의 생활을 고통스럽게 한다는 점을 지적하면서 이에 대해 엄격한 법적 형벌을 가할 것[8]을 요구한 것이나, 박지원이 당시 성행하던 상업행위의 필요성을 강력히 인정하는 전제하에서 상업적 이익이 사회적 배분으로 전환되어야 할 필요성을 요청[9]하는 한편 토지소유 집중현상을 저지해 균등분배를 이루기 위한 정책대안으로 '한전제'(限田制)[10]를 제시한 것은 피지배계급의 생존권 및 생활권을 보호하기 위한 일련의 개혁적 장치를 마련하자는 것이었다.

또한 정약용이 '여전제'(閭田制)와 '정전제'(井田制)로 대표되는 토지정책론을 통해 기본적으로 소수 대토지소유자들에 의한 토지의 독점에서 파생된 부의 편중 및 이에 따른 다수 피지배 농민들의 탈토지화(脫土地化)와 빈곤화라는 당시의 현실에 대한 급진적 대안을 제시한 것[11]이나, 상업세와 행상세의 징수를 통해 특권상인이나 부상들의 농민 수탈을 저지하려고 한 것[12] 등도 이와 동일한 입장에서 이해할 수 있다.

다음으로 후기실학 사상가들은 국가적 생산력의 발전 및 부의 확대를 위한 정책대안으로 국내의 인적·물적 자원을 적극 활용할 것과 외국의

　　用人門二 爲民治安(108쪽); 『明南樓叢書』(3) 人政(22) 用人門三 運數及朋黨(123쪽); 『明南樓叢書』(1) 推測錄(6) 推物測事 東西取捨(213쪽) 등 참조.
8) 『湛軒書』(上) 內集 補遺 林下經綸(307쪽); 『湛軒書』(上) 內集 補遺 林下經綸(306쪽).
9) 『燕巖集』(14) 熱河日記 玉匣夜話 참조.
10) 『燕巖集』(16) 課農小抄 限民名田議(398쪽).
11) 『與猶堂全書』(1) 詩文集 論 田論, 『與猶堂全書』(5) 政法集 經世遺表 地官修制 田制 참조.
12) 『與猶堂全書』(5) 政法集 經世遺表 地官修制 賦貢制三(196쪽).

과학기술 지식을 수용해 이를 한국의 현실에 적용시키는 데 초점을 맞추었다. 후기실학 사상가들이 국민개로(國民皆勞)의 필요성을 역설[13]한 것이나, 중국의, 또는 중국을 통해 서양의 제도 및 기술 등을 적극 흡수해 한국의 현실에 적용시킬 필요성을 주장[14]하는 한편 대외교역의 필요성을 정책대안으로 요청한 것,[15] 그리고 조선의 현실에 부합하는 각종 기술을 개발하고 활용할 것을 요구한 것[16]은 국가적 생산력의 발전을 위한 정책적 대안의 일환이라는 측면으로 이해할 수 있다.

이처럼 후기실학 사상가들은 고통받는 피지배계층의 생존권 및 생활권을 보호해 민생의 안정을 이룩하는 한편 국가적 생산력의 향상을 달성하는 데 정치적·사상적으로 노력을 집중했다. 그리고 그 구체적인 방법은 첫째, 개인 또는 계층간 부(富)의 불균등 현상을 제거하기 위한 각종 장치의 마련, 둘째, 인간 또는 계층이 가진 능력을 생산력의 증대로 승화시킬 수 있는 방안의 구축과 국민개로를 위한 법적 장치의 도입, 셋째, 외국의 발달한 제도 및 기술의 도입과 국내 활용, 그리고 기술개발의 구체적 실천방법 등이었다. 그렇다면 이와 같은 정치목표를 달성하기 위해 후기실학 사상가들은 어떠한 이론적 논의를 전개했는가? 다음에서는 후기실학 사상에 나타난 이론적 논의를 국가발전론과 관련시켜 보다 구체적으로 살펴보기로 하겠다.

---

13) 『湛軒書』(上) 內集 補遺 林下經綸(306쪽); 『明南樓叢書』(2) 人政(1) 測人門一 總論 朝廷姓名相格(26쪽).
14) 『與猶堂全書』(1) 詩文集 論 技藝論(1)(227쪽); 『明南樓全集』(3) 地球典要 참조. 『明南樓全集』(驪江出版社, 1986)의 것임(이하 동일).
15) 『燕巖集』(15) 熱河日記 銅蘭涉筆(318쪽).
16) 『湛軒書』(上) 內集 補遺 林下經綸(311-312쪽); 『燕巖集』(16) 課農小抄 참조; 『明南樓叢書』(1) 推測錄(6) 推物測事, 東西取捨(213쪽).

2. 동등성과 개체성 부각의 이기론적 인성론

 후기실학 사상가들이 당시 고통받고 있던 다수 피지배계층의 생존권과 생활권을 보호하기 위한 방법으로 사회적 무위도식이나 사치를 근절하는 한편 토지개혁 등을 통해 부의 불균등 배분을 타파하기 위한 제도적 장치를 마련했다는 점은 앞에서 언급했다. 후기실학 사상가들의 이와 같은 민생안정을 위한 정책론의 근저에는 신분상의 귀천·고하를 불문하고 모든 인간이 자유롭고 풍요롭게 자신의 삶을 영위하려는 본연적으로 동등한 삶의 욕구주체라는 인간성에 대한 규정이 전제되고 있었다.

 구체적으로 홍대용은 "인간이 세상에 살면서 갖게 되는 욕구는 무한하다. 좋은 음식을 먹고 곱고 아름다운 여자를 거느리며 높은 지위에 올라 권세를 누리고 진기한 물건을 보려고 하는 것 등은 인간이라면 누구든지 가지고 있는 욕구이다"[17])고 함으로써 인간이 삶의 욕구주체라는 점을 명확히 했다. 박지원 역시 인간의 본성으로서 기본적인 의식주 생활 및 욕구충족을 통한 삶의 유지를 타 개체와의 동등성 속에서 도출해 내는 한편,[18]) 삶의 욕구충족의 주체[19])로서 인간성의 본질에 관해 다음과 같이 설명했다.

> 만물이 기화(氣化)하는 가운데 함께 있으니 어찌 천명(天命)이 아니겠는가. 무릇 성(性)이란 심(心)을 따르고 생(生)을 따르는 것으로서 '심'의 도구이고 '생'의 종족[族]이다. 기(氣)가 없으면 생명[命]은 끊어지니 어찌 '성'이 '생'을 따르지 않겠는가. '생'이 아니면 '성'은 없는 것이니 어찌 선(善)이라는 것이 근거할 데가 있겠는가. 진실로 천명의 본연을 궁구해 보면 어찌 홀로 '성'만 선하겠는가. '기' 역시 선하다. 또한 어찌 홀로 '기'만 선하겠는가.

---

17) 『湛軒書』(上) 內集 補遺 毉山問答(338-339쪽).
18) 『燕巖集』(12) 熱河日記 太學留舘錄(216쪽).
19) 『燕巖集』(2) 書 答李仲存書(43쪽).

'생'을 유지하는 만물은 모두 선한 것이다. 하늘을 즐기고 그 명(命)을 따르는 것은 물(物)과 내가 다르지 않다. 이것이 곧 천명의 '성'이다.[20]

또한 정약용의 경우에는 "인간으로서 칠정(七情)이 없다면 어찌 인간이라고 할 수 있겠는가?"[21]라는 말로 인간이 동등한 삶의 욕구주체임을 표현했으며, 최한기는 "인간은 누구나 먹고 마시는 일을 하며 또 누구나 먹고 마실 욕구를 가지고 있다"[22]고 하여 인간성을 본연적 욕구주체로 규정했다.

후기실학 사상가들이 제시한 이와 같은 삶의 욕구주체로서 인간성의 규정은 인간의 욕구를 자연스런 본성으로 인정함으로써, 한편으로 고통받는 피지배계층의 생존권을 보호하고 다른 한편으로 인간의 물욕을 과감히 개방시켜 농공상(農工商) 등 일반 국민의 개별적 이익추구권을 확보해 궁극적으로 피지배계층의 삶을 보다 향상시키려는 정치적 의도에서 제시된 것이라고 할 수 있다. 이러한 점에서 후기실학 사상가들이 제시했던 사회적 부의 공평한 배분 등을 통한 민생안정 방법은 그 자체가 본연적으로 동등한 삶의 욕구주체로서 모든 인간이 누려야 할 자연적인 것이라는 인식하에서 표출된 것이었다고 볼 수 있다. 동시에 그것은 이전의 개혁사상에서 보이는 인성론을 계승·발전시킨 것[23]이었다는 특징이 있는 것이기도 했다.

민생의 안정과 함께 후기실학 사상의 정치목표의 내용을 이루는 중요한 요소 중의 하나가 대내적인 인적 자원의 활용을 통한 국가적 생산력의 향상이다. 그런데 대내적인 인적 자원을 효율적으로 활용하기 위해서는 사회 내 개인 또는 계층이 자신만의 고유한 능력 또는 장점을 가지고 있음을 의미하는 개체의 독자성, 즉 개체성을 적극 인정하는 논리가 요

---

20) 『燕巖集』(2) 書 答任亨五論原道書(37쪽).
21) 『與猶堂全書』(2) 經集 大學講義(2)(25쪽).
22) 『明南樓叢書』(1) 神氣通(2) 口通 饑飽與人同(52쪽).
23) 후기실학사상의 등장 이전 조선조 개혁사상의 인성론에 관해서는 김정호, 『근세 동아시아의 개혁사상』(논형, 2003), 제3장 제1절을 참조하기 바람.

구된다. 동시에 그것은 신분상 또는 직업상의 선천적인 차별을 강조하는 논리를 거부하고 개체 간의 기능적 평등론에 입각한 사고를 견지함을 전제로 하는 것이다.

인간이 가진 각각의 독자적 특성을 의미하는 개체성 인정에 관해서 후기실학 사상가들은 이기론(理氣論)을 통한 이론적 접근을 시도했다. 구체적으로 후기실학 사상 이기론의 보편적 특징은 이(理)와 기(氣)의 관계를 "생성주체인 '기'의 운동변화에 따라 생기는 개체의 독자적 원리로서 '이'"를 파악하는 것이었다. 이것은 곧 인간을 포함한 만물의 생성이 형이상학적 존재원리인 '이'가 아니라 변천·변화력의 주제인 '기'에 의해서 이루어지며, '이'란 그러한 '기'의 변천·변화의 운동작용에 따라 생성된 개체가 지니게 되는 독자적인 생존원리라는 것을 의미한다.

예를 들어 홍대용이 "인간에게는 인간의 '이'가 있고 물(物)에는 '물'의 '이'가 있다"24)고 한 것이나, 정약용이 "천지만물의 '이'는 각기 그 만물의 신상(身上=身體)에 있는 것이니 어찌 다 나에게 갖추어져 있겠는가. 개(犬)는 개의 '이'가 있고 소(牛)는 소의 '이'가 있는 것이다"25)고 한 것은 인간을 포함한 개체의 독자적 생존원리를 '이'로 파악하는 입장을 보여준 것이라 하겠다. 또한 최한기가 "물(物)에는 '물'의 '기'와 '이'가 있고 나에게는 나의 '기'와 '이'가 있다"26)고 한 것이나 "인간의 성(性)은 소나 말의 '성'이 아니고 소나 말의 '성'은 초목의 '성'이 아니다"27)고 한 것도 이와 같은 맥락에서 이해할 수 있을 것이다.

이러한 이기론을 통한 개체성 부각의 논리를 현실사회에 적용시켰을 때, 그것은 사회 내 개인 또는 계층이 모두 독자적인 능력과 장점을 가지고 있다는 점에서 기능적으로 동등하다는 논리가 성립될 수 있는 것이다. 이 점에 대해 홍대용은 "대개 인품에는 고하(高下)가 있고 재질에

---

24) 『湛軒書』(上) 內集(1) 心性問(2쪽).
25) 『與猶堂全書』(2) 經集 孟子要義(2)(145쪽).
26) 『明南樓叢書』(1) 推測錄(2) 推氣測理 推測如駔儈(126쪽).
27) 『明南樓叢書』(1) 推測錄(5) 推己測人 推測異用(178쪽).

는 장단점이 있다. 그 고하에 따라 단점을 버리고 장점을 쓰면 천하에 전혀 못 쓰고 버릴 재질이란 없다"28)고 했다.

또한 최한기는 모든 인간은 신분에 관계없이 각기 자신만의 고유한 장점을 보유하고 있다29)는 전제하에서 "인간에게는 원래 사농공상이라는 신분적 구별은 없는 것이다"30)고 하면서 신분적 차별을 거부했다. 그에 따르면 사농공상이란 다만 인간이 사회 내에서 자신의 장점을 가지고 삶을 영위하는 데 필요하고 또 사회의 공동체적 발전을 위해 필수적인 직업적·기능적 구분에 불과한 것31)이지, 결코 사농공상에 종사하는 인간 사이에 근원적인 면에서 귀천의 구분이 있음을 의미하는 것은 아닌 것32)이다.

박지원은 홍대용이나 최한기처럼 이기론을 통해 개체의 독자성을 논하지는 않았지만 사회적으로 사농공상이라는 분업에 종사하는 인간 사이에 기능적 동등성이 존재함33)을 밝혔다. 정약용 역시 사농공상 사이의 직업적 상이성만을 강조할 뿐, 신분상의 차별을 인정하지 않는 분업상의 기능적 평등질서관을 제시했다는 점34)에서, 박지원의 경우와 같이 각기 자신의 능력을 최대한 발휘할 수 있는 분업에 종사하는 것을 전제로 인간의 개별적 개체성을 상정하기도 했다.

이와 같이 후기실학 사상가들은 공통적으로 이기론을 중심으로 한 개체성 인정의 논리를 통해 대내적인 인적 자원의 낭비를 근절하는 한편 그것을 사회적 생산력의 발전으로 승화시키려고 했던 것이다. 동시에 인간을 근본적으로 동등한 분업구조에 종사하도록 함으로써 국가적 생산

---

28) 『湛軒書』(上) 內集 補遺 林下經綸(306쪽).
29) 『明南樓叢書』(2) 人政(4) 測人門四 行事 將來事測人測(69쪽).
30) 『明南樓叢書』(3) 人政(25) 用人門(6) 工商通運化(222쪽).
31) 『明南樓叢書』(3) 人政(25) 用人門(6) 商賈(202쪽).
32) 『明南樓叢書』(2) 人政(15) 選人門(2) 薦擧格式(296쪽).
33) 『燕巖集』(11) 熱河日記 盛京雜識 商樓筆談(165쪽).
34) 『與猶堂全書』(5) 政法集 經世遺表(6) 地官修制 田制五(110쪽); 『與猶堂全書』(1) 詩文集 論 田論(5)(223쪽).

력의 발달을 꾀하려고 했던 것이다.

중요한 점은 욕구주체로서 인간성 규정의 경우와 마찬가지로 후기실학 사상가들이 국가발전론의 이론적 토대로 제시한 이기론의 내용이 상당 부분 조선조 초·중기 개혁사상가들의 이기론과 맥을 같이하고 있다는 사실이다. 그 예로 생성론적 측면에서 최한기의 기철학(氣哲學)은 서경덕의 기철학과 직접적인 관련이 있는 것으로 평가되고 있으며,35) '이'(理)를 인간을 포함한 개체의 독자적인 생존원리로 파악한 홍대용, 정약용, 최한기의 입장은 율곡 이이의 이기론36)에서 그 발단을 찾을 수 있다. 이렇게 볼 때 후기실학 사상 정치목표 달성의 이론적 토대로서 인정의 논리는 조선조 개혁사상의 흐름을 반영하는 것이라고 하겠다.

3. 평등적 국제질서관의 형성과 국가발전론

이른바 후기실학 사상가들을 전기 또는 그 이전의 개혁사상가들과 구분할 수 있는 중요한 근거는 무엇보다 국가발전을 위한 방법론으로 외국문물의 적극적인 수용을 명확히 상정했다는 점이라 할 수 있다. 그런데 후기실학 사상가들이 이처럼 외국의 발전된 문물을 수용해 국가발전을 이루기 위해서는 전통적으로 동아시아를 지배해 왔던 한족, 나아가 중국 중심의 대외질서관에서 벗어나 세계를 구성하는 모든 국가, 민족, 지역이 동등하다는 논리를 이론적으로 입증하는 것이 필요했다. 왜냐하면 국가·민족·지역간 동등성의 논리가 입증돼야 타 국가, 타 민족, 타 지역이 가진 장점을 흡수해 자국 발전의 기초로 삼을 수 있기 때문이다.

후기실학 사상가들에게 개체로서 국가·민족·지역간 동등성의 논리를 입증하는 가장 보편적인 이론적 토대는 상대적 인식론, 즉 상대관(相

---

35) 김한식, 『實學의 政治思想』(一志社, 1979), 246쪽 참조.
36) 이이(李珥)의 이기론(理氣論)에 관해서는 김만규, 『한국의 정치사상』(현문사, 1999), 234-241쪽을 참조하기 바람.

對觀)이었다. 상대관이란 절대적이고 고정적인 관점에서 벗어나 사물과 자연현상을 상대적인 입장에서 보는 것을 의미하며, 이러한 상대관이 국가·민족·지역간 관계에 투영되었을 때 그것은 현실적인 대소(大小), 강약(强弱)의 차이에도 불구하고 절대적으로 큰 것, 강한 것이 존재하지 않는다는 상대적 평등관을 형성하는 것이었다. 특히 장기간에 걸쳐 서구와의 직접 접촉이나 서양에 대한 구체적인 지식 없이 단지 한족 또는 중국 중심의 세계관을 지속해 온 동아시아 국가들에게 상대적 평등관의 제시는 가장 효과적으로 국가·민족·지역간 관계의 동등성을 논리적으로 입증할 수 있는 이론적 근거였다고 할 수 있다.

이에 대해 먼저 홍대용은 "중국은 서양에 대해서 경도의 차이가 180도에 이르는데, 중국 사람은 중국을 세상의 중심[正界]으로 삼고 서양을 변방[倒界]으로 여기며, 서양 사람은 서양을 세상의 중심으로 삼고 중국을 변방으로 여긴다. 그러나 세상 어디에 사는 사람이거나를 막론하고 지역에 따라 다 자기 나라를 중심으로 여기는 것은 마찬가지이니, 세계를 가로로 보거나 세로로 보거나 변방이란 없고 모든 나라가 세상의 중심이다"[37]고 하며, 천문학적 지식과 상대관을 토대로 국가·민족·지역간 평등성을 주장했다.

박지원 역시 "인간의 입장에서 보면 화하(華夏)와 이적(夷狄)의 구분이 있겠지만, 하늘[天]이 명(命)한 바에 따르면 은(殷)나라의 우관이나 주(周)나라의 면류관도 각기 시대에 따라 달라졌으니, 어찌 청(淸)나라 사람들의 홍모(紅帽)만을 의심하겠는가?"[38]라고 함으로써 당시 한국사회에 지배적이었던 전통적인 한족 중심의 이적관(夷狄觀)에서 벗어나 상대관에 기초해 개체로서 국가·민족간 동등성을 피력했다.

상대관을 통해 한족 또는 중국 중심의 화이(華夷) 질서관에서 벗어나 개체로서 국가·민족·지역간 동등성을 논리적으로 입증하려는 노력은 정약용에게서도 공통적으로 드러나고 있다. 그는 "나는 소위 중국이라는

---

37) 『湛軒書』(上) 內集 補遺 毉山問答(332쪽).
38) 『燕巖集』(12) 熱河日記 關內程史 虎叱(193쪽).

것이 어떻게 중(中)이 되는지 모르겠고, 동국이라는 것이 어떻게 동(東)이 되는지 모르겠다.…… 무릇 이미 동서남북의 중심이 되면 중국이 아닌 곳이 없으니, 이른바 동국이라는 것이 어디에 있겠는가? 또한 무릇 이미 중국 아닌 곳이 없으니 이른바 중국이라는 것이 또 어디에 있겠는가?"39)라는 주장을 통해 전통적인 중국 중심의 화이 질서관에서 탈피해 모든 국가가 관점에 따라 중심이 될 수 있으며, 이러한 점에서 국가간에는 본연적 평등성이 존재함을 밝혔다.

이와 같이 18세기 후반부터 19세기 중반까지 활동한 후기실학 사상가 중 홍대용, 박지원, 정약용 등은 과학적 지식과 동아시아의 전통적인 상대관을 원용해 특히 국가간 관계의 상대적 평등성을 주장했다. 그들은 이처럼 상대적 인식론을 국가간 관계에 투영시킴으로써 외국, 특히 만주족 정권인 청의 발달한 문물을 수용할 수 있는 계기를 열어 놓았고, 동시에 이를 국가발전의 정책론으로 구체화시킬 수 있었던 것이다.

주목해야 할 점은 18세기 후반부터 19세기 초반까지 활동한 한국의 후기실학 사상가들이 주로 국가간 관계의 상대적 평등성 논리를 통해 국가발전론의 이론적 토대를 구성했던 것에 비해, 19세기 중반에 활동한 최한기는 세계에 대한 보다 확대된 인식을 바탕으로 개체로서 국가, 민족, 지역 등이 서로 다른 형질, 환경 및 습관에 의해 형성된 그 개체만의 독자적인 생존방식, 즉 개체성 인정의 논리를 활용했다는 사실이다. 구체적으로 최한기는 "각국의 정교(政敎)와 운화(運化)는 그 국가의 토질(土質)의 마땅함과 숭상하는 풍속에 바탕을 둔 것이므로, 그곳에 거주하는 사람 또한 평가받는 기준이 다를 수밖에 없다. 털이 붉은 나라[紅毛國]에서야 어찌 붉은 털이 천한 것이 될 것이며, 얼굴이 검은 나라[黑面國]에서야 어찌 검은 얼굴이 추한 것이 되겠는가"40)라고 하여 모든 국가와 민족, 지역 등이 각기 고유한 독자성을 가진 개체라는 점을 역설했다.

이와 함께 그는 단순히 모든 국가, 민족, 지역 등이 타 개체와 구별되

---

39) 『與猶堂全書』(1) 詩文集 序 送韓校理致應使燕序(266쪽).
40) 『明南樓叢書』(2) 人政(1) 測人門(1) 天下測人同異(15쪽).

는 독자성을 가지고 있다는 것을 인정하는 것에서 머물지 않고 "서방 사람이 지은 서적은 동·남·북방 사람에게 도움 되는 것이 있고, 동방 사람이 지은 서적은 서·남·북방 사람에게 도움 되는 것이 있으며 남·북방 사람이 지은 서적은 또한 동·서방 사람에게 도움 되는 것이 있다"[41]고 함으로써 지구상의 모든 국가, 민족, 지역이 각기 서로에게 부족하거나 없는 장점을 보유하고 있다는 점을 들어 개체간 상호협력의 필요성을 제시함으로써 이전 사상가들의 논의보다 진일보한 입장을 취했다.

이처럼 개체성 인정에 바탕을 둔 국가·민족·지역간 평등성의 논리는 외국의 발전한 문물의 수용을 통한 국가발전을 정치목표로 설정했던 후기실학 사상가들에게 문물 수용의 대상과 범위를 보다 다양하게 확대시킬 수 있는 이론적 근거가 되었던 것이다. 그럼에도 불구하고 이러한 국가·민족·지역간 관계에 있어 개체성의 인정이 최한기에 이르러서야 명확하게 드러나고 있다는 점은 한국 실학사상가들이 가졌던 인식 확대의 구조적 한계[42]를 보여주는 것이기도 했다.

하지만 보다 중요한 점은 후기실학 사상가들이 상대관을 원용하든 개체관을 활용하든 간에 그들의 개체로서의 국가·민족·지역간 평등성 논의가 이전까지 동아시아를 지배해 왔던 차별적이고 폐쇄적인 대외질서관에서 벗어나 평등하고 개방적인 대외질서관을 형성할 수 있는 계기를 만들어 주었다는 사실이다. 더욱이 국가발전론과 관련해서 볼 때 개체로서 국가·민족·지역간 평등성 논의는 곧 전통적으로 소중화주의적 사고에 빠져 중국 외의 모든 국가의 우수성을 경시하던 한국이 명분론적 태도에서 벗어나 다른 국가·민족·지역들로부터 자국의 발전에 필

---

41) 『明南樓全集』(1) 明南樓隨錄(307쪽).
42) 이와 같은 한계는 후기실학 사상가들 자신의 문제가 아니라 한국의 특수성에 기인한 것이라고 볼 수 있다. 즉 첫째, 사상·문화적으로 중국의 영향을 크게 받아 왔고, 둘째, 중앙집권적 정치체제의 지속과 주자학적 정치질서관의 공고화 정도가 강했으며, 셋째, 서구문물의 수용도 소수 선각자를 중심으로 중국을 통한 것으로 한정되었다는 것이 후기 실학자들의 인간 및 세계에 대한 인식 확대에 장애물로 작용했다고 할 수 있다.

요한 모든 것을 배우고 응용할 수 있게 하는 계기가 되었다.

4. 자연에 대한 객관적 이해논리의 구축과 국가발전

후기실학 사상에서 국가발전론의 내용을 구성하는 또 다른 요소는 대내적인 물적 자원을 효율적으로 활용할 수 있는 기술의 개발과 적용이었다. 조선의 현실에 적합한 각종 기술의 개발과 활용은 민생안정은 물론이고 국가적 생산력의 발전이라는 후기실학 국가발전론의 핵심을 이루는 요소였다고 볼 수 있다. 예를 들어 홍대용이 조선의 객관적 현실에 기초한 운송혁신의 필요성을 강조한 것이나, 박지원이 농업·공업·목축업 등 각종 재료 및 기기(器機)의 사용과 제작방법 등을 제시한 것은 기술의 개발과 활용을 통한 국가적 생산력 향상의 정책대안이었다고 볼 수 있다. 또한 정약용이 농업기술의 혁신과 수레 및 도로의 정비 등을 요구한 것이나, 최한기가 농업기술의 수용과 실용적 과학기술의 활용을 적극 주장한 것도 이와 같은 맥락에서 이해할 수 있다.

이처럼 후기실학 사상가들이 국가적 생산력 향상을 위한 방안으로 기술개발과 효율적 활용을 제시할 수 있었던 근저에는 무엇보다 자연에 대한 객관적 이해를 가능하게 했던 이론적 근거가 존재했다. 이는 크게 두 가지로 나누어 볼 수 있는데 하나는 이기론이며, 다른 하나는 과학적 지식과 상대적 인식론의 결합이었다.

먼저 이기론에 관해 후기실학 사상가들은 개체성 인정의 논리에서 지적한 바와 같이 이(理)와 기(氣)의 관계를 '보편적 선재의 원리'인 '이'에 의해 주재받는 현실태로서 '기'라는 주자학적 이기론에서 벗어나 '기'의 운동작용으로 생성된 개체의 원리를 '이'로 파악하는 입장을 취했다. 이런 점에서 후기실학 사상 이기론에서의 '이'는 개체의 독자적 생존원리인 동시에 사물의 객관적인 작용원리, 즉 물리(物理)[43]라고 할 수 있다.

이에 대해 먼저 홍대용은 "무릇 '이'를 말하는 사람들은 '형체[型: 현실의 존재상]가 없고 이(理: 존재원리)가 있다'고 한다. 이미 '이'가 있다고 하면, 어찌 형체가 없는데 있다고 할 수가 있겠는가? 대개 소리가 있으면 있다고 하고, 색이 있으면 있다고 하며, 냄새와 맛이 있으면 있다고 하니, 이미 이 네 가지가 없으면 '이'는 형체도 없고 방소(方所)도 없다"44)고 했다. 또 "이른바 '이'라는 것은 '기'가 선하면 선하고, '기'가 악하면 악하기 마련이다. '이'란 주재하는 바가 없고 '기'가 작용하는 대로 따라갈 뿐이다"45)고 함으로써 '기' 안에서의 '이', 즉 사물의 변화에 따라 변화하는 객관적 원리로서 '이'를 설명했다. 박지원은 비록 이기론에 관해서 거의 언급을 하지 않았지만, 그가 쇠와 돌[金石] 또는 기름과 물[油水] 등이 서로 어울려도 능히 불[火]을 생기게 할 수 있다는 점을 들어 나무[木]만이 불[火]을 낳는다는 유학적 오행설(五行說)을 비판46)하면서 물, 불 등 인간의 삶의 유지 및 향상과 사회적 생산력에 직결되는 사물의 속성을 정확히 파악해 적절히 활용할 것을 주장했던 것을 볼 때, 그의 논의 속에는 이미 '사물의 객관적 원리 파악'에 대한 충분한 인식이 담겨 있음을 알 수 있다.

정약용의 경우에도 "모든 사물은 '기'가 발(發)해 '이'가 그것을 타지 않는 것이란 없다"47)고 함으로써 명확히 '기'의 작용에 의해 생성된 사물의 객관적 원리를 '이'로 파악했다. 최한기 역시 "하늘의 '기'가 유행하는 이치는 사물에 있어 마땅한 바를 이루는 것이라 원래 증감(增減)이 없다"48)고 함으로써 불변의 객관적·보편적 자연원리를 '이'로 규정했다. 여기에 더해 그는 '이'란 '기'의 조리(條理)이며49) '기'가 있어야 반드

---

43) 김한식, 앞의 책, 128, 135쪽 및 박충석, 『韓國政治思想史』(三英社, 1982), 111, 128, 147쪽 참조.
44) 『湛軒書』(上) 內集(1) 心性問(1쪽).
45) 『湛軒書』(上) 內集(1) 心性問(1쪽).
46) 『燕巖集』(1) 序 洪範羽翼序(6-7쪽).
47) 『與猶堂全書』(2) 經集 中庸講義(1) 朱子序(93쪽).
48) 『明南樓叢書』(1) 推測錄序(79쪽).
49) 『明南樓叢書』(2) 人政(8) 教人門(1) 理卽氣(167쪽).

시 '이'가 있을 수 있고, '기'가 없다면 '이'도 있을 수 없는 것50)이라는 표현을 통해 '이'를 '기'의 운동작용에 따라 형성되는 객관적 원리로 보는 입장을 분명히 했다.

이와 같이 후기실학 사상의 이기론은 단순히 철학적·사변적 논의가 아니라 그 자체가 자신들의 정치목표인 기술의 개발과 활용을 통한 국가적 생산력 발전의 전제가 되는 자연에 대한 객관적 이해의 이론적 바탕이 되는 것이었다. 동시에 정약용 스스로 명확히 지적한 것51)과 같이 후기실학 사상의 이기론은 이이(李珥)를 비롯한 조선조 개혁사상의 흐름과 깊은 사상적 연계성을 이루는 것이었다는 사실도 간과할 수 없는 중요한 요소라고 할 수 있다.

다음으로 이기론과 함께 후기실학 사상가들로 하여금 자연에 대한 객관적 이해를 가능하게 한 또 하나의 이론적 근거는 과학지식과 상대적 인식론의 결합이었다. 과학지식과 상대적 인식론의 결합은 특히 홍대용과 박지원의 논의에서 두드러진다. 예컨대 홍대용은 "하늘에 가득 찬 별 치고 세계가 아닌 것이 없다. 별의 세계에서 보면 지구도 하나의 별이다. 한량(限量) 없는 세계가 공계(空界)에 흩어져 있는데, 오직 이 지계(地界) 만이 한가운데에 있다고 하는 것은 옳은 이치가 아니다"52)고 하여 자연에 대한 객관적 이해의 필요성을 과학지식과 상대관을 결합시켜 역설했다. 박지원 역시 다음과 같은 말로 홍대용과 같은 입장을 피력하고 있다.

> 달[月]의 몸[體]은 항상 둥근 것인데 햇빛을 둘러[環] 받게 됨으로써 달이 찼다가 기울었다 하는 것처럼 보이는 것이 아닐까. 지금 사해에서 하나의 달을 본다면, 보는 위치에 따라 달이 살찌고 여위어 보이며 얇고 깊어 보이는 것이 아닐까. 별은 달보다 크고 태양은 지구보다 큰 것인데, 그렇지 않게 보이는 것은 원근(遠近) 때문이 아닐까.53)

---

50) 『明南樓叢書』(1) 推測錄(2) 推氣測理 流行理推測理(121쪽).
51) 『與猶堂全書』(2) 經集 中庸講義(1) 朱子序(93쪽).
52) 『湛軒書』(上) 內集 補遺 毉山問答(334쪽).
53) 『燕巖集』(12) 熱河日記 太學留舘錄(214쪽).

이와 같이 과학지식과 상대관을 활용해 자연에 대한 객관적 이해를 이끌어 내려고 했던 후기실학 사상가들의 태도는 앞서 논의한 국가발전론과의 관련성 외에도 유학 외에 후기실학 사상에 미친 사상적 영향의 일면을 파악할 수 있는 근거를 제공해 준다는 점에서 중요하다. 즉 후기실학 사상가들이 지녔던 탁월한 과학지식은 상당부분 중국을 통해 유입된 서구 과학지식의 영향을 받은 것으로 평가54)되고 있다.

또한 국가·민족·지역간 관계의 평등성과 자연에 대한 객관적 이해의 바탕이 되는 상대관은 "남의 몸의 입장에서 몸을 보고, 남의 가정의 입장에서 가정을 보고, 마을의 입장에서 마을을 보고, 국가의 입장에서 국가를 보고, 천하의 입장에서 천하를 보아야 한다"55)는 노장(老莊)사상의 상대주의적인 시각과 관련이 있는 것으로 보인다.56) 비록 후기실학 사상가들이 스스로 노장적 입장을 취했음을 언명하지는 않았다 하더라도 후기실학 사상의 특징이 서학 및 유학 외에 동아시아 전통사상에 개방적 태도를 취했다는 점57)을 상기할 때 상대관 활용에 미친 노장사상의 영향력은 충분히 그 연관성을 유추해 볼 수 있을 것으로 여겨진다.

이상에서 18세기 후반에서 19세기 중엽까지의 이용후생적 실학사상을

---

54) 김한식, 앞의 책, 81-82쪽 참조.
55) 『道德經』 五十四章.
56) 보다 구체적으로 노장사상에서 보이는 개체간 상대적 동등성의 논리가 후기실학 사상가, 특히 홍대용과 박지원의 논의 속에 그대로 수용되고 있음에 주목할 필요가 있다. 예를 들어 『장자서』(莊子書) 추수편(秋水篇)에는 다음과 같은 표현이 있다. "도(道)의 입장에서 보면 물(物)에는 귀천이 없다. '물'이 자기 자신의 입장에서만 본다면 자신을 귀하게 여기고 다른 것은 천하게 여기지만, 귀천의 평가는 자기가 내리는 것이 아니다"(『莊子書』 秋水一). 이에 대해 홍대용은 "인간으로서 '물'을 보면 인간이 귀하고 '물'이 천하겠지만, '물'로서 인간을 보면 '물'은 귀하고 인간은 천하게 마련이다. 조물주인 자연[하늘]의 입장에서 보면 인간이나 '물'은 마찬가지로 동등하다"(『湛軒書』(上) 內集 補遺 毉山問答, 326쪽)고 했고, 박지원 역시 "'물'로서 나(我)를 보면 나 역시 '물'의 하나일 것이다"(『燕巖集』(2) 書 答任亨五論原道書, 36쪽)고 함으로써 근본적으로 노장적 시각과 동일한 입장에서 인간을 포함한 개체간 상대적 동등성을 설명했다.
57) 小川晴久, 『한국실학과 일본』, 하우봉 역(한울아카데미, 1995), 27쪽.

개별 사상가의 사상적 독창성보다는 보편적 특성을 중심으로 살펴보았다. 후기실학 사상의 두드러진 공통적 특징은 무엇보다 당시 조선이 처한 상황을 위기로 인식하고 이를 극복해 부국안민(富國安民)을 이루려는 정치목표를 가지고 있었다는 것이다. 이를 위해 대내적으로는 욕구주체로서 사회 내 개인간의 본연적 동등성과 계층간의 기능적 동등성을 강조하고, 대외적으로는 국가간 독자성과 상대적 평등성을 논리적으로 입증하려고 했다. 그리고 그러한 사상 전개에서 각 사상가가 보유한 독창성과 함께 이전 개혁사상가들의 논의, 동아시아 전통의 여러 사상의 수용, 그리고 무엇보다 사물에 대한 객관적 이해 및 응용을 가능하게 한 서구 과학지식의 수용이 중요한 사상적 토대를 형성했다고 볼 수 있다.

<참고문헌>

『道德經』, 『莊子』.
『燕巖集』(景仁文化社, 1974).
『燕巖先生文集』(景仁文化社, 1997).
『貞蕤集 附北學議』(國史編纂委員會, 1974).
『丁茶山全書』(文獻編纂委員會, 1960).
『與猶堂全書』(景仁文化社, 1970).
『明南樓叢書』(景仁文化社, 1971).
『明南樓全集』(驪江出版社, 1986).
『湛軒書』(景仁文化社, 1972).

김만규, 『한국의 정치사상』(현문사, 1999).
김정호, 『근세 동아시아의 개혁사상』(논형, 2003).
김태영, 『실학의 국가개혁론』(서울대학교출판부, 1998).
김한식, 『實學의 政治思想』(一志社, 1979).
박충석, 『韓國政治思想史』(三英社, 1982).

박충석·유근호,『조선조의 정치사상』(평화출판사, 1982).
小川晴久,『한국실학과 일본』, 하우봉 역(한울아카데미, 1995).
신용하,『朝鮮後期 實學派의 社會思想硏究』(지식산업사, 1997).
윤사순,『한국의 성리학과 실학』(열음글밭, 1987).
이상백,『韓國史: 近世後期篇』(乙酉文化社, 1965).
주칠성,『실학파의 철학사상』(예문서원, 1995).
한국사상사연구회,『실학의 철학』(예문서원, 1996).

제21장 천주학의 전래

신복룡(건국대학교)

1. 천주학 연구의 필요성

천주학[서학]은 조선조 후기의 사회사상, 특히 실학의 형성에 중요한 고리를 형성하고 있을 뿐만 아니라 지배계급과의 갈등이나 외교사와도 밀접히 연루되어 있어, 이를 외면하고는 당시의 시대를 정확히 이해하기가 어려울 만큼 중요한 주제이다. 그럼에도 불구하고 이 분야의 연구가 이토록 소루한 것은 종교문제란 매우 미묘한 것이어서 이를 학문의 주제로 삼는다는 것이 조심스럽고, 일차사료의 해득이라는 관문을 통과하기가 어려울 뿐만 아니라 호교(護敎)와 외삽(外揷)의 조화가 어려웠기 때문인 것으로 보인다.

종교문제란 기필(起筆)의 순간부터 비판적 입장에서 시작한다면 역사상 어떤 종교도 긍정적 평가를 받기가 어렵고, 그렇다고 해서 전적으로 호교론의 입장에서만 쓸 수도 없다는 어려움이 있다. 이 글은 호교론과 외삽법(外揷法)의 금기를 유념하면서 천주학이 왜 조선조 후기의 갈등요인으로 작용했는가를 살펴보고자 하는 데 뜻이 있다. 그러나 그 범위가 너무 광범위하므로 가급적 실제로 서학의 문제와 연루되었던 인물들의 갈등을 주제로 했으며, 필요한 논리가 아닌 한 위정척사파의 대응논리를 포함시키지 않으려고 했다.

마테오 리치(Matteo Ricci)는 마카오에 상륙한 날(1582)로부터 선종할 때(1610)까지 28년 동안의 선교활동에서 겨우 2,500명만을 입교시켰음에도 불구하고[1] 세계 선교사에 가장 위대한 성공으로 기록되고 있다. 그에 비해 이벽(李檗), 정약용(丁若鏞) 등 초기 신자들이 천진암(天眞庵)과 주어사(走魚寺)에서 강학회(講學會)를 시작한 1777년부터 한·불조약의 체결과 함께 사실상 박해가 끝난 1886년까지 110년 동안에 103명의 성인과 1,744명의 순교자를 냈고,[2] 조선이 교구로 설정된 이래 5명의 주교 중 3명이 순교했으며, 선교사 16명 중 9명이 순교했고, 조선인 신부 2명 중 한 사람이 순교했으며,[3] 1859년 현재 16,700명의 신자[4]가, 그리고 1885년 현재 14,039명의 신자[5]가 기도하고 있었다. 그런데 한국천주교회사는 왜 토착화에 실패했고 비극의 역사로 기록되어야 하는가 하는 의문이 이 글의 화두이다.

2. 지식인의 서구 인식과 세계관의 변화

흔히 일의대수(一衣帶水)라는 당시 한·중관계에서 사조의 흐름에는 벽이 없었다. 명청기(明淸期) 중국의 문물은 연경사(燕京使)를 통해 여과 없이 조선에 이입되었다. 천주학의 경우도 예외는 아니어서 명·청 180년간에 중국에서 출간된 천주교 서적 350여 종 가운데 267종이 조선에 전래되었다.[6] 이러한 도서는 당시 식자들 사이에 흔히 읽혀지고 있어 유

---

1) 이기반 역, 『서방에서 온 현자』(왜관: 분도출판사, 1989), 355쪽(역자 후기).
2) 「한국교회사연표」, 『한국가톨릭대사전: 부록』(한국교회사연구소, 1985), 120-177쪽.
3) 달레, 『한국천주교회사』(하), 안응렬·최석우 역주(왜관: 분도출판사, 1980), 480쪽.
4) 같은 책, 297쪽.
5) 「한국교회사연표」, 445쪽.
6) 최기복, 「조선조에 있어서 廢祭毁主와 유교제사의 근본의미」, 『최석우신부 화갑기

몽인(柳夢寅, 1559~1623)의 『어우야담』(於于野談)7)이나 이수광(李睟光)의 『지봉유설』(芝峯類說, 1633)8)과 김만중(金萬重, 1637~1692)의 『서포만필』(西浦漫筆)9)에 마테오 리치의 행적이 비교적 정확하게 기록되어 있다. 그리고 중국에서 제사 논쟁이 일어나고 그 여진(餘震)이 조선에 파급되기 전까지만 해도 서학에 관한 서적은 거리낌 없이 여염에서 읽히고 있었다.10)

서학의 전래에 대해 가장 먼저 관심을 보인 무리는 척서파(斥西派)였든 서학파였든 모두가 성호(星湖) 이익(李瀷)의 문하였고 양반계층의 식자들이었다.11) 이들의 초기 인식은 서학에 대해 이질성을 느끼기보다는 비교적 호의적인 것이어서 서학에서 말하는 천주란 동양의 상제와 같은 것이라는 리치의 설명을 의심 없이 받아들였다.12) 특히 성호는 그의 제자이자 척서파의 우두머리인 신후담(愼後聃)에게 "천주학이란 불교가 혹세무민하는 것과는 다르니 깊이 생각하지 않고 이를 배척하는 일이 없도록 하라"는 충고를 잊지 않았다.13) 서학에 대한 성호학파의 호감은 일차적으로는 문명의 이기(利器)와 같은 부수물 때문이었고 일부는 신분의 철폐를 주장하는 평등주의적 교리 때문이었다.14)

초기에는 군주나 대신 등의 지배계급에서도 서학을 사갈시하지는 않았다. 특히 정조는 "저들이 설혹 잘못이 있더라도 유학이 바로 서면 사

넘 한국교회사논총』(한국교회사연구소, 1982), 18-19쪽; 배현숙, 「조선에 전래된 천주교서적」, 『한국천주교회창설 200주년기념 한국교회사논문집』(1)(한국교회사연구소, 1984), 29쪽.
7) 『於于野談』(2) 「西敎編」.
8) 『芝峰類說』 「諸國部 外國篇」.
9) 金萬重, 『西浦漫筆』(일지사, 1990), 238, 240쪽.
10) 「洪注書上蔡左相書(9월)」, 李晚采, 『闢衛編』(열화당 복각판, 1971), 127쪽.
11) 趙珖, 『조선후기 천주교사연구』(고대민족문화연구소, 1988), 74, 78-80, 98쪽.
12) 『闢衛編(采)』, 16쪽: 「李星湖天主實義跋」.
13) 『河濱集』(2) 「內編 紀聞編」; 李元淳, 『한국천주교회사연구』(한국교회사연구소, 1986), 45쪽.
14) 달레, 『한국천주교회사』(상), 413쪽.

학(邪學)이란 스스로 일어섰다가 스스로 사라질 것이니, 사람을 다치지는 말고 책이나 태워 버리는 것으로 충분하다"고 생각했고, 채제공(蔡濟恭)도 서학에는 "배울 것이 있음"을 시인했다.15) 그들은 서학의 출현을 날이 어두우면 반딧불이 나타나고 날씨가 흐리면 여우가 우는 정도로 치부했다.16) 지배계급의 이러한 인식은 몰이해나 안이함에서라기보다는 통치자로서의 자신감과 아량에서 나온 것이었다. 이런 점에서 그들은 개명군주이며 선각자였다.

서학의 전래가 한국사상사에 끼친 공헌 중에서 먼저 지적해야 할 사실은 한국인의 세계관 형성에 준 충격일 것이다. 남들이 서학의 종교적 성격에 탐닉해 불필요한 논쟁을 벌이고 있을 때 홍대용(洪大容)을 중심으로 하는 일부 실학자들은 종교 그 자체가 아니라 거기에 부수적으로 묻어 들어온 과학문명을 통해 새로운 세계관에 눈을 뜨고 있었다. 그 이전까지만 해도 한국인의 대외인식의 핵심은 중화사상 또는 소중화사상이었다. 그에 따르면 중국이 천하문명의 중심지인 이유는 크게 네 가지가 있으니,

> 첫째는 제왕이 대통을 잇고 있다는 점이오,
> 둘째는 성현이 종교를 일으킨 것이오,
> 셋째는 인륜이 반듯하게 선 것이오,
> 넷째는 풍습이 엄정한 것이다.17)

역사나 전통, 그리고 방대한 영토가 5천 년 동안 통일국가를 형성해 왔다는 사실만으로도 중국이 주변의 작은 나라로부터 숭앙을 받았다는 것은 있을 수 있는 일이었다.18) 따라서 중화사상 자체가 문제되는 것은 아니었다. 사태를 악화시킨 것은 조선이 바로 중화의 대를 잇는다고 믿

---

15) 『正祖實錄』 12년(1788) 8월 임진조.
16) 『闢衛編(宋)』 37쪽: 「李艮翁天學問答」.
17) 『毅菴先生文集』(51) 「宇宙問答」, 1b-2a, 5b.
18) 『毅菴先生文集』(51) 「宇宙問答」, 1b-2a.

는 소중화사상이었다. 그렇다면 조선이 소중화인 이유는 무엇인가? 이에 대한 유인석(柳麟錫)의 대답을 들어 보면, "조선은 당요(唐堯)의 시대에 나라를 시작했고 도산(塗山)의 회맹(會盟)을 함께 했으며, 기자(箕子)가 동쪽으로 온 후 임금이 되어 구주(九籌)를 펴 보였고, 8조의 가르침을 베풀어서 소중화가 되었다"19)는 것이다.

그러나 이러한 소중화적 인식에 최초로 눈을 뜬 사람들은 실학자들이었다. 1603년에 선조가 상배(喪配)하고 윤비(尹妃)를 맞아 이를 명(明)에 알리기 위해 주청사로 중국에 갔던 이광정(李光庭)과 권희(權憘)가 귀국했다. 이때 이광정은 많은 중국 문물을 가지고 왔는데, 그 물품 중에는 세계지도가 들어 있었다. 이 지도에는 중국의 지방과 조선의 팔도, 그리고 일본의 60주가 소상히 기록되어 있었다.20) 이 지도는 마테오 리치가 정현곡선(正弦曲線) 투영법으로 간단하면서도 완벽하게 그린「산해만국여지전도」(山海萬國輿地全圖)로서 동경 170도 본초자오선을 이용해서 중국을 중앙에 이동시켜 놓고, 백색으로 육지를, 큰 흑점으로는 바다를 표시했다. 경도와 위도가 있고 적도며 자오선이 표기된 이 지도에는 각국의 이름들이 표기되어 있었다. 그 후 리치는 이 지도의 재판에서 전에 빠졌던 조선을 추가했다.21)

조선의 실학자들이 이 지도와 함께 중국의 선교사들이 제작한 지구의를 보았을 때, 그들의 세계관에는 엄청난 변화가 일어나기 시작했다. 그들은 서구문명을 통해 지구원형설, 만유인력설, 지구운행설, 지구자전설22)을 알았다. 이러한 사고의 전환은 결국 중국이 중국[central country]이 아님을 깨닫게 했다. 중국이 동방이라 하지만 지구의 어느 쪽에서 보느냐에 따라서 동이 서가 되고 서가 동이 되는 것이며,23) 가운데[正界]에

---

19) 『毅菴先生文集』(51)「宇宙問答」, 82a.
20) 『宣祖實錄』36년(1603) 6월 19일 갑진조;『芝峰類說』「諸國部 外國篇」.
21) Vincent Cronin, *The Wise Man from the West* (London Readers Union, 1956), pp.71, 140-141.
22) 『湛軒書』內集 補遺(4):「毉山問答」, 19a-20b.
23) 『與猶堂全書』(1/13):「送韓敎理致應使燕序」.

있을 수도 있고 변두리[倒界]에 있을 수도 있으며,24) 하늘에서 바라보면 안과 밖이 따로 있는 것이 아니며 지구의나 지도의 중심에 놓으면 모두가 중심이라는 사실도 알았다.25) 결국 실학자들이 깨달은 중국은 여느 국가나 마찬가지로 지구 위의 한 조각 땅일 뿐이라는 사실이었다.26)

이러한 충격은 실학자들에게만 국한된 것이 아니라 일반 관리들에게도 마찬가지였다. 예컨대 그들의 눈에는 대역죄인으로 보였던 김대건(金大建) 신부가 옥중에서 사형을 기다릴 때, 관리들은 그로 하여금 서양의 지리서를 쓰도록 하는 한편 서양의 지도를 번역해 다시 그리도록 하고, 그 중 1부를 왕에게 바친 것으로 보아도 당시의 충격이 어떠했던가를 잘 알 수 있다.27) 한국 민족주의를 거론할 때 우리는 흔히 서구의 침략과 이에 대한 응전에 역점을 두려는 경향이 있지만, 그보다는 더 오랜 기간 동안 더 철저히 우리의 정신사를 매몰시켰던 중화사상으로부터의 해방이 한국 민족주의의 중요 과제였다는 사실을 생각할 때, 지난날에 들어서 아는 것을 과감히 버리고28) 새로운 세계관을 모색·발견한 실학자들의 노력은 높이 평가받아야 할 대목이다.

그러나 서학이 지닌 과학성보다는 종교성에 집착한 척서파(斥西派)들은 끝내 서학을 받아들이려 하지 않았다. 그들이 보기에 서학은 여전히 불교의 아류였고 사학(邪學)이었다. 이러한 오해는 불교가 본시 서역에서 온 종교이듯이 서학 또한 서역에서 온 것이므로 본질에는 변함이 없을 것이라는 오해에 기초하고 있었다. 천주학에서 말하는 대부(代父), 성수(聖水), 촛불, 뉘우침, 세례명이 있으나, 이는 불가의 법사·율사, 관정(灌頂), 연비(燃臂), 참회와 같은 것으로 인식되었다.29) 따라서 노자, 불타,

---

24) 『湛軒書』 內集 補遺(4): 「毉山問答」, 21b.
25) 『湛軒書』 內集 補遺(4): 「毉山問答」, 36b.
26) 『星湖僿說類選』(6/1상).
27) 달레, 『한국천주교회사』(하), 100-110쪽: 「金大建 안드레아 신부의 편지」; 이원순·허인 편저, 『김대건의 편지』(정음사, 1983), 261쪽(23信).
28) 『湛軒書』 內集 補遺(4): 「毉山問答」, 20a.
29) 『順菴先生文集』(17), 「天學問答」, 23b-24a.

양주(楊朱)・묵적(墨翟)이 모두 신성한 사람임에는 틀림이 없으나 그 끝에 가서는 모두가 허무, 적멸(寂滅), 또는 무부무군(無父無君)의 가르침으로 귀결되듯이 그들도 끝내는 혹세무민의 종교로 타락하게 되리라고 믿었다.30) 그들의 눈에는 서쪽 끝의 음산한 기운이 감히 깨끗한 나라를 더럽히려는 짓31)으로밖에는 보이지 않았다. 똑같은 성호(星湖)의 문인임에도 불구하고 안정복(安鼎福)을 중심으로 하는 이들 공서파(攻西派)는 서세동점으로 인해 겪는 중국의 불행이 조선으로 확산되는 것을 두려워했고,32) 세계의 지지(地誌)를 기만으로 생각함으로써 중화의 논리를 포기하려 하지 않았으며,33) 서학의 전파나 탄압이 개국으로 연결된다는 사실에 대한 두려움 때문에 쇄국주의로 귀결되지 않을 수 없었다.34)

세계관의 변화와 더불어 간과할 수 없는 부분은 개명 문화에 대한 인식의 전환이었다. 이러한 교류가 정부 차원에서 공공연하게 이루어진 것은 1631년에 명나라에 갔던 사신 정두원(鄭斗源)이 천리경, 서양총, 자명종, 염초화(焰硝花), 자목화(紫木花)를 가지고 왔을 때인 것으로 보인다. 이 때 서양총을 가져온 그 뜻을 가상히 여겨 왕이 그를 한 품계 올려 준 것을 보면35) 서학에 대한 당시의 인식은 순수과학이었을 뿐 교리나 이념의 문제는 아니었다. 이렇게 전래된 서학 또는 서양문명이 학자들의 본격적인 연구대상이 된 것은 당권에서 물러난 남인계 성호학파의 청년 지식인들이 천진암과 주어사에서 모이기 시작한 때부터였다. 이 당시의 정황은 이벽(李檗)이 1723년에 동지사(冬至使)인 아버지 이동욱(李東旭)을 따라 북경으로 가는 이승훈(李承薰)에게 "기이한 물건과 좋은 노리갯감을 많이 얻어 가지고 오되 그냥 돌아오지 말라"36)고 한 당부에 잘 나타

---

30) 『順菴先生文集』(17), 「天學問答」, 11b.
31) 『純祖實錄』 원년(1801) 12월 22일; 『闢衛編(宋)』, 301쪽.
32) 『順菴先生文集』(17), 「天學問答」, 20b.
33) 『闢衛編(宋)』, 33-34쪽: 「李艮翁天學問答」.
34) 『純祖實錄』 원년(1801) 3월 19일조.
35) 『仁祖實錄』 9년(1631) 7월 갑신일조.
36) 『黃嗣永帛書』(정음사, 1975), 54; 달레, 『한국천주교회사』(상), 304쪽.

나고 있다.

이승훈은 이벽이 당부한 바대로 북경에서 서양 선교사에게서 받은 여러 권의 『천주실의』, 『기하원본』, 『수리정온』(數理精蘊) 등의 책과 시원경(視遠鏡), 지평표 등을 가지고 와 보니 점점 볼 만한 것이 많았다.37) 문명이 전파되는 계기는 일차적으로 편의요, 그 다음으로는 경이로움이다. 이 점에서는 천진암 강학회에 참가한 무리들도 마찬가지였다.38) 그들은 천주학과 함께 들어온 문명의 이기를 '없앨 수 없는 것들'39)이라는 인식을 공유하고 있었다. 그들은 서학의 이질성이 노출된 이후에도 박제가(朴齊家)가 지적하고 있듯이 "저들의 종교가 천당·지옥설을 독실히 믿어 불교와 다를 바가 없을지라도 그 후생지구(厚生之具)는 불교에서는 찾아볼 수 없는 것들이니, 열을 취하고 하나를 금하면 득이 될 것인즉, 오히려 그들을 맞이함에 잘못이 있어 초청하여도 저들이 오지 않을까 걱정이었다."40)

서구문명 중에서도 조선조 지식인의 눈에 가장 경이로웠던 것은 수학·기하학,41) 천문·기후·역학(曆學),42) 농기구,43) 광학(光學),44) 총포·화약45) 등이었다. 이러한 문명의 이기에 눈뜬 정조와 같은 개명군주는 이가환(李家煥)을 시켜 수리(數理)와 역상(曆象)의 근원을 밝히기 위한 책을 쓰도록 할 생각으로 연경에 가서 책을 사오도록 상의했고,46) 서양 역

---

37) 『闢衛編(禾)』, 199-201쪽.
38) 『與猶堂全書』(1) 詩文集「墓地銘」, 39a-39b.
39) 『星湖僿說』(4) 「萬物門 陸若漢條」.
40) 朴齊家, 「丙午正月二十二日朝參時典設署別提朴齊家所懷」, 『北學議』(대양서적, 1972), 454쪽.
41) 『湛軒書』 外集 燕記 「劉鮑問答」, 9a; 달레, 『한국천주교회사』(중), 30-33쪽: 「敎皇 聖下에게 올린 조선인들의 편지」.
42) 『順菴先生文集』(17), 「天學考」, 1a.
43) 『邪學懲義』(한국교회사연구소 번각본, 1977), 299쪽.
44) 『湛軒書』 外集 燕記 「劉鮑問答」, 9b.
45) 『順菴先生文集』(17), 「天學問答」, 8b.
46) 『與猶堂全書』(1) 詩文集「墓地銘」, 23a: 「貞軒墓誌銘」.

법의 정교함에 탄복한 관상감 제조(觀象監提調) 김육(金堉) 같은 인물은 차제에 달력을 서양력으로 바꿔야 한다고 주장했다.47)

그러나 역사는 늘 진보하는 것만은 아니었다. 서학의 이(理)와 기(器)를 분별하지 못한 박해자들은 강력한 탄압으로 조선 후기 사회의 근대화에 기여할 서구의 과학·기술마저 전면 거부하는 역사적 과오를 범하게 되었다. 1866년에는 좌의정 김병학(金炳學)과 부호군(副護軍) 기정진(奇正鎭)이 양물 금단(洋物禁斷)의 상소를 올렸고, 이에 따라 양물을 취급하는 자는 선참후계(先斬後啓)하라는 어명이 발표되었다.48) 설령 그리스도적인 종교와 윤리를 배격·거부하더라도 물질문명의 발전을 위해 선진적인 과학과 기술을 수용하고 활용해야 했던 것이 당시의 역사적 당위였다.

중국에서는 천주교 신부인 아담 샬(Adam Schall, 湯若望, 1591~1666)과 할러슈타인(Augustinus von Hallerstein, 劉松齡, 1703~1777)을 흠천감 정감(欽天監 監正)에, 고가이슬(Antonie Gogeisl, 鮑友管, 1701~1771)을 부정(副正)에 임명함으로써 중국의 과학문명을 크게 발전시켰다. 그러나 조선의 경우에는 종교로서의 서교와 과학기술로서의 서학을 엄밀히 구분하지 못하고 이를 전적으로 외면·거부함으로써 전통의 고수에 침잠해 근대화의 도약을 지체시켰고 1801년의 신유사옥 이후 서교에 대한 탄압과 더불어 서학의 발전이 위축되고 두절되는 결과를 초래했다.

3. 신과 인간의 관계

한국천주교회사에서 가장 불행한 사건은 제사문제49)를 둘러싼 갈등

---

47) 『仁祖實錄』 23년 12월 병신조.
48) 李能和, 『朝鮮基督敎及外交史』(下)(基督敎彰文社, 1928), 65-66쪽.
49) 제사와 위패가 우상숭배라는 기독교의 성서적 논거는 『출애굽기』 20: 4-5; 『마태오복음』 11: 37; 『누가복음』 14: 26의 성서 구절이었다.

과, 이로 인한 처절한 박해사건이었다. 이에 관해서는 이 사건의 당사자인 당시 북경교구장 구베아(Alexander de Gouvea: 湯士選) 주교의 육필 기록을 직접 들어 보는 것이 문제의 이해에 도움이 될 것이다.

 1790에 조선 사절의 일행을 따라 윤바오로[尹有一]와 세례 희망자인 우(禹)요한 씨가 새로운 그리스도교회의 편지를 가지고 북경에 도착하였다. 이 편지에서 조선의 교우들은 조선에서의 복음 전도의 상황을 설명하고 성물(聖物)과 종교서적을 간절히 요구하였다.…… 그들이 나에게 의문점을 제시한 것 중에는 부모의 위패를 세우는 문제와 이미 세운 위패의 보존을 허용하는지에 관한 물음이 있었다. 이 질문에 대해 나는 교황 베네딕트 14세의 "*Ex quo Singulari*"(1742)와 교황 클레멘스 11세의 "*Ex illa die*"(1715)에서 로마교황청이 지나칠 정도로 명백하게 결정한 바에 따라 부정적인 대답을 해 주었다. 이 대답은 조선의 많은 양반들로 하여금 그리스도교를 버리게 하는 일차적 원인이 되었다. 그들의 조상의 위패에 관한 질의와 그들이 로마교황의 칙서보다도 더 명언처럼 취급하고 있는 미신에 대한 대답이 담긴 나의 사목서간을 읽은 조선의 양반들은 그들의 조국의 풍속이나 잘못된 관습을 버리기보다는 차라리 이제까지 그들이 진리의 종교라고 믿었던 그리스도교를 버리는 쪽을 택했다.50)

 구베아 주교의 사목교서가 조선에 전달된 이듬해인 1791년에 진산(珍山)에서 윤지충(尹志忠)과 권상연(權尙然)이 부모의 상을 당해 제상을 차리지 않고 신주를 불태운 사건이 일어났다.51) 제사상에 음식을 차리지 않고 신주를 세우지 않은 데 대해 신부나 신자가 공통되게 제시하는 논거는, "제상의 음식이란 잠자는 사람에게 음식을 권하는 것과 같으며, 신주는 나뭇조각일 뿐 거기에 영혼이 깃들어 있지는 않다"52)는 것이었다.

---

50) A. de Goubea, 「朝鮮に於けるキリスト教傳來報告書」(*Carta Do Excellentissimo E Reverendissimo Bisopo de Pekim D. Fr. Alexandre de Goubea Ao Illustrissimo E Reverendissimo Bisopo De Calandro*),『朝鮮學報』(10), 田中秀央 譯(天理: 天理大 朝鮮學會, 1956), 196-197, 200쪽; 라틴어 원문은 *ibid.*, pp.223-224;『邪學懲義』, 232-233쪽:「移遷送秩 觀儉」; 달레,『한국천주교회사』(상), 326-329쪽.

51)『正祖實錄』15년(1791) 11월 무인조.

이러한 율법주의는 더욱 경직되게 조선에 전달되어 모방(St. Maubant Petrus) 신부의 우상숭배 금지에 관한 사목서간[53]과 외교인이 제사지낸 떡이나 밥이나 과일을 먹어서도 안 된다는 해석까지 나오기에 이르렀다.[54] 이러한 교리적 해석은 조선의 전통사회를 뒤흔드는 것으로서 사람의 눈동자를 찌른 셈이었다.[55] 당시에 비등하던 반서학적 분위기를 나타내는 대표적인 입장을 소개하면 다음과 같다.

저 윤지충의 무리는 감히 스스로 오랑캐와 짐승과 부합해 소귀신과 뱀의 몸뚱이를 빙자해 제사를 폐하는 것만으로도 부족해 부모의 상을 당하고도 혼백을 세우지 않았고 부모가 죽어도 조문을 받지 않았다. 심지어는 그 아비와 할아버지의 신주를 불태우고 묻었으며, 사람들이 그런 줄도 모르고 가서 조문하면 즉시 대답하기를, 이는 축하할 일이지 위로할 일이 아니라고 했다. 슬프고 애통하도다. 천지가 생긴 후로 어찌 이런 일이 있었는가? 법에 이르기를 사람의 집이나 사판(祠板)을 헐어 다치게 하면 그 죄가 살인과 같다 했는데, 하물며 그 손으로 아비와 할아버지의 사당을 헐고 신주를 불태웠다니, 이는 역적의 변과 조금도 다를 것이 없다. 설령 지충의 무리가 실성해서 이런 변을 저질렀다 하더라도 법이 용서하지 못할 것이거늘, 하물며 사설(邪說)을 빌어와 우리의 정도에 힘껏 항거하면서 선왕의 예법을 원수같이 보고 흉악하고 패륜한 행동을 즐기고 있음에랴. 그 죄악을 따지자면 흉악한 역적보다 백배가 더하니, 이를 사형에 처하지 않는다면 삼강오륜을 다시 찾아볼 땅이 없을 것이며 동방 4천 년 예의의 땅은 장차 짐승과 오랑캐의 땅으로 빠질 것이다.…… 마땅히 목을 베어 장안의 거리에 매달아 적도(賊徒)를 호령

---

52) 달레, 『한국천주교회사』(중), 362쪽: 「모방 신부가 1837년 말에 파리외방전교회신학교에 보낸 연례보고서」; 『闢衛編(杂)』, 212쪽; 『上宰相書(香港: 納匝肋靜院, 1887), 17b-18b; 『순교자와 증거자들』(한국교회사연구소, 1983), 90쪽: 「누갈다 초남이 일기 남매」(정해); 『邪學懲義』, 「全羅監司金達淳密啓」, 9-11쪽; 최양업, 「신덕가」, 김옥희, 『최양업신부와 교우촌』(순교의 맥, 1990), 193쪽; 달레, 『한국천주교회사』(상), 348, 351쪽: 「權尙然 供述」; 『黃嗣永帛書』, 45-46쪽.
53) 달레, 『한국천주교회사』(중), 329-330쪽.
54) 『순교자와 증거자들』, 168쪽: 장경일, 「환난을 위로하는 말이라」(1864~65). "제사에 바친 음식을 먹지 말라"는 교리 해석은 『사도행전』 15장 29절에 근거한 것이다.
55) 달레, 『한국천주교회사』(상), 329-300쪽.

하고 그 집을 헐어 연못을 파고 그 고을도 변혁시켜 역적을 다스리는 법과 같이 한 후에라야 사설을 믿는 무리로 하여금 목을 움츠릴 줄 알게 할 것이다.56) 구베아 주교의 사목서간으로 인해 조선에서는 중국에서의 박해와 꼭 같은 상황이 벌어졌고, 일찍이 1742년에 북경 교구장인 수차(Policarpo de Souza)가 우려했던 배교와 박해가 시작되었다.57) 최초의 세례자인 이승훈(李承薰)은 평택 현감이 되어 부임한 지 3일이면 향교의 문묘에 배향하는 것이 관례이나, 보름이 지나도록 참배하지 않다가 성전에 비가 새자 비로소 살피게 되었는데, 이럴 경우에는 배례(拜禮)하지 않는 법이라는 구실로 절을 하지 않았다.58) 한국천주교회사에서 가장 애석한 배교자인 정약용(丁若鏞)의 당시 심정을 들어 보면 다음과 같다.

신이 이 글을 본 것은 대략 20세 때였습니다.…… 그 뜻을 캐어 보면, 대개 기이한 것에 대한 견문을 넓히려는 것이었습니다.…… 서학의 글 가운데 인륜을 해치고 도리를 거스르는 말은 진실로 다시 헤아릴 것이 못 되며 또한 감히 천청(天聽)을 더럽힐 수 없습니다. 제사를 폐한다는 말은 신이 전에 본 글에서는 한 번도 읽지 않은 것이었습니다.…… 신은 그 후로 분하고 원통해 마음과 뜻에 맹서하기를 원수와 같이 미워하고 역적과 같이 토죄하니 양심이 이미 회복되고 이치를 봄에 스스로 밝아졌습니다. 지난날에 사모하던 것들을 돌이켜 생각해 보니 허황하고 괴망(怪妄)하지 않은 것이 하나도 없었습니다.59)…… 왕이 입시한 승지와 사관에게 묻기를, "정약용의 상소가 어떠하냐? 각각 소견을 말하라" 하자, 검열(檢閱) 오태증(吳泰曾)이 아뢰기를, "신의 소견으로는 이 사람이 아직도 그 사학을 버리지 않았나이다" 하니, 왕이 크게 웃으며 "네 말이 과연 옳도다" 했다.60)

---

56) 『闢衛編(采)』, 130-131쪽: "洪注書上蔡左相書." 이 밖에도 진산 사건에 대한 충격을 공격한 글로는 『闢衛編(采)』, 125쪽: 「辛亥珍山之變」; 『闢衛編(采)』, 39쪽: 愼遯窩, 「西學辨」; 『順庵先生文集』(17), 「天學問答」, 15b; 『與猶堂全書』(1) 詩文集 墓地銘, 21b.
57) Joseph Krahl, *China Missions in Crisis* (Roma: Gregorian University Press, 1964), p.37.
58) 『闢衛編(采)』, 223쪽: 「平澤按覈事」; 437-438쪽.
59) 『正祖實錄』 21년(1797) 6월 경인조.
60) 『闢衛編(采)』, 260-262쪽. 정약용의 신앙과 배교에 관한 논쟁은 김상홍, 『다산학연구』(계명문화사, 1990), 69쪽 이하; 강재언, 『조선의 서학사』(민음사), 205-229쪽; 최석우, 「정약용과 천주교의 관계: Daveluy의 비망기를 중심으로」, 『다산학보』 5(다산학연구원, 1983) 참조.

전통 유학에서 보기에 이와 같은 폐제분주(廢祭焚主)는 마치 아비도 없고 임금도 없는[無父無君]61) 패역이었다. 이들이 패역이라는 유교적 논거는 "무릇 효도라 함은 조상의 뜻을 잘 받들고 조상의 일을 잘 발전시키는 것이다. 봄, 가을로는 조상의 묘를 수리하고 제기를 진열하며 의상을 갖추어 제철의 음식을 바친다.…… 죽고 없는 이를 섬기기를 살아 있는 이를 섬기듯 하는 것이 지극한 효도이다"는 『중용』62)의 구절에 근거하고 있었다.

제사 폐지의 문제는 여러 가지 점에서 지혜롭지 못했고, 달레(C. Dallet) 신부가 지적하고 있듯이 '경솔한 처사'63)였다. 자기 생명의 근본인 하늘과 부모에 대한 표현방식은 풍토, 사고방식, 문화, 역사에 따라 다를 수 있다. 따라서 다른 나라의 문화와 종교가 인간의 순수한 본성을 어떻게 표현하고, 또 그 장점은 무엇인지를 관찰하고, 진리는 누가 가지고 있든 그 근원은 같다는 입장에서 토착문화를 받아들이는 용기가 필요했다.64)

제례 행위란 결국 부모가 마치 살아 계시기라도 한 것처럼 그들에게 바치는 후손의 사랑과 보은(報恩)을 표시하는 것이다. 이것은 가족들이 다 함께 모일 수 있는 분위기를 만들어 주기도 하고, 자녀에게 부모가 살아 계실 때에 효와 경(敬)을 가르치는 계기가 되기도 하며, 그 효도와 공경은 돌아가신 부모에게도 연장되어야 참다운 것이 된다는 일종의 교육적 목적과 아울러 실제 망자(亡者)를 추념하는 의식이기도 하다. 제례는 그들의 은혜에 대한 존경의 뜻을 표시하는 것이며 생전처럼 그들을 기념하는 것일 뿐이다. 이것은 민간 예전(禮典)일 뿐이지 종교적 차원의 우상숭배는 결코 아니었다.65) 제사문제는 목숨을 걸 만한 사안이 아니었

---

61) 『正祖實錄』 3년(1779) 정월 20일조: "罪人南鍾三洪鳳周結案."
62) 『中庸』 道論(8).
63) 달레, 『한국천주교회사』(상), 352, 561쪽.
64) 최기복, 「조선조에 있어서 廢祭毁主와 유교제사의 근본의미」, 104쪽.
65) Vincent Cronin, *The Wise Man from the West*, p.187.

다. 이런 점에서 볼 때 베르뇌(Siméon F. Berneux) 신부의 다음과 같은 사목서한은 매우 주목할 만하다.

> 여러 교우들이 세속 풍속에 너무 범연(汎然)히 여겨 돌아보지 아니하니 실로 부끄럽고 염치없다. 무릇 어른과 아이를 막론하고 마땅히 그 좋은 풍속을 다시 세워 인사와 예모를 큰 본분으로 앎이 좋을 것이니 절하는 것과 문안 등 명절(名節)에 어른과 존장과 친구와 손님을 그 분수대로 대접함과 노소를 분별함과 행동거지와 인사체면에 틀리는 것은 힘써 닦고 자식도 엄히 가르칠지니라.66)

그러나 이러한 현지 사목의 목소리는 북경교구의 제국주의적 오만에 묻혀 버리고 말았다. 당시 조선의 지식인들은 기본적으로 이(理)와 기(氣)를 고민했지, 신이나 창조의 문제로 고민하지는 않았다. 이와 같이 신이나 창조의 문제에 익숙하지 않은 한국인들의 의식구조에 신의 개념을 도입해 하늘을 신으로 인식하도록 요구하는 데서 많은 무리가 빚어졌다. 따라서 당시 천주교도들이 모두 구베아 주교의 사목서간이나 모방 신부의 교리를 따른 것은 아니었다. 그들이 효심이 없었던 것도 아니었고 패역의 무리도 아니었다. 그들의 안타까운 심정은 다음과 같은 고백에 잘 나타나 있다.

> 또 말하기를, [우리가] 아비와 임금을 업신여긴다 하나 이는 성교(聖敎)의 뜻을 모르는 것입니다. 십계명 중의 네 번째가 효도로써 부모를 공경하라는 것입니다. 무릇 충효의 두 글자는 만대에 변할 수 없는 도리입니다. 부모의 뜻을 받들고 그 육신을 봉양함은 사람의 자식으로서 당연한 일인데, 천주의 가르침을 받드는 사람은 더욱 절실히 삼가고 조심해야 합니다. 그러므로 부모를 섬김에는 그 예를 다하고 부모를 봉양함에는 그 힘을 다합니다. 임금께 충성을 바칠 때는 자기의 몸을 허락해 몸을 버리고 끓는 물 속에 들어가며 타는 불을 밟더라도 감히 피하지 않습니다. 그렇지 않으면 가르치는 계명을 어기는 것입니다. 이리하여도 천주학이 과연 아비와 임금을 업신여기는 가르

---

66) 『순교자와 증거자들』, 168쪽.

침이라 할 수 있습니까?67)

그들의 진심을 들어보면, 그들은 결코 불효자가 아니었으며 동양의 유교적 전통을 거부할 뜻이 있었던 것도 아니었다.68) 그들은 다만 잘못 해석된 교리에 미혹된 희생자들이었을 뿐이다. 이런 점에서는 초기 천주교 사목자들에게 커다란 책임이 있다. 이 문제는 결국 로마 교황 비오 12세(Pius XII)가 신앙포교성성(信仰布敎聖省)을 통해 1939년 12월 8일에 오랫동안 금기로 여겼던 조상 제례와 공자에 대한 경배는 종래의 결정과는 달리 미신적이고 우상숭배적인 종교의식이 아니라 민간 관습이기 때문에 그러한 의례를 허락한다는 내용의 칙서 "*Plane compertum est*"(Now Explicitly)를 발표하고,69) 이에 따라 한국주교단도 위패에 '神位'라는 글귀를 넣는 외에 모든 전통적 상례를 허락함으로써70) 150년간의 아픔이 종결될 수 있었다.

4. 국가와 군주에 대한 인식

신권과 왕권의 관계는 공화정 이전의 정치상황에서 가장 심각한 갈등을 일으켜 왔다. 신권이 왕권에 우선한다는 성서적 논거는 "사람에게 복종하느니보다는 하느님께 복종해야 한다"(사도행전 5: 29)는 것이었다. 성서의 이러한 의미가 동양사회에 전래되었을 때 그것은 "차라리 임금의 명령을 어길지언정 천주의 명령을 어길 수는 없다"71)라든가, "하느님은 임금보다 높으므로 임금은 하느님 다음으로 공경해야 한다"는 논

---

67) 『上宰相書』, 14a.
68) 李檗의 「천주공경가」 제1절.
69) Arnold H. Rawbotham, *Missionary and Mandarin* (Berkeley: University of California Press, 1942), p.175; Vincent Cronin, *The Wise Man from the West*, p.263.
70) 최기복, 「조상 제사 문제」, 『한국가톨릭대사전』, 1050쪽.
71) 『闢衛編(宋)』, 212쪽.

리,72) 또는 "임금도 신하와 마찬가지로 동등하다"는 논리73)로 확대 해석되기에 이르렀다. 계급적 평등 개념에 익숙하지 않은 한국인에게 이는 그 자체로서 설득력이 없었을 뿐만 아니라, 여기에 군주까지 포함된다는 것은 엄청난 파문을 일으키는 것이었다.

그러나 조선사회에서 천주학이 왕권에 끼친 가장 큰 충격은 서구인들의 공화정(共和政), 즉 일반 백성들 사이에서 우수한 사람을 뽑아 임금으로 삼는다는 사실74)이 알려진 후의 일이었다. 천주 십계명에 충성의 조항이 없다는 사실로 인해 서학에 대한 인식이 곱지 않던 차에75) 앞서 살펴본 폐제분주로 인한 무부무군의 인식과 함께 상승효과를 일으켜 교회와 왕권의 갈등은 최악의 비극을 예고하고 있었다. 이러한 계제에 황사영의 백서사건[辛酉迫害]이 일어났다.

황사영(黃嗣永, 1775~1801)은 정약용의 맏형인 정약현(丁若鉉)의 사위이며 이승훈의 족질(族姪)로서 명문의 자제였다. 그는 진사시에 합격해 정조의 총애를 받았으나, 천주학을 접한 이후로는 전교에 힘쓰던 중 박해가 심해지자 북경교구에 도움을 청하는 백서를 보냈는데, 그 내용을 요약하면 다음과 같다.

 (1) 조선을 청조에 복속시키는 것이 만대의 기초를 튼튼하게 하는 것이니, 그 방법으로는 조선을 청국의 부마국(附馬國)으로 삼을 것.76)
 (2) 배 수백 척과 정병 5~6만 명을 얻어 대포 등 날카로운 무기를 많이 싣고, 아울러 글 잘하고 사리에 밝은 중국사람 3~4명을 데리고 바로 이 나라 해변에 이르러 국왕에게 글을 보내 [위협하되]…… 배와 사람의 수가 모자라면 병선 수십 척에 5~6천 명만 되어도 조선을 정벌할 수 있다.77)
 (3) 조선 사람은…… 실은 의심이 많고 겁이 많으며 어리석고 무식하고 유

---

72) 『上宰相書』, 14a; 달레, 『한국천주교회사』(중), 175쪽.
73) 『天主實義』, 8편, 168쪽.
74) 『正祖實錄』 15년(1791) 10월 병인일조; 『闢衛編(宋)』, 154쪽.
75) 『闢衛編(宋)』, 119쪽: 「李進士答書」.
76) 『黃嗣永帛書』, 104-105쪽.
77) 『黃嗣永帛書』, 108-110쪽.

약(柔弱)하기가 천하에 짝이 없다. 그러므로…… 이러한 일[박해]은 동양에서 200년 이래 없었던 일이니, 군사를 일으켜 죄를 묻는 것이 어찌 옳지 않은 일이겠는가?…… 비록 이 나라를 섬멸시킨다 하더라도 성교(聖敎)의 명분에 해로울 것이 없을 것이다.[78]

신심이 두터운 한 교인으로서 박해받는 형제에 대한 연민과 몽매로부터 백성을 구하고자 하는 뜻을 아무리 높게 평가한다 하더라도, 마테오 리치가 어떠한 경우라도 왕권에 대한 무례나 도전을 자제한 것과 비교한다면, 이것은 참으로 '무모하고도 비현실적인 실수'[79]였다. 이 사건이 있기 전까지만 하더라도 천주학은 불효의 상징이었고, 따라서 유교적 식자 사이의 근심에 지나지 않았으나, 이제는 국가적 환난으로 거론되기 시작했다.

이제 재야의 식자뿐 아니라 국가적 차원에서 천주학은 재앙[80]이었고, 난신적자(亂臣賊子)[81]였고, 황건적(黃巾賊)이나 장로(張魯)의 오두미교(五斗米敎)[82]와 다름이 없었고, 이리·여우요, 이괄(李适)·한명련(韓明璉)·이인좌(李麟佐)·정희량(鄭希亮)보다 사악한 존재[83]였고, 이적(夷狄)·금수(禽獸)[84]였고, 혹세무민이요, 홍수·맹수[85]이며, 백련교(白蓮敎)[86]와 같은 것으로서 화근이자 아편을 피우는 것[87]과 같고, 장각(張角)·황소(黃巢)·홍건적(紅巾賊)[88]과 같았다. 이와 같은 지배층의 서학 인식은 반사적으로 신자들로 하여금 "나라에서 가장 큰 원수는 임금이다"는 식의 문

---

78) 『黃嗣永帛書』, 111-114쪽.
79) 달레, 『한국천주교회사』(상), 567, 574쪽.
80) 『憲宗實錄』 5년(1839) 10월 경진조.
81) 『闢衛編(宋)』, 134쪽:「進士崔照等抵知舊通文」.
82) 『闢衛編(宋)』, 117쪽:「洪進士再書」; 安鼎福, 「天學問答」, 順菴先生文集(17), 13b쪽.
83) 『闢衛編(宋)』, 304쪽.
84) 『闢衛編(宋)』, 271쪽.
85) 『正祖實錄』 9년(1785) 4월 무자.
86) 『純祖實錄』 원년(1801) 10월 경오조: 「討邪奏文」; 달레, 『한국천주교회사』(상), 576쪽.
87) 『毅菴先生文集』(51) 「宇宙問答」, 82b-84a.
88) 『順菴先生文集』(17), 「天學問答」, 13b.

건89)을 유포시킴으로써 이제 정치와 종교의 전면적인 충돌[박해]은 피할 수 없게 되었다.

조선에서 반서학 감정이 팽배하고 있을 무렵 프랑스가 박해문제를 무력시위로 해결하려고 했던 것은 참으로 지혜롭지 못한 처사로서 사태를 더욱 악화시켰다. 조선에서 박해가 심해지고 김대건(金大建) 신부가 체포되어 순교가 임박하자, 수호조약을 맺음으로써 종교의 자유를 얻을 수 있는 기회를 보고 있던 프랑스의 루이 필립(Louis Philip) 황제는 이를 빌미 삼아 조선과 수교를 맺겠다는 계산에 따라 1846년에 세실(M. Cécille) 제독이 이끄는 함대를 조선에 파견했다.90)

그러나 세실의 내한은 수교를 위한 파견이라기보다는 차라리 원정이었다. 이러한 침략행위가 프랑스에 의해 자행된 것이라 하더라도 프랑스가 전적으로 책임질 일은 아니었다. 왜냐하면 앞서 황사영의 편지에서 나타났듯이, 프랑스 군대가 조선을 침략해 복속시키면 이 땅에서 예수 믿기가 좋아지리라는 어리석은 생각은 서유럽 함대의 위용을 목격한 현계흠(玄啓欽) 같은 평신도91)는 말할 것도 없고 현지 주교92)에게 흔히 연상되고 있었기 때문이다. 그러기에 김대건93)·최양업(崔良業)94)·리델(F. C. Ridel) 신부95) 등이 기꺼이 침략군의 길잡이가 될 수 있었다.

물론 교계 일각에서 프랑스의 힘을 빌어 조선을 예수 믿기 좋은 나라로 만들고 싶어했다고 해서 모든 교인이 이에 공감한 것은 아니다. 중국의 위기에서 확대된 연상심리에 빠져 있던 식자들 중에는 "우리가 배운

---

89) 李基慶, 『闢衛編』(서광사 번각본, 1978), 313쪽.
90) 異樣船 출현에 관한 조선측 기록은 『憲宗實錄』 12년 6월 병자일조: 「충청수사 鄭宅善의 장계」; 동 7월 병술일조: 「충청감사 趙潤喆의 장계」; 동 13년 8월 정사일조: 「전라감사 洪義錫의 장계」; 동 8월 을묘조: 「부사직 成近默의 장계」 참조.
91) 달레, 『한국천주교회사』(상), 571쪽.
92) 달레, 『한국천주교회사』(하), 327쪽.
93) 『김대건의 편지』, 63(3신), 1842년 9월조.
94) 달레, 『한국천주교회사』(하), 146쪽.
95) 같은 책, 458쪽.

것은 이런 것이 아니었다"는 자책감으로 괴로워한 신자들도 있었고,96) 국가와 군주를 위해 간절히 기도하는 무리도 있었다.97) 이 당시에 누가 진실로 지혜로웠고 형제를 위해 바른 믿음을 가졌느냐의 문제는 「교황 성하(聖下)에게 올린 조선인들의 편지」(1811. 12. 9)와 조선정부의 회신을 음미해 보는 것이 도움이 될 것이다.

> 프란치스코와 조선의 교우들이 올립니다.……
> 셋째로 교황 성하와 [프랑스] 임금께서 저희 상감께 선물과 정중한 편지를 보내심이 바람직하겠나이다. 이 편지에는 성하와 임금님의 의향이 오직 하나이신 천주를 흠숭하고, 성교(聖敎)가 전파되고, 모든 사람이 자유를 누리고 나라들이 보존되고, 여러 국민들 사이에 평화가 깃드는 데 있다는 말씀을 쓰심이 좋겠나이다. 또한 천주교의 도리를 명백히 설명하시고, 온갖 성의와 온갖 예의를 갖추어, 신부들은 조금도 나라를 정복하려 들지 않고, 다만 박애의 일을 하러 온다는 것을 설득시켜야 할 줄로 아나이다.98)

> 우리는 프랑스가 조선에서 얼마나 떨어져 있는지 알지 못하고 그 나라와 아무런 연락도 없습니다. 그러니 그 나라에 모욕을 줄 어떤 동기가 있겠습니까. 만일 어떤 조선 사람이 나쁜 짓을 하려고 변장을 하고 비밀히 귀국에 잠입한다면 귀하들은 어떻게 하시겠는가를 생각하여 보십시오. 그 사람을 가만히 내버려두시겠습니까?99)

위 두 글의 요지는 북경교구 또는 프랑스가 제국주의적 우월감을 버리고 평화적인 방법으로 조선정부와 직접 교섭했어야 했다는 것을 의미한다. 그들은 "무력이 아니라 오직 모범으로써 하느님을 믿지 않는 자를 권고하여 입교시켜야 한다"(*Inducendus est infidelis ad fidem non coactione sed persuasione*)100)는 아퀴나스(Thomas Aquinas) 『신학대전』의 정신으로

---

96) 『闢衛編(宋)』, 396쪽.
97) 달레, 『한국천주교회사』(중), 29쪽.
98) 같은 책, 30-33쪽.
99) 달레, 『한국천주교회사』(하), 148, 150쪽.
100) Vincent Cronin, *The Wise Man from the West*, p.32.

돌아갔어야 했다. 그럼에도 불구하고 당시의 사목자나 일부 신도들은 국가, 군주의 권위를 신권에 상대하는 개념으로 인식했으며, 비밀결사적 조직을 형성함으로써 정부의 통제권 밖으로 벗어나고자 했고, 조선왕조의 기반인 성리학적 사회구조 자체에 대한 도전 집단으로 변모해 갔다.101) 그리고 종교박해라는 값비싼 대가를 치렀다.

5. 맺음말

이 글의 결론은 다음과 같다.

[1] 한국천주교회사에서의 박해는 유럽에서 전개된 제국주의 다툼에서 프랑스의 나폴레옹제국이 승리함으로써 파리외방전교회가 득세하게 되고, 그 결과 예수회가 몰락한 이후 발생한 교권(敎權)의 교체가 중국과 조선에 파급된 여파였다.

[2] 한국천주교회사에서 신관이나 인간관을 둘러싼 갈등은 서구인들의 미욱한 백색우월주의(western triumphalism)102)에 근본적인 원인이 있다. 기독교 선교사들은 자신들이 종교적 암흑과 무지, 그리고 서구문명의 이기를 향유하지 못하는 이교도 사회의 죄인들을 구원할 수 있는 우월한 복음의 지참자라고 자부했다. 기독교의 본질적 메시지란 하느님의 계시와 그 말씀만 드넓게 알림이다. 만약 기독교가 비본질적인 것, 이를테면 기독교 문화와 관련되는 철학적 사변이나 문예, 예전이나 건축, 그 밖의 생활양식과 관련되는 풍속, 습관 등을 유럽식으로 따르도록 요구한다면, 그것은 마치 동양의 문화를 유럽의 문화로 깎아 맞추라는 격이 될 것이다. 유럽적 문화로 재단을 요구하는 메시지야말로 영원히 기독교 진리를 동양인에게 낯설게 할 것이다.103)

---

101) 조광, 『조선후기천주교회사연구』, 155쪽.
102) Julia Ching, *Confucianism and Christianity*, pp.12, 17-18; C. A. Spalatin, *Matteo Ricci's Use of Epictetus* (Roma: Pontificia Universita Gregoriana, 1975), p.63.

[3] 따라서 조선조의 일련의 종교박해는 조선조의 야만적 처사에서 비롯된 것이 아니라 프랑스의 제국주의적 오리엔테이션을 받은 당시 선교사들의 책임이다. 같은 교리를 믿는다고 하더라도 풍속이 같을 수는 없다.104) 따라서 제사를 둘러싼 갈등은 파리외방전교회가 양보했어야 할 실수였다. 박해에 당쟁적 요소가 있었음을 부인할 수는 없지만,105) 그것은 부분적인 이유일 뿐이다. 순교는 신학적 미덕일 수 있다. 그러나 박해를 받는다고 해서 순교자가 교회의 씨를 뿌리는 것은 아니다. 박해가 일어난 곳에서는 생명과 재산이 파괴되어 오히려 선교사업에 후퇴를 가져온다.106) 오늘의 한국천주교회가 순교자의 피의 대가인 것은 사실이지만, 당시 프랑스 선교사들이 좀더 지혜로웠더라면 그토록 참혹한 순교의 길을 피하고도 더 큰 복음화와 선교에 성공할 수 있었으나 그렇지 못한 것이 안타깝다. 조선서학사에는 마테오 리치가 없었던 것이 비극이었다.

[4] 서구 기독교의 신관이나 인간관이 반드시 유교의 그것과 배치되는 것은 아니다. 오히려 유교가 가지고 있는 무신론적 입장에는 기독교가 자리잡을 수 있는 여백이 넉넉히 남아 있었다. 따라서 기독론은 유교를 비하하거나 부인하지 말았어야 했다. 이런 점에서 마테오 리치의 보유론(補儒論)은 지혜로운 선교전략이었다. 그러나 조선조의 기독론은 유교야말로 파괴되어야 할 우상이라고 질타했다. 유교와 같은 전통문화가 파괴되는 것이 곧 기독교의 축복이 될 수는 없다. 유교가 몰락한다고 해서 그 자리에 기독교가 자리잡는 것은 아니기 때문이다. 중국, 북한, 베트남의 경우에서 보듯이 그 자리는 마르크스주의로 메워졌을 뿐이다.107) 특히 하층계급에서는 더욱 그러했다.

---

103) Vincent Cronin, *The Wise Man from the West*, pp.187-188.
104) 『天主實義』, 8편, 159쪽.
105) 李能和, 『朝鮮基督敎及外交史』(상), 127쪽; 강재언, 『조선의 서학사』, 162, 181쪽; 최기복, 「조선조에 있어서 廢祭毁主와 유교제사의 근본의미」, 131-133쪽.
106) Horace N. Allen, *Things Korean* (New York: Fleming H. Revell Co., 1908), p.184; 신복룡 역주, 『조선견문기』(집문당, 1999), 168쪽.
107) Julia Ching, *Confucianism and Christianity*, p.18.

[5] 기본적으로 전통 유학자들이었던 한국 초대교회의 신자들은 서유럽 선교사들이 강요한 하느님과 군주, 하느님과 부모의 택일적 갈등 속에서 고뇌하다가 끝내는 군주와 부모를 택함으로써 박해가 일어났다. 이것은 믿음의 강약의 문제가 아니라 서구 선교사들이 교리의 해석에서 빚은 실수의 탓이었다. 따라서 적어도 조선 후기의 상황에서 순교자는 위대했고 배교자는 비겁했다는 논리108)가 성립되는 것은 아니다.

[6] 조선조의 지식인들은 서교와 서학을 구분했어야 옳았다. 문명과 종교를 구분하지 않은 대가는 그 뒤 문명의 낙후를 수반했다는 점에서 비난받아야 한다. 종교의 부수적 결실인 자연과학은 종교 유입의 중요한 모멘트가 된다. 똑같은 성호(星湖)의 문도(門徒)이면서도 서학의 종교적 요소를 외면한 채 과학적 측면에 주목했던 무리는 후기실학파의 맥을 이었고, 교리적인 문제에 집착한 무리는 공서파(攻西派)가 되었거나 배교 또는 순교의 아픔을 겪었다.

<참고문헌>

『누가복음』,『湛軒書』,『마태오복음』,『宣祖實錄』,『星湖僿說類選』,『星湖僿說』,『順菴先生文集』,『純祖實錄』,『於于野談』,『與猶堂全書』,『毅菴先生文集』,『仁祖實錄』,『正祖實錄』,『中庸』,『芝峰類說』,『天主實義』,『출애굽기』,『河濱集』,『憲宗實錄』.

『邪學懲義』(한국교회사연구소 번각본, 1977).
『上宰相書』(香港: 納匝肋靜院, 1887).
『순교자와 증거자들』(한국교회사연구소, 1983).
『한국가톨릭대사전: 부록』(한국교회사연구소, 1985).
『黃嗣永帛書』(정음사, 1975).

---

108) 달레,『한국천주교회사』(상), 321쪽.

강재언, 『조선의 서학사』(민음사).
김만중, 『西浦漫筆』(일지사, 1990).
김상홍, 『다산학연구』(계명문화사, 1990).
달레, 『한국천주교회사』(상·중·하), 안응렬·최석우 역주(왜관: 분도출판사, 1979).
박제가, 『北學議』(대양서적, 1972).
배현숙, 「조선에 전래된 천주교서적」, 『한국천주교회창설200주년 기념 한국교회사논문집』(1)(한국교회사연구소, 1984).
신복룡 역주, 『조선견문기』(집문당, 1999).
안정복, 「天學問答」.
이기경, 『闢衛編』(서광사 번각본, 1978).
이기반 역, 『서방에서 온 현자』(왜관: 분도출판사, 1989).
이능화, 『朝鮮基督敎及外交史』(상·하)(基督敎彰文社, 1928).
이만채, 『闢衛編』(열화당 복각판, 1971).
이원순, 『한국천주교회사연구』(한국교회사연구소, 1986).
_____·허인 편저, 『김대건의 편지』(정음사, 1983).
조광, 『조선후기 천주교사연구』(고대민족문화연구소, 1988).
최기복, 「조상제사 문제」, 『한국가톨릭대사전』(한국교회사연구소, 1985).
_____, 「조선조에 있어서 廢祭毁主와 유교제사의 근본의미」, 『최석우신부 화갑기념 한국교회사논총』(한국교회사연구소, 1982).
최석우, 「정약용과 천주교의 관계: Daveluy의 비망기를 중심으로」, 『다산학보』 5(1983).
최양업, 「신덕가」, 김옥희 편, 『최양업신부와 교우촌』(순교의 맥, 1990).

Allen, Horace N., *Things Korean* (New York: Fleming H. Revell Co., 1908).
Ching, Julia, *Confucianism and Christianity: A Comparative Study* (Tokyo: Kodansha International, 1977).
Cronin, Vincent, *The Wise Man from the West* (London Readers Union, 1956).
Goubea, A. de, 「朝鮮に於けるキリスト敎傳來報告書」 (*Carta Do Excellentissimo E Reverendissimo Bisopo de Pekim D. Fr. Alexandre de Goubea Ao Illustrissimo E Reverendissimo Bisopo De Calandro*), 田中秀央 譯,

『朝鮮學報』10(天理: 天理大 朝鮮學會, 1956).

Krahl, Joseph, *China Missions in Crisis* (Roma: Gregorian University Press, 1964).

Rowbotham, Arnold H., *Missionary and Mandarin* (Berkeley: University of California Press, 1942).

Spalatin C., *Matteo Ricci's use of Epictetus* (Roma: Pontificia Universita Gregoriana, 1975).

제22장 유교적 정치 이상의 상실과 체제위기

유미림(한국학중앙연구원)

1. '선왕'과 '전통'의 강조

 18세기의 정치과정은 군신 간에 권력의 길항관계가 있기는 했지만, 유교적 이상의 달성은 주자학적 이념에 의거해야 한다는 당위성에 대한 합의가 이뤄진 가운데 전개되었다. 그러나 19세기에 들어서면, 이 시기야말로 군주에게 성학의 필요성을 강하게 요구하고 진보시켜야 할 상황임에도 불구하고, 군주에 의해 주도되고 고양되던 '정학주의'는 나이 어린 군주의 무능력과 체제적 특수성으로 인해 선왕의 행적을 답습하기에 급급한 '전통주의'로 후퇴하고 말았다.
 정치과정은 몇몇 세도가문과 척족에 의해 주도됨으로써 군주의 영도력은 상대적으로 미약해졌다. 더구나 실질적이고 핵심적인 권력 행사자인 세도가문에게 군주의 성학 수준은 별로 중요하지 않았다. 군주의 학문 수준이 심화되면 통치 전반에 관한 개입 가능성도 증가해 세도가 자신들의 자의권 행사를 압박하기 쉬울 것으로 여겨졌으므로, 이들에게는 성학의 진보가 달갑지 않았을 것이다. 군주도 어렸기 때문에 왕조의 체제교학으로 계승되어 온 주자학을 성학의 발전에 원용하려 하기보다는 선왕의 전통과 통치행태를 답습하는 데 머무르고자 했다. 따라서 세도정치기의 통치론은 '성학'의 강조에서 '전통'의 강조로 후퇴해 있었다.

당시는 서학이 지식인의 학문적 호기심 차원에서 연구되어 오다가 점차 종교적 차원으로 확대되어 민간에까지 보급되어 가던 상황이었다. 통치층에게도 이에 대한 위기의식이 인지되고는 있었으나, 군주는 "정학이 밝아지면 사학(邪學)은 저절로 종식될 것"[1]이라는 선왕의 말을 금과옥조로만 여기고 있었다. 이미 서학의 확산은 국시(國是)인 유교를 부정하는 단계까지 나아가 정통성의 위기까지 초래하고 있었으므로, 국가는 새로운 사조가 사회적으로 파급되는 원인을 분석하고 그에 대한 대책을 수립했어야 했다. 그러나 집권세력은 오히려 억압정책을 펼치는 것으로 미봉하고자 했으며, 선왕의 치도론을 더욱 강조함으로써 미약한 섭정체제의 정통성을 선왕에 기대어 보장받으려고 했다.

따라서 순조 대는 영조와 정조, 즉 선왕이라는 '매개자'를 통해서만 체제의 교학을 습득하고 실천하고자 한 시기였다. 선왕 업적의 조술에 역점을 둔다든가 조종(祖宗)을 본받는 것을 통치의 요체로 삼는, 이른바 '전통주의'에 의거한 통치론은 물론 19세기에만 보이는 특징은 아니다. 그러나 선대에서 '전통'은 국가전례라든가 법제를 시행할 때 구체적인 준거의 기준으로 적용되던 것으로서 통치의 방책에 불과했을 뿐, 그 자체가 통치목표로 설정되었던 것은 아니다. 이에 비해 19세기는 '전통'의 준수가 곧 통치가 지향하는 목표가 되었다는 점에서 '전통주의'의 양상을 띠고 있었다. 그리하여 집권 초기의 통치론이 선왕의 학문을 조술하는 것으로 시작되고 있었다.

순조에게 선왕은 영조와 정조이지만, 조술의 직접적인 대상은 정조를 이르는 경우가 많았다. 영조와 정조가 현실적으로는 조종을 본받을 수밖에 없었으면서도 치도(治道)를 거론할 때는 항상 요순(堯舜)을 거론했던 것과는 대조적으로, 순조는 곧바로 영조와 정조를 거론하는 것으로 치도

---

[1] 『순조실록』 1년(1801) 1월 10일.

를 거론하려고 했다. 물론 순조 대에도 명목상 정치의 이상은 여전히 삼대의 정치였고, 도덕의 통서는 공자와 주자를 잇는 것이었다. 삼대의 정치는 한·당·송·명의 정치와 감히 비교의 대상이 되지 못하기 때문이다. 그러나 순조가 보기에 영조와 정조, 특히 정조의 성덕과 대업은 삼대의 정치를 만회해 오히려 한·당의 정치를 비루하게 만들 정도의 지치(至治)로 보였다.2) 이러한 삼대 정치의 완벽함은 오히려 순조로 하여금 자신감을 상실하게 했다고 할 수 있다. 그리하여 삼대 시대의 정치를 펴지 못할 바에는 차라리 선왕의 정치를 본받는 것이 낫다고 생각하게 했다. 이는 자신을 시군(時君), 속주(俗主)3)로 보고 있는 것으로도 알 수 있는데, 자기 능력 안에서 조종을 본받으려는 태도는 "요순을 본받으려면 마땅히 조종을 본받아야 한다"고 해서 전통주의적 사고를 공표하는 것으로 나타났다.

군주의 이러한 태도는 강학에서 경연관에 의한 일방적인 주입만 있게 할 뿐, 정조처럼 강학을 주도하는 모습은 보기 어렵게 했다. 당연히 성학론의 심화는 기대할 수가 없었고 국왕이 성장한 경우에도 사정은 달라지지 않았다. 여기에 벌열의 전횡이 심한 정치구조와 초계문신 제도의 미발달과 같은 제도적 원인은 군주의 학문적 진보와 리더십을 제약하는 또 다른 요인이 되었다.

순조의 경우 훌륭한 선왕들의 치적을 본받기 위해 표방한 것은 '선지'(先志)를 천명하고 '성헌'(成憲)을 준행하는 것이었다. 그런데 여기서 '선지'란 선왕의 뜻을 일컫는 것으로 순조 자신의 뜻은 아니다. 선왕의 경우에는 선조들의 뜻보다 자신의 '입지'를 중시했다고 한다면, 순조의 경우에는 '입지'보다 '선지'가 중시되고 있는 것이다. '계술'(繼述)을 통치의 강령으로 하는 순조의 입장에서 보면, 이는 당연한 것인지 모른다.

그리하여 "오로지 선왕의 대의를 본받아 한결같이 선왕의 마음을 자신의 마음으로 삼는 데 있는 것입니다"4)라고 하듯이, 선왕의 뜻을 잇는

---

2) 『순조실록』 즉위년(1800) 8월 1일.
3) 『순조실록』 7년(1807) 10월 11일.

것이 바로 치도를 도모하는 것과 동일시되었던 것이다. 또한 '성헌'을 준행한다는 것은 바로 선왕 시대의 구장(舊章)을 준수하고 물려받은 가모(嘉謨)를 계승해 간다는 것을 의미한다. 이는 철저히 선왕을 모방하는 데서 더 나아가 선왕이 정한 법규와 제도, 절차 모든 것을 그대로 계승한다는 것을 의미한다. 이렇듯 오로지 '구장'을 계승하는 것이 선왕의 사업을 완성시키는 방법이라는 사고에 입각해 있는 한, 그리하여 선왕의 사업 완성이 통치의 이상으로 되어 있는 한, 시대상황에 맞게 새로운 법제나 제도를 창출하려는 변통적 사고가 나와 이를 실천하는 것은 찾아보기가 어렵게 된다. 이 시기에는 신료의 충언도 맹자의 "선왕의 법을 준행하고서 잘못되는 경우는 없다"고 한 말을 인용, 군주로 하여금 오로지 성헌의 준행에만 마음을 두게 함으로써 군주의 전통주의 의존은 심화되었다.

그러나 법제는 선왕을 따른다 해도 성학론에서는 주자(朱子)를 따르지 않을 수 없는 것이 당시의 시대사조였다. 주자학적 성학론은 여전히 견실한 통치이념으로 잔존하고 있었기 때문이다. 순조가 송환기5)에게 성학의 대체를 진달하게 하자, 송환기는 "학문하는 방도는 궁리하는 것보다 급선무가 없는데, 궁리의 요체는 독서에 있으며, 독서의 방법은 차례를 좇아 자세함에 이르는 것이 가장 긴요하며, 차례를 좇아 자세함에 이르는 근본은 공경에 마음을 두어 뜻을 가지는 데 있다"6)고 하여 주자의 학문론을 반복했다. 그는 경(敬)의 중요성7)을 언급함으로써 학문의 공효는 바로 천리를 보존하고 인욕을 막는 것으로 나타나며, 이것이 바로 성인들이 전해 준 심법임을 거듭 강조하고자 한 것이다. 성학론에서 주자를 직접 언급하는 회수는 선대에 비해 적어졌다 할지라도 성학론에서 주자를 배제하고 논한다는 것은 여전히 용인되기 어려운 분위기였다.

---

4) 『순조실록』 1년(1801) 8월 1일.
5) 송환기는 산림으로서 송시열의 후손이자 순조의 원자 시절 스승이었다.
6) 『순조실록』 1년(1801) 12월 11일.
7) 『순조실록』 1년(1801) 12월 11일.

순조는 정조의 학문이 '성경'(誠敬) 두 글자에 지나지 않았다는 것을 알고 자신도 이를 영원한 경계로 삼아 왔음을 밝혔다.8) 그러나 신료들에겐 군주가 뜻을 분발하지 못해 통치의 효과가 없고 기강이 무너져 버린 것처럼 보였다.9) 따라서 군주의 이러한 천명에도 불구하고 "왕도가 없어지고 성학이 끊겼다"10)는 비판이 군주에게 돌아왔다. 그렇다면 순조의 천명은 한갓 통치상의 레토릭에 불과했던 것인가?

  본래 성학에 힘썼던 군주로서 자주 언급되던 사람은 영조였다. 영조는 경연의 횟수만으로도 다른 군주를 능가하지만, 실제로 역대에서 성학에 가장 부지런했던 제왕으로 인정받았다.11) 이에 비해 순조는 성학을 실천하지 못해 신하로부터 강학에 힘쓰라는 간언을 자주 들어야 했다. 순조의 높지 않은 학문 수준은 진강 교재에서도 선왕들과는 차이가 있게 했다. 그리하여 교재로서는 『통감』보다 주로 『보감』이 선택되었는데, 이는 순조와 같은 성학 수준에서는 타국의 역사보다 자국의 고사를 배우는 것이 더 급선무라는 인식에서 나왔던 것으로 보인다.

  순조의 강학이 주로 '성・경'을 중심으로 이뤄졌다면, 이는 군주의 성정(性情)과 연관되는 것이므로 결국은 군주의 '입지'와 직결된다. "국가와 천하의 치란은 오로지 임금의 한 마음에 달려 있다"는 말은 시대를 막론한 상경(常經)으로 적용되었으므로, 치도를 입지와 연결시켜 논하는 것은 순조 대의 강학에서도 여전했다. 따라서 이 시기의 성학론도 그 내용이 주관주의적이고 내면주의적인 경향에서 탈피해 있었던 것은 아니다.

  그러나 순조 대에는 이미 언급했듯이 '입지'보다는 '선지'가 중시되었다. 이에 선왕 대에 군주에게 심학을 요구하거나 '심학의 종장'12)이라

---

  8) 『순조실록』 10년(1810) 10월 9일.
  9) 『순조실록』 17년(1817) 8월 19일.
  10) 『순조실록』 22년(1822) 9월 12일.
  11) 『순조실록』 27년(1827) 7월 11일.
  12) 『순조실록』 1년(1801) 1월 23일.

칭했던 일이 있듯이, 영조와 정조 양 군주 연간에 보였던 '심학'적 경향은 보이지 않고, 이때 흔히 쓰였던 '심학'이라는 용어도 순조 대에는 거의 쓰인 적이 없다. 군주의 입지보다 선왕의 뜻이 더 중시되었기 때문에, 군주의 심법(心法)을 바로잡아 주는 것보다는 선왕의 행적을 모방하는 것이 더 중시되었던 것이다. 따라서 『근사록』이나 『심경』, 『성학집요』 같은 심법과 관련된 교재도 그다지 중시되지 않았다. 『실록』의 기록에 근거하면, 『성학집요』는 순조 6년에 네 번 강독되었고13) 『심경』은 11년에 단 한 번 강독되었을 뿐이며14) 『근사록』은 거론조차 된 적이 없었다. 강론에서 교재의 순서는 대체로 『대학』, 『논어』, 『맹자』, 『중용』 순이었고 그 다음이 오경이었을 것으로 보이는데,15) 이는 18세기의 강학에서 『대학』과 『중용』을 강조하던 것과 비교해 보면 대조적이다.16)

신하의 주요한 임무는 군주에게 성학을 권면하는 것으로, 군주로 하여금 성학을 소홀하게 함으로써 군주로서의 덕성이 없어지도록 방임하는 것은 신하의 의리가 아니라고 여겼다.17) 헌종 대도 이러한 전통적인 군신관에서 벗어나지는 못했다. 군주는 강학을 부지런히 해야 뜻을 세울 수 있고, 뜻이 세워져야 의리가 밝아져 국시18)를 정할 수 있다고 보았던 점에서는 세도정치기의 군신관과 성학론도 여전히 주자학적 이념에 근거하고 있었다. 산림을 초치해 진정한 '치도'의 도움을 받도록 해 준 것도 주자학적 군신관에 입각해서 나온 실천이었다.

---

13) 『순조실록』 6년(1806) 9월 27일; 11월 4일; 11월 9일; 11월 20일.
14) 『순조실록』 11년(1811) 윤3월 16일.
15) 『순조실록』 5년(1805) 4월 19일.
16) 이 밖에 『통감강목』, 『갱장록』, 『국조보감』 등이 강론에서 채택되었다.
17) 『헌종실록』 7년(1841) 7월 15일.
18) 국시란 말이 『실록』에 처음 보이는 것은 성종 20년부터다. 이때의 국시는 이단인 불교를 배척하고 유교를 확립하는 것인데 공론(公論)을 따르는 것이 국시라고 보았다. 그러나 후기에 오면 공론 자체가 산림 세력과 권력구조의 영향을 받고 군주의 영향도 무시할 수 없었으므로, 국시도 그에 따라 변했다. 17세기 후반 정치적 현안 문제가 대두되었을 때 국시는 주로 우암 송시열의 논리를 기준으로 삼아 정해졌다. 『성종실록』 20년(1489) 6월 18일; 23년(1492) 11월 26일.

그 결과 헌종 대에는 송능상, 성근묵, 홍직필 같은 산림이 초치되기도 했다. 그러나 세도정치기에 산림의 정치적 위상이라는 것이 세도(世道)의 담임자로서 권위를 보장받지 못하고 있었기 때문에 그들이 말하는 성학론도 공소성을 띠는 데 그쳤다. 이들 산림은 군주에게 성학론을 진달하면서 주자학적 논리를 반복하는 데 그쳤고, 이 때문에 군주는 현자의 초치에 더욱 소극적이게 되었다. 군주가 현자를 부르는 것이 형식에 지나지 않다 보니 초치된 현자들 역시 실직에 나가 치도를 실천하려 하지 않았다. 더구나 군주는 이러한 형식적인 관계를 증명이라도 하듯이 성학론을 진달한 대간을 귀양 보내기도 했다.[19]

영조가 산림을 혐오했던 것은 사실이나, 그들 지식인의 역할, 즉 세도 부식자의 역할마저 무시했던 것은 아니다. 정조 역시 세도를 흥기시켜 주는 역할을 산림에 기대했던 것과 비교하면, 세도정치기의 산림에 대한 대우와 위상은 상대적으로 저하되었다고 할 수 있다. 물론 이러한 지위 약화가 초래된 원인에는 산림 스스로가 세도가문에 편승해 그들의 안위를 도모한 점도 있기 때문에 그 원인을 군주에게만 돌릴 수 없는 측면이 있다.

군주의 성학 수준 저하와 그에 대한 신하의 질책 약화는 시대를 내려올수록 더해졌다. 그리하여 통치에서 제일차적 의미를 지니는 것은 성학이 아니라 통치에 필요한 방책, 즉 치술(治術)이 우선적으로 중요한 의미를 갖게 되었다. 통치에 관한 방책은 그 자체로 보자면 현실적인 통치수단으로서 중요하다. 그러나 19세기에 강구된 통치책은 그것이 단순히 통치의 테크닉에 불과할 뿐, 그 안에 담고 있어야 할 통치철학이 결여되어 있었다. 이를테면 철종에게도 성학은 요구되었으나 그 내용은 주로 '애민'이었으며, 그 방법으로서는 '절검'이 강조되었고[20] '실정'(實政)을 펼 것을 권유하는 것이 대부분이었다.[21]

---

19) 『헌종실록』 10년(1844) 5월 13일; 5월 14일.
20) 『철종실록』 즉위년(1849) 6월 9일, 대왕대비 언교.
21) 『철종실록』 8년(1857) 9월 20일.

이러한 성학론을 이전의 성학론과 비교해 보자면 그 선후가 뒤바뀐 것이다. '실정'은 이전부터 군주에게 요구하던 치도론의 일부이지만, 그것은 성학론에서 제일차적인 덕목이 아니라 성학의 결과로 나타나야 하는 것이었다. 또한 철종에게 주입되던 성학론의 결과로 표출된 정책이라 해도 그것은 양적인 면에서 전대에 훨씬 미치지 못했다. 이로써 보면 철종 대의 '애민'이나 '절검', '실정'은 단순한 슬로건에 불과했다는 것을 알 수 있다. 더구나 철종 이후에는 통치론이 성학론 차원에서 논의되기보다는 군주의 시혜를 직접 확인할 수 있는 방책론 차원에서 주로 논의되었다. 이렇게 된 데는 19세기에 그만큼 체제위기가 심각해져 이에 대한 정치적 현안의 처리가 절실해진 데서 그 이유를 찾을 수 있겠지만, 한편으로는 군주에게 수준 높은 성학을 더 이상 기대하기가 어렵다는 신하들의 판단도 한 요인으로 작용했다고 하겠다.[22]

결국 순조 이후의 성학은 그 주안점이 '성인'의 학문을 배우는 데 있기보다는 '선왕'의 학문을 배우는 데 있었다. 이러한 경향을 『실록』에서는 '경천(敬天), 법조(法祖), 근학(勤學), 애민(愛民)'[23]이라고 표현하고 있는데, 이는 왕실의 가법으로서 정당성이 있었다. 그런데 여기서 '법조'의 '조'란 주로 영조와 정조를 가리켰다. 영·정조 당대에도 "요순을 본받으려면 조종을 본받아야 한다"는 이념이 표명되었지만, 세도정치기처럼 슬로건화할 만큼 강조되지는 않았다. 선대에서는 '조종'이란 대체로 제도를 확정하기 어려울 때 고례를 따라야 한다는 것을 주장하기 위한 논거로 이용된 경향이 강했지만, 순조 이후에는 '조종' 자체가 통치의 전면에 표방되었던 것이다.

통치의 목표가 되는 대상을 '조종'에 둔다는 것은 '성의정심'(誠意正心) 같은 추상적인 것에 두는 것보다는 구체적이므로 그만큼 정당성을 획득

---

22) 철종이 읽은 교재는 『소학』, 『통감』, 『사략』(史略)이 전부인데, 경연이나 소대에서의 강론 내용은 『실록』에서 기록하고 있지 않다. 『철종실록』 6년(1855) 11월 5일; 6년(1855) 1월 6일.
23) 『철종실록』 8년(1857) 8월 9일.

하기에 좋은 방법이 될 수도 있었다. 평가를 내리기에 애매한 '심성'에 두는 것보다는 '조종'에 두는 것이 정치적 시비가 개재될 가능성을 감소시키며 통치효과 또한 가시적이게 하기도 쉽다. 그러나 이를 왕권의 측면에서 보면 다르게 볼 수 있다. 즉 신하가 군주에게 관념적인 성학을 요구할 경우에는 신하들이 성학의 판단기준을 도출해 내기가 쉽지 않아 평가하기가 어렵고, 따라서 신하들이 군주의 견제에 이용당할 소지가 있다. 다시 말해 군주는 자신의 역량 여하에 따라 이러한 관계를 이용해 왕권을 강화시킬 수 있었다.

이에 비해 '조종'이라는 것은 비교적 명확한 기준을 역사 속에서 찾아낼 수 있으므로 군주권을 제약하고자 하는 신료나 척리세력으로 하여금 '조종'이라는 명분하에 군주에게 제약을 가하기가 용이하다. 이러한 관점에서 본다면, 세도정치기에 세도가문과 국왕의 권력을 업은 외척세력이 군주에게 '성학'보다는 '조종의 법'을 강조했던 것은 성학의 진보에 따른 정치력의 성장이 자신들의 전횡적 권력행사를 방해하지 않게 하려는 '전략적'인 의도에서 나온 것일 수도 있다. 세도가문들이 군주에게 '전통'을 강조한 것은 그들의 권익을 지키기에 더 없이 좋은 정당화 기제이므로 강조한 측면이 있기 때문이다.

조선 후기에 임금과 산림, 관료가 공통적으로 들고 있는 치도의 요체라는 것은, 이를테면 성학, 언로 통개, 인재등용, 민은(民隱) 해결, 기강과 국시의 확립 등이다. 이 가운데 근본적인 것은 물론 성학이었다. 성학이 우선적으로 확립되면 통치의 다른 요소, 예컨대 제도나 법 등은 지엽적인 것에 해당하므로 저절로 확립된다고 보았다. 그런데 '성학' 이것은 바로 군주의 학문과 관련되는 것이다. 그리고 군주의 학문은 개인의 학문에 그치는 것이 아니라 정치와 직결되는 것이므로 강조되었던 것이다.

이러한 의미에서 유교의 통치론은 '학정 일치'적인 성격을 지닌다. 즉 '수기'는 '치인'으로서 그것은 궁극적으로는 백성의 안위를 보장해 주고 국가를 보존하는 것으로 이어져야 한다고 본 것이 유교에서 학문의 의미였다. 그런데 조선에서는 이렇듯 성학론이 '수기'가 '치인'이라는 주자학적 체계에 근거하고 있었으면서도 '수기'에만 역점이 놓여 있었다. 이에 성학론은 '치인'을 위한 독자적인 논리를 전개시키지 못한 채 '수기'론에 함몰되어 버리는 경향이 강했다. 주자의 학문론에 근거해 이루어진 통치이념은 그 '주자학'적 경계를 넘어서지 못하고 제 영역에서 기능하고 있었는데, 이러한 경향은 세도정치기에도 여전했던 것이다. 그러면 이러한 통치론의 특성은 권력구조에서는 어떻게 그 특성을 관철시켜 가고 있었는가. 이는 절을 바꾸어서 다루기로 한다.

2. 세도 논의의 쇠퇴

조선왕조는 본래 군주가 신하에게 충성심을 요구할 수 있는 체제이지만, 중기 이후로는 군주의 충성 요구에 대해 신하가 '충성' 개념을 재규정하고 자신들이 설정한 규범을 군주에게 내면화할 것을 강요하게 되었다. 특히 16세기 후반부터는 신하들이 주자학적 '군신분의'(君臣分義)론에 기반해 군주가 아닌 붕당이나 정파에 대한 충성을 강조하게 되면서 이러한 경향은 정치과정을 규제하는 주요 동인으로 작용했다. 이렇게 된 원인으로는 통치체제의 유교적 편제화와 그에 따른 사림의 정치적 성장을 들 수 있다. 이 때문에 군주는 신료세력과의 길항관계에서 주도권을 잡고 정치력을 행사하는 데 실패하게 되었는데, 이러한 권력관계의 불균형은 벌열가문이 권력을 주도하게 되면서 더욱 심화되었다.

따라서 조선의 정치과정은 성학론과는 별개의 차원에서 정치 특유의 논리에 의해 전개되었다고 할 수 있는데, 여기에 작용한 이념은 주로 주자학적 의리론과 명분론이었다. 성학론이 권력구조와 유리된 채 진행되자 군주는 더욱 수신론에 침잠하게 되었고, 결과적으로는 그것이 통치력의 부재를 가져오는 악순환을 초래했다. 성학의 심학적 경향은 권력의 중심을 자신에게 두려고 했던 군주일지라도 군주로 하여금 상대적으로 정치현실에 무디게 함으로써 정치력 행사에 한계가 있게 했고, 무엇보다 주자의 논리를 이론적 무기로 하는 신하들에 맞서 강력히 대항할 수 없게 했다. 결과적으로 성학이 권력구조와 유리되는 경향은 권력과는 상호 박탈적인 관계에 있는 군신관계에서 길항관계가 전개되는 동안 군권을 제약하는 결과를 초래했던 것이다. 이렇게 해서 초래된 군권의 약화는 세도정치기에 이르러 더욱 가속화되었다.

더구나 세도정치기의 정치체제는 이전의 군·신 공치체제와도 다른 체제였다. 일반적으로 군신 간의 권력구조를 보면, 권력의 균형이 깨지게 될 때 그 틈에서 특정 세력이 권력을 독점하게 마련이다. 이때 특정 세력은 정상적인 수단으로 권력의 핵심에 접근하는 것이 아니라 비정상적인 수단을 통해 권력을 잡게 되고 이를 세도(勢道)의 이름으로 행사한다. 세도정치(世道政治)가 세도와 인심을 바로잡을 만한 인망과 학식을 갖춘 인물24)에 의해 군주의 특별한 신임과 위임을 받아 행해지던 정치형태였다고 한다면, 세도정치(勢道政治)는 특정 세도가 내지 척신이 권세를 자행하던 정치형태라는 점에서 다른 정치형태이다.

군주의 특별한 위임을 받아 정무를 재결한다고 해도 그것은 권력의 중심이 일단 군주에서 벗어나 세도가에게 옮겨간다는 점에서 군주 중심의 집정체제와도 다른 지배형태이다. 조선 후기 홍국영에서 비롯된 세도정치는 그 후 척신을 중심으로 전개되었으며, 순조 이후에는 안동 김씨와 풍양 조씨 가문이 세습적으로 중앙 요직을 독점함으로써 벌열(閥閱)25)가문에 의한 정치가 주도되었다. 이러한 세도정치는 주로 정상적인

---

24) 조선 시대 세도(世道)의 담임자로서 군주의 신임과 세상의 인망을 받던 인물로는 중종 때의 조광조와 효종·현종 때의 송시열이 이에 해당한다.
25) 벌열은 가문의 사회적 지위를 기준으로 해서 분류된 용어로, 번성한 가문이라는 집단 개념으로 사용되며 한족(寒族)의 상대개념으로 사용되었다. 조선 전기의 집권 세력은 문벌이 관직의 중요한 조건이 되지 않았다. 이와 달리 후기에는 부계 중심의 문중조직이 확립된 종법사회에서 3세대 이상에 걸쳐 각 세대마다 당상관 이상의 관인을 배출하면서 4대조 가운데 1인이 당상관 이상의 현관인(顯官人)일 때 벌열로 분류되어(차장섭, 『조선후기 벌열연구』, 일조각, 1997 참조), 문벌이 핵심권력에 도달하는 데 중요한 요소가 되었다.

왕위계승이 이뤄지지 못하거나 왕권이 그 기반을 세도가에게 의존하지 않으면 안 되는 상황에서 성립하는 변칙적인 권력패턴이라고 할 수 있는데, 보통은 섭정체제로부터 연유하는 경우가 많았다.

섭정체제는 일반적으로 군주가 어리거나 그 외의 사고가 있을 때 군주의 권한을 대행하는 대행기관을 설치함으로써 성립되는 정치형태이다. 조선에서 섭정은 주로 수렴청정과 대리청정의 형식을 띠었는데, 후기와 관련해서 보면 수렴청정은 군주의 모후 또는 조모가 대행하는 것이 관례였기 때문에 자연히 외척이 권좌에 등용되어 척신에 의한 권력남용을 야기하고 왕권을 약화시키는 폐단을 초래했다. 또한 섭정체제는 군주의 외척이 세도를 전횡하게 되면서 세도정치26)와 관련되지 않을 수 없게 되었다. 더구나 이러한 섭정체제는 19세기에 들어서면서 군주의 정상적인 왕위계승에 의한 권좌 복귀가 이뤄지지 않고 지속되는 바람에 군권의 약화가 계속되었고, 또 바로 이와 같은 이유에서 특정 가문에 의한 세도정치가 지속되었다.

그러나 섭정체제, 그 중에서도 수렴청정 체제가 변칙적인 정치형태이긴 하지만 수렴청정의 선포라는 형식을 갖추고 실행하는 한 그것은 권력행사에서 정당성을 가지고 있었다. 이에 비해 세도정치는 권력의 오용 내지는 군권 박탈적인 요소가 더 많았다는 점에서 국가 구성원으로부터 정당성을 얻기가 어려웠다. 더구나 유덕자 군주론을 이상으로 하던 조선에서 세도(世道)를 겸비하지 못한 가문과 그 일족에 의한 전횡은 산림을 비롯한 지식인층의 지지를 얻기가 더 힘들었다. 이들이 권력의 핵심에 있던 집단은 아니지만 지배계층으로서 정치과정에 일정한 영향력을 행사하던 집단이었다는 점을 고려한다면, 지배형태로서 섭정체제는 이들 산림세력을 정치세력으로서 일단 배제했다는 점에서도 그들로부터 지지를 받을 수 없었다.

---

26) 보통 19세기의 정치형태를 세도정치로 표현하고 있으나, 이는 권력이 행사되는 체제의 성격을 지칭한 것이지 붕당정치나 사림정치처럼 권력의 중심세력을 지칭하는 것은 아니다.

세도정치 체제가 되어 군주의 권위가 더 이상 주자학적 교의에 의존하는 정도가 미약해지고 여러 정파도 군주를 포함한 견제세력을 갖지 않게 되면서부터는 통치이념이 체제운영의 논리로서 원용되던 기능도 약화되어 갔다. 군신 간의 길항관계는 그것이 지배·복종관계의 실패를 결과한다 할지라도 서로 긴장된 논박이 펼쳐지는 동안에는 세력 간의 견제를 가져와 이것이 체제를 지속시킨 측면도 있다. 군신 간의 논박이 명목화되고 여러 정파가 아닌 특정 가문에 의해 일방적으로 정국이 주도될 경우 정치적 위기가 초래될 뿐만 아니라 그 위기에 대처할 능력까지도 상실했음을 역사 속에서 찾아볼 수 있다는 사실이 이를 반증한다.
　결국 세도정치기에 정치체제가 기반하고 있던 주자학적 규범 논의가 약화된 것은 단순한 논의의 정체가 아니라 국가체제의 와해로 이어지고 있었는데, 이 점에서 통치이념에서 규범 논의가 지니는 의미를 찾을 수 있을 것이다. 이렇듯 규범 논의가 약화될 가능성은 지배체제의 성격이 이전과는 그 구조를 달리하고 있던 데서 이미 배태되고 있었다. 세도정치 체제 이전에는 군주를 정점으로 하고 있으면서 여러 개의 정파가 당리에 따라 대립적인 관계에 있긴 했지만, 여기에는 '명분'과 '의리'라는 것이 이념적 무기로 작동해 권력획득의 수단이자 동시에 방어의 기제가 되어 왔다.
　그러나 19세기는 군주가 정치의 정점에 있지도 않았고 정치권력도 특정 세도가문에 집중되어 있던 형태였으므로 주자학적 규범이 정파 간에 견제기능으로 작용하지 못했던 것이다. 그리고 이러한 경향을 가열시킨 것은 척리에 의한 권력의 전횡이었다. 순조에서 철종에 걸친 시기에는 군주 중심의 통치에서 벗어나 수렴청정과 몇몇 가문에 의한 척리정치 형태로 정치과정이 진행되었다. 이 때문에 이 기간에는 체제의 기반이념이었던 주자학적 이념에 관한 논의가 활발히 논의되지 않은 채, 세도가문의 권력 강화를 통해서 체제유지가 도모되었다.
　통치이념의 담지자인 사대부 세력이 권력의 권역에서 배제되고 소수 세력만으로 통치되고 있었기 때문에 유교적 통치론에 관한 논의도 정체되었다. 더구나 이때는 여러 정파나 산림이 군주를 견제하던 전대의 지배구조와 달리 실권 없는 어린 군주와 세도가문이 연합해 지배구조를 이루고 있었다. 군주는 그의 절대권을 이들 몇몇 가문에 위임해서라도 왕조체제의 지속을 꾀하지 않으면 안 되는 상황이었다. 선대부터 축적되어 온 사회문제와 천주교 전래에 따른 위기가 순조 대부터는 본격화되기 시작해 체제에 가하는 위기가 가중되고 있었음에도 불구하고, 세도정치기에는 일부 가문에 의한 권력의 지속만이 도모되었던 것이다.

정순왕후의 수렴청정 이후 정권을 장악한 가문은 대체로 순조 연간에는 김조순과 김유근이, 헌종 연간에는 조득영·조만영·조인영·조병구가, 그리고 철종 연간에는 김흥근·김좌근·김병기로 이어지는 벌열가문이었다. 이들 가문에서 배출된 관료는 군주와 외척관계에 있거나 군주의 '세도'(世道) 부탁을 내세워 그 담임자임을 자처하면서 모두 한 가문에서 배출된 점이 특징이다. 이들은 명분상으로는 세도의 담임자 역할을 충실히 할 것을 내세웠기 때문에 정권을 농단하는 것조차 때로는 군주에 의해 묵인되기도 했다. 그러나 이들은 실질적으로는 세도의 담임을 자처할 만한 명망과 학문적 역량을 갖추지 못했다. '세도'(世道)가 아닌 '세도'(勢道)가문으로 표현되고 있다는 사실이 이를 말해 준다. 세도의 담임자를 자처하려면 무엇보다 세도의 근간이 되는 의리(義理)를 밝힐 능력이 있어야 하는데, 이들이 권력기반의 정당성을 상실한 것 자체가 이미 '의리'와는 거리가 있었기 때문이다.

따라서 이들은 오직 군주에게 '전통'주의를 강조하는 데 머물렀고 정권의 정당성을 주장하기 위한 '명분'을 더 이상 내세우려 하지도 않았다. 권력이 한 세력에 의해 독점된 상황에서는 자신들의 정당성을 주창할 필요가 없어졌기 때문이다. 그러나 그렇다고 해서 의리에 관한 논의가 완전히 사라진 것은 아니었다. 한편으로는 슬로건으로서 의리가 여전히 거론되고 있었다. 다만 순조 연간에도 '의리'는 군신 모두에게 정치적 정당성을 확보해 주는 명분으로 이용되었지만, '의리'가 군주의 정치력을 확보하는 데 근본적인 제약이 되지는 않을 정도로 정치에서 차지하는 비중이 미약해졌던 것이다. 이 점이 전대와 다른 것으로, 이 시기에는 통치의 지향점이 더 이상 '의리'에 관한 논의로 향하지 않았던 것이다.

이렇게 주자학적 규범 논의가 약화된 데는 권력구조와 산림세력의 변화를 그 원인으로 들 수 있다. 즉 세도정치기에는 18세기와 같이 복수의 정파가 견제하는 체제가 아니라 특정 척족이 지배하는 체제였기 때문에 군주와 정치세력 간에 길항관계가 펼쳐질 수 없었다. 또한 산림세력이 세도의 담지자로서 책무를 다하지 못하고 있었으므로 군주에게 성학의 면려를 강력히 요구할 수도 없었다. 산림은 군주를 보좌하는 데 소극적이었으며 심성논쟁과 같은 철학적이고 관념적인 사변논쟁으로 치달았다. 산림 스스로가 유학의 담지자이기를 포기했고, 이에 군주도 더 이상 이들에게 세도를 부탁하지 않는 상황이 되었다.

3. 세도정치 체제와 왕권

벌열에 의한 권력집중[27]이 어떻게 왕권을 제약하고 있었는가를 보면, 순조 초기는 정순왕후의 수렴청정 기간이자 심환지와 김관주를 중심으로 하는 벽파가 정권을 담당하던 시기였다. 정권의 담당세력은 벽파라는 노론세력이었으나 형태상으로는 수렴청정 체제였고, 이 체제는 군주 집정을 벗어난 체제일지라도 전통적인 지배형태로서 정당성을 가지고 있었다. 따라서 집권의 명분을 '전통'에서 구하는 것이 자연스러웠다. "조종을 본받는 것"도 정당성을 보장받기 위한 방법이었다. 말하자면 이들의 '법조'는 지배의 정당성을 '조종'으로부터 이끌어 내려는 '전통주의'에 입각한 통치형태였다.

---

27) 조선 후기 정치가 벌열세력에 의해 독점됐다고 해서 모든 벌열을 군주의 견제세력으로 볼 수 있는 것은 아니다. 벌열 중에는 군주에 영합한 친위적인 관료세력이 있는가 하면 산림세력처럼 군주의 권력독점에 저해가 되는 세력도 있다. 척신세력 역시 군주의 견제세력이라기보다는 견제와 연합의 양 정치성을 함께 지닌 세력이다.

그런데 여기서 조종은 정조를 가리키므로 조종을 본받기 위해서는 정조의 의리를 부식시킬 필요가 있었는데, 이는 곧 노론의 신임 의리를 인정하는 것이었다. 순조가 즉위하자마자 정조가 부식하고자 했던 의리를 강조한 것은28) 이 때문이다. 정조가 의리를 천명하고 자신의 정책에 협조하지 않는 자를 역적이요 소인으로 보던 것을 순조도 그대로 이어받아 '모년의 대의리'를 범한 자를 성토한다는 글귀가 자주 등장했다. 정조 의리의 계승은 순조 말년까지 그대로 이어져, 순조 연간에는 정조 의리의 재천명이 지속적으로 이루어졌다. 순조로서는 정조가 인정해 준 신임의리를 인정하는 것만이 자신의 미약한 정당성을 인정받는 길이었기 때문에 그러했을 것이다.

정조는 시대상황에 따라 변한다는 '의리'의 시의성을 내세워 인사정책에 적용했는데, 이는 '의리'를 빙자해 반대 정파의 축출에 이용하려던 전략이었다. 이 전략은 순조에 의해서도 그대로 답습되었다. 그리하여 순조는 국시를 바루고 명분을 바로잡는다는 미명하에 임오의리를 내세운 영남 만인소에 동조했던 시파를 축출했다. 순조 1년에 은언군 이인과 홍낙임이 처형되었고,29) 윤행임이 윤가기, 임시발의 옥사에 연루되어 처형되었으며,30) 박제가 등 정조 연간 등용되었던 서얼층도 탄압을 받았다. 그러나 그 어디보다 철저하게 탄압받은 정파는 당시 시작된 천주교 탄압과 연루된 남인였다.31) 남인계를 성토하되 그 명분은 사학(邪學)의 토죄에 두어졌고, 반교문32)에서는 '존화양이'를 이룬 정조의 치적을 재차 평가했다.

순조 4년에 친정(親政)이 시작되었을지라도 실질적인 통치는 벌열에 의해 이뤄졌다. 이때에도 정치적 이슈는 여전히 '의리'문제였다. 그리고

---

28) 『순조실록』 즉위년(1800) 12월 18일. 엄밀히 말하면 순조가 아니라 정순왕후가 표방한 논리이다.
29) 『순조실록』 1년(1801) 5월 29일.
30) 『순조실록』 1년(1801) 9월 10일.
31) 채제공을 비롯해서 이가환, 이익운, 정약용 등이다.
32) 『순조실록』 1년(1801) 12월 22일.

이는 또다시 권력탈취의 명분으로 이용되었다. 순조가 친정을 하기 시작한 지 얼마 안 되어 대왕대비가 다시 한번 수렴청정한다고 해서 물의를 빚었는데, 수렴의 명분을 선왕의 의리가 흐릿해지고 있기 때문이라고 한 것은 의리문제가 집권을 위해 어떻게 이용되고 있었는가를 잘 보여준다. 정순왕후는 '의리'[33]를 집권연장을 위해 이용하고 있었던 것이다.

영·정조대에도 의리가 집권의 명분이나 정권유지의 수단으로 이용되기는 했지만, 그때는 주자학적 의리론의 규범적 측면이 군신 모두에게 내면화되어 있는 상태여서 의리의 거론은 그 정당성을 인정받았다. 이에 비한다면, 순조 시대와 그 후의 의리론은 세도가문이 의리문제를 제기하면 다른 정치세력은 일방적으로 이를 받아들였다는 점에서, 그리고 무엇보다 군주가 논의의 주체에서 빠져 있었다는 점에서 차이가 있다. 세도정치기에는 의리론이 명목화되었으며, 이러한 의리론의 재정립은 세도가문 간의 세력변동에 의해서만 성립될 수 있었다.

순조 5년에 조씨 가문과 김씨 가문간의 의리논쟁은 이러한 정황을 잘 보여준다. 벽파가 정조의 의리를 위배했다는 공격이 풍양 조씨의 조득영을 중심으로 시작되어 김달순이 사사되고 김관주는 유배되었으며 심환지, 김구주, 정환지 등의 관작이 추탈되었다. 영의정 서매수도 김달순에 동조했다는 공격을 받아 조정에서 축출되었다. 이어 김한록은 성토되고 김종수의 관작도 추삭되었는데, 시파는 자신들의 벽파 공격을 '천토'(天討)[34]라고 해서 명분 있는 것으로 만들었다. 시파와 벽파의 분란에서 벽파의 이념적 지주라고도 할 수 있는 김종수가 정조의 묘정에서 출향됨으로써 명분상 국시는 분명해진 것으로 보였다.

김조순 가문이 정국을 주도하던 시기[35]에는 노론의 남공철, 심상규,

---

33) 정순왕후는 "선조가 근 30년 동안 지성으로 고심한 것이 오로지 의리를 부식하는 데 있었으니, 오늘날을 위하는 도리는 마땅히 조종을 본받고 선왕을 깊이 유념해야 할 것이다"고 했다. 『순조실록』 4년(1804) 6월 23일.
34) 『순조실록』 6년(1806) 6월 25일.
35) 주로 순조 12년 이후 효명세자가 대리청정을 하기 전까지가 이 시기에 해당된다.

소론의 이상황 등이 김조순과 함께 정국을 주도해 가고, 남인은 채홍원 등 일부가 관직에 등용되기는 했어도 철종 연간까지 권력의 핵심부에 등용되지 못했다. 이때 노·소론 정파는 세도가문의 협력자에 불과할 뿐 정치세력으로서 권세를 지니지는 못했다. 따라서 이때는 정파세력 간의 견제는 물론이고 군주와 정파세력의 견제도 행해지지 않았다. 김조순은 순조 연간 실질적인 세도가였다고 할 수 있는데, 그가 실권을 장악하게 된 배경은 순조의 장인이라는 사실 이전에 이미 정조 대부터 초계문신으로서 지우를 받았다는 점도 작용했다.36) 따라서 그는 정조의 의리를 주장하는 데 중심인물로 부각될 수 있었다.

그러나 김조순은 정조가 삼대의 정치를 이상으로 여기고 있었다는 사실을 누구보다 잘 알고 있었으면서도 순조에게는 당·송 시대의 군주와 같은 중주(中主)가 될 것을 권했다. 성군보다는 중주가 되도록 권하는 것이 군주의 권위 창출 노력을 억제시키고 벌열의 세도를 유지하는 데 유리하다고 판단해서인지는 단언하기 어렵지만, 영·정조 시대의 신료들이 군주에게 '중주'가 아닌 '요순'이 되도록 끊임없이 권면했던 사실과는 대조가 된다.

순조는 척족의 독주를 견제할 능력은 없었으나 나름대로는 국정을 주도하기 위해 노력하기도 했다.37) 각 관서의 실무자를 불러 폐단을 묻기도 하고 암행어사를 파견해 민폐를 보고하게 했으며, 국가의 재정, 토지, 군제에 관한 내용을 파악하기 위해 『만기요람』을 편찬하게 했다. 경연이나 소대, 주강, 석강 등 강학 활동이 활발하던 시기도 있었다.38)

그러나 이때의 강학은 문자 그대로의 강학일 뿐 선왕들처럼 경서를 두루 섭렵하거나 깊이 있는 질문을 해 국왕이 경연을 주도하는 모습은

---

36) 한국역사연구회, 『조선정치사』(상)(청년사, 1990), 245쪽.
37) 군주는 명목만 남아 있던 오위도총부의 권한을 강화할 것을 명령하고 궁궐 호위를 담당하는 무예청의 군병을 늘리려 했으나, 김조순이 훈련도감을 장악하고 있고 병조판서 김이익이 금위영의 강화를 요구해 국왕의 군사력 강화에 이들 벌열세력의 견제가 적지 않았다.
38) 순조 11년이 이에 해당한다.

찾아보기 힘들었다. 유교국가에서 왕권이 강화되기 위해서는 군사력 같은 물리적 측면의 강화만이 아니라 선왕에 비길 만한 학문을 지닐 것이 요구된다. 이 점에서 순조는 처음부터 제약이 있었다. 이 때문에 그는 자신과 같은 통치환경을 후계자에게 넘겨주고 싶어하지 않았다. 효명세자가 대리청정을 하면서 정국을 주도하게 한 것은 이러한 순조의 의지를 반영해서 나온 실천이었을 것이다.

이 작업에는 효명세자의 의중에 부합함으로써 자신들의 정견을 펼치려던 세력이 결집되었는데, 김로, 이인부, 서준보, 서희순, 김정집 등이 그들이다. 이들 중에서도 이인부와 서준보는 군주가 국정의 중심을 장악해야 한다는 입장이어서 규장각 각신을 우대한다는 명목하에 서유구를 다시 등용하게 했다. 이인부는 군주가 명망 있는 사대부를 등용해 정치적 통합을 이룰 것을 강조했다. 소론의 이면승이 군주가 사심 없이 현부와 능력에 의해 인재를 가려쓸 것을 주장한 것도[39] 같은 맥락에서였다.

순조 말기에 세자에 의한 왕권 회복 움직임과 이에 부응하는 세력들이 있었음에도 불구하고 이는 결과적으로 성공하지 못했다. 소론 한식림[40]과 남인 목태석[41]의 상소문으로 의리문제가 다시 제기되었으며, 이어진 효명세자의 급서로 순조가 다시 친정하게 되었기 때문이다. 이 과정에서 김유근을 중심으로 한 세력 편성이 이뤄져 순조 32년에는 세도가에 의한 정치가 재개되었는데, 이번에는 세도가문 간의 협력관계를 통해 권력이 독점되어 갔다.

김조순 가문은 조만영 가문과의 협력관계 속에서 정치적 기반을 안정시켜 갔는데, 조만영의 요청[42]으로 김조순을 정조의 묘정에 배향하도록 결정한 것도 그 한 예이다. 한편 친정을 하는 동안 순조는 송치규, 송계

---

39) 『순조실록』 27년(1827) 3월 16일.
40) 지평 한식림은 상소문에서 '대신 조태억의 건백'이라고 하여 역적인 조태억의 관작을 말한 것이 문제되어 유배되었다. 『순조실록』 27년(1827) 3월 14일.
41) 지평인 목태석은 상서에서 명나라 의종 황제에게 불경한 말을 했다고 해서 처벌되었다. 『순조실록』 27년(1827) 3월 26일.
42) 『순조실록』 33년(1833) 4월 10일.

간, 오희상 등 산림을 다시 한번 초치해 세신(世臣)으로서 의리를 다해 줄 것을 부탁했다. 일찍이 순조는 오희상에게 "유학을 숭상하고 도의를 존중하여 예로써 현자를 초치하는 것은 곧 우리 열조의 가법이다"[43]고 말한 적이 있다. 그러나 이 시기 유자들은 대부분이 은둔을 숭상해 더 이상 출사하려 하지 않았다. 이렇게 되면 신하로서 적극적인 충성의무는 더 이상 나오기가 어렵다. 군주의 산림 초치가 형식적인 데 원인이 있기도 하지만, 산림 역시 세도 부식의 책무를 방기해 세도가문에 의해 전횡되고 있는 현실에 대해 비판적이지 못했던 것도 자신들의 정치적 입지를 축소시킨 원인이 되었을 것이다.

　헌종 연간 초기에는 순원왕후에 의한 섭정이 행해졌는데, 이 시기에는 김조순의 7촌 조카인 김조근의 딸이 왕비로 결정되고 조인영은 순조의 부탁으로 헌종의 보도를 담당하게 되어 두 가문만이 권력균형을 이루며 자기 세력을 부식시키고자 했다. 그 노력은 우선 병권을 장악하려는 시도로 나타났는데, 세자 대리청정기에는 훈련대장이나 어영대장이 되지 못했던 김조순 계열의 김유근이 어영대장에 오르고, 헌종 원년 7월에는 김유근이 훈련대장, 조만영이 어영대장에 오름으로써 병권의 균형을 유지했다.[44] 조인영은 순조의 부탁을 받은 사실을 자신의 권력기반으로 삼았으나 실제로도 순조의 통치이념을 계승하고자 했다.

　한편 형식적이긴 하지만 산림을 숭상하려는 조정의 제스처는 헌종 연간에도 계속되었다. 노론의 김인근, 송내희, 홍직필, 소론의 성근묵 등이 추천되었는데, 특히 경연관 송내희는 헌종의 지우를 받았다. 대표적인 산림인 홍석주는 정조의 정치운영 방식을 적용해 보고자 했으나 김로의 탄핵으로 축출되었다. 산림으로서 벌열의 독주를 견제하려던 것이 실패한 것이다. 이들의 견제 노력이 실패로 돌아간 것은 군주가 이들에게 세신으로서 의무[45]를 다해 줄 것을 요구했으나, 실제로는 형식적인 등용에

---

43) 『순조실록』 26년(1826) 1월 30일.
44) 한국역사연구회, 앞의 책, 107쪽.
45) 『헌종실록』 7년(1841) 8월 6일.

불과했기 때문이다.46)

　벌열세족의 독주로 군권의 행사에는 제약이 따랐지만, 벌열가문도 단일 가문이 아닌 이상 벌열 간의 세력 견제가 수반되게 마련이다. 김씨 가문에 대한 조씨 가문의 견제는 상대 가문의 권력독점을 막고 자신들의 입지를 강화하기 위해 다른 세력을 끌어들이는 식으로 전개되었는데, 이때 끌어들이고자 한 세력이 산림세력이었다. 산림을 유인하는 것은 각 가문의 미약한 정통성 확보에도 도움이 되었기 때문이다. 조병구를 중심으로 정국이 운영되고 호론계 권돈인이 실무관료로 역할하면서 안동 김씨에 대한 견제가 더욱 심해지는 가운데 풍양 조씨가 정권을 장악했던 시기에47) 풍양 조씨가 산림을 우대한다는 정책하에 송능상에게 산림의 지위를 회복해 주고48) 홍직필의 입지를 보장해 준 것도 이 때문이었다. 성혼의 후손인 성근묵이 산림으로 대접받았던 것도 마찬가지 이유에서였다.

　순조와 마찬가지로 헌종도 제약적인 조건하에서이긴 하지만 양 가문의 세력관계가 보합상태를 맞고 있는 틈을 타 벌열가문의 견제관계를 이용해 권력 강화를 도모했다. 경연에서는 『갱장록』, 『국조보감』49) 등을 읽으면서 선왕의 치적에 관심을 보였고, 집권 후반기에는 초계문신을 뽑을 것을 명령해 초계문신 제도가 정조 사후에 처음 운영되기도 했다.50) 그러나 헌종 사후 왕위 승계가 정상적으로 이루어지지 못하게 되자, 군주에 의한 권력집중은 실패하고 또다시 세도가문에 의해 정권이 장악되었다.

---

46) 『헌종실록』 4년(1838) 12월 20일 정해; 7년(1841) 1월 12일 무술. 이들이 헌종의 부름에 응해 정치적 견해를 편 것으로 『실록』에 보이는 것은 성근묵이 헌종 13년(8월 9일 을묘)에 상소해 이양선에 단호히 대처할 것을 요구한 정도이다.

47) 헌종이 친정하던 7년 이후이다.

48) 『헌종실록』 10년(1844) 1월 25일.

49) 『갱장록』은 헌종 11년 9월부터 11월 사이에 집중적으로 강독했고 『국조보감』은 12년에 강했다.

50) 『헌종실록』 12년(1846) 7월 25일 무신.

철종 연간은 전 기간에 걸쳐 김좌근 등을 비롯한 안동 김씨 계열이 정권을 장악한 시기라고 할 수 있는데, 이 시기에는 한 가문에 의해 권력이 독점되어 가문 간의 견제도 기대하기 어려운 상황이 되었다. 철종 1년 12월에는 조인영이 사망하고 다음해에는 권돈인과 김정희가 유배되었으며, 철종 2년에는 김문근의 딸이 왕비로 간택됨으로써 안동 김씨 가문을 견제할 수 있는 세력은 거의 다 제거되었다. 이렇게 안동 김씨 가문에 대한 견제세력이 제거되어 단일 가문의 독주가 행해지게 되자, 정파의 이해 또한 한 가문으로 일원화되었다. 그리하여 군주권은 확립되지 못한 채 선왕의 통치이념을 반복적으로 제기하는 수준에 머물렀다. 이렇게 전통 의존이 심하고 세도가문에 의해 권력이 독점된 상황은 결국 체제적인 위기에 대처하지 못하는 통치능력의 한계를 드러내게 마련이고, 이는 대외적인 위기를 맞이해 더욱 심화되었다. 철종 연간 국내외 정세가 급변[51]하게 되자 벌열정치는 정치능력의 한계를 드러낼 수밖에 없었던 것이다.

세도정치기에 보인 '전통'의 강조는 사상사적 측면에서 통치이념이 기반한 주자학적 논의의 정체를 초래하게 되었다고 할 수 있다. 주자학적 통치이념의 결정체라고 할 수 있는 성학론은 19세기에는 그 심학적 경향이 쇠퇴하고 단순히 선왕 모방론으로만 전개되었다. 일종의 선왕 숭배주의라고도 할 수 있는데, 이는 다른 각도에서 보면 보편적 통치규범으로서 '중화적' 통치론이 조선의 지정학적 환경에 조응해 '조선적' 통치론으로 발전할 수 있는 이념적 계기를 내포한 것임에도 불구하고 단순히 선왕의 모방에 그치고 말았다.

그리하여 이 시기의 통치론은 '모방'의 틈새에서 찾아낼 수 있는 변통성은 사상되고 오로지 전통적 요소만 강조되는 데 불과했다. 선왕의 전통을 따를 것을 강조하다 보니 이념이 변화된 통치환경에 적응될 수 있

---

51) 철종 7년(1856)에 애로우호사건이 일어났고 철종 11년에는 영·불 연합군이 북경을 침략하는 사건이 일어났다. 국내적으로는 철종 13년(1862)에 임술민란이라는 전국적인 농민항쟁이 일어났다.

는 적실성을 갖지 못하게 되었고, 이러한 사상적 적실성의 상실은 결국 체제위기에 대처하지 못하게 했다. 조선에서 주자학적 통치 이데올로기의 구속성이 너무 견고했던 것도 위기에 대한 대처능력을 상실하게 하는 요소로 작용했다면, 마찬가지로 세도정치기에 들어와 오히려 그 전에 이루어 왔던 통치이념의 정서성과 체계성이 권력집중의 실패와 더불어 해체되기에 이른 것도 위기대처 능력을 상실하게 한 요인이라고 할 수 있다. 결국 19세기 중엽 권력정치의 와중에서 이러한 정치이념의 편린화 내지 논의의 후퇴는 벌열 위주의 정치체제와 맞물려 체제위기를 더욱더 가속화시켰던 것이다.

<참고문헌>

『영조실록』, 『정조실록』, 『순조실록』, 『헌종실록』, 『철종실록』.

강재언, 『조선의 서학사』(민음사, 1990).
김명숙, 「세도정치 정치행태와 정치운영론」, 한양대학교 박사학위논문(1997).
김성윤, 『조선후기 탕평정치 연구』(지식산업사, 1997).
박광용, 『영조와 정조의 나라』(푸른역사, 1998).
박충석, 『한국정치사상사』(삼영사, 1982).
박현모, 『정치가 정조』(푸른역사, 2001).
유미림, 『조선후기의 정치사상』(지식산업사, 2002).
정옥자, 『조선후기 문화운동사』(일조각, 1988).
차장섭, 『조선후기 벌열연구』(일조각, 1997).
한국역사연구회, 『조선정치사』(상)(청년사, 1990).

제6편

전환기의 정치사상:
근대국가이념의 형성과 전개

제23장 위정척사의 정치사상

이택휘(한양대학교)
이재석(인천대학교)

1. 위정척사 사상의 형성

19세기 말 조선조는 정치·경제·사회체제의 이완과 서세동점으로 동요하고 있었다. 이런 시대적 상황에서 조선조의 도학적(道學的) 전통에 따라 주자학적 사유체계 안에서 정치·사회질서를 재확립해 체제를 유지·강화하려는 사상으로 등장한 것이 사림(士林) 중심의 위정척사(衛正斥邪) 사상이다.[1]

본래 유교적 전통에서는 학문적 차원에서 정통과 이단, 정치적 차원에서는 왕도(王道)와 패도(覇道), 문명적 차원에서는 중화(中華)와 이적(夷狄)을 준별한다. 이런 준별은 주자학의 성립과 더불어 더욱 엄정해졌고, 주자학적 정치이념에 따라 성립한 조선에서도 그와 같은 준별은 엄정하

---

[1] 19세기 당대뿐만 아니라 현재 학계에서 '위정척사'란 용어와 '척사위정'이란 용어가 혼용되고 있는데, 필자들은 19세기 말의 위기상황에서 척사를 통한 위정이 논리적으로 맞다는 점에서 척사위정 사상이란 용어를 사용하자는 입장이지만, 현재 학계의 통론을 따라 위정척사 사상이란 용어를 채택하기로 한다.

게 이루어졌다. 또한 이런 준별은 단순한 구분이 아니라 이단에 대해 정통을, 패도에 대해 왕도를, 이적에 대해 중화를 우위에 두고, 숭정학벽이단(崇正學闢異端), 존왕천패(尊王賤覇), 존중화양이적(尊中華攘夷狄)의 논리로 정학과 왕도, 문명을 옹호해 부지하는 것을 의미한다. 숭정학벽이단의 논리에 의해 이루어진 조선조의 불교와 양명학 비판, 존중화양이적의 논리에 의해 이루어진 17세기 이래의 숭명배청론은 가장 대표적인 것이다. 이단, 패도, 이적은 그 자체로는 이단과 패도, 이적일 수 있으나, 정학과 왕도, 중화와 첨예하게 갈등적인 상황에서는 사(邪)로 규정되고, 정치적으로는 적(敵) 또는 악(惡)으로 규정된다. 19세기 말 주자학적 가치체계가 서학(西學) = 천주교로부터 도전받고, 조선조가 서양과 일본의 군사적 도전을 받는 위기상황에서 사림은 주자학과 유교문명, 그리고 문명국가 '중화' 조선을 정(正)이라고 보고 이단인 서학과 도전해 오는 이적인 서양 및 일본을 사(邪)로 보아 "숭정학벽이단, 존중화양이적"의 논리로2) 주자학적 가치체계를 부지하고 국가를 보전하고자 했다. 이들의 사상이 바로 위정척사 사상이다.

당시 대부분의 사림이 서양세력의 도전상황을 맞아 '위정척사'의 입장을 견지했는데, 그 가운데 화서(華西) 이항로(李恒老, 1792~1868) 계열과 노사(蘆沙) 기정진(奇正鎭, 1798~1876) 계열의 사림이 대표적이었다. 특히 이항로를 종장으로 하는 화서 계열 사림은 중암(重菴) 김평묵(金平默, 1819~ 1891), 성재(省齋) 유중교(柳重敎, 1832~1893), 면암(勉菴) 최익현(崔益鉉, 1833~ 1906), 의암(毅菴) 유인석(柳麟錫, 1842~1915) 같은 인물들이 계속해서 위정척사를 주창하며 척사운동과 의병운동을 전개했다. 이들은 조선을 중화, 즉 문명국가로 보고 대내적으로 조선조의 지치주의(至治主義)와 민본정치 이념에 벗어난 현실정치를 비판하고 내정개혁을 주창하는 한편, 대외적으로 서학금절론(西學禁絶論), 양물금단론(洋物禁斷論)과 척양척왜론(斥洋斥倭論) 등을 주창하고, 후에는 의병운동을 전개함으로

---

2) 이능화, 『朝鮮基督敎及外交史』(朝鮮基督敎彰文社, 1928), 3쪽.

써 위정척사 사상은 중화라는 유교문명과 유교적 도덕국가 조선을 보전하려는 사상으로 한국정치사에 큰 영향을 끼쳤다.

위정척사 사상이 이렇게 지속적으로 힘을 발휘하게 된 것은 그것이 철학적으로 이기론(理氣論)에 기초한 체계적 논리를 갖추고, 그 사상을 주창한 사림이 직분의식에 투철했으며, 도덕적 근본주의의 성격을 가지고 있었기 때문인 것으로 보인다. 이 때문에 그 주창자들은 유교문명과 유교문명 국가 조선을 목숨을 다해 보전하려는 순교자적 자세를 보여주었고, 이로 인해 그들의 신념체계인 위정척사 사상은 그것이 가진 전근대적 성격에도 불구하고 저항적 한국 민족주의의 연원이 된 것으로 볼 수 있다.

2. 유교문명론적 세계관

1) 중화, 이적의 계서적 세계관

한 학파의 종장으로 19세기 말 위정척사 사상을 전개한 화서는 사상사적 맥락에서 사승한 것은 아니지만 우암(尤菴) 송시열(宋時烈, 1607~1689)의 계보를 잇는 사상가이다. 화서 자신도 공자, 맹자, 주자, 우암으로 이어지는 학문적 계통을 정통으로 규정하고,[3] 그의 문하 김평묵은 학통이 우암에서 화서로 이어지는 것으로 보고 있기 때문이다.[4] 그는 이수기역(理帥氣役), 이존기비(理尊氣卑)로 이·기의 관계를 보듯[5] 이를 크게 강조하는 주리이원론을 주장하고, 이를 정치사상의 철학적 기초로 삼았다.

---

3) 『華西雅言』(12) 堯舜.
4) 『華西先生文集 附錄』(9) 年譜; 이택휘, 「朝鮮後期政治思想硏究」, 서울대학교 박사학위논문(1984), 25쪽 참조.
5) 배종호, 『韓國儒學史』(世大學校出版部, 1985), 126-127쪽 참조.

이를 주(主)로 하고 기를 역(役)으로 한다면 이가 순하고 기가 바르게 되어 만사가 질서정연해지고 천하가 평안할 것이지만, 기를 주로 하고 이를 그 다음으로 여긴다면 기가 강해지고 이가 약해져 만사가 어지럽게 되고 천하가 위태로워질 것이다.6)

화서는 주자와 우암을 존숭했으므로 주자학의 교의에 따라 서양세력의 도전에 임해 위정척사 사상을 전개하는 데 숭정학벽이단의 논리로 서학을, 존중화양이적의 논리로 서양을 배척해 주자학적 가치체계와 조선을 지키고자 했다. 그의 문하 또한 서양의 도전에 임해 위정척사 운동을 벌이고, 일본의 침략에 대항해 국권수호 운동으로 의병운동을 전개한다. 위정척사 사상에서 핵심이 되는 개념은 '정학'과 '중화'인데, 19세기 말의 위정척사 사상에서 주자학을 지칭하는 정학보다 문명, 문명국가를 지칭하는 중화가 더 중심적인 개념이 되었다고 할 수 있다. 이것은 위정척사 사상에서 정학은 그 자체로서 출발점이고, 18세기 말부터 19세기 중엽까지 이루어진 서학에 대한 이론적·이념적 비판의 단계를 지나 서양문명이 중화에 대한 도전의 실체로 대두했기 때문이다.

위정척사 사상에서 중화는 중원이란 의미의 지리적 개념보다는 문명, 문명국가라는 문명적·정치적 개념으로 인식된다. 먼저 중화는 문명을 가리킨다. "[인의예지, 의친별서신의 사덕오상] 이것은 모두 성인들이 만세의 큰 법으로 세워 만세의 표준을 만든 것입니다. 그러므로 화하(華夏)라고 한 것이니, 화하라는 것은 문명이란 뜻으로 곧 그 전장(典章)과 법도가 찬란하게 문명했음을 말합니다"7)라고 했듯이 문명을 가리키며, 이때 문명의 주요 기준은 윤리도덕이다. "사단(四端)의 덕과 오품(五品)의 윤리, 예(禮)·악(樂)·형(刑)·정(政)의 가르침은 사람이 사람 되는 바이고 나라가 나라 되는 바"8)라고 보았기 때문이다.

---

6) 『華西雅言』(1) 理氣.
7) 최익현, 『국역면암집』(1)(민족문화추진회, 1982), 178쪽.
8) 『重菴先生文集』(38) 禦洋論.

중화는 또한 유교문명에 따라 왕도정치를 시행하는 국가를 의미하는데, 과거에는 유교문명에 기초해 성립한 중원의 국가들을 의미했지만, 현실태로는 조선을 의미했다. 조선이 중화라는 인식은 주자학의 심화와 유교문물 보급으로 조선 중엽부터 일기 시작했고,9) 명·청간 왕조교체로 중국에 만주족의 청왕조가 들어서게 됨으로써 조선은 유일한 중화국가라고 인식하게 되었는데, 위정척사론은 이런 인식을 계승하고 있다.

화서에게 비록 이적이라도 문명으로 진출하면 문명국으로 여겨 주는 것이 타당한 법인데, 조선은 고려시대부터 존주(尊周) 의리를 알게 되었고, 이적상태에서 벗어나 중화가 되어['變夷'] 조선왕조에 이르러서는 순수하게 되었고 또한 도통을 계승하게 되었다고 보기 때문이다.10) 더구나 그와 그의 문하에게 조선은 용하변이(用夏變夷)의 표준이고 세계에 한 줄기 남아 있는 유일한 문명국가, 즉 도덕국가로 인식되고 있다.11)

중화와 달리 이적은 유교적 윤리도덕이 없는 중국 변방인의 야만상태의 상황과 야만국가를 가리킨다. 그들은 부자, 군신, 부부, 형제, 사우의 도리를 알지 못하고, 그들의 일용사물(日用事物)은 형기를 배양하는 것일 뿐이다.12) 그것은 이적 지역이 천지의 지극히 치우친 곳에 위치하고, 산천과 풍기(風氣)가 고르지 못해, 사람들은 정대(正大)한 면은 적고 교사(巧詐)가 많으며, 나름대로의 인륜은 있으나 윤리가 주밀하지 못해 행동이 금수와 다름없기 때문에 이적이라고 한다.13)

그런데 서양은 그런 이적보다도 더 저열하다. "서양의 종속에 이르러서는 또한 이적(夷狄)만도 못하니, 곧 금수로서 사람의 얼굴만 지닌"14) 것이다. 서양이 이적만도 못한 존재인 것은 동방의 인류가 성명(性命)의

---

9) 이재석,「조선조의 중화사상연구」,『한국정치사상의 조명』(한국정치외교사학회, 1999), 161-167쪽 참조.
10) 『華西雅言』(10) 尊攘
11) 『省齋先生文集』(38) 燕居謾識
12) 『重菴先生別集』(5) 闢邪辨證記擬
13) 최익현,『국역면암집』(1), 177-179쪽.
14) 같은 책, 96-97쪽.

선(善)에 이르는 것과 달리 서방인은 대부분 형기(形氣)의 사(私)에 이르러"15) 서양은 "도리(道理)에 밝지 못하고 윤상예제(倫常禮制)에 어긋나"16)기 때문이다. 의암 유인석은 이렇게 묻는다.

> 상달도리를 문명이라 하겠는가, 아니면 하달형기를 문명이라 하겠는가. 옛날 중국이 오상(五常)·오륜(五倫)을 밝혔다는 말은 들었으나, 오늘날 서양이 오상·오륜을 밝혔다는 말은 들어 보지 못했다.…… 오상·오륜을 밝히는 것이 문명이겠는가, 오상·오륜을 밝히지 않는 것이 문명이겠는가.17)

위정척사론자들은 서양을 물질문명 세력으로 보고 그들의 기예에 장점도 있음을 인정한다. 그러나 서양의 기예는 "도리에 반하는 형기의 사사로움만을 오로지하는 일기일능(一技一能)의 장기에 불과"하여, '기기음교'(奇技淫巧)하거나 "만들어 보아도 이로움이 없고 해만 더욱 심해지는 것"으로, "왕도정치에서 마땅히 통절하게 금해야 할 것"에 불과하다.18)

그러면 위정척사론에서 중화와 이적의 관계는 어떻게 설정되는가? 화서는 "이적과 중화를 구분하는 것은 천하의 대세"라고 중화와 이적·금수, 즉 문명과 반문명·야만으로 나누어서 본다. 중화·이적의 구분은 하늘의 음양, 땅의 강유, 사람의 남녀 구분처럼 천지 최대의 구분 중 하나로서 불변적인 자연질서처럼 명백한 것으로 본다.19)

> 중화·이적은 구분되어야 하며, 중화는 이적을 교화하고, 이적은 중화의 문물, 특히 윤리를 본받아야 한다. "사이팔만(四夷八蠻)이 중화의 문물을 모방하는 것 자체가 당연해서, 바꿀 수 없는 이치"20)이다. 그러므로 중화·이적 사이에는 중화를 상위에, 이적을 하위에 두는 계서적 질서가 성립하며,

---

15) 『華西雅言』(10) 尊攘.
16) 유인석, 『의암 유인석의 사상』, 서준섭·손승철·신종원 역(종로서적, 1984), 6쪽.
17) 같은 책, 33-34쪽.
18) 『重菴先生別集』(5) 闢邪辨證記擬.
19) 『華西雅言』(10) 尊攘.
20) 『華西雅言』(10) 尊攘.

"중화를 사해 안으로 하고 이적을 사해 밖으로 하는 것은 천지의 변함없는 법칙"21)이므로 중화와 이적은 각각 분수를 지켜야 한다. 분수를 지키는 이적에 대해서는 중화의 법도 밖에 두도록[置之度外] 하지만, 이적이 침입할 경우 "중화를 높이고 이적을 물리쳐야 하는, 천지가 다할 때까지 지켜야 하는 대원칙"22)에 따라서 물리쳐야 한다. "인류와 이적의 다른 두 종자가 하루 섞여 살면 하루만큼의 해가 있고, 이틀간 뒤섞여 살면 이틀의 해가 있다"23)고 보기 때문이다. 그러므로 이적은 자신의 분수를 지켜야 하거나, 아니면 중화를 본받기만 해야 한다.

전통사회는 지위를 차별화함으로써 안정을 유지하려고 한다. 위정척사 사상은 중화와 이적을 준별해 중화를 상위에 두고 이적을 하위에 두는 계서적 세계관을 갖고, 이 위상을 굳게 차별화함으로써 안정을 추구한다. 그러나 앞서 보았듯 중화가 곧 문명국가 조선을 의미하므로 중화·이적의 관계는 중화인 중국·이적의 관계라기보다 중화가 된 조선·이적의 관계를 의미한다. 비록 위정척사 사상에서 관념상의 중화인 명왕조가 배제되지 않음으로써 중화(관념상의 명왕조), 소중화(조선), 이적(주변의 이민족국가)의 계서적 관계가 성립하지만, 명왕조가 부재한 현실에서 조선은 중화(조선), 이적(이민족국가)이라는 계서적 관계의 정상에 있다. 이 점에서 위정척사 사상은 자아를 자존적 존재로 규정하고 있다. 그러므로 그들에게 서양과 서양화한 일본의 도전은 야만의 문명에 대한 도전, 그것도 야만인 이적의 문명국가 조선에 대한 도전을 의미했다.

2) 서세동점에 대한 인식

위정척사론자에게 중화, 이적의 계서적 관계는 변할 수 없는 질서이다. 따라서 중화와 이적의 관계에서 이적은 최소한 중화가 설정한 관계

---

21) 『重菴先生文集』(5) 代京畿江原兩道儒生 論洋倭情迹仍請絶和疏.
22) 『華西雅言』(10) 尊攘.
23) 『重菴先生文集』(5) 代京畿儒生等嶺儒被罪後繼疏.

를 유지해 현상에 자족하거나 중화를 본받으려고 해야 한다. 그러나 서세동점은 금수에 불과한 최하위 문명＝야만상태의 서양이 계서적인 중화・이적의 상하관계를 거부하고 도리어 중화를 지배하려는 역전된 관계를 강요하는 것을 의미했다. 주자학적 신념체계상 결코 이것은 받아들일 수 있는 것이 아니었다.

> 오늘날의 일은 저들은 사특하고 우리는 바르며, 저들은 굽고 우리는 곧으며, 저들은 금수이고 우리는 인류이다. 사특한 것이 바른 것을 침범하고, 굽은 것이 곧은 것에 저항하며, 금수가 인류를 핍박하는 것은 천지가 미워하는 바이고 귀신이 노하는 바이다.24)

서세동점이라는 서양의 도전은 서학(천주교), 서양 상품, 서양의 군사적 도전과 일본의 침탈로 계속되지만, 그것은 어느 형태든 유교문명과 유교국가 조선의 존망을 가르는 위험한 것이었다. 위정척사론자에게 서양의 도전은 이단의 정학에 대한 도전, 형기의 도리에 대한 도전, 야만국가의 문명국가에 대한 도전의 성격을 띠는 것으로 인식된다.

첫째, 서학은 이론상 상제(上帝) 개념, 천당지옥설, 영혼불멸설 등의 이론이 조리가 없고, 윤리상 무부무군과 통화통색의 반윤리적인 이단으로 인식되고 있다. 그러므로 서학의 전파는 윤리를 해치는 것이고 정학에 대한 도전이므로 위험하다.

둘째, 서양 상품은 도덕적 관점에서 형기를 주로 하는 기기음교한 것으로서 민생의 일용에 무익할 뿐만 아니라 도리를 해치는 것으로 화가 된다. 그러므로 서양 상품은 교역의 형태가 아니라 세공(歲貢)의 형태로 바쳐진다 해도 받아들일 수 없는 것이다.25) 현실적으로도 서양 상품과 우리 상품의 교역은 부등가교환이므로 교역할 경우 조선에 불리하다.

---

24) 『重菴先生文集』(38) 禦洋論.
25) 『華西先生文集』(3) 辭同義禁疏.

서양의 물품은 손으로 생산해 내는 물건이므로 날마다 여유가 있고, 우리의 물품은 땅에서 생산되는 물품이므로 해마다 부족함이 있습니다. (저들의) 남는 것과 (우리의) 부족한 것을 교역한다면, 우리가 어찌 곤란하지 않겠습니까. 날마다 생산되는 수량으로 한 해나 걸려 생산되는 수량을 상대하니, 저들이 어찌 넉넉하지 않겠습니까.26)

특히 교역을 하게 되면, "서양인이 자급자족하고 왕래가 무상하며, 민간에 섞여 거처하며 몰래 그 교(敎)를 펴게 되어, 온 나라 백성들이 곤궁해지고 재물이 고갈되어 나라가 나라꼴이 아니고, 예의를 지키던 족속들이 재물과 여색에만 몰려들어 금수(禽獸)로 타락해"27) 갈 위험이 있다.

끝으로 서양에 이어 계속된 서양화된 일본의 침략은 이권과 국권을 탈취하고 인종의 멸절을 초래하는 국가적·민족적 위기를 가져온다. 먼저 나라의 재원과 이권이 금, 은, 구리, 쇠, 탄광과 인삼밭, 철도, 어업의 이권에서 베, 비단, 기구 등속에 이르기까지 탈취당해, 국가재정과 민생에 쓸 수 있는 이권이 남아 있는 것이 없고,28) 강제로 을사늑약(乙巳勒約)을 체결케 해 "이제 나라가 있다는 것은 허울에 지나지 않고 폐하가 계시는 것도 허위에 불과하며, 종묘와 사직을 보전할 길이 없고 민생은 어육(魚肉)이 될 날만 있을"29) 지경에 이른 위기상황으로 시국을 인식한다.

이처럼 위정척사론자에게 서양과 일본의 도전으로 인한 위기는 도전 양태에 따라 문명적 위기인식으로부터 국가와 민족 존망의 위기의식으로 변하고 있다. 특히 위정척사 사상의 전기라고 볼 수 있는 1870년대 이전 서양의 도전에 의해 발생한 위기로부터 후기라 할 수 있는 1870년대 이후 일본의 도전에 의한 위기로 침략세력이 바뀌는 가운데, 척사의 주 대상도 척양에서 척왜로 변한다. 그러므로 위정척사론자들은 그 위기를 극복하고 중화라는 문명과 조선이라는 문명국가를 보전하기 위해 내

---

26) 『華西先生文集』(3) 辭同義禁疏.
27) 최익현, 『국역면암집』(1), 99쪽.
28) 같은 책, 235-236쪽.
29) 같은 책, 211쪽.

수외양책(內修外攘策)이라는 정책을 제시하는 한편, 위기가 더욱 고조됨에 따라 의병운동을 실천하게 된다. 이때 내수외양책에서 내수책은 내정개혁을 주장하는 내용을 담고 있고, 외양책은 유교문명과 국가 조선의 보전을 위한 척사위정을 주장하는 내용을 담고 있다.

3. 내정개혁론

1) 군주의 자세정립론

'수기치인'이라고 하듯이 유교에서 수신과 통치는 불가분의 관계에 있다. 주자학적 정치이념에서 군주는 정치체제 운영의 중심이 되므로 그 지위에 상응하는 역할을 해야 하는 것으로 기대된다. 따라서 위정척사 사상의 내정개혁론에서 군주의 자세정립이 일차적으로 거론되는 것은 자연스럽다 하겠다. 화서와 그의 문하는 공통적으로 군주의 올바른 자세정립을 주장한다.

군주에게 먼저 정신적으로나 육체적으로 절도 있는 생활을 할 것을 요구한다.[30] 즉 군주의 몸은 하늘과 땅, 신명과 사람의 주인으로 관계되는 바가 크므로, 군주는 우선 몸을 보호하고 생활에 절도를 지켜 종사(宗社)와 생민(生民)에 근심을 가져오지 않도록 해야 한다.[31]

다음으로 군주의 마음 하나에 천하국가의 대본(大本)이 있기 때문에, 그리고 군주의 마음이 바른가 바르지 않은가 여부에 조정의 치란(治亂), 생민의 평안, 종묘사직의 안위존망이 달려 있으므로 군주가 수신할 것을 요구한다. 위정척사론자들은 수신의 요체는 도심(道心)에 의한 인심의 극복이라 보고, 이를 위해 군주가 성학 공부에 힘쓸 것을 주장한다.[32]

---

30) 『華西先生文集』(3) 擬疏.
31) 최익현, 『국역면암집』(1), 86-87쪽 참조.
32) 『華西先生文集』(3) 擬疏 및 『重菴先生文集』(35) 治道私議 참조.

그들은 그 방법으로 경연을 중망이 있는 사림 중에서 엄정하게 선발한 경연관이 장기간 맡아 내실을 기하도록 운영할 것을 주장한다.33)

셋째, 군주가 먼저 모범을 보이면 통치행위가 가까운 곳에서 먼 곳으로, 위에서 아래로, 궁중에서 조정을 거쳐 국중으로 파급되어 효과를 거두게 된다34)고 생각하기 때문에 군주가 바른 행위로 모범을 보일 것을 요구한다.

> 궁궐의 종위 사이의 종척지가(宗戚之家) 역시 임금이 한 가지로 법을 따르는 것을 보고 감히 법을 위반하지 못한다.…… 궁위의 종척들이 모두 임금의 뜻을 따르면, 대신 이하 역시 임금의 마음의 소재를 깨닫고 알아서, 대다수가 덕을 크게 칭송하고 서로 경계해서…… 이렇게 되면 열흘이나 한 달이 못 가서 기강이 바로 서고 조정이 바로잡힐 것이다.35)

군주에게 일차적으로 수신이 요구되지만 현실적인 문제의 해결도 시급한 과제이다. 그 과제의 해결을 위해 위정척사론자들은 계속해서 관료선발제도의 개혁과 이도쇄신(吏道刷新), 사회경제적 개혁을 주장하는 개혁론을 주장한다.

2) 관료체제 개혁과 이도쇄신론

위정척사론자들은 조선조의 관료체제가 세도정치로 인해 정상에서 일탈해 정치체제가 파행성을 보이고 있다고 파악하게 됨에 따라 관료체제의 개혁과 이도쇄신을 주장한다. 관료체제 개혁론의 핵심은 관료 선발제도의 개혁, 관료의 기강확립, 그리고 언로의 개방으로 요약할 수 있다.

관료의 임면과 상벌은 국가의 안위와 득실의 중추가 되는 것이므로 관료의 선발은 신중히 해야 하는 것이다.36) 그러므로 관직에 맞는 사람

---

33) 『華西先生文集』(3) 辭職告兼陳所懷疏
34) 『華西先生文集』(3) 辭同義禁疏
35) 『重菴先生文集』(35) 治道私議

을 덕성과 능력을 중심으로 선발하되, 과거제보다 추천제 또는 과거제와 추천제의 혼용제도를 제안한다.37)

대표적으로 중암의 관리 선발제도 개혁론을 보면, 그 역시 현명하고 유능한가 여부를 관료의 자격기준으로 제시하고, 인재등용의 방법으로 과거제와 추천제의 혼용을 제안한다. 즉 먼저 군주가 경술(經術)에 통달하고 문장에 능하며 세무(世務)에 숙련된 사람으로 시험관[考官]을 삼도록 한다. 그런 다음 한성부에서 관원이 인재를 찾아 태학(太學)에 추천하면, 태학에서는 경(經), 예(禮), 사(史), 문(文)과 세무를 한 달쯤 상세히 시험해서 고관에게 추천하도록 한다. 팔도에서는 태학에서 하는 것과 같은 방법으로 수일 동안 시험을 쳐서 감사에게 입격자를 보고하고, 감사도 한 달여에 걸쳐 시험을 쳐서 입격자를 태학에 보고하면, 태학에서는 그들을 고관에게 천거한다.

고관은 한성부와 팔도에서 추천되어 시험을 통과해 태학에서 추천해 온 사람을 대상으로 과장(科場)을 개설해 명경(明經), 책론(策論), 시부(詩賦), 사육(四六)을 시험해 입격자를 결정한다. 입격자를 임금 앞에서 시험한 후 고관이 성적에 따라 급제자(及第者), 생원(生員), 진사(進士)를 결정하고, 이조(吏曹)에서는 생원, 진사의 자질을 시험해서 그 중 우수자를 급제자와 함께 적합한 직책에 임명한다는 것이다.38) 다른 한편 그는 관료의 임기를 오래 보장해서 책임을 다하도록 함으로써 잦은 교체로 인해 발생하는 재물의 낭비와 민폐를 줄일 것을 주장한다.39)

이와 같은 관료 선발제도 개혁론은 세도정치로 인해 파행적으로 운영되던 과거제도를 개혁하려는 것으로, 위정척사 사상이 단순히 보수적인 사상이 아님을 보여준다. 그러나 관리 선발제도 개혁도 중요하지만 위정척사론자들은 그것으로 관료제가 제대로 기능한다고는 보지 않는다. 그

---

36) 『華西先生文集』(3) 辭同副承旨兼陳所懷疏
37) 『重菴先生文集』(35) 治道私議
38) 『重菴先生文集』(35) 治道私議
39) 『重菴先生文集』(35) 治道私議

러므로 엄정한 법의 집행과 감독, 관료의 기강확립이 필요하다.40)

화서와 면암은 관료의 기강을 규제에 의해서 확립할 수 있다고 보지만, 중암은 사로(仕路)가 맑게 되는 기반을 조성해 줌으로써 기강을 확립하는 것이 더욱 중요하다고 보고 제도개혁을 주장한다. 그는 '치도사의'(治道私議)41)에서 두 가지 방안을 제시한다. 하나는 벼슬의 시작을 40세에 하도록 법으로 정함으로써, 사람들이 먼저 몸을 바르게 하고 덕을 닦은 후에 과거공부를 하고 과거에 합격해서 사로에 나아가도록 하자고 한다.42) 다른 하나는 관료의 녹봉을 증액해 주고 서리에게도 녹봉을 지급하도록 하자고 한다. 이렇게 할 경우 관료는 염치를 지키고 탐절을 하지 않을 것이며, 또 그들을 장려할 수 있다고 보았기 때문이다. 또한 서리에 대한 녹봉 지급은 서리가 다른 생업에 종사하지 않고 생활비용을 해결할 수 있다고 보았기 때문이다.

이도쇄신을 위해 언로의 개방도 하나의 방법이 된다. 그것은 언로의 개방이 한편으로는 널리 인재를 구하는 데 도움이 되고, 다른 한편으로는 임금의 궁궐을 바르게 해서 기강의 확립에 도움을 준다고 보기 때문이다.43)

> 대간(臺諫)을 복구해 곧은 말을 구해 들이고, 경연(經延)을 열어 인군의 덕을 보익하고, 차함(借啣)을 막아 공기(公器)를 존중하고, 청탁을 근절해 사정의 길을 막고, 계책을 비밀히 하여 누설됨을 방지하고, 기강을 진기(振起)해 퇴폐와 태만을 경각시킨다면, 조정의 규모가 서게 될 것입니다. 조정의 규모가 서게 되어야 백성들이 비로소 위를 믿고 호응하게 되어 정사와 명령이 시행되지 않는 병폐가 없어지는 것이니, 이는 현명한 인재를 가림이 민심을 수습하는 길이 되기 때문입니다.44)

---

40) 『華西先生文集』(3) 辭同義禁疏.
41) 『重菴先生文集』(35) 治道私議. 이택휘, 「重菴政治思想論攷」, 『論文集』 10집(서울교육대학교, 1977) 참조.
42) 『重菴先生文集』(35) 治道私議.
43) 『華西先生文集』(3) 辭同副承旨兼陳所懷疏.
44) 최익현, 『국역면암집』(1), 208쪽.

3) 사회경제 개혁론

유교의 통치이념은 민본주의를 지향한다. 사림은 백성들과 밀접한 생활을 하는 입장에 있었기 때문에 민의의 대변인을 자임한다. 그러므로 위정척사론자도 경복궁 중건과 같은 과도한 토목공사가 초래하는 민생의 피폐, 불평등한 토지소유로 인한 빈부격차를 잘 알 수 있었으므로, 조세·부역제도의 개혁과 더 근본적인 토지제도의 개혁을 주장한다. 먼저 조세·부역제도의 개혁론을 보기로 한다. 화서는 서양의 도전도 백성들이 내응해서 이루어지고 있는데, 백성들의 내응은 토목공사로 인한 취렴으로 항산이 다한 민심의 이반에 기인한다고 보고 있다. 이렇게 이반된 백성들로 서양과의 대결에서 국가를 구할 수 없으므로 민심 수습책이 필요하다고 한다.

> 토목공사의 부역을 중지하고, 취렴하는 정사를 금하며, 사치를 하는 풍습을 제거하고, 궁실을 꾸미지 말며, 음식과 의복을 잘 차리지 않도록 해서 백성들에게 힘을 쏟으셔서…… 믿음과 신용을 통하게 함으로써 민력이 대단하고 물정이 흡족하면, [임금을] 부모님같이 우러러보게 될 것입니다.45)

이런 개혁론은 면암의 주장에서도 나타나는데, 그는 토목역사의 정지, 취렴정사의 폐지, 당백전의 혁파, 사대문세의 금지, 원납전(願納錢)의 혁파, 그리고 검약의 강조와 비용의 절약 등을 제안한다.

그러나 이런 사회경제적 개혁론은 사실상 당면한 시폐의 해소에 불과한 것이므로, 위정척사론자들은 근본적인 조치가 필요하다고 생각한다. 화서와 중암 등은 근본적인 개혁책으로 공전법(公田法), 즉 정전제(井田制)를 채택해 토지의 균등분배를 통해 민생문제를 해결할 수 있다고 본다.

삼대 이후의 전제가 옛것에 근사한 것으로는 농민에 한정하는 명전(名田)

---

45) 『華西先生文集』(3) 辭同副承旨兼陳所懷疏.

이 있을 뿐이다. 고려시대의 제도로 보자면 전(田)은 모두 공(公)에 속했다. 그 법이 좋지 않은 것은 아니었으나, 그 제도 시행의 폐단으로는 전호(佃戶)가 관아(官衙)의 침탈대상이 되어 생활을 유지할 수 없는 것이었다. 국조(國朝)에 이르러서는 일체가 민(民)에 속하지만, 제도의 시행은 겸병에 이르고 절제가 없다. 현재 경장을 하려면 마땅히 공전법을 회복해 써야 한다.46)

화서가 생각한 정전제 시행방법은 평원에는 정전을 그려 정전제를 시행하고, 산천이 많아 정전을 그릴 수 없는 경우에는 면적을 기준으로 토지를 균등하게 배분한다는 것이다. 땅이 부족할 경우 호당 배분하는 면적을 줄여 최소한 50무(畝)로 줄이더라도 공평하게 배분하면 된다고 한다.47) 이로써 보면 그의 토지제도 개혁론은 균전론이라 할 수 있다. 중암도 화서처럼 정전제를 주장하지만, 토지를 균분해 분배하고 법으로 매매를 금지하도록 한다는 점에서 최소 토지소유를 보장하는 한전론을 가미했다고 볼 수 있다.48)

위정척사 사상의 토지제도 개혁론은 주창자의 사유체계상 고제(古制)인 정전제를 이상으로 삼고 있지만, 조선의 지형을 고려해서 정전제의 수정 적용을 주장하고 있다는 점에서 현실을 고려하면서 토지의 균등분배를 실천하려는 주장자들의 강한 의지를 읽을 수 있다.

4. 척사위정론: 유교문명과 문명국가 보전론

1) 척양척왜론

(1) 척양론

위정척사론자들은 서양의 도전에 대한 정책론으로 척양론을 주장한다.

---

46) 『華西雅言』(10) 治法.
47) 『華西雅言』(10) 治法.
48) 『重菴先生文集』(35) 治道私議.

그것은 크게 양물금단론(洋物禁斷論)과 어양론(禦洋論)으로 이루어져 있다. 그들은 서양 상품이 형기를 위주로 한 상품으로서 민재(民財)와 민지(民志)를 고갈시키고49) 서양이 내공하는 근원이라 보고, 민생과 도리를 보전키 위해, 그리고 서양의 내침을 막기 위해서는 일차적으로 양물의 판매와 사용금지 단속이 필요하다고 본다. 즉 "모든 서양의 물품을 쓰는 집과 시장에 팔고 사는 자들을 중형에 처할 것"50)을 주장한다. 그러나 그들은 그와 같은 말단 대책보다는 군주가 모범을 보임으로써 양물을 사용해서는 안 된다는 것을 백성들이 알도록 함으로써 양물이 유입되는 근원을 없애는 것이 근본이라고 본다.

> 전하께서 일상생활에 쓰시는 복식(服食)에 한 가지라도 양물이 있으면 모두 궁궐의 뜰에 모아 태우십시오. 이로써 궁위종척들의 집안이 호응·책동하도록 경종을 울리시고, 이어서 군신과 백성들의 이목으로 보고 듣게 하면, 온 나라 안의 상하 관민이 동트는 새벽처럼 전하의 뜻이 있는 곳을 알게 될 것이니…… 전하의 성의를 따르지 않을 수 없습니다. 이런 연후에야 양적이 오는 근원을 두절하게 될 것입니다.51)

이렇게 임금부터 서양 상품[遠物]을 귀하게 여기지 않고 일상생활에서 토산품을 애용하는 모범을 보이고 단절의 의지를 보이면, 그 한 가지 일로 만 리 밖의 적을 막기에 충분하다52)고 생각한다. 이런 양물금단론은 면암에 의해 후일 일본의 침략에 대처해 일본에 대한 저항수단으로 계속 주장되고 있다.

한편 병인양요로 야기된 위기는 국가가 존망의 갈림길에 선 위기로 인식되고, 이에 대해 척사론자들은 어양론(禦洋論)으로 주전론을 편다.

---

49) 『重菴先生文集』(25) 代京畿江原兩道儒生 論洋倭情迹仍請絶和疏.
50) 李恒老, 『華西先生文集』(3), 92쪽.
51) 『華西先生文集』(3) 辭同義禁疏.
52) 『重菴先生文集』(25) 代京畿江原兩道儒生 論洋倭情迹仍請絶和疏.

지금 국론은 두 가지 설로 나뉘어 다투고 있는데, 양적(洋賊)을 공격할 수 있다는 것은 우리나라 편 사람의 말이고, 양적과 화해할 수 있다는 것은 적 편 사람의 말입니다. 우리나라 편 사람의 말을 따르면 나라 안의 옛 의상을 보전할 수 있고, 적 편 사람의 말을 따르면 인류가 금수의 범주로 빠지게 됩니다. 이것이 큰 갈림길입니다.[53]

이처럼 화서는 서양과 강화를 하지 말고 싸워야 하며, 그 싸움도 군주의 거처를 영토 내에 고수하는 전수설(戰守說)을 내세운다. 그에게 전수는 원칙이고 군주의 거처를 옮겨가 싸우는 것은 편법이기 때문에, 따라서 전자는 누구나 지킬 수 있지만, 후자는 성인이 아니면 불가능하고, 백성들이 흩어졌다가 다시 따라와 합할 수 없고, 또 대세가 한번 가면 다시는 오지 않기 때문이라고 한다.[54]

화서는 서양의 침공을 막는 방법 중 중요한 것은 군주가 굳은 결심을 하고 민정(民情)을 분발시켜 서양의 공격을 막는 것이라며, 일종의 총력전을 벌이자고 주장한다. 즉 군주가 자주 애통한 마음을 담은 교지를 내려 민정을 분발시키고, 대신을 공경하고 신뢰해서 체통을 높이며, 삼사(三司) 밖으로까지 언로를 넓혀서 팔도 안의 덕망 있는 사람을 뽑고, 각 도에서 인망이 있는 한 사람을 호소사(號召使)로 삼아 임시적인 권한을 주고, 그의 보조자를 붙여, 이들로 의려(義旅), 즉 의병을 만들어 관군과 협동해서 싸우도록 한다는 것이다. 이렇게 해서 그들은 적이 침공할 때는 방위를 절충해서 왕실을 지키도록 하고, 적이 물러갔을 때는 이륜(彝倫)을 닦고 밝혀서 사교(邪敎)를 종식시키도록 할 수 있다. 화서는 또한 민정분발을 위해 만동묘를 다시 세워 존왕양이의 대의명분을 확립하자고 주장하고, 역사상 위인의 전승을 상고하고 나라의 저력을 강조해 민족적 자신감을 고양시키고자 한다.[55] 이런 입장은 중암, 면암 같은 그의 문하에게도 계속 전승된다.

---

53) 『華西先生文集』(3) 辭同副承旨兼陳所懷疏
54) 『華西先生文集』(3) 辭同副承旨兼陳所懷疏
55) 『華西先生文集』(3) 辭同副承旨兼陳所懷疏

(2) 척왜론

개항 당시 일본은 한편으로는 교린관계를 가진 바 있는 이웃나라로, 다른 한편으로는 서양문물을 받아들인 작은 서양[小西洋]으로 인식된다. 그러므로 위정척사론자들은 일본의 개국 요구에 대해서 일단은 정명명의(正名名義)의 방법으로 일본의 태도를 시험하자고 주장한다. 면암은 서양은 화하성왕의 난신(亂臣)이며 우리나라는 서양 세력을 물리치는 것을 가법으로 삼고 있으므로, 일본이 서양과 절교해 이웃나라임을 보여줄 때 개국문제는 사리에 따라서 강구할 수가 있다고 밝히고, 그에 대한 반응에 따라서 대응해야 한다고 주장한다. 그 후 반응에 따라 "현명한 사람을 임용하고 유능한 사람을 써서, 전일한 뜻으로 정사를 닦고 외적을 물리치게 하시며…… [이렇게 하면] 소소한 흉한 무리들을 하루가 되지 않아 소탕할 기회가 있게 될 것입니다"라고 하면서 내수로써 외양을 해야 한다는 계책을 제시하고 있다.56)

을사조약을 체결해 외교권을 상실한 상황에서 면암은 일본 배척의 중요 방안으로 국제공론에의 호소를 기도한다.57) 그러나 조정이 일본을 배척하는 것을 기대할 수도 없고 국제공론에의 호소 방법도 실행되지 못하자, 면암은 척왜를 위해 납세거부, 일본 상품 불매운동, 비협조적 저항 등 일종의 비폭력·불복종운동을 호소한다.

> 지금부터는 일체 세금을 내지 말고, 윤차(輪車)를 타지 말며, 물화(物貨)를 사지 말고, 다시 저들을 위해 통역(通譯)도 해 주지 말며, 또 저들의 사령(使令)도 되지 말고, 원통함을 머금어 원수를 갚고 의를 지킬 것.58)

지금까지 살펴보았듯 위정척사론자들은 조정이 취할 척양척왜의 정책을 제시함으로써, 또는 백성들에게 호소함으로써 실천적인 위기해결 방

---

56) 최익현,『국역면암집』(1), 134쪽.
57) 최익현,『국역면암집』(1), 227쪽.
58) 최익현,『국역면암집』(2), 222쪽.

안을 제시하고 있다. 그러나 이런 해결방안은 조정이 사림과 대내외 정책에서 노선을 달리하는 1870년대 후반부터는 조정에 의해 채택될 가능성이 희박한 정책안이었다. 그러므로 위정척사론자들은 을미사변과 을미개혁을 기점으로 독자적으로 의병운동이라는 행동을 통해 외세 일본을 물리쳐 유교문명과 유교 문명국가 조선을 보전하고자 했다.

2) 의병운동 실천론

의암은 을미년의 변란상황을 맞아 거의소청(擧義掃淸), 거이수지(去而守之), 자정(自靖)이란 처변삼사(處變三事)로 사림의 행동방향을 내놓았다.59) '거의소청'은 의병을 일으켜 무력으로 일본과 개화파 세력을 타도하는 행동을, '거이수지'는 이적으로 변해야 하는 화가 미치지 않는 해외로 망명해 중화의 구제(舊制)를 보존하는 것을, '자정'은 국내에 남아 있으면서도 새로운 제도에 물들지 않고 은거해 자기의 것을 지켜 제 몸을 깨끗이 하고 바르게 하는 것을 말한다. 세 가지 방법은 행태가 다르기는 하나 그 의의는 모두 정당하다.60) 이 세 가지 행동방향은 모두 도에 귀결된다는 점에서 사림의 행동양식은 도덕적 가치에 토대를 두고 있다.

을미의병운동을 통해 의암은 성인(聖人)의 도(道)의 보전과 국가의 원수에 대한 복수를 목표로 삼았고,"61) 면암은 만국 공론에 의지해 상실된 자주권의 회복을 목표로 삼았다.62) 그러나 의암조차 국권상실 후 중화라는 문명의 보전과 동시에 국권회복을 위해 활동한 것을 보면, 유교문명과 유교 문명국가 보전이란 목표를 별개의 것으로 보기는 어렵다.

의병운동의 실천명분은 위정척사 사상에서 강조하는 춘추대의(春秋大

---

59) 柳麟錫, 『昭義新編』(국사편찬위원회, 1975), 234쪽.
60) 柳麟錫, 『昭義新編』, 36-37쪽.
61) 원용정(外), 「毅菴柳先生西行大略」, 독립운동사편찬위원회 편, 『독립운동사자료집』 (1)(독립운동사편찬위원회, 1984), 515쪽.
62) 최익현, 『국역면암집』(2), 237쪽.

義)란 이념이다. 그러므로 춘추대의를 편다는 의미의 '창의'(倡義)를 기치로 내걸고 있고, 그만큼 도덕적·동기주의적 성격이 강하다. 의병운동에서 이미 의 그 자체에 가치의 우선순위가 있고 도덕적 가치가 있으므로, 춘추대의라는 이념 그 자체가 강력한 무기가 된다. "일의 성패와 무기의 이둔(利鈍)은 예측할 바가 아니고, 의리를 판단해서 이 길을 취하므로, 경중과 대소가 여기서 구분되는 것이니⋯⋯ 인자무적이란 말을 의심하지 맙시다"63)라는 신념에 따라 위정척사론자들은 무기와 병력의 열세에도 불구하고 전투의 승패를 떠나 의병운동을 전개할 수 있었다.

그리하여 면암 최익현은 병오(丙午)의병 후 대마도에서 순사했지만, 의암 유인석은 연해주와 중국의 동북지방으로 이주해 다니면서 지속적으로 독립운동의 근거지를 마련해 유교문명의 보전과 국권회복을 기도했으니,64) 이들의 신념과 행동이 일치된 삶과 이들의 신념체계인 위정척사 사상에서 유교적인 도덕적 근본주의의 모습을 발견할 수 있다.

5. 위정척사 사상의 역사적 성격: 저항적 민족주의의 연원

위정척사 사상은 서학의 유입과 전파에 따라 정조 때부터 대두된 이래 조선의 국권상실 이후까지 100여 년이 넘게 서양의 도전에 대해, 그리고 일본의 침략에 맞서 주자학을 옹호·부지하고 조선이라는 유교문명 국가를 보전하려는 사상으로 기능했다. 위정척사 사상은 사상체계가 이기론과 조선조의 도학적 전통을 바탕으로 해서 성립했으므로, 동시대의 다른 사상보다 체계적이었다. 그러므로 위정척사 사상 신봉자들은 유교문명과 그 문명을 가진 국가 조선에 대해 강한 자부심을 가지고 있었고, 자연 외침에 맞서 유교와 유교 문명국가 조선을 보전하고자 자신들의 신념에 따라 행동했다.

---

63) 『毅菴先生文集』(44) 檄告內外百官.
64) 강재언, 『근대한국사상사연구』(미래사, 1986), 193-211쪽 참조.

신봉자들이 유교적 가치관에 따라 기존의 가치와 제도를 정당하게 여기고 보전코자 했다는 점에서, 특히 기존의 정치체제와 신분질서를 고수하고 동아시아 특유의 중화·이적의 계서적인 전통적 국제질서를 고수하고자 했다는 점에서 보수적 사상체계이었음은 사실이다. 그리고 중화주의적 문명관에 따라 보편주의를 지향하고 있다는 주장에도 일리가 있다. 그러나 위정척사 사상은 후기에 이르러 제한적이기는 하지만 채서(採西)를 용인하고, 동양 삼국 연대론을 주장할 정도로 개방적 성격을 보이기도 한다. 또한 위정척사 사상에서 중화는 중국이 아닌 현실태로서 유교문명 또는 유교 문명국가 조선을 의미한다는 점에서, 이 사상은 외침에 맞서 자기 가치체계와 자기질서를 지키려는 자존적 사상이라고 할 수 있다. 특히 서양과 일본이 그들의 가치와 체제를 힘으로 강요하는 상황에서 이민족의 지배를 거부하고 자신의 문명과 국가를 방위해 보전하려고 한 사상이었다는 점에서 한국의 전근대 민족주의65)이자 저항적 민족주의의 원형이 된다고 할 수 있다.

위정척사 사상을 통해 그 신봉자들이 고수하고자 했던 국가가 근대국가가 아니라 종사로 표현되는 전근대국가라는 점에서, 자유와 평등을 기본이념으로 전 구성원이 동등한 성원으로 국민이 되는 것이 아니라 신분질서를 기반으로 한 계급국가였다는 점에서 민족주의로 평가하는 데 소극적일 수도 있다. 그러나 민족주의를 민족의 단위와 국가의 단위가 일치해야 한다는 원리라고 본다면, 삼국통일 이후 하나의 문화적 민족으로서 민족과 국가를 일치시켜 온 유구한 역사를 가진 한국에서 그 원리를 침해하려는 외침에 저항해 자민족의 국가를 보전·발전시키려고 한 위정척사 사상을 저항적 한국 민족주의의 연원으로 평가하는 데 인색할 필요는 없어 보인다.

일반적으로 전근대에 국가도 없던 유대인의 이산 민족주의를 유대민족주의로 보고, 국가와 민족의 불일치에도 불구하고 중화주의를 중화민

---

65) 신용하, 『韓國近代民族主義의 形成과 展開』(서울대학교출판부, 1987), 26-29쪽.

족주의로서 민족주의적 성격을 인정한다. 이렇게 본다면 비록 근대적인 정치적 민족주의는 아니었다 해도 언어, 지연, 혈연, 역사적 공통성과 같은 민족의식을 가진 한 민족으로 자아를 인식하고, 그런 한 민족의 국가 조선을 보전·유지·발전·번영케 하고자 한 위정척사 사상은 전근대적이기는 하지만, 진정 저항적 한국 민족주의의의 원형이라 평가할 수 있을 것이다.

<참고문헌>

강재언, 『근대한국사상사연구』(미래사, 1986).
金平默, 『重菴集』(上·下)(宇宗社, 1975).
_____, 『重菴別集』.
김혜승, 『한국민족주의』(비봉출판사, 1997).
박충석, 『韓國政治思想史』(三英社, 1982).
부남철, 「조선 유학자가 佛敎와 天主敎를 배척한 정치적 이유: 鄭道傳과 李恒老의 사례를 중심으로」, 『한국정치학회보』 제30집 1호(1996).
배종호, 『韓國儒學史』(世大學校出版部, 1985).
신복룡, 『한국정치사상사』(나남, 1997).
신용하, 『韓國近代民族主義의 形成과 展開』(서울대학교출판부, 1987).
오영섭, 「華西學派의 保守的 民族主義 硏究」, 한림대학교 박사학위논문(1996).
원용정 外, 「毅菴柳先生西行大略」, 독립운동사편찬위원회 편, 『독립운동사 자료집』(1)(독립운동사편찬위원회, 1984).
유미림, 『조선후기의 정치사상』(지식산업사, 2002).
柳麟錫, 『毅菴集』(上)(경인문화사, 1973).
_____, 『昭義新編』(국사편찬위원회, 1975).
柳重敎, 『省齋集』(上·下)(同文社, 1974).
유인석, 『의암 유인석의 사상』, 서준섭·손승철·신종원 역(종로서적, 1984).
이능화, 『朝鮮基督敎及外交史』(朝鮮基督敎彰文社, 1928).
이상익, 『서구의 충격과 근대한국사상』(한울아카데미, 1997).

이재석·김석근·김영수 외, 『한국정치사상사』(집문당, 2002).
_____, 「조선조의 중화사상연구」, 한국정치외교사학회 편, 『한국정치사상의 조명』(한국정치외교사학회, 1999).
이택휘, 「重菴政治思想論攷」, 『論文集』 10집(서울교육대학교, 1977).
_____, 「朝鮮後期政治思想研究」, 서울대학교 박사학위논문(1984).
_____, 『한국정치사상사』(전통문화연구원, 1999).
李恒老, 『華西先生文集』(上·下)(京仁文化社, 1983).
장현근, 「중화질서 재구축과 문명국가 건설: 최익현·유인석의 정치사상」, 『정치사상 연구』 9집(한국정치사상학회, 2003).
진덕규, 『現代民族主義의 이론구조』(지식산업사, 1983).
차기벽, 『민족주의원론』(한길사, 1990).
최익현, 『국역면암집』(1, 2)(민족문화추진회, 1982).
최창규, 『近代韓國政治思想史』(一潮閣, 1982).

제24장 동도서기의 정치사상

이상익(영산대학교)

1. 동도서기론의 대두

유교적 문명관의 특색 가운데 하나는 문명을 도(道)의 차원과 기(器)의 차원으로 구분해서 논의하는 것이다. 우리는 흔히 문명을 정신문명과 물질문명으로 구분하는바, 전자를 '도'라 하고 후자를 '기'라 하는 것이다. 한말의 위정척사론, 동도서기론, 개화론[甲申開化派]은 도기론의 관점에서 각각 동도동기(東道東器論), 동도서기론(東道西器論), 서도서기론(西道西器論)이라 규정할 수 있을 것이다. 위정척사론은 당시 쇄도하는 서구문명을 배격하고 유교적 정체성을 강화함으로써 제국주의 열강에 대항하고자 한 것이었고, 개화론은 기존의 유교문명에서 탈피해 근대화[서구화]를 달성함으로써 제국주의 대열에 동참하고자 한 것이었다. 반면에 동도서기론은 외래 문명과 기존 문명을 취사선택하자는 것이었고, 그 논리로 '동도서기'를 제시한 것이었다.

주지하는 바와 같이 '도'와 '기'라는 개념은 『주역』「계사전」(繫辭傳)의 "형이상자를 '도'라 하고 형이하자를 '기'라 한다"는 말에서 유래한다. 따라서 도기론적 문명관은 형이상자, 형이하자에 대한 유교적 이해를 그대로 반영하고 있다. 즉 유교에서는 일반적으로 '도'는 불변자(不變者)요 '기'는 가변자(可變者)라고 규정했다. 동도서기론은 이러한 관점에서 성립했던 것이다. 도는 불변적인 것이므로 바꿀 수 없지만, 기는 가변적인 것이므로, 원리적으로 서양의 기를 받아들일 수 있다는 것이었다.[1] 동도서기론은 중국의 양무파(洋務派)가 주장했던 중체서용론(中體西用論)이나 일본의 화혼양재론(和魂洋才論) 등과 궤를 같이하는 것으로, 동양의 도덕을 '체'로 삼고 서양의 기술을 '용'으로 삼자는 논리였다. 한말의 동도서기론은 1881~1882년 사이의 '신사척사개화논쟁'(辛巳斥邪開化論爭)을 계기로 본격적으로 대두되었다. 이 논쟁의 발단을 제공한 것은 황준헌(黃遵憲)의 『조선책략』이었다.[2]

황준헌은 이 책에서 당시 조선의 외교적 현안을 러시아의 침략을 막는 것으로 규정하고, 조선에 '친중국(親中國)·결일본(結日本)·연미국(聯美國)'의 외교정책을 권했다. 황준헌은 미국을 '예의가 있는 나라'로 소개하고, 그들이 믿는 야소교는 천주교와 근원은 같으나 당파가 다르며, 그 종지(宗旨)는 정치에 간여하지 않는 것이고, 신자들 역시 순진하고 선량하다고 설명했다. 황준헌의 이러한 설명은 천주교와 서양세력에 대한 척사의식이 강한 조선의 사정을 의식한 것이었다. 즉 '미국과 야소교(신교)'를 '유럽 열강과 천주교(구교)'와 구분시킴으로써 조선의 '연미국'을 성사시키고자 한 것이었다. 조정에서는 '연미국'에 깊은 관심을 갖고, 그 필요성을 널리 환기시키고자 『조선책략』을 전국의 유생들에게 반포했다.

그러나 유생들의 일차적인 반응은 『조선책략』과 조정의 정책을 극렬하게 규탄하는 것이었다. 이만손(李晚孫)이 소두(疏頭)였던 「영남만인소」

---

1) '우리 전통의 도(道)를 고수하면서 서양의 기(器)를 수용하자'는 주장을 '동도서기'(東道西器)라고 개념화한 사람은 한우근이었다. 한우근, 「開港當時의 危機意識과 開化思想」, 『韓國史研究』 제2집(한국사연구회, 1968), 138쪽.
2) 황준헌은 1880년 당시 일본에 주재하던 청의 외교관이었다. 『조선책략』은 황준헌이 지은 것이나, 이 책의 내용은 황준헌의 개인적 의견이 아니었고 청의 외교정책을 반영한 것이었다. 황준헌은 이 책자를 당시 수신사로 일본에 파견되었던 김홍집(金弘集)에게 주어 조정에 바치게 했다.

(嶺南萬人疏)를 필두로(1881. 2), 경상도의 김진순(金鎭淳), 경기도의 유기영(柳冀永), 충청도의 한홍렬(韓洪烈), 강원도의 홍재학(洪在鶴), 전라도의 고정주(高定柱) 등 전국에서 척사소가 잇달았던 것이다. 이들 척사소의 주조(主調)는 미국과 연합해 러시아를 막는다는 방책이 실효성이 없다는 것과 야소교와 천주교는 마찬가지라는 것, 그리고 서양의 학문은 천리를 어지럽히고 기강을 소멸시키는 것이며 서양의 물건은 욕망을 부추기는 음탕한 것이라는 내용이었다. 조정에서는 이들을 강경하게 탄압해 이만손을 전라도 강진으로 유배시키고 홍재학을 능지처참했다.

　척사소가 잇따르자, 정부의 개화시책에 찬성하는 유생들 또한 그에 맞서 개화소를 잇달아 올렸다. 상소를 통한 척사·개화 논쟁이 벌어진 것이다. 첫 포문을 연 것은 곽기락(郭基洛)이었고(1881. 6),[3] 이후 윤선학(尹善學), 지석영(池錫永), 박기종(朴淇鍾), 조성교(趙聲敎), 고영문(高穎聞), 변옥(卞鋈) 등이 뒤를 이었다. 이들 개화소의 주조는 외국과의 교류는 만국공법에 따르고 신의를 지켜야 한다는 것, 우리의 도덕을 지키고 기독교(야소교, 천주교)는 물리쳐야 한다는 것, 그러나 부국강병을 위해 서양의 과학기술과 신식 기계를 도입해야 한다는 것이었다. 이들은 '문명'을 도(道)의 차원과 기(器)의 차원으로 구분하고, 이른바 '동도서기'의 논리를 제시했던 것이다. 예컨대 윤선학은 다음과 같이 말한다.

---

[3] 곽기락은 이 상소에서 "서양 기계의 기술과 농림업에 관한 책은 진실로 우리나라와 백성을 이롭게 할 수 있는 것이니, 또한 채택하여 실행해야 할 것입니다. 저들의 사람됨 때문에 저들의 양법(良法)까지도 배척할 필요는 없습니다"라고 했다. '저들의 사람됨'이란 당시 '서양인들의 침략적 속성'을 지칭한 것이다. 이 상소에 대한 평가는 "위정척사파(衛正斥邪派)의 채서사상(採西思想)의 입장에서 올린 시폐론(時弊論)"이라는 견해도 있고(홍순창, 『韓末의 民族思想』, 탐구당, 1975, 173쪽), "개화에 대한 확고부동한 자세를 가진 진보적 개화사상"이라는 견해도 있으며(이광린, 『韓國開化史研究』, 일조각, 1985, 48쪽), "위정척사론의 테두리 안에서 개화론의 선구를 이룬 셈"이라는 견해도 있고(한우근, 앞의 논문, 128쪽), "개화사상과 위정척사 사상 범주의 채서사상과의 중간적 존재"라는 견해도 있다(이완재, 『初期開化思想研究』, 민족문화사, 1989, 42쪽). 이와 같이 다양한 견해가 성립하는 이유는 각자 주목하는 초점이 다르기 때문이기도 하지만, 동도서기론 자체의 어중간한 특성 때문이기도 하다.

군신, 부자, 부부, 붕우, 장유의 윤리는 선천적으로 인간의 본성에 부여된 것으로서, 천지고금을 통해 바뀔 수 없는 이치요, 형이상의 도가 되는 것입니다. 이에 대해서 주(舟), 거(車), 군(軍), 농(農), 기계 등 백성을 편하게 하고 나라를 이롭게 하는 것은 형이하의 기가 되는 것입니다. 신이 변혁을 꾀하고자 하는 것은 기이지 도가 아닙니다.…… 오늘날 나라를 다스리는 사람이 가볍고 편리한 서법(西法)을 쓰지 아니하고 오로지 무겁고 둔한 고제(古制)를 쓴다면, 이것은 부강의 도가 될 수 없는 것입니다.4)

동도서기론자들의 서법에 대한 관심은, 자유·평등이나 민주·민권 등에 있지 않았고, 오로지 부국강병의 차원에 있었다. 이들의 관심사는 낙후한 기술로 허약해진 조선을 부강하게 만들어 국가를 보위하자는 것이었고, 그것은 서기를 잘 배우고 외교를 신의 있게 하는 것으로 충분히 달성될 수 있다고 본 것이다.

동도서기론자들은 위정척사론자들에 대해 "이해와 장단을 살피지 않고 한갓 청의(淸議)를 빙자해 허장성세를 부리는 것으로, 좁은 소견과 고지식하고 경직된 의논은 남들의 웃음거리가 될 뿐"5)이라거나 "견문이 넓지 못하고 시국에 어두워 교린과 연약(聯約)이 무엇인지도 모르면서, 외무(外務)에 마음을 쓰는 사람을 보면 대뜸 사(邪)에 물들었다고 비방한다"6)고 비판했다. 동도서기론은 비록 일면적이긴 하지만 서구문물의 수용을 통한 변혁의 불가피성을 분명하게 인식하고 그 방책을 제안한 것이었다.7)

1881년부터 시작된 척사·개화의 논쟁은 개화파[동도서기파]의 승리로

---

4) 『承政院日記』 高宗 18년(1881) 12월 22일조: 「出身尹善學上疏」.
5) 『承政院日記』 高宗 18년(1881) 6월 8일조: 「前司憲府掌令郭基洛上疏」.
6) 『承政院日記』 高宗 19년(1882) 8월 23일조: 「幼學池錫永上疏」.
7) 조선 지식인들 사이에 서기 수용에 관한 본격적인 논의가 이루어지기 시작한 것은 18세기 후반이었는데, 당시의 서기 수용론은 '서기 중국 원류설'의 형태를 띠고 있었다. 서양의 과학기술은 본래 고대 중국에서 서양으로 전해진 것이므로 중화문물의 일부이며, 따라서 외부의 것이라는 이유로 수용을 꺼릴 이유가 없다는 논리였다. 이에 대한 자세한 논의는 노대환, 「19세기 東道西器論 形成過程 硏究」, 서울대 박사학위논문(1999), 36-41쪽 참조.

귀결되고, 조정에서는 개화에 더욱 박차를 가하게 되었다. 그러나 이 과정에서 부당하게 차별대우를 받은 구식군대의 불만은 수구파와 개화파 사이의 알력과 맞물려, 마침내 임오군란(1882. 6)으로 표출되었다. 청·일의 간섭으로 군란을 수습한 고종은 1882년 8월 다음과 같은 윤음을 발표했다.

> 서양의 교(敎)는 사악하니 마땅히 음담이나 미색처럼 멀리해야 할 것이다. 그러나 서양의 기(器)는 이로워서 진실로 이용후생에 도움이 되니, 농상(農桑), 의약, 갑병(甲兵), 선박·수레의 제도를 어찌 두려워 피하겠는가? 그 교를 배척하고 그 기를 본받는 것은 병행할 수 있는 것이요 어긋나지 않는 것이다. 하물며 강약의 형세가 이미 현격히 벌어졌는데, 저들의 기를 본받지 않는다면, 어찌 저들의 침욕(侵辱)과 엿봄을 막을 수 있으리오.8)

고종의 윤음은 곽기락, 윤선학 등이 제기한 '동도서기'의 논리를 그대로 수용한 것이다. 이제 '동도서기'가 조정의 방책으로 채택된 것이다. 이후로도 수구파의 반발이 종종 거세기도 했지만 대세는 이미 개화로 기울었다. 문제는 어떤 방향의 개화를 추진할 것이냐 하는 것이었다. 이후 갑신정변(1884), 갑오농민봉기(1894), 갑오개혁(1894), 을미사변(1895), 아관파천(俄館播遷, 1896) 등의 우여곡절을 거치면서, 조정의 정책은 변법(變法, 西道西器)과 양무(洋務, 東道西器) 사이에서 요동했다.

1897년 8월 조정에서는 '대한제국'을 선포하고 '구본신참'(舊本新參)의 기치 아래 이른바 '광무개혁'(光武改革)을 추진했다. "옛것을 근본으로 삼고 새로운 것을 참조한다"는 것은 종래의 '동도서기'를 조정의 정책으로 재확인하는 것이었다.9) 그러나 실제 개혁과정은 구본신참으로 일사

---

8) 『高宗實錄』 19년(1882) 8월 5일조. 이 내용은 김윤식(金允植)의 『雲養集』(5) 「曉諭國內大小民人(壬午)」에 그대로 실려 있는데, 김윤식이 대찬(代撰)한 것으로 알려져 있다.
9) 양상현, 「東道西器論과 光武改革의 性格」, 『東洋學』 제28집 1호(단국대 동양학연구소, 1998), 390쪽 참조.

불란하게 전개되지는 못했다. 이미 '<독립신문>'이나 '만민공동회' 등 '민주적 변법'을 요구하는 세력이 무시할 수 없을 정도로 성장해 있었던 것이다. 여하간 광무개혁 자체는 갑신정변이나 갑오개혁과 달리 급진파와 온건파가 서로 협력하면서 자주적 개혁을 추구한 것이었다. 그러나 일본이 러일전쟁에서 승리하고 을사늑약(乙巳勒約, 1905)을 강요함에 따라 개혁은 결실을 거두지 못한 채 망국을 맞이하게 되었다.

2. 동도서기파의 문명관

동도서기론은 조선사회의 유교적 도의(道義)문명의 근본틀을 유지하면서 부분적인 채서(採西)를 통해 기술적 측면의 개혁을 추구한 것이다. 이는 도는 불변자요 기는 가변자이며, 도는 동양이 뛰어나고 기는 서양이 뛰어나다는 관점에서 서양의 기만을 수용함으로써 제국주의 열강의 도전을 극복하자는 것이었다. 이러한 논리는 청 말의 양무운동이 그러했듯이 일종의 이이제이책(以夷制夷策)이었다. 이러한 생각은 다음과 같은 신기선(申箕善, 1851~1909)의 『농정신편서』(農政新編序)[10]에 그대로 반영되어 있다.

동서고금을 막론하고 바꿀 수 없는 것은 '도'이고, 수시로 바뀌어 고정적일 수 없는 것은 '기'이다. 무엇을 '도'라 하는가? 삼강오상, 효제충신이 이것이다. 요, 순, 주공(周公), 공자의 도는 해와 달처럼 빛나서 비록 오랑캐 나라에 가더라도 버릴 수 없다. 무엇을 '기'라 하는가? 예악(禮樂), 형정(刑政),

---

[10] 『農政新編』은 1881년(고종18) 신사유람단의 수행원으로 일본에 다녀온 안종수(安宗洙)가 일본에서 수집한 서양과 일본의 각종 농서를 자기 나름대로 번역해 편찬한 책(4卷 4冊)이다. 1885년에 광인사(廣印社)에서 초간본이 나왔고, 1905년에 박문사(博文社)에서 재간본이 나왔다. 신기선(申箕善)과 유봉희(柳鳳熙)의 서문이 있고, 이명우(李明宇) 등의 발문이 있다. 지석영은 상소문에서 이 책을 널리 보급하도록 건의한 바 있다. 『承政院日記』 高宗 19년(1882) 8월 23일조: 「幼學池錫永上疏」.

복식(服飾), 기용(器用)이 이것이다. 당우삼대(唐虞三代)에도 오히려 손익(損益)했으니 하물며 수천 년이 지난 다음이겠는가? 진실로 때에 맞고 백성에게 이로운 것이라면 비록 이적(夷狄)의 법이라도 행할 수 있는 것이다.『서경』에서는 "정덕(正德)과 이용후생(利用厚生)을 조화시키라"고 했다. 우리의 '도'를 행하는 것은 '정덕'을 위한 것이요, 저들의 '기'를 본받는 것은 '이용후생'을 위한 것이니, 이것이 이른바 "병행해서 서로 어긋나지 않는다"는 것이다.…… 대개 동양인들은 형이상에 밝기 때문에 그 도가 천하에 홀로 우뚝하며, 서양인들은 형이하에 밝기 때문에 그 기는 천하에 대적할 자가 없다. 동양의 도로써 서양의 기를 행한다면 오대주(五大洲)는 평정할 것도 없다.

신기선은 '동양의 우뚝한 도'와 '서양의 대적할 자 없는 기'는 "병행해도 서로 어긋나지 않는다"는 전제 아래 시대에 적응하고 백성을 이롭게 하기 위해서는 동도서기가 필요하다고 역설했다. 따라서 동도서기파는 김옥균, 박영효 일파(갑신개화당)가 '개화'를 문명화요 전면적인 근대화[서구화]라고 이해한 것과 달리, 단순히 시대적 과제를 해결하는 '시무'(時務)로 인식했다. 다시 말하면, 이들은 근본적으로 기존의 유교적 문명관을 고수하고 갑신개화당과 같은 류의 개화관(開化觀)을 거부했다. 신기선은 다음과 같이 말한다.

> 이른바 '개화'라는 것은 지식을 개명시키고 폐습을 변화시키는 것이니, 바로 '정치 일신'(政治日新)의 다른 이름일 뿐이다. 그 요점은 위정자의 마음을 바르게 하여 본원을 맑게 하고, 공도(公道)를 확장하고 사로(私路)를 막으며, 재용(財用)을 절약해 민력(民力)을 구휼하고, 상공업을 일으켜 민업(民業)을 열어 주며, 법률을 밝혀 기강을 세우고, 학교를 일으켜 인재를 육성하며, 부화(浮華)한 외식(外飾)을 제거해 불필요한 비용을 절약하고, 무비(武備)를 단련해 국방을 튼튼히 하며, 만국공법을 강구해 외교를 믿음직하게 하고, 기절(氣節)을 장려해 풍속을 배양하는 것이다.[11]

신기선은 개화를 문명화나 근대화의 맥락에서 규정하지 않고, 폐정의

---

11) 『申箕善全集』 上, 323쪽(卷4, 「辭軍部大臣疏 四疏」).

개혁과 채서를 통한 부국강병으로 규정했다. 위에 열거된 10개나 되는 개화의 조목 가운데, 전통 유교에서 찾기 어려운 조목은 상공업을 일으킨다는 것과 만국공법을 강구한다는 것 정도이다. 나머지 것들은 전통 유교에서 항상 '위정(爲政)의 요목'으로 강조해 왔던 것들이다. 신기선이 위와 같이 말했다고 해서 결코 그가 채서의 대상을 상공업과 만국공법으로 한정한 것이라고 볼 수는 없을 것이다. 그는 오히려 '기'에서만큼은 전반적인 채서를 주장했다. 즉 신기선은 유교적 문명관을 견지하면서 채서를 통해 우리의 '기'를 보완함으로써 시대적 과제를 해결하고자 했다. 동일한 맥락에서 김윤식(金允植, 1835~1922)도 다음과 같이 말한다.

> 나는 일찍이 '개화'라는 말을 매우 괴이하게 여겼다. 무릇 '개화'란 변방의 미개민족이 거친 풍속을 고치고, 유럽의 풍속을 듣고 점차 고쳐 나가는 것을 말하는 것이다. 우리 동방은 문명한 나라니 어찌 다시 개화하겠는가? 갑신년의 여러 역적들이 구주를 지극히 존모하고 요순공맹(堯舜孔孟)을 폄하하여, 이륜(彛倫)의 도를 '야만'이라 일컫고 그 도로 바꾸려 하면서 '개화'라 떠들었으니, 이것은 천리가 끊어지고 관(冠)과 신발이 뒤바뀐 것과 같다.12)

김윤식은 유교적 도에 대한 확신에 입각해 조선은 이미 '문명국가'라고 자부했던 것이다. 김윤식은 동도서기의 관점에서 기에 대해서는 동양이 서양을 배워야 하지만, 도에 대해서는 서양이 동양을 배워야 한다고 생각했다. 김윤식은 개화란 다만 '시무'라는 자신의 관점에서 자신의 개화관을 다음과 같이 피력한다.13)

> 이른바 개화란 '시무'를 말하는 것이다.…… 군주는 덕을 밝히고 신하는 직무에 힘쓰며, 관직은 적당한 인재를 얻고 백성은 생업에 편안하며, 통상은 허락할 만한 것은 허락하되 조약을 조심해 지키며, 기계는 배울 만한 것은 배우되 무익한 일을 하지 않고, 정성을 미루어 먼 나라를 부드럽게 대해 돼

---

12) 『續陰晴史』 高宗 28년(1891) 2월17일조: 「宜田記述評語三十四則」.
13) 지석영도 앞에서 소개한 상소에서 '시무'라는 맥락에서 채서(採西)를 주장했다.

나 물고기에게까지도 믿음이 있게 하여, 덕교(德敎)가 사해에 넘치게 하는 것이다.14)

　김윤식은 시무란 "시대상황에 따라 마땅히 실행해야 할 과제"로서, 병에 따라 약이 다르듯이, 시무는 각국의 사정과 형편에 따라 다를 수밖에 없는 것이라고 보았다. 예를 들어 개인의 사사로움을 타파하고 공상업을 발전시키며 사람들로 하여금 각자 자기의 힘으로 먹고살며 자기의 능력을 발휘하고 자기의 권리를 보호하도록 함으로써 국가를 부강하게 하는 것은 서양의 시무이고, 법도와 기강을 세우고 사람을 뽑아 관직을 맡기며 군사를 훈련하고 무기를 다듬어서 외국의 침모(侵侮)를 막는 것은 중국의 시무이며, 청렴을 숭상하고 탐욕을 물리치며 백성을 삼가 구휼하고 외국과의 조약을 지켜 이웃 나라에 해를 끼치지 않는 것은 조선의 시무라는 것이다. 만일 조선이 중국의 일을 급히 본받아 군사와 무기에 전력한다면 재정이 고갈되어 나라가 망할 것이요, 중국이 서양의 제도를 급히 모방한다면 명분과 기강이 무너질 것이며, 서양이 동양의 규범을 모방해 정령과 행정이 윗사람의 호오(好惡)에 의해 결정되게 한다면 국세가 약화되어 이웃나라에 병탄당하게 된다는 것이다.15) 시무는 각국의 형편에 따라 모두 다른 것임에도 불구하고 전적으로 다른 나라를 모방하려 한다면 나라가 망할 수밖에 없다는 것이다.
　신기선이나 김윤식의 이러한 개화관은 동도서기를 이상으로 삼는 것이요, 위정척사파의 동도동기론이나 갑신개화당의 서도서기론을 모두 거부하는 것이다.16) 동도서기론적 개화관에 입각해서 본다면, 위정척사파

---

14) 『續陰晴史』 高宗 28년(1891) 2월 17일조: 「宜田記述評語三十四則」.
15) 『續陰晴史』 高宗 29년(1892) 윤6월 21일조.
16) 동도서기론은 위정척사론과 개화론(갑신개화당)을 모두 비판하는 논리이지만, 사실 양자를 절충하는 성격의 것이기도 하다. 그리하여 동도서기론에 대해 혹자는 개화사상의 범주에 포함시키기도 하고 혹자는 제외시키기도 한다. 이광린, 신용하, 유영렬, 강재언, 정옥자 등은 갑신개화당의 개화론을 급진개화론 또는 변법적 개화론이라 규정하고, 동도서기론을 온건개화론 또는 개량적 개화론이라 규정했다. 반면에

의 동도동기론은 시무를 모르는 완고한 수구론이요, 갑신개화당의 서도서기론은 시무를 넘어선 무분별한 모방론으로서, 모두가 시대의 과제를 적절히 해결할 수 있는 방책이 아닌 것이다.

김윤식은 우리나라가 자신에게 합당한 시무에 힘쓴다면 세계 여러 나라가 우리나라에 내귀(來歸)해 모두 도가 있는 나라가 될 것이라고 주장했다. 즉 동·서의 교통은 일방적인 것이 아니라 쌍방적인 것이므로, 따라서 이 과정에서 각자의 우수한 문물이 상대방에게 수용될 것이라고 본 것이다. 도는 동양의 것이 우수하다는 것이 동도서기론의 전제였던 바, 따라서 서양이 동도를 수용하게 될 것이라는 전망이었다. 그는 당시 독일에서 한문(漢文)학교를 세우고 성명지학(性命之學)을 가르친다는 소문을 듣고, 이러한 확신을 더욱 굳게 했다. 같은 맥락에서 육용정(陸用鼎)17)도 다음과 같이 말한다.

동양과 서양이 서로 교통하면, 다만 서법(西法)만 동쪽으로 오는 것이 아니요, 동법(東法) 또한 서쪽으로 간다. 이제 유럽 여러 나라의 사람들이 우리 화하(華夏)에 온 것이 이미 오래되었고, 한문을 배우는 사람들도 많다. 그들은 비로소 우리 화하의 선왕의 도와 성현의 학문을 배우고 자못 흠모해 향왕(向往)하려는 뜻을 지니게 되었다. 또한 그들의 문자로 우리의 육경사서(六經四書)를 번역해 수레와 배로 실어 가고 있으니, 장차 우리 화하 선성

이완재(李完宰)는 동도서기론을 개화론의 범주에서 제외시키고 있다(이완재, 앞의 책, 34-42 및 172쪽 참조).

17) 육용정(1843~1917)은 이제까지 학계에 잘 알려지지 않은 사람이다. 그러나 그의 저서『宜田記述』은 방대하고 다양한 분야에 걸쳐 매우 짜임새 있고 일관된 체계를 지닌 '동도서기의 이론서'로 평가된다.『宜田記述』은 1884~1888년 사이에 썼으나, 1912년 그의 다른 저술과 함께『宜田合稿』라는 이름으로 서울의 보성사에서 간행되었다. 백승종,「『宜田記述』을 통해서 본 陸用鼎의 開化思想」,『東亞硏究』제18집(서강대학교 동아연구소, 1989), 54-55쪽 참조. 한편 김윤식의 시무론, 동도서기론, 개화론 등은 모두「宜田記述評語三十四則」(『續陰晴史』卷5)이라는 글에서 논의되고 있는바, 민회수는 이를 근거로 육용정의『宜田記述』이 김윤식의 사상 형성에 큰 영향을 주었을 것이라고 추정했다. 민회수,「1880년대 陸用鼎(1843~1917)의 현실인식과 東道西器論」,『韓國史論』제48집(서울대학교 국사학과, 2002), 119-120쪽.

(先聖)의 문교(文敎)가 오히려 유럽 여러 나라에 영향을 미치게 될 것이다. 사람의 변함없는 본성은 본래 같은 것이다. 서양 사람들은 격물치지에 장점이 있어 능히 어려움을 무릅쓰고 성취하니, 이 일을 계기로 거의 교화될 것이다. 그렇다면 앞으로는 전쟁을 그치고 동양과 서양이 서로 함께 태평을 이루며 안락을 누리게 될 것인가? 이는 알 수 없는 일이지만, 매우 소망하는 바이다.18)

육용정은 사람은 누구나 선한 본성을 지니고 있다는 신념을 바탕으로, 서양 사람들도 육경사서를 배운다면 성현의 가르침에 교화될 것이라고 전망했다. 서양이 동도에 교화된다면 그들은 제국주의적 침략을 그치게 될 것이다. 그리하여 장차 동서가 함께 태평을 이루며 안락을 누리게 되리라는 것이 육용정의 조심스러운 전망이고 강한 소망이었다. 이렇게 본다면, 동도서기는 조선이 시무를 해결하는 방책일 뿐만 아니라 서양조차 따라야 할 이상적인 문명의 방향인 것이다.

3. 동도서기파의 내정개혁론과 외교론

이제 1881년 6월부터 1882년 11월까지의 주요 동도서기소를 통해 동도서기파의 정치사상을 정리해 보기로 하자. 최초의 동도서기소는 곽기락의 상소였다. 곽기락은 가장 긴급한 국정의 과제를 "안으로 정화(政化)를 닦아 자강을 도모함으로써 외적의 침입을 막는 것"으로 규정했다. 그는 자강을 위해 서양의 기술과 과학서적을 도입할 것과 함께 쓰임새를 절약해 재정을 튼튼히 할 것, 검약을 숭상해 사치를 막을 것, 청렴을 장려해 구차함을 막을 것, 법을 믿음직하게 시행해 기강을 세울 것, 인재를 공평하게 선발해 사로(仕路)를 바로잡을 것, 너그럽게 용서해 언로를 열 것 등을 주요 내수책(內修策)으로 제시했다.19)

---

18) 『宜田記述』(3) 「論當今時局事勢」.
19) 『承政院日記』 高宗 18년(1881) 6월 8일조.

이국응(李國應)은 "재용을 절약해 백성을 구휼할 것"과 "군대를 기르고 훈련을 강화할 것"을 급무로 규정했다. 그는 부국책으로 사치를 막고 검약을 숭상할 것과 세공(稅貢)을 가로채는 중간관리들의 농간을 막을 것을 강조했고, 강병책으로는 군사기술을 익힐 것과 신식무기를 제조할 것을 강조했다. 그는 외국서적을 널리 반포할 것을 주장함과 동시에 기존의 유교경전도 부국강병에 긴요한 것이라고 주장했다.[20]

지석영은 서양의 각종 서적과 기계를 수집하는 관청을 세우고, 그곳에서 외국서적을 연구하고 기계를 모방해 제조하게 할 것을 건의했다. 그는 서적의 연구나 기계의 제조에 공을 세운 사람들을 우대해 관리로 채용하라고 주장하고, 특히 기계를 만드는 사람에게는 전매권을 보장하고 새로운 서적을 간행하는 사람에게는 판권을 보장함으로써 기술개발과 국제정세에 대한 연구를 권장할 것을 강조했다.[21]

정영조(鄭暎朝)는 우리나라는 예의로는 만국에 으뜸이나, 영토가 협소하고 재정이 허약하며 군사가 많지 않으므로 외국과의 협조가 긴요하다고 주장했다. 그는 농상(農商)에 종사하지 않는 백성과 놀고먹는 관리의 자제들을 모아 군사를 조련하고, 백성들을 침학하는 탐관오리들을 징벌하라고 건의했다.[22]

박기종(朴淇鍾)은 만화(萬化)의 근원은 군주의 일신에 달려 있다고 전제하고, 성심(聖心)을 바르게 함으로써 본원을 맑게 하는 것이 기강을 세우는 첩경이라고 건의했다. 또한 당시의 급무는 갑병(甲兵)과 주거(舟車)이지만, 농상(農桑)과 의약, 기타 새로운 기술도 부국강병에 긴요한 것이므로, 새로운 기술서적을 널리 반포하라고 건의했다.[23]

조성교(趙聲敎)는 임오군란 이후 청병(淸兵)에 의지하고 있는 형세는 "미친개를 두려워해서 사나운 호랑이를 기르는 꼴"이라고 지적하고, 시

---

20) 『承政院日記』 高宗 18년(1881) 12월 4일조.
21) 『承政院日記』 高宗 19년(1882) 8월 23일조.
22) 『承政院日記』 高宗 19년(1882) 9월 5일조.
23) 『承政院日記』 高宗 19년(1882) 9월 5일조.

급히 군사를 정선(精選)해서 대체하라고 주장했다. 군사를 기르기 위해서는 먼저 재정을 넉넉하게 해야 하는데, 서양의 기계는 경직(耕織)에 편하고 병비(兵備)에 이로우니 재주 있는 사람들을 선발해 모방하고 배우도록 하라고 건의했다. 그는 특히 광산의 개발이나 화폐의 주조는 신중을 기하고, 그보다 먼저 둔전(屯田)이나 도서(島嶼)를 공용으로 경작해 세원(稅源)을 넓힐 것을 건의했다.24)

변옥(卞鋈)은 생재(生財)를 통한 내수(內修)와 신의를 통한 외결(外結)을 강조하고, 내수외결의 방책으로 인재의 발굴을 통해 재용을 넉넉하게 할 것을 제시했다.25) 그는 또한 『만국공법』, 『해국도지』(海國圖志), 『이언』(易言), 『조선책략』 등을 널리 반포하되 야소교는 엄금하고, 인도(人道)에는 해가 되지 않고 민산(民産)에는 도움이 되는 서양의 기계와 새로운 서적들을 배워서 실행하자고 건의했다.26)

엄석관(嚴錫瓘)은 6업(士, 役, 兵, 農, 工, 商)을 정하고 놀고먹는 것을 금지하며, 군졸을 양성하고 병법을 훈련시키며, 기계를 수선하고 외국어를 배우는 것 등을 국정의 첫째 과제로 설정하고, 그 중에서도 특히 군졸 양성과 병법 훈련이 가장 시급한 일이라고 강조했다.27)

유완수(柳完秀)는 화륜선(火輪船)을 건조할 것을 건의했다. 부자들이 자금을 모아 건조하고 상인들이 그것을 세(貰)내 쓰게 한다면, 부자는 본전을 찾을 수 있고 상인도 이익을 얻을 수 있을 것이며, 위급한 때에는 군용으로도 활용할 수 있다는 것이다. 또한 그는 장수를 신중하게 선발할 것, 향군(鄕軍)을 모집할 것, 군량을 충분히 공급할 것, 공신의 후예를 우대할 것, 신상필벌할 것, 외국어를 강습할 것 등도 아울러 건의했다.28)

고영문(高穎聞)은 서양 각국에 사절단을 파견해 풍물을 배우고 기술자

---

24) 『承政院日記』 高宗 19년(1882) 9월 5일조.
25) 『承政院日記』 高宗 19년(1882) 9월 5일조.
26) 『承政院日記』 高宗 19년(1882) 10월 7일조.
27) 『承政院日記』 高宗 19년(1882) 9월 5일조.
28) 『承政院日記』 高宗 19년(1882) 9월 6일조.

를 초빙할 것, 정부 외에 공의당(公議堂)을 특설할 것, 광산을 개발할 것, 상회소(商會所)와 국립은행을 설치할 것, 인천항은 부산항, 원산항과는 달리 삼남(三南) 조운(漕運)의 요충이며 서울의 인후(咽喉)이므로 폐관자수(閉關自守)를 기하되, 그것이 불가능하면 해군기지를 설치해 엄히 지킬 것, 불필요한 관직과 잡다한 세공(稅貢)을 줄일 것 등을 건의했다. 그는 특히 "『대학』을 입심(立心)의 근본으로 삼고, 『이언』을 시무(時務)의 관건으로 삼으며, 『춘추좌전』을 당시 여러 나라 정치의 득실을 비교하는 귀감으로 삼을 것"을 건의했다.29)

그밖에 김원제(金源濟)는 광산을 개발할 것과 청·일 양국의 화폐를 통용할 것을 건의했고,30) 양진화(梁鎭華)는 석탄을 개발할 것을 건의했다.31) 이상에서 살펴본 동도서기소의 주요 내용은 다음과 같이 정리할 수 있겠다.

첫째, 위정(爲政)의 근본을 군주의 마음에 두고 "성학(聖學)에 힘쓸 것"을 촉구했다. '성학'이라는 맥락에서 유교경전은 여전히 그 권위를 인정받고 있었다.

둘째, 탐관오리를 징치해 민생을 구휼하고 재정을 튼튼히 하라고 했다. 탐관오리의 징치는 당시 '삼정(三政: 田賦, 軍政, 還穀)의 문란'으로 인해 더욱 부각되었겠지만, 그것은 또한 전통 유교에서 항상 제기되던 과제이기도 하다. 사치를 막고 예산을 절약하라는 것, 유휴지를 개발하라는 것, 유식(遊食)을 막으라는 것, 군대를 양성하라는 것 등도 전통 유교에서 항상 제기되던 과제였다.

셋째, 따라서 동도서기파와 위정척사파의 차이는 부국강병책과 외교책에 있다고 하겠다. 동도서기파는 외국의 기술서적과 외국의 사정을 알 수 있는 책을 널리 반포해 연구하게 할 것, 외국 문물을 익히기 위해 사절단이나 유학생을 파견할 것, 외국의 기술자를 초빙하고 외국 기계를

---

29) 『承政院日記』 高宗 19년(1882) 9월 22일조.
30) 『承政院日記』 高宗 19년(1882) 11월 19일조.
31) 『承政院日記』 高宗 19년(1882) 11월 19일조.

모방해 제조할 것 등을 강조했는데, 이는 모두 부국강병을 위한 것이었다. 또 이들은 한결같이 문호를 개방하고 외국과의 교제를 신의 있게 할 것을 강조했다. 외국의 기술을 배우기 위해서나 외교를 신의 있게 하기 위해서나 외국어의 교습이 중요한 과제로 인식되었다. 그밖에 공의당의 설치, 광산의 개발, 상회소와 은행의 설치 등도 새로운 발상이었다.

당시 동도서기론을 대표하는 정치가는 김윤식이었는데, 그의 정치사상도 이상의 내용에서 크게 벗어나는 것은 아니었다. 김윤식은 "마음을 깨끗이 하여 욕망을 줄이는 것"[淸心寡慾]을 나라와 가정과 몸을 지키는 지보(至寶)로 규정했는데,32) 이는 위정의 근본은 도덕의 확립에 있다는 의미였을 것이다. 서양의 기술을 도입해 부국강병을 도모하는 것과 외교를 신의 있게 하는 것은 김윤식이 실무를 맡아 직접 추진했던 일이다. 그는 또 재원확보를 위해 청의 관리들과 광산 개발을 상의하기도 했다.33) 김윤식의 관심은 도덕성을 확립하고 재정을 튼튼히 하며, 부국강병을 달성하고 외교를 신의 있게 함으로써 외국의 침략을 막고 국가를 지키는 것이었다.

동도서기론자들은 개국을 지지하고 "외교를 신의 있게 할 것"을 강조했는데, 이들은 특히 청과의 긴밀한 관계를 중시했다. 이러한 생각은 김윤식의 이른바 '양득(兩得)·양편(兩便)'론으로 대표된다. 즉 약소국인 조선으로서는 청과는 '속국'의 관계를 지속시키고 다른 나라들과는 '자주'의 관계를 맺는 것이 양편·양득이라는 것이다. 양득론의 의도는 청과 조선의 종속(宗屬)관계를 명시함으로써 다른 나라가 조선을 넘보는 것을 막아 보려는 의도였다. 그러나 양득론적 외교전략은 국제정치의 본질적 변화와 청의 정책변화에 무지함으로써 결국 청의 내정간섭을 초래하는 요인이 되고 말았다.34)

---

32) 『陰晴史』 高宗 19년(1882) 5월 10일조.
33) 『陰晴史』 高宗 19년(1882) 6월 7일조.
34) 정용화, 「전환기 자주외교의 개념과 조건: 19세기말 조선의 대청외교의 이론적 고찰」, 『국제정치논총』 제43집 2호(2003), 218쪽 참조. 김윤식의 '양편·양득론'은 유길

4. 동도서기론의 의의와 한계

오늘날 동도서기론에 대한 비판은 주로 다음과 같은 두 맥락에서 제기되고 있다. 첫째, 그들의 부국강병 중심의 시무론이 당시 민씨 일파 세도정권의 정책에서 벗어나지 못한 것이라는 비판이다.35) 둘째, 당시의 당면과제는 근대적 자본주의 체제로의 전환과 제국주의 열강의 침략으로부터 국가의 독립을 고수하는 것이었는바, 동도서기론은 전근대적 봉건사회 체제를 온존시키는 것이었으며 근대적 자주독립의 민족국가관을 정립하지 못했다는 것이다.36)

동도서기론은 도의 불변성을 전제하는 것이기 때문에 일정 부분 보수적 성격을 지니는 것은 오히려 필연이라 하겠다. 그러나 동도서기론은 "당시 정치적 저변을 확보하고 있던 척사론을 극복하는 과정에서 불가피하게 거칠 수밖에 없었던 과정"37)이었음을 부인할 수 없을 것이요, 그렇다면 동도서기론의 역사적 의의는 결코 과소평가할 수 없을 것이다. 또한 이념적 측면에서도 동도서기론이 동·서를 대등한 입장에서 인식하고, 우리의 정체성을 유지하면서 자강을 모색했다는 점도 높이 평가되어야 할 것이다. 이는 당시 갑신개화당의 과오를 상기해 보면 분명히 드러난다. 김옥균, 박영효, 서재필 등 갑신개화당은 서도서기론으로 기울어 이른바 '민족개조론'의 씨앗을 배태했다. 서도서기론이란 오늘날의 말로

준의 '양절론'과 대비된다. 이에 대해 정용화는 양편론은 청에 의지해 각국의 야욕을 막자는 데 초점이 있었고, 양절론은 각국과의 평등한 관계를 바탕으로 청의 부당한 요구에 항의하는 데 초점이 있었다고 분석했다(정용화, 같은 논문, 215쪽 참조). 한편 김윤식의 양편론을 동도서기파 일반의 외교론으로 볼 수 없다는 견해도 있다.

35) 최진식, 「金允植의 自强論 연구」, 『大邱史學』 제25집(대구사학회, 1984), 105쪽.
36) 이완재, 앞의 책, 180쪽.
37) 김성배, 「金允植의 政治思想 硏究」, 서울대 박사학위논문(2001), 66-67쪽.

는 "서구 중심주의에 경도된 것"이며, 민족개조론은 조국을 지나치게 비하해 조국의 자주독립 능력을 부정하는 것이었다. 또한 갑신개화당은 제국주의 열강의 침략주의를 비판하기는커녕 오히려 추종한 것이었다. 그들의 소망은 부국강병을 통해 제국주의 대열에 동참하는 것이었다.[38]

동도서기론자들이 위정척사파와 마찬가지로 '신의의 국제정치'를 강조한 것도 긍정적으로 평가되어야 할 것이다. 제국주의 대열에 동참하고자 한 갑신개화당은 조선의 역량이 부족한 상황에서 '세력균형'을 통해 국가를 부지하려고 했을 뿐이었다.[39] 약육강식을 '천연(天演)의 공례(公例)'로 받아들이는 세력균형론에서는 '궁극적인 세계평화'는 상정할 수조차 없는 것이다. 그러나 '신의의 국제정치'는 궁극적으로 세계평화를 지향하는 것이다.

자유와 평등을 이상으로 하는 자유민주주의의 등장을 역사의 필연으로 전제한다면, 동도서기론은 그에 한참 미달되는 것이다. 또한 이론적으로 볼 때 동도서기론은 일시적·부분적으로만 성립할 수 있는 논리였다.[40] 그러나 "서기를 배제한 위정척사론"은 당시 국가를 부지하는 논리로서는 부적합했다는 점, 그리고 '갑신개화당의 개화론'[서도서기론] 역시 이미 서구문명에의 종속을 내포하고 있었다는 점을 고려한다면, '동도서기파의 시무론'이 '주체적인 채서'를 통해 난국을 타개하려고 했던

---

38) 이상익, 『서구의 충격과 근대 한국사상』(한울, 1997), 249-266쪽.
39) 김성배는 김윤식의 외교노선을 '의리의 국제정치론'으로 규정하고, 그것을 당시의 '세력균형의 국제정치론'과 구별한 바 있다. 김성배, 앞의 논문, 173-191쪽.
40) 이택휘는 동도서기론이 "위정척사와 개화사상 양자를 포용하여 서양문명을 우리의 실정에 알맞게 정착시킨다는 논리"로서, 당시 서양문명의 도전에 대한 현명한 정책 대안이요 이념적 방향을 제시한 것이라고 평가했다(계간 『전통과 현대』, 창간호, 1997년 여름, 204쪽). 그러나 발달한 생산양식이 자본주의 이데올로기를 낳았다고 보는 마르크스(Karl Marx)의 관점이나, 역으로 프로테스탄트 윤리가 자본주의 발전을 초래했다고 보는 베버(Max Weber)의 관점은 모두 도와 기의 일원적 상관성을 주장하는 것이라고 하겠다. 사실 예를 들어 유교의 도(예양을 강조하는 인륜주의)와 서양의 기(이기적 자유경쟁론에 입각한 자본주의적 생산양식)를 결합시켜 성공을 거둔다는 것은 어불성설이다. 이러한 맥락에서 체와 용이 괴리된 동도서기의 논리가 과연 현명한 정책대안이었는지에 대해서는 의문의 여지가 있다고 하겠다.

점은 과소평가할 수 없을 것이다.

<참고문헌>

『高宗實錄』,『承政院日記』,『金允植全集』,『申箕善全集』.

김성배,「金允植의 政治思想 硏究」, 서울대 박사학위논문(2001).
노대환,「19세기 東道西器論 形成過程 硏究」, 서울대 박사학위논문(1999).
민회수,「1880년대 陸用鼎(1843~1917)의 현실인식과 東道西器論」,『韓國史論』 제48집(서울대학교 국사학과, 2002).
백승종,「『宜田記述』을 통해서 본 陸用鼎의 開化思想」,『東亞硏究』 제18집(서강대학교 동아연구소, 1989).
양상현,「東道西器論과 光武改革의 性格」,『東洋學』 제28집 1호(단국대 동양학연구소, 1998).
이광린,『韓國開化史硏究』(일조각, 1985).
이상익,『서구의 충격과 근대 한국사상』(한울, 1997).
_____,「韓末 文明論에 있어서 道와 器의 문제」,『哲學』 제58집(한국철학회, 1999).
이완재,『初期開化思想硏究』(민족문화사, 1989).
정용화,「전환기 자주외교의 개념과 조건 : 19세기말 조선의 대청외교의 이론적 고찰」,『國際政治論叢』 제43집 2호(2003).
최진식,「金允植의 自强論 연구」,『大邱史學』 제25집(대구사학회, 1984).
한우근,「開港當時의 危機意識과 開化思想」,『韓國史硏究』 제2집(한국사연구회, 1968).
홍순창,『韓末의 民族思想』(탐구당, 1975).

제25장 개화파의 자주독립 사상

정용화(연세대학교)
김현철(고려대학교)

개항 이전까지 조선의 대외관계는 청에 대해서는 사대의 예를, 그리고 일본, 유구 등 인접 국가들에 대해서는 교린의 예를 통해 유지해 왔다. 비록 조선은 중국 중심의 동아시아 국제질서하에서 '사대자소'(事大字小)의 예라는 명분하에 청에 대해 의례적인 절차로 정기적인 조공을 바쳐 왔지만, 외교와 내정에서는 자주성을 유지해 왔다. 1876년 2월 체결된 조일수호조규에서 "조선은 자주의 나라(自主之邦)로서 일본국과 평등한 권리를 보유한다"는 조항이 명기됨으로써 조선은 적어도 일본 등 국제사회에서 청의 번방(藩邦) 내지 속방에서 벗어나 하나의 독립국가임이 천명되었다.

그럼에도 조·청 종속관계라는 독특한 관계는 조선의 근대적 대외관계와 내정의 자주성을 제약하는 요인이 되었을 뿐만 아니라 청일전쟁의 원인이 되기도 했다. 따라서 조선이 국제사회에서 실제적인 자주독립국으로 인정받고 자주적으로 내정을 개혁하기 위해서는 무엇보다 먼저 기존 조·청 종속관계의 재조정이 시급했다.[1] 전통적인 조청관계의 재조정은 먼저 이를 추진할 정치지도자 및 지식인의 대외관 및 문명관의 변화를 요구했다. 이는 곧 기존 중국 중심의 화이관 내지 중화사상으로부터의 탈피를 의미했다.

1. 문명관

1) 문명개화론의 배경

19세기 중반 이래 동아시아에서 '근대화'는 역사적으로 서세동점의 결과 파생된 국제정치사적인 문제로 유교문명권이 붕괴해 가는 과정에서 발생했다. 근대화란 일단 '근대'의 '문명표준'[global standard]을 수용한다는 의미를 갖는다. 문명이 전지구적 차원에서 인류의 어떤 가치기준으로 또는 정치적 목표로 추구되는 보편적 의미를 함축하게 된 것은 18세기 중반 이래 근대사에서부터다.2) 동아시아에서 이른바 문명담론이 형성되고 정치적 목표로 추구된 것도 19세기 들어 서구의 도전 이후부터다.

동아시아의 '文明'이건 서구의 'civilization'이건 문명관은 '야만'(野蠻<夷>, barbarism)과 한 쌍을 이루면서 형성되었다. 그들은 자신의 삶의 방

---

1) 개화기에 통용된 용어로서 '자주'(自主, autonomy)는 사대질서하의 용어로서 '외번'(外藩)은 그 내정과 외국과의 교제는 자주에 임한다는 의미로 파악되었으며, 현실의 국제정치에서는 중국에 대해 조선의 내정과 외교의 '자주'를 언급하는 경우에 원용되었다. 그리고 '독립'(獨立, independence)은 근대 국제법 질서하의 용어로서 서구 근대 국제질서 체제에 편입되는 과정에서 독립은 주권을 의미하며, 수평적인 국제사회 구성원의 특징을 가리키는 의미로 사용되었다. 김용구, 『외교사란 무엇인가』(도서출판 원, 2002), 123쪽. 본 장에서 사용하는 개화파의 '자주독립' 구상은 위 두 가지 범주를 포함하는 것이다.
2) 근대 이전에는 기독교문명권, 이슬람문명권, 유교문명권 등 여러 문명권역이 공존하고 있었다. 이들은 각기 '국제사회'를 형성했고, 19세기 이래 기독교권의 전세계적인 확장이 진행되었다. 자세한 내용은 이용희, 『일반국제정치학(상)』(박영사, 1962); Hedley Bull & Adam Watson (ed.), *The Expansion of International Society* (Clarendon Press, 1984) 참조.

식에 대한 우월성과 보편성을 주장하면서 여타 지역을 야만으로 구분했다. 그런데 근대 이래 서구가 전세계로 제국주의적 팽창을 하면서부터 문명권역 간의 충돌 또는 갈등의 양상이 빚어지고 어느 쪽이 우월한 문명인가 하는 문명 간의 권력투쟁이 벌어지게 되었다. 그 결과 서구문명이 동아시아의 문명을 압도하고 동아시아 내부에서도 이를 인정함으로써 서구문명은 근대문명 표준의 지위를 획득했다.3) 그러므로 근대화란 서구적 근대문명을 표준으로 해서 이를 모방, 경쟁하는 과정이었다고 할 수 있다.4) 이렇게 볼 때 근대화란 특정 사회의 조건이 전통적 지위에서 근대적 지위로 나아가는 보편적 진화[evolution]의 문제가 아니라, 서구문명의 국제적 전파[diffusion]의 문제라고 할 수 있다.5)

19세기 후반 조선에서 근대화는 '문명개화'(文明開化) 또는 '개화'/'문명화'로 불렸다. '문명개화'는 주로 일본에서 사용된 용어이고 조선에서는 주로 '개화'라는 용어가 사용되었다. 조선에서 '문명'이란 말을 누락시킨 이유는 초기개화파 인사들이 전통 유교문명에 대한 자부심을 포기하지 않은 데서 비롯된 것으로 보인다. <독립신문> 이후 후기개화파 인사들은 '개화'와 함께 '문명화'라는 용어를 함께 사용하고 있다. 그런데 여기에서 '문명'이란 서구문명을 가리킨다는 것은 두말할 필요도 없다. 즉 서구문명을 적극 수용해 근대화를 이루어야 한다는 것이다. 그들에게 서구문명은 단지 다양한 문명 중 하나——이질적인 문명——가 아니라 지배적·보편적 가치를 구비한 우월한 문명으로 비쳤다.

개화파가 주장한 문명개화론은 사실상 '문명개조'의 논리라고 할 수 있다.6) 저쪽[서양]이 처음에는 '야만'이었다가 점차 대등하게 겨룰 만한

---

3) 문명론의 속성과 동아시아에서 '문명의 권력이동'에 관한 자세한 내용은 정용화, 『문명의 정치사상: 유길준과 근대한국』(문학과지성사, 2004), 398-407쪽 참조.
4) 그러므로 '후진성'이란 서구를 기준으로 세계의 동질성을 측정하는 것이었다.
5) 노재봉, 「한국민족주의와 자유주의」, 『사상과 실천』(녹두, 1985), 355쪽.
6) 조경달은 문명론적 관점에서 위정척사파를 '문명 호지(護持)주의', 동학을 '문명 재생주의', 동도서기파(또는 온건개화파)를 '문명 협조주의', 그리고 문명개화파(급진개화파)를 '문명 이식주의'로 분류한 바 있다. 趙景達, 「朝鮮近代のナシユナリズムと文

또 다른 하나의 문명으로 상향 조정되었다. 급기야는 저쪽이 진짜 문명이고 우리는 주변부로서 그 이하에 불과하므로 저쪽을 모델로 개혁해야 한다는 가히 인식의 혁명적 변화를 겪게 된다. 이른바 '문명의 중심이동'[power shift of civilization] 현상이 발생한 것이다.

개화파의 문명개화론은 동도서기론과 다른 몇 가지 특징이 있다. 첫째, 문명개화론은 서구문명을 기준으로 하는 서구 중심주의의 관점이다. 동도서기론이 문명의 중심을 여전히 전통의 유교문명에 두고 있다면, 문명개화론은 근대의 서구문명에 두고 있다. 따라서 서구문명에 근접[또는 동화]하는 것을 '발전'으로 본다.7) 둘째, 문명개화론은 문명 진보사관에 근거하고 있다. 동도서기론이 일치일란(一治一亂)의 순환론적 역사관인 데 비해 문명개화론은 인류의 역사를 야만에서 문명으로 지속적으로 '진보'하는 과정으로 본다. 문명개화론은 그 발전의 경로를 단일한 도식에 따른다는 '보편사적' 관점으로 파악하는 가운데 진보의 정점은 당연히 서구문명이고, 다른 모든 문명은 유럽문명의 전사(前史)로 간주된다.

2) 문명개화론의 전개

이런 관점에서 문명개화론을 체계적으로 수용한 경우로 유길준(兪吉濬, 1856~1914)을 들 수 있다. 그는 일본 유학 직후 쓴 『세계대세론』(1883)에서 인류 역사를 개화의 정도를 기준으로 '야만', '미개', '반개', '문명'의 4단계로 구분하면서, 아시아 동부[조선 포함]와 서부 및 유럽의 터키를 '반개', 구주제국과 미국을 '문명'한 곳으로 분류하고 있다. 문명·야만의 구도는 위정척사론과 다름없으나, 그 대상이 역전된 것이다. 조선에서

明」, 『思想』 808(1991).

7) 동도서기론과 문명개화론은 패러다임의 차이로 구분되어야 한다. 동도서기론을 온건개화론 혹은 개량적 개화론이라 하여 개화사상에 포함시키는 주장이 있으나(이광린, 신용하, 정옥자, 강재언 등), 이것은 개화사상을 문명개화론에 제한하지 않고 넓은 의미의 '근대적 개혁론'으로 파악하는 데서 비롯된 것으로 보인다. 근대적 개혁론은 유교적 변통론에서도 가능한 것이다.

그 동안 야만이라고 불러 왔던 서양을 문명이라고 부르는 인식의 혁명적 변화를 보이고 있다. 그의 저작 『서유견문』(1889년 집필, 1895년 출판)의 제14편 '개화의 등급'에서 유길준은 인간의 역사를 개화를 향해 끊임없이 진보하는 과정이라는 보편사적 관점으로 파악하면서 조선 개화의 필연성과 당위성을 주장했다. 유길준에게 '개화'는 단지 위기에 대응하기 위한 '시무'의 수단이 아니라 발전의 '목표'로 인식되기에 이른 것이다.

하지만 유길준은 서구문명을 문명의 모델로 설정했지만 문명의 최종 형태로 간주하지는 않았다. 그가 생각한 진정한 개화[眞開化]는, "천하만국을 통해 동일"하다고 믿는 유교적 행실은 보존한 채 정치, 법률, 학술, 기계, 물품 등 모든 측면이 시세에 맞게 서로의 사정을 비교해 장점을 취하고 단점을 버리는 것[取長捨短]을 의미했다.8) 그는 서구문명의 수용만이 아니라 유교문명과 서구문명이 지양(止揚)된 보다 나은 보편적 문명의 창출을 개화의 목표로 설정했다. 동도와 서도의 장점을 복합적으로 활용해 보다 나은 보편문명을 창출하고자 했던 유길준의 독특한 개화론은 조선의 정체성을 유지하면서 근대화를 성취하려는 노력이었다.9)

하지만 청일전쟁과 갑오개혁 이후 문명담론은 급격히 일본을 포함한 서구 중심으로 쏠리게 된다. 청일전쟁에서 청국의 패배로 동도서기론에 기반한 양무운동이 이론적·현실적으로 파산을 맞게 되었을 뿐만 아니라, 갑오개혁은 사회 전반에 근대적 개혁의 봇물을 터 되돌릴 수 없는 추세를 이루게 했기 때문이다. 그래서 1895년에는 유교교육의 본부인 성균관에서도 '문명개화'의 필요성을 인정하기에 이르렀다.10) 1896년 5월 26일자 <독립신문>에는 우리나라가 '혼몽'한 세계로 그려지고 있다. "잠

---

8) 유길준, 『서유견문』(1895), 375-376쪽.
9) 이하 유길준의 문명개화론에 관한 서술은 정용화, 『문명의 정치사상: 유길준과 근대한국』(문학과지성사, 2004)에서 발췌한 것이다.
10) 『고종실록』 고종 32년 8월 9일 학부령 제2호, 「성균관경학과 규칙」, 『한말근대법령자료집(I)』(대한민국국회도서관, 1970), 538쪽.

을 깨세 잠을 깨세 / 사천년이 꿈속이라 / 만국이 회동하여 / 사해가 일 가로다 / 구구세절 다 버리고 / 상하동심 동덕하세"(안주 이중원 작).

문명의 중심이동이 분명히 인식된 이후부터 정책의 목표는 '문명개화'로 표현되는 서구적 모델의 근대화에 집중되었다. 1894년 이후 개혁개방은 이미 불가피한 상황으로 발전했고,11) 1897년에 조선왕조는 자주독립의 기치를 세우고 대한제국으로 탈바꿈을 시도했다. 이즈음부터 1910년 한국이 식민지로 전락하기까지 이른바 '문명담론'은 주도적 위치를 차지하면서 국가와 민족의 위기를 극복할 방법을 모색하는 백가쟁명의 시대를 열었다. 약육강식이 지배하는 세계질서에서 패망을 면하기 위해서는 서구 근대문명을 도입하는 것 외에는 방도가 없다고 생각했기 때문이다.

그런데 이 문명개화론적 관점은 서구 중심의 문명에 압도되어 문명화라는 목표달성을 위해서는 선진문명국의 '지도'를 받아들일 수 있다는 논리로 발전함으로써 일제 식민화의 논리에 저항하기 어려운 결과를 초래했다. 그리고 일제하에서도 한국민족은 아직 독립할 수 있는 역량이 없으므로 독립운동에 앞서 문명개화를 통한 실력양성에 주력해야 한다는 이른바 '선 실력양성 후 독립론'의 이론적 기초를 제공했다. 이른바 실력양성론은 국외에서의 독립투쟁이나 외교를 통한 국권회복 운동을 제외한 대부분의 국내 지식인들의 사고를 지배했다.12)

---

11) 1894년 이후 황현(黃玹) 같은 이도 약육강식의 엄혹한 세계 속에서 우리가 국가로서 존립하고 인간으로서 자립하자면 "저들의 부강을 본받을 도리밖에 없다. 부강을 이루려면 저들의 학문을 배울 도리밖에 없는데, 그러자면 근대적 학교제도를 도입하는 것이 불가피한 일이라"(養英學校記)고까지 생각하게 되었다.
12) 대한제국 시기 문명개화론자들의 문화 계몽운동의 이념과 방법에 관해서는 김도형, 『대한제국기의 정치사상연구』(지식산업사, 1994), 25-188쪽, 한말, 일제하에서의 실력양성 운동론의 전개와 분화에 관해서는 박찬승, 『한국근대정치사상사연구: 민족주의 우파의 실력양성론』(역사비평사, 1992)을 참조하기 바람.

2. 갑신정변기의 자주독립 구상

1) 갑신정변과 김옥균, 박영효의 자주독립론

개화사상의 궁극적인 목표가 국가적 위기에서 자주독립을 확보하는 것이었다면, 문명화와 부국강병은 자주독립을 확보하기 위한 수단이라고 할 수 있다. 1870년대 후반부터 외국의 문물과 국제관계의 변화에 남다른 관심을 가지면서 하나의 정치적 그룹으로 등장한 개화파는 한반도를 둘러싼 국제질서의 전환기에 조선이 생존하기 위해서는 능동적으로 전통적 사대질서 관계를 청산하고 새로운 근대 국제질서에 편입되어야 한다고 생각했다.[13] 그래서 김옥균, 박영효는 1870년대 말부터 이동인 등을 일본에 파견, 영국과 일본의 대조선 정책의도를 파악해 나가는 한편 적극적인 대외개방을 지향해 나갔다.

김옥균, 박영효 등이 임오군란의 진사(陳謝)사절로 일본을 다녀온 뒤 일본을 모델로 한 개혁·개방정책에 확신을 갖고, 스스로를 개화당 또는 독립당이라 부르면서 형성된 개화파는[14] 정책의 방향으로 청국으로부터의 독립, 그리고 일본을 모델로 한 개혁이 필요하다고 생각했다. 이들은 청국과의 전통적 사대관계를 유지하면서 청국의 양무운동을 모델로 해서 점진적으로 개혁개방을 추구하는 세력(김윤식, 어윤중, 김홍집 등)을 '수구당' 또는 '사대당'이라고 해서 자신들과 구분했다.

집권세력인 친청파는 '자주'와 '독립'을 분리하는 전통적 사대관념에

---

13) 갑신정변을 주도한 김옥균, 박영효, 홍영식, 서광범 등이 국제정세의 변화에 관심을 갖게 된 것은 이들이 1870년대 후반 박규수의 집에 출입하면서 『해국도지』, 『영환지략』, 『중서견문록』, 『이언』 등을 읽고 국제관계 변화 등에 대해 학습한 것이 하나의 커다란 계기가 되었다.
14) '개화당'에 대한 연구로는 이광린, 『개화당연구』(일조각, 1973) 참조.

따라 청국에 의존하는 정책을 고수했다. 김윤식은 조미수호통상조규 제1조에 중국의 리훙장(李鴻章)이 "조선은 청국의 속국"이라는 항목을 삽입하려 하자, 이를 '양편'(兩便) 또는 '양득'(兩得)이라는 논리로 수용했다. 즉 조선이 중국의 속방임을 인정하더라도 자주권까지 빼앗기는 것은 아니며, 오히려 각국이 조선을 얕잡아 보지 못하는 실리를 얻을 수 있다고 생각했다.15)

이에 반해 개화파는 주권개념을 수용해 조선의 '자주'와 '독립'을 일치된 개념으로 인식하고 청국으로부터의 완전한 독립을 추구했다. 개화파는 1880년대 초 청의 조선 속국화 정책을 전통적인 국제질서 관념에서 보더라도 종주국의 신의와 도리를 청이 먼저 저버린 것이며, 근대적인 국제질서 관념에서도 타국의 독립과 자주성을 침해한 침략행위로 파악했다. 이 시기 개화파는 청이 조선의 내정과 외교에 간섭하고, 군주의 권리를 빼앗아 가며, 조선정부에게서 행동의 자유를 빼앗아 가는 일련의 행위에 대해 커다란 분노감을 느꼈다.16) 특히 임오군란 이후 조선이 청국의 속국이 되어 독립국가의 지위를 상실하게 될 것이라는 위기의식을 크게 느낀 개화파는 정변을 통해서라도 사대당 등 정치적 반대세력을 제거하고 청국의 간섭을 배제하고자 고심했다.17)

급기야 '개화당'은 '사대당'과의 권력투쟁 과정에서 위기의식을 느끼고 자신들의 세력확보를 위해 급진적인 개화정책을 표방하면서 갑신정변(1884)을 일으켰다. 개화당은 혁신정강에서 "청국에 대한 조공·허례의 의식을 폐지하고 대원군을 빠른 시일 내로 모셔올 것"18)을 첫 번째 항

---

15) 『陰晴史』, 52-53, 57-58쪽.

16) Kenneth Bourne and D. Cameron Watt (eds.), *British Documents on Foreign Affairs-Reports and Papers from the Foreign Office Confidential Print*, Part I-Series E-Vol. 2, *Korea, the Ryukyu Islands, and North-East Asia, 1875-1888* (Frederick, Md.: University Publications of America, 1989~1994), pp.107-108.

17) 박영효, 「갑신정변」, 『신민』 14호(1926. 6), 『한국근세사론저집: 구한말편(1)』(태학사, 1982), 219-220쪽; 伊藤博文 編, 『秘書類纂·朝鮮交涉資料』(上卷)(東京: 原書房, 1970), 269-270쪽.

목으로 공포함으로써 조·청 간의 종속관계를 부정하고 조선의 독립선포 의지를 국내외에 천명했다. 갑신정변 시기까지 반청(反淸)을 통한 조선의 자주독립 모색이라는 개화파의 구상은 당시 조선의 자주독립을 명분으로 조선 내 청국세력의 축출이라는 일본의 대조선 진출정책과 부합되는 측면이 있었다. 그렇지만 갑신정변 당시 개화파와 주한일본공사관의 협력은 공동의 적인 청에 대항하기 위해 서로 상대방을 이용하려는 의도하에 접근한 결과였다.

개화당이 추구한 '개화'의 목표는 당시 개화당의 일원이었던 서재필이 갑신정변과 김옥균을 회고하는 대목을 통해 살펴볼 수 있다.

> 그[김옥균]는 조국이 청국의 종주권하에 있는 굴욕감을 참지 못하여, 어찌하면 이 수치를 벗어나 조선도 세계 각국 중에 평등과 자유의 일원이 될까 주야로 노심초사했던 것이다. 그는 현대적 교육을 받지 못했으나 시대의 추이를 통찰하고 조선도 힘 있는 현대적 국가로 만들 것을 절실히 바랐었다.[19]

여기에서 개화당은 무엇보다 조국이 '청국의 종주권하'에 있는 사실에 '굴욕감'과 '수치'를 느끼고 이에서 벗어나고자 했다는 것을 알 수 있다. 그리하여 세계 '각국과 자유와 평등'의 일원으로서 교제할 것을 절실히 희망했다. 전통 사대질서에서 벗어나 근대 국제질서하의 자주독립국가로의 전환을 추구한 것이다. 그런데 이를 위해서는 '힘 있는 현대국가'가 되는 것이 필요하다고 생각했다. 여기에서 '현대국가'란 근대 국민국가(modern nation-state)를 의미한다. 역시 개화당의 일원이었던 박영효는 1888년 「상소문」(일명 「建白書」)에서 개화란 '의뢰수구'(依賴守舊)와 대립되는 것으로 "새로운 것에 나아가 자립하는"[就新自立] 의미로 파악하고, 청으로부터의 독립을 주장했다.[20]

---

18) 『金玉均全集』, 95쪽.
19) 민태원, 『갑신정변과 김옥균』(서울국제문화협회, 1947), 82쪽.
20) "朝鮮國內政ニ關スル朴泳孝建白書", 日本 外務省 編, 『日本外交文書』第21卷 (明治 21年 1月~12月間), 문서번호 106(「1888년 상소문」으로 약칭함), 308쪽.

갑신정변 실패 후 일본에 망명한 김옥균, 박영효는 1885년 영국의 거문도 점령사건에 커다란 충격을 받았다. 영국이 조선의 영토를 불법 점령해도 그 동안 종주국을 자처한 청국이나 조선의 독립을 주장해 왔던 일본, 그리고 조선과 수호조약을 체결한 미국 및 독일 등 어느 국가도 이를 저지하지 않고 방임했다. 이러한 조선의 현실에 대해 김옥균은 「지운영사건규탄상소문」에서 주변 열강의 침략주의적 성격을 지적하면서 청·일 등 외세에 의존하려는 조선 부의 태도를 공개적으로 비판했다.21) 박영효도 당시 국제질서의 기본 성격을 강대국이 약소국을 식민지로 삼는 약육강식의 상황으로 파악했다. 조선이 자주독립을 보전할 수 있는 현실적 구상으로 다음과 같이 조선정부가 자립자존의 힘을 배양하고 민의 자립의지를 각성 및 배양시킨다는 방안이 제시되었다.22)

> 비록 [국제사회에] 만국공법과 균세공의(均勢公義)가 있지만 한 나라에 자립과 자존의 힘이 없으면, 반드시 영토의 빼앗김과 분할을 초래하게 되어 나라를 유지할 수 없게 됩니다. 만국공법과 공의는 본래 믿을 만한 것이 못 됩니다. 구라파의 개명하고 강대한 나라도 역시 패망하는 경우가 있었는데, 하물며 아시아의 개명하지 못한 약소국이야 말할 나위가 있겠습니까.

박영효는 조선의 대외관계가 "청국과 원만한 관계를 유지하며, 러시아와는 화합하며, 미국에 의탁하며, 일본과 친교를 맺으며, 영국, 독일, 프랑스 등과 연합하는 것"이 바람직하다고 보았다.23) 또한 대원군에게는 외세에 의존하려는 태도를 배격하고 일본의 침략의도에 대비하기 위해 자주적 개혁을 추진할 것을 권고했다.24)

갑신정변 실패 후 개화파는 청·일 등 외세에 대한 적대감을 공식적

---

21) 『東京日日新聞』, 1886/7/9; 『金玉均全集』, 143-146쪽.
22) 「1888년 상소문」, 309쪽.
23) 「1888년 상소문」 제7조, 309쪽.
24) "朴泳孝侯の上書──日本亡命中大院君へ"(1891. 2. 19), 『한국근세사론저집: 구한말편 (8)』, 19쪽.

으로 표명하는 것을 삼갔으며, 한 국가의 독립을 보전하기에 충분할 정도로 국력을 양성하기 전까지는 조선정부의 대외정책이 외세의 간섭 내지 침탈에 명분을 제공하지 않도록 신중하게 전개할 것을 주장했다.

2) 유길준의 중립론과 국권론

개화파의 자주독립 구상의 이론적 바탕은 '주권'개념의 수용에 있었다. 주권개념에 대한 이론적이고 체계적인 수용과 활용은 유길준의 『국권』(國權, 1888~89년 추정)에서 발견된다.25) 유길준은 조선이 자주독립국임을 입증하기 위해 주권개념을 수용하고 이를 적극 활용했다. 그는 이 글에서 "주권이란 한 나라를 관제하는 최대의 권리"이며, "국내외적인 여러 관계를 자주적으로 결정하며, 외국의 지휘 감독을 받지 않는 나라는 주권을 가진 독립국"이라고 했다. 더 나아가 그는 한 나라의 주권은 "형세의 강약, 토지의 대소, 인민의 다과 등을 불문하고 동등하다"고 하여 국제사회에서 주권평등의 원리를 거론하고, 이는 '절대적인 이치'[天地無偏의 正理]로서 "공법에 의하여 규제되고 보장"받는다고 강조했다. 이처럼 유길준이 근대 국제질서의 원리를 자주, 독립, 평등으로 보고 그 자연법적 성격을 부각시킨 데는 특별한 이유가 있다.

「국권」을 집필하게 된 것은 1888년 국내외에서 조선이 자주독립국인가 아닌가를 둘러싸고 국제적 논쟁이 있어 이에 대응하기 위한 것이었다. 이에 앞서 1884년 갑신정변 이후 청국이 조선에 '주차조선총리교섭통상사의'라는 직책으로 파견한 위안스카이가 조선의 국정에 직접 간섭하면서 사실상 식민지 총독 행세를 하고 있었다. 이로부터 1894년 청일전쟁이 발발할 때까지 10년간은 청국의 한반도 지배시대라고 해도 과언이 아니었다. 당시 조선 조정의 과제는 이 파행적 질서 속에서 어떻게 자주외교를 실현하느냐 하는 것이었다. 유길준은 그 대응방안으로 두 가

---

25) 순한문으로 쓰인 「국권」은 일부 내용이 첨삭·보완되어 「방국의 권리」라는 제목으로 『서유견문』 제3편에 편입되었다.

지를 제안했다. 하나는 '중립론'이고, 다른 하나는 '국권론'으로서 '양절' 체제에 대한 비판이었다.

1885년 12월 미국 유학 귀국 직후 집필한 중립론의 일차적 배경은 그 해 5월 영국의 거문도 점령사건이었다. 이에 대해 청국은 러시아 남하 저지를 위한 영국의 거문도 점령에 반대하지 않았고, 일본도 러시아에 대한 경계심에서 오히려 청국의 조선에 대한 지배 강화를 지지했다. 중립론의 요지는 조선을 중립화시키는 것만이 조선의 자주독립을 지키고 러시아를 막는[防俄] 방책이며, 중국이 그 주창자가 되도록 요청해야 한다는 것이었다.

유길준이 친중국적 중립론을 주장하게 된 이유는 당시 일본 등 주변국에 대한 불신과 조선에서 중국의 압도적인 위세 때문이었다. 중립론의 내용을 자세히 들여다보면, 이 글은 결국 중국 당국자에게 보여 그들을 설득하기 위한 글인 것으로 보인다. 당시 청국의 주적은 1차가 러시아, 2차가 일본이었다. 유길준은 바로 이러한 청국의 이해관계를 꿰뚫어보고 청국의 이해관계에 부합하는 방향으로 중립론의 논리를 전개하고 있다.

이것은 당시 조선의 압도적 실체인 중국의 세력을 이용해 조선의 위기를 극복할 수밖에 없다는 현실적 판단과, 그렇다고 해도 중국의 직접적인 지배는 배제하려는 고도의 전략적 의도가 개입되어 있는 것으로 분석된다. 유길준이 「국권」에서 주장한 논리, 즉 "독립자주국이 아니면 중립권이 없다"는 논리를 뒤집어보면 중립국이 될 경우 조선은 국제법상 독립국으로 승인되는 것이다. 유길준은 청국과의 직접 충돌을 피하면서 국제관계를 역이용해 조선의 중립화 과정을 통해 실질적인 탈중화 및 자주독립의 과정을 점진적으로 진전시키려 했던 것이다.

유길준의 이러한 구상 및 어법은 당시 김옥균과 유사한 점이 있다. 김옥균은 영국의 거문도 점령과 자신의 암살음모에 촉발되어 1886년 「지운영사건규탄상소문」과 「여이홍장서」(與李鴻章書)를 작성했다. 「여이홍장서」에서 그는 중국과 조선을 '입술과 이의 관계'[脣齒之勢]로 전제하고 청국을 맹주로 한 조선의 중립국화를 주장했다.26) 유길준과 김옥균이 청국에 의지하는 듯한 견해를 보인 것은 그들이 진실로 청국에 의지하려 했던 것이 아니라, 현실적으로 압도적인 청국에 정면 대항하지 않으면서 자주독립의 실리를 취하고자 하는 의도에서 비롯된 것이었다고 할 수 있다.

유길준의 '양절'론은 조선의 처지가 사대조공 관계와 근대 국제관계가 동시에 작동하고 있는 일관되지 않은 관계이지만, 제3국은 조선이나 중국에 대해 동등하게 대우하고 있다는 것을 말함으로써 조선의 자주독립적 지위를 변호하기 위한 것이었다. 그는 먼저 '증공국'(贈貢國)과 '속국'(屬國)을 구분하는 근대공법의 원리를 들어 조선은 청에 증공국이 될지언정 속국은 아니라고 함으로써 조선의 자주적 위상을 증명했다. 속국은 조약을 체결하는 권리가 없지만, 증공국은 다른 독립주권국과 동등한 수호통상조약을 체결할 수 있으며 체약 상대국에 사절을 파빙할 권리가 있기 때문이었다. 원칙적으로 대국이나 소국이나 다 평등함에도 불구하고, 현실 국제관계에서 국가간 대소와 형세의 차이로 스스로를 보전하기 위해 타국의 보호를 받는 '수호국'(受護國)과 공물을 바쳐 강대국의 침탈을 면하는 '증공국'이 생겨났다. 그러나 타국과 수호통상조약을 체결하면 수호국 또는 증공국이라 해도 주권독립국임이 공법의 분명한 규범이라고 주장했다.

다른 한편으로는 '내치외교는 자주'라는 전통 사대자소의 원리를 들어 중국의 횡포를 논리적으로 반박하면서해 조선의 권리를 최대한 확보하려고 했다. 이것은 당시 중국과의 전통적 신의에 일방적으로 기대는 집권세력 친청파의 정책과는 차원이 다른 것이었다.27) 이러한 전략은 박정양 초대 주미공사가 의전절차에 관한 중국의 요구를 무시함으로써 발생한 이른바 '영약삼단(另約三端) 사건'28)을 변호하는 외교문서[答淸使照

---

26) 『김옥균전집』, 152쪽.
27) 유길준의 '양절'론과 김윤식의 '양득'론에 대한 비교 검토는 정용화, 「전환기 자주외교의 개념과 조건: 19세기말 대청외교의 이론적 검토」, 『국제정치논총』 제43집 2호(2003) 참조.

會]에서 구체적으로 적용되었다. 결국 '양절체제'는 청일전쟁에서 청이 패퇴하면서 비로소 종식된다.

3. 갑오개혁기의 자주독립 구상

1894~95년 청일전쟁을 계기로 출범한 갑오개혁 정권은 그 동안 유길준과 박영효 등 개화파의 개혁구상을 실현할 수 있는 하나의 기회였다. 이들은 그 동안 절치부심해 온 조선의 자주독립국으로서의 위상을 국내외에 천명하고 실천하는 것뿐만 아니라 그 동안 구상해 온 국정 전반의 개혁정책을 강력히 추진해 나갔다.

갑오개혁을 주도한 개화파 관료는 외무아문을 신설하고, 국내외의 공사 문서에 개국기원을 사용하며, 그 동안 청국의 방해 때문에 중지되었던 영·독·불·이·러 등 각국에 특명전권공사를 다시 파견할 것을 제의하는 등 자주독립 외교를 추진했다. 그리고 '양절체제'로 특징지어지는 조·청관계의 청산에 앞장서 1882년 이래 조선이 청국과 맺은 각종 불평등조약을 파기했으며, '보호청상규칙'을 제정·반포해 청국인이 그 동안 조선에서 향유했던 모든 특권을 폐지했다.29) 1894년 11월 21일 조선정부는 조선이 독립되었음을 대내외적으로 공식 발표하는 의식을 거행할 것임을 공포했다. 그리고 이날 공포된 공문들에는 향후 조선의 국왕이 직접 외교사절을 접수하고 대외적인 신임장을 제정한다는 규정이 포함되었다.30) 이를 통해 조선 외교권의 최종 권한이 청이 아닌 조선 군

---

28) '영약삼단'이란 1887년 8월 조선정부가 청의 굴레에서 벗어나기 위해 박정양을 미국주재 전권대신으로 파견하자, 이제까지의 조청관계에 중대한 영향을 미칠 것을 감지한 리훙장이 조선의 외교상 자주권을 제한하는 세 가지 조건의 준수를 요구한 것을 말한다. 그 요지는 ① 조선공사는 도임하는 대로 청국공사를 방문, 청국공사와 함께 주재국의 외무성을 방문해야 하고, ② 의식·연회 등이 있을 때는 청국공사의 뒤를 따라야 하며, ③ 중대한 교섭안건은 청국공사와 의논해야 한다는 것 등이다.

29) 『고종실록』 고종 31년 6월 28일조; 유영익, 『갑오경장연구』(일조각, 1990).

주에 있음이 대내외적으로 공포되었다.

이러한 조선의 자주독립 선언은 그해 12월 12일 종묘에서 고종이 직접 공포한 홍범(洪範) 14개조에 언급된 취지문에서 "이제부터는 다른 나라에 의거하지 말고 국운을 융성하게 하여 백성의 복리를 증진함으로써 자주독립의 터전을 튼튼히 할 것"을 언급한 데서 상징적으로 나타나고 있다. 유길준과 박영효는 조선정부의 개혁의지와 그 방향을 담은 홍범 14개조를 작성·공포하면서, 그 첫 번째 항목으로 "청나라에 의존하는 생각을 끊어 버리고 자주독립의 터전을 튼튼히 세운다"31)고 밝힘으로써 조·청간 기존 조공관계의 종식을 공식 선언했다. 이러한 일련의 자주독립 선언 이후에도 조선정부는 그 취지와 자주외교의 필요성을 국내적으로 설명하고 홍보했다. 그 예로 1894년 12월 정부는 중앙과 지방의 관리 및 일반 대중들에게 다음과 같은 내용의 공고문을 통해 정부 차원뿐만 아니라 민간 차원에서의 '자주·독립'정신을 고취시키고 있다.

> 아, 너희들 일반 백성은 실로 나라의 근본이다. 자주도 백성에게 달렸고 독립도 백성에게 달렸다. 임금이 아무리 자주를 하려고 해도 백성이 없으면 무엇에 의거하며, 나라가 아무리 독립을 하려 하여도 백성이 없으면 누구와 더불어 하겠는가.32)

이와 더불어 중국 사신을 맞이하던 영은문(迎恩門)과 병자호란 때 청국의 공적을 기록한 비문인 삼전도비(三田渡碑)가 철거되는 등 그 동안 청에 수치스러웠던 상징물들이 제거되었다. 「1888년 상소문」에서 이미 조선 군주의 칭호를 '주상전하'에서 '대군주폐하'로 격상시켜 호칭한 바 있던 박영효는 갑오개혁 당시 이를 공론화해 실행함으로써 외국과 대등한 독립국가 군주의 위상을 갖추고자 했다. 그러나 당시 조선의 대다수

---

30) 『고종실록』 고종 31년 11월 21일조.
31) 『고종실록』 고종 31년 12월 12일조.
32) 『고종실록』 고종 31년 12월 13일조.

사람들은 조선이 중국과 오랫동안 긴밀한 유대관계를 맺어 왔는데 조선 정부가 일본의 간섭을 받고 있다고 여기면서, 개화파의 대청 자주독립 선언에 대해 적지 않게 반감을 표명하거나 저항하는 경우도 있었다.

이에 개화파는 청국에 의존하려는 논의들이 정치적으로 반역에 해당된다고 공포함으로써 친청의식과 친청세력을 억제하고자 했다. 그 예로 박영효는 「내무아문 훈령 제1호」를 통해서 기존의 중화사상에 젖어서 청국에 의존하려는 정치세력의 행동이 국시를 위협하는 역적행위가 됨을 경고했다. 나아가 그는 친청세력을 타도하기 위해 다음과 같이 조선의 관리와 민이 단결할 것을 호소했다.

> 그런데 불량한 무뢰배들이 나라의 큰 뜻을 망각하고 아직도 청나라를 사모하여 근거 없는 거짓말을 꾸며내어 민심을 유혹하고 국시를 흔들어 놓았다.…… 이러한 무리들은 드러나는 대로 붙잡아 나라를 배반한 역적으로 처벌할 것이다. 우리 대조선국의 모든 백성들은 우리 성상폐하의 큰 공로를 우러러 칭송하며 그 깊은 뜻을 체현하여 자주 독립하려는 큰 사업을 함께 지키고, 거짓말로 선동하는 나라의 역적이 있으면 함께 치기를 간절히 바란다.33)

그리고 박영효는 더 이상 중국을 숭상하지 말고, 조선의 개국기원이 정해졌으므로 이후 제반 문서와 계약서 등에 청국 연호를 쓰지 말라고 지시했다. 박영효는 조선정부 각 부서에 주재하는 일본인 고문관 등 일본 측의 간섭에 대해 커다란 불만을 갖게 되었고, 이러한 간섭을 방치할 경우 조선의 자립이 위태로울 것으로 전망했다. 이에 1895년 6월 박영효는 서광범 법부대신과 어윤중 탁지부대신 등 주위 사람들에게 일본의 도움을 받지 않고 자주 독립할 수 있는 방안을 강구하는 것이 시급함을 주지시켰다.34)

---

33) 『고종실록』 고종 32년 1월 5일조.
34) 杉村濬, 『明治 二十七八年 在韓苦心錄』(東京: 勇喜社, 1932), 한상일 역, 『서울에 남겨둔 꿈』(건국대학교 출판부, 1993), 200쪽.

그러나 개화파 관료들의 자주독립 외교에 주한일본공사관 등 외세가 견제했으며, 경제적 이권침탈을 저지시키려는 박영효의 조치에 불만을 품은 일본인의 음모로 1895년 7월 박영효는 실각, 망명하지 않을 수 없었다. 이후 유길준은 잠시 일본세력에 의존해 을미개혁을 추진했으나 고종의 아관파천으로 개혁정권은 붕괴하고 말았다.

이와 같이 개화파가 추구해 온 "청국의 간섭배제를 통한 조선의 자주독립" 구상은 청일전쟁에서 청국의 패배라는 국제정치적 변화 속에서 대내외적으로 조선의 자주독립을 상징하는 정책방향의 제시 등을 통해 이루어지는 듯했다. 그러나 청국을 대신해 일본의 제국주의적 간섭과 진출로 조선의 자주독립은 다시 위협받게 되었다. 그럼에도 이들 개화파가 추구한 '자주독립한 부강한 조선'이라는 구상은 전통적 사대질서의 해체와 새로운 근대 국제질서 편입과정에서 '탈중화'와 근대국가 건설을 통한 국제질서에서의 생존 모색이라는 측면에서 사상사적 의의가 매우 크다. 그리고 그들의 일련의 민족주의적인 국위선양 구상은 이후 독립협회가 추진한 사업의 선구로서 주목된다.

4. 대한제국기의 자주독립 구상

1) 대한제국의 외교와 독립협회의 독립론

1894~95년 청일전쟁 결과 맺어진 시모노세키(下關)조약 제1조는 "조선이 자주독립국임"을 확인하고 있다. 이것은 청일전쟁의 성격이 개항 이래 한반도로 팽창하려는 일본세력과 이를 저지하려는 중국 간의 경쟁에서 비롯되었으며, 일본이 그 전쟁의 명분으로 한국에 대한 중국의 종주권 주장을 부인하고 한국이 자주독립국임을 주장한 것을 반영한 것이었다. 그런데 조선의 독립국 지위가 일본의 지나친 간섭으로 위태롭게 되자, 왕실은 러시아가 주동이 된 삼국간섭 이후 러시아를 끌어들여 일본

을 견제하고자 했다. 대한제국의 독립은 이러한 국제정치적 배경에서 성립되었다. 그러므로 대한제국의 독립이란 자주역량이 아니라 주변정세의 변동, 특히 일본·러시아 간의 균형에 의해 표면상 주어진 것이었다.35)

이러한 정세에 대한 고종이나 정부당국의 대응은 대단히 취약한 것이었다. 한반도 문제가 일본·러시아, 일본·영국, 러시아·영국 간에 끊임없는 교섭과 흥정의 대상이 되고 있었다. 이것이 한국에게는 중대한 위협이 되고 있었지만, 정부는 '독립'의 환상에 사로잡혀 외양적인 행사에만 몰두하고 독립국가로서 요건을 갖추는 데는 둔했다. 정부당국은 강대국의 '보장'에 의해 독립을 유지하는 데 중점을 두고 안보능력 등 자위력 향상에는 소홀했다. 대한제국은 일본과 러시아의 균형 위에서 혹은 이들의 압력을 이겨내기 위해 미국 등에 각종 이권을 제공함으로써 그들을 끌어들여 독립을 지키려고 했다.

이에 대해 개화파 중심의 재야단체인 독립협회도 비슷한 입장을 취했다. 청의 속국상태에서 벗어난 상황에서 조선의 '독립됨'을 확인한36) 독립협회는 독립유지 방안으로 갑오정부의 일본에 대한 '편벽교제'를 비판하는37) 한편, 대외적으로 세력균형 개념에 입각해 편중외교를 지양하고 자주적이며 중립적인 외교가 중요하다고 역설했다.38)

그런데 열강의 독립보장 확보에 중점을 둔 나머지 독립협회는 자체 국방력 확보보다 열강의 정치적 개입을 끌어들이기 위해 경제적 이권침탈에 반대하지 않았다. 1898년 한국정부가 전국 대부분의 광산을 궁내부 소속으로 정하고 앞으로 외국인에게 광산허가를 금지하겠다고 선언하자 독립협회는 "외교는 신의"라고 하면서 오히려 한국정부를 비판했다.39) 또한 외부(外部)가 독일인에게 허가한 금광이권을 환수하려고 하자 「실

---

35) 구대열, 「대한제국시대의 외교」, 『대한제국연구(III)』(이화여대 한국문화연구원, 1985), 8-9쪽.
36) <독립신문> 1896/6/20, 논설.
37) <독립신문> 1897/5/25, 논설.
38) <독립신문> 1896/8/22, 논설; 1896/12/19, 논설; 1897/5/25, 논설; 1898/1/20, 논설.
39) <독립신문> 1898/7/7, 논설.

신 말지어다」, 「외교는 신의」, 「표리부동」 등의 제목으로 논설을 실어 오히려 한국정부를 비난했다.40) 독립협회 내에서 열강의 이권침탈에 위기의식을 느낀 사람들에 의해 열강에게 빼앗긴 이권을 조사해 대책을 강구하자는 의견이 제시되었지만, 이러한 시도도 윤치호를 비롯한 지도부의 제지를 받았고, 조사 후 보고는 했으나 실질적인 대처방안은 모색되지 않았다.41) 1897년 중반부터는 러시아의 지원이 기대에 미치지 못하고 그들의 압력이 너무 강하다는 판단에 따라 반러, 친일·미·영의 노선을 취했다.

일본은 조선을 독립시켰을 뿐만 아니라 근대적 개혁의 성공모델로, 미국과 영국은 후진국의 자유와 독립을 지원해 주는 국가로 인식된 반면, 러시아는 침략자이자 각종 이권의 요구자로 비판되었다.42) 독립협회가 반러 입장으로 선회한 데는 국제적으로 1898년 영·미·일 협조체제 형성과 국내적으로 개혁정책을 방해하는 세력인 관료층의 정치적 배경이 러시아 세력이었다는 점이 주요 요인이었다. 그리고 개화파 인물의 형성이 주로 미국과 일본의 영향을 받았다는 점, 독립협회 창립에 공헌한 정동구락부 등에 다수의 친미적 인물이 존재하고 있었다는 점 등이 영향을 끼친 것으로 볼 수 있다.43)

한편 대내적으로 독립협회는 '독립'의 최후 보루는 조선 인민임을 분명히 하고, 독립을 유지하기 위해서 '개개인의 독립'을 기반으로 한 국내 '자강'의 필요성을 강조했는데, 이는 기왕의 개화개혁론보다 진일보한

---

40) <독립신문> 1898/8/24, 논설; *The Independent*, 1898/8/11, "Diplomacy and Duplicity."
41) 정교, 『대한계년사』(상), 228-230쪽; 주진오, 「19세기 후반 개화개혁론의 구조와 전개: 독립협회를 중심으로」, 연세대 박사학위논문(1995), 208쪽.
42) <독립신문> 1899/1/17, 논설; 1899/2/27, 논설. 독립협회의 자주국권 수호와 이권반대 운동의 대상이 주로 러시아의 절영도조차 요구와 러한은행 설치문제, 러시아 재정고문 및 군사교관 해임에 집중되었다는 사실이 주목된다. 러시아 외의 국가로는 일본이 그 대상이 되었으나, 이는 러시아의 절영도조차 반대를 위한 명분을 제시하기 위해서 발단된 것이었다. 정교, 『대한계년사』(상), 179쪽.
43) 최덕수, 「독립협회의 정체론과 외교론」, 『한국근대정치사연구』(사계절, 1985), 332, 335쪽.

것이었다. 국가적 독립의 유지, 확보를 위해서는 국내적 역량의 강화, 즉 각 개인이 남에 의지하지 않고 자주 독립할 수 있어야 하며 국민적 통합을 이루어야 함을 자각하게 된 것이다.44) 그런데 독립협회는 독립 유지에 대한 위기의 초점을 국제적 측면보다는 국내적 측면, 즉 인민의 책임을 지나치게 강조함으로써 외세에 대한 경계를 소홀히 한 점을 지적하지 않을 수 없다. 그것은 국방력 강화의지의 소멸로 표현되었다. 군대양성의 목적은 외국의 침략 대비보다 국내의 '비도'(匪徒)를 진정시키는 데 한정되었다.45)

2) 동양주의의 대두와 그 함정

세력균형론에 입각한 균세론적 자주독립 구상과 함께 제기된 것이 인종주의에 입각한 동아시아 연대론 또는 동양주의이다. 이것은 서구적 근대화론을 주장한 <독립신문>(1896. 4~1899. 12) 뿐만 아니라 유교적 근대화론을 주장한 <황성신문>(1898. 9~1910. 9)에서도 공히 발견되며, 특히 정세의 변화에 따라 1900년 이후 두드러진다. 동양주의적 사고는 이후 계몽운동기까지 지속되면서 대한제국기 대외인식에서 독특한 위치를 차지했다.

동양주의의 근거는 문화적으로 '동문동종'(同文同種), 지정학적으로 '보거순치'(輔車脣齒)의 논리에서 찾아졌다. 지리적·문화적 친밀성을 가진 동양 삼국이 친밀히 교제해 서로 보호하고 도와주어 구라파의 침범을 막아내자46)는 이러한 사고의 기반에는 사회진화론과 인종주의가 작용하고 있었다. 그들은 약육강식의 사회진화론적 원리가 관철되는 당시 서구 열강의 여타 지역에 대한 제국주의 침탈을 인종간의 전쟁으로 인식했다. 이러한 인식은 당시의 동아시아 상황을 "황인종과 백인종이 각

---

44) <독립신문> 1897/5/25, 논설; 1898/7/15, 논설.
45) <독립신문> 1897/5/25, 논설.
46) <독립신문> 1898/4/7, 1899/11/9, 논설; <황성신문> 1899/4/12, 1899/5/24, 논설.

립하여 서로 다투는 시대"라고 규정하면서, 동양 '동포형제의 의'로써 동양의 큰 판을 보존하고 서양 백인종의 침략에 대응하자는 논리로 귀결되고 있다.47)

동양주의는 자국의 힘의 열세 내지는 동아시아의 힘의 균형상태를 바탕으로 성립했는데, 국제정치 관념과 국가(국민)의식의 차이에 따라 일본과 조선의 양상은 달라졌다. 일본 동양주의의 경우 일본이 '맹주'가 되어 '황·백인종의 대립'에서 '황인종'의 아시아를 보전해야 한다는 논리였다. 이것은 궁극적으로 '인종적 이익'(또는 '인종적 안보')을 빌미로 '민족적 이익'(또는 '민족적 안보')을 추구하려는 경향이 강했다. 즉 일본의 동양주의는 현실주의적 국제정치 관념을 토대로 한 것이며, 국권 확충을 위한 전략적 고려와 '탈아'의 개연성을 내포하고 있었다. 한편 조선의 동양주의에서는 '인종적 이익'(안보)과 '민족적 이익'(안보)은 연속적인 것으로 간주되는 경향이 강했다. 황인종 연대의식은 전략적 고려도 있었지만 도의적 국제정치 관념의 산물인 경우가 많았다.48) 동양주의는 러일전쟁을 거치면서 더욱 심화되었다. 대다수 한국인들은 일본이 러시아와 전쟁을 수행하면서 내걸었던 '동양평화'에 기대를 걸었고, 일본의 승리를 보고 감격해했다. 러일전쟁은 백인종에 대한 황인종의 승리로 받아들여졌고, 일본 승리 이후 일본의 맹주적 역할에 대한 기대가 고조되었다.

그런데 동양주의는 지식인들 사이에 다소 상이한 두 가지 양태로 전개되었다. 그 하나는 문화적·인종적 동질성과 지정학적 상호 의존성에 바탕을 둔 '동양삼국 정족론'이다. 다른 하나는 동양 위기의 원인이 부패와 미개에 있으므로 이를 극복하기 위해서 먼저 개화한 일본이 맹주가 되어 한·청 양국을 문명화·개화시킴으로써 '동양' 단위의 공존공영을 이룩하자는 '동양삼국 공영론'이 그것이다. 동양삼국 정족론은 주로 장지연, 박은식 등의 유교적 근대화론자들에 의해 주장되고 있는 데 비해,

---

47) <독립신문> 1899/11/8, 논설.
48) 장인성, 「'인종'과 '민족' 사이: 동아시아 연대론의 지역적 정체성과 '인종」, 『국제정치논총』 제40집 4호(2000), 131쪽.

일본 주도의 동양삼국 공영론은 <독립신문> 필진과 같은 서구적 근대화론자들과 일본의 영향을 많이 받은 일본 유학생들에게서 주로 발견된다.49) 동양삼국 공영론자들은 '동양의 문명 선도자'이면서 동시에 제국주의 열강의 위협으로부터 동양평화를 유지하고 중국대륙의 이익을 균분할 수 있는 책임과 능력을 가진 일본이 한·청 양국을 권도(勸導)해 문명부강의 길로 나아가도록 하는 책무가 있다고 주장했다.

장지연이 「시일야방성대곡」을 발표해 보호조약의 부당성을 폭로한 까닭도 동문동종인 동양 삼국의 황인종이 이질적인 종족문화를 보유한 서양 백인종과의 경쟁에 공동으로 대처해야 함에도 불구하고 일본이 이를 위반해 그들의 한국 지배의도를 관철시키려 했기 때문이다.50) 안중근이 이토 히로부미(伊藤博文)를 저격하고 쓴 「동양평화론」도 같은 맥락이었다.51) 이러한 관점은 여전히 문명적·인종적 보편주의 의식에서 비롯된 것으로 볼 수 있다.

그러나 1905년 보호조약을 겪으면서 동양주의에 대한 회의가 일기 시작한다. 윤치호는 러일전쟁과 보호조약 직후 일본에 대한 애증을 이렇게 표현하고 있다. "나는 일본이 러시아를 물리친 것이 기쁘다. 섬나라인들은 영광스럽게도 황인종의 명예를 지켜냈다.…… 나는 황인종의 일원으로서 일본을 사랑하고 존경한다. 그러나 조선인으로서는 독립까지 모든 것을 빼앗아 가는 일본을 증오한다."52) 일본에 대한 이러한 애증은 '황인종'으로서의 정체성과 '조선인'으로서의 정체성이 공존함과 동시에 양자가 갈등하는 데서 비롯된 것이었다.

'인종적 정체성'과 '민족적 정체성'의 긴장관계는 '[국가의] 독립'과 '문명' 간의 딜레마와 겹치면서 새로운 선택을 요구했다. 문명 개화론자

---

49) 정낙근, 「개화지식인의 대외관의 이론적 기초」, 『한국정치학회보』 27집 1호(1993).
50) <황성신문> 1905/11/20, 논설.
51) 안중근, 「동양평화론」, 최원식·백영서 편, 『동아시아인의 '동양'인식: 19~20세기』 (문학과지성사, 1997), 205-215쪽.
52) 『윤치호일기』, 1905/9/7.

들은 대체로 독립은 독립할 능력을 갖춘 뒤에, 즉 문명화한 이후에 가능한데, 아직 한국은 문명화되지 않았기 때문에 우선 문명화에 주력해야 한다고 생각했다. 그리고 한국 문명화의 모델은 이웃나라이자 황인종인 일본이라고 생각했다. 일본은 문명 개화론자에게 새로운 '중심'이 되었다. 이들이 일본을 '문명'으로 '자기화'하고 이를 모델로 생각하는 순간, 일본의 '협조'와 '지도'는 한국의 문명화를 위해 환영할 만한 것으로 인식되었다. 그 예로서 윤치호는 "나는 더러운 중국에도, 인종편견과 차별이 지독한 미국에도, 열악한 정부가 있는 한 조선에도 살고 싶지 않다," "만일 자기 조국을 선택할 수 있다면 나는 일본을 선택할 것"이라고 고백한다.53) 동양주의 인식이 인종주의로 지나치게 경사될 경우 국가 단위의 생존과 균세의 원리를 정확하게 파악하지 못할 위험이 상존하는데, 문명 개화론자들은 대체로 그 덫에 빠지고 말았다.

<참고문헌>

『고종실록』, <독립신문>, <황성신문>, 『윤치호일기』, 『서유견문』.
『매천야록』, 『음청사』, 『대한계년사』, 『김옥균전집』.
日本 外務省 編, 『日本外交文書』 第21卷(明治 21年 1月~12月間), 문서번호 106.

안중근, 「동양평화론」, 최원식·백영서 편, 『동아시아인의 '동양'인식: 19~20세기』(문학과지성사, 1997).
『한말근대 법령자료집(I)』(대한민국국회도서관, 1970).
강재언 저, 『한국의 개화사상』, 정창렬 역(비봉출판사, 1981).
구대열, 「대한제국시대의 외교」, 『대한제국연구(III)』(이화여대 한국문화연구원, 1985).
김도형, 『대한제국기의 정치사상연구』(지식산업사, 1994).

---

53) 『윤치호일기』, 1893/11/1; 1905/8/6.

김영작, 『한말 내셔널리즘 연구』(청계연구소, 1989).
김용구, 『외교사란 무엇인가』(도서출판 원, 2002).
_____, 『임오군란과 갑신정변』(도서출판 원, 2004).
김현철, 「개화기 박영효의 자주외교론」, 『국제정치논총』 제39집 2호(1999).
_____, 「제1차 일본 망명시기 박영효의 활동과 갑신정변 가담 개화파」, 『한국정치외교사논총』 제21집 2호(2000).
노재봉, 「한국민족주의와 자유주의」, 『사상과 실천』(녹두, 1985).
류영익, 『갑오경장 연구』(일조각, 1990).
_____, 「박영효와 갑오경장」, 『동학농민봉기와 갑오경장』(일조각. 1998).
민태원, 『갑신정변과 김옥균』(서울국제문화협회, 1947)
박찬승, 『한국근대정치사상사 연구: 민족주의 우파의 실력양성론』(역사비평사, 1992).
이광린, 「춘고 박영효(1861~1939)」, 『개화기의 인물』(연세대학 출판부. 1989).
이용희, 『일반국제정치학(상)』(박영사, 1962).
장인성, 「'인종'과 '민족' 사이: 동아시아 연대론의 지역적 정체성과 '인종'」, 『국제정치논총』 제40집 4호(2000).
정낙근, 「개화지식인의 대외관의 이론적 기초」, 『한국정치학회보』 제27집 1호(1993).
정용화, 「전환기 자주외교의 개념과 조건: 19세기 말 대청외교의 이론적 검토」, 『국제정치논총』 제43집 2호(2003).
_____, 『문명의 정치사상: 유길준과 근대한국』(문학과지성사, 2004).
趙景達, 「朝鮮近代のナシユナリズムと文明」, 『思想』 808(1991).
주진오, 「19세기 후반 개화개혁론의 구조와 전개: 독립협회를 중심으로」, 연세대 박사학위논문(1995).
최덕수, 「독립협회의 정체론과 외교론」, 『한국근대정치사연구』(사계절, 1985).

Bull, Hedley & Adam Watson (ed.), *The Expansion of International Society* (Clarendon Press, 1984).

제26장 동학의 정치사상과 혁명운동

오문환(연세대학교)
김혜승(이화여자대학교)

1. 자주적 근대성의 사상과 실천

　동학은 전통적 유교 정치질서의 붕괴와 도래하는 서학과 모더니티 정치질서의 충돌에서 조선이 나아가야 할 새로운 길을 모색해 나온 정치철학이자 혁명운동이었다. 동양적 전통과 서구적 근대가 맞부딪치는 가운데 탄생한 동학은 조선이 19세기 말에 추구한 자주적 근대성의 길이라고 하겠다. 이 글에서는 동학이 제시하는 자주적 근대성의 길을 3가지로 분석해 보고자 한다.
　첫째, 자기정체성의 정치사상으로서 동학을 분석한다. 동학은 깊은 자기 내면의 성찰에서 나왔기 때문에 동양적 전통이나 서구적 근대에서 자기준거성을 찾는 것이 아니라 자기성찰에서 새로운 길을 모색했다는 점을 분석할 것이다. 변방이 아니라 우주의 중심인 주체의 발견과 '아국'(我國)의식의 형성은 한국 민족주의의 정치철학적 기초가 된다. 대외관계에서도 중국과 일본, 그리고 서구에 대한 국제적 평등권을 자각하는 애국관념을 형성하게 된다는 점을 살펴본다.

둘째, 평등사상과 자율적 민의 조직화에 의한 자치사상으로서 동학을 분석한다. 평등사상은 민을 역사의 주체로 각성시켜 접과 포라는 조직으로 정치세력화하게 된다. 접포제와 전주화약 이후 집강소의 정책을 분석함으로써 동학에서 민주주의 사상의 원형과 구체적인 실천을 분석한다.

셋째, 후천개벽 사상이 사회정치적으로 내정개혁의 혁명과 반침략주의 전쟁으로 발전하는 과정을 분석한다. 동학혁명은 단순히 내적 권력구조의 변경뿐만 아니라 반침략 혁명운동으로 발전하게 됨을 제1차 봉기와 제2차 봉기의 전개과정의 분석을 통해 밝히고 동학이 건설하고자 한 국가상을 밝힌다. 동학은 자주적 근대성의 사상을 제시하고 변혁적 민과 결합해 실천운동으로 발전했으나 일본 제국주의의 압도적인 무력간섭으로 인해 근대적 국가건설로 발전하지는 못했지만, 서구와는 또 다른 근대성의 길을 자생적으로 열었음을 밝힐 것이다.

2. 자기정체성의 정치사상

1) 새로운 정치주체의 발견

동학에서 인간은 천주를 모신(侍天主) 존재로 이해된다. 동학은 시천주 개념을 통해 근본적인 종교혁명을 이루어 낸다. 천명, 천리와 같은 형이상은 따로 떨어져 홀로 존재하는 것이 아니라 인간의 본성 또는 본심으로 내재화시켰기 때문이다. 천주의 내면화를 통해 동학은 인간 개체의 존엄성, 공공적 개체성, 평등성의 철학적 근거를 마련하게 된다.

사람이 천주를 모신 존재라는 점을 동학은 내유신령(內有神靈)과 외유기화(外有氣化), 그리고 일세지인(一世之人), 각지불이(各知不移)로 분석해서 설명한다.[1] 모신다는 것은 안으로는 천주로도 표현되는 영성을 갖고

---

1) 「논학문」, 『동경대전』. 수운 최제우의 저작은 『東經大全』과 『용담유사』 계미판을 저본으로 하는데, 본 계미판은 한국학문헌연구소 편, 『東學思想資料集 壹貳參』(亞細

있고, 밖으로는 우주의 하나의 기운(渾元一氣)과 통한 존재로 이해된다. 인간을 영적·공동체적 존재로 본 것이다. 중요한 것은 이러한 존재 실상을 각 개인이 실천하는 노력을 중시했다는 점이다.

종교적·철학적 주체의 등장은 새로운 정치주체의 탄생과 긴밀한 관계가 있다. 모든 사람이 다 천리에 통하고 우주 기운에 합할 수 있으며 개체적으로 실천할 수 있기 때문에, 누구나 공적 정치의 주체가 될 수 있다는 사상으로 발전한다. 국가를 보전하고 민생을 안정시키는 문제는 더 이상 왕이나 사대부의 전유물이 아니라 일반 민도 국가 공공사의 주역이 될 수 있다는 정치의식을 각성하게 된다. 성리학에서 이상적 정치주체로 일컬어지는 군자는 더 이상 신분, 재산, 지위, 성별 등의 차이와 무관하게 누구에게나 열리게 된 것이다. 동학은 근대적 정치주체를 발견한 것이다.

동학혁명기에는 새로운 정치주체인 민이 조직적으로 역사의 전면에 드러나고 있음을 볼 수 있다. 당시에 내건 포고문에는 다음과 같은 내용이 적지 않다. "저희들 수백만은 힘을 합쳐 죽기를 기약하고 왜적과 서양 놈을 쓸어내 나라에 크게 보답하는 의리를 다하고자 합니다.…… 우리와 뜻을 같이하고 협력하여 충성심이 있는 선비와 관리를 뽑아 모집하여 같이 국가를 돕기를 천만번 바라나이다."[2] 역설적이게도 조선왕조의 정치적 주체라고 할 수 있는 관리들에게 자신들과 함께 국가보전에 나설 것을 촉구하고 있다. 여기에서 동학의 국민주권 의식과 함께 자주

亞文化社, 1979)에 영인되어 있다. 해월 최시형의 저술은 「내수도문」(內修道文), 「내칙」(內則), 「유훈」(遺訓)이 있으며 서울대 중앙도서관 규장각도서 문서번호 17295 동학서 30책에 실려 있다. 이에 대해서는 신용하, 「崔時亨의 「內修道文」·「內則」·「遺訓」에 대하여」, 『韓國學報』 12(1978), 198-202쪽 참조. 해월의 말을 손천민(孫天民)이 한자로 옮긴 『理氣大全』도 해월의 저서이다. 신용하, 「東學 第二代 敎主 崔時亨의 <理氣大全>」, 『韓國學報』 21(1980), 150-155쪽 참조. 이 글에서는 『天道敎經典』 포덕 138년(1998)판을 참고로 한다. 이하에서 수운과 해월의 인용 출처는 본문에 편명만 표기한다.

2) 東學農民戰爭史料叢書編纂委員, 『東學農民戰爭史料叢書(29)』(史芸硏究所, 1996), 29쪽.

의식을 잘 볼 수 있다. '보국', '애군충국'을 위해 민이 일어났으니 힘을 합해 외세에 대항하자는 주장이다. 민이 주체가 되어 관리들에게 국방의 의무를 촉구하고 있으며 국가수호의 전면에 나서고 있다는 점에서 뚜렷한 자생적 민족의식을 볼 수 있다.

2) 자주적 학문과 '아국' 중심주의

수운(水雲) 최제우(崔濟愚, 1824~1864)는 경신년(1860) 4월 5일에 "내 마음이 네 마음"(「논학문」)이라는 영적 체험을 한 뒤 동학을 새로운 종교 및 철학으로 선포한다. "도인즉 천도이나 학인즉 동학이라"(「논학문」)고 하며 자주성을 강조했다. 수운은 동학을 서학 및 유학과 뚜렷하게 구분한다. 「포덕문」에서 수운은 "서도로써 가르쳐야 하는가"라고 천주에게 질문했으나, 하늘로부터 "그렇지 아니하다. 나에게 영부 있으니 그 이름은 선약이요 그 형상은 태극이요 또 형상은 궁궁이니, 나의 영부를 받아 사람을 질병에서 건지고 나의 주문을 받아 사람을 가르쳐서 나를 위하게 하면 너도 또한 장생하여 덕을 천하에 펴리라" 하는 대답을 듣는다(「포덕문」). 영부와 주문을 근거로 수운은 학문적 자기정체성을 확인하고 나아가 국가적 자기정체성을 정립한다. 따라서 조선을 세계의 중심으로 생각했고, 자신을 우주의 중심으로 보았다.

동학은 조선을 화이질서의 변방이 아닌 지리적 중심으로 인식했다. 수운은 용담정이 있던 구미산을 중화의 곤륜산에 비유하면서 경주의 주산으로, 우주의 중심으로 노래한다(「용담가」). 자기중심성의 선언이라 하겠다. 우암 송시열의 소중화가 청에 대해 보편적 이(理)의 문화중심을 자부한 것이라면, 수운은 곤륜산이 따로 있는 것이 아니라 자신이 지금 거처하고 있는 구미산이 지리적 중심이라고 했다. 추상적 문화중심이 아니라 구체적인 지리중심이었다.

수운은 자신이 거처하고 있던 구미산의 조그마한 연못인 용담을 네 바다의 근원이라 하고 구미산의 꽃 소식이 천하의 봄을 알려준다고 해서 구미용담을 우주의 중심으로 자부했다. "용담의 물이 흘러 네 바다의 근원이요, 구미산에 봄이 오니 온 세상이 꽃이로다"(「절구」). 수운은 지리적 중심인 경주보다 더 중요한 것은 자신이라는 사실을 제기함으로써 자각적 주체가 우주의 중심임을 특별히 강조했다. "구미산수 좋은 풍경 아무리 좋다 해도 내 아니면 이러하며 내 아니면 이런 산수 아동방 있을소냐"(「용담가」). 수운은 천주를 모시고 있는 자아가 우주의 중심이라고 강조한다.

또한 중국을 치아로 한국을 입술로 인식하던 중화적 관념을 극복하고 수운은 중국을 입술로 한국을 치아로 인식하게 된다(「포덕문」). 조선이 중심이고 중국은 변방으로 간주되고 있다. 수운에게 중요한 것은 동양질서를 보전하는 것이 아니라 '아국'을 보전하는 문제였다. 수운은 「안심가」 전편에 걸쳐서 멸망 직전에 처한 조선의 국운에 대해 심각한 우려를 표명하면서, 국가를 보전할 만한 인재가 없는데 천주가 자신을 통해 국가를 보전하게 했다는(「포덕문」) 강한 국가의식을 표출했다. 지리적 탈중화주의를 뚜렷하게 보이고 있는 것이다.

일본에 대해 수운은 임진왜란을 상기하면서 나라를 지킨 애국충신인 오성 이항복과 한음 이덕형을 들고, 의병장군으로는 전라도 광주의 김덕령3)을 들고 있다. 또한 군대를 파견해 왜적과의 전쟁을 도운 명나라 신종을 기리는 대보단도 상기시키고 있다.

수운은 임진왜란을 극복하는 데 공로를 세운 많은 충신들 대신 의병 출신인 김덕령을 특별히 거론해서 칭찬하고 있다. "만고충신 김덕령이 그때 벌써 살았으면 이런 일이 왜 있을꼬 소인참소 기험하다 불과 삼삭 마칠 것을 팔년 지체 무삼 일고"(「안심가」)라고 했다. 관직을 맡지 않은

---

3) 김덕령은 1594년 의병을 정돈하고 선전관이 된 후, 권율의 휘하에서 의병장 곽재우와 협력해 여러 차례 왜병을 격파했다. 1596년 도체찰사 윤근수의 노속을 장살해 체포되었으나 왕명으로 석방되었다. 다시 의병을 모집해 충청도의 이몽학 반란을 토벌하려다가 이미 진압되자 도중에 회군했는데, 이몽학과 내통했다는 신경행의 무고로 체포·구금되었다. 이후 혹독한 고문으로 인한 장독으로 옥사했다.

일반 민의 투철한 국가 안보의식이 높게 평가되고 있다. 그러나 새로운 국가건설의 혁명의식보다는 외적으로부터 국가를 보전한다는 자주독립의 성격이 더 강하다.

수운은 일본을 '개 같은 왜적 놈'이라고 부르면서 임진왜란 때 조선을 침략해서 무엇을 얻었는가 묻고 있으며, 또한 "개 같은 왜적 놈이 전세 임진 왔다가서 술싼일 못했다고 쇠술로 안 먹는 줄 세상사람 뉘가 알꼬 그 역시 원수로다"(「안심가」)라고 하여 일본을 원수의 나라로 인식하고 있다. 일본 사람들이 쇠로 만든 숟가락을 쓰지 않는 것은 조선을 정복하지 못한 절치부심으로 보고 있다.

사상적 자주성과 함께 지리적인 중심을 세우게 된다. 수운은 일반 민중들을 위해 한글로 쓴 가사에서 "십이제국 다 버리고 아국운수 먼저 하네"(「안심가」)라고 하여 아국을 최우선시하고 있다. 수운은 '아국'을 『용담유사』에서 다섯 번에 걸쳐 말함으로써 일반 민에게 국가의식을 불어넣고 애국심을 고취시키고 있다.

3) 동학문명론

동학은 당대의 위기에 대한 대안적 성격을 갖는다. 당시의 위기를 "유도불도 누천년에 운이 역시 다했던가"(「교훈가」)라고 하여 문명적 위기로 인식한다. 또한 최고통치자는 최고통치자답지 못하고, 관료제는 부패하고, 가정질서도 무너져 버렸으며, 인간성도 붕괴되었다(君不君 臣不臣 父不父 子不子)고 보아 총체적 위기로 보고 있다. 따라서 전면적인 새로운 시작만이 대안이었다. 그러므로 수운은 "12제국 괴질운수 다시개벽 아닐런가"(「몽중노소문답가」)라고 하여 동학을 대안적 문명으로 제시한다. 동양문명은 천황씨를 기원으로 한다고 전해진다. 수운은 자신을 문명의 시조인 천황씨에 비유했다. 다시 말하자면 전통적 동양문명과 고별하고 독자적인 동학문명을 선언한 것이다. 문명의 핵심은 새로운 도와 덕에 있다고 본다. 그러므로 수운은 천명, 천리, 천도를 자신이 받아서 새로운 도덕, 새로운 교육, 새로운 정치를 연다고 주장한다. 수운이 천명을 받았다는 주장은 해월 최시형이 하늘로부터 받았다고 하는 「강서」에서 더욱 분명하게 드러난다.

해월은 하늘이 상제를 돕기 위해서 임금과 스승을 내었다는 『서경』의 구절을 그대로 인용하면서, 수운은 하늘로부터 가르침을 받은 주인이라고 했다(「강서」). 이는 혁명적인 선언이다. 동학이 천주의 명을 받았기 때문에 새로운 문명이 시작되었다고 한다. 수운은 「불연기연」에서 천황씨가 천도에 통해 천덕을 세웠다는 점에서 최초의 참인간이며, 최초의 스승이며, 최초의 임금이 되었다는 논리를 전개한 바와 마찬가지로, 이제 자신이 도성덕립했기 때문에 예전과는 달리 참된 자신을 회복한 진인 또는 도인으로 일컬어지는 이상적인 인간이 되었고, 도의 근본을 가르치는 스승이 되었으며, 또한 통치의 정당성을 자신이 이어받았음을 간접적으로 선언하고 있는 것이다. 동학은 당대의 위기를 문명의 위기로 보았기 때문에 종교적 대응이나 군사적 대응만으로는 위기를 극복할 수 없으며, 근본적인 문명적 개벽을 통해서만 극복 가능하다고 보았다. 이 점에서 동학은 중화문명과 서구문명에 경도되었던 위정척사나 개화사상과는 달리 독자적인 문명표준에 근거해 나라를 보전하고 인민을 안정시키고자 했다고 하겠다.

3. 평등사상과 민의 조직화

1) 평등사상과 신분제 철폐

인간은 영성적·공동체적 주체이기 때문에 평등하다는 관념은 쉽게 민의 공감대를 형성했다. 수운은 노비 둘을 한 명은 며느리로 한 명은 딸로 삼았다. 해월은 "어린아이도 한울님을 모셨으니 아이 치는 것이 곧 한울님을 치는 것이오니"(「내수도문」)라고 해서 노소 차별의 유가질서를 비판하면서 평등을 제시했다. 또한 해월은 청주를 지나면서 서택순의 집에서 며느리가 베를 짜는 것이 아니라 천주가 베를 짠다고 했다. 이는 남녀평등의 근거가 된다.

신분제 타파는 평등사상의 적극적인 표출이다. "적서의 구별은 집안을 망치는 근본이요 반상의 구별은 나라를 망치는 근본이니, 이것이 우리나라의 고질이니라"(「포덕」). 인위적인 신분제의 철폐는 유교권력의 사회적 기초의 붕괴를 뜻한다. 동학이 강원도 산간지방에서 1880년대부터 충청도와 호남지역으로 세력을 확장하는 가운데4) 수반된 조직적 혼란을 질책하는 해월의 말에서 또한 분명하게 평등주의를 볼 수 있다. "선천의 썩은 문벌의 고하와 귀천의 등분이 무슨 관계가 있느냐."5) 신분제적 조선사회에서 자격에 의해 직책을 선임했다는 것은 동학의 혁명적 근대성을 잘 보여주는 사례이다.

이러한 평등사상은 민권의 중요한 표지이다. 이 점에서 동학은 한국 민권사상의 연원이라 할 수 있다. 대다수 국민이 농민이었던 당시의 상황에서 "동학을 깨달은 자는 호미를 들고 지게를 지고 다니는 사람 속에서 많이 나오리라."6) 또는 "부한 사람과 귀한 사람과 글 잘하는 사람은 도를 통하기가 어렵다"7)는 해월의 말에서 동학이 정치적 혁명으로 급격히 발전하는 사상적 근거를 보게 된다. 평등사상이 혁명으로 발전하는 데는 후천개벽의 역사관이 큰 역할을 했다.

후천개벽은 일체의 형식적 차별에 근거한 사회질서는 선천질서로서 결국 붕괴할 운명에 있으며, 영적 평등주의에 기초한 새로운 후천질서가 도래한다는 것을 강조한다. "부하고 귀한사람 이전시절 빈천이오 빈하고 천한사람 오는시절 부귀로세 천운이 순환하사 무왕불복 하시나니"(「교훈가」)라는 언명은 동학혁명의 이상으로 작용하게 된다. 더욱이 해월은 이

---

4) 박맹수, 「동학조직과 일반민중의 결합: 삼례취회」, <문화저널> 61(1993. 6), 23면.
5) 天道敎史編纂委員會, 『天道敎百年略史』(未來文化社, 1981), 159-160쪽.
6) 신용하, 「東學第二世敎主 崔時亨調書・判決書」, 『韓國學報』 12(1976), 250쪽.
7) 같은 논문.

러한 순환론에 근거해 유교적 정치질서와는 다른 동학적 평등질서의 도래를 확신시킨다. "성쇠명암은 천도의 운이요, 흥한 뒤에는 망하고 망한 뒤에는 흥하고, 길한 뒤에는 흉하고 흉한 뒤에는 길하나니 흥망길흉은 인도의 운이니라"(「개벽운수」). 동학의 영적 평등주의의 도래를 순환적 역사법칙에 의거해 정당화함으로써 조선사회의 붕괴를 기정사실로 인식하게 된다.

2) 자율적 민의 형성: 접과 포

인간은 밖에 존재하는 어떤 형이상학적 절대존재를 기다려서 자율적이 되는 것이 아니라, 자신 안에 천주라는 절대적 자율성을 이미 갖추고 있기 때문에 자율적이다. 그러므로 수운은 도란 "내가 내 되는 일이며 다른 것이 아니다"(「후팔절」)고 분명하게 말한다. 자율성은 정치적 자치조직 형성의 근거가 된다.

1880년대에 이르면 거의 전국에 걸쳐 평등의식에 기초한 소규모의 자율적 모임이 형성되어 조선사회가 처한 정치·사회적 문제를 비판하면서 새로운 대안을 제시하게 된다. 접의 인원수는 논자에 따라 일치하지 않지만 대략 50호 동학도들의 모임이며, 접주가 중심이 되어서 경전을 논하거나 강론을 듣거나 다른 접들과 소식을 전달하는 공적인 장소였다.

접주제는 1862년 수운이 동학의 수도자들을 가르치고 관리하는 조직으로 만들었다.[8] 접은 1871년의 이른바 '이필제난'으로 일컬어지는 동학도들의 사회참여 운동을 통해서도 붕괴되지 않고 건재함을 보여주었다. 이후 1878년에 해월은 강원도에서 다시 접을 설치하게 된다. 수운의 사상이 창도된 지 30여 년 만에 전국에 걸쳐 접이 형성되기 시작한 것이다. 접은 1890년대에 이르면 거의 전국에 걸쳐 형성된다.

접의 구성원들은 새로운 가치관을 공유하는 통일된 의식공동체였으며,

---

8) 오지영, 『동학사』(永昌書館, 1941), 31쪽; 이돈화, 『天道敎創建史』(경인문화사, 1970), 제1편, 42쪽.

인간적 온기와 호흡이 통하는 대가족이었으며, 새로운 정치·사회질서 탄생의 기초단위였다. 접은 서구 근대사회의 기초단위인 이익 계산적이며 전투적인 집단이나 계급과는 달리 인간적인 관계와 가치를 중심으로 형성된 소공동체였다.

  1884년 12월에 접은 육임제(六任制)9)라는 조직적 체계성을 갖추게 된다. 그리하여 전문능력을 갖춘 인재들을 수용하고 조직적 효율성을 높이면서 동학의 대사회적 역할을 강화하게 된다.10) 다시 말하자면 동학도의 수적 증가에 부응하고 대사회적 기능을 원활하게 하기 위해 '포'라는 상위 조직이 설치된 것이다. 포는 기능적 전문성과 지역적 통일성을 기하기 위해 형성되었지만 접에 뿌리내리고 있다.11) 포의 주인은 일반적으로 큰 접주로 불렸다. 이러한 포제는 동학이 정치·사회적 참여를 강화하기 시작하는 1880년대 후반기에 들어가면서 활발하게 형성된다. 포제가 일정하게 체계성을 갖춘 것은 1893년 보은집회로 볼 수 있다.

  보은집회에 참석한 숫자에 대해서는 기록에 따라 다르지만 최소치를 잡아도 3만여 명으로 추산된다.12) 집회는 매우 질서정연하며 규율적이었다고 한다.13) 집회는 자치적 규율성과 체계성을 갖추고 있었다고 판단되는데, 이는 포제라는 조직적 합리성이 구현되고 있었음을 알게 해 준다. 전봉준이 시작한 동학농민혁명도 이와 같은 동학의 포제에 기초하고 있을14) 뿐 아니라 1919년 3·1운동의 경우에도 천도교의 접포가 활동한다.

---

  9) 이돈화, 같은 책, 제2편, 34쪽. 육임제는 校長, 敎授, 都執, 執綱, 大正, 中正이다.
 10) 崔東熙, 「天道敎 指導情神의 發展過程」, 『3·1운동 30주년 기념논집』(東亞日報社, 1969), 87쪽.
 11) 김용덕, 「東學軍의 組織에 대하여」, 『韓國思想』 12(1974), 12쪽.
 12) 황현의 『梅泉野錄』, 124쪽은 7만으로, 金允植의 『續陰晴史』(上), 261쪽은 2만 7천 명으로 기록하고 있다.
 13) 이돈화, 앞의 책, 제2편, 55쪽.
 14) 김용덕, 앞의 논문, 264쪽.

4. 동학농민운동의 민족주의 사상

1) 정치주체의 자각과 보국안민의 구체화

동학의 민족주의적 사상에 실천성을 부여함으로써 농민운동과 결합케 하고 그 지도원리가 되게 한 것은 전봉준 등 동학의 간부였다. 동학사상은 농민운동 과정에서 종교적 지상천국이 아닌 정치적 강령으로 현실과 결부된 것이다. 동학이 민란과 결합하게 된 데는 동학 탄압이라는 외적 요인과 함께 동학이 조직화·제도화되는 내적 발전을 이루어 정치적 능력을 갖추게 되었다는 내적 요인이 있었다.15)

2대 해월에 이르러 동학은 3남지방을 중심으로 전국으로 확대되었다. 전국적 민중조직으로서 교조신원 과정에서 농민운동과 결합하며 1892년 공주취회와 삼례취회, 1893년 보은취회에서 조직력이 표출되었다. 삼례취회에서는 하층 동학도들이 교조신원의 종교적 계기로 집회를 소집했으나, 배후에 지방관리의 횡포에 대한 항의가 작용해 농민들이 합세하며 규모가 커지게 되었다.16)

동학조직이 농민운동과 결합해 가는 과정은 보은취회에서 보다 명확해져 종교적 요구가 철회되고 척왜양창의, 보국안민의 정치적 깃발을 내걸게 된다. 보은취회에서는 위기의 근원을 내적 모순에서 찾고 있다. "백성이 구렁에 빠져 거의 죽음에 이른 것은 방백수령과 탐학무도하고 세력 있는 토호의 무단이 한이 없어 도탄의 지경을 이루었기 때문이다."17) 수탈을 근절해 민의 생존기반을 마련하고 다시 그것을 국가적 부로 결

---

15) 김영작,『한말 내셔널리즘 연구: 사상과 현실』(청계출판사, 1989) 222-223쪽.
16) 朴宗根,「東學と1894年(甲午)の甲午農民戰爭について」,『歷史學硏究』第269號(1962), 16-17, 21쪽.
17)『日省錄』高宗 30年 3月 21日.

집시키는 과제를 의식하고 있다. 그리고 반침략적 국제관과 결부해 "탐묵의 횡행은 외교(개국) 이래 더욱 거리낌이 없어 뭇 사특한 자들이 제각기 날뛰어 가렴주구로서 일로 삼고"와 같이 외세에 의한 민중수탈 상황, 즉 대외적 문제와 연결된 과제로 인식하고 있다. 또 스스로 모임을 민회로 부르고 있다. "우리들의 이번 취회는 작은 무기도 갖지 않았으니 이는 곧 민회이다. 듣건대 각국에도 또한 민회가 있어 조정의 정령이 민과 나라에 불편한 것이 있으면 회의하여 대책을 강구하는 것이 흔히 볼 수 있는 일이니 우리를 비류로 취급해서야 되겠는가."

동학사상이 농민운동에 합류해 정치화하며 민족주의 운동으로 발전하는 경향성은 고부민란 지도자 전봉준에 의해 현실화된다. 농민군이 완강한 세력을 형성하자 새 고부군수 박원명은 제의했다.[18] "지금으로부터 그대들 일당과 이 고을의 시정을 의논하고자 한다. 그러니 민군 중에서 간부를 선발해 주기를 바란다."

고부민란이 원한의 폭발로 끝나지 않고 지속성과 조직성을 가진 것은 전봉준에게 '백성'과 '국가'라는 확대된 목적의식, 민족적 지평이 있었기 때문이다.[19] "허다한 돈과 뇌물은 국고로 들어가지 않고 사복만 채우도다. 수재가 탐학하니 백성이 어찌 곤궁치 아니하랴. 백성은 국가의 근본이니, 근본이 쇠잔하면 나라는 망하는도다. 보국안민의 방책을 생각지 않고 제 몸만을 위하고…… 우리는 비록 초야의 유민일지라도…… 국가의 위망을 앉아서 보겠는가! 호남창의소 전봉준, 손화중, 김개남 등."

황현은 "'동학은 보국안민하며 오직 탐관오리만은 용서하지 않는다'고 창언함에 우민이 향응하고 일대 10여 읍이 일시에 봉기하니 수만 명에 이르렀다. 동학이 난민과 합함이 이에서 시작되었다"며[20] 동학조직의 매개를 밝히고 있다. 포고문에서는 수재의 탐학으로 민과 국고가 빈곤해지는 문제를 인식하고 국가적 부를 확대하는 과제와 민본주의적 의식에서

---

18) 巴溪生, 『주한일본공사관기록』(1), 「全羅道古阜民擾日記」(56), 372, 57, 353쪽.
19) 오지영, 앞의 책, 108-109쪽.
20) 黃玹, 『梧下記聞』1, 48-50, 39-42쪽.

국가적 위기에 대응하는 정치주체로서의 자각에 따라 탐관오리를 응징하는 과제를 뚜렷이 하고 있었다.

농민군은 폐정의 시정을 촉구하는 격문을 발표하고[21] 보국안민 이념을 재강조하며 9개 조목의 폐정개혁을 제기함으로써 처음으로 구체적인 목적을 천명했다. 전봉준부대는 탐관징계, 염리포상, 권귀추출 등의 목적을 천명했다. 향병을 보내지 말 것, 구속 동학교도 석방, 전운폐단 제거를 제기하며 대원군의 섭정을 희망함을 밝히고 있다. 폐정개혁, 권력구조 문제까지 제시하며 보국안민 이념의 내용을 구체화했다. "이 군대는 주상의 명을 받들어 내려온 것이다. 탐관군대와는 다르다. 결코 항전하지 않겠다. 만일 싸운다면 우리들은 역도 죄를 벗어날 수 없다"[22]며 약화된 국가의 왕권과 지방의 탐관군대를 뚜렷이 분리했다. 권력에 대한 관심이나 집권욕과는 구별되는 태도를 보여준다. 농민군의 전주 입성은 충격이었다. 조정에서는 29일 밤 시원임대신회의를 열고 고종의 청병 차용안에 따라[23] 청군, 일본군이 상륙하는 국제적인 긴장상태에서 전주화약이 성립되었다. 전봉준은 "초토사가 소원을 들어줄 터이니 속히 해산하라 효유했는데, 피고 등이 곧 27조목을 내어 가지고 상주하기를 청했더니 즉시 승낙한 고로 해산하여"[24] 양측 교섭에 의해 농민군의 27개조 폐정개혁안 실시를 조건으로 휴전화약이 성립되었음을 알 수 있다.

2) 내정개혁 사상과 체제구상

동학농민은 운동 이후 목표를 구체화해 갔다. 전주화약을 거쳐 집강소를 중심으로 활동한 시기의 목표와 사상적 내용은 개혁안을 중심으로 이해할 수 있다. 농민봉기 목적은 폐정개혁에 의한 보국안민 실현이었으

---

21) 신용하, 「東匪討錄」, 『韓國學報』 2권 2호(1976), 244쪽.
22) 巴溪生, 『주한일본공사관기록』(1), 24, 347쪽; 같은 책(20), 349쪽.
23) 『東學亂記錄』(상), 「갑오실기」, 8쪽.
24) 신용하, 「전봉준판결선고서원본」, 『韓國學報』 11권 2호(1985), 188-189쪽.

며, 구체적인 방법은 탐관의 응징이었다. 따라서 전봉준의 폐정개혁 27개조 요구는 동학농민의 이념적 발전이고 그 내용은 이념이 실체화된 것이다.25)

 1) 전운사 혁파할 것, 2) 국결을 가하지 말 것, 3) 보부상의 폐해를 금단할 것, 4) 도내 환전은 거듭 징수 말 것, 5) 대동미 상납 전 각 포구 잠상의 쌀 매매 금할 것, 6) 동포전은 매호 춘추 2냥씩 정할 것, 7) 탐관오리 축출할 것, 8) 임금의 총명을 가리고 매관매직, 국권 농락한 자 모두 축출할 것, 9) 지방관이 경내에서 장례를 치르거나 논을 사지 말 것, 10) 전세는 예전대로 할 것, 11) 잡역을 줄일 것, 12) 포구 어염세를 혁파할 것, 13) 보세(洑稅) 및 궁방전을 혁파할 것, 14) 수령들이 민간소유 산지에 와서 늑표(勒標)하고 투장(偸葬: 도둑 장사지냄) 말 것, 15) 균전어사를 개혁할 것, 16) 시정 모든 물건에 분전수세하는 것과 도고명색을 혁파할 것 17) 백지징세 말 것, 18) 국태공(대원군)에 국정을 맡겨 민심이 소망하는 바가 있게 할 것, 19) 진고 혁파할 것, 20) 전보국은 혁파할 것, 21) 각 읍 창고물종은 시가에 따라 취용케 할 것, 22) 아전에게 일을 맡길 때 청전을 받지 말고 능력에 따라 쓸 것, 23) 각 읍 탐관오리로서 천냥 수탈한 자는 사형시키고 친족에 물리지 말 것, 24) 사채 여러 해 된 것을 강제로 받아내는 일 금할 것, 25) 동학인으로 허물없이 살육되고 구속된 자는 일일이 신원케 할 것, 26) 경영병 우리(郵吏) 료미는 전대로 감삭할 것, 27) 외국인은 개항장에서만 매매해 각처 임의 행상하지 말 것.

(1) 사회·경제적 개혁과 체제구상

농민 관련사항이 절반이고, 그 중 3정 관련 요구가 9개에 달했다. 국전(大典通編)대로 실시할 것, 균전문제와 궁방수회결 문제를 제기하고 있다. 매답 금단 요구는 수령의 관료적 특권에 의한 토지점탈을 문제 삼고 농민적 토지소유권을 지향한 것이다. 전운소 문제는 가장 강조되었다. 전운사 조필영이 재징수한 양여부족미는 선가미뿐 아니라 세미본곡까지

---

25) 「전봉준공초」, 532쪽; 정창렬, 「갑오농민전쟁 연구: 전봉준의 사상과 행동을 중심으로」 연세대학교 박사학위논문(1991), 165-166쪽.

일본 상인에게 팔고 재징수한 것이다. 미곡수출 증대에 따른 과세 과중, 탐학관리의 세미곡 상품화에 대한 농민적 저항의 성격도 보인다. 잠상이란 장시 밖 매매를 뜻한다.26) 일본 상인의 내륙 행상은 1890년 전후 본격화하고 일본 자본주의 모순의 요구에 따라 미곡수출이 급증했다. 이에 재래의 미곡시장이 동요하자 미곡매매를 농촌장시에 한정, 재래시장의 파괴를 막고 금단 시기를 한정해 춘궁기 농촌장시 보호에 역점을 두었다. 전봉준은 "다른 나라는 단지 통상만 하고 있을 뿐이다. 그런데 일본군은 경성에 주둔하고 있어 우리나라를 침략하려는 것이 아닌가 의심되었다"고 외국과의 무역을 침략적 행동과 구별한 객관적 사실로 전제하며, 쌀을 구매해 생활하는 소농, 빈농의 타격을 반영하고 있다. 외국 상인의 침투와 보부상, 전운사의 폐해 등 독점적 특권상인의 수탈에 대한 개혁은 개항 이래 조선조 자급자족적 경제가 자본주의 경제에 연결됨으로써 이중적 수탈에 첨가해 자본주의 수탈을 더한 현실을 반영한 것이었다.

(2) 정치개혁과 체제구상

정치개혁에서 탐관오리의 축출이 가장 중시되었다. 권력구조 문제로서 대원군 섭정 요구는27) 대원군의 정책에 대한 대내적 개혁성과 대외적 반침략의 민족주의적 평가를 짐작케 한다. 폐정개혁 요구에 나타난 농민들의 사상이 자신들과 직접 연관된 사회경제적 조건에 한정되지 않고 정치권력 문제로 확대된 것은 정치적 진전이고, 민란에서는 나타나지 않은 민족주의 성향의 새로운 사상이었다. 민족주의의 대내적 과제인 인민주권에 이른다는 것이 민족 구성원이 통치의 주체와 객체로 차별되지 않고 민족공동체 내에서 동격의 주체로 인식되는 것을 의미한다고 할 때, 사회적 평등은 그 전제가 된다고 할 것이다. 동학은 더 나아가 문벌

---

26) 吉野誠, 「李朝末期에 있어서 米穀輸出의 展開와 防穀令」, 『朝鮮史硏究會論文集』(15) (1978), 110-114쪽.
27) 신복룡, 『동학사상과 갑오농민혁명』(평민사, 1985), 151-163쪽.

타파와 인재 본위의 관리등용 요구로 스스로 정치주체임을 자각하고 실천방향을 제시하고 있다. 정부와의 협력을 과제로 의식함으로써 스스로를 정치 주체화한 것이다.

농민들의 정치주체 자각은 보은집회에서 주장된 민회 요구의 연속으로서, 정치참여는 요청의 단계를 넘어 제도화로 구상되고 있었다. 동학농민은 전주화약 후 집강소를 조직하고 지방자치를 통해 통치주체로서의 자각을 현실화・객관화시킨 것이다. 폐정개혁의 실천단계로서 지방권력과 별도로 농민권력이 기능한 시기였다. 역사상 민중이 민족주의 운동의 주체가 되었을 뿐만 아니라 통치주체로서 스스로 인식한 과제를 실천한 단계로서, 따라서 집강소 정치에서 동학 정치사상의 성격, 동학농민의 정치적 가능성이 가장 전형적으로 드러난다.

3) 집강소 질서와 주체적 개혁정치

감사 김학진은 효유문28)을 발해 폐정은 혁파하겠다, 읍면에 집강을 임명해 억울한 일이 있으면 그 집강이 감사에게 소지케 해 공결하겠다고 했는데, 이로써 농민군 집강이 폐정개혁을 하고 있음을 알 수 있다. 이제 농민군은 폐정개혁 실시 촉구를 그만두고 스스로 정치 주체화한 것이다. 이러한 집강소의 보편화에는 전주화약을 성립시킨 감사 김학진의 무국(撫局: 휴전화약 국면) 유지정책도 작용을 했다.29) "집강을 농민들이 뽑아 지방관청과 협력하여 질서를 회복하자"며 집강소 정치질서를 인정하고 있다. 김학진과 전봉준의 공식적인 관민상화 원칙이었다. 집강소 질서의 최대 특징은 신분제의 붕괴였다. 전봉준은 방곡령을 실시하고 외국과의 조약은 준수하되 도고행위는 응징하겠다고 천명했다. 집강소 정치에서30) 폐정개혁이 정책적으로 실시되는 '새로운 질서'에 합의한 이념

---

28) 金星圭,『草亭集』(4) 卷7, 公文; 黃玹,『梧下記聞』(2), 39-41쪽.
29) 같은 책, 「三謚道內亂民文」, 28쪽.
30) 정창렬, 앞의 논문, 208쪽.

은 관민 합작의 폐정개혁 12조[31]로 체계화되었다.

1. 도인과 정부 사이 숙혐을 없애고 서정 협력할 것, 2. 탐관오리는 죄목을 조사해 엄징할 것, 3. 횡포한 부호배는 엄징할 것, 4. 불량 유림과 양반배는 징벌할 것, 5. 노비문서는 소각할 것, 6. 칠반천인의 대우는 개선하고 백정두상 평양립은 벗길 것, 7. 청춘과부는 개가를 허할 것, 8. 무명잡세는 폐지할 것, 9. 관리채용은 지벌 타파하고 인재 등용할 것, 10. 외적과 간통하는 자는 엄징할 것, 11. 공사채는 모두 무효로 할 것, 12. 토지는 평균 분작케 할 것.

(1) 사회·경제개혁과 체제구상

3개조 외에는 모두 불평등성과 이중적 수탈에 대한 사회경제적 요구로서 당시 민족적 과제를 종합적으로 제기하고 있다. 천인의 대우개선이나 노비문서 소각 등은 신분질서 개혁으로서 조선조 최저변 신분인 천인의 해방을 요구한 것이다. 민족 구성원의 범위를 농민뿐 아니라 모든 계층으로 확대하고 있다. 과부의 재혼 허가, 문벌타파, 인재본위 관리등용과 함께 생각할 때 민주주의 지향이 뚜렷하다. 신분제도 철폐는 집강소에서 실천된 것을 공식화였다.

경제개혁으로서 8조는 교정청 개혁에서 확인되었다. 공사채 무효조항은 농민생활의 절실한 문제였다. 탐관오리 축출에 의한 경제적 수탈 배격에서는 경제적 균등으로 체제구상의 지평을 확대하면서 사상적 발전을 보이고 있다. 부농과 지주층은 경제적 평등의 과제를 위해 중시되었다. 고리채의 파기는 가혹한 고리대에 시달리는 하층 빈농의 실상을 반영한 것이다. 또 민간의 소송을 스스로 처리해 통치의 주체로서 사법적 과제를 실천하고 있다.

토지소유, 경작문제는 관민 합작의 공식적인 집강소 성격에서 가장 핵심적 조항이었다. 종사관으로서 농민운동 수습책에서 김학진의 두뇌역할을 한 김성규의 토지제도 개혁안은 소작지의 균등분작과 생산물 1/4 수

---

31) 오지영, 앞의 책, 126-127쪽.

준에서의 항정도조법이었다.32) 경작평균 원칙이 김학진 측 안이었음을 짐작케 한다. "나(전봉준)의 종국의 목적은 전제·산림제를 개정하"는 것이었고, 이에 김학진의 '경작평균' 안에 합의한 것이다.

개혁안은 당시 경제적 모순의 본질을 정확하게 인식하고 반영한 것이었다. 농본주의 경제체제의 핵심인 토지문제에서 농민은 국가와 개혁에 합의하며 민족역량 확대의 가능성을 현실화시키고 있었다. 한국 민족주의 역사상, 그리고 조선조 토지제도에서 커다란 의의를 갖는 것이었다.

(2) 정치개혁과 체제구상

농민의 정치참여, 정치협력에 대한 요구는 이전의 보은집회 등에서 주장된 '민회' 요구의 계속이었다. 이것은 신분제사회에서 정치의 객체에 불과했던 농민이 스스로 정치참여를 제도화한 획기적인 것이었다.

대외적 과제는 반침략이 구호가 아니라 현실로서 제기되었다. 개항 이래 일본상인 침투와 불법 상업행위, 여기에 연결된 객주, 여객, 보부상, 전운사의 폐해 등33) 국내 독점상의 수탈에 대한 것이었다. 자급자족적 경제가 외래 자본주의와 연결되어, 민란의 배경인 이중적 수탈에 더해 일본의 초기 자본주의 모순의 이전에 의한 수탈을 반영한 것이다. 폐정개혁안은 사회·경제, 정치적 내정개혁과 반침략적 국제관이 연결된 종합적인 민족주의의 성격을 보여주었다. 대내적으로 동학의 평등사상을 기초로 모든 민족 구성원이 통치주체로 일체화되는 인민주권을 지향하며 대외적 국권평등의 과제와 결부되고 있었다. 경제적으로는 국가와 민 사이에 군림한 지주, 지방관에 의해, 그리고 침략적 외세의 수탈대상이 되는 것을 거부했다. 그럼으로써 민의 부의 기반을 확대하고 조직함으로써 국가적 부로 결집하려는 것이었다.34)

---

32) 김용섭, 「광무개혁기 김성규의 사회경제론」, 『한국근대농업사연구』(하)(일조각, 1984), 134-135쪽.
33) 한우근, 「동학난의 폐정개혁안 검토」, 『역사학보』 제23집(1964).
34) 『東學亂記錄』(上): 「茂長東學輩布告文」, 142-143쪽.

4) 반침략적 국제질서관

침략적 외세에 의한 국가위기 극복 구상은 반침략 국제질서관에 기초했다. 반침략 사상은 자본주의, 특히 일본의 경제침투에 따른 사회경제적 모순을 민족적 모순으로 승화시킨 것이고, 그것을 반영한 것이 척왜사상이다. 따라서 반침략 척왜원칙은 일관되게 견지되었다. 동학농민은 정부군과 대치하던 중 외국군 파견을 앞두고 정부 측과 '화의'를 성립시켰다. 이는 대내적·대외적 과제에서 균형을 이루어 대외적 위기상황에 탄력 있게 대처했음을 보여주는 것이다. 이에 따라 동학농민의 투쟁은 청·일 양국의 군사행동, 특히 일본의 조선침략과 연관되어서 전개되었다. 일본군의 경복궁 점령 후에는 동학농민의 투쟁목표도 반침략, 척왜에 집중되었다. 일본군 침략의 대외적 위기상황에서 농민군은 이제 반일의병이 된 것이다.

농민군은 반침략 유림세력과의 연대에도 노력하고[35] 지방관리와도 긴밀하게 협조했다. 이에 따라 광범한 민족적 결집이 형성되어 1894년 말에는 300만을 돌파했다.[36] 전봉준은[37] 개화파 정권과 일본의 결탁에 의해 국권이 허구화되었다고 지적하고, 척왜와 척화의 원칙으로 단결해 국가와 국권에 실체를 부여할 것을 제의하고 있다. 국권확립과 국왕의 실체화 없이 폐정개혁은 달성될 수 없다는, 대내적·대외적 민족주의 과제의 통일적 파악을 보여고 있다. 일본의 침략으로 인한 급박한 대외적 위기를 객관적으로 파악하고 정면 대응한 것은 이처럼 동학농민을 주체로 한 민중적 민족운동이었다.

---

35) 홍성찬, 「1894년 집강소기 설포하의 향촌사정」, 『동방학지』 39집(1983), 97-98쪽.
36) 村上智順, 『朝鮮の類似宗敎』(京城: 朝鮮總督府, 1935), 54쪽.
37) 『東學亂記錄』(下): 「宣諭榜文並東徒上書所志謄書」, 379-380쪽.

5. 동학 정치사상과 한국 민족주의의 민중화

　동학사상은 인내천사상을 기초로 유교적 권력의 정당화, 신분제적 권력독점을 비판하고 도덕의 평등화, 민중화를 토대로 민이 정치주체로 등장할 수 있는 정치철학적 토대를 마련했다. 대내적 평등사상과 반침략 국제질서관을 기초로 교세를 확대함으로써 동학사상 및 조직은 민란의 흐름과 결합되어 정치운동으로 발전했다.
　동학사상은 민이 민족주의 운동의 주체가 되는 이념과 조직을 부여했을 뿐만 아니라 스스로 통치의 주체로 인식할 수 있는 정치철학적 자각을 현실화시켰다는 데 의미가 있다.
　1894년 봉기 후 전주화약 이래 집강소 정치질서에서 농민자치를 시도하면서 동학은 정치주체로서의 자각을 객관화시키기에 이르렀다. 동학은 대내적으로는 평등사상을 기초로 모든 민족 구성원이 통치의 주체로 되는 인민주권을 뚜렷이 지향하면서 접포제와 집강소를 통해 자치를 실행했다. 또한 국가와 민 사이에 군림한 지주와 지방관에 의해 농민이 수탈 대상이 되는 것을 거부함으로써 민부의 기반을 확대하고, 그것을 국가적 부로 조직화하는 보국안민으로 발전시켰다. 대외적으로는 일본침략에 저항한 국권유지 과제와 경제수탈에 저항해 국가적 부로 조직화하고 국권을 수호하는 반침략 전쟁을 전개했다. 동학혁명은 대외적으로는 반침략적 국제질서관에 의거해 국권을 유지하는 과제를 실천했으며, 대내적으로는 민족 구성원의 평등을 기반으로 통치주체로 일체화하며 권력구조, 신분질서 파괴, 경제적 평균분작 등의 체제구상을 실천했다.

<참고문헌>

『日省錄』, 『草亭集』, 『매천야록』, 『東經大全』, 『용담유사』, 『속음청사』.
『東學亂記錄』, 『續陰晴史』.
黃玹, 『梧下記聞』(1·2).
洪啓薰, 『兩湖電記』.

한국학문헌연구소 편, 『東學思想資料集 壹貳參』(亞細亞文化社, 1979).
김용덕, 「東學軍의 組織에 대하여」, 『韓國思想』 12호(1974).
김영작, 『한말 내셔널리즘 연구』(청계출판사, 1989).
김용섭, 「전봉준공초의 분석」, 『사학연구』 2호(1958)
_____, 「광무개혁기 양무감리 김성규의 사회경제론」, 『한국근대농업사연구』 (하)(일조각, 1984).
김의환, 「1892~3년의 동학농민운동과 그 성격」, 『한국사연구』 5호(1970).
김혜승, 『한국민족주의: 발생양식과 전개과정』(개정판)(비봉출판사, 1997).
동학농민전쟁 사료총서편찬위원, 『東學農民戰爭史料叢書』(29)(史芸研究所, 1996).
리돈화, 『天道教創建史』(天道教 中央宗理院, 1933).
朴宗根, 「東學と1894年(甲午)の甲午農民戰爭について」, 『歷史學研究』 第269號 (1962).
박충석, 『韓國政治思想史』(三英社. 1982).
彬村濬, 『明治 27~28年在韓苦心錄』(民族文化. 1984).
신복룡, 『동학사상과 갑오농민혁명』(평민사. 1985).
신용하, 「東學第二世教主 崔時亨調書·判決書」, 『韓國學報』 12(1976).
_____, 「東匪討錄」, 『韓國學報』 2권 2호(1976).
_____, 「崔時亨의 「內修道文」·「內則」·「遺訓」에 대하여」, 『韓國學報』 12 (1978).
_____, 「東學 第二代 教主 崔時亨의<理氣大全)>」, 『韓國學報』 21(1980).

_____, 「전봉준판결선고서원본」, 『韓國學報』 11권 2호(1985).
오문환, 『동학의 정치철학』(모시는사람들, 2003).
_____, 『해월 최시형의 정치사상』(모시는사람들, 2003).
오지영, 『동학사』(永昌書館, 1941).
유세희, 「한국농민운동사」, 『한국현대문화사대계』(4)(고려대 민족문화연구소, 1978).
이돈화, 『天道敎創建史』(경인문화사, 1970).
이선근, 『韓國史 現代篇』(乙酉文化社. 1963).
이재석, 「조선조의 중화사상연구」, 『한국정치사상의 조명』(한국정치외교사학회, 1999).
이택휘, 『한국정치사상사』(전통문화연구원, 1999).
이택휘·신복룡·유영익, 『갑오동학농민혁명의 쟁점』(집문당, 1994).
정창렬, 「갑오농민전쟁연구: 전봉준의 사상과 행동을 중심으로」 연세대학교 박사학위논문(1991).
天道敎史編纂委員會, 『天道敎百年略史』(未來文化社, 1981).
최동희, 「天道敎 指導情神의 發展過程」, 『3·1운동 30주년 기념논집』(東亞日報社, 1969).
한우근, 「동학난의 폐정개혁안 검토」, 『역사학보』 제23집(1964).
_____, 「동학란기인에 관한 연구」(상·하), 『아세아연구』 15·16(1964).
홍성찬, 「1894년 집강소기 설포하의 향촌사정: 부여 대방면 일대를 중심으로」, 『동방학지』 39집(1983).

吉野誠, 「李朝末期 米穀輸出의 展開와 防穀令」, 『秘書類纂朝鮮史硏究會論文集』 (15) (1978).
伊藤博文 編, 『朝鮮交涉資料』(中)(東京: 原書房, 1970).
村上智順, 『朝鮮の類似宗敎』(京城: 朝鮮總督府, 1935).

제27장 개화파의 근대국가 건설구상

김영작(국민대학교)
윤순갑(경북대학교)

1. 개화파와 근대국가의 지향: 시기구분과 정치사적 맥락의 개요

19세기 중엽 이후 조선왕조는 안으로는 전근대적·'봉건적' 정치체제[1]에 대한 도전이 발생[2]하고, 밖으로는 자본주의 열강으로부터 개국통상을 요구하는 외압에 직면했다. 일본을 포함한 열강의 외압은 통상요구의 형태로 나타났지만, 그것은 식민지화의 위기를 내포한 것이었다. 따라서 19세기 후반의 조선왕조는 내부의 '봉건적' 모순을 극복함과 아울러 민족적 위기를 극복하고 자주독립을 유지해야 하는 이중의 역사적 과제, 곧 '반봉건'과 '반침략'이라는 역사적 과제에 봉착하게 되었다. 이러한 과제에 부응하기 위해 등장한 다양한 사상과 운동유형 가운데 진보적 관료와 지식인으로 구성된 위로부터의 개혁사상과 운동이 바로 개화사

---

1) 조선왕조의 정치·경제체제는 '가산관료제'로서 서구나 일본의 봉건제와는 그 기본구조와 성격이 달랐으나, 신분제국가로서 치자와 피치자가 엄격히 구별되어 있었다는 점에서는 서구의 전근대 봉건제와 공통적 측면이 있었다. 그러한 의미에서 조선조의 전근대적 성격을 통상 '봉건적'이라는 용어로 표현할 수 있을 것이다.
2) 지속된 민란과 무엇보다 1860년의 동학 창교가 그 대표적인 현상이라 할 수 있다.

상과 그 운동이었다.

이 운동을 추진한 개화파 세력은 당시 다른 사상유형들과는 달리 서세동점으로 야기된 변화를 적극적으로 수용하면서 밖으로부터의 위기에 대응하기 위해 서구의 우수한 문물을 수용해 '부국강병'을 이룩함으로써 나라의 자주독립을 유지하고, 안으로부터의 위기에 대응해 봉건적 정치기구를 혁신해 근대적 국민국가를 수립하고자 했다. 이러한 점에서 개화파에 의한 개화운동은 중화적 세계관과 전통적 지배질서를 전제로 한 '전기적' 민족주의 이념으로 등장했던 위정척사 사상과 달리 '반침략'뿐만 아니라 기존의 지배이념이었던 성리학적 유교질서를 거부하고 '반봉건'으로 근대적 국민국가를 지향한 사상과 운동이었다. 또한 그것은 동학과도 달리 '반봉건'뿐만 아니라, 서구의 수용을 통한 "근대화에의 구체적인 비전을 제시하고 세계사적 동시성을 획득"[3]하려 한 진보형의 변혁운동으로서, 당시 한국의 근대 민족주의와 자주적 근대화를 추구한 이념이자 운동이었다고 할 수 있다.[4]

이하 개화사상과 운동의 사상사적 특징과 역사적 의의를 올바로 이해하기 위해 개화사상과 운동이 전개되었던 정치적 환경을 간단히 개관해 보고자 한다.

개화사상은 그것이 지향했던 목표와 운동의 성격에 따라 여러 단계로 구분되며, 그 구분법에도 여러 가지 견해가 있을 수 있다.[5] 그러나 일반적으로는 운동의 주체와 개화사상의 성격에 따라 다음과 같이 4개의 시기로 분류할 수 있다.

1) 개국에서 갑신정변에 이르기까지의 시기(이하 갑신정변기: 1870년대 후반~1884년).
2) 갑오개혁기(189~1896년).

---

3) 姜在彦, 『朝鮮の開化思想』(東京: 岩波書店, 1980), 265쪽.
4) 윤순갑, 「개화사상의 정치이념적 구조」, 『한국정치학회보』 30집 3호(1996), 8쪽.
5) 예컨대 윤순갑은 개국으로부터 애국계몽기까지를 크게 나누어 3단계로 구분하고 있다. 자세한 것은 윤순갑, 같은 논문, 11-12쪽을 참조할 것.

3) 독립협회의 개화운동기(1896~1898년).
4) 애국계몽운동기(1906~1910년).

그런데 여기에서 제1기에서 제3기까지의 개화사상과 제4기의 개화사상은 그 성격을 달리하는 측면이 있다. 전자의 개화사상은 서구의 도전에 직면해 나라의 자주독립을 지키기 위한 '반침략' 사상[운동]과 더불어, 이를 위해서도 내부의 '봉건적' 모순을 제거하고 근대적 국민국가를 건설하려는 '국민국가 형성'을 위한 '건설적 내셔널리즘'을 아울러 지니고 있었던 데 비해, 후자의 개화사상은 1905년 이른바 '한일보호조약'의 강요에 의해 식민지로의 전락을 강요당한 상황에서 잃어버린 국권을 회복하기 위한 반식민주의—'저항적 내셔널리즘'—의 성격을 지닌 운동이었다.6) '저항적 내셔널리즘'으로서 개화사상과 운동 속에 국가건설 구상이 없었던 것은 아니지만, 여기에서는 그것이 장기적 과제로 설정되고, 직접적인 국가건설의 구상으로 구체화되어 있지 않았다는 점에서 이전 개화사상의 흐름과 구별된다고 할 수 있다. 그러므로 여기에서는 갑신정변기, 갑오개혁기, 독립협회기의 개화사상과 운동에 나타난 근대국가 건설구상만을 살펴보고자 한다.

2. 갑신정변기의 근대국가 건설구상

아래에서 이 시기 개화파의 사상적 대변지였던 <한성순보>7)와 갑신정변 직후에 발표된「갑신정강」및 정변 후 박영효가 국왕에게 올린 상소문인「조선 내정개혁에 관한 건백서」8) 등의 기본자료에 나타난 그들의 근대국가 건설에 관한 구상을 살펴보기로 하자.

---

6) 김영작,『한말내셔널리즘 연구: 사상과 현실』(청계연구소, 1989), 360쪽.
7) 漢城旬報社,『漢城旬報』(漢陽: 統理衙門博文局, 1883).
8) 日本國外務省編,『日本外交文書』제21권(東京: 日本國國際連合協會, 1951), 292-311쪽에 원문이 수록되어 있다. 이하「建白書」로 약칭함.

1) 근대국가 건설을 위한 제도개혁 사상

(1) 정치개혁 사상: 내각제의 설립과 군권의 제한을 통한 입헌군주제의 확립

갑신정변은 1884년 개화사상 선구자들의 지도와 영향 밑에서 성장한 김옥균 등의 초기 개화파 인사들이 정치적 결사를 조직해 수구적인 민씨정권을 타도하고 혁신정부를 수립함으로써 근대적 국가로의 개혁을 단행하고자 일으킨 정변이었다. 갑신정변을 일으킨 개화파 세력은 대외적으로 청국과의 종속관계를 청산하고 자주독립 국가의 면모를 갖추는 동시에 대내적으로 '봉건적' 제도를 타파하고 부국강병을 이룩함으로써 근대적 민족국가 체제를 수립하고자 했다. 이를 위해서 국왕의 권한을 극도로 제한해 입법권과 행정권을 가진 '내각제도'를 창설하는 것을 내용으로 하는 입헌군주제적 정치구조를 수립하고자 했으며, 양반 신분제도 및 문벌을 폐지함으로써 일반 민중의 정치참여 기회를 확대시키고자 했다.

갑신정변기 개화파 세력은 당시의 혼란과 무질서는 전적으로 봉건적 질서 위에 구축된 봉건적 사회관계와 이에 토대를 둔 전제군주제에 기인한다는 인식을 가졌다. 그래서 그들은 전근대적 양반사회라는 사회관계에 기초하고 있는 전제군주제를 폐지하고 근대적 시민사회에 토대를 둔 근대적 입헌군주제를 지향했다. 당시 개화파 세력의 근대국가에 대한 이해와 구상은 갑신정변 전후 그들의 기관지였던 <한성순보>, 갑신정변 직후 발표된 '혁신정강', 그리고 비록 갑신정변 실패 후에 작성되었지만 그 주역인 박영효가 왕에게 올린 상소에서 구체적으로 확인할 수 있다.

갑신정변 전후에 개화파는 <한성순보>에 세계 각국의 국정, 정령, 법제, 재정, 과학기술 등을 해설하고 외국의 사정을 소개하는 가운데 조선의 개혁방향을 간접적으로 시사했다. 특히 <한성순보> 제10호(1884. 음력 1. 3)는 한국 역사상 처음으로 '구미 입헌정체'라는 논설을 게재하고 서양의 입헌군주제를 상세히 소개하고 있다.

그 논지를 보면 한국의 개화사상가들이 뜻밖에도 갑신정변 이전에 이미 구미제국의 입헌정체에 대한 내용은 물론 입헌군주제와 공화제까지 '합중공화'란 이름으로 이해하고 있었으며, 입헌군주제와 삼권분립의 장점에 대해서도 그 내용을 소상히 알고 있었음을 확인할 수 있다. 또한 '재상불가부달민정론'(在上不可不達民情論)에서는 서양 각국에 '의회'가 있어 "안으로 가학 잔혹한 정치가 없고 밖으로 방위 보수의 옳음이 있다"든가, 상하·군민이 일체화하는 관건은 '의회'에 있다고 하면서 의회제도를 찬미했다. 즉 이미 개화사상가들은 서세동점으로 말미암아 조성된 민족적 위기 속에서 전제군주제의 취약성과 입헌군주제의 강점을 잘 알고 있었기 때문에 입헌군주제를 선망했다.

이러한 이해를 바탕으로 초기 개화파들은 1884년 12월 4일 갑신정변을 일으켜 전제군주제를 입헌군주제로 개혁하고자 했다. 갑신정변 직후 그들은 새로운 정부의 정치강령인 「갑신정강」을 발표해 그들의 정치적 비전을 제시했는데, 특히 제13조와 제14조에서는 그들이 구상하는 근대국가 정치체제에 대한 구상을 밝히고 있다. 혁신정강 제13조는 "대신과 참찬은 날마다 합문(閤門) 안에 있는 의정소(議政所)에 모여서 토의·결정한 후 정령(政令)을 포고하여 정사(政事)를 시행할 것"이라 선언하고 있고, 제14조는 "정부의 육조(六曹) 이외에 모든 쓸데없는 관청은 모두 없애고 대신과 참찬으로 하여금 토의하여 처리하게 할 것"이라고 포고하고 있다.

여기서 모든 국가행정은 대신과 참찬으로 구성된 의정소에서 토의·결정한 후 정령을 발표해 집행한다는 것과 육조 외에 일체 불필요한 관청을 두지 않고 대신, 참찬에 의해 정사를 심의하고 결정하고 집행한다는 것은, 사실상 내각제도를 창설해 내각의 기본 행정기구 외에는 일체의 행정기구 권한을 인정하지 않는다는 것을 의미한다.[9]

갑신정변 이전까지 조선조의 국정운영 형태는 기본적으로 국왕의 개

---

[9] 신용하, 「19세기 개화파의 자주적 근대화사상의 구조」, 한국정신문화연구원, 『한국사학』 6(1985), 119쪽.

인 의사에 의해 전제적으로 처리·결정되었으며, 여기에 왕비의 간섭과 조종까지 중첩되어 전제군주제가 가지고 있는 여러 가지 폐단을 노정했다. 더구나 열강의 침입으로 인한 대외적 위기가 조성되는 상황 속에서 이러한 전제권은 국왕만 동의하면 국권에 관한 어떠한 결정도 이루어질 수 있는 극히 위험한 제도였다. 비록 의정부와 육조의 자문을 받는다 할지라도 궁극적으로는 국왕이 자의적으로 모든 것을 결정한다는 것은 매우 위험한 것이었다.

갑신정변의 혁신정강은 이러한 취약성을 지닌 전제군주제에 일정한 제한을 가하고, 국가의 중요한 정사에 관한 결정권과 처리권을 각 대신과 참찬으로 구성되는 내각의 집단적 권한에 일임하도록 했으며, 내각회의에서 결정되는 모든 사항은 법령으로 시행할 것을 규정했다.

당시 봉건적 군주전제의 부패와 문란을 제도적으로 돕고 있던 것이 내시부에 모여 있던 환관들의 국정 간섭이었다. 따라서 이를 폐지하지 않고서는 어떠한 내각제도의 창설도 사실상 무의미했기 때문에 「갑신정강」 제4조에서는 '내시부의 폐지'를 내각제도의 확립과 함께 정치개혁의 중요한 항목으로 내세웠다. 이는 국왕의 전제와 척족의 국정간섭을 막고 내각제도를 확립함으로써 이를 통해 국정을 운영하기 위한 현실적 조처였다.10)

이와 같은 사실을 통해 갑신정변기 개화파가 근대적 내각제도를 실시할 의지를 가지고 있었으며, 앞에서 언급한 논설 '구미 입헌정체'와 관련시켜 볼 때 명백히 입헌군주제로 정치체제의 전환을 시도하고 있었다고 할 수 있다.11)

그러나 「갑신정강」의 명문만으로 당시 개화파가 군주전제를 부정하고 철저한 입헌군주제의 설립에 관한 체계적이고 명확한 구상을 했다고 하기에는 많은 미비점과 제약점이 있다. 그것은 개화파 사람들이 가지고 있는 계급적 제약성뿐만 아니라 무엇보다 당시 조선사회가 처해 있던

---

10) 김영작, 앞의 책, 140쪽.
11) 윤순갑, 앞의 논문, 18-19쪽.

발전단계의 일반적 후진성에 따른 것이었다. 또한 그들이 제시한 개혁안에는 아직 민회의 설치 등 밑으로부터 민중의 의견을 수렴할 제도적 조치가 포함되어 있지 않았다.

그렇다고 하더라도 이 시기 개화파의 새로운 정강에 나타난 개혁안은 봉건적 군주전제를 제한하고 동시에 정부의 정책결정과정을 합리화할 수 있는 조건을 조성한 것이었다. 혁신정강에 나타난 이러한 개혁의 구상과 사상적 발판이 있었기 때문에 그 몇 년 뒤에 민권의 신장과 군권의 제한을 주장한 명확한 입헌군주제의 구상이 표출되어 나올 수 있었던 것이다.[12]

갑신정변의 주역이었던 박영효는 정변 실패로 말미암아 좌절된 개혁을 실현하려는 목적으로 1888년 왕에게 올린 상소인「건백서」(建白書)에서 종래 우리나라에도 정부와 부현(府縣)이 각각 민망(民望)에 의해 선발된 산림·좌수와 국사(國事)를 협의했던 '군민공치(君民共治)의 풍습'이 있다고 하고, 이 법을 더욱 정미하게 하면 '문명의 법'이 되게 할 수 있다고 하면서 명확하게 입헌군주제적 정치구상을 밝히고 있다.

또한 "군권을 제약하여 국민의 자유를 인정하게 되면 각 개인은 보국의 책임을 지게 될 것이고, 그렇게 되면 민안국태(民安國泰)하여 종사(宗社)와 군위(君位)가 모두 영구할 것"[13]이라 하고, "무릇 민에게 자유권이 있고 군권이 정해져 있으면 민국(民國)이 영원히 안정되나, 민에게 자유권이 없고 군권이 무한하면 비록 잠시 강성할 날이 있을지라도 오래지 않아 쇠망하니, 이는 정치에 정함이 없어 임의로 전단하기 때문이다"[14]고 하여 군권의 제한과 민권의 신장이 국가의 흥망을 좌우한다고 주장했다.

위의 주장을 극히 간단하게 도식화하면, '군권(君權)의 전횡'→'민(民)

---

12) 김영작, 앞의 책, 140-141쪽.
13) 「建白書」제6조: "不若少減君權 使民得當分之自由 而各負報國之責 然後 漸進文明也 則民安國泰 而宗社君位 並可以永久也."
14) 「建白書」제7조.

의 쇠약'→'국(國)의 쇠약'이며, 따라서 '국(國)의 부강'을 도모하기 위해서는 군권을 축소하고 민권을 확장하지 않으면 안 된다는 것이었다. 국권확보의 전제로 민권의 신장이 요구되고 있는 점에 그 사상의 역사적 진보성이 있었고, 그 사상의 내셔널리즘적 특성이 잘 나타나 있다고 할 수 있다.15)

이러한 전제 위에서 그는 군주의 권한과 역할을 제한하기 위한 정치개혁의 구체적인 방안으로 "만기(萬機)를 친재(親裁)하지 말고 각기 관사(官司)에 맡기도록 할 것"과 "현상(賢相)을 택해 정무(政務)를 전임할 것"16)을 제시했다. 또한 "현회(縣會)의 법을 세워 인민으로 하여금 민사를 논의케 하고 공사 모두 편리를 얻게 할 것"17)이라는 데서 근대적 민회를 제안하기도 했다. 나아가 "백성이 있으면 정부가 있고, 정부가 있으면 치리(治理)가 있고, 치리가 있으면 의논이 있고, 의논이 있으면 이동(異同)이 있고, 이동이 있으면 종횡(縱橫)이 있고, 종횡이 있으면 당파가 성립하는 것인데, 과거의 사색은 붕당이고 지금의 취신자립[독립당]과 수구의뢰[사대당]는 정당"18)이라 하여 전통적인 당파나 붕당과는 다른 근대적 정당정치에 관한 논지를 개진했다. 이와 같이 박영효는 「건백서」에서 민권사상에 토대를 둔 근대적 입헌군주제를 주장했다.

갑신정변의 '혁신정강'과, 박영효의 「건백서」에서 구체적으로 드러나 있는 것처럼 이들은 내각제도를 도입해 군주전제 정치를 내각중심 정치로 전환시키고자 했다. 갑신정변기에는 입헌정체에 대한 지향이 현실정치에서 그대로 나타날 수가 없었다. 무엇보다도 이를 추진한 개화파 정권이 3일 천하로 끝나 버렸고, 개화파 세력이 대중에 뿌리내리지 못하고 있었기 때문이다. 또한 그들이 군주권 자체를 전면적으로 부정한 것도 아니었다. 봉건적 문벌이 지배체제를 강고히 장악하고 있던 갑신정변기

---

15) 김영작, 앞의 책, 151쪽.
16) 「建白書」 제7조: "不可 親裁萬機 而各任之其官事," "擇賢相 傳任政務事."
17) 「建白書」 제7조: "設縣會之法 使民議民事 而得公私兩便事."
18) 「建白書」 제7조.

에는 군주권의 일정한 비호 아래에서만 개혁이 가능했기 때문에 군주권의 타파는 현실적으로 불가능했다.

그래서 개화파들은 집권 문벌세력의 타파에 초점을 맞추고, 의정소를 설치해 군주권의 제한을 도모하고 있다. 즉 갑신정변기 개화파의 근대국가 건설구상은 정치권력을 장악한 문벌을 타파하고 봉건적 통치체제에 기반한 전제군주제를 제한하고 의정소를 통해 입헌군주제의 초기형태인 입법권과 행정권을 가진 내각제도를 창설함으로써 근대적 정치체제 확립의 기초를 마련하는 것이었다.

(2) 사회개혁 사상: 인민평등권의 확립과 인재등용

한편 「갑신정강」 제2항에서 "문벌을 폐지하고 인민의 평등권을 제정하여 재능에 따라 인재를 등용한다"고 했으며, 제15항에서 "과거제도를 폐지한다"고 선언한 바 있는 이 시기 개화파의 사회개혁 구상은 갑신정변 1년 뒤인 1885년에 국왕에게 품신한 김옥균의 서한을 통해서 보다 분명하게 드러난다. 즉 김옥균은 "오늘날 세계가 상업을 주로 하고 산업의 많음을 다투는 때에 이르러, 양반을 제거하고 그 폐원을 삼진(芟盡)하도록 노력하지 않으면 국가의 폐망을 기다릴 뿐이다. 문벌의 폐지와 인재의 등용에 의해서 인민의 신용을 얻음으로써 중앙집권의 기초를 확정함이 위기타개의 한 방편이다"[19]고 했다.

김옥균은 여기서 한 걸음 더 나아가 봉건적 신분제와 문벌제도는 일반 인민을 사회적 차별과 생활고에 빠뜨렸을 뿐만 아니라, "오히려 농·공·상의 모든 업을 버리고 건달을 전국에 충만하게 하여 국력을 날로 쇠약하게 한"[20] 원인이었다고 진단하고 있다. 그는 바로 이러한 인식에서 중앙집권제 아래서 인민을 결속시켜 국력의 회복을 도모하기 위해서는 문벌폐지에 의한 인민의 평등권을 확립하는 것이 선결문제라고 여겼던 것으로 판단된다. 이것을 앞서 언급한 「갑신정강」 제15항의 '과거제

---

19) 「갑신정강」 제2항 및 古筠紀念會, 『金玉均傳(上)』(東京: 慶應出版社, 1944).
20) 같은 자료.

도 폐지'와 연관시켜 생각해 보면, 이들이 과거제도의 폐지를 주장했던 이유는 이것이 문벌이나 신분제와 불가분의 관계에 있었기 때문이다.

조선조에서 과거제도는 중국의 그것보다 훨씬 경직된 전근대적 신분제를 전제로 한 것이었다.21) 즉 사실상 과거 응시자격이 사대부 양반계층에 한정되어 있었고, 또한 양반이라는 특권적 신분은 그 능력이나 재능과는 무관한 생래적 혈연관계에 의해 규정됨으로 말미암아 양반은 생산활동에는 종사하지 않고 유의유식하는 특권계층이 될 수 있었을 뿐 아니라, 능력과 재능을 본위로 하는 인재의 등용을 제도적으로 봉쇄하고 있었다. 뿐만 아니라 과거제도는 양반계층의 체질을 체제내적이고 보수적인 것으로 만드는 제도적 장치로 기능했다. 따라서 중앙집권적 정치체제에 의한 국민적 능력의 총집결을 도모하려 했던 당시의 개화파가 인민평등권의 확립과 고른 인재등용을 핵심으로 하는 사회개혁을 주창했던 것은 당연한 귀결이었다.

(3) 경제개혁 사상: 봉건적 수탈의 제거

위로부터의 개혁운동이 의도하는 자주독립과 이를 위한 '국민적 통합'에 민중을 집결시키기 위해서는 앞에서 언급한 정치개혁이나 사회개혁도 필요했지만, 무엇보다도 민중의 생활을 괴롭히는 봉건적 가렴주구를 없애는 일이 가장 중요한 일이었음은 두말할 나위도 없다. 앞에서 말한 「갑신정강」의 개혁내용 가운데 봉건적 경제수탈을 해결하기 위해 많은 항목을 열거하고 있는 것도 그 때문이었다.

이 시기 개화파들은 갑신정변 이전에 이미 서양제국이나 일본의 지조법이나 조세제도에 많은 관심을 기울이고 있었다. 즉 <한성순보> 제16호에 '구미조제'(歐美租制),22) 제19호에 '일본지조조례'(日本地租條例)23) 등의 논설을 게재하고 있다. 이들 논설에 나타나고 있는 그들의 관심사는 당

---

21) 김영작, 앞의 책, 140쪽.
22) <漢城旬報> 제16호, 21-24면.
23) <漢城旬報> 제19호, 10-11면.

시 조선조의 불명확한 토지소유 관계를 정리하고 일정한 국유지를 확보함과 동시에 양반이나 토호들의 탈세지나 면세지를 일소하고 지가를 기준으로 한 일률적 지조법(地租法)을 실시함으로써, 한편에서는 농민들을 봉건적 가렴주구의 질곡에서 구제함과 동시에, 다른 한편으로는 국가재정의 충실을 도모해 근대적 개혁운동의 재정적 원천을 마련하고자 했다.

이러한 맥락에서 그 뒤 「갑신정강」은 제3항에서 "전국의 지조법을 개혁하고 간리를 근절하여 세궁민을 구제하고 국가재정을 충실하게 한다"고 했으며, 또 제6항에서는 "각 도의 환상미(還上米)는 영구히 면제한다"고 했다. 농업이 주가 되는 전근대적 생산체제 아래서는 국가재정 및 국민의 생활조건은 무엇보다도 지조법의 존재형태에 가장 큰 영향을 받는다는 것은 새삼 지적할 것도 없다. 이러한 의미에서 볼 때, 당시 개화파가 지조법의 개혁과 함께 환상미(환상제도)의 영구 면제를 공약하고 있는 것은 농민을 가렴주구에서 구하기 위해 빼놓을 수 없는 조치였다고 하겠다.

2) 국민적 통합사상

이상에서 우리는 갑신정변기 개화파의 정치·사회·경제분야의 개혁구상이 입헌군주제라는 과도기적 형태의 틀 속에서이기는 하나, 대체로 근대적 민주주의의 지향성을 지닌 것이었음을 살펴보았다.

그런데 이들 개혁안은 단순히 서구의 제도나 지식을 도입해 근대적 국민국가를 지향한다는 체제구상의 의미와 목적 외에, 대외적 위기로부터 민족적 독립을 유지하기 위해서라도 대내적으로는 전근대적인 신분제사회의 사이비 통합성을 청산하고 참다운 '국민적 통합'을 모색한다는 또 다른 측면에서 사상적 의의가 있었다. 곧 앞에서 지적한 바와 같이 "양반을 삼제(芟除)하는 것이 입헌군주제라는 중앙집권 아래에 인민을 결집하고 위기를 타개해 나가는 데에 불가결"하다고 한 김옥균의 주장에서 나타나듯이, 그들의 '반봉건적'——근대 지향적—— 개혁안은 말하자

면 '일군만민적'(一君萬民的) 중앙집권제로의 '국민적 통합'을 이룩하기 위해 안출(案出)된 것이었다.24)

갑신정변기 개화파의 민족적 독립사상과 국민적 통합사상의 구조적 연관은 박영효의「건백서」에서 더욱 명확한 형태로 표출되었다. 곧 무비(武備)의 강화를 논하면서도, 군(軍) 내부의 일체화가 없으면 나라의 자주는커녕 내란의 위험이 있고, 따라서 "군(軍)의 많음보다도 군 내부의 정신적 일체화가 귀중하다"25)는 것이었다. 더욱이 일체화가 요구되는 것은 군 내부의 일만이 아니라고 보았다. 박영효는 인민에게 적시(敵視)되는 군대는 없느니만 못하다며, 군과 민의 일체화를 강조했다.26) 박영효는 같은 논법으로 '군민동락', '상하일체 상하무색(無塞: 막힘이 없음—필자)'을 강조하고 있다.

개화파의 '국민적 통합사상'은 기본적으로는 대외적 위기에 직면해 독립을 유지하기 위해서는 '국내적 통합'이 필요하다는 인식에서 생겨난 사상이었으나, 다른 한편으로는 임오군란과 같은 국내적 분열과 혼란의 현실적 경험에 대한 교훈을 통해 더욱 절실히 요청된 것이기도 했다.

이미 앞에서 지적한 바와 같이 개화파의 입헌사상이나 민권사상은 국민적 독립의 전제로서 국민적 일체화(통합)라는 정치적 과제를 매개로 해서 생겨난 것이었다. 그러하기에 국왕의 '만기친재'와 '임의로운 정치'를 부정하고 "국(君)과 민(民)이 함께 하는 정치"풍토를 만들어 내는 입헌제적 제도에 의한 국민적 통합방법은 '종사'(宗社)나 '종실'(宗室) 등 전통적 상징을 이용하는27) '심정적 통합'의 방법과 모순 없이 양립할 수 있었다.

여기서 말하는 '종사'나 '종실'이란 그들의 체제구상으로 보아, 이미

---

24) 김영작, 앞의 책, 146쪽.
25) 「建白書」: "國有武備 而兵不一則亂 故兵者 歸一而不貴多 欲一之"
26) 「建白書」: "雖一國之軍 而相視如敵 且恣暴漁道路閭巷 而民視兵卒如仇讐 則此無制之軍 不如無軍也."
27) 「建白書」: "崇宗室 以姑宗社些"

과거와 같이 봉건적 신분제를 온존시키면서 맹목적으로 충성을 요구하는 종래의 '종사'나 '종실'은 아니라고 보아야 한다. 오히려 그러한 전통적 상징을 이용해서 추진하는 '심정적 통합'방법 역시 민회의 설치 등에 따른 '제도적 통합'방법과 마찬가지로 "외국과의 교제에서 주권을 잃지 않고 국체를 손상시키지 않으면서"[28] 국가와 민족의 자주독립을 유지하는 데 '더불어' 유용한 것으로 파악되었던 것이다.[29]

3) 갑신정변의 실패와 근대국가 건설사상의 좌절

갑신정변을 통해 집약적으로 표출된 이 시기 개화파의 근대국가 건설운동은, 자본주의 열강에 종속될 위험을 안고 있으면서도 이를 최대한 이용해 근대화와 독립을 도모하는 것이었다는 점에서, 일본 오쿠보(大久保) 정권의 부국강병책이나 중국 양무파의 정책과 그 역사적 의미를 같이하는 것이었다.[30] 그럼에도 불구하고 그것이 청·일 양국의 근대화운동, 특히 일본의 그것과 결정적으로 달랐던 점은 조선의 개화운동이 처해 있던 국제환경, 곧 외압의 농도에 차이가 있었다. 조선은 후진 자본주의 일본을 한쪽으로 하고 차식민지 청국을 타방으로 하는 양국의 각축장이었다는 것이다.

그렇다고 해서 갑신정변의 실패원인으로 거론할 수 있는 내적 원인이 없었다는 말은 아니다. 여기에서는 이러한 내적 원인 가운데 이 시기 개화사상 자체에 내재했던 약점에 초점을 맞추어 이 문제를 검토하려고 한다. 즉 이 시기 개화사상은 중앙집권적 군주제를 지향하면서 '정치적 집중'을 도모했으며, 다른 한편에서는 입헌군주제 구상을 통해 '정치적 확대'를 꾀하고 있었다는 의미에서 '두 가지 대립적 요소의 통일'을 획책했다고 할 수 있다.[31]

---

28) 「建白書」: "與外國交 勿失主權 損國體."
29) 김영작, 앞의 책, 153-154쪽.
30) 같은 책, 171쪽.

그런데 이 시기의 개화사상은 민권의 확장이라는 정치적 확대의 면에서도 그 방법은 '위로부터의 개혁사상'이라는 본질 때문에 군주의 개명화를 통해 그것을 실현시키려 했을 뿐, 농민대중의 투쟁에 의해 정치적 확대를 실현하려 한 것은 아니었다. 이러한 개혁의 방법은 당연히 그들이 정변을 실현하는 방법에도 그대로 반영되었다. 그들이 비밀결사 조직에 의한 쿠데타 계획에만 몰두할 뿐 개화파의 영향 아래 있는 각 계층을 더욱 광범위한 정치세력으로 결집하는 노력을 소홀히 한 것도 그 때문이었다고 하겠다. 이와 같은 이 시기 개화파의 제약성은 정치심리의 관점에서 볼 때, 갑신정변 뒤의 수구 지배층뿐만 아니라 일반 대중 사이에서도 철저하게 보수·반동화의 기운을 촉진시키는 결과를 초래하는 원인이 되기도 했다.

3. 갑오개혁기의 근대국가 건설구상

아래에서는 갑오개혁과 관련된 개혁안의 작성과 실행 등에서 시종 주도적 역할을 했던 유길준이 직접 집필한 『서유견문』(西遊見聞)[32] 및 갑오개혁에 관한 제반 사료에 나타난 이 시기 개화파의 근대국가 건설에 관한 구상을 살펴보고자 한다.

1) 근대 국민국가 건설을 위한 사상적 초석: 부르주아 계몽사상의 대두

(1) 민권사상과 국권사상

이 시기 개화사상의 모체가 되었던 것은 유길준의 사상인데 이는 그의 저서 『서유견문』을 통해서 살펴볼 수 있는바, 그 핵심은 자연법사상에 의거한 근대 계몽사상이라고 규정할 수 있다. 그것은 유길준이 이 책

---

31) 같은 책, 174쪽.
32) 여기서는 『兪吉濬全集』(1)(一潮閣, 1971)의 『서유견문』을 참고했다.

의 제2장에서 갑신정변 당시 개화파의 사상에 대해서 규정한 것과 같은 의미의 계몽사상, 곧 서양의 지식과 사상을 받아들여 "사고방식 일반을 변경하는" 넓은 의미의 계몽사상에 머문 것은 아니다. 『서유견문』에서 볼 수 있는 사상은 초기의 넓은 의미의 계몽사상을 더 한층 체계화한 역사적 범주의 개념으로서 근대 계몽사상의 이름에 부합하는 사상내용을 체계적으로 갖추고 있다.33)

즉 유길준의 개화사상에는 천부인권을 제창하는 '민권사상'과 애국주의로 표현되는 강력한 '국권사상'이 밀접하게 결합되어 있다.34) 뿐만 아니라 그 하나하나를 주장할 때에 두 가지 요소가 긴밀한 내적 연관성 아래서 주장되고 있다. 곧 그의 사상의 입각점은 국권론과 민권론이라는 두 가지 요소의 대립과 통일을 도모하는 것이었다고 할 수 있다. 유길준에게 있어 '민족적 독립'과 '개인적 자주'는 따로 떼어놓을 수 없는 불가분의 과제로 제기됨으로써 민권론과 국권론의 내면적 연관성이 더욱 뚜렷하게 정식화되어 있다.

(2) 민권사상과 국권사상의 관련양상

민권과 국권을 동시에 문제시하고 그 조화적 통일을 도모하고자 하는 일종의 정치적 공리는 원래 서로 대립하는 요소를 통일시키고자 하는 것이기 때문에, 두 요소 가운데 어느 것에 역점을 두는가에 따라서, 또 현실적으로 제기되는 다양한 정치적 과제 가운데 어느 것을 제1차적 과제로 선택하느냐에 따라서 그 사상적 성격과 현실적 역할이 달라지게 마련이다. 따라서 유길준의 경우에도 그의 개화사상이 현실정치에 어떠한 양상으로 나타나고 그 현실적 역할이 무엇인지를 구명하기 위해서는, 그의 사상의 요소이자 출발점이었던 두 가지 요소, 곧 국권과 민권이 그의 사상 속에서 어떠한 양상으로 연관되어 있는가 하는 문제, 곧 국권과 민권의 연관성의 특질을 살펴보아야 한다.

---

33) 김영작, 앞의 책, 253-254쪽.
34) 같은 책, 257쪽.

우선 그는 국권과 민권을 '일군만민'(一君萬民)적인 방법으로 통일시키려는 구상을 했다. 위로부터의 개혁을 의도했던 그에게 무엇보다도 먼저 요구된 것은 인민[만민]을 인도해 갈 중앙집권적 권력이었으며, 이러한 요구는 천자도 사람이고 필부도 사람이라고 한 자신의 천부인권론을, "인군은 기부(其父)요 인민은 기자(其子)라"35)든가 "정부의 요구하는 바는 다소(多少)를 불문하고 거역하면 불가(不可)하니라"36)고 주장하면서 전도시키고 있다. 이러한 주장을 그의 신분적 특권의 폐지에 관한 주장37)과 더불어 생각해 보면, 한편으로는 군주의 절대적 권력을 확립하고 다른 한편으로는 인민들 사이의 평등권을 확립함으로써 일군만민적 통합을 도모하고 있음을 확인할 수 있다.

이러한 그의 구상은 정체론(政體論)으로 결정되어 나타났다. 그는 먼저 역사적으로 존재한 정체의 유형을 ① 군주의 천단(擅斷)하는 정체, ② 군주의 명령하는 정체 또는 압제(壓制)정체, ③ 귀족의 주장(主張)하는 정체, ④ 군민의 공치하는 정체 또는 입헌정체, ⑤ 국인의 공화하는 정체 또는 합중정체(合衆政體)로 분류하고,38) 당시 조선의 정체는 "군주의 명령하는 정체"라고 하면서,39) 서양 각국이 아시아 제국에 견주어 부국강병의 면에서 앞서가고 있는 원인이 정부의 제도와 규모의 차이에 있다고 보면서 당시 조선이 부강해지기 위해서는 당연히 정치제도의 개혁이 필요하고, 궁극적으로 "군민의 공치하는 정체"가 되어야 하는 것으로 보았다.40)

그러나 그는 현실적으로는 정치제도를 개혁할 때에도 각국의 역사적 전통과 실정, 특히 인민의 지적 수준이 고려되어야 하므로, 조선에서 갑자기 "국민의 공화하는 정체"를 취하거나 민중[인민]이 직접 국정에 참

---

35) 『서유견문』, 198쪽.
36) 같은 책, 203쪽.
37) 같은 책, 114쪽.
38) 같은 책, 143-145쪽.
39) 같은 책, 145쪽.
40) 같은 책, 151쪽.

여하는 것은 유보하고 있다.41) 다시 말해서 그는 정체개혁에 앞서 인민이 국정에 참여할 수 있는 교육이 선행되어야 한다고 하면서, 사회의 진보는 법의 우열에 따라 결정되는바, 법의 우열을 규정하는 요인을 교육에서 찾고 있으며, 사회발전의 결정적 요인인 법과 교육 가운데서 교육을 정치의 대도라고 주장했다.42) 뿐만 아니라 그는 개개인의 참된 자유와 권리를 위해서도 교육이 존중되어야 하며,43) 그것이 바로 부국강병의 길이라고 주장했다.44)

실로 유길준의 개화사상은 부르주아 계몽사상을 이론적 기반으로 했지만, 그것의 실현에서는 모든 면에서 인민의 계몽과 교육이 선행되어야 한다고 주장함으로써 그의 계몽사상의 정치적 역할은 지극히 개량주의적이고 보수적인 것이 되었다. 이는 한편으로는 계몽사상 그 자체의 제한성 때문이기도 하지만, 다른 한편으로는 계몽사상 일반을 정치적으로 적용할 때 유길준이 지닌 특유의 관점에서 오는 보수성과 개량주의적 특성 때문이었던 것으로 여겨진다.45)

2) 군민공치의 정치체제 사상

(1) 군국기무처의 설치와 일군만민적 정치체제 및 내각제

갑신정변이 실패한 뒤 국내에서 급진적인 개화파는 자취를 감추었으나, 청국의 힘을 배경으로 계속적으로 집권하게 된 민씨정권이 동도서기론의 기조 위에서 개화정책을 추진하면서, 상당수의 재야 유생들도 동도서기론으로 기울어 가고 있었다. 당시 민씨정권은 형식적으로는 동도서기론을 내세우고 있었지만, 실질적으로는 전제군주제를 고수하면서 농민

---

41) 같은 책, 152쪽.
42) 같은 책, 137쪽.
43) 같은 책, 137쪽.
44) 같은 책, 233쪽.
45) 김영작, 앞의 책, 264쪽.

에 대한 수탈을 지속하는 등 동도서기적인 개화도 제대로 추진하지 못했다. 관료층 내부에서는 민씨정권의 이러한 고식적 개혁정책으로는 결코 부강한 근대국가를 수립할 수 없다고 판단하는 새로운 세력이 성장하고 있었다. 김홍집, 유길준, 김가진, 안경수 등 소수의 개화파 세력이 그들이었다.

이들은 1894년 일본의 군사원조를 얻어 민씨정권을 타도하고 김홍집 내각을 형성한 다음 농민군의 폐정개혁(弊政改革) 요구를 수용하면서 근대국가 체제로 전환하기 위한 일련의 개혁을 추진했다. 이 시기 개화파들은 국왕의 전제권을 근본적으로 제한함으로써 입헌군주제를 실현하려 했던 갑신정변기의 급진 개화파들과 같은 맥락에서 구제도를 참작하고 서양의 제도를 적극 도입해 근대적 내각제도를 수립하고 점차 입헌군주제를 수립하려고 했다. 일찍이 유길준은 조선과 같이 "군주의 전단하는 정체"에서 입헌군주제로 이행하기 위해서는 과도적 단계가 필요한 것으로 보았으며, 이러한 판단에 따른 과도기적 기구가 바로 갑오개혁기의 군국기무처(軍國機務處)라고 할 수 있다.46)

유길준의 정체관과 이를 조선에서 실현하는 방법으로서 단계적 이행 전략의 반영으로 설치된 군국기무처는 종래 조선의 봉건 지배기구에서는 유례를 찾아볼 수 없는 유형의 기구로서 행정권과 입법권을 통합한 성격을 가졌으며, 일체의 국정을 심의·결정하는 최고 정책결정 기관이었다. 이러한 군국기무처의 성립은 입법부의 기능을 가지고 봉건적 전제정치에서 입헌군주제로 향하는 잠정적·과도적 조치로서 획기적인 의미를 갖는 것이었다. 그 후속조치로 개혁된 의정부 관제는 그러한 입헌군주제로의 과도적 조치로 새 체제 행정부의 기능을 담당해 나갈 집행기관의 의미를 갖고 있었다.47)

국정 최고기관으로서 방대한 권한이 부여된 군국기무처는 근대국가 체제를 수립하기 위해 우선 왕권을 제한하고 관료권을 확장시키는 개혁

---

46) 같은 책, 299쪽.
47) 같은 책, 302쪽.

을 추진했는데, 우선적으로 중앙관제의 개혁에 착수했다. 그 개혁의 제1보가 의정부 관제의 개혁이었으며, 이를 통해 근대 법치국가의 내각제도에 따라 국정을 운영하고자 했다. 이러한 의도로 개혁된 새 관제는 총리대신을 장으로 하는 의정부를 신설하고, 그 밑에 종래의 육조를 개편해 내무, 외무, 탁지, 군무, 법무, 학무, 공무, 농상무의 8아문을 두었다. 각 아문의 장은 판서를 대신(大臣)으로, 참판을 협판(協辦)으로 개칭했다. 그 외에도 종래의 좌·우포도청을 병합해 경무청으로 고치고, 이전의 내무아문 소속에서 분리시켜 독립기관으로 하고 그 장인 경무사(警務使)에게는 대신을 능가하는 권한을 부여했다.

뿐만 아니라 중요한 국사는 총리대신이 주재하는 내각회의에서 심의·결정해 국왕에게 품(稟)한 후 재가를 얻어서 시행하도록 했으며,48) 궁내부를 설치해 국가와 왕실, 국유재산과 왕실재산을 엄격히 구분하고 국왕의 국유재산 침여(侵與)를 엄격히 배제했다. 그리고 1894년 7월 14일부터는 각 아문의 규칙을 제정해 모든 행정이 법률과 규칙에만 의거하도록 개혁함으로써 국왕의 행정 간여는 근본적으로 배제되기 시작했다. 이러한 정치개혁에 의해 국왕의 전제권에는 근본적인 제한이 가해지기 시작했고, 갑신정변 이후 개화파가 구상해 온 내각제를 향한 기본 틀이 갖추어졌다.

(2) 군국기무처 개혁사업에 나타난 근대국가 건설사상

청일전쟁에서 승리한 일본이 본격적으로 내정에 간섭하게 된 갑오개혁 후기에는 박영효가 근대국가로의 개혁을 주도했다. 갑오개혁기 개화파들은 입헌군주제의 핵심인 헌법을 제정하지는 못했지만, 그와 같은 기능을 하는 '홍범14조'를 제정해 국왕이 종묘에 나가서 서고(誓告)하는 형식으로 이를 포고하고 국왕도 이를 준수하도록 규제하면서 입헌군주제의 기본 틀을 완성했다. 박영효의 「건백서」와 내용과 형식 면에서 궤를

---

48) 『更張章程存案』 「議政府官制」 및 「各部官制」 참조.

같이하는 '홍범14조'는 이 시기 개화파의 근대국가로의 개혁구상을 집약하고 있다. 헌법의 원초적 형태라 할 수 있는 '홍범14조'는 입헌군주제를 지향하던 개화파에게 있어 군주의 전제권을 제한하기 위해 필요한 장치였으며, 근대 국민국가를 건설하기 위한 초석의 하나가 되었다. 실제로 '홍범14조'는 제1조의 자주독립 조항을 제외하고는 모두 내정개혁 항목을 설정하면서 국왕의 전제권을 제한하는 방향으로 개혁을 선언하고 있어 근대 국민국가의 기초를 다지는 내용으로 구성되었다. 그런데 홍범14조의 내용은 모두가 이미 군국기무처에서 실행하고 있던 것과 이미 10년 전 갑신정변 때의 혁신정강 14조와 대동소이한 것으로 새로운 것이 없지만, 군국기무처의 폐지로 전제군주권이 일단 부활된 조건에서 전제권에 대한 어느 정도 제약의 의미를 가진 대강령이라고 할 수 있다.

갑오개혁기에 전제군주권에 근본적인 제한을 가하고 근대적 국가체제를 갖춘 것은 내각제도의 수립이었다. 제2차 김홍집 내각의 초기에는 군국기무처가 폐지되고 전제군주제가 일시 부활했으나, 내무대신 박영효 등 급진개화파는 종래의 의정부 제도를 폐지하고 그들이 갑신정변 때 추구했던 내각제도를 수립했다. 그들은 의정부를 내각으로, 아문을 부로 개칭하고 농상무아문과 공무아문을 통합해 농상공부로 만들어 8부를 7부로 바꿈과 동시에 '내각관제'를 제정해 의정부 제도를 폐지하고 내각제도를 수립했다. 또한 칙령 제39호로 '내각 소속 직원관제'를 제정·공포해 내각 총리대신의 일과 내각회의 사무 관장을 보완했다.49)

이러한 내각제 아래서 정치의 운영은 내각 총리대신을 수반으로 대신들이 내각회의를 구성해 법률·칙령, 예산·결산, 내·외국채, 국제조약 및 국제적인 사안, 칙·주임관의 임명, 조세의 신설·존폐·변경 등의 사항을 결정했다. 내각의 결정사항 가운데 왕의 재가를 필요로 하지 않는 것은 그대로 시행하고, 내각이 청한 안건을 왕이 재가하지 않을 경우에는 그 이유를 명시해 다시 회의에 회부해야 했으며, 왕이 안건을 발의

---

49)『日省錄』高宗 32年 3月 25日條;『高宗實錄』高宗 32年 3月 25日條

할 때에는 반드시 내각회의를 거치도록 규정되었다. 이와 같은 내각제도의 수립은 군권을 제한시켜 전제군주였던 조선 국왕은 이제 사실상 입헌군주제 아래에서의 "군림하되 통치하지 않는" 군주와 같이 그 지위와 권한이 약화됨으로써50) 조선에서 전제군주제는 거의 폐지된 상태에 있었다.51)

한편 갑오개혁기에는 갑신정변기의 개화파가 구상하지 못했던 의회에 대한 인식도 등장하게 된다. 즉 군국기무처는 당시 스스로를 '의회'라고 생각했다.52) 군국기무처가 처음 설치될 때 고종이 "각국에서는 회의시에 왕이 참석한다고 하는데, 과연 그러한가"53)라고 하며 왕의 참석 여부에 관심을 표명했으나, 군국기무처는 회의가 열리면 총재가 의원을 거느리고 편전에 나아가 당일의 안건을 진주하게 되어 있는 규정도 잘 지키지 않았다.

신관제 실시 이후 군국기무처가 의정부에 부속되자, "의회는 의사부(議事部)이고 정부는 행정부이니 양자가 서로 맞서 혼효(混淆)가 불가함은 만국의 통례이다. 군국기무처의 의정부 예속은 사체(事體)에 맞지 않으니, 기무처 장정을 개정하여 정부와 더불어 서로 차하[上下]하게 할 것"54)이라는 의안을 의결해 기무처를 행정부인 의정부와 대등하게 하자는 주장을 폈다. 그러나 이 의안은 곧 취소되고 군국기무처는 해산되어 관제개혁 후의 실직 관리 수용소인 중추원에 합치되었다. 이 때문에 중추원은 대한제국기 독립협회의 의회 개설운동의 근거가 되기도 했다.

근대국가를 건설하기 위해서는 등질적인 근대적 국민형성이 전제되어

---

50) 내각제 실시로 정무에 관한 권한을 완전히 상실한 고종은 "군주권이 없는 허위를 감내할 수 없으니, 차라리 대신들이 원하는 대로 국체를 변혁해서 새로 공화정치를 일으키든가 또는 대통령을 선출하든가 너희들 마음대로 하라"고 역정을 낼 정도였다. 『駐韓日本公使館記錄』(7), 31-32쪽.
51) 신용하, 『갑오개혁과 독립협회운동의 사회사』(서울대학교 출판부, 2001), 197-198쪽.
52) 『更張議定存案』 開國 503年 9月 21日條: "議會之設 今至三個月矣."
53) 『日省錄』 甲午 6月 27日條.
54) 『更張議定存案』 開國 503年 9月 11日條.

야 한다. 갑오개혁기에는 사회적 측면에서 반상제도 혁파, 노비해방, 각종 천인의 면천 등 '혁명적 사회개혁 조치'가 취해져 봉건적 신분제가 철폐되었다. 개화파의 신분제 철폐안은 농민대중의 변혁요구와 결합되어 "문벌·반상의 등급을 타파하고 귀천에 구애받지 않고 인재를 선용할 것," "공·사노비의 제도를 일체 혁파할 것" 등의 혁신적 조치가 이루어졌다. 이후 향촌사회에서 일어나는 신분간의 알력에 의해 다소 후퇴하기는 하지만, 신분제가 일단 법적으로 철폐된 것은 등질적인 근대적 국민형성으로 나아가는 첫걸음이 되었다.

3) 갑오개혁기 근대국가 건설사상의 현실정치적 위상

갑오개혁기에는 갑신정변 이래 개화파의 내각제 구상이 현실화되었으며, 새로이 '의회'에 대한 인식도 나타나게 되었다. 뿐만 아니라 봉건적 신분제가 철폐되면서 근대적 국민형성의 중요한 기틀이 마련되었다. 그러나 갑오개혁기 근대국가로의 개혁은 아직 입헌군주국가의 그것이라고 할 수는 없었다. 우선 '의회'를 개설하지 못했고, 국민을 참정시키지도 못했으며, 헌법도 제정하지 못했다. 오직 군국기무처와 내각제도를 수립하는 데 성공해 전제군주제에 근본적 제한을 가하고 입헌군주제로 가는 과도적 정치체제와 국가체제를 수립한 것이었다. 즉 기왕의 왕실 중심의 전제군주국가를 내각중심의 제한군주국가로 개혁해 근대적인 입헌제국가로 나아가려는 도정에 있었다고 할 수 있다.

그러나 1895년(삼국간섭과 민비시해사건)이라는 역사적 시점에 이르러서는 이미 조선의 정치상황이 10년 전의 갑신정변 때보다 훨씬 짙은 농도로 제국주의 열강 사이의 대립에 압도되어 버렸다. 1895년 7월 12일의 조칙에서 지난여름 이래의 유신국정(維新國政)이 오히려 "민생의 어려움과 국세의 위태함을 도리어 전일[갑오개혁 이전──필자]보다 더 심하게 만들었다"55)고 자인함으로써 개혁의 성과가 전면적으로 부정된 갑오개혁은 그 추진세력의 비극적 결말과 더불어 완전히 파탄을 맞이했다. 그러나 개화파 정부의 붕괴가 농민대중의 반침략투쟁의 승리를 뜻하는 것은 아니었다. 오히려 그것은 조선을 둘러싼 제국주의 열강 사이의 새로운 각축의 전주곡에 불과했으며, 국내적으로도 보수정권의 등장을 초래했을 뿐이다.

4. 독립협회기의 근대국가 건설구상

아래에서는 이 시기 개화파의 사상적 대변지로서 1896년 4월에 창간된 <독립신문>56)의 내용, 또 이들의 자유민권 운동을 담당하는 정치결사로서 같은 해 7월에 탄생한 '독립협회'의 활동, 그리고 독립협회의 지도 아래 1898년 3월부터 시작된 '만민공동회'의 활동 등에 나타난 그들의 근대국가 건설에 관한 구상을 살펴보고자 한다.

1) <독립신문>, '독립협회' 및 '만민공동회' 활동에 나타난 근대국가 건설사상

(1) 민권확장 사상

1896년 2월 '아관파천' 직전에 망명처인 미국에서 귀국한 서재필은 제3차 김홍집 내각의 내부대신 유길준과 협의해 국고지원으로 <독립신문>을 발행했다. 그는 <독립신문>을 발행하는 의도가 민권의 확장에 있다는 것을 창간호를 통해서 분명히 했다. 즉 "우리는 첫째, 편벽되지 아니한 고로 무슨 당에도 상관이 없고 상하귀천을 달리 대접 아니하고 모두 조선 사람으로만 알고 조선만 위하며 공평이 인민에게 말할 터인데…… 정부에서 하시는 일을 백성에게 전할 터이요 백성의 정세를 정부에 전할 터이니 만일 백성이 정부 일을 자세히 알고 정부에서 백성의 일을 자

---

55) 『高宗實錄』 高宗 32年 閏5月 乙未條.
56) 獨立新聞影印刊行會, 『독립신문』 全9卷(甲乙出版社, 1981).

세히 아시면 피차에 유익한 일만이 있을 터이요"57)라고 하고 있다.

　그러나 12년 동안의 미국 망명에서 귀국한 서재필은 조선에 곧 바로 미국[서양]적 민주주의 체제를 실현하려고 했던 것은 아니다. 이는 그의 목적이 순수한 민주주의 실현에만 있었던 것이 아니라, 민권확장을 통해 국민적 결합과 독립의 실현을 기도하는 내셔널리즘적 발상에서 나온 것이었다고 하는 것이 더욱 정확할 것이다.58) 그래서 그들은 한편으로는 군주에 대한 충성을 강조하고,59) 다른 한편으로는 "백성은 나라의 근본이라 근본이 굳어야 나라가 평안하는 바니"60)라든가 "백성의 권리가 튼튼할수록 임금의 지위가 더욱 높아지고 나라의 형세가 더욱 크게 떨침"61)이라는 주장에서 보듯이 민권의 확장을 강조했다.

　이러한 민권사상은 기본적으로 천부인권설에 기초를 두고 있었다. 즉 "세상 물건을 다 사람이 팔고 사고 할 권리가 있으되 사람이 사람을 사고팔고 할 권리는 없는 것은 천한 사람이나 귀한 사람이나 하나님께서 받은 사람의 권리는 다 같은 까닭이라"62)는 주장에서 알 수 있다. 이러한 인민 평등관에서 사회적 신분제 일반의 폐지와 남녀평등이 주창되는 것은 당연한 일이었다.63) 요컨대 한편으로는 군주에 대한 충성의식을 강조하고 다른 한편으로는 근대적 국민국가의 기저가 되는 민권의 보장을 주장함으로써 "정부의 관리는 군주의 신하인 동시에 인민의 공복"이라는 일군만민론적 체제관을 지향했다.

---

57) <독립신문> 창간호.
58) 김영작, 앞의 책, 350쪽.
59) <독립신문> 제99호 논설.
60) <독립신문> 제94호 잡보.
61) '독립협회'의 1989년 5월 8일 토론회 제목.
62) <독립신문> 제123호 논설.
63) <독립신문> 제7호, 제27호, 제32호 논설.

(2) 중추원 개편과 의회설치 운동

독립협회가 민권사상을 현실로 반영시키려는 노력은 중추원 개편운동을 통한 의회설치 운동에 집약적으로 나타나 있다. <독립신문>과 정치토론회를 통해 의회의 필요성을 줄기차게 주장해 온 독립협회는 1898년 7월 3일 정교(鄭喬), 이건호(李建鎬), 이상재 등의 제소의원(製疏議員)을 선출해 국정에 민의를 반영하도록 하는 상소를 올렸다.64) 이에 대해 정부는 같은 해 7월 12일에 윤치호, 이건호, 정교 등의 독립협회 요원과 보부상인을 중심으로 구성된 황국협회(皇國協會)의 요원 등을 종래의 중추원 의관(議官)에 임명했다.

정부의 이러한 조처에도 불구하고 독립협회는 관선위원과 민선위원이 각기 동등하게 반수를 차지하는 의원 구성을 핵심으로 하는 중추원 개혁에 관한 구체안을 작성해 정부에 제출했다.65) 정부는 독립협회의 이러한 요구에 대응해 11월 2일 새로운 중추원 관제를 반포했는데, 그 개요는 다음과 같다. 중추원은 법률, 칙령의 제정과 개정에 관한 사항, 의정부의 논의를 거쳐 사주하는 일체의 사항, 인민의 의견을 받아들이는 사항을 심의·의정하는 처소로 한다(제1조). 의관(議官)의 반수(25명)는 정부에서 국가에 공로가 있는 자를 추천하고, 나머지 반수는 인민의 협회 가운데서 27세 이상의 연령이 된 자로서 정치, 법률, 기타의 학식이 있는 자를 투표에 의해 선출한다(제3조). 본 관제의 제3조, 곧 민선의관의 선출은 당분간 독립협회로 하여금 행하게 한다(제16조) 등이다.66)

이상 중추원의 새로운 관제는 조선 역사상 최초의 의회제도였다고 할 수 있다. 보수정권을 여기까지 몰고 온 것은 전적으로 독립협회의 활동에 의한 것이었다. 이것은 자주 지적되는 것과 같이 조선 역사상 최초의 의회설치 운동이었으며 독립협회의 여러 활동 가운데서도 큰 비중을 차지하는 것이었다.

---

64) 鄭喬, 『大韓季年史(下)』(국사편찬위원회, 1971), 272쪽.
65) 같은 책, 272-273쪽.
66) 같은 책, 287-289쪽; <독립신문> 제182호.

2) 국권수호 운동

독립협회는 민권신장 운동과 함께 열강의 이권침탈에 대한 반침략·국권수호 운동도 전개했다. 열강의 이권침탈에 반대하는 독립협회의 투쟁 가운데서 가장 성과를 거둔 것은 러시아에 대한 투쟁이었다.[67] 독립협회는 1896년 설립 당시에는 열강의 이권침투에 대해 직접적인 반응을 보이지 않고, 국제적 신의나 외국과의 조약 존중 등을 강조하거나[68] 일반론으로서 이권양도의 부당성을 거론하는 데 머물렀다.[69] 그러나 1897년 러시아가 재정고문 알렉시에프(Kerr Alexieff)와 함께 군부 교련교관을 파견하고 한러은행을 설립하는 등 침략이 활발해지자, 독립협회 회원들이 연명으로 러시아의 이러한 움직임에 반대하는 상소를 올리고,[70] 종로에서 수천 명이 참여하는 만민공동회를 개최하는 반대운동을 전개해 러시아의 이권침탈을 저지하는 데 성공했다.[71]

그러나 이같이 러시아의 이권침탈에 반대했던 그들은, 그 뒤에 영국, 미국, 일본 등 다른 열강에 대해서도 동일한 조치를 요구하고 조사활동을 행하는 과정에서는 해당 열강의 입김 때문에 내부분열을 노정하고 말았다. 처음부터 독립협회는 협회 자체의 설립에 작용한 열강과의 재정적·인적 관계로 보아서 서양 열강, 특히 미국의 국가이익으로부터 자유로울 수 없었다.[72] 바로 이러한 사실은 독립협회를 지도하는 상층부 가운데 이 협회의 반침략투쟁을 불철저하게 만들고 내부분열을 가져오게

---

67) 김영작, 앞의 책, 355쪽.
68) <독립신문> 제96호와 제111호 논설; <독립신문> 제44호와 제121호 논설 참조.
69) <독립신문> 제134호 참조.
70) <독립신문> 제23호 참조.
71) 『高宗實錄』 光武 2年 3月 18日條.
72) 독립협회의 연혁을 약술하고 있는 한 자료에서는 협회에 협력한 미국인으로 공사였던 실과 알렌 등 7명의 이름을 열거한 뒤 다음과 같이 말하고 있다. "또 많은 선교사와 목사들이 이 회의 고문과 찬성자로서 협력했다.…… 회원 일동은 미국 인사가 은인이라고 하면서 한없는 감사를 보내고 있다." 著者未詳, 「獨立協會沿歷略」 (1926), 『創作과 批評』 제5권 제1호(1970).

하는 요인이 포함되어 있었다는 것을 뜻한다. 그리고 그것은 불평등조약까지도 지켜야 된다고 강조하는73) 그들의 국제적 신의관과 결코 무관한 것이라고 할 수는 없을 것이다.

3) 독립협회의 해산과 근대국가 실현의 좌절

1896년 7월 설립된 이후 민권신장과 국권수호를 위한 투쟁을 전개해 왔던 독립협회는 1898년 11월 4일 민권신장 운동의 상징인 의회관제의 반포를 쟁취하기에 이른다. 그러나 같은 날 수구파 조병식(趙秉式)이 군부대신 유기환(兪箕煥) 등과 결탁해 독립협회가 왕제를 폐지하고 대통령제의 공화정체를 수립하려 한다는 모략문서를 유포한 익명서 사건을 일으켰고,74) 이에 고종은 독립협회의 해산을 명함과 동시에 협회 간부 17명을 체포하고 관민공동회의 의결사항에 서명·날인했던 박정양 내각의 각 대신을 파면하고 반동적인 조병식 내각을 성립시켰다. 이어서 신내각이 의회관제를 취소함으로써 한국사상 최초의 의회설립은 좌절되고 말았다.

이처럼 독립협회 운동이 좌초된 이유는 물론 국내의 보수 반동세력에 있었던 것이 명백하다. 그러나 독립협회의 활동에 대해 여러 열강이 결코 호의적인 태도를 취하지 않았던 것도 독립협회 운동이 좌절한 중요한 요인의 하나였다고 할 수 있다. 그것은 독립협회가 여러 열강의 이권 획득을 일괄적으로 반대하는 움직임을 보이자, 제국주의 열강이 모두 독립협회를 적대시하게 되었다는 사실에서도 입증된다.75) 어쨌든 독립협회 운동의 좌절은 개화파의 근대국가 건설구상이 한말기의 정치상황에서 일단 좌절되었음을 의미한다. 그럼에도 불구하고 1898년 11월 4일의 의회관제는 독립협회가 국민참정권 사상을 제도화하여 실현시킨 것이었

---

73) <독립신문> 제44호.
74) 윤치호, 「독립협회의 시종」, 『新民』 14(1926년 6월) 59-60쪽.
75) 김영작, 앞의 책, 359쪽.

으며, 자유민권 사상을 의회민주주의 형태로 일시적이나마 제도화시킨 획기적인 것으로 평가되어야 할 것이며, 그 후 식민지 시기의 독립운동에는 물론이고 해방 후의 민주주의 발전에도 사상적 유산이 되었다.

<참고문헌>

<독립신문>, <漢城旬報>, 『갑신일록』, 「建白書」, 『更張議定存案』.
『更張章程存案』, 『高宗實錄』, 『西遊見聞』, 『日省錄』, 『駐韓日本公使館記錄』7.
姜在彦, 『朝鮮の開化思想』(東京: 岩波書店, 1980).
古筠紀念會, 『金玉均傳 (上)』(東京: 慶應出版社, 1944).

김영작, 『한말 내셔널리즘 연구: 사상과 현실』(청계연구소, 1989).
독립신문영인간행회, 『독립신문』 全9卷(甲乙出版社, 1981).
신용하, 「19세기 개화파의 자주적 근대화사상의 구조」, 한국정신문화연구원, 『한국사학』 6 (1985).
_____, 『갑오개혁과 독립협회운동의 사회사』(서울대학교 출판부, 2001).
윤순갑, 「개화사상의 정치이념적 구조」, 『한국정치학회보』 30집 3호(1996).
윤치호, 「독립협회의 시종」, 『新民』 14(1926년 6월).
日本國外務省編, 『日本外交文書』 제21권(東京: 日本國國際連合協會, 1951).
著者未詳, 「獨立協會沿歷略」(1926), 『創作과 批評』 제5권 제1호(1970).
鄭喬, 『大韓季年史(下)』(국사편찬위원회, 1971).
漢城旬報社, 『漢城旬報』(漢陽: 統理衙門博文局, 1883).

제7편

독립운동기의 정치사상

제28장 민족과 국가의 발견

우남숙 (우석대학교)

　급진적 개혁을 이루고자 했던 초기개화파의 갑신정변(1884) 실패를 교훈으로, 이후 개화파 인사들은 좀더 대중적이고 교육적인 운동을 모색하게 된다. 즉 1890년대 후반에 이르러서는 국력 강화를 목표로 한 '자강' 사상, 민족과 국가를 강조하는 '독립'사상이 대두하게 되었다. '자강'·'독립'사상 운동의 선두에 섰던 대표적인 인물로는 백암(白岩) 박은식(朴殷植, 1859~1925), 위암(韋庵) 장지연(張志淵, 1864~1920), 단재(丹齊) 신채호(申采浩, 1880~1936) 들로서, 이 세 사상가는 거의 동시대의 인물이다. 이들은 19세기 말의 대내외적 정치·사상적 상황 속에서 모두 유생으로 성장했다는 공통점이 있다. 또한 이들은 현실에 대한 인식과 외래사상의 영향 면에서 매우 유사한 상황에서 자신들의 사상을 전개했다. 이 장에서는 '자강'·'독립'운동에 앞장섰던 이들 사상의 이론적 구조와 특징을 밝혀 보고, 이 사상운동이 한국 근대 정치사상사의 문맥 속에서 어떻게 평가될 수 있는가에 관해 검토하고자 한다.

1. '자강'·'독립'사상의 대두

역사학계에서는 '자강'·'독립'사상 운동의 시기를 대체로 1905년에서 1910년까지로 한정한다. 그러나 그렇게 할 경우 한국 근대사상사에서 독립협회 이후부터 을사조약 이전까지의 사상운동에 공백이 발생한다는 결론이 내려지게 된다. 서양의 사상과 제도를 수용·정착시킴으로써 부국강병을 완성하려 했던 초기의 개화사상과 달리, 국력 강화에 의한 국가의 대외적 자유독립 확보가 우선시되는 자강·독립사상의 등장은 독립협회와 만민공동회, 그리고 당시의 신문·잡지를 통한 대중적 운동에서 이미 시작되고 있었다고 할 수 있다. '강상지도'(綱常之道)에 근거한 장지연의 유교적 정치론이 변화하는 것은 1897년 「상정부서」(上政府書)가 쓰여진 시기부터이다. 그리고 박은식의 경우 그의 회고에서도 선명히 밝힌 바와 같이, 사상적 변화의 시기는 1898년경 서울에 정착해 신학문을 수용하고부터라고 할 수 있다.1) 그러므로 '자강'·'독립'사상의 대두는 <황성신문> 창간(1898) 이전의 시기부터로 보아야 할 것이다.

청일전쟁(1894) 후 조선을 둘러싼 일본과 러시아 양국의 힘에 의한 각축이 첨예해지면서, 이러한 침략적 상황을 타결하기 위한 한국의 정치적 노력은 근대국민의 형성과 통합을 시도한 갑오개혁(1894), 자유민권 사상을 기반으로 입헌군주 정체를 구상한 독립협회 운동(1896~1898)과 만민공동회(1898), 황제권 강화를 통해 자주독립을 지향한 대한제국기의 광무개혁(1897) 같은 일련의 근대적 개혁으로 전개되었다. 또한 이러한 정치

---

1) 신채호는 1910년 합병 이전까지 <황성신문>, <대한매일신보> 두 신문과 『대한협회회보』, 『西友』 등의 두 잡지에 논설을 쓴 것으로 추측되나 확인할 길이 없다. 그리고 신채호 전집에 수록되어 있는 「大韓新民會趣旨書」(1907. 4)는 신용하가 안창호의 글로 주장하고 있으므로 전집에 있는 「保種 保國의 元非二件」(1907. 12. 3)을 사상활동을 추적할 수 있는 최초의 논술로 삼았다.

적 개혁운동과 더불어 우리나라에서는 대중이 볼 수 있는 신문과 잡지가 간행되었다. 1899년 말까지 서울에서 발행된 신문을 창간 순서로 보면 <독립신문>(1896. 4), <매일신문>(1898. 4), <뎨국신문>(1898. 8), <황성신문> (1898. 9) 등이 있다. 모두 7개의 신문이 간행되었는데, 이는 당시의 기준으로 보면 급격한 증가라고 할 수 있다. 이들 신문은 발행 주체와 유형에 있어 다양성을 보이고 있는데, 국민의 개명화에 크게 기여했다. 장지연, 박은식, 신채호는 주로 <황성신문>과 <대한매일신보>(1904)에서 활동했는데, 황현(黃玹)의 『매천야록』(梅泉夜錄)에 의하면 "황성신문이 비로소 간행되어 시정(施政)과 인물을 비판함에 거리낌 없이 사방에서 먼저 사려고 다투는 지경이었다"고 술회하고 있다. 이러한 언론매체를 통해 고대 아리스토텔레스부터 근대 자연법사상, 프랑스 계몽주의, 공리주의, 자유주의, 사회진화론 등 서양 근대사상에 관한 많은 학술서와 시사평론, 문집 등이 소개되었다. 특히 청말 양무운동의 사상과 무술변법(戊戌變法) 시기(1896~1898)의 중심적 인물인 엄복(嚴復, 1853~1921), 강유위(康有爲, 1858~1927), 양계초(梁啓超, 1873~1929)의 저술과 활동도 많이 소개되었다.

2. '자강'·'독립'사상의 전개

'자강'·'독립'사상의 전개는 이론적 구체화 과정으로 볼 때 두 단계로 이루어진다. 제1단계는 1898년부터 1905년까지, 제2단계는 1905년부터 1910년까지로 볼 수 있다. 을사조약(1905) 이전의 시기까지는 '자강'·'독립'사상의 주체 사이에 사상적 차이가 현재화하지 않고 어느 정도 공동행동을 취하는 것이 가능했다. 그러나 1905년 이후 일제의 침략으로 외교권과 재정권이 박탈되는 등 한국이 국권을 거의 상실하고 실질적인 식민지화가 가속화되자, '자강'·'독립' 사상가들은 국권회복과 독립달성 과정에 대해 다양한 입장과 지향을 전개한다.

크게 나누어 보면, 문명국의 지도에 의한 '선실력' 달성으로 '자강'·'독립'이 가능하다는 윤치호(尹致昊), 김성희(金成喜), 김가진(金嘉鎭) 등과 같은 대일 타협적인 보호국 찬성론자와 합방론자들이 있으며, 다른 한편으로는 민족의식 고취를 통한 실력양성과 독립전쟁을 주장한 장지연, 박은식, 신채호 등의 '자강'·'독립' 사상가들이 있다.

3. '우승열패'적 세계관의 등장

국력 강화에 의한 국가의 대외적 자유독립 확보론에 있어 그 초기의 이론적 성격을 규정하고 있는 것은 무엇보다도 청일전쟁 이후 재편된 동아시아를 토대로 형성된 우승열패·적자생존적 세계관이라 할 수 있다. 당시 언론활동을 하던 장지연이 쓴 「황성신문사기」를 살펴보면 "내가 본사(本社)를 세운 목적이 어찌 영업만을 목적으로 한 것이겠는가. 일단 개명을 위한 것이다. 현세와 같은 우승열패·적자생존의 시기를 맞이하여 암묵을 계몽하여 날로 새로워지게 하지 않으면 매약부패(昧弱腐敗)를 면할 수 없을 것이다"고 하고 있다. 장지연뿐 아니라 박은식, 신채호 역시 당시 조선을 둘러싼 국제사회를 치열한 생존경쟁의 장으로 인식했다. 그리고 그 메커니즘은 '천택'(天擇), '약육강식', '우승열패적자생존'(優勝劣敗適者生存)의 원리로 보았으며, 그것을 법칙으로서 '공리'(公理)·'공례'(公例)로 받아들였다. 「천택」은 중국의 엄복이 자연도태를 번역한 것이며, '우승열패적자생존'은 가토 히로유키(加藤弘之, 1836~1916)가 그의 저술 『국체신론』(國體新論, 1882)에서 스펜서가 처음으로 사용한 적자생존(survival of the fittest)을 번역한 것이다. 그의 '우승열패적자생존'이라는 조어(造語)는 '우승열패'로 통용되고, 당시의 세계관을 설명하는 키워드가 되었다.

이러한 세계관의 형성에 의해 한국의 '자강'·'독립' 사상가들은 이제 동아시아의 국제사회란 많은 국가가 정점도 중심도 갖지 않은 채 다원적으로 존재하는 것으로 인식하게 된다. 더 이상 중국의 황제인 천자를 정점으로 하는 계층적 질서와 중국문명을 중심으로 하는 동심원적 질서가 아닌 것이다. 이는 전통적 대외사상의 핵심적 관념이 되어 온 존화양이의 관념이 부정되는 것을 의미한다.

동시에 1880년대의 계몽주의적 역사관에 입각해 국제사회에서 인의도덕의 달성이야말로 지상과제라 하고, 이를 토대로 국제사회를 '만국공법'(萬國公法)에 기초해 비판했던 개화사상가들의 국제질서관과는 차이를 보여주게 되는 새로운 국제질서관의 등장인 것이다. '자강'·'독립' 사상가들은 이러한 '우승열패'적 국제사회에 대한 인식으로 '우승열패'의 국제사회를 비판하기보다 국제사회에서 힘에 의한 생존경쟁의 원리를 인정하게 된다. 뿐만 아니라 국제사회를 힘의 정치라는 관점에서 파악하여 서구열강에 대해 긴장의식과 대항의식을 나타내게 된다.

4. 변통론과 변법론

전통주의자였던 장지연은 「상정부서」에서 "강자는 방자하게 으르대고 약자는 복종한다. 힘센 놈은 어린 새끼를 삼키고 제(帝)를 칭하고 군(君)을 칭하며 일대 변국(變局)"이라 지적하고 있다. 즉 힘의 강약에 따라 국가의 우열과 흥망이 좌우되는 약육강식의 원리가 지배하는 '변국'의 상태에 적합한 방법이란, 유교적인 '도'·'기'론에서 벗어나 유교적 변통론(變通論)에 기반한 변법론(變法論)을 전개하는 것이라는 것이다. 그리고 이와 같은 관점에서 서양의 부강과 군사적 우월을 가져오게 한 서양의 신사상과 신학문을 적극 수용해 국력 강화를 달성해야 한다는 것이다.

장지연은 서구의 신학(新學)이 서구의 국가와 사회를 부강하게 하고 문명을 융성하게 했다고 보았다. 그러므로 장지연은 한국이 서구처럼 신, 부, 강, 성을 이룰 수 있기 위해서는 신학의 실용적 측면을 수용해야 한다고 생각했다. 신구학(新舊學)이 상호변통을 통해야만 문명국가를 이룰 수 있다고 했다. 장지연에은 상경(常經)의 영역을 유학으로, 이를 서구의 신학(新學)과 대비시켜 구학(舊學)이라 했는데, 여기에 이학[성리학], 문학, 정치학 등이 포함된다. 장지연에 의하면 구학은 과거의 문명을 담당해 온 우수한 것이었지만, 개화와 진보의 수준이 극에 달아 쇠퇴했다는 것이다. 즉 그는 구학이 쇠퇴한 이유를 자연의 이치로 보았다. 학문이 극에 달하면 쇠한다는 순환적 사고였던 것이다. 유학에 의한 개화와 진보는 극에 달해 자연의 이치에 따라 쇠했으므로, 쇠에서 문명의 진보를 위해 신사상과 신학문인 서학을 수용해야 한다는 것이다. 그리고 장지연에게 서구의 신학이란 근대과학과 실업기술을 의미하는 것이었다.

한편 박은식은 1890년대 후반의 국제사회를 '육주상통, 열강경웅지일'(六洲相通, 列强競雄之日)이라 인식하고, 학문을 융성하게 함으로써 '자강'과 '독립'을 달성하고자 하는 '홍학'론을 전개한다. 박은식은 국가의 성쇠와 문학(학문 또는 학술)이 서로 연관되어 있다고 보았다. 즉 박은식에게 문명이란 학문에 의해 달성되는 것이며, 문명의 효용성으로 사람의 지혜가 열리게 되고 지혜가 열리면 사업이 진보해 사람의 집적인 국가의 부강을 가져다줄 수 있다는 것이다. 인민의 학문이 국가 부강의 기초적 조건이라는 것이다. 박은식은 그 사례로 일본을 들고 그 반대의 사례로 중국을 들고 있다. 따라서 박은식은 문명의 중심을 의미하는 중화, 중국 호칭의 사용을 중지하고 네덜란드어로서 China의 발음인 지나(支那)를 사용했다. 이것은 중국을 더 이상 문명의 중심으로 인정하지 않는다는 의지의 표명이라 할 수 있다.

나아가 박은식은 신학문의 융성을 위해 유학을 비판한다. 특히 유학의 과거적(科擧的)인 학문에 대한 발본적 비판을 전개한다. 즉 민지 개발을 위해서는 종래의 공자[주자학]사상 중심의 과거 지향적인 교육에서 벗어나야 한다는 것이다. 이와 같은 관점에서 박은식은 전통적 학문의 사변주의적 성격, 시문주의적 경향, 그리고 암송 위주의 지식을 비판한다. 이러한 한국의 연구상황을 타개하기 위해 박은식은 먼저 학문과 교육 부재의 근본적 원인이 '사대부'들의 학문적 편향성에 있다고 하면서 사대부들을 비판한다. 왜냐하면 박은식은 당시의 학문과 교육의 주체가 아직도 사대부라고 인식하고 있었기 때문이다. 박은식은 "세도(世道)의 책임은 사류(士流)"라고 하여 사대부에 의해 우매한 인민을 개지(開智)시켜야 국가가 자강·독립할 수 있다고 생각하고 있었던 것이다. 그러나 박은식은 현실의 사대부가 "이용후생의 신학이 아니라 의리의 학을 고집하는 완미 고루함으로 인해 인민까지 우매하게 만들었다"고 비판한다.

박은식에게 사(士)와 민(民)의 관계는 통치자의 수신·학문에 의한 피치자의 교화[開智] 형태가 지속되는 것이었다. 박은식은 사대부가 시의(時宜)에 적합한 학문을 일으키고, 그것을 기반으로 교육을 통해 민을 개지시켜야 한다고 생각했다. 박은식의 경우 이 단계의 민은 개지되어야 할 대상, 즉 정치·사회의 객체로 인식되고 있었고, 아직 스스로 주체는 되지 못하는 이른바 계몽의 대상이었다.

또한 『학규신론』(學規新論, 1904)을 집필해 교육제도의 전면적 변혁을 주장하고 근대교육의 방향을 제시했다. 즉 종래의 과거제 대신 서양식 학교교육, 서양 서적의 번역을 통한 서학의 보급과 인재육성을 주장한다. 이는 1880년대의 동도서기론이나 1890년대 후반의 서도서기론과는 차이를 보이는 것이다. 이와 같이 장지연과 박은식을 비롯한 '자강'·'독립' 사상가들은 국가의 대외적 독립을 위한 국가의 문명화를 주장하고 자기 주체와 기존 가치의 보존, 서양문물의 수용을 연결시키는 논리구조로서, 전통적 질서의 재건이 아니라 철저한 유학의 비판과 '우승열패' 국제사회에 대한 인정을 토대로 새로운 국가 건설론을 제시하는 것이다.

5. 자강주의

한국은 1905년 일본에 의해 실질적으로 주권을 박탈당하게 된다. 장지연은 목 놓아 통곡하는 전 국민의 분노를 「시일야방성대곡」(是日也放聲大哭)으로 대변한 이후 자유독립의 회복을 위한 '자강주의'를 체계화하고 계몽운동을 주도하게 된다. 장지연은 자강의 의미를 "천체의 운행이 건실하여 쉬지 않고 움직이니, 군자는 그러한 이치를 따라 스스로 쉬지 않고 힘써 노력한다"2)는 『주역』에 근거해서 설명한다. 그리고 '강'의 성격은 『중용』을 인용해 북방지강(北方之强)으로 근육과 혈기의 용맹이 아니라 남방지강(南方之强)으로 관대 온화하고 포용적인 성격으로 규정했다.3) 그리고 자강의 성취란 '자치지강'(自致之强)으로서 의존적 의미의 자강이 아니라 자국(自國)의 실력과 힘에 의한 자조(自助)에 의해 도달하는 것이라고 주장했다.

나아가 그는 당시 한국의 형세에 대해 "극도로 허약해 있는 병자에게 수술을 감행하는 것은 병을 고치는 것이 아니라 도리어 환자를 죽게 하는 것과 같다"4)고 인식했기 때문에, 이러한 '자강'은 점진적으로 이루어져야 하는 것으로 보았다. 그는 독립협회 역시 급격한 주장 때문에 실패했다고 분석한다.5) 장지연은 국권회복 운동단체인 '대한자강회'(大韓自强會, 1906)를 창립하는데, 「대한자강회 취지서」에 그 설립목적을 "아국의 독립은 자강 여하에 있을 뿐이다"고 하여 국권회복 운동의 방법과 방향을 '자강'과 '독립'으로 천명하고 있다. 박은식 역시 『대한자강회월보』 제4호에 「자강능부(自强能否)의 문답(問答)」이란 논설을 통해 "타국이 일본으로부터 한국의 독립을 찾아준다는 것은 약육강식의 국제현실에 비추어볼 때 망상에 불과함을 직시해야 하며, 진정한 독립을 위해서는 스스로의 능력으로 자강을 이루는 것이 중요함"을 역설했다. 또한 신채호는 「대한민국의 목적지」에서 독립을 상실한 한국의 목적지는 '자유독립국가'의 보유라고 천명했다.

이러한 '자강주의'론은 기존의 변법적 개화파나 대일 타협론자들의 생각과는 기본적으로 입장을 달리하는 것이었다. 박영효는 문명의 이름으

---

2) 『周易』, 「象辭」.
3) 「자강주의」, 「월보」 제3호.
4) 「自强會問答」, 「대한자강회월보」 제2호.
5) 「과거의 상황」, 「대한자강회월보」 제11호.

로 영국의 인도 지배를 합리화하고 있을 뿐 아니라, 문명의 파급을 위해서는 야만의 상태인 아시아 제민족의 자립정권보다는 문명국인 서구열강의 식민지 지배 쪽이 차라리 낫다는 주장을 했다. 그리고 윤치호는 청일전쟁(1894) 후에는 청국의 야만적인 지배보다 일본에 의한 문명화를 주장했으며, 러일전쟁(1904) 이후에는 백인종인 러시아보다는 황인종인 일본에 의한 문명화를 주장했다.

6. 사회진화론의 수용

새로운 국제질서에 대한 인식의 틀을 제공해 준 사회진화론은 이제 한국의 구국이라는 긴급한 과제의 해결을 위한 구체적 실천론의 이론적 기반이 되었다. 즉 장지연, 박은식, 신채호를 비롯한 '자강'·'독립' 사상가들은 '약육강식'과 '우승열패'의 생존경쟁 법칙이 한국을 둘러싼 국제사회를 지배하고 있다고 보았다. 국제사회의 인종경쟁, 국가경쟁의 장에서 한국의 지위는 '노예', '열자'이며, "국가는 있어도 국권이 없고, 인민은 있어도 자유가 없는 열종" 상태에 처해 있다고 평가했다.

한국은 지금까지 북적(北狄)인 만주족에 의해 정복당한 중화(中華) 이상으로 중화적이라는 자신을 가지고 자기의 생활양식을 공고히 해 왔으나, 이제는 열종과 약국으로 평가되는 것을 인정해야 한다는 것이었다. 한국의 유자가 명(明) 이후 한국이 유일한 중화문명국이라는 인식하에 문화적 우월성을 가지고 있었던 것과는 대조적인 인식이라 할 수 있다. 이러한 '우승열패'적 국제사회에서 국가의 '생존'을 의미하는 '국권'과 '독립'을 유지하기 위해서는 '지식'과 '세력'[힘]의 증진을 위한 국력 강화책인 '교육'과 '식산흥업'(殖産興業) 운동을 통해 국권회복을 달성해야 한다는 것이었다.

19세기 후반 동아시아에서 가장 강하고 광범위하게 영향을 미친 서구 근대 정치사상의 하나는 자유주의와 사회진화론이라 할 수 있다. 서양의 사회진화론은 일본, 중국, 한국에 수용되어 19세기 후반에서 20세기 초에 걸쳐 크게 유행했다. 사회진화론은 특히 1890년대 후반 '자강'·'독립' 사상가들의 정치사상 형성에 지대한 영향을 끼친다. 사회진화론 전파의 매개체가 된 대표적인 서적은 엄복의 『천연론』(天演論, 1898)과 양계초의 『음빙실문집』(飮氷室文集, 1903)이다. 양계초는 스승 강유위의 진화사관인 '삼세진화'(三世進化)설과 엄복의 『천연론』에서 벗어나 자신의 독자적인 사회진화론을 형성한다. 그의 『음빙실문집』은 전항기(全恒基)에 의해 『음빙실자유서』(飮氷室自由書)란 책으로 일부 번역되기도 했고, 박은식이 주필로 있던 『서우』(西友, 1906. 10), 『서북학회월보』(西北學會月報, 1908. 1)를 통해 번역·소개되기도 했으며, 평양 대성학교(大成學校)와 안동 협동학교(協同學校)에서 교재로도 사용되었다. 신채호는 양계초의 『이태리 건국 삼걸전』(伊太利建國三傑傳)에 자신의 서문과 결을 첨부해 1907년 번역·간행했으며, 양계초의 『음빙실집』(飮氷室集)을 논설 「석호(惜乎)라 우용택씨(禹龍澤氏)씨의 국민 대한 양마보(兩魔報)의 응견(膺犬) 됨이여」(1909)에서 구체적으로 언급하고 있다.

박은식 또한 양계초의 저술 『애급근세사』(埃及近世史)의 서문을 썼으며, 『서우』(西友) 1~2호에 양계초의 『애국론』(愛國論)과 「대동지학회서」(大同志學會序)의 원문을 게제하고 있고, 2~5호에는 『학교총론』(學校總論)을, 4호에는 『유심론』(唯心論)을, 6~10호에는 『논유학』(論幼學)을 번역했으며, 양계초의 『학교지제』(學校之制)에 '세계진화론중초역'(世界進化論中抄譯)이라는 부제를 달아 번역했다. 박은식은 찰스 다윈(Charles Darwin)의 이론을 강권론(强權論)이라 칭하고, 다윈을 강권론자로서 제국주의에 영향을 주었다고 소개하고 있는데, 이러한 이해의 근저에는 양계초의 영향이 크다고 할 수 있다.

박은식의 경우에서 볼 수 있는 바와 같이 한국에서는 사회진화론을 변용해서 수용했다. 당시 한국의 정치·사회적 상황은 사회진화론을 그대로 수용할 수 없게 했다고 할 수 있다. 사회진화론의 본원지인 영국은 이미 산업혁명을 경과하고 그 번영의 절정에 있었으며, 이와 대조적으로 중국은 자본주의 열강의 침략하에 국토분할의 위기에 직면해 있었다. 따라서 한국에서 사회진화론의 스승은 스펜서나 헉슬리 같은 서양의 학자라기보다는 엄복, 가토 히로유키, 양계초 등이라 할 수 있다. 사회진화론은 장지연의 「상정부서」(1897)와 박은식의 「홍학론」(1898)을 시작으로 1910년 이후에도 한국의 '자강'·'독립' 사상가들의 주요 논설에 영향을 끼쳤다. 그들은 많은 서양사상 가운데 사회진화론을 선택적으로 수용해 개화사상가들의 동도론서기론이나 문명개화론과 다른 독자적인 사상세계를 형성하게 된 것이다.

7. 신교육과 민족교육론

장지연과 박은식은 공통적으로 국가의 '자유독립'을 이루기 위해서는 '열자'의 요건인 '고립자'(孤立者), '매자'(昧者), '자약자'(自弱者)에서 탈피해 '우자'(優者)의 요건인 '명자'(明者), '자강자'(自强者), '단합자'(團合者)를 달성해야 한다고 주장했다. 그 구체적 실천론으로 '명자'를 가능하게 하는 신교육론과 민족교육의 확대, '자강자'가 될 수 있는 민족산업의 육성, '단합자'가 되기 위한 민족의 단체결합론을 전개한다. 또한 장지연과 박은식은 국민이 국가의 '자강'·'독립'의 주체로서의 자격과 인위적 결합의 매체를 갖추기 위해 계몽되어야 한다고 강조하고, 이를 위해 학교교육과 신문·잡지 등 저널리즘의 역할이 중요하다고 주장하고 있다.

'자강'·'독립' 사상가들에 의하면 '우자'는 '지자'(智者)를 의미한다. 장지연은 국가가 강해지거나 약해지는 요인을 '민지'(民智)의 우열인 '개명'과 '우매'로 인식하고 있다. 그 실증적 사례인 폴란드와 중국은 결국 '민'이 우매해 국가 간의 경쟁에서 패했다는 것이다. 왜 '민지'의 우열이 국가의 성패를 좌우하는가? 그 근거로 장지연은 『삼국사기』에 나오는 지증왕의 고사를 든다. 즉 이사부(異斯夫)가 나무 사자로 울릉도를 정복한 경우와 같이, 침략해 들어오는 사자의 진위를 국가의 구성원인 민이

가릴 수 있는 '민지'를 가지고 있어야 나라를 보존할 수 있기 때문이라는 것이다. 따라서 장지연은 국가의 구성원인 민이 우매하면 그 나라가 아무리 크고 강할지라도 반드시 망하게 되며 경쟁에서 패하게 된다고 했다. 그러므로 장지연은 '지우지소지'(智愚之所知)에 의해 국가의 우열이 결정된다고 했다.

이러한 사고는 박은식에게도 관철되어 있다. 그는 인류 발달사를 통해 볼 때, 상고시대(上古時代)는 사람과 동물의 경쟁시대로서 동물이 인간보다 우월한 시대였다고 한다. 그 이유는 동물이 생존경쟁의 장에서 종족을 훨씬 많이 번식시킬 수 있는 적자(the fittest)였기 때문이다. 동물은 인간과 달리 생래적으로 우모(羽毛: 깃털), 강한 조아(爪牙: 손톱과 어금니), 그리고 제각(蹄角: 발굽과 뿔) 같은 유리한 생존조건을 가지고 있기 때문에 상고시대에는 인류를 지배했다.

그러나 중고시대(中古時代)에서는 생존의 위기에 직면했던 인류가 생래적인 삶의 불리한 조건을 극복하고 적자가 될 수 있었다. 즉 인간은 생존을 위해 '지'를 계발해 도구를 만들고, '지'의 축적을 통해 문명을 형성하고 발전시켰다. 그리고 그 결과 힘센 동물과의 생존경쟁에서 완전한 승리를 거둘 수 있게 되었다. 이와 같이 박은식에게 인간의 '지'는 인간과 동물을 구분하는 분수령이며 적자의 조건인 것이다. 박은식이 자신의 전 생애를 통해 교과서와 계몽 논설을 정력적으로 쓴 동기에는 이러한 사상적 배경이 있었다.

그런데 '자강'·'독립' 사상가들에게 '지'의 구체적인 내용은 유교적 도덕이 아니라 서양사상과 근대과학의 지식, 실업기술이었다. 그 중에서도 국가와 인민의 부강을 위해서는 정치나 법률학보다 실업학문을 우선적으로 진흥시켜야 한다고 주장했다. 즉 '격물치지의 학'과 '경제지술'로서의 '실업학', '물질학'을 강조하며, 구체적으로는 농학, 상학, 기기학, 공예학 등을 제시했다. 뿐만 아니라 한국에 긴급히 필요한 것은 서양의 근대적 교육과 '학회'의 창설이었다.

한말에 교육의 진흥을 위한 논설이 제기되고 학회가 결성된 것은 바로 이 때문이었다. 1905년 9월 국민교육회(國民教育會)가 조직된 것을 선두로 1906년 10월에는 박은식 등이 서우학회를 발기하고, 같은 날 이준(李儁), 이동휘(李東輝) 등에 의해 한북흥학회(漢北興學會)가 창립되었는데, 1908년 1월 이 두 학회는 서북학회(西北學會)로 통합되었다. 이어서 1907년 7월에는 호남학회(湖南學會)와 호서학회(湖西學會), 1908년 1월에는 기호흥학회(畿湖興學會), 3월에는 관동학회(關東學會), 또 이 무렵에 교남학회(嶠南學會)도 설립되었다. 또한 지방을 초월한 범국민적 학회도 세워졌다. 유길준 등이 중심이 된 흥사단(興士團)과 진학신(秦學新) 등에 의한 여자교육회(女子教育會) 등이 그것이었다. 그리고 일본에 유학하고 있던 학생들도 태극학회(太極學會), 공수학회(共修學會), 동인학회(同寅學會) 등을 조직했다. 이러한 여러 학회들은 학교의 설립, 경영과 학보 간행을 통해 국민의 교육열과 지식열을 북돋아 주었다. 한말에 3천 개 이상의 사립학교가 설립된 것은 바로 이와 같은 학회활동과 밀접한 관련이 있다.

 나아가 이들은 서양 신지식이 수용되는 과정에서 한국민이 주체가 되기 위해서는 민족정신이 전제돼야 한다고 강조했다. 장지연은 민족정신을 위해 조국정신, 진취정신을 배양해야 한다고 했다. 그에게 진취정신이란 난(難), 불능을 말하지 않는, 유나태(柔懦怠)와 대비되는 정신이었다.

 박은식은 '대한정신'과 '국혼'을 중시했다. 박은식은 '대한정신'을 '덕국지주의'(德國之主義: 비스마르크주의)와 같은 것이라 하고, 이것의 보전과 불멸을 주장했다. 그에 의하면 '대한정신'의 함양은 단군조선과 고구려 역사의 숭배, 민족영웅의 찬양, 국사와 민족문화의 중시, 반존화 정신의 발휘 등을 통해 이루어진다고 한다. 박은식은 유교적 충효의식이나 삼강오륜보다 '대한정신'을 고취함으로써 안으로 대한의 정신을 양성하고 밖으로 서양문명을 흡수할 뿐 아니라 그 주체는 국민이라고 하면서 이와 같은 관점에서 조선의 국권회복 운동의 방향을 제시하고 있다.

 신채호 역시 서구문명의 수용에 있어 동등적 사상의 모방과 동화적 사상의 모방을 구분하고 동등적 사상의 모방만이 이루어져야 한다고 강조했다. 또한 민족정신을 "그 나라에 역사적으로 전래하는 풍속 습관 법률 제도 등의 정신"으로 정의하고 '대아'(大我), '국민의 혼'이라는 표현을 사용해 그 보전과 불멸을 주장했다. 신채호는 이러한 민족정신이 국가적 결합의 유대가 되고 국가의식을 환기시키는 강력한 원동력이 되는 것으로 인식했다. 뿐만 아니라 신채호는 민족 고유의 특수주의적 가치인 '국수'(國粹)의 보전과 불멸을 확보하기 위한 민족의 문화적 주체성을 강조했다. 또한 민족문화의 보존과 발전을 위해 구서(舊書)의 수집과 간행에 힘쓸 것을 주장했으며, 신라의 화랑도 정신, 도교 이전에 조선 고대에 성행했던 선교(仙敎)와 같은 고유의 종교 등을 제시하고 있다.

이러한 민족정신 교육과 더불어 장지연과 박은식은 상무교육을 병행할 것을 주장한다. 한국이 국권을 상실하고 타국의 노예가 된 것은 '문'만 숭상하고 '무'를 천시한 결과라며 '문약의 폐'를 지적하고 있다. 각국에서는 제왕의 아들도 병학을 졸업하고 귀족과 평민이 군인경력이 없으면 인격을 갖지 못한다고 소개하고, 민족의 병역의무를 주장했다.

이러한 민족교육의 대상은 1905년 이후 국민적 차원으로 확대·전환된다. 박은식의 경우 종래 인민의 호칭을 국민으로 바꾸고, 나아가 국민들의 지식향상을 위해 '국민교육'을 실시할 것을 주장한다. 국민교육을 위한 소학교 설립문제 등에 대해서도 적극적으로 그 필요성을 강조했다. 박은식은 학회지와 신문의 계몽논설을 통해 양반 중심의 교육에서 국민교육으로의 전환을 제창했다. 또한 학문으로부터 소외된 계층의 교육을 강조해, 여성교육을 위한 부녀자들의 교육과 물장수와 같은 빈민들을 위한 야학, 한글전용 등 소외된 계층을 위한 교육을 제안했다.

교육분야에서도 각 분야를 발전시킬 전문가가 나와야 한다고 지적했다. 그는 사람에게는 연령에 따라 신체적·정서적·지적 발달단계가 다르므로 연령별로 적합한 수준의 교육제도가 마련되어야 한다며 나름대로 학제를 제시하기도 했다. 또한 신교육을 발전시키기 위해서는 무엇보다도 올바른 교사가 필요하고, 이를 위해 교사 양성이 시급하다고 보았다. 교사란 상당한 지식과 도덕과 품행과 이상을 구비한 사람이라야 하는데, 지금의 교사들은 교수방법에서 구습을 그대로 답습하고 있거나 내용 면에서 구태의연하고 국민정신을 실추케 하는 외양만의 풍조에 치닫고 있다는 것이었다.

따라서 박은식은 현실에서 필요로 하는 신교육을 담당할 사람이 없음을 통탄했다. 이러한 '자유독립'의 기초로서 신교육론은 종래의 주자학적 교육론이나 자유주의에 기반한 독립협회의 교육론과 차이를 보여주는 민족교육론이다. 즉 '자강'·'독립' 사상가들에게 교육이란 정신과 육체의 발달, 인격의 도야라는 보편적 인간형성이라기보다는, 타국의 지배에 복종하지 않는 저항의 정신, 애국심과 자주독립심의 정신적 에너지를 공급하기 위한 이른바 민족주의적인 교육이었다.

8. 민족산업론과 근로

이러한 민족교육론과 더불어 국력 강화를 위해 자생적인 민족산업론인 '식산흥업'론이 적극적으로 전개되었다. 장지연은 "하종 업술(何種術業)이던지 우승열패라 함은 자연의 정리(定理)라 현세기의 경쟁은 공상실업계로 위주하난 고로"[6]라고 하면서 국권신장을 위한 국부의 증진을 주장했다. 장지연은 국빈의 원인으로 첫째, 정부와 관리가 생산력 증대를 가져올 수 있는 부원(富源)을 근절시키고 식산흥업에 경주하지 않으며 오히려 생산활동을 방해한 점, 둘째로는 생산보다는 소비를 일삼는 모재유식층(耗財游食層)이 많은 것이 지적되었다. 그런데 관리야말로 생민의 보호나 산업진흥을 도모하지 않고 오히려 탐학만 일삼는 모재유식하는 대표적인 존재라는 것이다. 독서인도 글만 읽고 사회와 국가의 공익에 기여하는 바가 없으면 좀벌레, 독벌레에 지나지 않는다고 비판했다.[7]

---

[6] 「공업계의 현황」, <경남일보> 1909/11/24.
[7] 「國家貧弱之故」, 『자강회월보』 제6호.

이에 대한 대안이 국가와 국민 차원으로 제시되었다. 국가 차원으로는 우선 생산을 많이 하고 소비를 적게 하면 재용이 풍부해진다는 것인데, 이는 『대학』에 나오는 전통적 경제사상에 입각한 것이다.8) 둘째는 반드시 상공업의 발전에 힘써 부원을 증대시켜야 한다는 것이다.9) 물산을 수출하기 위해서는 공예업에 의한 제품생산을 증대시켜야 하므로 공예기술의 발달에 비중을 두어야 한다고 했다. 즉 상공업 육성과 수출증대를 통한 외화획득을 국부증대의 최우선의 방법으로 강조한 것이다.10) 국민적 실천의 차원에서는 국민적 노력의 여부, 재물을 생산하느냐 소비하느냐, 즉 생재(生財) 또는 모재(耗財)가 국가의 부강을 결정한다고 보았다.11) 즉 생산에 참여하는 국민이 많아야 국가가 부강해진다는 것인데, 이는 국가의 총생산량을 국민 각자의 총생산량으로 보았기 때문이다.

박은식 역시 '물산경쟁'의 원리에 기초해 식산흥업론을 전개했다. 그에 의하면 국제사회 문명경쟁의 근간은 결국 '부강문명의 세력'의 산업력 경쟁인 '물산경쟁'이었다. 즉 그는 문명의 기초를 '물산'으로 인식하고 있었다. 즉 인간에게 생활의 원소인 '물산'이 풍부하면 종족이 번성하며, 종족의 번성은 적자의 조건이므로 그 결과 생존경쟁에서 승리할 수 있다는 것이었다. 이처럼 장지연과 박은식에게는 정치, 법률보다 '식산'의 진흥이 우선이었다. 민족산업을 통한 경제발전이 국가의 문명화, 넓게는 세계 열강과의 경쟁에서 승리하게 한다는 것이었다. 이러한 관점은 박은식이 주관한 『서우』, 『서북학회월보』의 논설에 관철되어 있다.

이러한 '식산흥업'의 주체는 인민이다. 인민이란 공리적(功利的) 개인의 집합체로서 국가부강의 원동력이다. 즉 인민이야말로 국가부강의 기초로서 인민 개개인의 부의 축적이 곧 국부를 달성하게 하는 요인이 된다는 것이다. 민족의 산업인 식산흥업의 성공은 근로와 태만으로 결정되

---

8) 「國家貧弱之故」, 『자강회월보』 제6호.
9) 「論工藝獎勵之術」, 『문고』 권3.
10) 「식산흥업의 필요」, 『대한자강회월보』 제1호.
11) 「學生界의 주의」, <경남일보>.

는데, 중국과 한국의 인민은 안일·태만해 식산이 부진하고, 그 결과 다른 민족의 유린을 받은 것으로 진단한다. 따라서 장지연과 박은식은 국민의 '근로'를 강조하고 나태한 인민의 계몽을 주장한다. 즉 전통적인 유교적 노동관에서 탈피해 인민의식의 변혁이 일어나야 한다고 본다. 그 실례로 박은식은 구미 각국의 부강의 원인을 인민 한 사람 한 사람의 근면에 의한 것으로 인식하고, 인민 근로의 중요성을 강조했다. 한 개인이 근로를 통해 부강하면 한 가족이 부강하게 되고, 한 가족이 부강하게 되면 한 국가가 부강하게 되어 국가가 '자활 독립'하게 된다는 것이다. 그가 말하는 근로의 주체는 남녀노소의 구별이 없는 모든 개인이며, 재산을 증식하는 것은 국민의 의무로 제시되었다.[12]

9. 민족단합론과 학회

장지연과 박은식을 비롯한 '자강'·'독립' 사상가들은 국가를 강력하게 하기 위한 불가결한 요소로 국가의 생존력을 강화시켜 주는 단합력을 제시한다. 이들은 한국에는 단합력이 결핍되어 있기 때문에 이를 배양하기 위한 '자강'단체와 '학회'의 설립이 시급하다는 단체결합론을 전개한다. '대한자강회'와 '대한협회' 같은 단체의 조직목적도 국가 간의 경쟁에서 '단합'으로 대처하기 위한 것임을 밝히고 있다.

'단합자'가 '우자'인 이론적 근거로 장지연은 우선 '약육강식'의 자연상태에서 인간은 "새처럼 날 수도 없고 짐승보다 빨리 달릴 수도 없어" 홀로 자립하기에 열등한 비자립적 존재라는 것을 밝힌다. 그러므로 인간은 생존을 위해 '합군'(合群)인 '단체'로서 존재해야 한다는 것이다. 즉 장지연에게 '능(能)단체', '불능(不能)단체'는 인간의 생존과 인과관계를 갖는 것이다.

---

[12] 박은식, 「인민의 생활상 자립이 국가의 자립을 成함」.

먼저 '단체'의 성격을 분석해 보면, 그것은 원초적인 사회집단인 '군'에서 진화한 것인데, 개인의 단순한 기계적이며 원자적인 집합체가 아니라 유기적 집단이다. 즉 인간이 생존을 위해 '태평의 시(時)'에는 서로 '분업'·'상부'·'상조'해야 하고 '환난지제'(患難之際)의 경우에는 '군책'(群策), '군력'(群力)으로 '한위어모'(捍衛禦侮)하기 위한 유기적 집단인 것이다. 공동체 속의 개인은 열등한 생존조건을 보완하기 위해 상호의존의 필요성을 인식하게 되고, 공동체적 개인의 분업과 협업, 전체의 이익에 기초해 생존을 위해 협력하는 유기적 관계의 사회집단이 '단체'인 것이다. 그런데 장지연은 이러한 '단체'의 유기적 결합력을 '단합' 혹은 '협심'(協心)이라고도 한다. 이 '단합'에 의해 '단체'는 존립할 수 있으며, 그 결과 인간의 존립을 보장받을 수 있다는 것이다. 그러나 개인이나 가족·붕당 간에는 '단합'의 형태가 아니라 '결합'의 형태로만 존재할 수 있다고 한다.

이와 같이 장지연은 인간이 '단체'를 형성할 수 있는 능력과 '단체'의 유기적 결합력인 '단합'을 유지할 수 없다면, 인간은 생존경쟁의 장에서 패배해 이미 멸종되었을 것이라고 한다. 이러한 '단합'의 성격은 개인이 구성원의 임무인 '분업', '상부', '상조', '군책', '군력', '한위어모'를 포기하고 이를 다른 사람에게 맡겨 버리는 '의뢰사상'이나 '화하주의'(華夏主義)와는 다른 것이라고 한다. 장지연에 의하면, '단체'와 '순합'(荀合: 잡초더미)의 차이는 이러한 '단합', '협심'의 유무에 있으며, '협심'을 기초로 하는 유기체적 구성체만이 '단체'로 규정된다. 그러므로 '단체'의 내부에서는 결합력을 지속하기 위한 '단합'만이 존재할 뿐 생존경쟁과 대립은 부정된다.

그리고 장지연과 신채호에 의하면 '국가'는 최고의 민족적 사회집단으로, 바로 이 단체가 불가역적으로 진화한 결과 나타난 것이다. 그는 「야만지일부락」(野蠻之一部落)에서 '민족의 단체집합'인 국가에 이르는 과정을 설명하고 있다. 즉 자존을 위해 여러 지역마다 자연적으로 형성된 지역집단이 언어, 풍속, 사상, 법제에 이르는 형질과 정신의 차이로 오늘날까지 오랜 기간에 걸쳐 끊임없이 상호 생존경쟁을 계속하는 가운데, 집단이 지배하는 지역적 범위가 차례로 확대되고 구성원도 증대되어 오늘날의 국가적 규모로 도달하게 되었다는 것이다. 그런데 장지연은 '국가'도 민족의 최대 단체이므로 그 구성요소에 영토, 민족이 있다고 하더라도 '자동자활'(自動自活)과 '자영자사'(自營自私)하고 '단합지의'(團合之義)와 '단합지력'(團合之力)이 없으면 '수초'(水草)와 같아 '국가'라 할 수 없다고 했다.

박은식 역시 국가간 경쟁에서 승리하기 위해서는 협력이야말로 생존의 조건이라는 단체결합론을 전개한다. 박은식에 의하면, 생존경쟁의 단위는 국내의 같은 종족이 아니라 집합체로서 인종, 민족, 국가이다. 따라서 생존경쟁의 발생은 타인종과의 경쟁, 타민족과의 경쟁, 타국가와의 경쟁이라는 외경(外競)에 한정된다. 박은식은 단체결합론의 원리적 기반을 두 가지 차원에서 제시하고 있다. 먼저 그는 경험적 차원, 역사적 경험에서 설명하고 있다. 단합은 생존에 유리한 조건을 제공해 줄 수 있는 것이다. 또한 역사적 진보를 위해서는 독(獨)의 상태에서 군(群)으로 나아가야 한다고 보았다. 군의 상태에서 민지가 높아지고 강해진다고 보아, 생존경쟁의 상황에 대응해 멸망하지 않기 위해 인위적으로 사회의 결합을 강화해야 한다는 것이다. 따라서 민족경쟁을 위해 민족 내의 단합을 중요한 요건으로 인식한다.

두 번째로 인간론 차원에서 "원부단합자(原夫團合者)는 인군고유지성(人羣固有之性)"이라 하여 인간은 본성적으로 단합을 지향한다고 주장한다. 인간은 누구나 생존, 영화, 안락, 존귀, 복지를 좋아하고 사망, 치욕, 위태, 비천, 화환(禍患)을 싫어하는 '호오지정'(好惡之情)인 '대동지정'(大同之情)이 본연적으로 구비되어 있는데, 생존을 원하는 '호오지정'의 '대동지정'이 생존을 가능하게 할 수 있는 수단인 단합을 지향하도록 하게 한다는 것이다.

이와 같은 사고에 기초해 박은식은 의식주의 일상생활 속에서 생존, 영화, 안락, 존귀, 복지를 향유하려는 욕구인 '호오지정'을 가진 이른바 공리적 인간을 인간의 특성으로 인식하고 있다. 즉 인간의 욕구에 착안해 인간의 자연을 추구하며, 공리적·세속적 가치의 추구가 도덕성을 침해하는 억제되어야 할 대상이 더 이상 아닌, 인간 자신의 행복추구의 근간으로서 긍정하고 있다. 스펜서 역시 개인적 복리 향상욕구가 인간 심리의 본질이며 사회진화의 원동력이라고 주장했다. 원시인과 문명인 사이의 큰 차이는 이 욕구의 유무에 의한 것이고, 문명의 개선을 목표로 하는 이기심은 인간의 불변의 본성이라는 것이다.

박은식은 단합을 정신적 단합과 형체적 단합으로 분류한다. 그는 단결된 정신적 단합과 단결된 형체적 단합인 '단체'의 조직을 통해 생존경쟁에서 승리할 수 있다고 주장한다. 박은식은 단체 중에서도 '민지'의 증진을 위한 '학회'의 결성을 중시했다. 그 이론적 근거는 앞서 설명한 생존의 관건인 지식의 경쟁에서 승리하기 위한 것이며, 국민의 지력을 증진시키기 위한 지력개발 때문이다. 그는 국민의 지혜를 개명시키기 위해 지식을 교화하는 학회가 필요하다고 보았다. 학회활동 외에도 농회, 상회 등 각종 직능단체를 '사회'라 호칭하고 그러한 단체의 결성 필요성을 강조했다. 즉 단결된 정신적 단합과 단결된 형체적 단합인 '단체'의 조직을 통해 생존경쟁에서 승리하고자 한 것이다. 이와 같이 '자강'·'독립' 사상가들은 사회의 의지와 이념을 통해 사회의 유기적 결합을 위한 상황을 만들어 가기 위해 '단체'를 결성하지 않으면 안 된다고 주장하는 것이다.

10. 민족주의와 민족사학의 형성

'자강'·'독립' 사상가들 중 신채호는 민족주의를 이론적으로 체계화했다. 그는 국가의 탐욕에 대해 '제국주의'라고 명명하면서 미국, 프랑스, 독일 등 서구열강은 안락하고 행복함에도 불구하고 '제국주의의 목적지'에 도달하기를 갈망한다고 비판한다.[13] 초기에 신채호는 제국주의를 동

서양, 고대·현대, 강대국·약소국을 막론하고 중립적인 의미로 사용했다. 사실상 당시 '제국'은 모든 국가가 지향하는 목표로서 오늘날의 의미와 달리 강하고 독립된 국가를 의미했다. 따라서 조선 역시 대한제국이란 국호를 사용했던 것이다. 이러한 강하고 독립된 국가라는 의미의 제국주의는 1909년에 이르러 약육강식의 원리에 의해 "영토와 국권을 확장하는 주의"로 정의된다. 그리고 이러한 강대국들의 약육강식 제국주의를 막기 위한 방도로 민족주의가 제시된다.

그는 "세계 무대가 제국주의의 활극장이 되었다. 그런즉 제국주의에 저항하는 방법은 무엇인가 민족주의──타민족의 간섭을 불수(不受)하는 주의──를 발휘함이 그 방법이다. 민족주의는 실로 민족 보전의 불이(不二)적 법문(法門)이다"고 주장했다. 이와 같이 민족주의는 "타민족의 간섭을 불수(不受)하는 주의", 즉 "아족(我族)의 국은 아족이 주장한다"로 정의된다. 모든 민족이 경쟁하는 민족주의 세계를 맞아 우리 민족이 단결해서 퇴화하지 않도록 해야 한다는 것이다.

또한 그에 의하면 민족주의는 과거의 미몽에서 벗어나 국가관념으로 청년들을 새롭게 각성시켜 우존열망의 위기에서 국맥을 보존하는 방법이 될 수 있다. 이러한 민족주의를 고취하기 위해서는 역사를 연구하고 가르쳐야 한다고 그는 강조했다. 이와 같은 관점에서 신채호는 '민족정신'의 함양을 위해 조선 민족의 독자적인 역사의식을 구축하고 있다. 즉 그는 중국 역대 왕조의 흥망을 중심으로 주자학의 명분론을 검증하는 '사대사학'(事大史學)을 비판하고 '민족사학'을 정립한다. 그에게 있어 역사 서술상의 주체는 민족이다. 그의 『독사신론』(讀史新論, 1908)은 우리 역사에서 최초로 '새로운 역사서술 방법'을 택했다. 즉 그의 역사론은 더이상 왕조나 특정 개인의 역사를 다루는 것이 아니라 민족의 역사를 서술의 주체로 채택해야 한다는 것이었다. 그리고 그는 '외경'에서 승리했던 한국 고대사의 단군조선과 고구려의 역사를 찬미한다.

---

13) 「금일 대한국민의 목적지」, 1908.

장지연은 역시『대한강역고』(大韓疆域考, 1903),『신정동국역사』(新訂東國歷史, 1903),『대한신지지』(大韓新地誌, 1906) 등의 사서(史書) 저술을 통해 영토의식에 기초한 민족사학의 확립을 전개하고 있다. 박은식은 지나의 고대사인『사략』과『통감』을 배우는 것은 노예의 학문을 배우는 것이라 조선민족의 자강 자립적 정신이 배태될 수 없다고 했다. 그리고『사서건국지』(西土建國誌, 1907)를 <대한매일신보>에 연재했는데, 이는 정치소설로 스위스가 외국의 압제에서 벗어나 독립국가를 건설한다는 것을 내용으로 하고 있다. 그가 잡지『소년』에 쓴「왕양명실기」(1910)는 지식인들이 양명학의 실천적 행동으로 구국운동에 나서야 한다는 요지를 담았다. 일제 당국은 이 두 글을 압수하고『소년』의 발행을 금지시켰다.

또한 한국 국민들의 애국심과 민족의식을 환기시키기 위해 영웅들의 애국정신을 소개했다. 신채호는『이태리 건국 삼걸전』(1906)을 집필, 이탈리아를 건국한 세 영웅을 찬양했다. 또한 우리 역사에서 나라를 빛낸 많은 영웅들의 애국정신을 소개했다. 최영의 전기인『동국거걸 최도통전』, 충무공의 전기인『수군제일위인 이순신전』,『독사신론』을 잇따라 발표했는데, 이들 글은 1910년 일제 당국에 의해 금서로 지정되었다. 신채호는 새로운 역사의식에 의해 쓰인 '완전한 역사', '신역사의 자국사'를 읽으면 애국심이 양성된다고 했다. 애국심이란 항상 국가의 문제를 생각하고 국가를 자신처럼 아끼는 '성정'이기 때문에, 이 애국심 유무에 따라 국가의 흥망이 좌우된다고 보았다.

11. 신민에 의한 민족 독립국가의 건설

신채호는 국가 인적 구성요소의 단위를 민족으로 보았다. 국가는 다수 사람이 결합해 성립된 것으로, 일정한 인구가 없는 국가라는 것은 생각할 수도 없다. 신채호는 국가를 조직하고 있는 인류의 단체를 민족이라

칭하는데, 민족은 혈연관계에 기초한 것으로 인종으로 표현하기도 했다. 그에 의하면, 인종은 혈통에 따라 나누어지는 종족으로, 이러한 '종족'의 확대에 의해 '민족'이 형성된다. 나아가 그는 민족의 개체성과 주체성을 인정해 민족 공통의 언어, 공통의 감정, 공통의 역사 등 제요소를 제시한다. 그리고 그에 의하면 국가는 다민족이 아닌 하나의 민족으로 구성된 '일민족 일국가'이다.

그의 민족국가론은 당시 논의되고 있던 보국론의 이론적 한계를 지적하는 가운데 선명하게 제시된다. 신채호에 의하면, 당시 보국론은 "인종의 보(保), 불보(不保)는 고사물문하고 보국"하는 주장으로 해석된다. 그러나 민족이 이미 절멸되면 보국을 해도 보존되는 것이 자기 자손이 아니라 타인이기 때문에 보국론의 주장에 한계가 있음을 지적한다. 또한 신채호는 보종이 가능하기 위해서는 보종을 원하는 민족이 타민족과 비교해서 '지식', '능력', '진보', '사업', '지위', '권리'가 같아야 보종(保種)이 가능한데, 첫째, 나라가 약하면 불가능하며, 둘째, 나라가 망해선 불가능하다고 말했다.

따라서 보종을 하기 위해 보국이 필요한 것이므로 보종론 자체로만은 성립할 수 없게 된다. 그러므로 신채호는 "보종과 보국은 이의(二義)가 아니라 일의(一義)"로서 보종을 하기 위해선 보국이 전제되어야 하고, 보국을 해도 민족이 보존되어야 하므로 '보종을 통한 보국' 또는 '보국을 통한 보종'이라는 보국론을 전개한다.

이러한 그의 보국론은 국가를 우선으로 하는 세계관인 '국가주의'라 할 수 있다. 즉 그는 현실이 국가 간의 경쟁시대인 이상 조선의 독립을 넘어선 황색인 내지는 동양인이 단결해 백인 내지는 서양인에 대처해야 한다는 '인종주의', '동양주의'를 비판하고, 민족의 개체성과 주체성인 민족성을 기반으로 한 개별국가 관념을 토대로 해서 국가이해의 지상성을 강조했다. 그러나 그의 '국가주의'의 성격은 국가의 유기적 부분의 하나인 민을 중시해 민이 국가를 강력히 하는 기본적 요소로 설정된다. 또한 부분으로서 개인적 이익의 고유성을 승인함으로써 이 양자를 서로 조화시키고 있어, 그의 국가주의는 인민의 권리를 국가의 목적 아래 제한하고 종속시키는 국권론적 국가 절대주의, 국가에 최고의 가치를 두는 국가 지상주의, 집단주의와는 다르다고 할 수 있다.

신채호는 '국망종멸'(國亡種滅)이라는 국가적 위기를 타개하기 위한 기본적 과제로 국가의 진화를 위한 근대적 국가제도의 도입을 주장하고 있다. 즉 역사적 효용을 검증받은 우자·강자의 서구 근대국가 체제로의 개편을 주장한다. 그는 주자학적 명분론에 입각한 군주제나 정부의 수장인 군주를 계몽의 주체로 하는 개화파의 입헌군주제와 달리 인민주권론에 기초한 입헌공화제로의 개혁을 주장한다. 따라서 신채호는 국가의 '부', '대', '웅', '강' 같은 국가의 부국강병이 '대포철함', '삼림광산', '상업', '공예' 같은 문명 증진에 의해 가능한 것이 아니라, 정치개혁에 의해 가능한 것이라고 주장한다. 그는 나아가 독립을 위해서는 인민 모두가 새로워져 민족 전체의 힘을 강력하게 하는 방법 외에는 없다고 했다.

신채호는 국가독립의 주체인 국민으로서 자격을 확립하기 위해 '구국민'에서 '신국민'으로의 개조를 주장한다. 그는 '신국민'을 국가독립의 불가결한 전제로 보았다. 그는 모든 민족이 국가의 독립을 이룰 수 있는 것은 아니라고 인식해 자유, 평등, 정의, 의용, 공공사상의 신도덕을 수용한 '신국민'만이 근대국민의 자격을 갖추어 국가독립을 가능하게 한다고 보았다. 이러한 도덕을 우리의 것으로 만듦으로써 한국의 민은 능히 신민(新民)이 되고, 한국은 현재의 세계에서 존립할 수 있다는 것이다.

박은식 역시 "오늘날의 의(義)는 조선의 신민이 되어 조국과 동포를 위하여 의무를 다하는 것"이라고 했다. 또한 신민의 도덕은 사덕에서 공덕으로 나아가야 하고, 신민의 사업은 사익이 아닌 공익이 추구되어야 한다고 주장한다. 이와 같이 모든 국민이 근대국가를 이룰 수 있는 것이 아니라 독자적인 국가관, 윤리적인 힘, 성격상의 강인함, 근대국가 형성의 욕구를 가진 국민만이 민족 독립국가를 형성할 수 있다는 것이다.

이러한 국가론은 유교적 국가관념에서 근대적 민족국가 관념으로 이행해 갔음을 나타낸다. 신채호에게 국가는 생존경쟁을 통한 진화의 과정에서 발생한 것이며 계속 진화해 가는 것이다. 고도로 진화된 국가인 근대국가는 이른바 육체와 정신으로 이루어져 있으며, 몸체가 망해도 국가정신이 살아 있으면 언젠가 외형적 국가체를 다시 회복할 수 있는 것이 국가이다. 그리고 국가정신은 각 국가의 고유하고 통일된 생명력 있는 민족정신으로 결합해 역사적으로 변천해 간다고 했다.

국가를 구성하는 다양한 요소는 기계의 일부로서가 아니라 유기적 전체로서 자기 결정의 능력을 구비한 윤리적·정신적 유기체라는 것이다. 따라서 신채호에게 근대국가란 전제군주 국가에서 벗어나 개개의 인격을 포괄하는 하나의 정신적·집합적 단체인 유기체적 국가의 탄생을 의미하는 것이다. 이러한 그의 국가관념은 서양의 17세기 근대 개인주의적 자연법사상에 기초해 개인의 효용가치를 중시한 사회계약적이고 기계론적인 국가관에서 벗어난 것이며, 양계초를 매개로 사회진화론과 18세기 블룬츨리(J. K. Bluntschli, 1808~1881)의 사상을 기초로 한 유기체적 공동체 국가관이라 할 수 있다. 그리고 국가관념의 역사적 추이라는 관점에서 보면 유교의 규범주의적·도덕주의적인 전통적 국가이념에서 개별주의, 권력주의의 근대 국가이념으로의 전환을 보여주고 있다. 다시 말하면 규범적 차원에서 국가의 성격을 규정하는 보편주의적 사고에서 권력차원에서 국가의 성격을 규정하는 현실주의적·상황주의적 사고로 전환하고 있는 것이다.

결론적으로 볼 때 이러한 '자강'·'독립'사상은 한국근대 정치사상사의 문맥 속에서 어떻게 평가될 수 있을 것인가? 기존의 연구결과를 살펴보면 역사학계에서는 '자강'·'독립'사상에 대한 평가를 사회진화론과 밀접하게 관련지어서 내리고 있다. 한국의 사회진화론은 서구의 보수와 점진의 이론적 기능과 달리, 진보와 개혁의 이론적 기능을 함으로써 한국의 부국강병을 정당화하고 민족주의를 뒷받침했다는 연구가 있다.

다른 하나는 사회진화론의 수용으로 강대국·문명국의 발전이 약소국·미개국에 대한 침략 위에서 가능하다는 사실이 간과되고, 제국주의와의 결탁을 도리어 문명을 수용하는 기회로 인식했다는 역기능에 관한 연구로서, 서구 사회진화론의 세례 속에서 '자강'·'독립'사상이 변질·왜곡되어 갔다고 비판한다. 그 해답을 찾으려면 박은식의 『몽배금태조』(夢拜金太祖, 1911)를 읽어봄직하다. 『몽배금태조』는 '자강'·'독립'사상의 전체상이 잘 나타나 있는 저술로서, 박은식 자신이 전개했던 '자강'·'독립'사상 운동에 대해 성찰하고 나라의 독립을 되찾기 위한 독립의 지침을 마련하기 위해 쓴 것으로, 그의 사상적 추이도 잘 살펴볼 수 있다. 발표 시기도 한일합병 직후인 1911년이므로, '자강'·'독립'사상 운동의 전체상을 이해할 수 있는 사료로서도 가치가 크다고 하겠다.

한국의 패망 이후에도 박은식은 사회진화론에 의거해 '자강'·'독립'론을 제시하고 있다. 박은식은 "진화의 예를 따름은 자연스런 추세"라 하여 일관해서 생존경쟁에 의한 진화의 법칙을 자연법칙인 동시에 보편적인 법칙으로 인정하고 있다. 그리고 "중생[만물]은 자생자육하는 자 생존을 득하며 자생자육의 힘이 무(無)한 자는 생존을 부득하는 것"이라고 주장한다. 이와 같이 그는 우승열패의 생존경쟁을 정당화하는 역할을 하기는 했지만, 강자가 되어서 약자를 지배하고 제거해 버리지 않으면 안 된다는 주장을 한 것은 아니다. 오히려 그 논의의 근저를 지탱하는 것은 생존경쟁에서 살아남기 위해서는 개개인이 노력해서 진보하지 않으면 안 된다는 신념이었다. 게다가 이러한 개인의 자기 개량 노력이 후세대에 걸쳐 축적된 것이 민족의 진보, 국가의 독립 달성으로 연결된다는 신념을 보여주는 것이다. 노력하면 할수록 개체는 우월한 형질을 획득하고 그것이 자자손손 유전해 가는 것이며 그 종은 전체로서 진보하는 것이라는 라마르크와 스펜서의 획득형질 유전에 대한 신념이 박은식에게 그대로 계승되어 있는 것이다.

다시 말하면 한국이 패자라는 입장을 수용하는 현실 긍정의 입장이 아니라, 한국은 내일의 강자라는 확고한 신념이 있었다. 한국이 국권상실이라는 자연도태를 면하기 위해 할 수 있는 방법은 '우자'가 되는 것이 '법칙'이며, 그것은 국민의 인위적이고 지속적인 노력과 사유에 의해 가능하다는 것이다. 그래서 그는 만주에서도 사업과 교육을 여전히 독립의 중요한 방책으로 강조했다. 분명 '자강'·'독립' 사상가들은 민족을 살리기 위한 전망을 제시하기 위해 사회진화론의 가치를 인식하고 수용했던 것으로, 한국이 스스로 부강함을 이루지 못해 일본에 의해 식민지로 전락한 것을 반성하고 민족과 국가의 힘을 키워 다시금 자강과 독립을 달성하기 위한 방도로 사회진화론을 이해하고 수용했던 것이다.

＜참고문헌＞

檀國大附設東洋學硏究所, 『朴殷植全書』(上·中·下), 1975.
檀國大附設東洋學硏究所, 『張志淵全書』(全10권), 1979~1989.
丹齊申采浩先生紀念事業會 編, 『改訂版 丹齊申采浩全集』(上·中·下 別集) (螢雪出版社, 1977.
우남숙, 「朴殷植의 『自强』·『獨立』思想: 이론적 구조를 중심으로」, 『한국정치학회보』 31집 2호(1997).
_____, 「張志淵의 국가론연구」, 『한국정치외교사학회논총』 17집 2호(1997).
_____, 「申采浩의 국가론연구: 이론적 구조를 중심으로」, 『한국정치학회보』 32집 4호(1998).
_____, 「한국 근대사에 있어서 社會進化論의 수용양식: 張志淵·朴殷植·申采浩를 중심으로」, 『한국정치외교사학회논총』 21집 1호(1999).
_____, 「한국 근대국가론의 이론적 원형에 관한 연구: 블른츨리와 梁啓超의 유기체 국가론을 중심으로」, 『한국정치외교사학회 논총』 22집 1호(2000).

제29장 계급의 발견

전상숙(연세대학교)

　근대 자유주의와 자본주의 시장질서의 모순으로 출현한 사회주의 사상은 러시아혁명 이후 혁명모국인 소비에트 러시아와 코민테른의 노선으로부터 자유로울 수 없었다. 특히 식민지·약소민족의 사회주의 사상은 각 사회의 자본주의적 발전 정도와 무관하게 도입된 마르크스·레닌주의와 코민테른의 식민지·약소민족 혁명[민족해방]이론에 기초하게 되었다. 제국주의의 식민지사회에서 발흥하는 민족의식[민족주의]이 갖는 반제·반자본주의적 성격이 사회주의와 친화력을 가졌기 때문이다.

　한국사회에 사회주의 사상이 본격적으로 유입된 것은 3·1운동 이후였다. 그것은 무단통치 아래서 다양한 사회주의 사조를 접하고 논할 기회를 갖지 못한 채 식민 종주국 일본을 주요 통로로 해서 확산·수용되었다는 점에서 본질적인 특질을 노정했다. 무엇보다 사회주의 사상은 그것이 지향하는 사회혁명의 내용에 앞서 일제로부터 민족을 독립케 할 해방의 이념으로 받아들여졌다. 그리고 반제·사회혁명을 지원하는 혁명모국 소련은 해방[독립]운동의 후원자로 여겨졌다. 다른 한편 일본을 통해서 신교육을 접할 수 있었던 계층을 중심으로 급속히 보급된 사회주의

사상은 러시아혁명 이후 유행하고 있던 세계사조의 하나로 수용되며, 사회사상이라기보다는 지식인의 정치이념이나 노선으로 자리하게 되었다.

3·1운동 이후 민족독립 방안을 강구하던 지식인들은 서구 진영에 걸었던 해방과 독립의 기대가 무산되자, '문화정치'라는 변모된 통치상황에서 러시아혁명과 소비에트정부의 식민지 민족해방운동에 대한 지원구호를 독립운동의 새로운 대안으로 접하며 사회운동을 전개했다. 그러나 곧 자본주의적 성장이 미발달한 식민지사회에서 긴급한 '민족해방'의 과제와 사회주의 혁명을 어떻게 결합시킬 것인가 하는 문제에 봉착하지 않을 수 없었다. 이는 일제에 대한 민족해방운동의 방식에 관한 문제와 직결된 것이었다. 식민지 상황에서 벗어난 민족해방과 이를 위한 민족해방운동에 기본적으로 뜻을 같이한다고 해서 그 실천방식까지 모두 한가지로 같을 수는 없었다. 항일이라 하더라도 일제와 일제의 식민지배 체제를 인식하는 데 차이가 존재했다. 그에 따라 저항과 저항운동의 방법 역시 차이를 보이는 것은 물론, 사회주의와 사회주의 혁명을 어떻게 받아들이는가에 따라 식민지배 체제에 대한 인식과 저항운동 방법에 차이가 있었다. 또한 식민지배 체제에 대한 인식은 각자의 사회·경제적 조건의 차이와도 밀접한 관련이 있었다.

사회주의를 접하고 수용하면서 표출된 인식상의 차이는 이후 항일 민족 독립운동으로 단일화되어 있던 민족운동에 민족'해방'의 이념이 접목되며 일제에 대한 대립관계의 설정과 그에 따른 독립운동 방식을 둘러싼 노선상의 차이로 독립운동 선상에서 갈등과 대립구도로 전개되었다. 항일 민족운동을 둘러싼 갈등·대립구도는 일제의 식민지배 정책과 대륙침략 전쟁이 확대·강화되어 감에 따라 식민지배 체제와 그 지속성에 대한 인식의 양극화로 구조화되었다. 그것은 결국 일제로부터 독립의 가능성과 독립운동 방법, 그리고 독립 이후 수립할 국가형태에 대한 인식과 구상의 차이로 연계되었다.

1. 일제하 사회혁명 사상의 수용

자본주의적 성장이 미발달한 식민지 한국사회에서 사회주의 사상을 수용·보급하며 사회주의 운동의 주류를 형성한 사람들은 신교육과 신문물을 접하며 세계사조의 흐름을 알 수 있었던 [페티]부르주아 지식인들이었다.1) 그들은 발달한 자본주의 사회에 대한 사회혁명 사상인 사회주의를 러시아혁명 이후 세계를 풍미하던 유행사조의 일환으로 접하며, 제국주의에 대한 저항의 이념이자 식민지 민족해방의 이념으로, 나아가 민족해방운동을 위한 방략의 노선으로 받아들이고, 농민과 노동자에 대한 의식계몽 활동과 함께 사회주의 운동을 전개했다. 사회주의 지식인들의 저항은 일제의 강압적 수탈·지배체제가 강화되는 것과 비례해 친일 지도자와 지식인이 증가하는 가운데도 면면히 이어졌다.

그러나 '치안유지법'을 위시한 일제의 강력한 사상탄압과 반공주의, 노동자계급의 미성숙으로 사회주의는 대중의 사회혁명 사상으로는 발전하지 못했다. 강력하고 지속적인 일제의 탄압으로 사회주의 지식인들의 사회주의에 대한 대중계몽의 성과와 그에 입각한 사회주의 운동의 역량은 축적되지 못하고 단절과 재조직을 반복해야 했기 때문이다. 그러한 조건은 지식인들의 계몽적·주도적인 역할과 활동이 대중 속으로 침윤되어 대중이 사회주의 사상과 실천운동, 그리고 민족해방의 이념과 운동 등을 유기적으로 인식하는 데 심각한 제약이 되었다. 곧 일제 치하의 구조적 제약은 사회주의 사상이 식민지 한국사회에서 지식인 중심이 아니라 대중에 의해 대중의 사회혁명사상으로 발전하는 데 근본적인 한계로 작용했다.

그러한 상황에서 혁명 종주국 소비에트 러시아와 코민테른의 지원은

---
1) 전상숙, 『일제시기 한국사회주의지식인 연구』(지식산업사, 2004) 참조.

지식인들이 자신들이 수용한 사회주의 사상을 견지하며 사회운동을 전개하는 힘의 원천이자 가능성을 제시하는 것이었다. 또한 그것은 국내에서 사회주의 운동을 전개하는 데, 그리고 그에 기초해 일국일당 원칙에 입각한 대외적 정통성을 확보하는 데도 현실적으로 절실한 것이었다. 그러므로 소비에트 러시아와 코민테른의 위상과 권위는 절대적이었다. 그에 상응해 그 논리와 방침 역시 절대적이고 교조적으로 받아들여졌다.

그러나 다른 한편으로는 민족독립의 새로운 대안을 모색하며 사회주의 운동을 전개한 사회주의 지식인들 사이에서도 각기 수용한 사회주의 사상에 대한 인식의 차이가 존재했다. 그것 역시 식민지 '민족해방'이라는 최우선의 과제와 사회주의 혁명을 결합시키는 문제에서 비롯된 것이었다. 문화정치 아래서 사회주의가 급속하게 보급되기 시작한 1920년대 초 이 문제는 서구 자유진영에 대한 새로운 민족독립의 방안과 지원세력의 등장이라는 정서적 감격에 휩싸여 심각한 문제로 인식되지 않았다. 그러나 전위당 결성을 중심으로 사회주의 운동이 본격화되면서 종래의 민족 독립운동과 분화가 불가피해졌다. 나아가 사회주의 운동방식을 둘러싼 노선의 문제가 제기되면서, 일제하 사회주의 실천운동은 물론 수용한 사회주의 사상과 이를 한국사회에 적용하는 문제 등에 대한 인식이 심화되는 한편 인식상의 차이도 표출되었다.

주지하듯이 3·1운동 직후 사회주의가 급속하게 보급·수용된 것은 사회주의 사상이 민족해방의 이념으로 받아들여졌기 때문이다. 민족독립·해방의 이념으로 수용된 사회주의는 기본적으로 민족해방운동일 수밖에 없는 식민지 사회주의 운동과정에서 민족과 계급의 문제를 중심으로 노선상의 갈등을 보이는 한편, 일각에서 민족해방의 이념에서 나아가 사회혁명 사상으로 심화되어 갔다. 곧 일제하 사회주의는 민족해방[독립]을 위한 사회주의 운동으로부터 사회주의 사회 구현을 위한 민족해방운동의 이념으로 정립되어 갔다.

또한 다른 한편에서는 코민테른의 식민지 민족해방 운동방침으로는 일반화해 구현하기 어려운 식민지의 제약과 한계를 인식하고 한국의 사회주의 사회상을 모색하며, 식민지 한국사회의 구조적 제약과 문제를 역사적으로 규명해 한국에 사회주의 사회를 실현하기 위한 실증적 연구가 진행되기도 했다. 이러한 양상은 일제 식민지배 정책의 변화와 그에 상응한 식민지배 체제 및 민족해방운동의 방략에 대한 인식변화에 따라 다양하게 표출되었다. 그러나 기본적으로는 식민지 지식인의 민족의 장래에 대한 고심에서 출발한 민족해방이라는 최우선의 과제와, 이와 현실적으로 접목해 실천하는 사회주의 혁명에 대한 현재적 인식, 그리고 궁극적으로 지향하는 사회주의 사회 또는 해방 이후 건설할 국가형태에 대한 구상과 인식, 이 세 가지를 통해 그 편차를 드러냈다고 할 수 있다. 사회주의 사상이 일제하에 수용되면서 보인 그러한 인식상의 변화와 편차는 이동휘, 박헌영, 백남운을 통해서 대표적·상징적으로 볼 수 있다.

2. 일제하 사회주의의 수용 양태

1) 민족해방을 위한 사회주의와 사회주의 운동

상해임시정부의 국무총리였던 이동휘가 사회주의에 호감을 갖게 된 것은 만주·노령지역에서 무장 독립운동을 주도하다가 일제의 압력으로 러시아 임시정부에 체포되었으나 볼셰비키의 도움으로 석방되면서부터였다. 노령 한인사회의 석방운동과 이를 지원한 원동 노령 소비에트의 노력으로 석방된 이동휘는 자신의 석방에 힘을 써 준 볼셰비키 지도자들에게 감사를 표하는2) 한편, 러시아혁명이 성공해 신정부가 성립된 것을 축하하고 이를 "우리 동포가 재활동의 기회"3)를 얻은 것이라 했다.
그리고 1918년 3월, 일본군의 시베리아 출병에 대한 대책을 강구하기

---

2) 이영일, 『리동휘 성재 선생』, 서굉일·동암 공편저, 『間島史新論』(우리들의 편지사, 1993), 46-47쪽.
3) 姜德相 編, 『現代史資料(25): 三·一運動編(一)』(東京: みすず書房, 1967), 37-38쪽.

위해 하바로프스크에서 개최한 '조선인정치망명자회의'에서 볼셰비키당과 같은 무산계급 정당을 조직해 민족해방운동을 전개하자고 제안했다. 그리고 뜻을 같이하는 사람들과 최초의 한인 공산주의 단체인 한인사회당을 창당했다. 이후 이동휘는 초기 한인 사회주의 운동을 주도한 이른바 상해파의 영수이자 해외 독립운동 지도자의 한 사람으로서 상해임시정부에 함께 하면서 친 볼셰비키 노선을 견지하며 민족해방과 사회주의 실천운동에 종사하다 노령에서 생을 마쳤다.

열렬한 항일 민족운동자로서 무장 독립운동을 적극적으로 펼치던 이동휘가 사회주의 민족해방운동으로 방향을 전환하게 된 데는 제1차 세계대전과 러시아혁명의 성공으로 변화된 국제정세의 영향이 컸다. 세계대전이 발발하자 항일 무장투쟁 활동의 근원지인 중국과 러시아는 전쟁에 휩싸여 일본과 갈등의 요인이 되는 한인 독립운동에 대해 압력을 행사했다. 반면에 새로운 볼셰비키 정권은 식민지·반식민지의 반제 민족운동을 전폭적으로 지지하며 후원했다. 항일 민족운동의 활로가 막힌 가운데 접한 그러한 볼셰비키 정권의 정책과 사회주의는 새로운 가능성을 제시하는 것으로 받아들여졌다.4)

이동휘는 국외로 망명하기 전 동지들에게 "사상이 건실한 동지들을 일제의 행정기관이나 경찰기관에 많이 투입시켜 표면으로는 복종하는 체하면서 내심으로는 배반하는 항일투쟁을 일제가 패망할 때까지 전개"할 것을5) 당부했다. 민족독립의 사상이 분명하다면 형식보다는 독립을 성취할 수 있는 실질적인 방법이 더 절실하다고 여긴 것이다. 마찬가지로 러시아혁명으로 볼셰비키가 득세하자 그는 "그들로부터 협력을 얻어" 독립을 실현하고자 "러시아의 볼셰비키와 손을 잡는 것이 유일한 방법"

---

4) "이동휘 일파는…… 지난날 허다한 실패를 거듭한 나머지…… 적어도 어느 유력한 정부의 원조를 얻지 않고는 불가능하다고 해서 내심 그 기회를 포착하기에 심려하던 중 때마침 노농정부의 공산주의 선전에 온갖 유리한 조건이 제공된다 함은 호기인지라"(朝鮮總督府警務局, 高警 第4105號, 「高麗共産黨及全露共産黨の便改」 1923. 1. 15).

5) 유석인, 『애국의 별들』(교문사, 1965), 191쪽.

이라고 생각했다.6)

한인사회당이 1919년 4월 대회에서 채택한 강령은 투쟁의 목표를 "일본 제국주의의 압제 및 자본주의적 착취로부터 조선을 해방하는 것"으로 규정했다. 또한 소비에트 체제가 조선 노동계급의 이해에 가장 적합한 권력형태라고 선언했다. 그것은 조선이 자본주의 단계에 들어선 것으로 보고 기본적으로 '계급투쟁'을 강조하는 전제에서 결정한 것이었다.7) 이 대회에서는 최우선의 과제인 민족해방을 이루기 위해 중앙 소비에트 정부와 코민테른의 지원을 받을 것을 결정하고 코민테른에 가입하고 레닌 정부에 대표를 파견하기로 했다.8) 이것은 사회주의 혁명의 지향과 친모스크바 노선을 명시한 것이었다.

그러나 다른 한편 민족부르주아적 노선의 국민의회에 대해 "종전의 정책을 계속 추진할 경우" 그에 참여한 당원의 사직을 권고한다 하여 완고한 계급투쟁 강령을 완화할 수 있는 여지를 남겨두고 있었다. 그것은 비록 사회주의 혁명의 지향을 분명히 하지만9) 당면한 식민지 민족의 해방을 위해서는 민족통합이 급선무라는 기본적 의지가 반영된 것이었다.

그러한 이동휘의 신념은 상해임시정부 활동에서도 그대로 견지되었다. 그의 상해임정 참여는 "노령 주장을 고집하여 상해 당국 제군과 정전(政戰)을 벌일 수 없고" "동지간의 의견충돌에 양보하는 이동휘는 될지라도 내 의견을 극단적으로 주장하여 대국을 파괴하는 이동휘는 될 수 없다"는 생각에서였다. "이천만을 피아의 구분 없이 생각하는 양심에 의거하여" 민족기관에 들어가 힘써야 제국주의와 싸울 수 있다는 뜻이었다.10)

그러나 그는 뜻한 바와 같은 민족통합의 항일투쟁이 어렵다고 여겨지

---

6) 이정식, 『조선노동당략사』, 김성환 옮김(이론과실천, 1986), 19쪽.
7) 姜德相 편, 『現代史資料(26): 三・一運動編(二)』(東京: みすず書房, 1967), 208-209쪽.
8) 姜德相, 『現代史資料(29): 朝鮮(五)共産主義運動(一)』(東京: みすず書房, 1972), 453-454쪽.
9) 반병률, 『성재 이동휘 일대기』(범우사, 1998), 187쪽.
10) 姜德相, 『現代史資料(27): 朝鮮(三)獨立運動(一)』(東京: みすず書房, 1970), 190쪽; 김철수, 「김철수 친필유고」, 『역사비평』 5(1989년 여름), 368쪽.

자 상해임정의 국무총리 직을 사퇴했다. 그는 민족운동이 많은 국민의 촉망을 등졌다고 여겼다. 더욱이 동지들간에 분규가 있어 무심자괴(撫心自愧)할 뿐 아니라 해외 일각에서 어느 정부나 군사령의 이름으로 전국민을 호령하는 것은 너무도 "우활하고 기실은 지상공문(紙上空文)"이었다며, 자신도 이를 시정하려 노력했으나 종래는 오해와 감정으로 사퇴한다 했다. 또한 "중년에 민족운동으로 사회운동에 전환됨은" 그 방향이 정당하고 필연적으로 최후 승리의 경로라 하며11) 민족해방의 견지에서 사회주의 실천운동을 전개하는 기본입장을 드러냈다.

이동휘는 사회주의 계급혁명의 지향을 분명히 하면서도 실질적으로 민족통합을 통한 민족해방을 추구했던 것이다. 때문에 실질적으로 도움을 받을 수 있는 볼셰비키 정부의 지원과 반제국주의 항일투쟁을 통해서 식민지 민족의 해방을 달성하는 것을 최우선의 과제로 삼았다. 사회혁명을 통한 소비에트 체제의 건설은 소련의 지원을 받아 민족이 해방된 후에 건설될 사회상으로 제시된 것이었다. 한말에서 일제하에 이르며 독자적인 항일 무장독립이 불가능하다는 것을 절감한 이동휘는 세련된 정치이념이나 독자적인 사상체계를 가진 것은 아니었으나, 민족해방과 이를 적극 지원하는 소련 정부와 구체제를 바꾼 사회혁명을 통해서 새로운 민족해방운동과 신사회의 가능성을 발견했다. 그는 한민족이 하나가 되어 항일 민족해방 곧 민족의 독립과 더 나은 사회를 이루어야 한다는 막연한 구상을 갖고 있었다고 할 수 있다. 그에게 계급혁명은 민족해방이라는 최우선의 과제가 달성되고 난 이후의 일이었다. 보다 중요하고 우선한 것은 어떠한 방식으로든 민족을 독립시키는 것이었다.

2) 사회주의 구현을 위한 민족해방운동의 이념

3·1운동이 일어난 1919년 경성고보를 졸업한 박헌영 역시 러시아혁명

---

11) 이동휘, 「동아일보를 통하야 사랑하는 내지동포에게」, <동아일보> 25/01/18.

이후 국제적으로 일기 시작한 이데올로기의 외풍과 제국주의에 대항하는 새로운 방도를 모색한 저항적 민족의식이 사회주의를 수용하는 데 중요한 이념적 근간이 되었다. 3·1운동 이후 상해에서 정치운동을 시작한 그는 1922년 국내에서 활동하기 위해 잠입하던 중 검거된 것을 필두로 1925년의 이른바 제1차 조선공산당사건과 1933년 조선공산당 재건혐의 등 세 차례에 걸쳐 투옥생활을 했다. 1939년 출옥 후에는 일제 말기 최대 사회주의 단체인 경성콤그룹을 이끌며 항일 지하운동에 종사했다. 그는 검거를 피해 1941년부터 광주에 잠복해 있으면서도 비밀활동을 지속하다가 광복을 맞았다.

대부분 3·1운동의 경험을 계기로 사회주의 운동에 종사하게 된 일제하 사회주의 지식인들은 크게 두 유형으로 분류할 수 있다. 한 부류는 식민지 약소민족의 해방을 적극 후원하는 소련 정부의 원조와 그러한 소비에트 정부를 등장케 한 사회혁명을 막연히 이상적인 사회와 사회사상으로 받아들이며, 이에 힘입어 민족독립을 실현하고 독립국가 건설을 지향한 사람들이었다. 다른 한 부류는 그러한 러시아혁명의 이념인 사회주의에 대한 연구를 통해서 제국주의의 문제와 그에 대한 대안으로 사회주의 사회의 상을 습득하고, 이를 식민지 한국사회에 실천적으로 구현함으로써 민족해방과 사회주의 사회 건설을 지향한 사람들이었다. 이동휘가 전자에 속한다면 박헌영은 후자에 속한다고 할 수 있다.

상해에서 사회주의 운동을 시작한 박헌영은 몇몇 동지들과 사회주의 연구소를 조직하고 사회주의에 관해 연구했다. 그는 조선공산당사건으로 검거되어 보석으로 풀려나와 소련으로 탈출한 후에는 자신의 이론적 전망을 확대하는 작업이 필요하다는 생각에서 코민테른에 청해[12] 5년 이상의 공산당 경력과 3년 이상의 실제 활동 경험자들만 입학할 수 있는 간부양성을 위한 고급 정치학교인 국제레닌학교에서 수학했다.[13] 그는

---

[12] 박헌영, 「자필이력서」(1928. 11. 20), 『이정 박헌영 전집(1)』(역사비평사, 2004), 102-104쪽 참조.

[13] 박헌영, 「변증법적 유물론과 역사적 유물론 해제」, 같은 책, 247쪽[박헌영이 국제레

사회주의 연구를 통해서 일제 지배체제에 대한 적극적인 대항의 논리와 이념을 정립하고 그에 입각해 사회주의 운동을 전개하고자 했다. 반제국주의, 곧 항일의 방법론으로 러시아혁명의 기본적 이론과 이념 및 전략전술을 습득해 이를 한국에 적용하는 문제를 탐구하고 실천했던 것이다.

그러한 박헌영의 태도는 장래 사회의 주인인 청년은 의식적인 행동이 있어야 하고, 그러한 의식적인 행동을 하기 위해서는 현 시대를 이해해야 하며, 또한 그 현 사회의 이면도 알 필요가 있다는 의식에 기초한 것이었다. 그가 파악한 식민지 사회의 식민지민은 제국주의 외래 자본가의 착취로 무산자가 되어 참담한 생활을 할 수밖에 없는 사회·경제적 조건에 처해 있었다.14) 그러한 제국주의적 수탈체제 아래 있는 식민지 한국사회의 문제와 봉건적 잔재를 청산하고 사회혁명을 이루기 위한 모델을 박헌영은 러시아혁명에서 구했다. 그는 자본주의적 생산양식의 발전은 자체 모순으로 인해 기존의 생산관계를 부정하고 새로운 생산관계를 필요로 하게 되는데, 제국주의적 팽창은 자본주의적 발전이 한계에 처해 나타난 현상이고, 제국주의적 대립과 갈등은 이미 자본주의 사회로부터 새로운 생산관계인 사회주의 사회로 나가는 증거라고 보았다. 그 실례를 그는 노동운동에서 찾았다. 그는 무산계급이 자각해 스스로 사회적 권리를 얻고 자기 운명을 개척하려는 강한 생활의식에서 오늘날 노동운동, 곧 사회운동이라는 새로운 사회적 현상이 나타난 것이라고 보았다.

그는 이미 노동자가 정치에 참여해 당당하게 자기 계급의 권리를 주장함으로써 사회개혁 운동에 책임감을 가지고 임하게 되었다고 생각했다. 그리고 이러한 전대미문의 새로운 사회적 요소가 생겨난 것에 큰 의미를 부여했다.15) 이는 다름이 아니라 러시아혁명을 성공시킨 소련과 그 지배이념인 사회주의를 세계 변화의 양상과 방향을 제시하는 준거로 삼

닌학교에서 학습한 내용에 대해서는 같은 책, 3부 학습노트 부분 참조].
14) 박헌영, 「식민지청년운동 강연회 보고」(1924. 10. 13), 같은 책, 50-51쪽 참조.
15) 박헌영, 「공산주의」(1926. 4. 26), 같은 책, 101쪽; 박헌영, 「과거 일년과 조선공산주의자들의 당면임무」(1932. 3), 『콤무니스트』 4호, 같은 책, 128-131쪽 참조.

은 것이었다. 학습을 통해 마르크스의 고전적 역사발전 단계를 숙지한 박헌영은 제국주의적 팽창으로 자체 모순을 드러낸 자본주의가 사회주의 사회로 이행하고 있는 시대에 일제에 대한 식민지 민족의 해방을 통해 민족의 독립뿐만 아니라 자본주의 사회의 모순도 극복해 사회 구성원이 스스로 사회적 권리를 행사할 수 있는 사회주의 사회를 건설하고자 했다. 민족의 해방은 현실적으로 절대적인 우선과제였지만, 이에 그치지 않고 일제하에서 이미 자본주의 단계에 들어선 한국사회에서 해방 이후 자본주의적 모순을 경험하지 않고도 민족성원 모두 평등한 주권을 향유할 수 있는 이상적인 사회로서 사회주의 사회를 지향한 것이었다.

이를 위해 박헌영은 사회주의자의 당면임무는 "이성적, 연구적 태도로 자본주의 사회조직을 과학적으로 비판하는 것"이라 하여, 국제동향과 일본의 제국주의적 팽창 및 양자간의 갈등양상 등을 고찰해 이를 배경으로 한국에서 사회혁명 운동을 전개하는 데 필요한 실질적인 운동방침을 규명해 실천하고자 했다.16) 그의 이성적으로 연구하는 태도의 강조와 그것을 판단하는 기준은 러시아혁명을 성공시킨 볼셰비키 정부의 정책과 노선에 입각하고 있었다. 그러나 그것은 일제의 자본주의적 발전을 지속하기 위한 식민지배의 실상을 규명·입증하고 "파탄과 굴종과 죽음만을 가져오는" 일본 제국주의와의 쉼 없는 투쟁을 계속해 민족해방을 이루기 위한 것이었다.17)

그러므로 그는 "제 할아버지의 뼈다귀를 대대로 물려 먹는" '양반'은 물론이고, 반제·반봉건적 무장폭동은 물론 일상적 대중운동까지도 반대하는 '부르조아지', 그리고 일제에 대항하는 실천운동을 전개하지 않는다고 여긴 상해 임시정부에 대해 비판적이었다. 그러나 상해에서 폭탄을 투척한 윤봉길에 대해서는 "그의 행동은 조선 노력대중의 일본 제국주

---

16) 박헌영, 「과거 일년과 조선공산주의자들의 당면임무」(1932. 3), 『콤무니스트』 4호, 같은 책, 128-134쪽 참조.
17) 박헌영, 「우리의 길: 혁명이냐 죽음이냐」, 『모쁘르의 길』(1928년) 제24호, 같은 책, 109쪽.

의 통치에 대한 증오와 불평을 반영한 것인 만치 결코 살인이 아니다"고 하여18) 세간에서 그를 살인범으로 논죄하는 것을 비판하며, 오히려 "혁명을 위한 희생적 정신"을 증명한 것으로19) 높이 평가했다.

그러나 그는 주요인물을 암살하고 행정기관을 파괴하며 행하는 독립운동 방식이 결코 프롤레타리아 폭력혁명을 지향하는 혁명적 투쟁방법은 아니라는 것을 '분명히 성명'해 혁명운동의 비타협성을 선명히 했다. 그러나 일제에 대항하는 실천적 활동에 대해서는 '혁명적'이라20) 해서 호의적으로 높이 평가했다. 그는 그러한 혁명의식을 가진 대중을 혁명운동으로 규합하기 위해 꾸준히 투쟁하면서 동시에 프롤레타리아 헤게모니하에서 일본 제국주의 본토의 지주·부르주아지에 대항하는 공동투쟁을 위해 노력농민과 일체의 노동자들을 프롤레타리아의 동맹군으로 전취하기 위한 투쟁을 벌이는 것이 혁명운동을 발전시키는 것이라고 생각했다.21) 대중의 혁명적 의식을 규합해 이를 투쟁력으로 결집하는 것은 곧 일본 제국주의와 대결하기 위해 총력을 집결하는 것이었다.

박헌영은 식민지 민족해방이라는 최우선의 과제를 해결하기 위한 적극적인 대항의 논리와 이념을, 러시아혁명을 통해서, 구체제를 변혁하고 새로운 사회를 구축한 볼셰비키 정부와 사회주의에서 찾고, 이를 식민지 한국사회에서 실천하고자 했다. 일제에 대항한 활동과 투쟁이 모두 독립과 해방을 위한 정치투쟁의 성격을 갖는 식민지기에 그는 식민지 상황에서 벗어날 저항의 논리를 모색하면서, 동시에 종래 한국사회의 구조적 모순까지 변혁할 수 있는 전망을 사회주의에서 찾았던 것이다. 일제하 박헌영의 이론적·실천적 활동은 식민지 한국을 사회주의 한국으로 변혁하기 위한 사상적 토대를 구축하는 과정이었다고 할 수 있다.

---

18) 박헌영, 「상해폭탄사건은 무엇을 말하느냐?」, 『콤무니스트』 6호(1932. 7), 같은 책, 156쪽.
19) 같은 글, 157쪽.
20) 같은 글, 158쪽.
21) 같은 글, 159쪽.

3) 한국 사회주의 사회상의 모색

백남운은 만주사변 이후 일제의 사상탄압과 수탈이 일층 강화되고 있던 1933년 『조선사회경제사』를 출간해 "조선 학계의 가장 빛나는 존재"라는[22] 평가와 함께 한국 경제사학계의 일인자로 인정을 받았다. 그는 러시아혁명과 볼셰비키 정부의 이념과 정책에 입각해 항일 민족해방투쟁의 실천적 전략과 전술을 고심하며 식민지 한국사회의 개혁을 추구했던 활동가들과는 다른 측면에서 민족의 해방과 해방된 민족사회의 상을 모색했다.

역설적이게도 백남운은 일제의 관립 수원농림학교에서 병합 이후 심화되고 있는 식민지 조국의 농업문제를 파악하고 민족의 현실을 고민하며 학문에 뜻을 품었다. 그리고 그는 일본 자본주의 발달을 이론적으로 뒷받침하는 부르주아 사회과학의 학풍이 지배하던 도쿄상대에 진학해 마르크스주의 이론에 입각해 민족의 식민지 현실을 극복하는 데 기여할 '과학적인 조선 연구, 조선경제사 연구'라는 학문적 과제를 설정하고 실천했다.[23] 그는 어려운 농촌환경에서 성장해 농림학교 시절 농촌의 실상과 수탈농정의 기만성을 구체적으로 체험했다. 때문에 그는 각종 자본주의 이념과 부르주아 경제학이 일제의 한국 병합과 지배를 옹호하고 학문적으로 대변하고 있던 시대적 분위기에서 모교의 학풍인 역사학파 경제학이 본질적으로 그러한 제국주의 학풍이라는 것을 자각할 수 있었다.

그러한 그의 자각은 자신의 스승에 대한 비판적 인식에서부터 시작했다. 한국인에 의한 한국사회경제사 연구가 전무한 가운데 백남운의 스승인 후쿠다 도쿠조(福田德三)가 선구적으로 주창한 한국사회 정체성론과 식민지 근대화론이 봉건제의 결여와 토지소유권의 미발달이라는 날조된 한국사 인식으로부터 일제의 침략을 한국의 자본주의적 발전과 산업혁명의 계기로 미화하고 합리화하고 있다는 본질을 자각하고 그에 비판적

---

[22] 황욱, 「논저를 통해 본 조선학계의 수확」, <동아일보> 35/01/02.
[23] 방기중, 『한국 근현대사상사 연구』(역사비평사, 1992), 제1장 제1절 참조.

인 태도를 갖게 되었던 것이다. 그러한 모교의 학풍과 스승의 주장에 대한 근원적인 비판의식은 자연히 모교의 학풍과 대립하고 있던 마르크스주의 철학과 경제학에 심취하게 했다. 그리고 일제 침략 이데올로기의 본질을 이해하고 한국의 역사와 현실을 과학적으로 인식하기 위해서는 마르크스주의 유물사관의 방법론이 최선이라고 생각하게 되었다.

나아가 그는 '조선연구'는 '조선인'의 손에 의해 민족의 현실을 극복하기 위한 실천의 문제로서 이루어져야 한다는 학문적 주체성의 입장을 정립했다. 그러한 학문적 자세는 과학적 '조선연구'의 진흥과 '조선경제사'의 체계화를 필생의 과제로 삼고 실천함으로써 견지되었다.24)

백남운의 학문연구는 제국주의적 팽창과 수탈적 식민지배를 이론적으로 합리화하는 제국 일본인에 의한 식민지 한국사 연구의 모순을 절감하고, 그에 대해 민족 주체성에 입각한 역사연구와 그에 입각한 식민지 현실문제의 규명 위에서 해결책을 모색한 것이었다. 그것은 민족의 해방과 해방된 민족사회의 상을 구축하는 실증적 학문연구로 일제의 침략 이데올로기에 대한 민족 주체적인 저항과 독립의 이데올로기를 정립하고자 한 것이라 할 수 있다.

백남운의 학문적 과제와 태도는 당시 한국사 연구가 '비판적 청산기'에 이르렀다는 인식 위에 설정된 것이었다. 그는 현실사회의 역사적 발전에 관한 방법론의 상호 대립적 관계로 역사과학 전 영역에서 혼돈과 청산의 두 경향이 존재하는데, 모두 역사적으로 규정된 것인 만큼 그 계기적 변동법칙을 파악하려면 과거의 역사적 궤적을 밝히는 것이 곧 과제라고 보았다.25)

그런데 한국에 대한 인식은 먼저 자기비판이 필요하고, 그 대상은 사회의 인위적이고 역사적인 골격인 경제적 구성이 되어야 한다고 여겼다. 그리하여 경제적 구성을 강조하며 자신의 한국관은 "사회경제의 역사적

---

24) 방기중, 「백남운과 한국 맑스주의 지성사의 원류」, 『비평』 2001년 가을(2001), 105-106쪽 참조.
25) 백남운, 『朝鮮社會經濟史』(東京: 改造社, 1933), 서문 1쪽.

발전과정을 본질적으로 분석, 비판, 총관하는 데 집중되어 있다"고 했다.26) 그는 한국인에 의한 한국사 연구가 이루어지지 않은 것에 대한 자기비판을 전제로, 한국사 연구가 과거의 역사적·사회적 발전의 변동과정을 구체적이고 실천적으로 규명하고 그 실천적 동향을 이론화하는 것을 임무로 해야 한다고 생각했다.

백남운은 그것이 그가 인류사회의 일반적 운동법칙으로 여긴 사적 변증법이라 여겼다. 민족생활의 계급관계와 사회체제의 역사적 변동을 구체적으로 분석해 그 법칙성을 일반적으로 추상화하는 방식으로 가능하다고 여긴 것이다.27) 그는 그러한 세계사적 방법론으로만 과거의 민족생활 발전사를 내면적으로 이해할 수 있다고 했다.28) 곧 그는 마르크스주의의 역사발전 단계에 입각한 한국사의 보편사적 특징을 규명하고, 이에 준해 한국사의 보편성과 특수성을 변증법적으로 논증해 한국사 연구의 법칙성을 규명하고자 했던 것이다.

그러한 백남운의 학문적 과제는 곧 일제하 현실의 위압적인 특수성에 대해 결코 절망하지 않고 '적극적인 해결책'을 찾는 것이었다.29) 그것은 그가 학문적으로는 "통일적인 민족생활의 발전사학을 수립해야 할 의무"였으며, 실질적으로는 식민지 조국의 미래에 대한 전망을 갖는 실천적인 작업이었다. 이것이 바로 그가 생각한 역사학의 실천성이었다.30) 지난 역사에 대한 인식방법이 곧 실천의 과정을 약속하므로 역사학의 실천성을 확보하는 것이 식민지 한국사 연구에 긴급하고 중요하다고 판단했다.31) 백남운에게 마르크스주의에 입각한 한국사 연구는 곧 식민지 조국을 제국주의의 구속으로부터 해방시킬 수 있는 전망을 제시함으로써 민족해방에 기여하는 실천적인 작업이었다.32)

---

26) 같은 책, 서문 2쪽.
27) 같은 책, 5쪽.
28) 같은 책, 9쪽.
29) 같은 책, 9쪽.
30) 같은 책, 6쪽.
31) 백남운, 「조선특유의 사회제도」, <동아일보> 34/10/20.

그러한 관점에서 백남운은 기존의 한국사 인식을 근원적으로 비판하고, 그에 대응하는 마르크스주의 역사학, 이른바 '신흥사학'을 제창했다. 당시 일반적으로 사회주의자들이 민족부르주아지의 민족해방운동의 의의를 부정한 것과 같은 맥락에서 백남운은 부르주아 사상의 실천적 의의가 상실되었다고 여겼다. 곧 부르주아 사상과 학문을 제국주의 이데올로기의 임무를 수행하는 어용학으로 간주했다.33) 따라서 부르주아 사상과 학문으로는 식민지 민족의 최우선 과제인 민족해방의 과제를 해결할 수 없다고 생각했다.

그리하여 백남운이 제창한 역사인식의 가장 큰 특징은 두 가지였다.34) 하나는 한국사의 보편적 발전, 그 발전의 내적 필연성을 철저하게 견지한 것이었다. 그것을 그는 역사법칙의 불퇴성(不退性)이라 하여, 역사과학의 유일한 특수성은 시대적 특수성뿐이고 보편성을 초월한 초시대적 특수성은 존재하지 않는다고 확신했다. 이 점이 곧 그가 한국사의 타율성과 정체성, 그리고 민족적·문화적·지리적 특수성을 주장한 각종 특수성론을 거부한 인신론적 근거인 동시에 식민지 현실에 절망하지 않고 비타협적인 자세를 취할 수 있게 한 사상적 기반이었다.

다른 하나는 그의 유물론적 역사인식의 저변에서 끊임없이 한국사 인식의 실천성을 추동한 주체적인 관점이었다. 백남운은 철저하게 역사적 유물론의 역사관과 방법론을 견지했지만, 그것을 교조적으로 수용한 것은 아니었다. 그는 당시 일부 마르크스주의 지식인들이 '과학'이라는 이름으로 한국사 인식의 민족적 주체성을 몰각하거나 민족적 기치를 일괄적으로 '국수적인 것'으로 매도하는 계급주의 편향에 반대했다. 그가 민족주의 역사학자들을 비판한 것도 그들의 인식방법과 사상적 본질에 관한 것이었지, 그들의 비타협적인 민족의식까지 거부한 것은 아니었다. 그의 역사관은 민족문제의 해결을 대전제로 삼고 있었다. 그 점에서 백

---

32) 백남운, 앞의 책, 서문과 결론 참조.
33) 백남운, 「정다산의 사상」, <동아일보> 35/07/16.
34) 방기중, 앞의 논문, 113쪽 참조.

남운의 역사인식은 어느 누구보다 민족적이었다고 할 수 있다.

이러한 백남운의 역사인식과 실천적 역사학이 구체화된 것이 『조선사회경제사』와 『조선봉건사회경제사(상)』이었다. 그는 『조선사회경제사』에서 한국사의 기원과 노예제의 발전과정을 실증적으로 논리화해 한국사에 씨족제에 기초한 원시공산제 사회와 삼한에서 삼국 시기에 이르는 계급사회인 노예제사회의 존재를 논증했다. 이를 통해 그는 1930년대 초 세계 마르크스주의 진영에서 일반화되어 있던, 동양사회가 노예제를 거치지 않고 아시아적 봉건제사회로 직접 이행했다는 논의를 부정했다. 또한 그러한 계급국가, 민족국가 성립의 역사를 규명해 국가와 민족의 계급적 본질을 밝힘으로써 국가를 초계급적이고 영속적인 공동체로 인식하는 자본주의 국가관과 파시즘적 국가관, 그리고 민족을 초역사적 존재로 관념화하는 부르주아 민족주의의 민족관을 비판했다.

『조선사회경제사』의 속편인 『조선봉건사회경제사(상)』에서는 신라 후기에서 고려 시기에 이르는 봉건제사회의 발전과정과 사회경제 구조를 논증했다. 여기서 백남운은 토지 국유제론과 농노경제론을 입론으로 삼아 고려 시기가 가장 전형적인 아시아적 봉건제 사회였다고 주장했다. 그는 봉건제사회의 존재와 그 아시아적 특수성의 실체를 실증적으로 논리화함으로써 유럽이나 일본형과 구별되는 아시아적 봉건제의 한국형을 제시하여, 한국사의 합법칙적 발전을 논증하고 후쿠다 이래 일제 관학자들이 주장한 봉건제 결여론을 근본적으로 타파하고자 했다. 이러한 백남운의 작업은 한국사회경제사에 관한 최초의 통사적 작업이었다.[35]

백남운은 그러한 통사적 한국사의 역사발전 과정을 실증적으로 논증함으로써 한국사회에서 일정하게 진전되고 있던 내적 자본주의화 과정이 일제의 강점으로 일본 자본주의와 통일된 이식 자본주의 사회로 재편되고, 대공황 이후 통제경제를 동반한 독점단계에 접어들었다고 보았다. 그는 한국의 내적 자본주의화 과정을 밝힘으로써 일제의 식민지 근

---

35) 같은 논문, 114-115쪽 참조.

대화론의 침략적 본질을 폭로하고 민족해방의 진로를 전망하고자 했다. 이러한 백남운의 실증적 연구는 일제의 식민지 근대화론을 논증적으로 비판할 수 있는 길을 개척했다.

3. 일제하 사회혁명 사상, 사회주의

일제의 강점으로 인한 식민지배의 억압과 이식 자본주의 아래서 민족의 문제로 고민하던 지식인들에게 사회주의는 강한 흡입력을 가졌다. 사회주의는 성공한 러시아혁명을 통해서 급진적 변혁의 가능성을 증거하는 한편, 볼셰비키 정부의 식민지·약소민족 해방운동에 대한 전격적인 지원시책을 통해서 유토피아적인 희망을 제시했다.

일제하 민족의 문제는 단순한 민족해방의 문제가 아니었다. 그것은 일제의 억압적 지배가 강화되는 것과 비례해 재래의 사회적 모순을 드러내고 인식케 하여 계급의 문제와 중층적으로 결부되며 이를 해결해야 할 사회개혁의 문제와 구조적으로 중첩되어 갔다. 이러한 중층적인 민족의 문제를 인식하고, 식민지 민족의 독립과 함께 일반 민중의 입장에서 재래의 사회적 모순의 문제로 고뇌하던 식민지 지식인들에게 사회주의는 그러한 중층적인 민족의 문제를 일원적으로 해결할 수 있는 '민족해방'의 이념으로 다가왔다.

자본주의가 발달한 사회의 계급적 모순을 타파할 사회혁명 사상으로 정립된 사회주의는, 3·1운동의 실패로 재래의 민족 독립운동 방식의 한계를 절감하고 새로운 민족독립 방법을 모색하던 식민지 한국사회에서 무엇보다도 새로운 독립운동의 방략으로 받아들여졌다. 일제하 사회주의의 수용에는 저항적 민족주의 의식이 강하게 작용했다. 그리하여 3·1운동 이후 변화된 국내외 정치환경을 배경으로 급속히 수용된 사회주의는 민족 독립운동의 새로운 전망을 제시하며 이른바 사회주의 운동으로 전개되었다.

일제에 대항한 저항적 민족의식에 기초해 민족 독립운동의 일환으로 광범위하게 시작된 사회주의 운동은 곧 일제하에서 이식된 식민지 자본주의 사회의 계급적 모순을 자각하고 이를 타파하고 사회변혁을 이룰 수 있는 식민사회의 혁명사상으로서 사회주의 본연의 문제로 고민하게 되었다. 그것은 자본주의적 발달이 미숙한 조건에서 어떻게 사회주의 혁명을 수행할 것인가 하는 문제, 식민지 민족의 독립이라는 최우선의 과제와 사회혁명의 과제를 어떻게 결합시킬 것인가 하는 문제, 그리고 사회주의 혁명 모국인 소련공산당의 방침을 어떻게 한국의 상황에 적용시킬 것인가 하는 문제를 둘러싼 것이었다.

그러한 문제에 봉착해 사회주의 운동 선상에서 수용된 사회주의에 대한 다양한 인식의 편차와 운동방식의 차이가 표출되어 사회주의 운동 세력 간에 길항관계가 거듭되었다. 그럼에도 일제의 강압적 억압이 심화되는 가운데 사회주의 운동이 지속될 수 있었던 것은 사회주의가 민족해방에 대한 희망을 제시했기 때문이다. 그것은 현실적으로 식민지 민족의 독립운동에 대한 전격적인 지원을 통해 식민지의 사회적 모순과 계급적 모순을 타파하고 독립할 수 있는 희망을 갖도록 하는 현실 사회주의 사회의 존재를 통해 추동력을 갖는 것이었다. 이 점에서 일제하 일본 제국주의 지배체제에 대한 적극적인 대항의 이념으로 수용된 한국의 사회주의는 제국주의에 대한 대체이념의 성격이 강했다고 할 수 있다.

한편 초기 사회주의 운동을 통해서는 구체적으로 드러나지 않았지만, 일제의 수탈적 억압이 심화되면서 일제 지배체제와 그에 영합하는 부르주아 민족주의 세력에 대항하는 사회주의 실천활동에 대한 고민과 실증적 연구 또한 심화되어 갔다. 그리하여 마르크스주의의 역사발전 과정을 숙지하고 그것을 한국사회의 역사발전 과정에 도입·적용해 이념적 토대를 구축하려는 실천운동이 전개되는 한편으로, 한국사에 대한 한국인의 주체성 있는 실증연구를 통해 마르크스주의 세계사의 보편적 역사인식과 그에 기초한 한국적 특수성을 변증법적으로 논증함으로써 민족해방과 해방된 사회에 대한 전망을 제시하려는 이론적 작업도 진행되었다.

물론 이러한 작업은 당시 혁명 모국인 소련을 중심으로 한 세계 마르크스주의 진영의 일반적 역사인식과 정책의 틀에서 자유롭게 전개된 것이라 할 수는 없다. 그러나 일제하 사회주의가 혁명 모국의 정책이나 마르크스주의가 교조적으로 수용된 것은 아니라고 할 수 있다. 식민지 조건에서 민족해방의 이념으로 수용된 사회주의는 한국사의 발전과정에 대한 이해를 바탕으로 주체적으로 수용·발전해 갔던 것이다. 그러나 식민지적 조건은 제국주의 외세에 대한 저항과 자위의 이념을 외래 사상을 통해서 모색하게 하는 근본적 한계를 설정함으로써 한국의 사회주의는 수용단계부터 정치적 역학관계에서 자유로울 수 없었다.

<참고문헌>

김철수,「김철수 친필유고」,『역사비평』5(1989).
반병률,『성재 이동휘 일대기』(범우사, 1998).
방기중,『한국 근현대사상사 연구』(역사비평사, 1992).
_____,「백남운과 한국 맑스주의 지성사의 원류」,『비평』2001년 가을(2001).
백남운,『朝鮮社會經濟史』(東京: 改造社, 1933).
_____,「조선특유의 사회제도」, <동아일보> 34/10/20.
_____,「정다산의 사상」, <동아일보> 35/07/16.
유석인,『애국의 별들』(교문사, 1965).
이동휘,「동아일보를 통하야 사랑하는 내지동포에게」, <동아일보> 25/01/18.
이영일,『리동휘 성재 선생』, 서굉일·동암 공편저,『間島史新論』(우리들의 편지사, 1993).
이정박헌영전집 편집위원회,『이정 박헌영 전집(1)』(역사비평사, 2004).
이정식,『조선노동당략사』, 김성환 옮김(이론과 실천, 1986).
전상숙,『일제시기 한국사회주의지식인 연구』(지식산업사, 2004).
황욱,「논저를 통해 본 조선학계의 수확」, <동아일보> 35/01/02.

姜德相 編, 『現代史資料(25): 三・一運動編(一)』(東京: みすず書房, 1967).
_____, 『現代史資料(26): 三・一運動編(二)』(東京: みすず書房, 1967).
_____, 『現代史資料(27): 朝鮮(三) 獨立運動(一)』(東京: みすず書房, 1970).
_____, 『現代史資料(29): 朝鮮(五) 共産主義運動(一)』(東京: みすず書房, 1972).
朝鮮總督府警務局, 高警 第4105號, 「高麗共産黨及全露共産黨の便改」(1923. 1. 15).

제30장 3·1운동의 정치사상

김용직(성신여자대학교)

1. 머리말

한국의 정치사상을 연구하는 데 3·1운동은 거대한 분수령이 아닐 수 없다. 한국의 정치사상이 근대적 사상으로 전환하게 된 것은 대체적으로 개화 시기부터로 간주되지만 초기 개화기 사상은 일정한 한계와 약점을 가졌다. 예를 들면 개화사상은 반봉건에는 앞장을 섰으나 반제투쟁에는 약점을 가졌다고 볼 수 있으며, 동학사상은 반제투쟁에는 앞장을 섰지만 반봉건에 철저하지 못했던 것이 사실이다. 이런 개화기 사상이 1900년대에 들어와서 애국계몽사상으로 발전했으나 아직 완전한 근대적 민족주의 사상에 도달하지 못했다. 그러나 1919년 3·1운동에 와서는 이전 시기 여러 갈래의 민족운동과 근대화운동이 통합되어 통합적 민족주의 운동과 독립운동으로 전개되었다.

3·1운동에 관한 비교적 최근 연구, 특히 1980년대 이후의 경우에는 3·1운동이 종교 연합세력에 의한 단일적인 민족운동이었다는 초기 연구의 주장과는 달리 33인의 지도부와는 다른 차원에서 민중들의 참여, 그리고 특히 다양한 사회집단이 연합적으로 3·1운동에 가담해 시위를 주도했다

는 사실 등이 밝혀졌다.1) 그러나 이런 역사학계의 다양한 실증적 연구가 있었음에도 불구하고 상대적으로 3·1운동을 통합적으로 관통해서 볼 수 있는 이념적·사상적 측면에 대한 연구는 매우 적은 실정이다.

이 글에서는 이러한 민족운동과 근대화운동의 대사건인 3·1운동에는 어떠한 정치사상이 그 운동의 기반이 되었는가 하는 점을 규명하고자 한다. 먼저 개념적으로 우리의 관심이 3·1운동에 대한 정치사상인가, 아니면 3·1운동 그 자체에 내재된 정치사상에 대한 연구인가 하는 질문이 제기될 수 있다. 이 글의 주제 '3·1운동의 정치사상'은 이 중 두 번째 의미, 즉 3·1운동에 내재되어 있는 정치사상으로 간주되며 이를 밝히는 것이 이글의 목적이 된다. 우리는 3·1운동이라는 민족사에 나타난 거대한 집단적 사건에 내포된 정치사상과 이념의 흐름을 찾아서 그 성격을 알아보고자 한다.

원래 정치사상은 개별 사상가의 사유의 결과물로서 사상을 지칭하는 것이 일반적 개념이다. 따라서 이를 3·1운동에 연관시켜 볼 때에 3·1운동의 정치사상에는 일반적 의미와는 다른 특징이 발견되므로 이를 분명히 할 필요가 있다. 3·1운동의 정치사상은 그 선언문에 나타난 33인 민족지도자들의 사상뿐만 아니라 이보다 더 넓은 범위의 민족지도자들의 사상을 포함시켜 연구되어야 한다.

그 이유는 첫째, 당시 한국 민족지도자들의 사상이 넓은 공통의 인식적 관점과 개념들을 공유하고 있었기 때문이다. 3·1운동의 준비단계에만 국내외의 7개 이상의 민족운동 단체가 관련되어 있었음을 우리는 알고 있다. 3·1운동에 직·간접으로 관련되는 중요한 사상적 연관이 있는 민족지도자들이 있다면 이들이 비록 선언문에 서명하지 않았거나, 혹은 비록 당시 해외에 있었다 하더라도 연구대상에 포함되어야 한다. 그런데 3

---

1) 동아일보사 편, 『3·1운동 50주년기념논집』(동아일보사, 1969); 신용하, 「3·1독립운동의 발발의 경위」, 『한국근대사론 2』(지식산업사, 1977); 김용직, 『한국근현대정치론』(풀빛, 1999); 김용직, 「3·1운동과 집합행동: 역사사례 데이터분석을 통한 연구」, 『한국정치학회보』 36집 3호(2002).

·1운동의 민족지도자들은 단일한 민족국가 수립을 위한 독립과 한국 민족주의 운동이라는 큰 지향점과 목표를 공유했다. 이들은 대개 민족적 색채가 강한 종교인으로서 기독교의 영향을 받았거나 아니면 천도교나 불교의 이념을 따랐다. 또한 이들 중 일부는 해외에서 활동하기도 했지만, 이들은 거의 예외 없이 한국의 독립을 열망하는 독립사상이 강한 민족적 지도자들이었음에 틀림없다.

둘째, 3·1운동 중에 형성된 임시정부의 형성과 관련된 부분도 연구의 대상이 되어야 한다. 즉 3~4월의 임시정부 형성기의 활동과 사상도 3·1운동 사상의 범주로 포함되어야 한다는 것이다. 국내적으로 볼 때 3·1운동이 민중봉기 형태로 전국적으로 분출했던 1919년 3~4월의 시기는 3·1운동이 선언문 낭독 이후 대중화되던 단계로 간주된다. 따라서 3·1운동의 사상에 대한 연구도 이 시기에 나타난 임시정부 형성과 관련된 활동과 사상을 포함시켜야 할 것이다. 3·1운동에 직접 영향을 받고 그 정신을 구현하기 위해 활동했던 지도자들이 이 시기 이후에도 있을 수 있지만, 이것은 일단 이 연구에서는 제외하기로 한다.

셋째, 3·1운동의 정치사상은 다른 사상과는 달리 매우 역동성을 띤 것이다. 즉 3·1운동은 하나의 완결된 사상을 전제로 진행된 사건이라기보다는 진행과정에서 참여자들의 생생한 민족운동에의 체험을 통한 의식전환과 사상획득이 중요한 것이다. 여기에는 직접적으로 선언문 작성에 참여한 민족지도자들의 의식과 사상, 이들과 직·간접으로 소통했던 국내외의 민족지도자들의 사상과 함께 일반 대중 민족의식의 고양과정과 사상적 지향성도 포함되어야 한다.

2. 계몽주의 사상

3·1운동을 주도하거나 운동에 밀접하게 관련된 민족지도자들의 정치사상에는 크게 세 가지의 이념이 나타났다. 계몽주의, 민족주의, 공화주

의가 그것이었다. 이런 사상은 운동 준비단계, 선언문, 각종 격문, 그리고 3·1운동 기간에 결성된 임시정부 운동에서 여러 가지로 그 기본적인 성격이 드러났다.

유럽 17~18세기의 계몽주의가 기독교의 세계관에 대항해 등장했다면, 동아시아 19~20세기의 계몽주의는 유교와의 사상적 대결을 통해 등장했다. 한국의 계몽주의 사상은 개화기 중반기인 1890년대에 유길준의 『서유견문』과 서재필의 <독립신문>을 양대 축으로 해서 조선에 문명개화론의 이름으로 급격히 확산되었다. 유럽 19세기의 민족주의가 자유주의와 궤를 같이했다면, 당시 동아시아의 민족주의는 18세기형 계몽주의적이며 인도주의적인 민족주의 단계에 놓여 있었다. 한국의 계몽주의자들은 보수 전통적 세계관과 정치관념에 사로잡혀 있는 수구파와의 싸움을 통해 개혁과 변화를 추구했고, 서구적인 근대사회 원리의 핵심인 민권의 도입을 위해 노력하는 한편 동시에 전통 왕조의 개혁을 추구해 '군민공치제'의 수립을 위해서 노력했다.

20세기 초 동아시아의 정치사상은 계몽주의적 조류 안에서 전개되었다. 계몽주의의 선구자는 일본의 후쿠자와와 개화사상가들과 중국의 양계초와 엄복 등의 사상가들, 대한제국의 유길준 등을 들 수 있다. 1900년대에 들어와 국가형성의 원리에 관해서는 계몽주의, 입헌주의, 자유주의, 공화주의 등 다양한 사상이 당시에 서구에서 유입되어 알려졌다.2) 국권상실기에 서재필, 윤치호, 이승만, 장지연, 박은식, 안창호, 신채호 등의 민족지도자들은 계몽주의적 문명관과 사상을 받아들여 민족의 구원과 변화를 꾀했다. 을사보호조약 체결 후 대한제국 말기에 이들은 사회진화론과 계몽주의, 애국주의 등의 원리를 받아들였다. 그렇지만 국권상실이라는 정치적 상황은 이들의 애국계몽운동이 정치적 구심점을 갖지 못하고 결실을 보지 못하게 만들었다.3)

---

2) 김효전, 『근대한국의 국가사상: 국권회복과 민권수호』(철학과현실사, 2000).
3) 조항래, 『1900년대의 애국계몽운동연구』(아세아문화사, 1993); 김도형, 『대한제국기의 정치사상 연구』(지식산업사, 1994).

한국의 계몽주의 정치개혁론의 흐름은 갑오경장과 독립협회의 계몽적 개혁론이 좌절함에 따라서 정치적 구심점을 잃어버리고 쇠퇴했다. 후기 개화기의 고종의 국제안으로 대표되는 보수적 광무개혁은 한반도의 정치상황이 제국주의적 경쟁과 각축의 장으로 급격히 변하게 되는 상황에서 구조적 한계를 띤 것이었다.[4] 특히 1904~5년 러일전쟁을 겪으면서 국권을 빼앗긴 이후 일제가 통감정치에 의한 보호국체제를 강요함으로써 자율적 정치경제적 자생체제를 지향하는 대내적 개혁이 더 이상 불가능해졌다.

보호국 체제하에서 한국의 계몽주의자들은 '애국계몽운동'을 전개했지만, 이미 일제 통감부의 간섭과 규제의 격증이라는 한계상황 안에서 진행되었다. 외교정치적 주권을 빼앗긴 상태에서 언론, 교육, 출판 등의 분야를 중심으로 민족의 실력양성과 독립을 추구했던 민족지도자들은 1910년 한일합방과 일제의 강권적인 무단통치를 막을 수 없었다.[5] 한일합방이후에도 식민지 조선 지식인들의 주도적인 세계관은 여전히 계몽주의 흐름 안에 있었다고 할 수 있다. 그렇지만 국권상실을 문명적 실력의 격차에 따른 우승열패의 탓으로 돌리며 서구의 사회적 다원주의의 관점을 수용했다.[6]

3·1운동의 선언문을 쓴 육당 최남선은 애국계몽기에 신문화운동의 기수로서 자신이 일본 유학에서 배운 문명개화론 사상을 받아들였다. 귀국 후 도산 안창호의 영향을 지대하게 받아 『소년』의 활동이 청년학우회의 기관지 역할을 담당하는 변모를 하기도 했지만, 그는 여전히 계몽주의의 사상 틀을 유지했다. 아울러 「2·8독립선언문」의 저자 춘원 이광수도 안창호 계열의 애국계몽주의자로서 서양의 근대적 정치사상과 기독교의

---

[4] 송병기, 「광무개혁 연구: 그 성격을 중심으로」, 『사학지』 10집(단국사학회, 1976); 국사편찬위원회, 『한국사 42권: 대한제국』(탐구당, 1999).
[5] 구대열, 『제국주의와 언론: 배설, 대한매일신보 및 한, 영, 일 관계』(이화여대 출판부, 1986).
[6] 전복희, 『사회진화론과 국가사상: 구한말을 중심으로』(한울아카데미, 1996).

영향을 강하게 받았다.7)

춘원과 육당을 대표로 하는 3·1운동의 민족지도자들이 지향한 정치적 이념에는 계몽주의가 가장 큰 맥을 형성했다. 민족대표 33인도 대체로 계몽주의의 관점과 이에 따른 자유주의적 성향을 가지고 있었다.8)

계몽주의는 하나의 일관된 지적 운동이라기보다는 경향성에 가깝다는 점에서 그 안에도 다양한 흐름이 있을 수 있는데, 3·1운동의 사상은 그 중에서도 특히 계몽적 자유주의의 사상이 두드러진다. 3·1운동의 정치사상에 대해 빼놓을 수 없는 인물들은 「2·8독립선언문」과 「기미독립선언문」의 기초자인 춘원과 육당이다. 그러나 어떻게 보면 독립운동에 잘 맞지 않는 것으로 보일 수도 있는 춘원이나 육당이 선언문 작성에 앞장선 까닭은 무엇인가? 그 중요한 이유는 이들의 배후에 민족운동의 대선배이며 출중한 민족지도자인 우남과 도산이 큰 영향을 주었기 때문이다.9) 즉 「기미독립선언문」과 「2·8독립선언문」은 물론 도산 안창호의 '신민회'와 무실역행 사상, 그리고 옥중동지 박용만을 통해 미주로 밀송되어 출판된 우남 이승만의 『독립정신』과 민족주의 사상 등이 배후에서 당시 한국 민족지도자들에게 큰 사상적 영향을 미칠 수 있었기 때문이다.

기미독립선언서에서 육당은 자유, 평등, 정의, 인도, 평화 등의 보편가치를 한국 민족운동의 핵심가치로 선언해 3·1운동을 계몽의 프로젝트로 해석했다. 3·1운동의 서사시적·낙관적 계몽주의는 민족자존과 독립을 기성사실로 선언하는 민족정서에 호소하면서 가장 감동적인 우리 민족의 사관을 제시했다.

이것은 동아시아의 역사흐름과 발전을 세계사의 주류적 가치와 그 흐름과의 관계에서 필연적으로 도래할 것이라고 보는 예언자적 혜안에서 가능했다. 이런 낙관적 해석은 계몽주의의 한 특징이기도 한데, 이를 주

---

7) 김윤식, 『이광수와 그의 시대 1(개정증보판)』(솔, 1999).
8) 조동걸, 「3·1운동의 이념과 사상: 독립선언서와 선언자의 비교분석」, 『3·1운동과 민족통일』(동아일보사, 1989).
9) 김윤식, 앞의 책.

도한 자는 신지식인을 대표하는 중인 출신의 육당 최남선이었다. 육당은 애국계몽기부터 신문화운동의 기수였으며 '조선광문회'를 통해 민족의 역사와 문화를 발굴하는 무단통치기 민족문화 운동의 구심점 역할을 했다는 점에서 대표성이 인정되어 선언문의 기초자로 선택되었다.10) 「기미독립선언문」에 가장 큰 영향을 준 「2·8독립선언문」을 작성한 춘원 이광수도 육당과 마찬가지로 대표적인 계몽주의 지식인이었다. 이들이 신봉한 가장 큰 이념적 신념체계는 계몽주의적 독립사상이라고 할 수 있다. 춘원이 쓴 동경유학생 독립선언문이 투쟁적인 것은 이것이 같은 계몽주의에 기초했지만 보다 자유로운 동경의 분위기와 청년 지식인들의 지적 모험주의 성격도 있었다는 점에서 이해될 수 있다. 이들의 계몽주의 사상은 애국계몽기의 실력양성론과 자강론에서 비롯되었지만, 이들은 반드시 과거의 흐름에 머물지 않고 끊임없는 계몽의 변증법을 추구하는 급진성도 포함하고 있었다.

3·1운동 중 독립의 정신은 일제의 압제와 잔학행위로 인해 더욱 자유에 대한 투쟁으로 표출되었다. 3·1운동 중에 한국민족은 탄압을 경험하면서 자유에 대한 투쟁을 전개했고 부자유 상태의 아픔을 체감했다. 3·1운동의 독립정신은 자유를 위한 투쟁[fight for freedom]이었고 독립은 자유의 성취라는 목표를 향한 민족적 의사의 표출이었다. 한 관찰자는 이를 "그들은 독립을, 오직 독립만을 원하고 있다. 그들은 독립을 쟁취하지 못할지도 모르지만, 그들은 독립 이외에 어떤 것에도 만족해하지 않을 것이다"고 갈파했다.11)

3·1운동의 정치사상은 자유주의의 원형적 요구인 「2·8독립선언문」에 잘 나타났으니 동 선언문은 합병 이래의 조선 통치정책에서 "오족에게는 참정권 집회 결사의 자유, 언론 출판의 자유를 불허하며 심지어 신교의 자유, 기업의 자유까지도 구속하며 행정, 사법, 경찰 등 제기관이 조

---

10) 조용만, 「육당 최남선과 30년대의 문화계」, 육당 최남선선생 기념사업회 편, 『육당이 이 땅에 오신지 백주년』(동명사, 1990), 45-46쪽.

11) Henry Chung, The case of Korea: Korean Treaties (景仁文化社, 2001), p.343.

선민족의 인권을 침해"한 것을 비판했다. 「기미선언문」에서도 합병결과 '고식적 위압과 차별적 불평'이 초래되었고 이에 "아(我)의 고유한 자유권을 호전(護全)"할 것을 요구했다. 즉 동경 한인유학생 대표들은 입헌주의적 요구를 통해 자신들의 계몽적 자유주의 사상을 명확하게 드러냈다.

3·1운동의 기본사상이 계몽주의라는 점을 이해할 때에 3·1운동 민족지도자들이 왜 대중운동의 기본방식으로 평화적 대중시위와 봉기운동을 선택했는지를 알 수 있다. 평화적으로 독립만세를 선언하는 것은 이미 수 세기를 거쳐 서구에서 보편적 가치로 인정된 자유, 평등, 정의, 합리, 인도주의, 비폭력 등의 보편개념이 그들이 살고 있던 20세기 초 국제사회에서도 주요한 시대정신이 될 것을 기대하는 계몽적 세계관에 기초한 것이었다.

즉 3·1운동에 참여한 이들에게 3·1운동은 비록 식민체제하에서도 계몽주의 대중운동이 가능하고 또 가장 큰 호소력을 가질 것으로 이해되었던 것이다. 공개적·비폭력적 시위운동을 집단행동의 준칙으로 선언한 3·1운동은 특히 공약3장을 통해 지하 비밀결사나 게릴라 항전방식과는 달리 근대적 정부권력에 비폭력적으로 항거하는 집합적 대중시위 운동의 방식을 천명했다. 즉 전형적으로 계몽적 자유주의 운동의 하나로 만들어진 것이다.12)

3·1운동 중에 한국민들은 약자의 인권유린에 대해 비분강개해 투쟁했다. 이들은 즉각적인 독립의 성취를 믿고 자신을 던진 것뿐만 아니라 외래인의 권력남용이 동족에게 비인간적인 대우를 하는 것을 보고 이에 항거했다. 3·1운동 중에 우리 민족이 요구했던 독립은 개인적 자유임과 동시에 이민족 입제로부터의 자유를 의미했다. 3·1운동 중에 시위에 참여한 대중이 목격한 것은 식민통치가 기본적으로 제한받지 않은 권력의 남용에 다름 아니라는 것이었다. 즉 한국민들은 3·1운동의 과정에서 겪은 야만적인 일제의 탄압으로 인해 자신들의 빼앗긴 자유의 소중함을

---

12) 조용만, 「독립선언서의 성립경위」, 『3·1운동 50주년기념논집』(동아일보사, 1969), 219쪽; 김용직, 앞의 책(1999), 172쪽.

더욱더 강렬하게 느꼈던 것이다. 이런 귀중한 자유에 대한 투쟁의 경험은 이후 일제하에서도 우파 민족주의자들의 자유주의 사상과 운동 전개의 기반적 요인이 되었다.

독립의 사상을 가장 잘 표현한 것은 표현의 자유가 허용되었던 미주에서 3·1운동의 첫 소식을 접한 직후 발표된 도산 안창호의 대한인국민회 중앙총회 포고문에 잘 표현되어 있다.

> [대한독립선언] 이 소식을 받고 기쁨과 슬픔이 아울러 나와 피가 끓으니 실로 마음을 진정하기 어려우며, 국내의 2천5백만 겨레와 함께 일어나는 이때에 느낌이 간절하여 정신이 막막하니 이는 성공의 길이 간난함을 염려하는 까닭이라.…… 우리의 소망이 조국광복이요, 부르던 것이 인권자유가 아니었던가. 그 정신의 결정으로 오늘에 거룩한 3월 1일이 생겼으며, 이것이 우리 민족의 정신 부활이요, 자손만대의 기초를 세움이다.…… 우리의 독립선언은 독립을 하겠다는 의사 발표요, 그 뒤를 받들어서 할 일은 이로부터 독립을 찾을 때까지 허다하게 많다. 그런데 세계 역사로 보아서 한때에 일어난 열정만으로 성공한 일이 별로 없고, 어느 국가나 값없이 얻은 독립이 없으며, 더욱이 우리의 사정은 반드시 악전고투하고 무량한 피를 흘려야 성공이 있을 것이다.[13]

식민통치는 자유와 권리의 귀중함을 한국민에게 뼛속 깊이 심어 주었던 것이다. 수많은 3·1운동 보고서들이 영웅적인 평화적 시위와 그 와중에 희생되는 이들의 숭고한 정신에 감탄과 경의를 표하고 있다.

3. 민족주의 사상

식민지 동화론을 거부하고 한국민족의 운명을 스스로 개척하고 결정할 수 있다는 한민족의 자존의식과 민족자결 사상의 기치를 높이 세운

---

[13] 주요한, 『도산전서(상) 전기편』(범양사 출판부, 1990), 197-198쪽.

「기미독립선언문」은 1919년 3·1운동이라는 대(大)민족 독립운동을 일구어 냈다. 일반적으로 3·1운동은 개화기 이래의 원초적 민족주의 운동——즉 위정척사 운동, 개화·애국계몽운동, 동학·천도교 운동——이 하나의 흐름으로 통합되어 가능했지만, 이들 중에서 특히 개화사상이 가장 중심적인 역할을 했다.

개화사상은 독립협회 운동과 애국계몽운동으로 전수되었을 뿐 아니라 동학운동 실패 이후에 그 후신인 천도교의 갑진개혁 운동에도 전수되었다. 1919년에는 천도교와 기독교는 개화운동의 흐름에서 진취성과 보편성을 추구하는 양대 신흥 민족종교라는 공통점을 가지고 있었다.

3·1운동이 일어나기 훨씬 전부터 한국인들은 여러 갈래의 민족주의 운동을 통해 근대 민족국가 수립을 위해 노력했다. 서재필, 윤치호, 이승만 등의 개화 사상가들은 이미 1890년대에 한국인에 의한 한국[Korea for Koreans]을 외치면서 <독립신문>을 발간했고 독립협회 운동을 통해서 근대적 민족국가 형성을 시도했다.14) 그렇지만 중기개화파 독립협회의 민족주의 운동은 고종이라는 봉건적 통치체제의 높은 벽에 부딪쳐 해체됨으로써 구체제의 근본적인 개혁에 실패하고 좌절했다.

을사보호조약 체결 이후 조선에 등장한 애국계몽운동은 조국애 사상의 구체적인 표현이었지만, 그것은 뒤늦게 추진된 민권의식이었다. 국권을 빼앗기는 과정에서 한국의 민족감정은 반일감정을 통해서 비로소 대중화되기 시작했지만, 국권회복을 추구하는 대중 정치운동은 대한자강회의 해체에서 보듯이 더 이상 수행될 수 없었다.

우리의 독립에 가장 크게 기여한 3·1운동의 최대 정치사적 의의가 식민지 상태에서 가장 대규모의 봉기와 시위사건을 발생시킨 점이라면, 사상사적으로 3·1운동의 최대 공적은 이것이 한국 근대 민족주의의 정립에 가장 크게 기여했다는 점이다. 3·1운동은 동아시아의 근대적 이행과정에서 식민지배하에서도 한국민족의 운명을 세계사적 민족주의 운동과

---

14) 이정식, 『초대대통령 이승만의 청년시절』, 권기붕 역(동아일보사, 2002).

접목시킨 탁월한 사상적 대사건이었다.

　1차 세계대전이 연합국의 승리로 끝나 가는 국제정세를 지켜보던 한국의 민족지도자들은 1918년 1월 윌슨 미 대통령이 민족자결 원칙에 관한 14개 조항을 발표하자 민족자결주의 이념이야말로 식민지 상태의 한국에 가장 시급히 적용되어야 하며 민족주의 운동이 식민지 한국에서 강력한 동인이라는 점을 국제사회에 알리려고 했다. 미주의 한인 민족주의 단체인 '대한인국민회'[Korean National Association]나 상해의 '신한청년당', 노령의 독립운동가, 그리고 동경 유학생들이 당시 한인들의 해외 민족운동을 이끌었다.15)

　도산 안창호가 대표하는 미주의 '대한인국민회'는 민족자결주의 흐름에 대해 정보를 얻고 샌프란시스코 회의를 개최하여 민족대표를 선발하고 독립청원서를 파리강화회의에 보냈다. 상해에서도 여운형, 장덕수를 중심으로 한 '신한청년당'이 파리회의에 김규식을 민족대표로 파견하기 위해 준비하던 중 국내와 동경에 독립운동을 위해 연락을 취했다. 한편 1919년 1월경 동경의 한인 유학생들이 독립운동을 모의했고 최팔용과 이광수가 회동해 독립선언문을 작성했다. 이들은 서울의 민족지도자들에게 비밀리에 독립선언문을 인편으로 보냈고, 2월에는 동경에서 동경한인유학생단 명의로 「2·8독립선언문」을 발표했다.16)

　이렇게 당시 한국의 국내와 해외의 민족지도자들은 1차 세계대전을 계기로 세계사적 대전환기가 도래했다고 생각했다. 이 점은 「기미독립선언문」에 간결하게 "세계 개조의 대기운에 순응, 병진" 하기 위해 민족자결을 선언하려 했다고 밝혀져 있다. 이들은 윌슨이 주창한 민족자결주의가 1차대전 이후 국제사회의 신원리라는 점과, 이것이 주로 적용되는 대상 지역이 오스트리아, 헝가리제국의 지배 지역이라는 점을 알았다. 그러나 한국의 민족지도자들은 한국의 독립은 동양 평화를 위해 필수적인

---

15) 이보연, 「3·1운동에 있어서의 민족자결주의의 도입과 이해」, 『3·1운동 50주년기념 논집』(동아일보사, 1969).
16) 신용하, 앞의 논문(1977).

것이기 때문에 1차대전 강화회담인 파리평화회의에 꼭 추가되어야 할 사안이라는 점을 서구 열강의 지도자들에게 알려야 한다고 생각했다.

3·1운동의 민족지도자들은 사회진화론적 관점에서 세계사를 인식했던 이전의 비관적 계몽주의 실력양성론의 한계를 넘어섰다. 즉 이전 단계의 한국 민족주의자들은 유길준의 『서유견문』이나 엄복의 『천연론』, 양계초의 『음빙실문집』 이래 스펜서 류의 사회진화론을 받아들여 국가와 국가 사이의 충돌을 불가피한 것으로 보면서 이를 '자강론'으로 극복하려 했지만, 식민지하에서는 이런 인식은 큰 한계가 있는 것이었다. 3·1운동은 민족주의적 관점을 정립해 서구문명과 제국주의 도전의 본질을 사회진화론의 금언인 '약육강식론'의 틀 안에서 숙명적으로 받아들일 것을 강요하는 서구 제국주의 논리를 단호히 극복했다.

「기미독립선언문」은 한국이 독립국임과 한국인이 자주민이라는 기성의 사실을 먼저 선언하고, 또한 자손만대에 이르는 민족의 독자적 생존이 정당한 권리임을 선언했다.17) 육당이 선언한 이러한 민족의식은 유구한 역사 민족을 중시하는 문화적 민족관념에 기초한 것이었다. 선언문은 침략주의와 강권주의를 낡은 시대의 유물이라고 선언하며, 1차대전 이후 세계정치에서 신질서의 도래를 "위력의 시대가 가고 도의의 시대가 왔다"고 선포했다.

3·1운동의 민족주의 정치사상의 또 하나의 흐름은 「2·8독립선언서에」서 나타난 정치적 민족주의이다. 춘원은 한국의 민족은 고래로 유구한 역사를 가졌지만, 이러한 역사성 그 자체보다는 왕조의 주권이 중국으로부터 완전히 자주독립 상태가 되는 청일전쟁 이후를 한국민족의 국가적 독립에서는 더 중요한 시기로 보았다.

그는 일본과 각국이 한국을 승인한 점을 상기시키면서, 이후 러일전쟁을 기점으로 한국의 외교권을 박탈하고 한일합방을 한 것이 한국민족의 의사가 아니라고 선언했다. 일본이 한국민족의 각종 권리와 자유를 억압

---

17) 홍일식, 「3·1독립선언서 연구」, 육당 최남선선생 기념사업회 편, 『육당이 이 땅에 오신지 백주년』(동명사, 1990), 264쪽.

하고 침해·박탈하고 무단전제와 불평등한 정치적 상태로 만든 것은 한국민족의 생존과 발전을 불가능하게 한 것이기 때문에 한국민족은 자결권을 얻기 위해 독립을 주장한다고 동 선언문은 밝혔다. 이와 같이 「2·8독립선언서」에는 한국민족이 단지 문화적으로 단일민족일 뿐 아니라 정치적 단위로 민족=국민이 되었음을 기정사실화하고 있음을 알 수 있다.

3·1운동 당시 민족주의 사상은 계몽주의와 병존했다. 1919년 초에 한국 민족지도자들의 대부분에게 민족주의는 즉자적으로 존재할 뿐 아니라 그 자체로서 대자적으로 인식되는 단계에 이르러 있었다. 이는 부분적으로는 윌슨의 민족자결주의에 의해 자극을 받았지만, 민족주의 사상은 윌슨의 선언 이전에 이미 독립협회 운동부터 애국계몽기에 한민족 지도자와 대중들에게 광범위하게 전파되어 있었던 것이다.[18]

4. 공화주의 사상

3·1운동의 정치사상 중 가장 발달한 정치적 개념을 포함하는 것이 공화주의 사상이다. 공화주의 사상은 중기 개화기 때 독립협회 운동과 <독립신문>에 의해 다른 서구사상과 함께 한국에 소개되었지만 대한제국기에는 금기시된 까닭에 매우 제한적으로만 알려진 사상이었다. 1898년 독립협회의 마지막 단계에서 만민공동회 운동을 통해 의회설립 운동으로 치달았을 때 협회 회장 윤치호는 입헌군주제 확립을 정치적 목표로 삼았다. 그러나 독립협회의 청년 지도부는 은밀히 공화주의를 하나의 중요한 정치적 대안으로 간주하고, 해외로 망명한 개화파의 거두 박영효의 귀환이라는 급진적 요구를 제기했다. 바로 이런 공화주의적 의도를 가진 쿠데타 모의혐의로 청년 이승만은 체포되어 무기징역을 선고받았다.[19]

---

[18] 비판 찬드라, 「19세기말 한국 민족주의와 민주주의의 발전」, 정진석 외, 『한국근대 언론의 재조명』(민음사, 1996); 김용직, 「개화기 한국에서의 민주주의 개념 수용에 관한 소고: <독립신문>을 중심으로」, 『세계정치』 25집 2호(2004).

을사보호조약 체결이 이루어진 후 애국계몽 시기에 등장한 각종 단체 중 신민회와 대한자강회 등의 지도자들은 공화제를 가장 이상적인 정치체제로 간주하기 시작했다.20)

본격적인 정치대안으로 공화주의가 도입된 중국의 신해혁명 때부터 동아시아에서는 공화주의 이념이 널리 대중들에게 알려지게 되었다. 한국에도 이 시기 이후 점차 공화주의가 대한광복회 같은 국내외 한인 독립운동 단체들에게 전파되었다. 한편 미주의 공립협회나 대한인국민회의 한인 민족주의자들도 1910년대 이후부터 미국식 공화제를 도입하고자 하게 되었다.21)

1918년 1차대전의 종결을 바라보는 시기부터 조선왕조의 멸망, 민족자결주의의 부상과 국제정세의 개편 등 세계적 흐름을 받아들여 한국의 민족지도자들도 공화제로 군주제를 대체하는 것은 새 시대의 대안적 사상이며 다른 선택의 여지가 없다고 보았다. 공화주의 사상은 3·1운동과 임시정부를 이어 줄 뿐 아니라, 더 나아가서는 해방 이후 국가체제의 방향에도 결정적으로 작용했다. 3·1운동으로 민족의식의 비약적 발달이 이루어진 것은 이때에 와서야 비로소 한국 민족주의가 명시적인 새로운 근대국가 정체성과 연결되어 공화정을 정치적 대안으로 선포했기 때문이다.

3·1운동의 지도적 정치이념이 공화주의였던 것은 1919년 3월 이후 등장한 거의 모든 임시정부가 공화주의 정치체제를 이상적인 형태로 보고 있다는 사실에서 잘 알 수 있다. 공화주의 원리는 독립선언에 머물지 않고 임시정부의 결성으로 구체화되어서 전개되었다. 또한 3·1운동이 진행 중인 동년 4월 하순에 국내에서 결성된 '한성임시정부'도 공화주의 구상을 따랐다. 4월 23일 선포된 한성임시정부는 3·1운동 중에 서울에서 전국 13도 대표가 모여 비밀리에 '국민대회'를 개최하고 헌법을 채택해 공

---

19) 이정식, 앞의 책(2002), 85쪽.
20) 유영열, 『대한제국기의 민족운동』(일조각, 1997), 309-312쪽.
21) 주요한, 앞의 책, 135쪽.

화정을 선포하고 초대 대표로 집정관총재 이승만을 임명했다. 임시헌법에서 민주공화제의 원리와 언론, 출판, 결사의 자유 및 공민권 등을 선포했다. 1919년 4월 13일에 등장한 '상해임시정부'는 3·1운동이 정치적 대안으로 제시한 민주공화국 국가체제 안을 발표했다. 이런 흐름의 구성 원리는 공화주의였는데, 9월 다시 통합조직으로 구축된 '통합상해임시정부'도 예외 없이 이를 받아들였다.[22]

당시 이러한 공화주의 원리를 가장 잘 구현한 해외운동이 미주지역의 3·1운동이었다. 미주의 재미한인 독립운동 지도자들은 3·1운동의 정치적 의미를 공화주의적으로 해석하고, 이를 미국과 세계 여론에 알리는 중요한 활동을 했다. 일찍이 개화기에 독립협회 운동을 주도하고 도미해 미국의 정치체제를 체계적으로 학습하고 경험한 서재필과 이승만이 이러한 흐름의 중심에 있었다. 이승만은 3·1운동의 기저사상이라 할 수 있는 독립사상의 중요성을 가장 처음 체계적으로 정리한 『독립정신』이라는 옥중저술을 남겼다. 이승만은 러일전쟁 발발 소식을 듣고 6개월 만에 대한제국의 한성감옥에서 그의 옥중수고 집필을 마쳤고, 한일합방 이후 미주에서 출판했다. 이 저서에서 이승만은 미국과 프랑스의 민주주의와 정치체제의 역사와 사상을 자세히 소개한 바 있다.

미주의 한인 독립운동 단체인 제1차 재미한인대표자회의[First Korean Congress]는 민주주의 원칙으로 구성된, 한국민을 대표하는 임시정부[대한독립동맹]를 지지하는 공개선언을 채택했다. 이 회의 도중 한인대표자회의는 「미국에 보내는 호소」를 채택하고, 여기에서 한국에서 3월 1일 3백만의 기독교, 천도교, 불교도들이 "일본으로부터 자주독립을 선언하고 만주 국경지역에서 임시정부를 구성"했음을 알리고 한국인들이 의도하는 것은 '군사적 독재로부터의 자유'와 '아시아의 민주주의'라고 밝혔다. 이 선언에서는 특히 정치체제의 원리를 "주권이 피치자로부터 나오는 권력"체제라고 밝히고, 보편[만유]선거권을 통해 입법의원을 선출하고

---

[22] 이현희, 『3·1독립운동과 임시정부의 법통성』(동방도서, 1987); 홍순옥, 「대한민국 임시정부의 성립과정」, 윤병석 외 편, 『한국근대사론II』(지식산업사, 1977).

이들이 다시 대통령 등의 행정부처와 동등한 국회를 구성할 것임을 구체적으로 밝혔다.

즉 이들은 행정부와 입법부가 상호 견제할 수 있는 미국식 혼합정부[mixed government]를 권력분립 체제인 공화주의 국가이념으로 채택했다. 또한 동 회의에서 이들은 한국의 정부가 신앙의 자유, 언론과 출판의 자유 등 기본권을 보장하는 정부가 되어야 한다는 점을 명확히 했다.23)

3·1운동의 공화주의 사상은 3·1운동기에 제작·유포된 각종 격문에서도 발견된다. 이 시기에 각종 '독립단'이 등장해 독립의 당위성을 선포했다.24) 4월 9일 국내에서 수립된 전단을 통해 알려진 임시정부는 '민국'이라는 명칭을 사용한 조선민국임시정부였다. 4월 23일 한성정부도 13도 대표들이 국민대회를 개최하고 이를 통해 정부수립을 시도한 전형적으로 공화주의에 충실한 정부였음은 물론이다. 특히 1919년 9월 이후 통합 상해임시정부의 정통성을 구성하는 주요한 기반이 한성임시정부의 법통성이라는 점을 이승만이 늘 중요시 한 것은 한성임시정부 운동이 국내에 기반을 두었을 뿐만 아니라 그 주도층이 기독교계 민족주의의자들이었다는 점과 긴밀하게 연관되어 있다.

3·1운동의 공화주의 사상은 보편주의가 지배하는 도덕적인 국제사회의 도래를 희원했고 평화주의 사상을 포함하고 있었다.25) 3·1운동 선언문에 나오는 정의가 지배하는 국제사회의 평화와 질서를 가능하게 하는 것은 다름 아닌 공화주의적 전제이다. 당시에는 아직 동아시아 사회에는 잘 알려지지 않았지만 탈냉전 후에 서구에서 보편화되고 있는 이른바 공화제적 민주평화 사상[democratic peace theory]을 「기미독립선언문」은 담고 있는 것이다. 바야흐로 전세계가 절대군주의 침략성에서 계몽적인 자각을 거쳐 이성의 시대, 진보의 시대로 돌입하는 것은 공화국간의 국

---

23) 재미한인대표자회의, 「1차한국의회(의사록)(First Korean Congress)」, 『독립운동사자료집』 4집(1973), 55-56쪽.
24) 국가보훈처, 『3·1운동독립선언서와 격문』(국가보훈처, 2002).
25) 홍일식, 앞의 논문, 263쪽.

제질서로 국제사회가 진화하기 때문으로 간주했고, 그 기반 위에서 국가 간의 도의적인 질서, 즉 평화체제가 가능하다고 믿었다. 이러한 점은 안중근에 의해 대표되는 3국 정립론적 동양평화론을 한 단계 더 발전시킨 것이라고 할 수 있다.

5. 급진주의 사상문제

3·1운동은 민족대표들의 준비기를 통해 지도적 이념인 비폭력주의, 민족주의, 계몽주의 이념을 기본원칙으로 선언하고 비폭력 대중운동을 기본전략으로 선택했지만, 대중화 단계에서의 대중운동은 종종 비폭력 평화주의 노선을 넘어서는 과격한 민중봉기와 유혈투쟁으로 발전했다. 또한 종교계 민족대표들과는 큰 인연이 없는 남부의 보수적 민족운동이 3월의 2주부터 경남지역을 중심으로 대거 등장해 3·1운동 대중투쟁 전 기간 동안인 2개월 동안에 강력한 민중투쟁 운동을 일으켰다.26)

3·1운동의 대중화 시기에 운동은 점차 급진화되어 갔고 간혹 극단적인 주장도 표출되었다. 급진주의자들은 종종 신속한 문제해결을 요구하고 즉각적인 독립을 추구했던 것도 사실이다. 주로 천도교계 봉기의 경우 시위자들은 일제 통치자들에게 즉각적으로 자신들에게 굴복할 것을 요구하기도 했다. 운동 초기부터 일부 지역에서 과격한 유혈사태와 폭력적 시위도 상당수 발견되었다. 또한 집합행동 차원에서 현상적으로 두드러진 것은 경남지방의 강력하고 과격한 민중투쟁의 전개양상이었다. 이런 과격한 시위운동이 일부 연구자들에게는 3·1운동을 혁명적 민족해방운동으로 해석하는 데 준거점이 되었다.

한편 3·1운동의 일부 지도층은 급진적이며 선동적 성향을 가졌고 급진 이데올로기를 신봉했다고 일제의 경찰보고서는 주장했다. 이들은 민

---

26) 조동걸, 「3·1운동의 지방사적 성격」, 『일제하 식민지 시대의 민족운동』(풀빛, 1989); 김용직, 앞의 책(1999); 김용직, 앞의 논문(2002).

족자결주의 사상에 대한 무지와 오해에서 한국의 민족지도자들이 국제정세를 잘못 파악하고 대중을 호도했다고 비판했다. 이들은 한국의 지도자들이 공익을 가장해 사리사욕을 채우기 위해 대중을 선동했다고 하면서 일부 과격 급진사상에 감염된 선동적 지도자를 찾으려 했다.

이런 여러 이유 때문에 3·1운동의 이념에 급진주의 사상이 내재되어 있고 큰 역할을 했다는 주장이 제기되었다. 일반적으로 민중의 급진주의 사상에는 방어적 복벽주의 사상이나 급진적 사회주의 또는 무정부주의 사상에 이르기까지 다양한 사상이 있을 수 있다. 그러나 3·1운동의 민족대표자들은 급진사상이 아니라 계몽주의, 민족주의, 공화주의를 독립의 기본사상과 전략으로 선택했다. 다음의 이유를 고려할 때 급진주의 이념은 3·1운동의 큰 흐름에는 별 영향을 미치지 못한 것으로 평가된다.

첫째, 3·1운동 당시에는 러시아혁명 이후의 공산주의나 사회주의 사상이 아직 한국사회에 잘 알려져 있지 않은 상태였기 때문에 그 영향력은 무시해도 될 수준이라고 할 수 있다. 또 국내 경제체제 면에서도 당시 식민지 한국사회는 계급 미분화·미발달 상태로 인해 민중의 동원에서 계급적 쟁점은 찾아보기 힘들었고, 대부분의 시위는 민족적 상징에 의존할 수밖에 없었다.27) 일제에 의해 철저히 감시당하는 무단통치하에서 최대다수가 참여하는 대중운동으로 독립운동을 기획했던 3·1운동 지도부는 최대한의 대중 참여를 끌어내기 위해 비폭력적인 방안에 의지했다.

둘째, 민중 수준에서 급진사상 수용 여부의 문제다. 민중적 급진주의 사상의 문제점은 이 사상이 충분히 발달하지 않은 초보적 수준의 관념체계에 불과하다는 것이다. 즉 3·1운동 중에 분명히 일부 폭력적 과격시위의 흐름도 있었지만, 그 이유가 이들이 체계적으로 급진사상을 신봉했거나 민족 지도부의 비폭력 노선을 이해하지 못했기 때문은 아니었다. 이보다는 일제의 폭력과 유혈사태를 동반한 과잉 강경진압이 대중시위 참여자들의 민족적 반감을 자극해 대대적 민중시위가 일어난 것이다.

---

27) 홍이섭, 「3·1운동의 사상사적 위치」, 『3·1운동 50주년기념논집』(동아일보사, 1969).

이에는 초보적인 복벽주의부터 종교적 근본주의 관념이나 공동체적 유대감, 농민적 저항의 전통 등이 투쟁의 조직화에서 동원자원의 하나로 활용된 것이지, 급진이념이 급진운동을 발생케 한 것은 아니었다. 또한 민중운동의 의미도 민중이 부분적인 시위운동이나 지역운동에서 선도적 역할을 수행한 경우가 많이 발견된다는 의미이지, 민중이 통일된 조직과 통일된 사상으로 전체 3·1운동을 주도했다는 의미는 아닌 것이다.

셋째, 민중의 급진적 성향을 주도한 것은 어떤 외래의 선진 급진사상이라기보다는 진압과정의 과잉폭력에 대한 민중의 자발적인 과격대응에서 비롯되었던 것이 대부분의 사례이다. 일부 천도교도의 과격한 무력적 대응은 이들이 민란——농민전쟁——의병전쟁 투쟁의 경험과 전통에 대해 잘 알고 있었고, 당시의 민중투쟁의 방식과 기억을 재생하려는 성향이 외부적 행동으로 발현된 것이라고 할 수 있다.[28]

물론 천도교계 민중 지도자 일부가 전 세대의 동학사상의 후천개벽론적 세계관을 신봉했고, 이로부터 급진적 민중혁명에 대한 일정한 기대감을 가졌을 가능성도 있다. 그러나 동학운동 실패 이후 천도교 지도부는 개화운동을 추진해 갑진개화 운동을 거쳐 온건성을 띤 민족종교 천도교로 거듭났기 때문에, 천도교 민족운동의 주된 흐름은 국민국가와 민족주의 사상을 받아들였다. 천도교의 중요한 공헌은 사상적인 부분이라기보다는 조직 면에서 자금지원과 민중동원 등 탁월한 기여를 한 것이다. 이런 까닭으로 천도교계의 임시정부 안도 대부분 민족주의, 공화주의, 국민국가를 정치적 원리로 받아들였고 그들의 지도자인 손병희를 대통령으로 추대했던 것이다.[29]

3·1운동의 대중투쟁에서 사회주의적인 민족해방 이념이 주도했다고 보기 힘들고, 당시 이들 운동이 외부의 급진 정치사상에 영향을 받았다는 어떠한 확실한 주장이나 믿을 만한 자료도 찾기 힘들다. 다만 유교적

---

28) 박찬승, 「3·1운동의 사상적 기반」, 한국역사연구회 역사문제연구소 편, 『3·1민족해방운동연구』(청년사, 1989), 423쪽.
29) 이현희, 『3·1혁명, 그 진실을 말한다』(신인간사, 1999).

근왕의식이나 전통 공동체주의 관념이 때로는 과격한 집합행동의 주요 자원이 될 수는 있었다. 이런 민중 급진주의 성향은 유교적 전통관념이 강한 보수적 공동체 지도자들에게 과거 위정척사 운동과 같이 일본 식민지배의 야만성에 대한 강렬한 저항의식으로 존재했고, 이는 과격투쟁의 요인이 되기도 했다.

기독교계와 천도교 지도부의 비폭력 노선을 알고 있었지만 상대적으로 중앙 민족운동 지도부와 유대가 약했던 이들 남부지역의 급진적 민중봉기는 일제의 지배에 항거해 필요할 경우에는 폭력투쟁을 유효한 수단으로 선택했다. 이들 급진적 민중투쟁에 참여한 이들은 3·1운동 이후 해외 무장투쟁 운동에 합류했고, 또 이들 중 일부는 사회주의이나 무정부주의 이념을 다음 시기의 투쟁노선과 방략으로 선택했다.

6. 맺음말

3·1운동에서 정치사상의 큰 흐름은 계몽주의, 민족주의, 공화주의로 대별될 수 있는데, 이는 오늘날까지 이어지는 3·1운동으로 상징되는 한국 민족주의 운동의 가장 큰 전통이며 그 정통성을 형성하는 것이다. 아직 사회주의 사상이 충분히 전파되지 않은 상태에서 발생한 3·1운동에서 외래 급진 이데올로기의 역할은 당시의 민족자결주의를 제외하면 거의 무시할 정도라고 할 수 있다.

33인 민족지도자들은 1919년 당시 근대적·비폭력 대중 사회운동으로 3·1운동을 창안했고, 이들은 3·1운동이 민중운동이 될 것을 어느 정도 예상하고 있었다. 3·1운동 기간의 수많은 대중시위와 민중봉기가 어려운 상황에서도 불구하고 선언문에 밝혀진 민족지도부의 공약3장 행동강령대로 평화적인 시위로 치러졌다는 것은 당시의 가혹한 진압과 체포, 구금, 고문 사태와 참가자 대희생의 상황에 비추어볼 때에 놀랄 만할 만큼 인상적인 것이었고 새로운 종류의 대중운동 현상이었다.

한편 발발 직후부터 일부 지역의 대중참여 양상은 폭력을 수반하기 시작했고, 특히 천도교계의 운동이 과격하고 폭력적인 양상을 띠기 시작했다. 남부지방의 민중봉기 운동은 전근대적인 유대와 정서에 바탕을 두었지만, 이 역시 유혈사태를 포함한 강력하고 끈덕진 저항과 투쟁으로 발전했다. 그러나 이런 점이 3·1운동이 급진주의적 사상을 포함하고 있다는 주장을 입증하는 것이라고 볼 수 없다. 3·1운동 이후에 이르러서야 오히려 급진주의 사상이 한국에 들어오기 시작했기 때문이다.

비교문명론적 관점에서 볼 때에 20세기 초 동아시아 민족주의 운동의 가장 큰 흐름 중 하나인 3·1운동은 이전의 민중봉기와 민란전통과도 구분되며, 이후의 사회주의 이념에 따른 폭력적 운동과도 분명히 구분이 되는 것이다. 이런 3·1운동의 사상적 흐름은 계몽주의, 민족주의, 공화주의의 흐름이다. 혹자는 3·1운동의 노선을 민족개량주의라고 비판하는데, 이는 비역사적인 비판론에 불과하다. 사회주의, 공산주의권의 세계적 붕괴와 몰락을 목도한 탈냉전의 관점에서 볼 때 오히려 계몽주의 또는 계몽적 자유주의적 관점에 기반 한 3·1운동의 사상은 장기적으로 가장 공고한 시각이며, 민족독립을 단기적 관점이 아니라 보다 원대한 장기적 구상에서 강구하려 한 탁월한 것이었다.

따라서 3·1운동은 중국의 5·4운동과 인도 간디의 사티아그라하 비폭력운동과 함께 20세기 초 비서구 사회의 가장 위대한 보편주의 운동이자 사상이었다. 이들 운동이 각기 자민족에게 즉각적인 독립과 해방을 가져다주지 못했다고 해서 결코 실패한 운동이나 사상이었다고 평가될 수 없는 것은 이런 대중적 민족·사회운동이 그 후 지금까지도 이들 나라뿐만 아니라 세계적으로도 지속적으로 기억되고 후세에 영향을 끼쳐왔기 때문이다.

<참고문헌>

구대열, 『제국주의와 언론: 배설, 대한매일신보 및 한, 영, 일 관계』(이화여대 출판부, 1986).
국가보훈처, 『3·1운동 독립선언서와 격문』(국가보훈처, 2002).
국사편찬위원회, 『한국사 42권: 대한제국』(탐구당, 1999).
김도형, 『대한제국기의 정치사상 연구』(지식산업사, 1994).
김용직, 『한국근현대정치론』(풀빛, 1999)
_____, 「3·1운동과 집합행동: 역사사례 데이터분석을 통한 연구」, 『한국정치학회보』 36집 3호(2002).
_____, 「개화기 한국에서의 민주주의 개념 수용에 관한 소고: <독립신문>을 중심으로」, 『세계정치』 25집 2호(2004).
김윤식, 『이광수와 그의 시대 1』 개정증보판(솔, 1999).
김효전, 『근대한국의 국가사상: 국권회복과 민권수호』(철학과현실사, 2000).
동아일보사, 『3·1운동 50주년기념논집』(동아일보사, 1969);
박찬승, 「3·1운동의 사상적 기반」, 한국역사연구회 역사문제연구소 편, 『3·1민족해방운동연구』(청년사, 1989).
비판 찬드라, 「19세기말 한국 민족주의와 민주주의의 발전」, 정진석 외, 『한국근대언론의 재조명』(민음사, 1996).
송병기, 「광무개혁 연구: 그 성격을 중심으로」, 『사학지』 10집(단국사학회, 1976).
신용하, 「3·1독립운동의 발발의 경위」, 『한국근대사론 2』(지식산업사, 1977).
유영열, 『대한제국기의 민족운동』(일조각, 1997).
이보연, 「3·1운동에 있어서의 민족자결주의의 도입과 이해」, 『3·1운동 50주년 기념논집』(동아일보사, 1969).
이정식, 『초대대통령 이승만의 청년시절』, 권기붕 역(동아일보사, 2002).
이현희, 『3·1독립운동과 임시정부의 법통성』(동방도서, 1987).
_____, 『3·1혁명, 그 진실을 말한다』(신인간사, 1999).

재미한인대표자회의, 「1차한국의회(의사록)(First Korean Congress)」, 『독립운동사자료집』 4집(1973).

전복희, 『사회진화론과 국가사상: 구한말을 중심으로』(한울아카데미, 1996).

조동걸, 「3·1운동의 지방사적 성격」, 『일제하 식민지 시대의 민족운동』(풀빛, 1981).

＿＿＿, 「3·1운동의 이념과 사상: 독립선언서와 선언자의 비교분석」, 『3·1운동과 민족통일』(동아일보사, 1989).

조용만, 「독립선언서의 성립경위」, 『3·1운동 50주년기념논집』(동아일보사, 1969).

＿＿＿, 「육당 최남선과 30년대의 문화계」, 육당 최남선선생 기념사업회 편, 『육당이 이 땅에 오신지 백주년』(동명사, 1990).

조항래, 『1900년대의 애국계몽운동연구』(아세아문화사, 1993).

주요한, 『안도산전서(상) 전기편』(범양사 출판부, 1990).

홍순옥, 「대한민국 임시정부의 성립과정」, 윤병석 외 편, 『한국근대사론 II』(지식산업사, 1977).

홍이섭, 「3·1운동의 사상사적 위치」, 『3·1운동 50주년기념논집』(동아일보사, 1969).

홍일식, 「3·1독립선언서 연구」, 육당 최남선선생 기념사업회 편, 『육당이 이 땅에 오신지 백주년』(동명사, 1990).

Henry Chung, *The case of Korea: Korean treaties* (景仁文化社, 2001).

제31장 민족생존의 정치사상
– 민족개조론과 민족문화건설론 –

정윤재(한국학중앙연구원)

1. 3·1운동 이후의 조선

 3·1독립운동 이후 식민지 조선은 적막강산 그대로였다. 삼천리 금수강산 한반도 땅 안에는 좌절하고 낙담한 사람들이 생기 없는 얼굴로 한숨만 쉬고 있었으니 그럴 수밖에 없었다. 만세를 부르며 울분을 토해내고 독립에의 열망을 한껏 부풀려 보기도 했지만, 식민지 상태는 그대로 변한 것이 없었다. 더욱이 식민지로 전락한 조국의 현실에 불만을 품고 적극적으로 나섰던 사람들이나 열혈기질을 못 참은 청년들은 대부분 중국의 만주나 상해로, 또 일부 사람은 러시아령 연해주나 이르쿠츠크로 빠져나갔기 때문에 식민지 조선은 휑하니 쓸쓸할 뿐이었다.
 3·1독립운동 이후 일본의 조선총독부는 한민족을 무력과 강압에만 의존하는 무단통치보다는 회유와 설득, 그리고 적절한 보상을 챙겨 주는 방식을 통해 지배하는 것이 효과적일 것이라는 판단에서 이른바 '문화정치'를 도입했다. 그래서 조선총독부는 각종 유화정책과 함께 어느 정도 사상의 자유와 언론의 자유를 허용했으며 집회 및 결사의 자유도 허락

했다. 그럼에도 불구하고, 예컨대 윤봉길(尹奉吉) 같은 청년은 일찍이 일제의 제국주의적 야망을 간파하고 "때는 단풍이 곱게 물드는 가을이고 곧 겨울이니, 지금이 봄일 줄 알면 우리 민족은 전락하고 만다"고 경고했다.1) 그런 한편으로 일부 '순진한' 조선인들 사이에는 어차피 이렇게 된 이상 일본과 서로 '협력'하고 '합심'해서 민족의 살 길을 도모해야 한다는 타협적인 분위기가 생겨나기 시작했다.

그렇지만 일제의 한민족에 대한 기본적인 통제정책은 크게 변하지 않고 있었다. 조선총독부는 1924년부터 신문과 잡지 등에 대한 검열을 강화했고, 1925년부터는 사회주의 기자들의 활동에 심각한 제한이 가해졌다. 1925년 5월에는 '치안유지법'이 선포되어 자유롭게 허용될 것이라던 식민지 공론의 장은 뚜렷하게 약화되었다.2) 그리고 1930년대부터 일제는 제국주의적 침략을 도발하고 한민족을 전시 동원하면서 민족말살 정책을 본격화했다. 1931년에 만주를 침략하고 1941년에는 태평양전쟁을 도발했다. 한민족을 말살시킬 목적에서 조선 청장년들을 전쟁에 강제 징용했고, 1938년의 이른바 황국신민화 정책과 일본어의 국어화로 한글사용을 금지시켰으며, 1939년부터는 창씨개명을 단행했다.3) 이러한 와중에서 민족의 앞날은 더욱더 암흑 속에 묻히기 십상이었다. 그야말로 정치적·문화적 단위로서 민족의 존재와 생존 그 자체가 크게 위협받는 가운데, 각자 개인 차원의 앞가림이나 하는 것이 최선의 처세요 방편인 것처럼 여겨졌다.

이런 상황에서 일본유학 중 중국을 여행하다가 많은 독립운동가들이 경제적으로 피폐한 처지에서 활동하는 것을 목격하고 자신은 국내에서 항일 투쟁할 것을 결심하고 귀국한 이후, <조선일보>에 논설을 쓰는 동안 수시로 경찰에 불려가거나 감옥에 드나들었던 민세 안재홍(民世 安在

---

1) 윤봉길 어록비. 충남 예산시 윤봉길사당.
2) 김용직, 「1820년대 일제 '문화통치기' 민족언론의 담론투쟁에 관한 소고」, 한국정신문화연구원 편, 『식민지근대화론의 이해와 비판』(백산서당, 2004), 184-185쪽.
3) 한영우, 『다시 찾는 우리역사』(경세원, 1999), 526-527쪽.

鴻, 1891~1965)은 이러한 일제의 민족말살 정책에 대응하는 조선인의 행동양식을 다음 4가지로 분류했다.

즉 노골적인 친일협력자[最右翼], 자치론과 실력양성론 등을 주장하며 일제 당국과의 정치적 대립을 자제하고 협조하면서 민족개조에 참여했던 민족주의자들[右翼], 명시적으로 반제국주의 항일 독립정신을 강력하게 고취시키면서 항일적 태도를 견지하며 민족문화 건설운동을 전개했던 민족주의자들[左翼], 그리고 공산혁명을 통한 사회주의 조국건설을 내세웠던 공산주의자들[最左翼] 등이 그것이다.4)

그런데 당시 식민지라는 국내적 상황에 대한 정치적 대응이란 시각에서 앞의 두 가지는 타협적/소극적 대응이라 할 수 있고, 뒤의 두 가지는 비타협적/적극적 대응이라 할 수 있다. 이 중에서 첫째인 '최우익'은 민족생존보다는 일신의 영달에 더 치중한 친일 반민족행위자들이었기 때문에 이들을 민족생존의 미래에 희망을 갖고 심각하게 고민하고 분투노력한 사람들의 범주에 포함시키기는 매우 어렵다. 그리고 '최좌익'에 대해서는 이미 앞 장에서 소개되었으므로 여기에서는 다만 1930년대 이후 민족생존의 정치사상으로서 각각 '우익'과 '좌익'에 해당되는 민족개조론자들과 민족문화 건설론자들의 사상을 간단하게 소개할 것이다.

2. 민족개조론자들의 사상

민족개조론은 3·1운동 이후 일제가 소위 '문화정치'를 내세우며 고등적인 기만술책으로 우리 민족을 회유·동화하고자 나섰을 때 이러한 일제 당국과 정치적으로 타협하고 협력해 우리 민족이 독립할 수 있는 실

---

4) 안재홍,「조선인의 정치적 분야」, <조선일보> 1925/1/21; 천관우,「해제」, 안재홍선집간행위원회 편,『민세안재홍선집1』(지식산업사, 1981), 10-11쪽. 이후로는『선집 1』로 인용함. 정윤재,『다사리공동체를 향하여: 민세 안재홍 평전』(한울, 2003), 17-24, 52-56쪽 참조.

력부터 길러야 한다면서, 이른바 '실력양성 우선운동'을 적극 추진한 민족지도자들이 지녔던 사상이다.

이러한 생각을 지닌 대표적인 지식인들로는 최남선(崔南善)과 김성수(金性洙), 이광수(李光洙) 등이었다. 이들은 우리 민족의 좋지 않은 민족성을 개조해 민족산업을 육성하고 조선인 각자는 근대 서구적인 시민으로 다시 태어날 것과 조선총독부의 정책에 더 적극적으로 참여할 것을 주장하고 나섰다. 최남선은 「역사를 통해 본 조선인」(1928)이라는 글에서 우리의 국민성에는 사대주의, 타율성, 조직력 부족, 형식병, 낙천성 등의 나쁜 점이 있다고 지적하고, 그렇기 때문에 조선인은 아직 '불구미성년자'(不具未成年者)임을 자각해야 한다고 역설했다.5) 이광수는 『개벽』, 1922년 5월호에 「민족개조론」이라는 장문의 글을 써서 3·1독립운동이 독립을 쟁취하지 못한 채 실패로 끝난 이후 우리 민족이 추구해야 할 방도는 일제에 대항하는 독립투쟁이 아니라 독립을 쟁취하고 유지할 만한 실력을 먼저 기르는 민족개조 운동이라고 주장했다.

이광수는 먼저 인의예용(仁義禮勇)을 갖춘 우리 민족의 '근본성격'(根本性格)은 나무랄 데 없지만 그러한 성격이 지니는 단점을 고쳐야 한다고 주장했다. 그에 의하면 "조선민족은 남을 용서하여 노하거나 보복할 생각이 없고, 친구를 많이 사귀어 물질적 이해관념을 떠나서 유쾌하게 놀기를 좋아하되[사교적이요], 예의를 중히 여기며 자존하여 남의 하풍에 입하기를 싫어하며, 물욕이 담한지라 악착한 맛이 적고 유장한 풍이 많으며, 따라서 상공업보다 문학, 예술을 즐겨하고, 항상 평화를 애호하되 일단 불의를 보면 '투사구지'(投死救之)의 용을 발하는 사람"이다. 그러나 이러한 특징에 따르는 '부속적 성격'(附屬的 性格) 혹은 단점으로, 야심이 없고 치부지술이 졸하며, 유쾌하게 즐기며 관조하기를 좋아해 미술이나 문학은 발달했지만 상공업은 보잘 것이 없다. 그리고 예의를 숭상하다 보니 서로 진심이 상호 유통되는 관계 대신 허위에 흐르기 쉬우

---

5) 한영우, 앞의 책, 511-512쪽 참조.

며, 현실적이고 낙천적인 성격은 심오한 철학적 탐색이나 세밀한 과학적 탐구를 경시하게 했다. 또한 비사교적이고 비조직적인 성향이 강해 민족 내적인 차원에서 대국적으로 일치단결한 경험이 많지 않은 것이다.6)

이광수는 이러한 병적이고 부정적인 성격은 조선민족의 본질적인 특성이 아니라 부속적인 특징이기 때문에 우선 개조 가능한 것이며, 다만 그것은 당장의 조치로만 되는 것이 아니고 오랜 시간 동안 끈질기고 조직적인 노력을 수반해야 성취될 수 있다고 보았다. 이어서 그는 민족개조 운동은 정치적으로나 종교적으로 어떠한 주의와도 상관없이 오직 '민족성과 민족생활'의 혁신에만 국한된 것이라 강조했다.7)

요컨대 이광수는 식민지 조선의 형편에서 "우리가 근본적으로 하여야 할 일은 정경대도(正經大道)를 취한 민족개조요, 실력양성"으로 "조선인이 각 개인으로, 또 일 민족으로 문명한 생활을 경영할 만한 실력을 가지게 된 후에야 비로소 그네의 운명을 그네의 의사대로 결정할 자격과 능력이 생길 것이니, 그때에야 동화를 하거나, 자치를 하거나, 독립을 하거나, 또 세계적 의의를 가진 대혁명을 하거나"8) 할 것이라고 단정했다.

3·1독립만세운동이 일제의 폭력적 진압으로 무산된 후 조선인 대중의 독립에 대한 열기는 겉으로 보아 전반적으로 가라앉고 있었다. 그리고 이광수의 주장대로 정말 당장의 독립운동보다, 그것은 먼 미래의 역사에 던져 두고 민족개조를 통한 실력양성과 독립자격의 구비에 힘을 쏟아야 하는 것 아닌가 하는 침울하고 실망스런 분위기가 지속되었다. 그런데 당대 조선 지식인과 민중 지도자들 사이에 커다란 충격과 논란을 야기한 사건이 발생했다.

그것은 이광수가 1924년 1월 2일부터 6일까지 <동아일보>에 사설로 게재한 「민족적 경륜」이라는 글이었다. 이 글에서 이광수는 식민지 조선이 살 길은 먼저 일제 총독부에 협조해 정치적으로는 조선인 자치를 실

---

6) 이광수, 『민족개조론』(우신사, 1981), 126-127쪽 참조.
7) 같은 책, 162쪽.
8) 같은 책, 127쪽.

현하는 것이고, 나아가 낙후된 민족정신을 개조하고 산업근대화를 이룩하는 것이 조선민족의 살 길이요 나아가야 할 바라고 주장했던 것이다. 한마디로 당시 '정치적 생활이 없던' 식민지 조선인들은 정치적 차원에서 일단 일제와 타협하고 상호 협조하는 가운데 민족개조를 추진해야 한다는 것이었다. 이제까지는 일제를 '적대시하는 운동'뿐이었지만 이제부터는 식민지 조선 내에서 "허하는 범위 내에서, 일대 정치적 결사를 조직해야 한다"9)는 것이었다. 이로부터 10년 후쯤인 1933년에 이광수는 「조선민족론」이라는 글에서 "정치의 형태는 변한다" 해도 "민족은 운명이다," "번역이 불가능하듯 언어를 포함한 민족의 본질은 불변이라"10)고 씀으로써 「민족적 경륜」에 나타난 자신의 견해를 다시 한번 확인하기도 했다.

그러나 이광수의 이러한 민족개조론과 자치론은 당시 지식인과 민중 지도자들로부터, 특히 이상재나 안재홍 같은 비타협적 민족주의자들과 사회주의자들로부터 호된 질타와 비판을 받았다. 반면 이광수의 민족개조론에 동조하던 지식인과 기업인들은 언론을 통한 국민계몽과 문맹퇴치 운동 등을 추진했다. <동아일보>와 <조선일보>, 그리고 <조선중앙일보> 등은 언론사로서 끊임없이 총독부의 검열과 감시를 받으면서도 제국주의 비판과 민족계몽적 내용을 담은 사설과 기사들을 계속 실었다.11)

고등교육 기관으로서 민립대학을 설립하기 위해 한규설, 이상재 등 91명의 지도자들은 민립대학설립기성회를 조직하고 모금운동을 벌이기도 했다. 또 1920년에 조만식 등이 평양에서 조직했던 평양물산장려회를 시초로 해서 1923년 서울에서 조직된 조선물산장려회가 중심이 되어 자급자족, 국산품 애용, 소비절약, 금주금연 등 새로운 생활운동을 전개했다. 또 "조선인이 만든 것을 입고, 먹고, 쓰자"는 구호 아래 민족자본의 육성도 시도했지만, 민족산업이 워낙 미약했던 상황이었으므로 별다른 성과

---

9) 같은 책, 67-68쪽.
10) 같은 책, 8쪽.
11) 김용직, 앞의 논문, 178-190쪽 참조.

는 내지 못했다. 김성수 등이 경성방직을 설립한 것도 실력양성 운동으로 궁극적으로는 민족개조론과 상통하는 가운데 시도된 것이었다.12)

그러나 이러한 민족개조론과 그에 입각한 민족계몽 활동은 전략적으로 일제에 의해 이용당할 가능성이 많았고, 그 스스로 일제 당국이 추진하던 황민화정책에 호응하듯, 조선민족의 성격이 성공적으로 개조된 이후에 결정해도 늦지 않다는 정치적 진로 중에 동화주의를 하나의 선택 대상으로 맨 먼저 예시하고 있는 것을 볼 때, 그의 민족개조론은 사실상 민족의 독립을 포기한 주장으로 간주될 만한 것이었다.

최근 일부 학자들은 민족개조론에 의한 제반 활동을 타협도 아니고 친일도 아닌 제3의 '분리[주의]형 자치운동'13)이라고 해서 그 성격을 드러내고자 했지만, 그것은 일제의 조선 식민정책의 목표와 이에 대한 민족개조론자들의 태도 같은 정치적 맥락[political context]을 소홀히 취급하고 내용분석[content analysis]에만 치중한 평가일 따름이다. 1940년대 말에 이르러 최남선, 이광수, 최린(崔麟) 등은 견디지 못하고 결국 일제의 회유와 강압에 못 이기고 굴복하고 말았다. 그것은 민족개조론이 무엇보다도 조선총독부가 제국주의 일본의 지배권력의 실체인 것을 정치적으로 문제시하지 않았을 뿐 아니라 주요 지도자들이 민족의 정치적 독립이라는 미래 비전을 제시하는 열정과 자기헌신이 상대적으로 미약했기 때문이다. 그들은 정치는 변할 수 있고 민족은 불변이라 말하기도 했지만, 그들의 정치적 선택은 결국 민족의 점멸(漸滅)과 고사(枯死)를 방치하는 무책임한 처방이었다고 할 수 있다.

---

12) 한영우, 앞의 책, 512-513쪽.
13) 김동명, 「1920년대 조선에서의 일본제국주의의 지배체제의 동요」, 『일본역사연구』 제8권(1998); 김용직, 앞의 논문, 178-179쪽.

3. 민족문화 건설론자들의 사상

한편 민족의 생존과 그 정체성 유지가 점차 불확실해져 가는 상황에서도 비타협적 민족주의자들은 국내외에서 민족사와 민족문화를 강력하게 옹호하면서 항일 독립정신을 고취시켰다. 주시경(周時經)의 제자인 장지영(張志暎)과 김윤경(金允經) 등은 한말 국문연구소의 후신으로 1921년에 조선어연구회(朝鮮語研究會)를 조직해 우리말을 연구하고 보급하는 데 힘을 쏟았고, 이 운동은 1931년에 와서 조선어학회의 창립으로 연결되어 국내에서 가장 강력한 항일 문화운동으로 발전했다. 역사학자 신채호(申采浩)는 중국에서 망명생활을 하면서 『조선사』, 『조선상고사』, 『조선상고문화사』, 『조선사연구초』 등을 집필해 국내 신문에 연재함으로써 우리나라 고대사 연구를 개척하고 민족정기를 선양하는 데 크게 공헌했다. 그의 영향을 받은 정인보(鄭寅普)와 안재홍(安在鴻) 등은 1930년대에 이른바 '조선학' 운동을 전개해 한국학의 뿌리를 내렸다.14)

1915년에 『한국통사』를 써 일본인들을 놀라게 한 박은식(朴殷植)은 1920년에 다시 『한국독립운동지혈사』를 써서 그때까지의 피나는 독립운동사를 정리했다. 그는 '국혼'을 강조하고 일본은 전세계 민중의 힘에 의해 패망하고 말 것이라고 예견함으로써 식민지 조선의 내일에 희망을 불러일으켰다. 한말에 『불교유신론』을 썼던 한용운(韓龍雲)은 1921년에 조선불교유신회를 만들어 일제의 사찰령에 반대하는 투쟁을 했으며, 1925년 일제가 조선불교중앙교무원을 만들어 불교계를 장악하자 이에 맞서 만당(卍黨)을 결성해 투쟁했다. 그는 또 「님의 침묵」이라는 시를 써서 조국에 대한 사랑과 해방의 열망을 노래했다.

1910년대에 강력한 항일운동을 전개했던 대종교는 일제의 강력한 탄

---

14) 한영우, 앞의 책, 530쪽 참조.

압에 직면하자 교주 나철(羅喆)이 1915년 구월산 삼성사에서 자결한 이후 김교헌(金敎獻), 윤세복(尹世復)이 차례로 교주가 되면서 순수 종교운동을 국내외로 펼쳤지만, 결국 일제의 계속되는 종교탄압으로 1930년대에 폐문하고 말았다. 한규설(韓圭卨)과 이상재(李商在) 등 91명의 비타협적인 지도자들은 민립대학설립기성회를 조직해 국민 고등교육 기관 설립운동을 추진했고, 조만식(曺晩植) 등은 물산장려운동을 통해 국산품 애용과 소비절약 운동을 벌였다.15)

이렇게 계속된 국내 비타협적 민족주의자들의 항일활동 속에서 언론인이자 사학자로서 가장 뚜렷한 사상사적 족적을 남긴 인물이 바로 안재홍이다. 그는 일제치하에서 <조선일보>의 논설기자, 주필, 사장을 지내면서 수시로 항일과 민족의식을 고취하는 논설을 쓰거나 사회 계몽운동을 주도해 9차례나 옥고를 치렀다. 그도 처음에는 실력양성 운동이나 물산정려운동에 참여하기도 했으나, 그러한 시도가 자치론과 맞물려 일제 당국과 타협적인 방향으로 기울어지는 것을 확인하고부터는 "자치운동은 출발에서부터 그릇된 관제적 타협운동"이라 규정하고, 그것은 "첫째, 소아병에 걸릴 것이요, 둘째로는 허약한 발육으로 결국 요절할 수밖에 없을 것이다"16)고 비판했다.

그는 또한 타협적 자치운동에 대응해 천도교 구파, 사회주의 계열과 연합해 항일 비타협 '민족협동전선'으로 이상재, 홍명희(洪命熹), 권동진(權東鎭), 이승훈(李昇薰), 한용운 등과 함께 신간회(新幹會)를 창립하는 데 주도적인 역할을 했다. 그리고는 전국을 순회하며 일제의 정책을 비판하고 민족생존의 방도를 제시했다. 예컨대 1927년 9월 4일, 안재홍은 경북 상주에서 신간회 지회 창립을 축하하는 연설을 통해, 첫째, 3·1독립만세운동이 진압당하기는 했지만 그것은 조선민족으로 하여금 오로지

---

15) 같은 책, 512-514쪽 참조.
16) 안재홍, 「조선 금후의 정치적 추세」, 『선집 1』, 189-190쪽; 서중석, 「안재홍과 송진우: 타협이냐 비타협이냐」, 역사문제연구소 편, 『한국현대사의 라이벌』(역사비평사, 1991), 67-68쪽; 정윤재, 앞의 책, 54쪽.

완전한 단결만이 성공적인 독립운동을 보장한다는 교훈을 남겼고, 둘째, 총독부의 문화정치에 의한 교육정책은 조선인의 민족혼을 파괴하는 것이기 때문에 조선민족 우선정책으로 바뀌어야 하며, 셋째, 당시의 모든 산업정책은 일본 제국주의의 이해관계에 따라 시행되는 것이기 때문에 조선민족은 완전한 파멸상태로 전락할 것이라고 비판했다. 이렇게 일제 당국의 속셈을 간파하고 그것을 공개적으로 비판하고 나서자, 일제는 그를 경계해 다음 행선지인 나주에서의 연설을 금지했다.17)

안재홍은 신간회가 해산된 이후 1930년대의 식민지 조선에는 대다수 민중을 집결하고 이끌어 갈 '조직체'나 시국광구의 사명을 자임하고 나서는 '존귀한 지도자'가 부재함을 지적함으로써, 비록 강압적인 통제 속에서였지만 정치적 행동의 필요성을 공공연하게 강조했다. 그리고 일제의 동화정책으로 초래된 민족정체성의 위기는 그야말로 한민족을 '역사적 난국'에 처하게 했으므로, 한민족은 당장의 정치·사회적 투쟁이 불가능하다면 '문화에로의 정력집중'이 절실하게 요청된다고 역설했다.18) 그리고 그는 「문화건설(文化建設) 사의(私議)」란 장문의 논설을 통해 다시 돌이킬 수 없는 실책으로 민족의 생존이 도전받고 있는 참담한 현실 속에서 과연 "우리가 조선의 생활(生活)을 어떻게 건설(建設)해 나아갈까. 사유 검색 및 실천 구현하는 계획적인 걸음을 걸어야 하겠다"고 토로했다.19)

안재홍은 일제가 세계일가 사상을 내세우며 한민족의 말살과 '황국신민화'를 시도하고 있는 것을 비판해 그러한 사상적 조류나 운동이 나름대로 명분이 있고 또 하나의 세계적 대세를 이룰 만한 것이기는 하지만, 그것은 다만 정치적·문화적으로 자주적인 민족이 세계적 맥락과 자발적으로 상호 교통하는 가운데 성취 가능한 일로, 식민지 상태에 처해 있

---

17) 독립운동사편찬위원회, 『독립운동사 10』, 756쪽.
18) 안재홍, 「민세필담: 민중심화과정」, 『선집 1』, 477쪽; 정윤재, 「1930년대 안재홍의 문화건설론」, 6-7쪽(2004, 미발표 원고) 참조.
19) 안재홍, 「문화건설 사의」, 『선집 1』, 533쪽.

는 당시의 조선으로서는 감당할 수 없는 사명임을 분명하게 지적했다. 나아가 안재홍은 어떤 국민이나 민족도 그 정치적 성쇠는 자연풍토적인 요인, 역사적 경험과 문화전통, 그리고 국제적인 상호작용 과정이 서로 겹치는 가운데 결정되는 것이기 때문에, 조선민족은 어떠한 경우든 "민족문화를 향상, 순화, 정화, 앙양시키"는 방향으로 나아갈 것이며, 그러한 과정을 거치면서 "사회적 정치적 멈춤 없는 진경[즉 정치적 독립]"을 요구한다면 국제사회의 지지를 받을 것이라고 주장했다.[20]

또한 안재홍은 국제공산주의운동의 영향을 크게 받고 있던 국내 사회주의 세력들이 민족주의 진영 인사들을 '반동적 보수주의'로 비판하면서 각 민족의 처지와 민족문화를 무시하는 경향을 보이고 있던 것에 대해 그것은 논리적으로나 전략적으로 잘못된 것임을 지적했다. 즉 그는 정치적으로 아직 후진적 식민지 상태에 있는 국민이나 민족의 경우에는 계급투쟁 노선만으로 민족문제를 접근할 경우 국제정치적으로 희생당할 가능성이 얼마든지 있음을 시사하면서, 민족주의적 이니셔티브는 얼마든지 진보 개혁적이고 세계 정치사적 차원에서도 의의를 지닐 수 있음을 강조했던 것이다.

그런 점에서 안재홍은, 예컨대 구한말의 갑신정변(甲申政變)이 비록 성공적이지는 못했으나 청나라의 '봉건적 제국주의'에 반항하며 조선의 진보적인 발전을 추구했던 한편, 세계적 차원에서 당시의 큰 흐름이었던 '개국진취'를 도모했던 것으로 평가했다. 다만 그러한 민족주의적 이니셔티브가 경우에 따라 강력한 정치적 충격을 제공할 경우와 그렇지 못하고 일정한 문화적 탄력만 장기적으로 함축하는 데 그치는 경우가 있는바, 안재홍은 갑신정변은 후자에 해당되는 것이었고 당장 식민지 조선에서의 민족주의 이니셔티브도 장기적인 전망에서 문화적 탄력을 유지・강화하는 목적에서 강력하게 추진되어야 한다고 보았던 것이다.[21]

요컨대 안재홍은 일제의 동화주의 정책과 국제공산주의운동에 직면해

---

20) 안재홍, 「조선인의 처지에서」, 『선집 1』, 464쪽; 정윤재, 앞의 논문, 12쪽.
21) 안재홍, 「민세필담 속」, 『선집 1』, 511-512쪽.

당시 세계적 대동의 방향이 주조를 이루는 가운데 각 민족이 민족문화를 순화하고 심화하려는 경향을 보이고 있다고 전제하고, 이러한 추세에서 각 국민과 민족이 취해야 할 가장 타당한 태도는 "민족으로 세계에, 세계로 민족에 교호되고 조합되는 민족적 국제주의(民族的 國際主義), 국제적 민족주의(國際的 民族主義)"의 원칙에 따르는 것이라고 주장했다. 그는 어느 국민이나 국가든 국제사회의 떳떳한 주체로서 서로 왕래·교통하며 주고받고 다투고 배우는 것이고, 또 이러한 과정에서 각자의 향상과 발전이 있고 획득과 생장이 있는 법이므로, 설령 인류문화가 급속하게 진전되어 조만간 국가와 국가 사이의 국경이 철폐되는 시기가 온다 할지라도 "금일에 오인은 세계의 일 민족으로서의 문화적(文化的) 순화향상(純化向上)의 길을 강맹(强猛)하게 걸어가고 있어야" 한다고 생각했던 것이다. 세계의 모든 민족이 한 가족처럼 교류하고 통합되어야 마땅하지만, 그러한 '세계[적 당위 차원의]로부터 조선[의 현실]에'로 귀래(歸來)해 식민지 조선의 불행을 극복하기 위해 노력하는 것이 우선 필요하다는 것이었다.

다시 말해 세계적 대동(世界的 大同)이라는 인류의 미래에 대한 비전은 각 민족이 정상적으로 상호 왕래·교통하는 가운데 자주적인 문화적 성숙을 바탕으로 구체화되어야 한다는 원칙과 전망에서, 안재홍은 각 민족이 줏대 있는 인식과 선택을 바탕으로 대내외적인 정책적 처방을 강구하는 '민족적 국제주의' 혹은 '국제적 민족주의'가 당시 식민지 조선의 조선인이 택할 수 있는 가장 합리적인 노선이라고 생각했던 것이다.22)

한편 안재홍은 역사 연구가로서 정인보와 문일평(文一平)과 함께 조선학운동(朝鮮學運動)을 펼치면서 한민족 문화의 고유성(固有性)과 세계성(世界性)을 동시에 찾는 노력을 기울였고, 패망했던 조선의 역사에서 실학(實學)의 등장을 주목하고 평가하면서 조선시대를 발전적 측면에서 재평가하는 일에 착수하기도 했다.23)

---

22), 안재홍, 같은 글, 512쪽; 정윤재, 앞의 논문, 10쪽.
23) 한영우, 앞의 책, 530쪽.

4. 계속된 항일 저항활동

　이상에서 소개한 민족생존의 정치사상을 간단히 평가하면 다음과 같다. 먼저 민족개조론자들은 우리 민족성이 좋지 않아 패망했으므로, 결국 식민지 상태로 전락한 한민족 구성원들의 민족성 개조가 정치적 독립이나 그것을 위한 저항활동보다 더 시급하고 중요하다고 생각했다. 즉 이들은 독립국가에의 희망이나 그것을 실현하기 위한 당장의 항일운동이나 민족의식 고취보다는 독립의 획득과 유지에 합당한 객관적 실력과 문화능력을 갖추는 것이 우선이라고 생각했기 때문에 민족의 생존과 유지를 위한 그들의 의지와 행동은 매우 비정치적이고 체제 순응적이었다.
　그러나 민족문화 건설론자들의 경우 미래뿐 아니라 현재에도 정치적으로 마땅히 있어야 할 존재로서 민족과 그 역사 혹은 문화에 대한 뚜렷한 주체적 자아의식을 유지하면서, 정치권력의 실체로서 조선총독부 당국과 그 정책에 대한 공개적인 비판과 민족 주체적인 정책제안을 시도했다. 물론 이들도 민족성의 장단점을 비교·검토해 그 단점을 개선하고 장점을 고취시키는 각종 계몽활동에도 힘썼지만, 이들은 한민족의 문화적 정체성을 끝내 지키기 위해 일제 식민통치에 저항하고 비판하는 '민족문화 건설의 정치'를 실천함으로써 수시로 체포·구금되는 고난을 감수했다.
　이와 같이 당대의 주요 지식인과 지도자들이 민족의 생존과 존속을 위한 문화민족주의적인 노력을 계속하는 동안 일제에 맞서 꺼져 가는 민족의 활력을 되찾기 위한 저항운동은 국내외에서 계속되었다. 시인 이육사(李陸史)는 여러 차례나 투옥되는 고난 속에서도 민족해방에 대한 확신을 가지고 「청포도」를 노래했고, 윤동주(尹東周)는 항일정신으로 하늘을 향해 한 점 부끄럼 없이 살고자 「하늘과 바람과 별과 시」를 읊다 일경에게 체포되어 옥사했다. 국어학자들은 조선어학회를 통해 조선어사전을 편찬하려다가 발각되어 이중화(李重華), 장지영, 최현배(崔鉉培), 이희승(李熙昇) 등 수십 명이 투옥되고 이윤재(李允宰)와 한징(韓澄)은 옥사했다.

1930~45년 사이의 항일운동은 일본의 무자비한 탄압으로 위축되기도 했지만, 이에 대한 내외에서의 반발과 투쟁은 계속되었다. 의열단의 김원봉(金元鳳)을 중심으로 1937년에 중국에서 결성된 조선민족혁명당은 다른 여러 독립운동 단체들과 연합해 조선혁명전선연맹을 결성했고, 그 예하에 조선의용대를 조직하고 중국 국민당정부와 협력해 중국 각 지역에서 항일투쟁을 전개했다. 또 여운형(呂運亨)은 1944년 8월 지하운동단체로 '건국동맹'을 결성해 신간회 이후 두 번째의 민족연합전선을 형성했고, 이는 1945년 8월 15일 해방정국에서 조선건국준비위원회로 활동했다. 중국 남방지역에 근거지를 두었던 대한민국 임시정부는 김구의 지도 아래 한인애국단을 조직해 이봉창(李奉昌)과 윤봉길 같은 의사들로 하여금 히로히토(裕仁) 천황과 시라카와(白川義則) 대장 같은 일인 요인들을 살상케 하는 활동을 벌였다.

김구(金九)의 임시정부는 또 조소앙(趙素昻)의 삼균주의(三均主義)를 받아들여 새로운 정당으로 한국국민당을 결성하고, 김원봉이 이끄는 좌익 계열의 민족전선연맹과 제휴해 '전국연합전선협회'를 성립시키기도 했다. 이후 임시정부는 중경에서 김원봉이 이끄는 400여 명의 조선의용대를 광복군에 편입시켜 군사 면에서도 좌우의 통일을 이루기도 했고, 이청천(李靑天)을 총사령, 이범석(李範奭)을 참모장으로 하는 광복군은 일부는 영국과의 군사협정으로 버마 전선에 투입되기도 하고 일부는 미국 전략정보처(OSS)와 협력해 국내진공을 준비하기도 했다.

일제가 집요하게 한민족 말살을 획책해 강압적인 통제와 탄압이 지속되는 가운데, 국내외의 민족지도자들은 이렇게 각자의 처지에서 민족의 생존과 정치적 독립을 향해 강렬한 의지와 열정으로 나서 투쟁했다. 이러한 과정을 거치는 동안 민족개조론자들은 대부분 일제의 회유에 독립국가의 꿈을 포기하거나 은둔했고, 민족문화 건설론자들은 끝까지 정치적 타협을 거부해 투옥되거나 일제 당국의 협력요청에 소극적으로 대응하며 일본 필망론에 기대를 걸고 생존했다.

<참고문헌>

김동명, 「1920년대 조선에서의 일본제국주의의 지배체제의 동요」, 『일본역사연구』 제8권(1998).
김용직, 「1920년대 일제 '문화통치기' 민족언론의 반패권 담론투쟁에 관한 소고」, 한국정신문화연구원 편, 『식민지근대화론의 이해와 비판』(백산서당, 2004).
서중석, 「안재홍과 송진우; 타협이냐 비타협이냐」, 역사문제연구소 편, 『현대사의 라이벌』(역사비평사, 1991).
안재홍선집간행위원회 편, 『민세안재홍선집 1』(지식산업사, 1981).
이광수, 『민족개조론』(우신사, 1981).
정윤재, 『다사리공동체를 향하여: 민세 안재홍 평전』(한울, 2003).
_____, 「1930년대 안재홍의 문화건설론」, 미발표 원고(2004).
한영우, 『다시 찾는 우리역사』(경세원, 1999).

Robinson, M., 『일제하 문화적민족주의』, 김민환 역(나남, 1990).

종장: 한국정치사상 연구의 새로운 지평

김홍우(서울대학교)

지금으로 말하면…… 아직 과감한 말로 면전에서 쟁간(爭諫)하는 자는 보지 못했으며, 또 말하는 것이 매우 절실 강직하지 않다. 어째서 지금 사람은 옛사람 같지 못한가…… 의논하라고 내린 일로 보아도, 그것을 논의할 적에 한 사람이 옳다고 하면 다 옳다고 말하고, 한 사람이 그르다고 말하면 다 그르다고 말한다.…… 한 사람도 중론을 반대하여 논란하는 자가 없다. 이것을 가지고 내가 지금이 옛날만 못하다고 말하는 것이다. ── 세종(1425).

우리 사회는…… 남이 체증으로 밥을 먹을 때 간장을 떠먹으면 나도 간장을 떠먹어 죽기를 한하고 남을 따라가는 사회이다. 십년 전에 돌아다니는 지사는 모두 애국자이며, 십년 전에 배우려는 청년은 거의 병학이더니 금일은 거의 문학이로다.…… 어느 나라고 시대의 조류를 안 밟으랴마는 그러나 그 무슨 주의, 무슨 사상이 매양 그 사회의 정황에 따라 혹은 성하고 혹은 쇠하거늘, 우리 사회는 그렇지 아니하며 발이 아프거나 말거나 세상이 외씨버선을 신으면 나도 외씨버선을 신나니 이는 노예사상이다. ── 신채호(1920).

1.

 정치사상은 'manual'을 가르치는 과목이 아니라 'thinking'을 가르치는 과목이다. 'Thinking'은 질문을 논쟁적으로 소화해 낼 때 비로소 나타날 수 있다. 그러나 오늘날 대부분의 대학 강의실에서 경험하는 것은 모든 질문이 '비논쟁적으로' 처리되고 각색되며 또 정형화된다는 점이다. 이와 같은 상황하에서는 'thinking'이 살아날 수도, 확장될 수도 없다.

 제기된 질문[1]을 논쟁적으로 소화해 내기!──이것이야말로 정치사상 교육뿐만 아니라 오늘날 대학교육의 절실한 과제라고 본다. 특히 대학원 수준의 정치사상 교육은 '논쟁성'[contentionsness 또는 agon]에 초점을 맞추어야 하며, 궁극적으로는 기왕의 죽기살기식의 '고득점 경쟁교육'에서 '논쟁을 통한 사고활동의 활성화와 확장'으로, 그리고 이와 같은 '사고'[thinking]에 대한 '흠모의 경쟁'[2]으로 대학교육의 패러다임을 전환시켜야 한다. 그리고 이와 같은 대전환을 위해서는 무엇보다도 정치사상의 연구와 교육에 관련된 사람들의 선도적 역할이 절실히 요구된다. 김석근 박사는 「'한국정치사상'을 위한 마지막 진술」이라는 다소 비장한 제목을 붙인 한 글에서 논쟁의 필요성을 다음과 같이 절규한 바 있다.

---

1) 이와 관련해서 하이데거(Martin Heidegger)는 이렇게 말한다. "in the history of our thinking, asking questions has since the early days been regarded as the characteristic procedure of thinking... 'Questioning is the piety of thinking.' 'Piety' is meant here in the ancient sense : obedient, or submissive and in this case submitting to what thinking has to think about." Martin Heiddeger, *On the Way of Language*, tr. by Peter D. Hertz (San Francisco: Harper & Row, Publisher, 1971), pp.71-72.
2) 이인호, 「지성의 위기와 그 역사적 배경」, 서울대학교 교수 협의회, 『우리는 미래를 준비하고 있는가?』(서울대학교 교수협의회 대토론회, 2004년 10월 29일), 16쪽. 여기서 이교수가 말하는 "흠모"는 Heidegger가 말하는 "piety"와 크게 다르지 않다고 보며, 따라서 Heidegger의 "piety of thinking"을 "사고에 대한 흠모"로 번역해도 무방할 것으로 생각한다.

원론적이고 추상적인 이야기는 지금까지 나온 것들만으로 충분하다. '당위론'은 식상할 지경을 넘어서 이제 희화화하고 있지 않은가. '하늘'[天上]의 목소리는 이제 지겹다. 그러므로 우리는 다소의 '위험'을 무릅쓰고라도 '구체적'이고 '현실적'인 이야기를 해야 한다. 진정으로 성찰과 전망을 원한다면, 애매한 추상성에서 노닐지 말고 과감하게 '땅위'[地上]로 내려와 서로에게 '세속의 언어'를 내뱉어야 한다. 이것저것 눈치 보지 말고, 그리고 다소 귀에 낯설더라도 세속의 '살아있는 언어'를 통해서 솔직하게 논의하는 멀고 힘든 길을 걸어야 한다. 싸워야 할 게 있으면 계속 싸워야 한다. 그럴 때 우리는 비로소 '지식' 너머에 있는 '지성'의 존재를 체험할 수 있지 않을까.3)

2.

여기서 필자는 먼저 '사상'[thought]과 '사고'[thinking]의 차이를, 한 걸음 더 나아가 '정치사상'[political thought]과 '정치적 사고'[political thinking]의 차이를 구분할 필요가 있다고 본다. '사상'은 특정한 개념의 옷으로 덧입혀진 특정 형태의 세계를 전제로 한 문자와 기호의 체계라 한다면, '사고'는 열린 토론의 과정, 다시 말하면 면대면의 직접적이고 현재적인 구술적 의사소통 과정을 통해서 계몽되고, 수정되고, 보완되고, 또는 부정되는 등 여러 가지 형태로 생산되고, 재생산되는 의식행위[conscious act] 그 자체이다. 따라서 '사상'과 '사고'의 관계는 소쉬르(Ferdinand de Saussure)가 말하는 '랑그'[langue]와 '빠롤'[parole]의 관계와 같다. 언어는 발화가 숨어 있는 '가면'[persona] 또는 '보호막'[empty shell]이며, 사상은 사고가 깃드는 집이다. 그리고 정치사상의 진정한 목적은 반복적·고정적 '문자언어'[langue] 속에 숨어 있는 비반복적·비고정적 '구술언어'[parole]인 정치적 사고의 살아 있는 모습을 보여주는 데 있다. 이것은 '생각의 당사자와의 면대면 대화'[a face-to-face converse with the thinkers] 또는 '대결'[confrontation]

---

3) 김석근, 「주변부 지식인의 '허위의식'과 '자기정체성': <한국정치사상>을 위한 마지막 진술」, 한국정치학회 편, 『한국의 정치학: 현황과 전망』(법문사, 1997), 108쪽.

을 실현하는 것에 다름 아니다.4)

'정치적 사고'의 대표적인 예로 플라톤의 『국가』(Republic) 제1권에 나오는 트라시마코스와 소크라테스의 격렬한 논쟁을 들 수 있다. 그러나 그 이후 『국가』의 전개과정은 소크라테스가 전체의 논의를 일방적으로 이끌고 가는 '정치사상'의 성격을 강하게 나타낸다. 정치적 논쟁은 '정치사상' 내에서 작용하는 '정치적 사고'를 활성화하고 복원하기 위한 필수조건이다. 앞서 인용한 김석근 박사의 글 역시 죽어 버린 '사고'의 부활을 기원하는 절박한 탄원의 '목소리'로 생각된다. 그러나 지금까지의 주류 한국 정치사상은 이러한 '소리'를 외면한 채 '정치적 사고'가 없는 '정치사상'만을 재생산했고, 뿐만 아니라 이를 정당화해 왔다. 다시 말하면 트라시마코스와의 격렬한 대결이 없는 소크라테스만의 '모노로그'를 끊임없이 재생산해 왔다. 이른바 '교의사적 연구'나 '관념사적 연구'는 바로 이러한 데에 속한다.5) 한 걸음 더 나아가 이와 같이 매뉴얼화한 '정치사상'이 현재 우리들의 '정치적 사고'를 지배하고 있다. 이것이 지금의 한국 정치사상의 '난센스'[non-sense]이며, 그 '불모성'의 근원이며, 이미 통념화되어 버린 '한국 정치사상 부재론'의 진정한 의미일지도 모른다. 그러나 하이데거가 이미 지적했듯이, 어떠한 '사상'도 결코 '사고'를 담보하지 않는다. 왜냐하면 '사고'는 오직 현재적이고 직접적인 '말'에서 비롯되기 때문이다.

비록 우리들이 수년 동안 위대한 사상가들의 논문과 저작에 대해서 철저하게 연구한다 하더라도, 바로 이러한 사실이 우리들로 하여금 스스로 생각하고 또 생각하기 위한 학습의 준비[ready to learn thinking]를 보장해 주지는 않는다. 그보다는 오히려 이를 더 방해한다. 무엇보다 우리가 철학에 몰두할 경우에 그러하다. 왜냐하면 우리는 끊임없이 '철학하고 있다'[philosophize]는

---

4) Martin Heidegger, *What Is Called Thinking*, tr. by Fred D. Wieck and J. Glenn Gray (New York: Harper Torchbooks, Harper & Row, Publisher, 1968), pp.61, 77, 81.
5) 정윤재, 「'자아준거적 정치학'과 한국정치사상 연구: 문제해결적 접근의 탐색」, 정윤재 외, 『한국정치사상의 비교연구』(한국정신문화연구원, 1999), 35쪽.

것 때문에 생각하고 있다는 집요한 환상을 가질 수 있기 때문이다.6)

우리가 생각할 수 있는 능력을 갖고 있고, 심지어는 생각하는 데 타고난 재능을 갖고 있다는 것조차 우리의 사고능력을 지금 사용하도록 보장해 주지는 않는다.7)

인간은 말을 하고 있는 한해서만 생각한다. 그러나 형이상학에서는 아직도 이와는 반대로 믿고 있다.8)

콜린스(Randall Collins) 역시 그의 주목할 만한 저서인 *The Sociology of Philosophies*에서 "생각은 말로서 전개되는 의사소통과정 그 자체"임을 보다 분명히 밝힌다.

생각[ideas]이란 종이와 같은 물질적인 것 위에 상징으로 나타낸다는 것 말고는 전혀 사물과 같지 않다. 그것은 무엇보다도 몸을 갖고 있는 인간들간의 [among bodily humans] 상호작용인 의사소통행위에 다름 아니다. 물리적인 두뇌 안으로[또는 컴퓨터 내부로] 들어간다는 것은 생각을 아는 방식으로는 아주 잘못된 것이다. 왜냐하면 생각이란 생각하는 사람들간의 의사소통과정 속에 존재하기 때문이다. 그리고 우리는 다른 사람의 머릿속의 생각을 우리에게 말하게 함으로써 안다. 이것은 자신의 생각에 대해서도 마찬가지다. 우리는 자신의 생각을 자신과의 의사소통 방식을 통해 알 수 있을 뿐이다. 생각은 의사소통의 결과나 이를 위한 준비를 떠나서 어디에도 없다. 생각하는 사람이란 의사소통에 앞서 존재하지 않으며, 의사소통과정은 이 과정의 연결축 [nodes]으로서 생각하는 사람을 만들어 낸다.9)

---

6) Heidegger, *op. cit.*, p.5.
7) *Ibid.*, p.17.
8) *Ibid*, p.16.
9) Randall Collins, *The Sociology of Philosophies: A Global Theory of Intellectual Change* (Cambridge, Mass. and London: The Belknap Press of Harvard Press, 1998), p.2. 그러나 심리학자인 김종오 교수는 '언어'와 '사고'의 관계에 대해 다른 견해를 피력한다. 그에 의하면, "인지심리학[cognitive psychology]은 언어와 사고의 동일성이 아니라 사고에 언어적 사고와 비언어적 사고가 있다고 가정한다. 사람을 대상으로 언어와 사고

3.

　따라서 필자는 '정치적 사고'를 활성화하기 위해서는 무엇보다도 구술적 언어로의 전환이 요구된다고 본다. "인간사회는 원래 구두로 말을 주고받음으로써 형성된 것"이며, "문자를 사용하게 된 것은 역사상 극히 최근에 나타"난 것으로서, "그것도 처음에는 어떤 한정된 집단에 국한되었을 뿐"이었다.10) 아리스토텔레스 역시 이 점을 그의 『정치학』에서 다음과 같이 기술한다.

　　인간은 자연이 언어의 자질을 부여한 오직 하나의 동물인 것이다. 소리를 그대로 내는 것은 즐거움과 고통을 나타내는 것이며 다른 동물들도 갖고 있지만…… 언어의 능력은 편함과 불편을, 그러므로 같은 식으로 정(正)과 부정(不正)을 명시하기 위한 것이다. 그리고 오직 인간만이 선악과 정·부정 및 이와 같은 것에 대한 감각을 갖고 있는 것이며, 이것이 인간의 특질인 것이다."11)

　　의 관계를 다룬 실험은 사고가 언어에 영향을 주며 또 언어가 사고에 영향을 줌을 시사하는…… 결과가 많이 보고"된다고 한다. 물론 "관념적인 분석에서 보면 '사고는 말이다'라는 주장이 타당하지만, 몸짓, 행동 또는 행위와 같은 비언어적인 사고도 언어적 사고와 함께 중요하다"고 하면서, "정치적 이슈를 중심으로 질문과 논쟁이 전개될 때 사고의 구술적인 측면 못지않게 참여자의 감정적인 표현이나 몸짓 등과 같은 비언어적 사고도 또한 극적인 전환에 중요하다"고 덧붙인다.
10) 옹(W. J. Ong), 『구술문화와 문자문화』, 이기우·임명진 역(문예출판사, 1995), 10쪽.
11) 아리스토텔레스, 『정치학』, 이병길·최옥수 역(박영사, 1996), 21쪽. 따라서 인간사회[정치세계]에 관한 연구의 일차적 대상은 인간의 말[구술어]과 이 말로 표현된 '편함과 불편함', '정과 부정', '선과 악'에 관한 '속견'[opinions 또는 doxa]이다. 이들은 말하자면 우리의 '일차적 세계', 즉 '생활세계'를 구성하는 원자료로서, '문자성'과 '이론'으로 특징지어지는 '이차적 세계' 또는 '과학적 세계'의 토대가 된다. 레오 스트라우스가 "사물의 본질을 이해하기 위해서는 본질에 관한 속견에서 출발"해야 한다고 말했을 때, 그도 바로 이와 같은 '구술성'의 중요성을 주장한 것으로 생각된다. 스트라우스는 계속해서 이렇게 말한다. "소크라테스가 속견에 대해…… 깊은 관심

여기서 주의할 것은 아리스토텔레스가 말하는 '언어'는 '문자어'가 아니라 '구술어'를 가리킨다는 점이고, 그리고 이러한 구술어가 내는 '소리'와 가장 깊은 관계를 맺고 있는 것이 우리의 '사고'라는 것이다. 이런 점에서 옹(Ong)은 "사고(思考)는 소리로서의 말에 깃드는 것이지 텍스트에 깃드는 것이 아"님을 강조한다.12)

그러나 우리는 "너무나도 문자를 통해서 사물을 생각하는 것에 익숙해져" 왔기 때문에, 의사소통이나 사고하는 데 있어 구술에 입각한 세계[oral universe]가 문자에 입각한 세계[literate universe]보다 앞서 있다는 사실을 인정하기를 주저한다. 이것은 다른 한편으로 우리가 '문자언어의 유혹'[seduction of written language]에 얼마나 깊숙이 빠져 있는가를 여실히 보여주는 것이라고 할 수 있다. 그럼에도 불구하고 우리는 구술로 하는 말이 인간세계의 근저를 떠받치고 있다는 사실을 결코 놓쳐서는 안 된다. 그렇다고 필자가 "문자를 읽고 쓰는 것"이 중요하지 않다고 주장하

을 가진 이유는 만일 이러한 '속견을 무시'할 경우, 우리에게 주어진 '실재에 대한 가장 중요한 접근을 포기하거나, 아니면 우리의 영역 내에 있는 가장 중요한 흔적을 포기하는 것'이 되기 때문이다. '그러므로 철학은 속견에서 지식이나 진리로의 부상[ascent], 즉 속견에 의해 인도된다고 할 수 있는 부상에 존재한다.'" 다른 한편 스트라우스는 이와 같은 상식적 또는 생활세계적 태도와는 대립된 견해를 피력하기도 한다. 그것은 다음과 같은 대목에서이다. 즉 "'정치적 문제는 지혜의 요건[the requirement of wisdom]과 동의의 요건[the requirement for consent]을 조화시키는 데 있다.' 특히 '자연권 또는 자연법'에 따라 '국가를 인도하고자 할 때' 유의할 것은 '지혜의 요건이 국가에 유용하고 유익하기 위해서는 희석되어야 한다'는 것이다.…… 시민생활은 지혜와 우매 사이의 근본적인 타협을 필요로 하며, 이것은 이성이나 오성에 의해 식별되는 권리와 속견에만 기반을 둔 권리 사이의 타협을 의미한다. 시민생활은 자연권을 관행적 권리[conventional right]로 희석시킬 것을 요구한다. 자연권은 시민사회의 폭발제로 작용할 것이다." 여기에서 스트라우스는 첫째 "이성이나 오성에 의해 식별되는 권리" vs "속견에만 기반을 둔 권리", 또는 '자연권' vs 시민사회의 '관행적 권리'는 상호 이질적임을 강조하고, 둘째 '자연권 또는 자연법'에 따라 "국가를 인도"한다는 대목은 생활세계 외부적 관점을 시사한다. 이것은 "속견에 의해 인도된다"는 앞의 말과는 크게 대조된다. 레오 스트라우스, 『자연권과 역사』, 홍원표 역(인간사랑, 2001), 155-156, 173쪽.

12) 옹, 앞의 책, 119쪽.

려는 것은 물론 아니다. 옹도 이미 지적했듯이, "과학뿐만 아니라 역사와 철학의 발전을 위해서도, 그리고 문학이나 그 밖에 예술의 이론적 이해의 발전을 위해서도, 그리고 또 [구술적인 말하기를 포함한] 언어 자체의 설명을 위해서조차 문자를 읽고 쓰는 힘은 필요하다."[13] 그러나 필자는 '쓰기'에 대해 적어도 두 가지 단서는 달아 둘 필요가 있다고 본다. 첫째는 구술적 '말하기'가 '쓰기'에 선행한다는 근본적 사실과, 둘째는 '쓰기'의 본래 목적은 '말하기'를 '식민화'하는 데 있는 것이 아니라 '풍부화'[enrichment]하는 데 있다는 점이다.

구술어의 중요성은 정치학의 경우 더욱 절실한 문제라고 생각된다. 구술적인 말하기에 대한 이해 없이 '의회'나 '심의 민주주의'[deliberative democracy] 또는 '정치' 그 자체의 의미를 이해하는 데는 한계가 있다. 사실 오늘날 한국 정치학뿐만 아니라 한국 정치의 근본적인 문제 중 하나는 구술적 말하기에 대한 '무감각성'[insensitivity]에 있다고 해도 지나치지 않을 것이다. 예를 들면 '정치과정론'은 '말하기'를 배제한 기계론적·인과론적 시각에서 접근하는 것이 일반화되어 있으며, 그 결과 '정치 결과론'적 설명의 틀에서 벗어나지 못하고 있다. 선거에 대한 연구 역시 '투표자 중심'의 연구라기보다는 '당선자 위주'의 결과론적인 '선거공학'[electioneering]의 연구로 변질되고 있다.

이러한 연구의 공통점은 모두가 구술적 '말하기'에 대해 무관심하다는 것이다. 또 한 가지 지적할 것은 기존의 정치사회학적 또는 정치경제학적 접근법은 '말하는 방식'을 다루는 데 무용한 엔지니어링 친화적 접근법이라는 점과, 이것으로는 정치 기술자들을 위한 통속적인 정치학, 말하자면 '기술적 정치학'의 수준을 넘어서기 어렵다는 점이다. 그러나 일찍이 아리스토텔레스가 구상했던 '학문의 대종으로서의 정치학'[master science]은 단순히 '요점'이나 '순발력'['knack' 또는 'a good practical eye'] 이상의 근본적 '통찰력'[insight 또는 inner eye]을 요구하며, 여기에 부응하

---

13) 같은 책, 28, 265쪽.

려는 것이 '정치적 사고'이며, 이러한 '사고'의 전통을 계승하려는 데 정치사상의 진정한 목적이 있는 것이다.

 정치나 정치적 행동은 말을 매개하지 않고 직접적으로 인식하는 것은 불가능하다. 아렌트가 말했듯이 정치는 침묵의 행동이 아니라 말하는 행동을 통해서 전개되며, 따라서 정치과정의 중심은 행위자들의 [구술적] 말이며, 또 여기에는 필연적으로 독특한 '함께 말하는 방식'[與議]──공통된 문제를 제기하는 방식, 제기된 문제를 함께 논의하는 방식, 함께 말하기의 문제점을 조정하고, 함께 결정한 것을 공적으로 검증하는 방식──이 있게 마련이다. 그러나 대부분의 사람들은 '함께 말하기'가 너무나 평범하다는 이유 때문에 그것이 얼마나 위협적인가는 쉽사리 무시해 버린다. 다행히도 우리는 '바벨탑 이야기'를 통해서 '함께 말하기'의 위력을 희미하게나마 느껴 볼 수 있다. 이 '이야기'에 따르면, 바벨탑을 쌓는 광경을 지켜본 '신'[God]은 이렇게 말한다. "이 무리가 한 족속이요 언어도 하나이므로 이같이 시작했으니 이후로는 그 경영하는 일을 금지할 수 없을 것이다"(『창세기』 11: 1~6). 특히 위에 인용한 마지막 구절, 즉 "그 경영하는 일을 금지할 수 없을 것이다"를 영역본에서는 "Nothing will be unattainable for them"이라고 번역한다.

 이 놀라운 '바벨탑 이야기'는 인간의 위협적인 힘의 원인이 다름 아닌 '하나의 구술어'[one single spoken language]에서 비롯된 것임을 깨달은 최초의 발언이라고 생각된다. 따라서 이 엄청난 힘에 대처하는 방안 역시 이 이야기에 잘 제시되어 있다. 즉 "언어를 혼잡케 하여 그들로 서로 알아듣지 못하게 하자"는 고전적 방안이 바로 그것이다. 이 '바벨탑'의 상황은 또한 일찍이 한나 아렌트가 '예루살렘 전범재판'을 지켜보면서 너무나도 '평범한'[banal] 아이히만(Eichmann)의 외양 뒷면에 엄청난 악마적 사악함이 숨겨져 있음을 발견하고, 그녀의 이 놀라움을 '사악함의 평범성'[banality of evil][14]이라는 말로 표현한 것과도 일맥상통한다.

---

14) H. Arendt, *Eichmann in Jerusalem: A Report of the Banality of Evil* (New York: The Viking Press, 1963), p.231. 계속해서 Arendt는 Eichmann이 "무서우리만큼 그리고 무섭

요컨대 인간의 모든 '결합'[partnership]은 '함께 말하기'에서 시작되며, 이것을 연결고리로 해서 계속적으로 더 확장해 나가든가 아니면 '함께 말하기'가 깨어짐으로 인해서 축소·소멸되든가 한다. 따라서 함께 말하는 '방식'은 '정치적인 것'을 포함한 모든 인간의 '결합'[partnership]의 성격과 스타일, 즉 그것의 '체제'[Regime] 또는 '질'을 규정하고 구성한다고 할 수 있다. 그리고 이와 같은 함께 말하는 '방식'의 중요성은 최근 노동문제를 연구한 젊은 학자에 의해서도 주목받고 있다.15)

게 할 만큼 정상적[normal]이었으며, 아직도 그렇다"고 말한다. "The trouble with Eichmann was precisely that so many were like him, and that the many were neither perverted nor sadistic, that they were, and still are, terribly and terrifyingly normal. From the view point of legal institutions and of our moral standards of judgement, this normality was much more terrifying than all the atrocities put together, for it implied—as had been said at Nuremberg over and over again by the defendants and their counsels—that this new type of criminal, who is in actual fact hostis generis humani, commits his crimes under circumstances that make it well-nigh impossible for him to know or to feel that he is doing wrong."

15) 그 대표적인 예로 권형기 박사의 "Divergent Constitution of Liberal Regimes: Comparison of The American and German Automatic Supplier Markets," in *Politics & Society*, vol.31, no.1 (March, 2003), pp.93-130을 들 수 있다. 권박사는 이 논문에서 특히 두 가지 '함께 말하는 방식'[different ways of deliberation]에 초점을 맞춘다. 하나는 '미국식 방식'이고, 다른 하나는 '독일식 방식'이다. 권박사에 의하면, "미국과 독일은…… 유사한 형태[form]의 시장관계를 형성하지만…… 시장관계의 governance에서는 상이한 체제"를 나타낸다. 이를 부연하면, "1990년대 초반까지는 독일이나 미국은 유사한 문제와 비슷한 어려움[힘있는 계약 행위자에 의한 불공정 행동과 불신의 팽배]을 겪"었음에도 불구하고, 1999~2000년에 걸쳐 권박사가 조사한 자료는 미국의 경우에는 '불신과 불공정한 관계'가, 독일의 경우에는 "공정하고 신뢰있는 관계가 지배적"임을 나타낸다. 예컨대 "독일에서는 단순히 자동차회사와 부품회사뿐 아니라 부품 회사들간의, 사회 전반적으로 신뢰와 공정한 관계가 형성된 것에 반해, 미국에서는…… 사회 전반적으로 불신과 불공정이 만연해 있다." "미국의 경우 formal fairness의 극단적인 한 형태를 보여주는 반면, 독일의 경우에는 substantive fairness가 수립되어 있음을 보여준다."

그러면 이와 같은 차이는 어디에서 기인하는 것일까? 이에 대해 권박사는 "갈등의 문제가 발생했을 때 어떻게 deliberate했는가"에서 비롯된다고 답한다. 계속해서 그는 이렇게 말한다. "독일의 경우는 OEMs(original equipment manufacturers)가 불공정한 행위를 했을 때 시장행위자들이 이는 '사회적으로 만연한 문제'라는 인식을 갖고 다양한 공식적·비공식적인 모임[associations, supplier forum 등]에서 토론하고 논의한 반면, 미국의 경우에는 불공정행위를 '두 계약 당사자들간의 문제'라는 인식하에서 association에서 토론하지 않고 계약 당사자들이 해결하게 했다." 그리고 이와 같은 '미국식 방식'에 영향을 미친 주요 요인으로 권박사는 'economic liberalism'을 들면서, 다음과 같이 결론을 맺는다. "[독일식] public deliberation의 경우는 [미국식] dyadic deliberation보다 훨씬 풍부한 common ground를 창출함으로써 안정적이고 실질적인 정의를 창출해내기 쉽다."

필자는 권형기 박사가 말하는 'dyadic deliberation'과 'public deliberation'이 한편으로는 전인권 박사의 '따로 불러 말하기' v. '함께 불러 말하기'(『남자의 탄생』, 푸른숲, 2003, 121-124쪽)간의 구분과 대체로 일치한다고 보며, 다른 한편으로 사회조사의 두 가지 다른 방식인 '여론조사'[opinion poll] 방식 v. '공론조사'[deliberative poll] 방식과도 같은 것으로 본다. 왜냐하면 'dyadic deliberation'——'따로 불러 말하기'——'여론조사' 방식의 계열은 일종의 '독대식'(獨對式) 범주에 속하는 '함께 말하는 방식'이라면, 'public deliberation'——'함께 불러 말하기'——'공론조사' 방식은 '회의식'(會議式)에 속한 것이라 할 수 있기 때문이다. 한 가지 놀라운 사실은 이와 같은 '함께 말하기'의 두 가지 다른 방식은 멀리는 홉스(Hobbes)에게까지 소급된다는 사실이다. 그는 *Leviathan*의 한 장(제25장 "Of Counsel")에서 '따로 불러 듣기'[hearing counselors apart]와 '함께 불러 듣기'[hearing counselors in an assembly]의 차이를 상세하게 비교하면서, 권형기 박사와는 달리 '따로 불러 듣기'가 훨씬 장점이 많은 방식이라고 주장한 바 있다. 이제 그 전문을 인용하면 다음과 같다.

"a man is better counseled by hearing them[i.e., counselors] apart than in an assembly, and that for many causes. First, in hearing them apart, you have the advice of every man; but in an assembly many of them deliver their advice with *aye* or *no*, or with their hands or feet, not moved by their own sense but by the eloquence of another, or for fear of displeasing some that have spoken, or the whole assembly, by contradiction, or for fear of appearing duller in apprehension than those that have applauded the contrary opinion. Secondly, in an assembly of many there cannot choose but be some whose interests are contrary to that of the public; and these their interests make passionate, and passion eloquent, and eloquence draws others into the same advice. For the passions of men, which asunder are moderate as the heat of one brand, in an assembly are like many brands that inflame one another, especially when they blow one another with orations, to the setting of the commonwealth on fire under pretense or counseling it. Thirdly, in hearing every man apart, one may examine, when there is need, the truth or probability of his reasons and of the grounds of the advice he gives by frequent interruptions and objections; which cannot be done in an assembly, where, in every difficult question, a man is rather astonied and dazzled with the variety of discourse upon it than informed of the course he ought to take. Besides, there cannot be an assembly of many called together for advice wherein there be not some that have ambition to be thought eloquent and also learned in the politics, and give not their advice with care of the business propounded but of the applause of their motley orations, made of the divers colored threads or shreds of authors; which is an impertinence at least, that takes away the time of serious consultation and, in the secret way of counseling apart, is easily avoided. Fourthly, in deliberations that ought to be kept secret, whereof there be many occasions in public business, the counsels of many, and especially in assemblies, are dangerous; and therefore great assemblies are necessitated to commit such affairs to lesser numbers, and of such persons are most versed and in whose fidelity they have most confidence.

To conclude, who is there that so far approves the taking of counsel from a great assembly of counselors that wished for or would accept of their pains when there is a question of marrying his children, disposing of his hands, governing his household, or managing his private estate, especially if there be among them such as wish not his prosperity? A man that does his business by the help of many and prudent counselors, with every one consulting apart in his proper element, does it best, as he that uses able seconds at tennis play placed in their proper stations. He does next best that uses his own judgement only, as he that has no second at all. But he that is carried up and down to his business in a framed counsel, which cannot move but by the plurality of consenting opinions, the execution whereof is commonly, out of envy or interest, retarded by the part dissenting, does it worst of all, and like one that is carried to the ball, though by good players, yet in a wheelbarrow or other frame, heavy of itself and retarded also by the inconcurrent judgements and endeavors of them that drive it; and so much the more as they be more that set their hands to it, and most of all when there is one or more among them that desire to have him lose. And though it be true that many eyes see more than one, yet it is not to be understood of many counselors but then only when the final resolution is in one man. Otherwise, because many eyes see the same thing in divers lines, and are apt to look asquint toward their private benefit, they that desire not to miss their mark, though they look about with two eyes, yet they never aim but with one; and therefore no great popular commonwealth was ever kept up but either by a foreign enemy that united them, or by the reputation of some eminent man among them, or by the secret counsel of a few, or by the mutual fear of equal factions, and not by the open consultations of the assembly. And as for very little commonwealths, be they popular or monarchial, there is no human wisdom can uphold them longer than the jealousy lasts of their potent neighbors." Hobbes, *Leviathan*, ed. by Herbert W. Schneider (Indianapolis · New York: The Bobbs-Merill Company, Inc., 1958), pp.208-210.

이상과 같은 홉스(Hobbs)의 주장에 대한 반론 역시 만만치 않은 듯하다. 예컨대 전 인권 박사는 이렇게 말한다. "'따로 불러' 대화하는 방식이 너무 자주 일어나다 보이런 점에서 필자는 '함께 말하는 방식'16)이 '정치의 원문법'[ur-grammar of politics]이며 정치적 사고의 '축'[nodes]을 이룬다고 본다. 또

면, 공동체의 연합을 파괴할 수도 있다. 우리 집의 경우에만 보더라도, 세 아들 모두가 '어머니는 나를 가장 사랑한다'고 생각하고 있었다. 이런 상황에서는 튼튼한 형제애, 건전한 가족애가 생겨날 수 없다. 또 그것은 어머니, 선생님, 부장, 정치인 등 윗사람의 권력이 아랫사람보다 현저하게 강하다는 것을 나타내는 권력 지향적 대화방법이라는 것도 명심해두어야 할 것이다"(전인권, 같은 책, 124쪽).

16) 이 글의 모두에 인용된 '세종'에 따르면, '함께 말하는 방식'은 또 다른 두 가지 방식으로 대별된다. 하나는 "한 사람이 옳다고 하면 다 옳다고 말하고, 한 사람이 그르다고 말하면 다 그르다고 말"하는 '준봉형'[conformist mode] 또는 조선시대에 통용된 용어에 따라 '당쟁형'(黨爭型)이고, 다른 하나는 '중론에 반대해 논란(論難)'하는 '논쟁형'[contentious mode]이다. 필자는 이 대목을 읽으면서 3가지를 생각해 보았다. ① 조선조 유학은 '당쟁'을 넘어 [세종이 요구한] '논쟁'을 정착시키는 데 실패했고 [그 이유에 대해서는 놀랍게도 위에 인용한 홉스가 소상히 밝혀 주고 있다], ② 세종은 이미 이런 실패를 예견했던 것으로 느껴지며, ③ 세종은 '당쟁'에 점점 길들여지는 당시의 세태에 저항하는 자기 자신을 '외로운 지아비'[獨夫]에 비유했다는 사실이 그것이다(박현모, 「척불<斥佛>논쟁과 정치가 세종<世宗>의 딜레마」, 『정치사상의 전통과 새 지평』, 고 인산 김영국 교수 5주기 추모학술대회 발표논문집, 2005. 1. 24, 70-71쪽). 이와 같은 맥락에서 볼 때, 세종 10년(1428) 윤4월 18일에 있었던 세종의 다음과 같은 말은 매우 의미심장하다고 생각된다. "몰래 논의하는 자는 사물의 전체를 살필 줄 모르고,…… 매양 경솔하게 논의하고 있으니, 나는 이를 매우 그르게 여긴다. 그러나 강제로 금지할 수도 없으니 적어도 하고 싶은 말이 있으면 들어와서 나에게 말하고 몰래 논의하는 일은 하지 않는 것이 좋겠다. 경들은 그리 알라"하였다(『세종실록』 10년 4월 18일 己亥). 아울러 필자는 ① 사회발전의 보다 낮은 단계 또는 보다 단순한 사회적·정치적 이슈의 결정에서는 '준봉형' 또는 '당쟁형'이 그런 대로 허용될 수 있다 하더라도, 보다 높은 단계 또는 보다 복잡한 이슈의 결정에서는 '논쟁형'이 절실히 요구되며, ② 사안의 성격에 따라서 다양한 '함께 말하는 방식'을 분별력 있게 사용할 줄 아는 능력은 정치적 리더십뿐만 아니라 교육과정에서도 핵심적 요소라고 보고, ③ '대학원'과 같은 높은 단계의 교육과정에서는 특히 '논쟁형'이 필수적이라고 본다. 그러나 오늘날 대부분의 대학원 교육은 '논쟁'과는 거리가 먼 '前-대학원'[pre-graduate] 단계의 수업방식에 길들여져 있으며, 이런 점에서 우리나라 대학의 학제는 엄밀하게 말해서 undergraduate—graduate system이라기보다는 undergraduate—pre-graduate system이라고 말하는 것이 더 적절하다. 또 오늘날 한국의 대학 개혁의 어려움도 우리들 자신의 '함께 말하는 방식'의 미숙함에, 다시 말하면 '낮은 단계'의 함께 말하는 방식 때문이 아닌가 생각해 본다. 500여 년 전 '세종'의 고민은 어쩌면 이런 것이 아니었던가 싶다.

이와 같은 이유에서 필자는 하버마스의 '언어적 전환'[linguistic turn]에 이어 '구술적 전환'[oral turn]의 필요성을 절감한다. 이때 필자가 말하는 '구술적 전환'이란 간단히 말해서 '개별적 존재'보다는 '복수적 인간'을, 추상적 '개념'보다는 구체적 '경험'을, '지식'[knowledge]보다는 '의미'[sense]를, 그리고 문자 중심의 이론적 '정치사상'보다는 구술성을 통해서 훈련된 실천적인 '정치적 사고'를 우선시하며, 궁극적으로는 '힘의 정치'[power politics]로부터 '정치의 힘'[power of politics]으로 무게의 중심을 전환함을 뜻한다.

아울러 이와 같은 '구술적 전환'의 사례를 3가지만 들어 보기로 한다. 첫 번째는 『신약성서』의 요한 2서 1장 12절에 나오는 다음과 같은 말이다. "내가 너희에게 쓸 것이 많으나 종이와 먹으로 쓰기를 원치 아니하고 오히려 너희에게 가서 면대하여 말하려 하니 이는 너희 기쁨을 충만케 하려 함이라." 또 요한 3서 1장 13~14에서도 거의 같은 말이 반복된다. "내가 네게 쓸 것이 많으나 먹과 붓으로 쓰기를 원치 아니하고 속히 보기를 바라노니 또한 우리가 면대하여 말하리다." 위의 두 구절에서 공통적으로 강조되는 것은 '쓰기'가 아닌 '면대하여 말하기'이다. 영역본에 따르면 이 말은 'talking with'로 번역된다. 이것이 바로 '함께 말하기'[與議]이다. 이것은 또 'talking to,' 다시 말하면 '일방적 대화'나 '일반적 면대면 관계'[face-to-face relation with a general other-orientation]와는 구별되는 '상호적 대화' 또는 '일대일의 대면적 관계'[face-to-face relation with a personal Thou-orientation]이다. 뿐만 아니라 이러한 만남은 '기쁨'[joy]으로 '채워진다'[complete]는 것이다.

두 번째는 『논어』에 나오는 "有朋自遠方來, 不亦樂乎"라는 말이다. 이 공자의 말 속에도[요한서 저자와 동일한] '쓰기'보다는 '속히 보기를' 바라는 소망은 물론, 한 걸음 더 나아가 이러한 바람이 바야흐로 현실로 바뀌고 있는 긴박한 국면을 보여준다. 게다가 공자 역시 이와 같은 '대화'가 "얼마나 즐거운지 알 수 없다"[不亦樂乎]고 토로한다. 배병삼 교수의 표현을 빌어 보다 극적으로 표현해 보면, "멀리서 나를 알아주는 벗이 내 손을 잡았을 때[有朋自遠方來]," 공자는 "터져 나오는 기쁨[說]에 몸을 떨"고 있는 자신을 발견한다는 것이다.17) 여기서 주목할 것은 아렌트가 구술적, 공간 즉 보고 듣고 말할 수 있는 '출현의 공간'[space of appearance]에서 발견한 '공동의 권력'[power]이나, 하버마스에 의해 재개념화된 '소통적 권력'[communicative power]은 바로 이러한 '[터져 나오는] 기쁨'['joy' 또는 '樂']의 관점에서만 이해 가능한 것이라는 점이다. 또 이런 이유 때문에 한자(漢字)에서 '말한다'와 '즐겁다'는 것이 모두 동일한 '說'['설' 또는 '열']자로 표기된다는 것도 단순한 우연만은 아닌 것으로 보인다.

마지막 예로는 현대 일본의 정치사상가인 마루야마 마사오(丸山眞男, 1914~1996)에 관한 일화를 들 수 있다. 하니야 유타카(埴谷雄高)는 『現代思想』(1994년 1월호)에 실린 아주 짧은 글(76-79쪽)에서 마루야마가 자신의 생각을 '피력'하고 '검증'하기 위해 얼마나 '자주' 그의 친구인 다케우치 요시미(竹內好)의 집을 방문해 '신들린' 대화를 나누었는지를 비교적 소상하게 밝혀 준다. 이에 따르면 '두 사람의 집은' 모두 도쿄시 "신주쿠(新宿)에서 기치조지(吉祥寺)를 향해서 오른쪽"에 있는 '기치조지 히가시마치(東町)'에 있었으며, "걸어서 3, 4분 정도의 가까운 거리"였다. 그런데 "다케우치 요시미가 마루야마 마사오를 방문하는 일은 아주 드물었으며, 이른바 일상생활에서의 의례적 방문을 제외하고는 거의 없었다"고 할 수 있다.

이에 비해 "마루야마 마사오가 다케우치 요시미를 방문하는 일은 아주 빈번했"다. 이에 대해 하니야는 "마루야마 마사오가 다케우치 요시미를 찾아가는 것은 사색적 자기검토에서 시작해서, 그리고 사색적 자기검토에서 끝나는 비생활적인, 비의례적인 전 정신의 사색활동이라는, 말하자면 [정신의] 자기운동으로 다케우치를 방문한 것이었다"고 설명한다. 그리고 이렇게 부언한다.

---

17) 배병삼, 『한글세대가 본 논어(I)』(문학동네, 2002), 26쪽.

마루야마는 그의 "상념이 어떤 지점까지 비약하고, 그 다음 단계까지 더욱 비약하고 끊임없이 계속 비약을 하며, 계속 그것이 커져서 멈출 줄 모르는 사고형"으로서, 이런 경우에 그는 "동시에 아주 부지런하게 움직이고 돌아다니는 행동형"으로 바뀌게 되며, 그래서 그는 자신의 "상념 피력과 검증을 위해서 자주 다케우치 요시미를 방문했다"는 것이다. 이어서 하니야는 이들 간의 생생한 대화의 모습을 다음과 같이 전한다. "어쩌다가 내가 다케우치의 집을 방문하고 있을 때 마루야마가 찾아오면, 현관문을 들어선 순간부터 들려오는 말은 다케우치 요시미와 마주 앉을 때까지, 그리고 앉고 나서도 끊임없이 이어져서…… 마치 몇 마일이나 되는 탄대를 장착한 기관총의 무한 발사처럼 끊임없이 계속 이어져서 옆에 있는 내가 이제는 끝날까, 끝나겠지, 가끔씩 말을 끊으려고 그 사이에 끼어 보지만, 멈출 줄을 모른다.…… 다케우치의 집에 도착해서 몇 마디 말을 한 순간, 이 세계의 모든 지수화풍(地水火風)도, 삶의 인정의 기미도, 계급사회의 구조도 서로 연결되어서 마루야마 마사오의 말이 멈출 줄을 모르는 것이다.

이것은 이제 내면의 트랜스 상태가 되어서 설령 마루야마 마사오 자신이 멈추려 해도 정신의 자동기계로 변한 원언어 발동(原言語發動)은 종교계에나 가끔 있는 신들린 상태 이상으로 멈추어지지를 않는다. 그런데 치밀하고도 끝이 안 보이는 거대한 체계를 가진 언설 전개의 무정지 상태를 바로 눈앞에서 담담하게 바라보면서, 깊은 산에서 수행하고 있는 고승처럼 계속 말이 없는 다케우치[그 자신은 일본의 주요 문학평론가 중의 한 사람이다: 필자 주]는 몇십 분이나 지난 후, 문득 상대가 숨을 쉬었을 때, 마치 낮게 조용하게 여운을 남기며 길게 울리는 산사의 종처럼 '그래요'라고 고작 한마디 하는데, 이 '그래요'라는 말이 납득했다는 말인지, 불만의 표시인지 알 수 없는 채 숨을 이은 마루야마 마사오는…… 다시 이야기를 이어 간다."

그리고 하니야는 이러한 대화가 결과적으로 마루야마에 대해 무슨 의미를 갖는지를 사고의 '자기검증'이라는 말로 정리한다. "다케우치 요시미의 의견에 의해서가 아니라, 마루야마 마사오 스스로의 의사에 의해 귀가한 후에 이루어지는 자기검증"은 대화과정 중에 단순히 '피력'된 초기의 '신념'과는 "그 내용에서 아주 큰 차이"를 나타낸다.18)

  필자는 바로 이와 같은 자발적이고 자유로운 '자기검증'이야말로 어째서 '공동성찰'이 '독단적 판단'과 구별되는 '독자적' 또는 '주체적 판단'의 형성에 주요 계기가 되는지에 대한 이유라고 본다. 이것을 역으로 말한다면, 자유롭고 자발적인 공동성찰의 계기가 없이는, 다시 말해서 하니야가 말하는 마루야마와 다케우치의 자유로운 '대좌'(對坐) 또는 '대화' 없이는 어떠한 '독자성' 또는 '주체성'도 자기검증이 불가능하며, 이것은 결국 이러한 '독자성' 또는 '주체성'으로 하여금 자신의 '잠재적'이고 '미성숙한' 상태에서 벗어나 보다 성숙한 단계로 나아갈 수 있는 기회를 스스로 빼앗아 버리는 결과가 된다. 여기서 구술어가 갖는 중요성은 문자어보다 더 '직접적'이고, 보다 '융통성'있게, 그리고 어떤 점에서 '유일하게' 공동성찰의 공간을 마련해 준다는 데에 있다. 끝으로 하니야는 이렇게 회상한다. "다케우치의 응접실에서 이루어진 마루야마[와 다케우치간의 대화]는 교실에서의 강의 이상으로 녹음·기록해 두고 싶었던 '영원히 사라진 귀중한 내적 과정의 말들'이었다."19)

4.

  이상에서 필자는 정치적 논쟁을 통해서 '정치적 사고'를 활성화하고 확장시키는 것의 중요성을 말했거니와, 이를 위해서 특별히 세종의 정치에 주목할 필요가 있다고 본다. 필자는 세종 대(代)야말로 우리의 역사상 보기 드문 '상향적 리더십'[upward leadership]20)의 전성기였다고 확신한다.

---

18) 埴谷雄高, 「시간은 무사시노(武臧野)의 하늘에도」, 『마루야마 마사오: 현대사상 강좌 Series 제1집』, 서울대학교 현대사상연구회역(1997), 19-21쪽.
19) 같은 글, 20쪽.

사실 세종 대만큼 밑으로부터 올라온 생생하고 절박한 요구가 지체 없이 수용되었던 적도 드물다. 또 이때에는 다양한 성향과 배경을 지닌 인재들이 능력에 따라 폭넓게 발탁된 열린 정치의 개화기였다.21) 무엇보다도 놀라운 것은 '더불어 의논한다'[與議]는 표현이 임금과 신하간의 대화에서 이때처럼 자주 등장한 적이 없었다는 점이다. 세종——그는 한국인에게 한편으로는 '큰바위얼굴'과 같은 존재이면서도, 다른 한편으로는

---

20) Michael Useem, *Leading Up: How to Lead Your Boss So You Both Win* (New York: Crown Business, 2001)/마이클 어셈, 『리딩업』, 김광수 역(모라비안 바젤, 2002).
21) 그 대표적인 예로 황희(黃喜)를 들 수 있다. 그에 대한 사관의 평은 다음과 같다. "희는 판강릉부사(判江陵府使) 군서(君瑞)의 얼자(孼子)[庶子: 필자 주]이다. 김익정(金益精)과 더불어 서로 잇달아 대사헌이 되어서······ 당시의 사람들이 '황금(黃金) 대사헌'이라고 했다. 또 난신 박포(朴苞)의 아내가 죽산현(竹山縣)에 살면서 자기의 종과 간통하는 것을 우두머리 종이 알게 되니, 박포의 아내가 그 우두머리 종을 죽여 연못 속에 집어넣었는데 여러 날 만에 시체가 나오니 누구인지 알 수가 없었다. 현관(縣官)이 시체를 검안하고 이를 추문하니, 박포의 아내는 정상이 드러날 것을 두려워해 도망해 서울에 들어와 황희의 집 마당 북쪽 토굴 속에 숨어 여러 해 동안 살았는데, 황희가 이때 간통했으며, 포의 아내가 일이 무사히 된 것을 알고 돌아갔다. ······ [황희가] 정권을 잡은 지 여러 해 동안에 매관매직하고 형옥(刑獄)을 팔아 <뇌물을 받았으나>, 그가 사람들과 더불어 일을 의논하거나 혹은 고문(顧問)에 대답하는 등과 같은 때에는 언사가 온화하고 단아하며, 의논하는 것이 다 사리에 맞아서 조금도 틀리거나 잘못이 없으므로 임금에게 무겁게 보인 것이다. 그러나 그의 심술(心術)은 바르지 아니하니, 혹시 자기에게 거스르는 자가 있으면 몰래 중상했다"(『세종실록』 10년 6월 25일 丙午). 아울러 "조유신"(趙由信)의 일화도 주목을 끈다. 세종 11년(1429) 6월 1일에 "사간원에서 계하기를, '인순부 부승(仁順府 副丞) 조유신(趙由信)의 조모 김씨는 음욕(淫慾)을 마음대로 행해 풍속을 더럽혔으므로 두 번이나 유폄(流貶)을 당했는데, 지금 조유신의 고신(告身)을 서경(署經)해 동반(東班)에 끼게 한다면 후일에 징계됨이 없을 것이니, 청컨대 동반에 서용(敍用)하지 말고 풍속을 면려(勉勵)하게 하소서' 하니, 임금이 말하기를, '이미 음란한 여자의 손자임을 알았다면 마땅히 과거(科擧)에 나가지 못하게 했어야 할 것이니, 어찌 과거에 오른 뒤에야 도리어 벼슬길을 막고자 하는가. 하물며 재주 있는 사람을 쓸 것이지 어찌 기타의 것을 논하리오.'"라고 했다(『세종실록』 11년 6월 1일 丙子). 또한 '자격궁루'(自擊宮漏·물시계)를 만든 '장영실'(蔣英實)도 "그 아비가 본디 원(元)나라의 소·항주(蘇杭州) 사람이고, 어미는 기생이었는데, 공교(工巧)한 솜씨가 보통 사람에 뛰어나므로 태종께서 보호하시고," 세종 '역시' 그를 아껴 '상의원(尙衣院) 별좌(別坐)'에 '임명했다'(『세종실록』 15년 9월 16일 乙未).

그 실상이 거의 알려져 있지 않은 '수수께끼'와 같은 존재이다──이 왕위에 오른 직후의 제일성은 '의논'한다는 말이었다.

그는 즉위한 지 3일째 되는 날, 왕의 대언(代言)의 수장격인 지신사(知申事) 하연(河演)에게, "내가 인물을 잘 알지 못하니 좌의정·우의정과 이조·병조의 당상관(堂上官)과 함께 의논해 벼슬을 제수하려고 한다"고 말했다. 그 후에도 그는 끊임없이 신하들에게 '진언'과 '직언'을 요구했으며, 또 이들의 '언론을 의논'하게 했고, 그들 "중 시행할 만한 조건을 가려 뽑아 아뢰"게 했으며, 이렇게 뽑힌 건의사항을 지체 없이 시행토록 명했다. 뿐만 아니라 그는 때때로 과거보는 시험장에도 친히 나가서 당면한 정치적 현안을 '과제'(科題)로, '책문'(策問)으로 물어보았으며, 또 "시정(時政)의 잘되고 잘못된 점과 민생의 기쁜 일과 근심되는 일"까지도 모두 "진술하되, 숨김이 없도록 하여" 그가 "직언을 구하는 뜻에 보답하라"고 촉구하는 한편, 그들의 '직언'을 친히 '볼 것'이며, "장차 채택하여 시행하겠"다는 약속까지도 했다.22)

이러한 '의논의 정치'는 세종 15년(1433) 2월 15일에 파저강(婆猪江: 지금의 渾江) 지역의 야인토벌을 위한 '대토론'에서 절정에 이른다고 할 수 있다.23) 이때의 토론은 내용이나 규모에서 카이사르(Caesar)의 『갈리아전

---

22) 『세종실록』 5년 3월 28일 己酉; 『세종실록』 8년 4월 11일 甲戌.
23) 『세종실록』 15년 2월 15일 己亥. 뿐만 아니라 파저강의 '야인 정벌'은 특별히 언급할 만한 '토론'의 과정 없이 수행된 세종 원년(1419)의 '대마도 정벌'과 크게 구별된다. 그리고 후자가 주로 '태종'의 주도 하에서 이루어졌다는 점에서 '세종의 정치 스타일'과 '태종의 정치 스타일'의 차이를 극명하게 보여주는 좋은 사례라고 생각된다. 아울러 세종의 '사대관'(事大觀)을 주의 깊게 검토해 보면, 당시의 real politics를 잘 이해하고 있는 또 다른 세종을 발견하게 된다. 이것은 그가 중국이 요구한 수만 마리의 소와 말, 그리고 수천 장의 좋은 녹피(鹿皮)를 힘을 다해 보내고, 해동청[매]을 비롯해서 연어알젓[年魚卵醢]과 계응(係鷹), 아청필단(鴉靑匹段)과 도모(兜牟: 투구) 등을 진상하며, 명조(明朝)에 가게 될 처녀들을 간택하는 일에, 심지어는 "불알을 깐 어린 화자(火者)"까지 뽑아 보내는 데 '한결같이 정성'을 다해 조치·처리함으로써 명나라 황제 선종선덕제(1426~1435)를 감동시킨 데서 알 수 있다(박현모, 「세종과 經國의 정치학: 세종은 외교적 난관을 어떻게 헤쳐나갔는가」, 『유교문화연구』 제9집, 성균관대학 유교문화연구소, 2005, 38쪽). 세종은 '대마도 정벌'을 계기로 당시

기』에 나오는 '대회의'를 훨씬 압도한다.24) 무엇보다도 세종의 '의논의 정

의 명(明)을 비롯해서 대마도, 일본, 그리고 만주의 여러 종족 등 동아시아 여러 국가 또는 정치집단간의 역학관계에 대해서도 상당한 정도의 '감각'[sense]을 가졌던 것으로 보이며, 적어도 윌슨(Woodrow Wilson)과 같은 이상주의자는 아니었음을 확인할 수 있다. 이런 점에서 필자는 '세종형 정치 현실주의'라는 말도 사용 가능하리라고 본다.

24) 세종 대(代)의 '야인 정벌을 위한 대토론'은 카이사르의『갈리아戰記』에 나오는 '대회의'와 다음과 같은 공통점과 차이점을 보여준다. 첫째로 공통점. ① 양자는 '전투장'[arena]과 아울러 '공론장'[public space]의 존재를 확인시켜 준다. ② 양자에서 발견되는 공론장은 모두가 '전투장'을 주도해 나간다. 이것을 플라톤의『국가』에 나오는 용어를 빌어 말한다면, 전투장이 비록 제2계급의 활동영역이긴 하지만, 어디까지나 제1계급에 예속되어 있는 '공론장의 우선성'을 실증적으로 보여준다. ③ 양자의 공론장은 모두가 아렌트나 하버마스 류의 '순수 공론장'도, 칼 슈미트 류의 '순수 전투장'도, 또는 안소니 다운즈 류의 '순수시장'도 아니라는 점에서 공통적이다. 둘째로 차이점. ① 세종대의 '야인 정벌을 위한 대토론'은 전형적 의미의 '궁중형 공론장'[palace type of public space]인 반면, 카이사르의『갈리아戰記』에는 '궁중형'과 아울러 '민중형'의 공론장이 돋보인다. ② 그러나 세종 대의 그것과 비교하기 위해『갈리아戰記』에 나오는 대표적인 '궁중형 공론장'의 예를 들면 다음과 같다.

BC 54년 "동영지에 도착한 지 15일쯤 지났을 때, 뜻밖에도 모반이 암비오릭스와 카투볼쿠스에 의해 빚어졌다. 두 사람은 자신의 왕국에 사비누스와 코타를 맞아들이고 곡물을 동영지에 반입했지만, 트레버리족의 인두티오마루스가 보낸 사자의 사주를 받아 동료들을 꾀어낸 후 나무를 잘라내고 있는 병사들을 습격하고, 다시 대대적으로 진지를 내습했다. 아군이 무기를 들고 신속히 보루에 올라가는 한편 히스파니아의 기병을 보내 기병전에서 승리를 거두자, 단념한 적은 병사들을 철수시켰다. '로마군에서 누군가가 협의해서 나오길 바란다. 공동 관심사에 관해 말하고 싶은 것이 있다. 이것으로 다툼을 중지하고 싶다'고 적은 자기들의 풍습에 따라 호소해 왔다."

"로마의 기사로, 티투리우스 사베누스의 친구였던 가이우스 아르피니우스(Gaius Arpinius)와 히스파니아 태생으로 전에 카이사르가 몇 번인가 암비오릭스에 파견한 바 있던 퀸투스 이우니우스(Quintus Iunius)를 협의차 에부로네스족에게 보냈다. 암비오릭스는 그에게 다음과 같이 이야기했다. '고백하지만…… 가까운 곳에 있는 사람들이 알기 전에 동영지에서 군사를 내어 키케로 쪽으로 가는 것이 좋은지, 그렇지 않으면 라비에누스 쪽으로 가는 것이 좋은지는 그쪽의 판단에 맡기겠다.…… 에부로네스족의 영지를 안전하게 통과하는 것만큼은 약속하고 맹세를 통해 보증하겠다. 그렇게만 된다면 나는 동료들을 동영의 부담에서 구해내 부족을 위하는 일이 되고 카이사르의 공에 보답하는 일도 된다.'"

"아르피니우스와 이우니우스는 그 내용을 부장에게 전했다. 부장은 뜻밖의 사건

치'에서 주목되는 부분은 세종 7년(1425) 12월 8일자에 왕이 신하들에게 질책하는 다음과 같은 대목이다; "아직 과감한 말로 면전에서 쟁간(爭諫)하는 자를 보지 못했으며, 또 말하는 것이 매우 절실 강직하지 않"으며, "논의할 적에 한 사람이 옳다고 하면 다 옳다고 말하고, 한 사람이 그르다고 말하면 다 그르다고 말한다.…… 한 사람도 중론에 반대하여 논란하는 자가 없었다."25)

에 당황하면서 적의 이야기지만 무시해서는 안 되겠다고 생각했다. 에부로네스족과 같은 무력하고 하찮은 부족이 로마에 도전한다는 것은 확실히 어불성설이었으므로 오히려 심한 두려움을 느꼈다. 그 문제를 회의에 올리자 사람들 사이에 격렬한 논쟁이 벌어졌다.……"

"회의는 결렬되었지만 사람들은 두 사람[코타와 사비누스]을 만류하면서 '사태를 최악의 상태로 몰고 가지 말아 달라'고 요청했다. '머물든 나아가든 모두 같은 행동을 하면 일이 쉽지만, 반대로 다투고만 있으면 아무런 구원책이 없다'고 말했다. 논의를 거듭한 끝에 한밤중이 되어서야 마침내 코타가 마음을 움직여 양보하고 사비누스의 견해에 따랐다." 카이사르, 『갈리아戰記』(범우사, 1990), 박광순 역, 174-178쪽.

③ 두 시대의 기록을 비교할 때 놀라운 것은 '파저강의 야인 토벌을 위한 대토론'이 그 내용이나 규모 면에서 『갈리아戰記』의 논의를 훨씬 압도한다는 점이다.

25) 『세종실록』 7년 12월 8일 癸酉. 이와 관련해서 필자는 세종 15년(1433) 7월 18일에 있었던 '이조판서 허조'와 '세종' 간의 대화는 많은 시사점을 준다고 본다. "이조판서 허조가 아뢰기를, '이제 전하께서 [풍수학을 하는] 최양선의 말을 곧이들으시고 그를 시켜 명당의 정통 혈자리를 새삼스럽게 찾게 하시오나, 경복궁은 태조, 태종께서 영건하시고 거처하시던 곳이오니 가벼이 고칠 수가 없는 것입니다. 청하옵건대, 양선의 허황하고 망령된 죄를 내리시옵소서' 하니, 임금이 말하기를 '경복궁이 태조, 태종께서 영건하시고 거처하시던 곳이라 하여 말하는 것은 내가 좇을 것이로되, 양선이 허황하고 망령되다 하여 죄를 주자고 청하는 것은 잘못이다. 천하 고금에 말씀 올린 사람을 죄 주는 일이 어디 있단 말인가. 그렇게 한다면 아랫사람의 뜻을 막아 버리는 것이다' 하매, 조가 황공하게 말하기를, '망령되이 말하는 자는 죄줄 것이옵고, 올바르게 말하는 자는 죄줄 수 없사옵니다' 하니, 임금이 말하기를, '대신으로서의 말이 과연 그러할 수 있는가, 말의 득실은 사람의 어질고 불초한 데 있는 것이지, 어찌 허황하고 망령됨으로 허물 잡아서 죄줄 수가 있겠는가. 또 양선이 요망하고 허황한 일로 말을 올린 것이 아니라 그의 공부한 것을 가지고 말한 것이니, 그 마음을 따져 보면 실로 충성에서 나온 것이니, 양선이 망령되고 공손하지 않다고 남들이 모두 미워하나, 만약 양선이 이로움을 따르고 해로움을 피하는 사람이면 진실로 의논이 두려워서도 감히 경솔히 발언하지 못했을 것인데, 이제 남들의 비평을 피하지 아니하고 말한 것은 양선이 아니면 못했을 것이다. 간사한 마음을 먹고 제

필자는 세종의 이와 같은 놀라운 '논쟁에의 초대'를 지켜보면서 '실현 가능한 이상사회'란 과연 어떤 곳일까에 대해 다시 한번 생각해 보았다. 그것은 첫째, 좋은 의견이 자유롭고 풍부하게 개진되는 곳[제1단계]이고, 둘째, 이들에게 힘을 실어 주는 곳[제2단계]이며, 셋째, 힘이 실린 좋은 의견이 본래의 의도대로 실현되는 곳[제3단계]일 것이라고 상상해 보았다. 그리고 세종 대에는 대부분의 '좋은 의견'이 '황희'의 입을 통해 나왔으며, 세종은 그의 의견에 많은 힘을 실어 주었다. 이와 같이 필자가 의미하는 이상사회는 부분적으로는 이미 우리의 과거에, 그리고 현재에도 산발적으로 존재해 왔다는 점에서 '실현 가능한 이상사회'[actualizable utopia]라고 불러 본다. 더불어 오늘날 대학의 '강의실'과 '세미나실' 그리고 '학술회의장'들은 적어도 1단계의 싹들이 발견될 수 있는 '이상사회의 서식지'가 되어야 한다고 외쳐본다.

필자가 세종의 정치에 주목하는 보다 중요한 이유는 세종 대(代)야말로 한국 정치사상의 중심축이라고 보기 때문이다. 이 책에서 여러 필자들이 제1장부터 마지막 장에 이르기까지 다양한 인물과 사건을 통해 한국 정치사상을 고찰했거니와, 그 중심축을 설정하지 못할 경우 자칫 백화점 식 나열적 진열사나 박물지(博物誌)——이것은 가장 전형적인 의미의 'manual'이기도 하다——에 불과할 수도 있다. 한국 정치사상의 다종다양한 사고와 사건이 그 자신의 위치를 찾고, 그것이 갖고 있는 풍부한 의미를 입체감 있게 또는 그들의 '유기적 통일성'[26]을 드러내기 위해서는 '한국 정치사상의 용마루'와도 같은 세종의 정치를 보다 다각적으로 그려낼 필요가 있다.

사실 고대 그리스의 다양한 정치사상 중에서 소크라테스를 전후한 시

몸만을 아끼어 남 따라 나아가고 남 따라 물러서고 하는 것이 신하 된 자로서의 직책이겠는가. 양선이 아무리 미치고 망령된 무리라 할지라도 이러한 따위는 아니니, 나는 그 정성을 취택해 가긍하게 여기노라' 하"였다(『세종실록』 15년 7월 18일 己未).

26) 이수윤, 『한국사상사: 정치사와 사상사와 역사철학의 융합과 통일』(법문사, 2004), 16-17쪽.

대나, 고대 로마의 역사 중에서 공화정 시기는 각각의 역사에서 중심축을 차지하고 있음을 알 수 있다. 가까운 일본과 중국의 경우만 해도 메이지유신기와 강희제의 치세를 풍부하게 기술함으로써 여타의 다른 시기가 차지하는 의미까지도 살려내고 또 끊임없이 재조명하고 있지 않은가. 따라서 우리는 한국정치사에서 분명히 하나의 정점의 위치에 있음에도 불구하고 정치사상사에서는 거의 드러나지 않고 있는 세종 대의 '귀중한 내적 과정의 말들'을 섬세하게 되살려내는 일에 힘을 기울여야 한다. 이런 점에서 필자는 김석근 박사가 말하는 이른바 "그 '존재'를 느낄 수 있을 뿐, 자세한 내력은 알 도리가 없"는 한국사상의 '집요저음'[basso ostinato]론 또는 '원형(原型)[혹은 고층(古層)]'론이나 진덕규 교수가 말하는 부정적 '집요저류'론, 더 나아가서는 이수윤 교수의 '진리인식의 단계적 진보과정을 토대로' 한 서구 준거적 시대구분['고대적', '중세적', '근세적', '현대적' 단계의 구분]론보다는 '중심축' 테제가 한국 정치사상사를 접근하는 데 더 유용한 관점이라고 생각하며,27) '세종'은 바로 이와 같은 한국 정치사상사의 중심축을 이룬다고 본다.

한 걸음 더 나아가 필자는 이 놀라운 '세종현상'의 실상을 종합적·체계적으로 재조명할 '세종학'의 수립과 풍부화가 더 이상 미룰 수 없는 오늘의 절실한 과제라 보고, 최근 젊은 학자들을 중심으로 '범학제간 세

---

27) 김석근, 「삼국 및 남북국 시대의 정치사상: 토론을 위한 하나의 시론(試論)」, 이재석 외, 『한국정치사상사』(집문당, 2002), 50-52쪽; 진덕규, 『한국정치의 역사적 기원』 (지식산업사, 2002), 8, 10-11쪽; 이수윤, 앞의 책, 17쪽. 그러나 '집요저음' 또는 '집요저류'론 등은 Gadamer가 말하는 '작용사'[effective history 또는 history of effect]와 상당한 유사성을 가지며, 이런 점에서 재조명될 필요가 있다고 본다. Gadamer의 말을 한두 군데 인용해 보면 다음과 같다. "in all understanding, whether we are expressly aware of it or not, the efficacy of history is at work"; "historically effected consciousness (wirkungsgeschichtliches Bewußtsein) is an element in the act of understanding itself and … is already effectual in finding the right question to ask" (p.301); "historically effected consciousness" is not "the trace a work leaves behind. It is, rather, a consciousness of the work itself, and hence itself has an effect" (p.341). Hans-Georg Gadamer, *Truth and Method*, translation revised by Joel Weinsheimer and Donald G. Marshall (Second, Revised, Ed., Continuum: New York, 1998).

종연구팀'이 탄생한 것을 2000년대 한국학계의 의미 있는 진전으로 환영한다.28) 사실 그 동안 우리 학계는 '세종'보다는 '만주 고토 회복' 같은 '낭만적'인 문제에 매달려 왔고, 결과적으로는 '동북공정' 같은 엄청난 '반발'과 '불신'만을 양산하는 데 이르렀다.

이에 비한다면 '세종학'은 우리 민족의 '자부심'과 '아이덴티티'에 더 직접적으로 연관될 뿐만 아니라 우리의 정치적 전통에 대한 그 동안의 잘못된 인식을 교정해 줄 수도 있는 전환점이 될 것으로 본다. 이런 점에서 '세종학'은 예컨대 미국에서의 '링컨' 연구나 영국에서의 '처칠' 연구에 비해 그 비중이나 내용, 그리고 다양성에서 조금도 손색이 없는, 오히려 이를 능가할 수 있는 잠재력이 큰 연구영역이라고 확신한다. 필자는 이와 같은 이유에서 '세종학'을 차세대 한국 정치사상 내지는 한국학 연구의 새로운 '프론티어' 또는 '지평'으로 믿어 의심치 않는다.

끝으로 필자는 세종의 '의논의 정치'와 오늘날의 '의회정치'가 서로 같은 것은 아닐지라도, 전혀 다른 것이라고 단정하기도 어렵다는 생각이다. 다시 말하면 필자는 '의논의 정치'와 '의회정치'간에는 유기적 연속성이 존재하며, 따라서 의논할 줄 모르거나 의논의 훈련이 부족한 사회에서 의회정치는 정치과정의 반복적 지체현상과 만성적 정치 불신의 늪에서 벗어나기가 "불가능하지는 않더라도 대단히 불확실할 것으로"[not impossible, but very improbable] 내다본다.

우리가 토론하고 논쟁한다는 것은 한편으로는 '위'나 '밖'으로부터 '옆'과 '안'으로 돌아서는 것이며, 다른 한편으로는 나만의 '독아론' [solipsism]적 사유과정에서 벗어나서 우리들 '간'(間)의 자유로운 공동성찰의 'epic theatre'를 만들어 냄으로써, 상대방의 의견에 반드시 동의하지는 않더라도

---

28) 한국학중앙연구원의 정윤재 교수를 중심으로 한 '세종의 국가경영연구팀'은 한국학술진흥재단의 후원으로 2004년부터 2005년 현재까지 연구방법[정윤재], 종교[부남철], 지방행정[배병삼], 재정[박현모], 문화[유미림·강숙자], 법[박영도], 국방[이지경], 과학[문중량] 등 다양한 분야에 걸쳐 세종의 정치와 국가경영 '과정'을 연구했다. 한국학중앙연구원, 「세종의 국가경영」, 세종국가경영연구소 창설기념학술대회 발표논문집(2005. 5) 참조.

그의 입장과 지평을 이해하게 되는, 말 그대로 'multiple-inter- subjectivity'라는 가장 핵심적이고 토대적인 정치과정을 만들어가는 것을 의미한다. 에이브러햄 링컨은 이것을 한마디로 '대중과의 공동목욕'이라고 말한 바 있다. 이에 비해 오늘날의 통념화된 정부정책 '홍보회'나 '관제포럼'은 단순히 '합의'만을 대량으로 주문 생산하기 위해 치밀하게 조립된 '어셈블리라인'을 방불케 한다. 필자가 모두에서 밝힌 'manual'이 아닌 'thinking'으로서의 정치적 사고는 이와 같은 '통념화'된 토론과는 본질적으로 구분되는, 오히려 모두가 벌거벗지 않고서는 함께 참여할 수 없는 '공동목욕'——이런 점에서 필자는 '벌거벗은 공동목욕'29)이라고 표현해 본다——에 더 가깝다는 점을 강조하면서 이 글을 맺는다.

---

29) 이와 관련해서 지난번 '서울대학교 교수협의회 대토론회'의 '종합토론'에서 한 '학생'이 "토론회가 현학적이라는 느낌이 들었"다고 평한 바를 다시 상기해 본다(서울대학교 교수협의회, 앞의 책, 103쪽). 이 말은 한마디로 '대토론회'가 '벌거벗은 공동목욕'이 아니었다는 말이다. 그래서 모처럼 참여했던 많은 사람들이 '묵은 때'[의구심]를 깨끗이 씻어내지 못한 '답답한 목욕' 또는 '하나마나 식의 목욕'이었다는 불만에 찬 소리로 느껴진다. 이런 '하나마나 식'의 토론은 우리 사회에 냉소주의만 더 증폭시킬 뿐이다. 우리 사회 도처에 최고급 Sauna실이 즐비하게 들어서는 이때, 우리 대학 사회는 아직도 '시원한 목욕실' 하나 제대로 갖춘 곳이 없다니 정말로 부끄러운 일이다. 이제 우리의 미래를 위해[모든 '대학'이, 그리고 모든 '학회'가] 서둘러 준비해야 할 일은 무엇보다도 '벌거벗은 공동목욕'을 마음껏 즐길 수 있는 '시원한 토론'의 자리일 것이다. 이런 점에서 이수윤 교수의 '학문개혁'론은 이와 같은 '토론과 논쟁'이 암암리에 배제되어 있다는 아쉬움과 아울러 깊은 우려를 느끼게 한다(이수윤, 앞의 책, 4-5쪽 참조). 필자는 마지막 부분(4.)의 '세종'을 쓰는 데 많은 조언과 도움을 준 박현모 박사에게 이 자리를 빌어 감사를 표한다.

<참고문헌>

『세종실록』.
『창세기』.

김석근, 「삼국 및 남북국 시대의 정치사상: 토론을 위한 하나의 시론(試論)」, 이재석 외, 『한국정치사상사』(집문당, 2002).
_____, 「주변부 지식인의 '허위의식'과 '자기정체성': <한국정치사상>을 위한 마지막 진술」, 한국정치학회 편, 『한국의 정치학: 현황과 전망』(법문사, 1997).
레오 스트라우스, 『자연권과 역사』, 홍원표 역(인간사랑, 2001).
박현모, 「세종과 經國의 정치학: 세종은 외교적 난관을 어떻게 헤쳐나갔는가」, 『유교문화연구』 제9집(성균관대학교 유교문화연구소, 2005).
_____, 「척불(斥佛)논쟁과 정치가 세종(世宗)의 딜레마」, 『정치사상의 전통과 새 지평』, 고 인산 김영국교수 5주기 추모학술대회 발표논문집 (2005. 1. 24).
배병삼, 『한글세대가 본 논어(I)』(문학동네, 2002).
서울대학교 교수협의회, 『우리는 미래를 준비하고 있는가?』(서울대학교 교수협의회 대토론회, 2004. 10. 29).
埴谷雄高, 「시간은 무사시노(武臟野)의 하늘에도」, 『마루야마 마사오: 현대사상 강좌 Series 제1집』(서울대학교 현대사상연구회, 1997).
아리스토텔레스, 『정치학』, 이병길・최옥수 역(박영사, 1996).
옹(W. J. Ong), 『구술문화와 문자문화』, 이기우・임명진 역(문예출판사, 1995).
이수윤, 『한국사상사: 정치사와 사상사와 역사철학의 융합과 통일』(법문사, 2004).
이인호, 「지성의 위기와 그 역사적 배경」, 서울대학교 교수협의회, 『우리는 미래를 준비하고 있는가?』(서울대학교 교수협의회 대토론회, 2004. 10. 29).

전인권, 『남자의 탄생』(푸른숲, 2003).
정윤재, 「'자아준거적 정치학'과 한국정치사상 연구: 문제해결적 접근의 탐색」, 정윤재 외, 『한국정치사상의 비교연구』(한국정신문화연구원, 1999).
진덕규, 『한국정치의 역사적 기원』(지식산업사, 2002).
카이사르, 『갈리아戰記』, 박광순 역(범우사, 1990).
한국학중앙연구원, 「세종의 국가경영」, 세종국가경영연구소 창설기념학술대회 발표논문집(2005. 5)

Arendt, H., *Eichmann in Jerusalem: A Report of the Banality of Evil* (New York: The Viking Press, 1963).

Collins, Randall, *The Sociology of Philosophies: A Global Theory of Intellectual Change* (Cambridge, Mass. and London: The Belknap Press of Harvard Press, 1998).

Gadamer, Hans-Georg, *Truth and Method*, translation revised by Joel Weinsheimer and Donald G. Marshall (Second, Revised, Ed., Continuum: New York, 1998).

Heidegger, Martin, *On the Way of Language*, tr. by Peter D. Hertz (San Francisco: Harper & Row, Publisher, 1971).

_____, *What is Called Thinking*, tr. by Fred D. Wieck and J. Glenn Gray (New York: Harper Torchbooks, Harper&Row, 1968).

Hobbes, Thomas, *Leviathan*, ed., by Herbert W. Schneider (Indianapolis · New York: The Bobbs-Merill Company Inc., 1958).

Kwon, Hyeong-Ki, "Divergent Constitution of Liberal Regimes: Comparison of The American and German Automatic Supplier Markets," *Politics & Society*, Vol.31, No.1 (March, 2003).

Useem, Michael, *Leading Up: How to Lead Your Boss So You Both Win* (New York: Crown Business, 2001), 마이클 어셈, 『리딩업』, 김광수 역(모라비안 바젤, 2002).

찾아보기

(ㄱ)

가공언(賈公彦) 372, 405, 415-7
가례(家禮) 210, 268, 272, 358, 371, 397
가림토(加臨土) 70
가법(家法) 498, 510, 534
가지산파(迦智山派) 123
가치자유(Wertfreiheit) 21
가토 히로유키(加藤弘之) 638, 645
간관(諫官) 176, 226, 240, 242, 247-8, 258
감동의 정치 289-91, 294
갑술환국(甲戌換局) 361
갑신정강(甲申政綱) 607-15
갑신정변(甲申政變) 545-6, 565-8, 606-26, 635, 719
갑오개혁(甲午改革, 甲午更張) 263-4, 545-6, 563, 572-3, 606-77, 618, 622-25, 636, 689
갑인복제 예송 403-8, 411-3
강감찬(姜邯贊) 170
강수(强首) 120
강유위(康有爲) 637, 644
강종(康宗) 189
강학(講學) 202, 493-6, 508
강학회(講學會) 468, 474
강홍립(姜弘立) 389
개국통상(開國通商) 605
개량적 개화론 549, 562
개별주의적인 어프로치 18, 21
개신유학(改新儒學) 429-31

개체성 18, 21, 427, 440-2, 453-60, 584, 656-7
개화사상(開化思想) 383, 541-3, 549-50, 557, 562, 565, 589, 605-8, 609, 617-8, 621, 636, 639, 645, 685, 688, 694
개화파(開化派) 535, 544-5, 547-50, 556-7, 560-8, 572-7, 601, 606-27, 631, 635, 642, 658, 694, 697
『갱장록』(羹墻錄) 496, 511
거경궁리(居敬窮理) 243, 257
거문도(巨文島) 568, 570
거사불교(居士佛敎) 199
거서간(居西干) 45, 52
건국시조 56
건국신화 30-4, 45
건설적 내셔널리즘 607
걸사표(乞師表) 99
견성성불(見性成佛) 125-6
견훤(甄萱) 121, 129, 134
『경국대전』(經國大典) 212, 242, 248, 250, 262-79, 372, 405-10
경대승(慶大升) 173, 178, 180-2
경덕왕(景德王) 93, 119, 128
경성콤그룹 671
경신대출척(庚申大黜陟) 363
경신복제 예송 404
경연(經筵) 201, 207, 243-4, 248-9, 257, 283, 292, 495, 498, 508, 511, 527, 529
경장(更張) 239, 329, 341, 531
『경제문감』(經濟文鑑) 196, 223, 225

경종(景宗, 고려)　　145, 150
경종(景宗, 조선)　　365, 400
경천애인(敬天愛人)　　81, 306
계급투쟁　　669, 719
계몽적 자유주의　　692
계몽주의　　618, 621, 637, 639, 687-92, 696-7, 701-5
『계백료서』(誡百療書)　　134
계술(繼述)　　493
계연수(桂延壽)　　65
계율종(戒律宗)　　122
계체(繼體)　　417
고가이슬(Antonie Gogeisl, 鮑友管)　　475
『고려사』(高麗史)　　201-2
고례(古禮)　　409-10, 498
고설(高契)　　70
고약해(高若海)　　243
고영문(高穎聞)　　543, 553
고조선(古朝鮮)　　27-31, 54, 62-72, 79, 80-1
고종(高宗, 고려)　　143, 157, 183-9
고종(高宗, 조선)　　264, 545, 573-6, 595, 625, 631, 689, 694
고주몽(高朱蒙)　　32-4
고증학(考證學)　　429, 435-6
고추가(古離加)　　39-40, 50
고층(古層)　　29, 56-7, 747
골품제(骨品制)　　52, 119-21, 143
공론(公論)　　220, 240-7, 257, 344-7, 496
공론장(public space)　　710, 744
공론정치(公論政治)　　240-9, 257
공리공론(空理空論)　　363
공리주의　　235, 637
공민왕(恭愍王)　　154, 158-9, 198, 201, 217-8, 228
공법(貢法)　　249, 263
공복제정(公服制定)　　94-5
공서파(攻西派)　　473, 488
공수학회(共修學會)　　647
공양왕(恭讓王)　　204, 219-21, 233-4, 262
공의당(公議堂)　　554-5
공자(孔子)　　83-4, 119, 193, 200, 209, 224, 229, 232, 263-8, 271-4, 289, 292, 315, 341, 481, 493, 519, 546, 738
공전법(公田法)　　530-1
공화제　　265, 481, 609, 631, 687-8, 697-705, 747
곽기락(郭基洛)　　543-5, 551
곽재우(郭再祐)　　362, 384
관동학회(關東學會)　　647
관음신앙(觀音信仰)　　110
관점의 상대화　　441
관정(灌頂)　　101
『관정경』(灌頂經)　　100, 102
광명이세(光明理世)　　80, 87
광무개혁(光武改革)　　545-6, 636, 689
광조사(廣照寺)　　123
광종(光宗)　　144, 149, 150, 169
광해군(光海君)　　368, 389, 390, 395
교관병수(敎觀幷修)　　145, 147
교남학회(嶠南學會)　　647
교선일치(敎禪一致)　　145, 150-1
교외별전(敎外別傳)　　124, 126
교정도감(敎定都監)　　182
교조주의(敎條主義)　　17
교종(敎宗)　　122-7, 142-52, 157
교학불교　　150, 157
교화(敎化)　　225, 276-8, 283, 292, 303-7, 316-20, 322, 326, 337, 343, 346, 354
구미입헌정체　　608, 610, 612, 620
구베아(Alexander de Gouvea: 湯士選)　　475, 477, 480
구본신참(舊本新參)　　545
구산선문(九山禪門)　　154
구술적 의사소통　　727-30
구장(舊章)　　494
국가불교　　91-105

국가유기체론　312
국가의식(國家意識)　141, 587, 588, 648
국가진호(國家鎭護)　140-3, 151
국권수호운동　520, 630
국민교육회(國民敎育會)　646
국민국가　567, 606-7, 615, 624, 628, 703
국민불교　105-6
국민의회　669
국민적 통합　578, 614-6
국민주권　585
국시(國是)　345, 492, 496, 499, 506-7
국자감(國子監)　200
국제(國制)　407-11
국제공산주의운동　719
국제레닌학교　671
국제적 민족주의(國際的 民族主義)　720
『국조보감』(國朝寶鑑)　496, 511
『국조오례의』(國朝五禮儀)　372, 404
국중대회(國中大會)　43-5, 50, 55-7
국학(國學)　119-20, 200, 217, 275
군국기무처(軍國機務處)　622-5
군권(君權)　170, 501-2, 511, 611-2, 625
군민공치(君民共治)　611, 688
군신공치체제(君臣共治體制)　501
군신복(君臣服)　414-7
군신분의(君臣分義)　500
군주추대론　426, 448
굴산사(崛山寺)　123
궁내부(宮內府)　576, 623
궁예(弓裔)　129, 134
권근(權近)　195-6, 202, 204-5, 219, 232-3
권대운(權大運)　412
권도(權道)　240, 243, 263
권돈인(權敦仁)　511-2
권동진(權東鎭)　717
권상연(權尙然)　476
권상하(權尙夏)　376, 379, 380-3, 396, 400
권시(權諰)　407, 413
권일신(權日身)　437
권희(權憘)　471
귀산(貴山)　99
귀속주의(歸屬主義)　355-6
귀족 불교　105, 125
귀족회의　50, 56-8
균여(均如)　144-5, 149-50
균전론(均田論)　445
근대성(近代性)　583-4, 590
근대화(서구화)　475, 541, 547, 560-4, 578, 606, 617, 685, 686
『근사록』(近思錄)　496
금강산(金剛山)　53, 133
금곡사(金谷寺)　99, 103
금산사(金山寺)　128
금와(金蛙)　32-3
급진개화파　549, 561, 622, 624
기년복(期年服)　372-3, 404-17
기능개체(機能個體)　442
기능적 유기체 논리　443
기능적 평등론(機能的 平等論)　454
기대승(奇大升)　361
기묘사화(己卯士禍)　283, 296, 300, 328
기미독립선언　690-6, 700
기미책(羈縻策)　389
기발일도설(氣發一途說)　427
기사환국(己巳換局)　361-3
기자(箕子)　396
기자팔조(箕子八條)　397
기정진(奇正鎭)　475, 518
기준(奇遵)　286
기해복제 예송　403-8, 410-4, 416
기호학파(畿湖學派)　326, 332, 368-9, 376
기호흥학회(畿湖興學會)　647
길재(吉再)　282-4
김가진(金嘉鎭)　622, 638
김개남(金開南)　594

김경서(金景瑞)　389
김관주(金觀柱)　507
김굉필(金宏弼)　282-5, 288, 301, 352, 397
김교헌(金敎獻)　717
김구(金九)　722
김구(金構)　300
김구용(金九容)　201
김구주(金龜柱)　507
김달순(金達淳)　507
김대건(金大建)　426, 472, 482-4, 499-509
김덕령(金德齡)　587
김득배(金得培)　211
김로(金鏴)　509-10
김만균(金萬均)　385
김만중(金萬重)　469
김병기(金炳冀)　504
김병학(金炳學)　475
김부식(金富軾)　52, 65, 170
김사형(金士衡)　231
김상헌(金尙憲)　369, 374, 392-4
김석주(金錫冑)　410
김성규(金星圭)　599
김성수(金性洙)　712, 715
김성일(金誠一)　362, 364, 369
김성희(金成喜)　638
김수홍(金壽弘)　407
김수홍(金壽興)　409, 411
김숙자(金淑子)　282
김시습(金時習)　426-8, 433
김식(金湜)　288, 296, 300
김약선(金若先)　178
김옥균(金玉均)　547, 556, 565-8, 570, 608, 613, 615
김우증(金友曾)　295-6
김원봉(金元鳳)　722
김원행(金元行)　379, 381
김유근(金逌根)　504, 509, 510
김유례(金有禮)　254
김육(金堉)　384-6, 437, 474

김윤경(金允經)　716
김윤식(金允植)　545, 548-50, 555-7, 565, 571
김윤후(金允侯)　162
김율희(金律熙, 蘇律熙)　127
김익정(金益精)　742
김인근(金仁根)　510
김인순(金仁淳)　382
김자안(金自安)　251
김장생(金長生)　369, 371
김정집(金鼎集)　509
김정희(金正喜)　437, 512
김조근(金祖根)　510
김조순(金祖淳)　504, 507-10
김종수(金鍾秀)　507
김종직(金宗直)　282-7, 351-4, 358-9, 397
김좌근(金左根)　504, 511
김준(金俊)　174, 187
김집(金集)　369, 385
김창협(金昌協)　369, 379
김창흡(金昌翕)　379
김천일(金千鎰)　363
김평묵(金平默)　518-9, 528-33
김하(金何)　252
김학진(金鶴鎭)　598-600
김한록(金漢祿)　507
김홍집(金弘集)　542, 565, 622-4, 627
김효원(金孝元)　357-8, 362
김흥근(金興根)　504

(ㄴ)

나정(蘿井)　45
나철(羅喆)　717
낙론(洛論)　379-81, 383
남공철(南公轍)　507
남당(南堂)　52, 56-7
남인(南人)　361-3, 368, 372-3, 380, 389, 394, 399, 407, 411-4, 419-20, 473,

506-9
내각제도　　608-13, 622-6
내성(內聖)　　306, 319
내수책(內修策)　　526, 551
내시부(內侍府)　　610
내정개혁　　518, 526, 584, 600, 624
노자(老子)　　83-4, 472
노장사상(老莊思想)　　463
농본주의(農本主義)　　278-9, 600
『농정신편서』(農政新編序)　　546

(ㄷ)

다라니(陀羅尼, dhāranī, 眞言)　　110
다물(多勿)　　82
다윈(Charles Darwin)　　644
다케우치 요시미(竹內好)　　739-41
달레(C. Dallet)　　479
당쟁(黨爭)　　304-5, 352-66, 382, 414, 419, 447, 487, 737
대간(臺諫)　　245-8, 287, 298-9, 306, 312
대공복(大功服)　　373, 408-10
대대로(大對盧)　　50, 56-7
대마도정벌　　255, 743
『대명률』(大明律)　　372, 405
대명의리론(大明義理論)　　374-7
대보단(大報壇)　　376-7, 399-400
대북파(大北派)　　389
대성학교(大成學校)　　644
대소(帶素)　　33
『대승기신론』(大乘起信論)　　106-8
대안(大安)　　111
대장경(大藏經)　　143, 153, 157, 161-3
대종교　　716
대중동원(mass mobilization)　　116, 127-9
대중불교　　105-6, 111
대통(大統)　　406, 408, 410-1, 416-8
『대학』(大學)　　201, 496
대한인국민회　　693-8

대한자강회(大韓自强會)　　642, 651, 698
덕치주의(德治主義)　　270, 275, 310, 353-4, 366, 396
〈뎨국신문〉　　637
도가(道家)　　116, 133, 146, 199
도굴산파(闍崛山派)　　123, 127
도당(都堂)　　52
도덕적 근본주의　　301-2
도덕적 엄격주의　　290
도방(都房)　　181-2, 188
도선(道詵)　　131-3, 155-6
도신징(都愼徵)　　409
도연명(陶淵明)　　284
도요토미 히데요시(豊臣秀吉)　　364
도윤(道允)　　123
도의(道義)　　123
도참사상(圖讖思想)　　116, 129, 130-1
도통(道統)　　219, 220, 257, 281, 287
도학(道學)　　281-4, 308, 326, 352, 394-7
도헌(道憲)　　123
도이힐러(Martina Deuchler)　　194
〈독립신문〉　　546, 561-3, 578, 580, 627-9, 637, 688, 694, 697
독립협회　　575-7, 607, 625-31, 636, 642, 649, 689, 694-9
독서삼품과(讀書三品科)　　119-20
독아론(solipsism)　　748
돈오점수(頓悟漸修)　　146
동도서기론(東道西器論)　　541-57, 561-3, 621, 641
『동도성립기』(東都成立記)　　100, 103
동리산파(桐裏山派)　　123
동맹(東盟)　　40, 55, 82
동양삼국연대론　　537
동양주의(東洋主義)　　578-81, 657
동인(東人)　　358-64, 368
동인학회(同寅學會)　　647
동중서(董仲舒)　　307
동학(東學)　　58, 561, 583-94, 597, 600,

602-6, 685, 694, 703
동학혁명　　545, 584-5, 590, 595, 598, 601-2
동화주의　　715, 719

(ㄹ)

랑그(langue)　　727
러시아혁명　　663-75, 680, 702
루이 필립(Louis Philip)　　484
리델(F. C. Ridel)　　484
리훙장(李鴻章)　　566, 572
링컨(Abraham Lincoln)　　749

(ㅁ)

마루야마 마사오(丸山眞男)　　739-41
마르크스(Karl H. Marx)　　487
마테오 릿치(Matteo Ricci)　　468-9, 471, 483, 487
마한(馬韓)　　29, 42, 55
만국공법(萬國公法)　　543, 547-8, 553, 568, 639
만권당(萬卷堂)　　197, 202
『만기요람』(萬機要覽)　　508
만다라(曼茶羅, maṇḍala, 輪圓具足)　　110
만동묘(萬東廟)　　376-7, 396, 400
만민공동회(萬民共同會)　　58, 546, 627, 630, 636, 697
맑스·레닌주의　　663, 675-82
망궐예(望闕禮)　　392
망이(亡伊)·망소이(亡所伊)　　162
매복(梅福)　　418
〈매일신문〉　　637
맹사성(孟思誠)　　250
맹자(孟子)　　204, 211, 218, 223-28, 230-7, 263, 266, 268, 271, 274, 309, 315, 332, 340-2, 519

명랑(明朗)　　93, 97-8, 100-6
『명률』(明律)　　262, 269, 273, 276
명분론(名分論)　　272, 321, 380, 384-6, 391, 459, 500
명종(明宗)　　303, 305
모문룡(毛文龍)　　390
모방(P. P. Maubant)　　477, 480
모자복(母子服)　　415-7
모즉지 매금왕(牟卽智 寐錦王)　　95
모화사상(慕華思想)　　267-9, 279
목태석(睦台錫)　　509
몽여(夢如)　　146
묘청(妙淸)　　162, 170
무불교체(巫佛交替)　　98
무신난(武臣亂)　　167-8, 171, 180, 186, 187-9, 195, 198-9
무염(無染)　　123
무오사화(戊午士禍)　　284, 286-7
무위(無威)　　173, 185
무이종이묘설(無二宗二廟說)　　418
무인정권　　146-7, 152-3, 157, 160, 167-8, 172, 176-82, 185-90
무진육조소(戊辰六條疏)　　306
무천(舞天)　　41, 55, 82
문두루비법(文豆婁, mudra, 神印)　　100, 102, 106
문명개화론　　561-4, 580, 645, 688-9
문묘종사(文廟從祀)　　360
문벌폐지　　613
문일평(文一平)　　720
문종(文宗, 고려)　　143, 145, 150-1, 157, 169-70
문화정치　　664, 666, 709, 711, 718
물리(物理)　　460
물산경쟁(物産競爭)　　650
물지리(物之理)　　438
미국식 혼합정부　　700
미륵신앙　　116, 127, 128, 129
미타신앙(彌陀信仰)　　110

민권(民權)　　　544, 590, 611-2, 618-9, 627-8, 631
민권사상　　590, 612, 616, 619, 628-9
민립대학설립기성회　　714, 717
민본사상(民本思想)　　58, 223, 313-7, 320-1, 341-2, 345-6, 352
민본정치(民本政治)　　314-6, 320-1, 518
민은(民隱)　　499
민의(民意)　　315-6, 321, 342-5
민족개조론　　556, 711-5, 721-2
민족독립운동　　664, 666, 680-1, 694
민족말살정책　　710
민족문화건설론　　711, 721-2
민족자결주의　　695, 697-8, 701, 704
민족적 국제주의(民族的 國際主義) 720
민족정체성　　718
민족주의(民族主義)　　472, 519, 537, 575, 583, 593-4, 597-602, 606, 649, 654-5, 659, 663, 678-81, 685, 688, 690, 694-7, 701-5, 719
민족주의자　　693, 696, 698, 711, 714-7
민족해방운동　　664-8, 670, 678, 680, 701-3, 721
민주공화제　　699
민주주의(民主主義)　　87, 265-6, 311, 313, 317, 347, 426, 557, 584, 599, 615, 628, 632, 699
민회(民會)　　30, 39, 43-50, 54-8, 594, 600, 611-2, 617
밀교(密敎)　　98-103, 108-11

(ㅂ)

바벨탑　　733
박기종(朴淇鍾)　　543, 552
박상충(朴尙衷)　　201
박세당(朴世堂)　　373-4, 377, 385-6, 409, 432, 437
박세무(朴世茂)　　65
박세채(朴世采)　　369, 371
박영(朴英)　　361
박영효(朴泳孝)　　547, 556, 565-8, 572-4, 607-8, 611-2, 616, 623
박은(朴訔)　　243
박은식(朴殷植)　　64, 579, 635-6, 638, 640-8, 650-60, 688, 716
박의중(朴宜中)　　201
박정양(朴定陽)　　571, 631
박제가(朴齊家)　　377, 437, 474, 506
박지원(朴趾源)　　377, 437, 448, 450-2, 455-8, 460-3
박팽년(朴彭年)　　286
박포(朴苞)　　742
박필주(朴弼周)　　379
박헌영(朴憲永)　　667, 670-4
박혁거세(朴赫居世)　　29, 45-8, 51, 56, 80
반란의 집단화　　115
반청척화(反淸斥和)　　393
발란반정(撥亂反正, 反正)　　287-9, 301
방지달간설(傍枝達幹說)　　418
백남운(白南雲)　　667, 675-8, 680
백색우월주의(Western triumphalism)　　486
벌열(閥閱)　　493, 500-13
범일(梵日)　　123
법가사상(法家思想)　　273
법계연기(法界緣起)　　108
법상종(法相宗)　　145
법성(法性)　　109-10
법성종(法性宗)　　122
법언(法言)　　162
법흥왕(法興王)　　92-7, 139
베네딕트 14세(Benedic XIV)　　476
베르뇌(Siméon F. Berneux)　　479
베버(M. Weber)　　21
벽이단론(闢異端論)　　376, 378
벽파(僻派)　　505-7
변법(變法)　　545-6, 639

변법적 개화론　549
변안열(邊安烈)　219
변옥(卞鋈)　543, 553
변통(變通)　294, 331, 337-9, 338, 347, 639
변한(弁韓)　29, 42
변혁 논리　425-8, 432
병자호란(丙子胡亂)　368, 370, 373-6, 382, 385, 390-2, 397-9, 447, 573
보림사(寶林寺)　123
보우(普愚)　147-8, 153-4, 158
보은집회　592-3, 598, 600
보편주의적 어프로치　18, 21
복고(復古)　263, 273, 277, 288, 295
복정우왕(復政于王)　187
볼셰비키　667-70, 673-5, 680
봉건적 정치체제　605
봉림산파(鳳林山派)　123, 127
봉사10조(封事十條)　173-6
봉엄사(鳳嚴寺)　123
부국강병(富國强兵)　543-4, 548, 552-7, 565, 606-8, 617, 620-1
부국론(富國論)　440-1
부국안민(富國安民)　464
부르조아 지식인　665
부여(夫餘)　28-9, 33, 37-9, 46, 55, 266
북벌론(北伐論)　375, 377
북애(北崖)　65
북인(北人)　359, 363, 368
불교식 왕명시대　93, 95, 97-8
불교외호(佛敎外護)　140-1, 149, 151, 156, 162-4
불교의 대중화　105, 111
불교치국책　101
불립문자(不立文字)　124-6
불변지법(不變之法)　274
불사이군(不事二君)　282-4
『불씨잡변』(佛氏雜辨)　196, 232-7
블룬츨리(J. K. Bluntschli)　659
비보사찰(裨補寺刹)　132

비보사탑설(裨補寺塔說)　155-6
비오 12세(Pius XII)　481
비타협적 민족주의자　714
비폭력불복종운동　534
빠롤(parole)　727

(ㅅ)

사단칠정(四端七情)　313, 320, 332, 382
사대(事大)　227, 229, 230-1, 255, 269, 391-5, 559, 565
사령지(四靈地)　53, 56
사례(四禮)　371
사론(士論)　244, 257
사림(士林)　245, 282-4, 286-9, 294, 301-3, 311, 314, 352, 356, 358, 361-2, 389, 391, 394-5, 399-400, 420
사상사적 연구　19
사상사학(思想史學)　20
사상적인 중층(重層) 구조　118
사상탄압　665, 675
『사서집주』(四書集注)　219
사소(事小)　229-31
사악함의 평범성(banality of evil)　733
사자산파(師子山派)　123
사종설(四種說)　405, 409, 415, 417
사출도(四出道)　37
사회구성원리　419
사회주의　663-7, 702-4
사회주의 지식인　665-6, 671
사회주의 혁명　663-7, 669-73, 681
사회진화론　426, 637, 643-4, 659-61, 688, 696
사회혁명사상　665, 666, 680
삭훈(削勳)　299-300
산림(山林)　494-9, 502-5, 509-11
『삼국사기』(三國史記)　27, 39, 47, 52, 63-5, 70-3, 83-6, 130, 134, 266, 645
『삼국유사』(三國遺事)　27, 31, 39, 47,

61-7, 70, 84, 100, 147, 153, 158
『삼국지』(三國志)　28, 30, 36-9, 41
삼국통일　91-3, 103-4, 107, 110, 115, 118, 124, 141-3, 148
삼년복(三年服)　372-3, 404-5, 413
삼별초(三別抄)　147, 182-3, 188, 190
삼위태백(三危太白)　32, 34
3·1운동　592, 663, 666, 670-1, 680, 685-717
삼전도(三田渡)　385, 391, 573
삼정(三政)　554
삼학사(三學士)　394
상경(常經)　243
상대관(相對觀)　456-9, 462-3
상대적 인식론　456-8, 460-2
상대적 평등성　458, 464
상복(喪服)　372, 403, 406-16
상해임시정부　667-700
상향적 리더십(upward leadership)　742
쌍무성　156-8, 163-4
서경덕(徐敬德)　362, 369, 372, 383, 385-6, 426-8, 433, 441, 456
서도서기(西道西器)　541, 549-50, 556, 641
서라벌(徐那伐)　45
서량지(徐亮之)　64
서매수(徐邁修)　507
서방(書房)　182, 187
서법(西法)　544, 550
서부(庶婦)　408-13
서북학회(西北學會)　647
서세동점(西勢東漸)　517, 524, 560, 606, 609
서손(庶孫)　409
서우학회(西友學會)　647
서유거(徐有渠)　437
『서유견문』(西遊見聞)　563, 569, 618
서인(西人)　358-64, 368, 372-4, 389-90, 394, 407, 411-3, 419, 420
서자(庶子)　372, 404-10, 416-8

서재필(徐載弼)　556, 567, 627-8, 688, 694, 699
서준보(徐俊輔)　509
서필원(徐必遠)　385
서학(西學; 천주학)　378, 426-8, 430, 435-7, 440-1, 447, 463, 467-75, 478, 480-3, 488, 492, 518-20, 524, 536, 583, 586
서희순(徐憙淳)　509
선덕여왕(善德女王)　97-102, 122-3
선법후형(先法後刑)　273, 276, 279
선왕(先王)　477, 491-8, 507, 507-12
선왕지제(先王之制)　175, 181
선조(宣祖)　242, 257, 297, 301-6, 327, 357, 360-3, 387-8
선종(禪宗)　94, 116, 122-7, 131, 142-9, 152, 154, 157
선지(先志)　493, 495
설총(薛聰)　120
섭정체제(攝政體制)　492, 502, 510
성경(誠敬)　495
성균관(成均館)　201, 207
성근묵(成近默)　496, 510-1
성기(性起)　108-10
성리학(性理學)　147-8, 154, 193-5, 198-213, 242-8, 257, 268, 281-2, 313-26, 330-2, 346, 351-8, 361-3, 366-78, 380-5, 425-42, 486, 585, 606, 640
성삼문(成三問)　286
성악설(性惡說)　275
성의정심(誠意正心)　498
성인(聖人)　221, 306-8, 316-9, 333-4
성주산파(聖住山派)　123
성학(聖學)　243, 257, 305-10, 325, 335-6, 492, 494-500, 505
성학론(聖學論)　493-512
성학십도(聖學十圖)　304-6
『성학집요』(聖學輯要)　496

성해응(成海應)　437
성헌(成憲)　288, 338, 493-4
성현정치(聖賢政治)　306, 309-12, 320-1
성호학파　469
성혼(成渾)　362-3, 383-5, 397
세년가(世年歌)　63, 72-3
세도(世道)　497, 501-5
세도(勢道)　437, 491-2, 496-9, 501-12, 556
세력균형　557, 576-8
세속오계(世俗五戒)　83, 99
세실(M. Cécille)　484
세조(世祖)　233, 263, 284-7, 328
세종(世宗)　239, 240-58, 263, 272, 725, 737, 741-9
세종학　747-8
소격서(昭格署)　297-8
소도(蘇塗)　36, 42, 82
소벌공(蘇伐公)　45-6
소비에트 러시아　663-5
소수림왕(小獸林王)　139
소쉬르(Ferdinand de Saussure)　727
소옹(邵雍)　281
소중화주의(小中華主義)　230, 269, 368, 398-400, 459, 523, 586
소크라테스　728, 731, 747
소학(小學)　282-4, 288, 319
소학동자(小學童子)　283
소현세자(昭顯世子)　391, 405, 411
『속고승전』(續高僧傳)　98, 99
속주(俗主)　493
손병희(孫秉熙)　703
손실답험법(損實踏驗法)　249
손화중(孫華仲)　594
송계간(宋啓幹)　509
송내희(宋來熙)　510
송능상(宋能相)　496, 511
송시열(宋時烈)　212, 361, 363, 369, 372-6, 380-5, 390-400, 404-17, 519, 586
송준길(宋俊吉)　372, 374, 405-7, 413
송치규(宋穉圭)　509
송환기(宋煥箕)　494
수구파　545, 631
수기치인(修己治人)　236, 283, 306, 308, 319, 335-6, 429, 499
수두교(蘇塗敎)　67, 82
수렴청정(垂簾聽政)　502-7
수로(首露)　47-9, 56
수미산파(須彌山派)　123, 127
수선사(修禪社)　146, 152
수신론(修身論)　500
수제치평(修齊治平)　310, 315
수차(Policarpo de Souza)　478
수혈(隧穴)　40
숙의(熟議)의 정치　249, 251, 257
숙종(肅宗)　361-3, 376-7, 399, 404, 411-2
순원왕후(純元王后)　510
순자(荀子)　275
순조(純祖)　437, 492-8, 501-11
숭명배금(崇明排金)　390
숭명배청(崇明排淸)·숭명반청(崇明反淸)　375, 389-94, 398
숭정학벽이단(崇正學闢異端)　518, 520
슈미트(Carl Schmitt)　420
스펜서(H. Spencer)　638, 645, 654, 660, 696
승과제(僧科制)　140, 149
승중(承重)　408, 410, 415-6
시군(時君)　493
시라카와 요시노리(白川義則)　722
시무28조(時務二十八條)　169, 199
시무론(時務論)　550, 556-7
시무책(時務策)　121, 321, 329, 547-51, 554, 563
시의(時宜)　240, 337, 340-1, 346, 641
시조묘　56
시파(時派)　506-7

식민사관　419
식민주의　64, 71, 73
식민지근대화론　675, 679
식산흥업(殖産興業)　643, 649, 650
신간회(新幹會)　717, 722
신경준(申景濬)　437
신광보살(神光菩薩)　129
신궁(神宮)　56
신권(臣權)　170, 303, 372-3, 481, 486
신기선(申箕善)　546-9
신단수(神檀樹)　32, 34, 44, 55, 61, 67
신라불국토사상　100-1
신라삼보(新羅三寶)　101
신모설(臣母說)　413, 418
신사척사개화논쟁(辛巳斥邪開化論爭)　542
신상(申鏛)　300
신석조(辛碩祖)　245
신시(神市)　32, 35, 44, 55, 61, 67, 69, 70, 78
신역불교(新譯佛敎)　105
신인종(神印宗)　103
신임사화(辛任士禍)　365
신정정치(theocracy)　35
신종(神宗)　375, 388, 392, 396, 399
신지(神誌)　70, 75, 78
신채호(申采浩)　64, 635-8, 642-4, 647, 652-9, 688, 716, 725
신한청년당　695
신후담(愼後聃)　437, 469
신흠(申欽)　384, 386
신흥사학　678
실공(實功)　340-1
실력양성론　691, 696, 711-2, 712, 715, 717
실상산파(實相山派)　123
실정(實政)　497-8
실학(實學)　321, 326-7, 339, 347, 377, 383, 420, 425-38, 440-2, 447-3, 470-2

실현가능한 이상사회(actualizable utopia)　746
심광수(沈光洙)　407
『심경』(心經)　496
심법(心法)　494, 496
심상규(沈象奎)　507
심성론(心性論)　326, 330-1
심수관(沈壽官)　73
심온(沈溫)　243
심의겸(沈義謙)　357, 358, 362
심정적 통합　616-7
심학(心學)　495, 500, 512
심환지(沈煥之)　507
『십문화쟁론』(十門和諍論)　123
17년간의 긴 토론　249

(ㅇ)

아관파천(俄館播遷)　545, 575, 627
아국(我國)　583, 587-8
아담 샬(Adam Schall, 湯若望)　475
아렌트(Hanna Arendt)　733, 739, 744
아리스토텔레스(Aristoteles)　210, 637
아사리(acārya, 대스승)　100
아이히만(Adolf Eichmann)　733
아퀴나스(Thomas Aquinas)　485
안경수(安駉壽)　622
안당(安瑭)　300
안동 김씨　501, 511-2
안우(安祐)　211
안재홍(安在鴻)　710, 714, 716-20
안정복(安鼎福)　437, 473
안중근(安重根)　580, 701
안창호(安昌浩)　636, 688-90, 693-5
안향(安珦)　198-201
안홍(安弘)　93, 97-9, 100-3,
알렉쉐프(Kerr Alexieff)　630
알성시(謁聖試)　289-91
압제(壓制)정체　620

애국계몽운동　　688-9, 694
애민(愛民)　　497-8
야별초(夜別抄)　　182
야소교(신교)　　542-3, 553
약법삼장(約法三章)　　275
약육강식(弱肉强食)　　638-9, 642-3, 651, 655, 696
양계초(梁啓超)　　637, 644, 659, 688, 696
양녕대군(讓寧大君)　　243
양득(兩得)　　555, 566, 571
양명학(陽明學)　　428, 432, 435-6
양무운동(洋務運動)　　542, 545, 617, 637
양물금단론(洋物禁斷論)　　518, 532
양민(養民)　　334, 342-3, 346
양절론　　556, 570-1
양편(兩便)　　555, 566
양호(楊鎬)　　388
어양론(禦洋論)　　532
언로(言路)　　248, 343-7
엄복(嚴復)　　637-8, 644, 688, 696
여운형(呂運亨)　　695, 722
여자교육회(女子敎育會)　　647
역성혁명(易姓革命)　　58, 227, 233, 342
연경사(燕京使)　　468
연기변증법(緣起辨證法)　　110
연등회(燃燈會)　　142, 150, 159
연산군(燕山君)　　283, 286-8, 296-9, 314, 357
열반종(涅槃宗)　　122
영고(迎鼓)　　38, 55, 82
영남만인소(嶺南萬人疏)　　542
영남학파(嶺南學派)　　326, 332, 368, 369
영약삼단(另約三端)　　571
영조(英祖)　　264, 365, 376-7, 400, 437, 441, 492-8
예맥(濊貊)　　28, 39
예송(禮訟)　　372-3, 382, 403, 413, 418
예안향약　　316
예종(睿宗)　　263, 285

예주법종(禮主法從)　　273, 276, 279
예치(禮治)　　270-2, 279, 371, 403, 420, 421
예학(禮學)　　368, 370, 373, 382, 419, 420
오달제(吳達濟)　　393
오례(五禮)　　370
오쿠보 도시미치(大久保利通)　　617
오태증(吳泰曾)　　478
오희상(吳熙常)　　509
옥산궁(玉山宮)　　72
옥저(沃沮)　　29, 39, 41
온건개화론　　549, 562
왕감주(王弇洲)　　63
왕권(王權)　　145, 149-51, 163, 170, 183, 187, 193, 211, 372, 420, 481-2
왕도(王道)　　271, 276, 310, 320, 365, 495, 517, 518
왕도사상(王道思想)　　308, 320
왕도정치(王道政治)　　274, 297, 305, 307, 321, 335, 352, 354, 396, 521-2
왕순식(王順式)　　127
왕양명(王陽明)　　384
왕자례부동사서설(王者禮不同士庶說)　　417
왕조 교체　　218-23, 229
왕즉불사상(王卽佛思想)　　95
외삽법(外揷法)　　467
외왕(外王)　　306, 319
요동공벌(遼東攻遼)　　218, 229
용수(龍樹)　　98
우사(雨師)　　32, 36, 61, 67
우승열패(優勝劣敗)　　638-9, 641-3, 649, 660, 689
우왕(禑王)　　208, 217-8, 262
우지산(于知山)　　53
우하영(禹夏永)　　437
우현보(禹玄寶)　　219
운사(雲師)　　32, 36, 61, 67
울진 봉평비　　95
원경왕후(元敬王后)　　243

원광(圓光)　　93, 97-9, 103
원균(元均)　　364
원두표(元斗杓)　　407, 413
원세개(袁世凱)　　569
원종(元宗)　　187-9, 197
원형(原型)　　18-9
원효(元曉)　　93, 104-11, 122, 143-6
위기지학(爲己之學)　291-2, 320
위로부터의 개혁　　605, 618, 620
위민사상(爲民思想)　　172-4, 352
위민정치(爲民政治)　　168-9, 173-5, 185-9
위백규(魏伯珪)　　437
위인지학(爲人之學)　　291
위정척사론　396, 400, 468, 517-36, 541-4, 549, 557, 562, 606, 694, 704
윌슨(Thomas W. Wilson)　695, 697, 744
유교(儒敎)　　30, 39, 49, 56-8, 95, 104, 116-20, 134-5, 167-201, 205, 223, 232-6, 242, 247, 263-79, 297, 306, 318, 321, 341-2, 346, 396, 433-5, 478, 481, 487, 491, 496, 499, 500-3, 517-21, 524-6, 530, 535-7, 541, 546-8, 552-7, 561-3, 579, 591, 636, 639, 646-7, 650, 658-9, 688, 703
유교국가(儒敎國家)　　117, 508, 524
유교정치(儒敎政治)　　243, 246, 308, 313, 583
유기환(兪箕煥)　　631
유길준(兪吉濬)　　556, 562-3, 569-75, 618, 621-2, 627, 647, 688, 696
유덕군주(有德君主)　　309, 310
유득공(柳得恭)　　437
유리론(有理論)　　427
유몽인(柳夢寅)　　468
유사눌(柳思訥)　　72
유성룡(柳成龍)　　362, 364, 369
유세철(柳世哲)　　407
유수원(柳壽垣)　　437
유식사상(唯識思想)　　105

유신국정(維新國政)　　626
유연불국토사상(有緣佛國土思想)　101
유인석(柳麟錫)　　471, 518, 522, 535-6
유자광(柳子光)　　286
유정현(柳廷顯)　　243
유중교(柳重敎)　　518
유형원(柳馨遠)　　327, 433, 436-9, 441
유화(柳花)　　32
유희령(柳希齡)　　72
육두품(六頭品)　　116-7, 120-1, 126, 143, 150
육용정(陸用鼎)　　550-1
육임제(六任制)　　592
육정육사(六正六邪)　　169
육조직계제(六曹直啓制)　　246
윤가기(尹可基)　　506
윤관(尹瓘)　　170
윤근수(尹根壽)　　362
윤동주(尹東周)　　721
윤봉구(尹鳳九)　　379, 381
윤봉길(尹奉吉)　　673, 710, 722
윤선거(尹宣擧)　　369
윤선도(尹善道)　　406, 407, 408, 413
윤선학(尹善學)　　543, 545
윤세복(尹世復)　　717
윤소종(尹紹宗)　　219
윤증(尹拯)　　369
윤지충(尹志忠)　　476-7
윤집(尹集)　　393
윤치호(尹致昊)　　638, 643, 688, 694, 697
윤행임(尹行恁)　　506
윤휴(尹鑴)　　369, 372-4, 404, 406-7, 411-7, 432, 437
율곡학파　　369, 372
율령(律令)　　94-5, 262, 267, 277
율전(律典)　　262
을묘복제 예송　　403, 406, 411-6
을미사변　　535, 545
을사늑약(乙巳勒約)　　525, 546

을파소(乙巴素)　78
음양본유(陰陽本有)　331
음양오행(陰陽五行)　130, 225, 330, 428
의려(義旅)　533
의론의 정치　743, 748
의리론(義理論)　368-9, 375, 500, 507
의상(義湘)　93, 104-11, 122, 143
의정부 서사제　244, 246
의정소(議政所)　609, 613
의종(毅宗)　167, 171, 189
의천(義天)　145-6, 151, 157
『의형이람』(議刑易覽)　262
의회설치운동　629
의회정치　748
이가환(李家煥)　437, 474, 506
이간(李柬)　379
이건호(李建鎬)　629
이경석(李景奭)　385
이고(李高)　167, 188
이광수(李光洙)　689, 691, 695, 712-5
이광정(李光庭)　471
이귀기천사상(理貴氣賤思想)　309, 321
이규경(李圭景)　437
이규보(李奎報)　33, 65, 199, 205
이긍익(李肯翊)　437
이기론(理氣論)　309, 320, 326, 330, 331-2, 434, 454-6, 460-2
이기심성론(理氣心性論)　371, 382
이기양(李基讓)　437
이기이원론(理氣二元論)　320, 427
이기일원론(理氣一元論)　362
이기지묘(理氣之妙)　331
이덕무(李德懋)　437
이덕형(李德馨)　587
이데올로기(ideologie)　16, 31, 35, 94-5, 125-7, 209, 266, 273-9, 356, 368, 384, 513, 557, 671, 676-8, 701, 704
이도쇄신(吏道刷新)　527-9
이동욱(李東旭)　473

이동휘(李東輝)　647, 667-71
이림(李琳)　219
이만손(李晩孫)　542-3
이면승(李勉昇)　509
이명(李茗)　65
이발(李潑)　362
이방실(李芳實)　211
이범석(李範奭)　722
이벽(李檗)　437, 468, 473-4
이병도(李丙燾)　63
이봉창(李奉昌)　722
이사부(異斯夫)　645
이산해(李山海)　362
이상재(李商在)　629, 714, 717
이상황(李相璜)　507
이색(李穡)　197-8, 201-5, 217-9
이수광(李睟光)　436-7, 441, 469
이순신(李舜臣)　364, 388
이숭인(李崇仁)　201, 204
이승만(李承晚)　688, 690, 694, 697, 699, 700
이승훈(李昇薰)　717
이승훈(李承薰)　437, 473-4, 478, 482
이승휴(李承休)　65
이시영(李始榮)　63
『이언』(易言)　553-4, 565
이언적(李彦迪)　301, 314, 352, 397
이엄(利嚴)　123, 144
이여송(李如松)　388
이역(李懌)　288
이용후생(利用厚生)　545-7
이유덕(李裕德)　251
이유태(李惟泰)　407, 413
이육사(李陸史)　721
이윤재(李允宰)　722
이의민(李義旼)　167, 171-5, 178, 180-1
이의방(李義方)　167, 178, 180-1, 185, 188
이이(李珥)　256, 303, 321, 325-47, 360-70, 396-7, 426-8, 433, 456, 462

이이첨(李爾瞻) 389
이익(李瀷) 433, 437-8, 440, 441, 444, 469
이인(李䄄) 506
이인거(李仁居) 390
이인부(李仁夫) 509
이인임(李仁任) 217
이자겸(李資謙) 170
이재(李縡) 371, 379
이적(夷狄) 200, 269, 398, 448, 457, 483, 517-8, 521-3, 535, 537, 547
이제마(李濟馬) 437
이제현(李齊賢) 197-202, 211
이준(李儁) 647
이준의(李俊儀) 178-8
이중화(李重華) 722
이중환(李重煥) 437
이차돈(異次頓) 92-4
이채(李采) 382
이청(李淸) 286
이청천(李靑天) 722
이토 히로부미(伊藤博文) 580
이통기국설(理通氣局說) 331, 335, 427
2·8독립선언문 689-91, 695-7
이하응(李昰應) 566, 568, 595-7
이항로(李恒老) 518-22, 526, 529, 530-3
이항복(李恒福) 587
이해(李瀣) 304
이현보(李賢輔) 316
이현일(李玄逸) 369
이황(李滉) 283, 285, 301, 304, 305-11, 314-22, 326, 351-3, 357, 361-2, 367-70, 397, 427, 433
이희승(李熙昇) 722
인간평등론 427
인경왕후(仁敬王后) 404
인내천(人乃天)사상 602
인물성동이론(人物性同異論) 313, 320
인민주권 597, 600, 602
인민평등권 614

인선왕후(仁宣王后) 403, 408-13
인식론 330
인심(人心) 222, 227, 243, 257, 310, 322, 333-4
인심도심(人心道心) 334, 343
인왕경(仁王經) 142, 160
인조(仁祖) 359, 372-6, 389-92, 403, 406
인조반정(仁祖反正) 360, 363, 368, 373-4, 389, 395, 411
인지리(人之理) 438
인합(人合) 415-8
일국일당원칙 666
일군만민(一君萬民) 616, 620, 628
일승사상(一乘思想) 108, 110
일연(一然) 65, 106, 147-8, 153-4, 158
임시발(任時發) 506
임연(林衍) 171, 187, 189
임영(林泳) 369
임오군란 545, 552, 565-6, 616
임유무(林惟茂) 171, 187
임진왜란(壬辰倭亂) 364, 368, 370-5, 382, 387, 392, 399, 426-8, 437, 447, 587-8
입헌공화제 658
입헌군주제 608, 610-17, 622-6, 636
입헌주의 616, 688, 692

(ㅈ)

자강주의(自强主義) 641-2, 691, 696
자격궁루(自擊宮漏) 742
자본주의(資本主義) 556-7, 597, 600-1, 605, 617, 644, 663-5, 669, 672-5, 679, 681
자산(子産) 274
자생적 민족의식 586
자연주의 270, 275, 279
자유민권사상 632
자유주의 637, 643, 649, 663, 688-91, 705

자율성   591
자의대비(慈懿大妃) 조씨(趙氏)   372, 403-18
자장(慈藏)   93, 97-8, 100-3, 122
자취삼년설   406-7, 413
자치론   711, 714, 717
『자치통감강목』(資治通鑑綱目)   219
장영실(蔣英實)   742
장유(張維)   286, 384, 386
장재(張載)   281
장지연(張志淵)   579, 635-52, 655, 688
장지영(張志暎)   716, 722
장현광(張顯光)   369
재미한인대표자회의   699
재상위임론   242, 245
재세이화(在世理化)   79, 81
재이(災異)   244, 249
재조번방(再造藩邦)   375
재조지은(再造之恩)   388-90
저항적 내셔널리즘   537, 607, 671, 681
적부(適婦)   408-11, 414
적손(適孫)   411
적장자(適長子)   404-5, 410, 415, 418
적통(嫡統)   372, 406
전륜성왕(轉輪聖王)   97, 101
전봉준(全琫準)   592-8, 600-1
전수설(戰守說)   533
전제개혁   219, 445
전제군주제(專制君主制)   115, 122, 125-6, 608-10, 613, 621, 624-6
전주화약(全州和約)   584, 595, 598, 602
전중(傳重)   405, 417, 418
전통주의(傳統主義)   491-4, 505
절검(節儉)   497-8
절영도(絶影島)   577
절의파(節義派)   282
점찰보(占察寶)   99
접(接)   584, 591-2
접포제(接包制)   584, 602

정경세(鄭經世)   369, 371
정광필(鄭光弼)   300
『정계』(政誡)   134
정교(鄭喬)   629
정구(鄭逑)   369, 371, 384
정국공신(靖國功臣)   296-300, 356
정당성   49, 144, 150, 155, 163, 167, 172-9, 181, 185-6, 195, 227, 241-2, 258, 287, 296, 309, 345, 373, 399, 498, 502-7, 589
정덕(正德)   547
정도(正道)   240
정도전(鄭道傳)   65, 196, 201-2, 205-6, 211, 219, 220-37, 241-45, 262, 268
정두원(鄭斗源)   473
정명론(正名論)   209, 272-3, 277
정몽주(鄭夢周)   201-4, 211-2, 221, 262, 282, 396, 397
정묘호란(丁卯胡亂)   390, 447
정방(政房)   182, 184, 187
정사암(政事巖)   51, 56-7
정세운(鄭世雲)   211
정순붕(鄭順朋)   286
정순왕후(貞純王后)   382, 504-7
정약용(丁若鏞)   356, 419, 434-7, 446-8, 450-7, 460-1, 468, 472-3, 478, 482, 506
정약전(丁若銓)   437
정약종(丁若鍾)   437
정약현(丁若鉉)   482
정여창(鄭汝昌)   301, 352
정온(鄭蘊)   392-3, 397
정이(程頤)   282
정인보(鄭寅普)   64, 429, 716, 720
정인지(鄭麟趾)   254
정인홍(鄭仁弘)   384, 386
정자(程子)   291, 318, 418
정조(正祖)   376-8, 382, 437, 469, 474, 482, 492-8, 505-11

정중부(鄭仲夫)　167, 173, 178, 180-1, 185
정지운(鄭之雲)　367
정철(鄭澈)　363
정체(正體)　405-6, 415, 417
정체론(政體論)　620
정치공동체　179, 203, 208-9
정치과정　140, 342, 491, 500-3, 733, 748
정치권력　19, 36, 144, 152, 162-3, 167-70, 198, 261, 351, 363, 503, 597, 613
정치사회　16, 19, 168-79, 182, 186, 189, 195, 199, 210, 304, 320-2, 334, 339, 342, 347, 353-8, 366, 380, 425, 517, 592
정치심리　618
정치적 반동기　218
정치적 사고(political thinking)　15-9, 30, 325, 329, 339, 345-7, 727-30, 733, 738, 741, 749
정치주체　585, 595, 598, 602
정치체제　180-1, 196, 207-8, 223, 242, 287, 426, 459, 501-3, 513, 526-7, 537, 605, 609-10, 613-4, 626, 698-9
정태화(鄭太和)　405
정토신앙(淨土信仰)　108-10, 123
정통성　16, 175-6, 189, 220, 223, 398, 419, 492, 511, 666, 700, 704
정학(正學)　378, 491-2, 518, 520, 524
정혜결사(定慧結社)　146, 157
정혜쌍수(定慧雙修)　146
정호(程顥)　282, 380
정화(鄭和)　362
제국주의　64, 71, 440, 480, 485-7, 541, 546, 551, 556-7, 561, 575-8, 580, 584, 626, 631, 644, 654-9, 663-9, 671-8, 681-2, 689, 696, 710-9
제도적 통합　617
제석천(帝釋天)　99
제소의원(製疏議員)　629
제속지법(齊俗之法)　274
제정분리(祭政分離)　36, 43
제정일치(祭政一致)　35-6, 43
제천의식(祭天儀式)　30, 37-9, 43-4, 49, 54-8
제한군주국가　626
제후탈종성서탈적설(諸侯奪宗聖庶奪嫡說)　418
조경(趙絅)　407
조광윤(趙匡胤)　293
조광조(趙光祖)　282-3, 286-305, 326, 351-2, 356
조득영(趙得永)　504, 507
조만식(曺晩植)　714, 717
조만영(趙萬永)　504, 509, 510
조병구(趙秉龜)　504, 511
조병식(趙秉式)　631
조보(趙普)　293
조상숭배　56
『조선경국전』(朝鮮經國典)　65, 196, 223, 225, 263, 268
조선공산당사건　671
조선내정개혁에 관한 건백서　567, 607, 611-2, 616, 623
조선민족혁명당　722
『조선봉건사회경제사』　679
조선사편수회　73
『조선사회경제사』　675, 679
조선어연구회(朝鮮語研究會)　716
조선인정치망명자회의　668
조선적 통치론　512
『조선책략』(朝鮮策略)　542, 553
조선학운동(朝鮮學運動)　716, 720
조성교(趙聲敎)　543, 552
조성기(趙聖期)　369
조소앙(趙素昂)　722
조손복(祖孫服)　414
조식(曺植)　361-2, 369, 372, 383, 385-6
조연(趙涓)　243

찾아보기 | 769

조운홀(趙云仡) 208
조원기(趙元紀) 289
조유신(趙由信) 742
조의제문(弔義帝文) 284-6
조인영(趙寅永) 504, 510, 512
조종(祖宗) 492-3, 498-9, 505, 507
조종성헌(祖宗成憲) 263
조준(趙浚) 194, 208, 219, 231
조헌(趙憲) 437
존동설(尊同說) 417
존명배청(尊明排淸) 369, 375
존복론(尊服論) 414-17, 420
존왕천패(尊王賤覇) 518
존존(尊尊) 415-20
존화양이(尊華攘夷) 375, 394-5, 399-400, 506, 518-20
종법(宗法) 404-8, 411-9
종속(宗屬) 관계 555, 559, 567, 608
종통(宗統) 373, 406-7, 413-18
주기론(主氣論) 362
주돈이(周敦頤) 282
주리론(主理論) 361, 362
주시경(周時經) 716
주어사(走魚寺) 468, 473
『주역』(周易) 296, 337-8
주자(朱子) 200, 205-9, 218-9, 222, 228, 232, 278, 303, 310, 315, 318, 320, 330, 334, 376, 395-7, 400, 418, 426, 432-4, 441-2, 493-4, 500, 519
『주자가례』(朱子家禮) 210, 272, 372, 408
주자학(朱子學) 200, 217-20, 223, 231-5, 244, 268, 326, 328, 330-6, 361, 368-9, 374-6, 384-5, 394-400, 433-4, 442, 459-60, 491-9, 500-7, 512, 517-20, 524-6, 536, 640, 649, 655, 658
주화론(主和論) 374, 390-3
주희(朱熹) 281-2, 367, 375, 380, 382
죽림고회(竹林高會) 199
중고기(中古期) 93, 97-8, 101

중관사상(中觀思想) 104
중도사상(中道思想) 91, 104, 107, 111, 357-8, 360-3, 366
중방(重房) 180-2
중앙집권 613-17, 620
중앙집권적 귀족국가 29, 54, 56
『중용』(中庸) 201, 429, 479, 496
중종(中宗) 242, 286, 288-303, 356
중종반정(中宗反正) 245, 257, 287-8, 290, 303
중체서용론(中體西用論) 542
중화문명(中華文明) 212, 375, 589, 643
중화사상(中華思想) 267-9, 374-5, 380-97, 442, 470, 473, 512, 517-25, 535, 537, 586-7, 560, 574, 606, 640, 643
지눌(知訥) 146, 148, 157
지모신[隆神] 40, 55
지분(知分) 209
지석영(池錫永) 543, 546, 548, 552
지성사대(至誠事大) 230, 255
지식인의 이반 121
지어지선(止於至善) 318
지엄(智儼) 105, 109
『지정조격』(至正條格) 262
지증왕(智證王) 94, 95
지치(至治) 294-7, 300, 314, 352
지치주의(至治主義) 305, 310, 354, 518
지통(智通) 111
직지인심(直指人心) 125, 126
진언(眞言) 101
진정(眞定) 111
진종가(眞種家) 98
진종설(眞種說; 刹利種說) 97, 101
진지왕(眞智王) 93, 97
진평왕(眞平王) 93, 97-9, 101
진표(眞表) 99, 128
진학신(秦學新) 647
진한(辰韓) 29, 41-6
진호국가사상(鎭護國家思想) 96, 99-100,

103
진화론   427
진흥왕(眞興王)   93, 96-7, 101
집강소(執綱所)   584, 595, 598-9, 602
집요저음(basso ostinato)   57, 747
집현전(集賢殿)   240, 245, 248-9, 253-4, 257
징실학(徵實學)   429, 431

(ㅊ)

차자(次子)   405-6, 408, 410-11, 415-7
찬탈(簒奪)   219, 221-3, 284-6, 299, 328
『참서』(讖書)   100, 103
참정권사상   631
참최삼년설   406, 413-4
창왕(昌王)   218-9
채서(採西)   537, 546-8, 557
채제공(蔡濟恭)   470, 506
채홍원(蔡弘遠)   507
책화(責禍)   41
처변삼사(處變三事)   535
처칠(W. L. S. Churchill)   748
척사사상(斥邪思想)   396, 400
척서파(斥西派)   469
척왜양론(斥倭洋論)   378
척청론(斥淸論)   394
척화론(斥和論)   374, 391-3
천군(天君)   36, 42-3
천도교   592, 687, 694, 699, 701-5, 717
천리(天理)   362-3, 398, 421
천명(天命)   172-9, 188, 222, 227, 270, 274, 306-16, 321
천법사상(天法思想)   270
천부인(天符印)   32, 44, 61, 66-7
천부인권(天賦人權)   619-20, 628
천영(天英)   146
천인합일(天人合一)   281, 310, 315, 321
천자정치(天子政治)   315

천주(天主)   584-9, 591
천주교(天主敎)   378, 518, 524, 542-3
천진암(天眞庵)   468, 473-4
천태종(天台宗)   145
천하질서(天下秩序)   228-30
천합(天合)   415-7
철령위(鐵嶺衛)   218
철종(哲宗)   497-8, 503-4, 508, 511-2
청광보살(靑光菩薩)   129
청담(淸談)   116, 133
청송산(靑松山)   53
초계문신(抄啓文臣)   493, 508, 511
촉루인연(髑髏因緣)   105
총지종(摠持宗)   103
최남선(崔南善)   429, 689-91, 712, 715
최동(崔棟)   64
최린(崔麟)   715
최명길(崔鳴吉)   374, 384-5
최승로(崔承老)   169, 199
최승우(崔承祐)   121
최시형(崔時亨)   585, 589-91, 593
최씨 정권   171, 180, 182-90
최양선(崔揚善)   745
최양업(崔良業)   484
최언위(崔彦撝)   121
최영(崔瑩)   218
최영경(崔永慶)   384
최우(崔瑀)   146, 152
최유청(催惟淸)   131
최의(崔竩)   174, 187
최이(崔怡)   176, 182, 184, 190
최익현(崔益鉉)   518, 529, 530, 532-6
최제우(崔濟愚)   586-91
최충(崔冲)   169
최충헌(崔忠獻)   146, 152, 162, 171-8, 182-6, 190
최치원(崔致遠)   52, 65, 75, 83, 121, 133
최한기(崔漢綺)   437, 449, 453, 454-61
최현배(崔鉉培)   722

추천제　528
추항(簉項)　99
춘추대의(春秋大義)　375-6, 391, 535
춘추대일통론(春秋大一統論)　417
충렬왕(忠烈王)　200
충선왕(忠宣王)　197, 202-3
충혜왕(忠惠王)　208
치도(治道)　492-9
치리(治理)　612
치술(治術)　497
치안유지법　665, 710
치중지법(治衆之法)　274
친복론(親服論)　414-6, 420
친원세력　168, 198
친친(親親)　415-9, 420
칠지도(七支刀)　73
침류왕(枕流王)　139

(ㅋ)

카이사르(Caesar)　743-4
코민테른　663-9, 671
클레멘스 11세(Clement XI)　476

(ㅌ)

탈중화주의　570, 575, 587
탕평(蕩平)　365, 380
태극(太極)　330
태극학회(太極學會)　647
태백산(백두산)　32-4, 44, 55, 61, 67-9, 80
태조(太祖, 王建)　121, 127, 132-4, 142, 148-9, 154-9, 163, 168-9, 174-5
태조(太祖, 李成桂)　218-22, 227-8, 231-4, 242-4, 246, 256, 262-3, 745
태종(太宗, 李芳遠)　221, 231, 243, 263, 293, 742-5
토목(土木)의 변　250
통서(統緖)　493

통합(integration)　91, 93, 104-11, 122
퇴계학파　369, 385
트라시마코스(Thrasymachos)　728

(ㅍ)

파리외방전교회　476, 486-7
파벌주의　358, 361, 365
파시즘　679
파저강토벌　255
팔관회(八關會)　58, 96, 142, 150, 159
팔만대장경(續大藏經)　143
평등사상　584, 590, 600-2
평준지법(平準之法)　274
평화적 대중시위　692
폐정개혁안(弊政改革案)　595-601, 622
포(包)　584, 592
폭군방벌론(暴君放伐論)　310
표훈(表訓)　111
푸코(Jean B. L. Foucault)　209
풍백(風伯)　32, 36, 61, 67
풍수지리설　116, 129, 132
플라톤(Platon)　206-7, 728, 744
피마식(避馬式)　171
피전(皮田)　53

(ㅎ)

하백(河伯)　32-4
하버마스(J. Habermas)　738-9, 744
하연(河演)　254, 743
하위지(河緯地)　243-4, 257
하이데거(Martin Heidegger)　726, 728
학설사적 연구　19
한국사회정체성론　675
한규설(韓圭卨)　714, 717
한백겸(韓百謙)　437
한북흥학회(漢北興學會)　647
한비자(韓非子)　275, 301

한사군(漢四郡) 28	현인(賢人) 306-9
한상경(韓尙敬) 243	현장(玄奘) 105
<한성순보> 607-8, 614	현종(顯宗, 고려) 142, 145, 157
한성임시정부 698, 700	현종(顯宗, 조선) 403-14, 417
한식림(韓植林) 509	협동학교(協同學校) 644
한용운(韓龍雲) 716-7	형개(邢玠) 388
한원진(韓元震) 379, 380-3	혜공(惠空) 111
한인사회당 668-9	혜숙(惠宿) 111
한징(韓澄) 722	혜심(慧諶) 146
한치윤(韓致奫) 437	혜원(慧遠) 203
한품제((限品制) 186	혜철(惠哲) 123
할러슈타인(Augustinus von Hallerstein, 劉松齡) 475	호국불교 140-4, 159
	호국성(護國性) 141, 151-2, 156-9, 161-3
합의제(合議制) 45, 49, 50, 55, 57-8	호남학회(湖南學會) 647
합중공화 609	호락논변(湖洛論辨) 378, 382
합중정체(合衆政體) 620	호론(湖論) 379-83
항마군(降魔軍) 162	호서학회(湖西學會) 647
항우(項羽) 284	호암사(虎巖寺) 51
『해국도지』(海國圖志) 553, 565	혼원(混元) 146
『해동고승전』(海東高僧傳) 98-100	홉스(T. Hobbs) 735-7
해모수 32	홍건적 154, 211
해부루(解夫婁) 33	홍낙임(洪樂任) 506
향약(鄕約) 283, 303, 305, 316-7, 321, 343	홍대용(洪大容) 377, 437, 448, 450-8, 460-3, 470
허균(許筠) 286	홍만선(洪萬選) 437
허목(許穆) 369, 372, 405, 407, 410, 412-3, 416	홍명희(洪命熹) 717
	홍범14조(洪範十四條) 573, 623
허적(許積) 412	홍석주(洪奭周) 510
허조(許稠) 745	홍우원(洪宇遠) 407
허형(許衡) 283	홍유손(洪裕孫) 285
허후(許厚) 407	홍익인간(弘益人間) 61-2, 66, 79, 80, 87
헌종(憲宗) 496, 504, 510, 511	홍익한(洪翼漢) 393
혁명 58, 124, 193, 201, 206, 218, 219-22, 239, 287-8, 562-3, 583-4, 588, 590, 626, 663-5, 674, 681, 701	홍지(洪之) 162
	홍직필(洪直弼) 496, 510, 511
	홍척(洪陟) 123
혁명사상 218, 321, 681	화랑도(花郞徒) 96
현계흠(玄啓欽) 484	화백(和白) 53-7, 95
현량방정과(賢良方正科) 295-6	『화엄경』(華嚴經) 108, 131, 144, 150
현욱(玄昱) 123	화엄사상(華嚴思想) 143-4, 150

『화엄일승법계도』(華嚴一乘法界圖)
　　107, 110
화엄종(華嚴宗)　　105, 109-10, 122-7, 131,
　　144-5, 149-50
화이론(華夷論)　　374-8, 390
화이사상(華夷思想)　　269
화이질서관(華夷秩序觀)　　458
화쟁사상(和諍思想)　　106, 107, 108, 110,
　　143, 145-6
화쟁회통(和諍會通)　　107
화혼양재론(和魂洋才論)　　542
『환단고기』(桓檀古記)　　64-8, 70-1, 75
환웅(檀雄)　　31-2, 35-6, 44, 55, 57, 61-70,
　　75, 80, 84
환웅천왕(桓雄天王)　　32, 35, 66-7, 75, 78
환인(桓因)　　31, 44, 57
황국협회(皇國協會)　　629
황단망배례(皇壇望拜禮)　　400
황룡사(皇龍寺)　　96, 99, 100-3, 122
황보인(皇甫仁)　　254
황사영(黃嗣永)　　482, 484
〈황성신문〉　　636, 637
황윤길(黃允吉)　　364
황준헌(黃遵憲)　　542
황현(黃玹)　　564, 594, 637
황희(黃喜)　　244, 248, 250, 254, 742, 746
회통(會通)　　143, 146
효명세자(孝明世子)　　507, 509
효종(孝宗)　　372, 374-6, 403-9, 410-8
후고구려　　115-6, 128-9, 134
후백제　　115-6, 128-9, 134
후삼국 시대　　115-6, 132-4, 144, 148,
　　150, 163
후천개벽(後天開闢)　　584, 590
후쿠다 도쿠조(福田德三)　　675, 679
후쿠자와 유키치(福澤諭吉)　　688
훈고학(訓詁學)　　432, 436
훈구파　　352, 356
훈요십조(訓要十條)　　132, 135, 142, 168

흠모의 경쟁　　726
흥사단(興士團)　　647
희양산파(曦陽山派)　　123
희종(熙宗)　　182, 189, 178
히로히토(裕仁)　　722

집필진 소개(집필순)

이택휘
(現) 한양대학교 석좌교수
서울대 정치학박사 / 전공: 한국정치사상
저서 및 논문: 『도덕교육론』(2000), 『한국정치사상사』(1999) 외 다수

신복룡
(現) 건국대학교 정치외교학과 교수
건국대학교 정치학박사 / 전공: 한국정치사상
저서 및 논문: 『한국정치사』(2003), 『한국분단사 연구: 1943-1953』(2001) 외 다수

박충석
(現) 이화여자대학교 명예교수
일본 東京大學 정치학박사 / 전공: 한국정치사상사
저서 및 논문: 『한국정치사상사』(1989), 「조선주자학: 그 규범성과 역사성」(2002) 외 다수

김석근
(現) 연세대학교 연구교수
한국학중앙연구원 정치학박사 / 전공: 정치사상
저서 및 논문: 「나말여초의 정치변동과 정치사상: 선종을 중심으로」(2004), 『한국정치사상사』(2002), 「토착 민간신앙과 불교의 힘겨루기: 갈등과 습합의 드라마」(1998) 외 다수

최민자
(現) 성신여자대학교 정치외교학과 교수

영국 켄트대학교 정치학박사 / 전공: 정치사상
저서 및 논문:『동학사상과 신문명』(2005),『세계인 장보고와 지구촌 경영』(2003) 외 다수

박희택
(現) 위덕대학교 사회복지학부 교수
서울대학교 정치학박사 / 전공: 한국정치사상
저서 및 논문:『회당사상의 내포와 외연』(2002),『우리 불교 나의 열정』(1994) 외 다수

윤대식
(現) 충남대학교 연구교수
한국외국어대학교 정치학박사 / 전공: 동양정치사상
저서 및 논문:『민세 안재홍 심층연구』(2005),「상앙의 법치주의에 내재한 정치적 의무」(2004) 외 다수

이희주
(現) 서경대학교 교양학부 교수
이화여자대학교 정치학박사 / 전공: 한국정치사상
저서 및 논문:「조선초기 간언형태와 권조구조」(2002),「유가경전(儒家經典)을 통해서 본 군신도덕의 유형」(1997) 외 다수

손문호
(現) 서원대학교 정치행정학부 교수
서울대학교 정치학박사 / 전공: 정치사상
저서 및 논문:『한국 정치사회 개혁의 이념적 기초』(1998),『중국정치사상사』(1998) 외 다수

김영수
(現) 국민대학교 일본학연구소 책임연구원
서울대학교 정치학박사 / 전공: 동양정치사상
저서 및 논문:『동아시아 근대사와 정치리더십』(2003),『한국정치사상사』(2002) 외 다수

박홍규
(現) 고려대학교 정치외교학과 교수
일본 東京大學 정치학박사 / 전공: 동양정치사상
저서 및 논문: 『정치가 정도전의 재조명』(2004), 『이상국가론: 동양과 서양』(2004) 외 다수

부남철
(現) 영산대학교 법률학부 교수
한국외국어대학교 정치학박사 / 전공: 정치사상
저서 및 논문: 『한국정치사상사』(2002), 『조선시대 7인의 정치사상』(1996) 외 다수

박현모
(現) 한국학중앙연구원 연구교수
서울대학교 정치학박사 / 전공: 정치사상
저서 및 논문: 「조선왕조의 장기지속성(longevity) 요인연구」(2004), 『정치가 정조』(2001) 외 다수

조우영
(現) 경상대학교 사회교육학부 전임강사
서울대학교 법학박사 / 전공: 한국법제사
저서 및 논문: 「조선초기 신분제도의 사회적 위상과 관념적 구조」(2003), 「『한서』「지리지」에 나타난 고조선의 법」(2000) 외 다수

최연식
(現) 연세대학교 정치외교학과 교수
연세대학교 정치학박사 / 전공: 한국정치사상
저서 및 논문: 『동북아지역의 정치와 시민사회』(2004), 『창업과 수성의 정치사상』(2003) 외 다수

이지경
(現) 한국학중앙연구원 연구교수
동국대학교 정치학박사 / 전공: 한국정치사상
저서 및 논문: 「이황의 정치사상 연구」(2004), 「조광조의 유교국가에 관한 연구」(2003) 외 다수

김명하
(現) 한국학중앙연구원 연구교수
경북대학교 정치학박사 / 전공: 한국정치사상
저서 및 논문: 『장자사상의 이해』(2003), 『한국정치사상사』(2002) 외 다수

전세영
(現) 부산교육대학교 윤리교육학과 교수
중앙대학교 정치학박사 / 전공: 한국정치사상
저서 및 논문: 『율곡의 군주론 연구』(2005), 『현대사회와 윤리』(2001) 외 다수

강광식
(現) 한국학중앙연구원 교수
경희대학교 정치학박사 / 전공: 정치사상
저서 및 논문: 『북한현대사 문헌연구』(2001), 『신유학사상과 조선조 유교정치문화』(2000) 외 다수

전정희
(現) 전북발전연구원 여성정책연구소장
전북대학교 정치학박사 / 전공: 한국정치사상
저서 및 논문: 「실학사상의 정치적 현실주의와 사상적 계보」(2005), 「개화사상에서의 민의 관념」(2004) 외 다수

김우영
(現) 대구가톨릭대학교 국제관계학과 교수
경북대학교 정치학박사 / 전공: 한국정치사상
저서 및 논문: 「사상적 변혁기의 성리학적 연구방법론」(2003), 『세계화시대의 한국정치사상』(2001) 외 다수

박병련
(現) 한국학중앙연구원 교수
서울대학교 행정학박사 / 전공: 한국행정사, 정치사상사
저서 및 논문: 「南冥學派 盛衰過程의 政治社會的 特性과 士林의 動向」(2003), 『유교리더십과 한국정치』(2002) 외 다수

권오영
(現) 한국학중앙연구원 교수
한국학중앙연구원 문학박사 / 전공: 조선시대 사상사
저서 및 논문: 『조선후기 유림의 사상과 활동』(2003), 『최한기의 학문과 사상 연구』(1999) 외 다수

유근호
(現) 성신여자대학교 사회교육학과 명예교수
일본 東京大學 정치학박사 / 전공: 정치사상
저서 및 논문: 『조선조 대외사상의 흐름』(2004), 「일본에 있어서의 한국학 연구동향」(2001) 외 다수

전락희
(現) 단국대학교 정치외교학과 교수
대만 國立政治大學 정치학박사 / 전공: 정치사상
저서 및 논문: 『조선시대 개혁사상 연구』(1998), 『동양정치사상연구』(1995) 외 다수

이원택
(現) 서울대학교 법학연구소 연구원
서울대학교 정치학박사 / 전공: 한국정치사상
저서 및 논문: 「17세기 윤휴의 권력구조 개편론」(2004), 「17세기 민신 代服사건에 나타난 종법인식」(2004) 외 다수

김한식
(現) 국방대학교 교수
고려대학교 정치학박사 / 전공: 정치사상
저서 및 논문: 『동남아 정치: 어제 오늘 그리고 내일』(2004), 「한국 정치사상연구, 어떻게 시작할 것인가?」(2004) 외 다수

김정호
(現) 인하대학교 정치외교학과 교수
인하대학교 정치학박사 / 전공: 동양정치사상
저서 및 논문: 「최한기 기사상의 정치사상적 성격과 의의」(2004), 『근세 동아시아의 개혁사상』(2003) 외 다수

유미림
(現) 한국학중앙연구원 연구교수
이화여자대학교 정치학박사 / 전공: 한국정치사상
저서 및 논문: 『빈 방에 달빛 들면』(2005), 『조선후기의 정치사상』(2002) 외 다수

이재석
(現) 인천대학교 정치외교학과 교수
한국학중앙연구원 문학박사 / 전공: 정치사상
저서 및 논문: 「척사위정론과 근대성」(2005), 『한국정치사상사』(2002) 외 다수

이상익
(現) 영산대학교 교양학부 교수
성균관대학교 철학박사 / 전공: 유교철학
저서 및 논문: 「華西 李恒老의 主理論과 退溪學」(2005), 『儒敎傳統과 自由民主主義』(2004) 외 다수

정용화
(現) 연세대학교 연구교수
서울대학교 정치학박사 / 전공: 한국동양정치사상, 동아시아외교사
저서 및 논문: 『문명의 정치사상: 유길준과 근대한국』(2004), 「한국인의 근대적 자아 형성과 오리엔탈리즘」(2004) 외 다수

김현철
(현) 고려대학교 연구교수
서울대학교 정치학박사 / 전공: 한국정치사상, 외교사
저서 및 논문: 『개화기 「만국공법」의 전래와 서구 근대주권국가의 인식』(2005), 『한국외교사와 국제정치학』(2005) 외 다수

오문환
(現) 연세대학교 선임연구원
연세대학교 정치학박사 / 전공: 한국정치사상
저서 및 논문: 「의암 손병희의 '교정쌍전'의 국가건설 사상」(2004), 『동학의 정치철학』(2003) 외 다수

김혜승
(現) 이화여자대학교 연구원
이화여자대학교 정치학박사 / 전공: 한국정치사상
저서 및 논문: 『동학정치사상과 갑오동학농민운동』(2005), 『한국민족주의: 발생양식과 전개과정』(2004) 외 다수

김영작
(現) 국민대학교 국제학부 교수
일본 東京大學 정치학박사 / 전공: 국제정치, 한국정치사상
저서 및 논문: 『일본형 시스템의 동요와 새로운 모색』(2005), 『한말내셔널리즘 연구』(1989) 외 다수

윤순갑
(現) 경북대학교 정치외교학과 교수
경북대학교 정치학박사 / 전공: 정치사상
저서 및 논문: 「서구의 충격과 외압에 대한 발상의 제형태: 한말의 사상적 상황을 중심으로」(2003), 「국제화전략으로서 한말 개화정책 연구」(2002) 외 다수

우남숙
(現) 우석대학교 행정학과 교수
이화여자대학교 정치학박사 / 전공: 한국정치사상
저서 및 논문: 「사회진화론과 한국민족주의」(2005), 「梁啓超의 자유론 연구」(2004) 외 다수

전상숙
(現) 연세대학교 연구교수
이화여자대학교 정치학박사 / 전공: 한국근현대정치사
저서 및 논문: 「전향, 사회주의자들의 현실적 선택」(2005), 『일제시기 한국 사회주의 지식인 연구』(2004) 외 다수

김용직
(現) 성신여자대학교 정치외교학과 교수
미국 노스캐롤라이나대학 정치학박사 / 전공: 한국근현대정치사
저서 및 논문: 『사료로 본 한국의 정치와 외교: 1945-1979』(2005), 「근대한국의 민주주

의 개념: 독립신문을 중심으로」(2004) 외 다수

정윤재
(現) 한국학중앙연구원 교수
미국 하와이대학 정치학박사 / 전공: 정치사상, 정치리더십
저서 및 논문: 「세종의 국가경영 연구: 리더십 접근」(2005), 『정치리더십과 한국민주주의』(2003), 『다사리국가론』(1999) 외 다수

김홍우
(現) 서울대학교 정치학과 교수
미국 조지아대학 정치학박사 / 전공: 정치철학
저서 및 논문: 「막힌 사회와 소통의 정치: 한국사상사의 맥락에서」(2000), 『현상학과 정치철학』(1999) 외 다수

한국정치사상사 — 檀君에서 解放까지

초판 제1쇄 찍은날 : 2005. 8. 30
초판 제4쇄 펴낸날 : 2010. 9. 20

지은이 : 한국·동양정치사상사학회
펴낸이 : 김 철 미
펴낸곳 : 백 산 서 당

등록 : 제10-42(1979.12.29)
주소 : 서울 은평구 통일로 885 준빌딩 3층
전화 : 02)2268-0012(代)
팩스 : 02)2268-0048
이메일 : bshj@chol.com

※ 저작권자와의 협의 아래 인지는 생략합니다.

값 35,000원

ISBN 89-7327-366-3 03340